ESTAT
Você está nessa?

Conceito inovador em soluções de ensino e aprendizagem desenvolvidas de modo a atingir os estudantes contemporâneos

Tradução
EZ2TRANSLATE

Revisão técnica

PROF. MSC. GALO CARLOS LOPEZ NORIEGA

Mestre em Engenharia pela Escola Politécnica da Universidade de São Paulo (USP). Gerente do In Company da Trevisan Escola de Negócios. Especialista em Controle Estatístico de Processos. Docente da Business School São Paulo – Universidade Anhembi Morumbi (BSP), da Fundação Instituto de Administração (FIA), do Laboratório de Negócios SSJ (LABSSJ), do Instituto de Ensino e Pesquisa (Insper) e da Fundação Escola de Comércio Álvares Penteado (Fecap).

está nessa?

ESTAT
Tradução da 2ª edição norte-americana
Robert Johnson e Patricia Kuby

Gerente Editorial: Patricia La Rosa

Supervisora Editorial: Noelma Brocanelli

Supervisora de Produção Gráfica: Fabiana Alencar Albuquerque

Editora de Desenvolvimento: Viviane Uemura

Título original: STAT2

(ISBN 10:0-538-73841-3

ISBN 13:978-0-538-73841-5)

Tradução: Ez2Translate

Revisão técnica: Galo Carlos Lopez Noriega

Copidesque: Miriam dos Santos e Andrea Pisan (Trilha)

Revisão: Rosangela Ramos da Silva e
        Raquel Benchimol de Oliveira Rosenthal

Índice remissivo: Casa Editorial Maluhy e Co.

Diagramação: Alfredo Carracedo Castillo

Capa: Ale Gustavo | Blenderhead Ideias Visuais

Pesquisa iconográfica: Ana Parra e Josiane Camacho

Editora de direitos de aquisição e iconografia: Vivian Rosa

Analista de conteúdo e pesquisa: Milene Uara

Para informações sobre nossos produtos,
entre em contato pelo telefone
0800 11 19 39
Para permissão de uso de material
desta obra, envie seu pedido para
direitosautorais@cengage.com

© 2014 Cengage Learning.
Todos os direitos reservados.

ISBN-13: 978-85-221-1167-1
ISBN-10: 85-221-1167-7

Cengage Learning
Condomínio E-Business Park
Rua Werner Siemens, 111 – Prédio 20
Espaço 04 – Lapa de Baixo
CEP 05069-900 – São Paulo – SP
Tel.: (11) 3665-9900 – Fax: (11) 3665-9901
SAC: 0800 11 19 39

Para suas soluções de curso e
aprendizado, visite **www.cengage.com.br**

Impresso no Brasil.
Printed in Brazil.
1 2 3   13 12 11

Dados Internacionais de Catalogação na Publicação (CIP)
       (Câmara Brasileira do Livro, SP, Brasil)

Johnson, Robert
    Estat / Robert Johnson, Patrícia Kuby;
tradução Ez2Translate; revisor técnico Galo
Carlos Lopez Noriega. -- São Paulo: Cengage
Learning, 2013. -- (Coleção 4LTR)

    Título original: Estat.
    ISBN 978-85-221-1167-1

    1. Estatística 2. Estatística - Problemas,
exercícios etc. I. Kuby, Patricia. II. Título.
III. Série.

13-03667   CDD-519.5

       Índices para catálogo sistemático:
       1. Estatística 519.5

Sumário reduzido

ESTUDE DO SEU JEITO

Sem nenhum custo adicional, os estudantes têm acesso a recursos de aprendizagem *on-line* que incluem cartões de memória para impressão, exercícios, manual de tecnologia e respostas de exercícios.

Com os cartões de memória para impressão *on-line*, os estudantes também têm mais esta maneira para verificar a sua compreensão sobre os principais conceitos estatísticos.

Os alunos podem encontrar esses recursos em:
www.cengage.com.br/4ltr

Sumário

Sumário

Sumário

Sumário

Sumário

Capítulo 1

Estatística

O U. S. Census Bureau publica anualmente o Statistical Abstract of the United States (Resumo Estatístico dos Estados Unidos), um livro com mais ou menos mil páginas que fornece uma visão estatística de muitas das facetas mais obscuras e inusitadas de nossas vidas. Ele é apenas uma das milhares de fontes para todos os tipos de coisas que você sempre quis saber, mas nunca pensou em perguntar. Você está interessado em saber quantas horas passamos trabalhando e nos divertindo? Quanto gastamos com lanches? Quanto subiu o preço da maçã? Tudo isso e muito mais pode ser encontrado no Statistical Abstract. Disponível em: http://www.census.gov/statab.

Os dados estatísticos apresentados a seguir provêm de diversas fontes e representam apenas uma pequena amostra do que pode ser aprendido sobre os norte-americanos por meio da estatística. Essas são apenas algumas das milhares de formas utilizadas para descrever a vida nos Estados Unidos. Observe.

objetivos

1.1 **O que é estatística?**

1.2 **Mensurabilidade e variabilidade**

1.3 **Coleta de dados**

1.4 **Estatística e tecnologia**

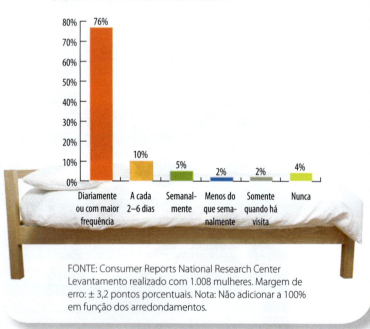

QUANTAS VEZES SUA CAMA É ARRUMADA?

FONTE: Consumer Reports National Research Center
Levantamento realizado com 1.008 mulheres. Margem de erro: ± 3,2 pontos porcentuais. Nota: Não adicionar a 100% em função dos arredondamentos.

Lasse Kristensen/Shutterstock

Olga Miltsova/Shutterstock

1.1 O que é Estatística?

UMA VEZ QUE IREMOS EMBARCAR EM NOSSA JORNADA RUMO AO
ESTUDO DA ESTATÍSTICA, DEVEMOS COMEÇAR PELA SUA DEFINIÇÃO
DE ESTATÍSTICA E AMPLIAR OS DETALHES ENVOLVIDOS.

A estatística tornou-se a linguagem universal das ciências. Como usuários potenciais da estatística, precisamos dominar a "ciência" e a "arte" de utilizar a metodologia estatística corretamente. O uso cuidadoso dos métodos estatísticos nos possibilitará obter informações precisas com base nos dados disponíveis. Esses métodos incluem (1) definir cuidadosamente a situação,

(2) coletar dados, (3) resumi-los com precisão e (4) obter e comunicar conclusões significativas.

A estatística envolve informações, números e gráficos visuais de forma resumida, bem como a interpretação dos números e gráficos. A palavra estatística possui significados diferentes para pessoas de diferentes áreas e interesses. Para algumas pessoas, é um campo da "abracadabra", no qual uma pessoa tenta se sobrepor aos demais com informações e conclusões incorretas. Para outros, é uma forma de coleta e fornecimento de informações. E, ainda, para outro grupo de pessoas, é uma forma de tomar decisões diante de incertezas. Conforme a perspectiva, cada um desses pontos de vista está correto.

O campo da estatística pode ser subdividido em duas áreas: estatística descritiva e estatística inferencial. A *estatística descritiva* é o que vem à mente da maioria das pessoas ao ouvir a palavra *estatística*. Ela inclui a coleta, apresentação e a descrição dos dados da amostra. O termo *estatística inferencial* refere-se à técnica de interpretação dos valores resultantes das técnicas descritivas, bem como à tomada de decisões e obtenção de conclusões sobre a população.

A estatística é mais do que apenas números: são dados – o que é feito com esses dados, o que é aprendido com eles e as conclusões resultantes desse processo. Ou seja, **estatística** é a ciência de coletar, descrever e interpretar dados.

> **Estatística** A ciência de coletar, descrever e interpretar dados.

Exemplos de estatística na vida cotidiana

Dos esportes à política e aos negócios, a estatística está presente quase que diariamente em nossas vidas. Vejamos alguns exemplos de como e quando a estatística pode ser aplicada. Por exemplo, quando você frequentava o jardim de infância, muito provavelmente, sua principal preocupação era se divertir e fazer amigos. Mas e quanto ao seu professor?

Numa pesquisa descreveram-se as habilidades que educadores do jardim de infância consideram essencial ou muito importante. Oitocentos educadores do jardim de infância (apenas uma fração de todos os educadores do jardim de infância) foram entrevistados, resultando nas habilidades e porcentagens relatadas. "Prestar atenção" e "não ser indisciplinado" estão no topo da lista. Dos 800 professores entrevistados, 86% consideram essas habilidades essenciais ou muito importantes.

Considerando-se todas as porcentagens, fica claro que elas somam mais de 100%. Aparentemente, foi permitido aos professores entrevistados citar mais de uma habilidade como resposta.

Além de descrever nossas preocupações, a estatística pode descrever mudanças em nosso comportamento. Por exemplo, o comportamento dos adolescentes em sala de aula e no trânsito sofreram mudanças com o predomínio do telefone celular e da tecnologia MP3. Como mostram os gráficos sobre adolescentes e motoristas jovens apresentados na página seguinte, a grande maioria dos adolescentes possui celular, o qual usam o tempo todo, até mesmo na sala de aula e no trânsito. Considere as informações coletadas para formular esses gráficos: em primeiro lugar, o *status* de telefone celular, o número de mensagens de texto por semana, o número de mensagens de texto durante as aulas por semana e os tipos de atividades ao dirigir um veículo. Como as organizações responsáveis pelas pesquisas utilizaram as informações coletadas para chegar aos 84% e 83% indicados nos gráficos? As porcentagens apresentadas no gráfico "Ocupado atrás do volante" somam muito mais de 100%, o que sugere que foi permitido aos entrevistados selecionar mais de uma resposta.

Sempre observe a fonte das estatísticas publicadas (e qualquer outro detalhe fornecido); essa observação vai dizer muito sobre a informação que está sendo apresentada. Nesses casos, ambas são organizações norte-americanas. A Common Sense Media é um líder respeitado nas questões infância e adolescência, e a Allstate, membro fundador da the National Youth Health and Safety Coalition (Coalizão Nacional pela Saúde e Segurança dos Jovens). Esses detalhes de origem podem fornecer esclarecimentos sobre a qualidade das informações. Tenha em mente que as informações podem ser parciais ou incompletas, mas saber sobre a origem e o método de coleta de dados ajuda a reconhecer dados parciais.

Os meios de comunicação são um dos principais veículos para apresentação da estatística. Os jornais, em particular, publicam gráficos e tabelas informando como várias organizações e pessoas pensam como um todo. Você já se perguntou o quanto do

Alja12/iStockphoto

ADOLESCENTES QUE UTILIZAM TELEFONES CELULARES NA SALA DE AULA

Adolescentes sem telefones celulares
16%

Adolescentes com telefones celulares
84%

Mensagens de textos
por semana: 440
enviadas durante o horário escolar: 110
por período de aula: 3

FONTE: Common Sense Media Survey com 1.013 adolescentes, mai./jun. 2009.

Laurent Davoust/iStockphoto

Online Creative Media/iStockphoto

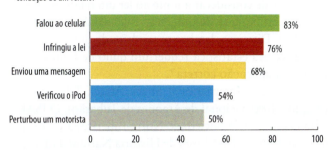

OCUPADO ATRÁS DO VOLANTE

Atividades realizadas por jovens entre 16 e 20 anos de idade durante a condução de um veículo:

Falou ao celular	83%
Infringiu a lei	76%
Enviou uma mensagem	68%
Verificou o iPod	54%
Perturbou um motorista	50%

FONTE: National Organization for Youth Safety, Pesquisa *on-line* da Fundação Allstate com 605 motoristas entre 16 e 20 anos de idade, 16 de junho de 2009.

que pensamos é influenciado diretamente pelas informações lidas nesses artigos?

O gráfico "O que os empregadores buscam" informa que 39% dos empregadores procuram atitude positiva e entusiasmo por parte dos trabalhadores sazonais. De onde vêm essas informações? Observe a fonte, SnagAJob.com. Como os pesquisadores coletaram essas informações? Eles realizaram uma pesquisa com 1.043 gerentes de contratação. A margem de erro é de $\pm$ 3 pontos porcentuais. (Lembre-se de verificar as letras pequenas, geralmente na parte inferior de um gráfico ou tabela de estatística.) Com base nesse detalhe adicional, os 39% no gráfico tornam-se "entre 36% e 42% dos empregadores que buscam atitude positiva e entusiasmo por parte de seus trabalhadores sazonais".

O QUE OS EMPREGADORES BUSCAM

O que os empregadores procuram em um trabalhador temporário?

Experiência anterior
20%

Atitude positiva e entusiasmo
39%

Possibilidade de trabalhar conforme cronograma necessário
28%

Compromisso para toda a temporada
13%

FONTE: Pesquisa do SnagAJob.com com 1.043 gerentes de contratação. Margem de erro: $\pm$ 3 pontos porcentuais.

Apesar de as publicações estatísticas serem regularmente de meios de comunicação respeitáveis, isso não significa que você deva acreditar nelas cegamente. Lembre-se de considerar a fonte ao ler um relatório estatístico. Certifique-se de que está visualizando a imagem completa. Dito isso, lembre-se também de que "um grama de técnica estatística requer um quilo de bom senso para uma aplicação correta".

Observe o International Shark Attack File (ISAF) (Arquivo Internacional de Ataques de Tubarão). O ISAF, administrado pela Sociedade Norte-Americana de Elasmobrânquios e pelo Museu de História Natural da Flórida, é uma compilação de todos os ataques conhecidos de tubarão. Ele é mostrado no gráfico e na tabela a seguir.

Utilizando o bom senso ao observar o gráfico de ataques de tubarão, uma pessoa certamente permaneceria longe dos Estados Unidos caso goste do mar. Cerca de dois quintos dos ataques de tubarões no mundo ocor-

rem neste país. As águas dos Estados Unidos devem estar cheias de tubarões, e os tubarões devem estar loucos! Bom senso, lembra? O gráfico é um pouco enganoso? O que mais poderia estar influenciando as estatísticas mostradas aqui? Primeiro, é preciso considerar o quanto da fronteira de um país ou continente está em contato com o oceano. Segundo, quem está rastreando esses ataques? Nesse caso, essa informação é apresentada na fonte do gráfico, FLMNH se refere ao The Florida Museum of Natural History (Museu de História Natural da Flórida), um museu nos Estados Unidos. Aparentemente, os Estados Unidos estão tentando manter um controle dos ataques de tubarão não provocados. O que mais é diferente sobre os Estados Unidos em comparação com outras áreas? O oceano é uma área de lazer em outros lugares? Qual é a economia dessas outras áreas, e/ou quem mantém o controle de seus ataques de tubarão? Lembre-se de considerar a fonte ao ler um relatório esta-

Território	Total de ataques	Ataques fatais	Última fatalidade	Território	Total de ataques	Ataques fatais	Última fatalidade
Estados Unidos (com/sem Havaí)	881	38	2005	Antilhas e Bahamas	65	19	1972
Austrália	345	135	2006	América Central	61	31	1997
África	276	70	2004	Nova Zelândia	47	9	1968
Ásia	117	55	2000	Europa	39	19	1984
Ilhas do Pacífico / Oceania (com/sem Havaí)	131	50	2007	Bermudas	4	0	
				Não especificado	20	6	1965
Havaí	113	15	2004	MUNDO	2.199	470	2007
América do Sul	100	23	2006				

FONTE: http://www.flmnh.ufl.edu/fish/sharks/statistics/GAttack/World.htm

tístico. Certifique-se de que está visualizando a imagem completa.

Onde a estatística é utilizada

Os usos da estatística são ilimitados. É muito mais difícil citar uma área na qual a estatística não é utilizada do que uma de que seja parte integrante. Exemplos de como e onde a estatística é utilizada:

- Na educação, a estatística descritiva é frequentemente usada para descrever os resultados dos testes.
- Na ciência, os dados resultantes das experiências devem ser coletados e analisados.
- No governo, diversos tipos de dados estatísticos são coletados todo o tempo. Na verdade, o governo dos Estados Unidos é provavelmente o maior colecionador de dados estatísticos do mundo.

Uma parte muito importante do processo estatístico é o estudo dos resultados estatísticos e a elaboração das conclusões adequadas. Essas conclusões devem ser comunicadas com precisão: não se ganha nada com pesquisas, a menos que os resultados sejam compartilhados com outras pessoas. As estatísticas são transmitidas por toda parte: jornais, revistas, rádio e televisão. Lemos e ouvimos falar sobre todos os tipos de resultados de novas pesquisas, especialmente nas áreas relacionadas à saúde.

A linguagem da estatística

A fim de prosseguirmos com nosso estudo de estatística, é preciso falar esta língua. A estatística possui seu próprio jargão, com termos além da *estatística descritiva* e da *estatística inferencial*, que precisam ser definidos e ilustrados. O conceito de população é a ideia mais fundamental em estatística.

A **população** é o conjunto completo de indivíduos ou objetos que são de interesse para o coletor de amostras. A população de interesse deve ser cuidadosamente definida, sendo considerada totalmente definida somente quando sua lista de membros de elementos for especificada. O conjunto de "todos os alunos que já cursaram uma faculdade nos Estados Unidos" é um exemplo de uma população bem definida.

Normalmente, pensamos em uma população como um conjunto de pessoas. No entanto, em estatística, a população pode ser uma coleção de animais, objetos manufaturados, ou qualquer outra coisa. Por exemplo, o conjunto de todas as sequoias na Califórnia pode ser uma população.

Existem dois tipos de população: o finito e o infinito. Quando os componentes de uma população podem ser (ou poderiam ser) fisicamente listados, diz-se que a população é **finita**. Quando os componentes são ilimitados, a população é considerada **infinita**. Os livros na biblioteca da faculdade formam uma população finita, e seus componentes listados com exatidão pelo OPAC (Online Public Access Catalog, um catálogo informatizado). Todos os eleitores registrados nos Estados Unidos formam uma grande população finita; se necessário, é possível compilar uma composição com todas as listas eleitorais de todos os distritos eleitorais dos Estados Unidos. Por outro lado, a população de todas as pessoas que poderiam usar a aspirina e a população de todas as lâmpadas de 40 watts a serem produzidas pela General Electric são infinitas. Grandes populações são difíceis de estudar, por isso costuma-se selecionar uma amostra, ou um subconjunto de uma população, e estudar os seus dados. A **amostra** é composta de indivíduos, objetos ou medidas, selecionados com base em uma população pelo coletor de amostras.

Os estatísticos estão interessados em **variáveis** específicas de uma amostra ou uma população. Ou seja, eles examinam uma ou mais características de interesse de cada elemento de uma população ou amostra. Itens como idade, cor dos cabelos, altura e peso são variáveis. Cada variável associada a um elemento de uma população ou amostra representa um valor. Esse valor, chamado de valor de dados, pode ser um número, palavra ou símbolo. Por exemplo, quando Bill Jones entrou na faculdade aos "23" anos de idade, seu cabelo era "castanho", ele media "1,80 m" de altura e pesava "83 kg". Esses quatro valores de dados são os valores para as quatro variáveis aplicadas a Bill Jones.

O conjunto de valores coletados com base em uma variável de cada um dos elementos que pertencem a uma amostra é chamado de **dados**. Uma vez que os dados são coletados, é prática comum referir-se ao conjunto de dados como amostra. O conjunto de 25 alturas (ou pesos, idades, cores de cabelos) coletadas de 25 alunos é um exemplo de um conjunto de dados. Para a coleta de um conjunto de dados, um estatístico conduzirá um **experimento**, que é uma atividade planejada, cujos resultados geram um conjunto de dados. Um experimento inclui as atividades de seleção dos elementos e obtenção dos valores de dados.

A idade "média" no momento da admissão para todos os alunos que já cursaram nossa faculdade e a "proporção" de alunos que tinham mais de 21 anos ao entrar na faculdade são exemplos de dois parâmetros de população. Um **parâmetro** é um valor numérico que resume toda a população. Geralmente, é utilizada uma letra grega para simbolizar o nome de um parâmetro. Esses símbolos serão atribuídos ao estudarmos parâmetros específicos.

Para cada parâmetro, existe uma estatística de amostra correspondente. A **estatística** é um valor numérico que resume os dados da amostra e a descreve da mesma forma que o parâmetro descreve a população.

A altura "média", encontrada usando o conjunto de 25 alturas, é um exemplo de estatística de amostra. A estatística é um valor que descreve uma amostra. A maioria das estatísticas de amostra é encontrada com o auxílio de fórmulas e, em geral, recebem nomes simbólicos representados por letras do alfabeto (por exemplo, $\overline{x}$, s e r).

PSI : *Os parâmetros descrevem a população e a estatística descreve a amostra.*

Tipos de variáveis

Existem basicamente dois tipos de variáveis: (1) **variáveis qualitativas**, que resultam em informações que descrevem ou categorizam um elemento de uma população, e (2) **variáveis quantitativas**, que resultam em informações que quantificam um elemento de uma população.

Uma amostra de quatro clientes de um salão de beleza foi coletada para "cor de cabelo", "cidade de origem" e "nível de satisfação", com os resultados de seu tratamento no salão. Todas as três variáveis são exemplos de variáveis qualitativas (atributos), pois descrevem alguma característica da pessoa, e todas as pessoas com o mesmo atributo pertencem à mesma categoria. Os dados coletados foram {loiro, castanho, preto, castanho}, {Brighton, Columbus, Albany, Jacksonville}, e {muito satisfeito, satisfeito, pouco satisfeito, insatisfeito}.

Em contrapartida, o "custo total" dos livros comprados por cada aluno para as aulas deste semestre é um exemplo de variável quantitativa (numérica). A amostra resultou nos seguintes dados: US$ 238,87, US$ 94,57 e US$ 139,24. [Para determinar o "custo médio", basta somar os três números e dividir por 3: (238,87 + 94,57 + 139,24) ÷ 3 = US$ 157,56.] Como se pode ver, as operações aritméticas, como adição e média, são significativas para os dados que resultam de uma variável quantitativa (e seriam inúteis para examinar as variáveis qualitativas).

Cada um desses tipos de variáveis (quantitativas e qualitativas) pode ser subdividido, como mostra o diagrama a seguir.

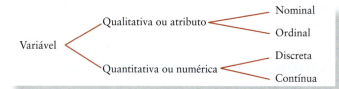

As variáveis qualitativas podem ser classificadas como nominal ou ordinal. Uma **variável nominal** é uma variável qualitativa que caracteriza (ou descreve, ou denomina) um elemento de uma população. Não apenas as operações aritméticas não são significativas para os dados que resultam de uma variável nominal, como não é possível atribuir uma ordem às categorias.

Na pesquisa com os quatro clientes do salão de beleza, duas variáveis, a "cor do cabelo" e a "cidade de origem", são exemplos de variáveis nominais, porque, além de identificar uma característica da pessoa, não podem ser utilizadas para determinar a média da amostra por meio de sua soma e divisão do resultado por 4. Por exemplo, (loiro + castanho + preto + castanho) ÷ 4, o resultado é indefinido. Além disso, as características de cor do cabelo e cidade de origem não apresentam uma ordem.

Uma **variável ordinal** é uma variável qualitativa que incorpora uma posição ordenada, ou classificação. Na pesquisa com os quatro clientes do salão de beleza, a variável "nível de satisfação" é um exemplo de uma variável ordinal, porque incorpora uma ordem de classificação: "muito satisfeito" está à frente de "satisfeito", que está à frente de "pouco satisfeito". Outro exemplo de variável ordinal é a classificação de cinco fotos de paisagens de acordo com a preferência de alguém: primeira escolha, segunda escolha, e assim por diante.

As variáveis quantitativas ou numéricas também podem ser subdivididas em duas categorias: variáveis *discretas* e variáveis *contínuas*. Uma **variável discreta** é uma variável quantitativa que pode assumir um número contável de valores. Intuitivamente, a variável discreta pode assumir qualquer valor correspondente a pontos isolados ao longo de um intervalo de linha. Ou seja, existe uma lacuna entre dois valores. Por outro lado, uma **variável contínua** é uma variável quantitativa que pode assumir um número incontável de valores. Intuitivamente, a variável contínua pode assumir qualquer valor ao longo de um intervalo de linha, incluindo todos os valores possíveis entre dois valores.

Variável discreta É uma variável quantitativa que pode assumir um número contável de valores.

Variável contínua É uma variável quantitativa que pode assumir um número incontável de valores.

TERMOS BÁSICOS

POPULAÇÃO: Uma coleção, ou conjunto, de indivíduos, objetos ou eventos cujas propriedades serão analisadas.

POPULAÇÃO FINITA: População cujos componentes podem ou poderiam ser listados fisicamente.

POPULAÇÃO INFINITA: População cujo número de componentes é ilimitado.

AMOSTRA: Subconjunto de uma população que será usado para produzir dados.

VARIÁVEL: Uma característica de interesse de cada elemento de uma população ou amostra.

VALOR DE DADOS: Valor da variável associada a um elemento de uma população ou amostra. Esse valor pode ser um número, uma palavra ou um símbolo.

DADOS: Conjunto de valores coletados com base em uma variável de cada um dos elementos que pertencem à amostra.

EXPERIMENTO: Atividade planejada, cujos resultados proporcionam um conjunto de dados.

PARÂMETRO: Valor numérico que resume todos os dados de toda uma população.

ESTATÍSTICA: Valor numérico que resume os dados da amostra.

VARIÁVEL QUALITATIVA (OU ATRIBUTO OU CATEGORIA): Descreve ou categoriza um elemento de uma população.

VARIÁVEL QUANTITATIVA (OU NUMÉRICA): Quantifica um elemento de uma população.

VARIÁVEL NOMINAL: Variável qualitativa que caracteriza (ou descreve, ou denomina) um elemento de uma população.

VARIÁVEL ORDINAL: Variável qualitativa que incorpora uma posição ordenada, ou classificação.

EX 1-1 Aplicação dos termos básicos

Um estudante de Estatística está interessado em descobrir algo sobre o valor médio em dólares dos veículos pertencentes aos membros do corpo docente de sua faculdade. Oito termos descritos acima podem ser identificados nessa situação.

1. A *população* é o conjunto de todos os carros pertencentes a todos os membros do corpo docente da faculdade.
2. Uma *amostra* é qualquer subconjunto dessa população. Por exemplo, os carros pertencentes aos membros do departamento de Matemática compõem uma amostra.
3. A *variável* é o "valor em dólares" de cada carro.
4. Um *valor de dados* é o valor em dólares de um carro específico. O carro do Sr. Jones, por exemplo, está avaliado em US$ 9.400.
5. Os *dados* são o conjunto de valores que correspondem à amostra obtida (9.400, 8.700, 15.950; ...).
6. O *experimento* consiste nos métodos usados para selecionar os carros que compõem a amostra e para determinar o valor de cada veículo da amostra. Ele pode ser realizado entrevistando-se cada

membro do departamento de Matemática, ou de alguma outra forma.
7. O *parâmetro* sobre o qual estamos buscando informações é o valor médio de todos os carros que compõem a população.
8. A *estatística* que será encontrada é o valor médio dos carros que compõem a amostra.

PSI : *O valor dos parâmetros é fixo, enquanto as estatísticas variam de valor.*

NOTA: Se for especificada uma segunda amostra, ela resultaria na seleção de um conjunto diferente de pessoas – por exemplo, o departamento de Inglês – e, portanto, um valor diferente seria previsto para o "valor médio" da estatística. Entretanto, o valor médio para todos os carros pertencentes ao corpo docente não sofreria alteração.

Pensar de forma estatística

Claudio Baldini/iStockphoto / Stefan Klein/iStockphoto / Patrick Adams/iStockphoto

Em muitos casos, os dois tipos de variáveis podem ser diferenciados definindo se as variáveis estão relacionadas a uma contagem ou a uma medida. A variável "número de cursos nos quais você está matriculado" é um exemplo de uma variável discreta. Os valores da variável podem ser encontrados por meio da contagem dos cursos. (Quando contamos, não podem ocorrer valores fracionários, portanto, existem intervalos entre os valores.) A variável "peso dos livros e materiais que você carrega ao assistir à aula de hoje" é um exemplo de uma variável aleatória contínua. Os valores dessa variável podem ser encontrados por meio da medição do peso. (Ao efetuarmos a medição, pode ocorrer valor fracionário, portanto, qualquer valor ao longo da linha de números é possível.)

Ao tentar determinar se uma variável é discreta ou contínua, lembre-se de observar a variável e avaliar quais valores podem ocorrer. Não se limite aos valores de dados que foram gravados, eles podem induzi-lo ao erro.

Considere a variável "pontuação do juiz" em uma competição de patinação artística. Se observarmos algumas pontuações já concedidas (por exemplo, 9.9, 7.4, 8.8, 10.0) e notarmos a presença de casas decimais, podemos pensar que todas as frações são possíveis e concluir que a variável é contínua. No entanto, isso não é verdade. Uma pontuação de 9.134 é impossível; assim, existem intervalos entre os valores possíveis e a variável discreta.

Lembre-se de inspecionar as variáveis individuais e um valor de dados individual, e você deve ter pouca dificuldade para distinguir entre os vários tipos de variáveis.

1.2 Mensurabilidade e variabilidade

DENTRO DE UM CONJUNTO DE DADOS DE MEDIÇÃO, SEMPRE ESPERAMOS UMA VARIAÇÃO. SE ENCONTRARMOS POUCA OU NENHUMA VARIAÇÃO, IREMOS SUPOR QUE O DISPOSITIVO DE MEDIÇÃO NÃO ESTÁ CALIBRADO COM UMA UNIDADE SUFICIENTEMENTE PEQUENA.

NOTA: Não deixe a aparência dos dados enganá-lo em relação ao seu tipo. As variáveis qualitativas nem sempre são fáceis de reconhecer: às vezes, elas aparecem na forma de números. A amostra de cores de cabelo poderia ser codificada: 1 = preto, 2 = loiro, 3 = castanho. Assim, os dados da amostra apareceriam como {2, 3, 1, 3}, mas ainda seriam dados nominais. O cálculo da "cor de cabelo média" [(2 + 3 + 1 + 3)/4 = 9/4 = 2,25] permanece sem sentido. As cidades de origem podem ser identificadas por meio de seu CEP. A média dos CEPs também não faz sentido; portanto, os números de código postal também são nominais.

Por exemplo, podemos pegar uma caixa com barras de chocolate e pesar cada barra individualmente. Observamos que cada uma das 24 barras de chocolate pesa 28 gramas, com a aproximação em gramas. Isso significa que as barras são todas iguais em relação ao peso? Não exatamente. Suponha que seja utilizada uma balança analítica para pesá-las, com aproximação de dez milésimos de grama. Assim, muito provavelmente, o peso das 24 barras apresentará **variação**.

Não importa qual é a variável de resposta; muito provavelmente, *os dados apresentarão variação se a ferramenta de medição for suficientemente precisa*. Um dos principais objetivos da análise estatística é a variabilidade da medição. Por exemplo, no estudo do controle de qualidade, a medição da variabilidade é absolutamente essencial. Controlar (ou reduzir) a variabilidade em um processo de fabricação é um campo com características próprias, ou seja, controle estatístico de processo.

> **Variabilidade** Medida na qual os valores de dados para uma determinada variável diferem uns dos outros.

1.3 Coleta de dados

UMA VEZ QUE, EM GERAL, É IMPOSSÍVEL ESTUDAR UMA POPULAÇÃO INTEIRA (TODOS OS INDIVÍDUOS DE UM PAÍS, TODOS OS UNIVERSITÁRIOS, TODOS OS PACIENTES ETC.), OS PESQUISADORES NORMALMENTE TOMAM POR BASE A *AMOSTRAGEM* PARA OBTER AS INFORMAÇÕES OU OS DADOS NECESSÁRIOS.

É importante obter "bons dados", porque as inferências finais realizadas serão baseadas nas estatísticas obtidas com base nos dados. Essas inferências serão tão boas quanto os dados.

Embora seja relativamente fácil definir "bons dados" como aqueles que representam com precisão a popula-

ção da qual são extraídos, não é fácil garantir que um determinado **método de amostragem** produzirá "bons dados". Como estatísticos, precisamos estar atentos à **tendência de métodos de amostragem** que produzem dados que diferem sistematicamente da população amostrada. Precisamos usar métodos de amostragem (coleta de dados) que produzirão dados representativos da população e também **imparciais**, isto é, não tendenciosos.

> **Método de amostragem** Processo de seleção de itens ou eventos que se tornarão a amostra.
>
> **Método de amostragem tendenciosa** Método de amostragem que produz dados que diferem sistematicamente da população amostrada. A amostragem repetida não irá corrigir a tendência.
>
> **Método de amostragem imparcial** Método de amostragem que não é tendencioso e apresenta dados representativos da população amostrada.

Dois métodos de amostragem comumente usados, que geralmente resultam em amostras tendenciosas, são as *amostras de conveniência* e *voluntária*. Uma amostra de conveniência, às vezes chamada de amostra aleatória, ocorre quando os itens são escolhidos de forma arbitrária e não estruturada em uma população, enquanto uma amostra voluntária é composta por resultados coletados dos elementos da população que optaram por contribuir com a informação necessária por iniciativa própria.

Alguma vez você comprou uma cesta de frutas no mercado com base na "boa aparência" das frutas por cima, só para descobrir depois que o restante não estava fresco? Era muito inconveniente inspecionar as frutas do fundo, então você confiou em uma amostra de conveniência. O seu professor usou a sua classe como uma amostra da qual ele coleta dados? Como um grupo, a classe é bastante conveniente, mas ela representa verdadeiramente a população da escola? (Considere a diferença entre diurno, noturno, e/ou estudantes de fim de semana, tipo de curso etc.)

Alguma vez você já enviou suas respostas para uma pesquisa de revista? Em que condições você dispensou (dispensaria) um tempo para responder a um questionário? A atitude imediata da maioria das pessoas é ignorar a pesquisa, e aqueles mais entusiasmados farão um esforço para responder. Portanto, não se devem esperar amostras representativas quando são coletadas amostras voluntárias.

Processo de coleta de dados

A coleta de dados para uma análise estatística é um processo complexo e inclui as seguintes etapas:

1. Definir os objetivos da pesquisa ou estudo. Exemplos: comparar a eficácia de um novo fármaco com a da droga-padrão; estimar a renda familiar média nos Estados Unidos.

2. Definir a variável e a população de interesse. Exemplos: tempo de recuperação para pacientes que sofrem de uma doença em particular; a renda total das famílias nos Estados Unidos.

3. Definir os sistemas de coleta e medição de dados. Isso inclui estrutura de amostragem, procedimentos de amostragem, tamanho da amostra e dispositivo de medição de dados (questionário, telefone etc.).

4. Coletar a amostra. Selecionar os assuntos a serem incluídos na amostra e coletar os dados.

5. Revisar o processo de amostragem após a conclusão da coleta. Muitas vezes, um analista fica retido com dados já coletados, possivelmente, até mesmo os dados coletados para outros fins, o que torna impossível determinar se os dados são "bons". É preferível utilizar técnicas aprovadas para coletar seus próprios dados. Embora este texto aborde principalmente as diversas técnicas de análise de dados, você deve estar ciente quanto às questões envolvidas na coleta de dados.

Dois métodos comumente usados para coletar dados são os *experimentos* e os *estudos observacionais*. Em um experimento, o pesquisador controla ou modifica o ambiente e observa o efeito sobre a variável em estudo. Às vezes, resultados de laboratório são obtidos usando ratos brancos aos quais são administrados medicamentos ou outras substâncias para testar os efeitos colaterais. Os tratamentos experimentais foram desenvolvidos especificamente para obter os dados necessários para estudar o efeito na variável. Em um estudo observacional, o pesquisador não modifica o ambiente e não controla o processo que está sendo observado. Os dados são obtidos por amostragem de parte da população de interesse. As *pesquisas* são estudos observacionais de pessoas.

Se cada elemento da população puder ser listado, ou enumerado, e observado, então, é compilado um *censo*. No entanto, os censos são raramente usados porque, em geral, são difíceis e demorados para compilar e, portanto, muito caros. Imagine a tarefa de elaboração de um recenseamento de todas as pessoas que são clientes potenciais de uma corretora. Em situações semelhantes a essa, geralmente, é realizada uma *pesquisa por amostragem*.

Estrutura e elementos de amostragem

Ao selecionar uma amostra para uma pesquisa, é necessário montar uma **estrutura de amostragem**, ou uma lista ou conjunto dos elementos que pertencem à população da qual a amostra será extraída. O ideal é que a estrutura de amostragem seja idêntica à população, sendo cada elemento da população incluído uma única vez. Nesse caso, um censo seria a estrutura de amostragem. Em outras situações, pode não ser tão fácil obter um censo, por não haver uma lista completa disponível. As listas de eleitores inscritos ou a lista telefônica são por vezes utilizadas como amostragem de quadros do público em geral. Dependendo da natureza da informação solicitada, a lista de eleitores inscritos ou a lista telefônica podem ou não servir como uma estrutura de amostragem

ESTRUTURA DE AMOSTRAGEM

= *População*

O ideal é que a estrutura de amostragem seja idêntica à da população.

imparcial. Uma vez que somente os elementos da estrutura têm uma chance de ser selecionados como parte da amostra, é importante que a estrutura de amostragem seja **representativa** da população.

Uma vez estabelecida uma estrutura de amostragem representativa, prosseguimos com a seleção dos elementos da amostra com base na estrutura de amostragem. Esse processo de seleção é denominado **projeto da amostra**. Existem muitos tipos diferentes de projetos de amostras, entretanto, todos eles se encaixam em duas categorias: *amostras de julgamento* e *amostras de probabilísticas*. **Amostras de julgamento** são amostras selecionadas com base no fato de serem consideradas "típicas".

Ao ser coletada uma amostra de julgamento, o indivíduo que a está selecionando escolhe os itens que considera representativos da população. A validade dos resultados de uma amostra de julgamento reflete a integridade do julgamento do coletor. Esse não é um procedimento estatístico aceitável.

Amostras probabilísticas são amostras nas quais os elementos a ser selecionados são extraídos com base em probabilidades. Cada elemento de uma população possui uma determinada probabilidade de ser selecionado como parte da amostra. As inferências que serão estudadas mais adiante neste livro baseiam-se no pressuposto de que nossos dados de amostragem são obtidos utilizando uma amostra probabilística. Há muitos modos de conceber amostras probabilísticas. Vamos observar dois deles, os métodos de fase única e os métodos multiestágios, e aprender sobre alguns dos muitos projetos específicos que são possíveis.

Amostras de julgamento Amostras selecionadas com base no fato de serem consideradas "típicas".

Amostras probabilísticas Amostras nas quais os elementos, ao serem selecionados, são extraídos com base nas probabilidades. Cada elemento de uma população possui uma determinada probabilidade de ser selecionado como parte da amostra.

Métodos de fase única

A **amostragem de fase única** é um esquema de amostras em que os elementos da estrutura de amostragem são tratados de forma igual, e não há subdivisão ou partição da estrutura. Dois esquemas de fase única utilizados pelos pesquisadores são a amostragem aleatória simples e a amostragem sistemática.

AMOSTRAGEM ALEATÓRIA SIMPLES

Um dos métodos de amostragem probabilística de fase única mais comuns utilizados para coletar dados é a **amostragem aleatória simples**, ou uma amostra selecionada de

Amostragem de fase única Esquema de amostras em que os elementos da estrutura de amostragem são tratados de forma igual, e não há subdivisão ou partição da estrutura.

Amostragem aleatória simples Amostra selecionada de tal forma que todos os elementos da população ou da estrutura de amostragem tenham a mesma probabilidade de serem escolhidos. Dessa forma, todas as amostras de tamanho *n* têm chances iguais de serem selecionadas.

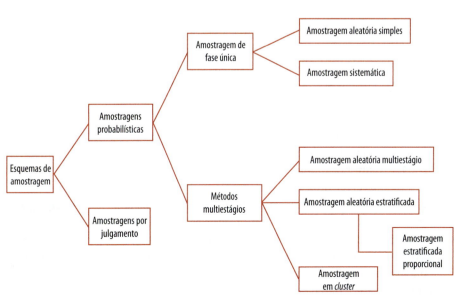

tal forma que todos os elementos da população ou da estrutura de amostragem tenham a mesma probabilidade de serem escolhidos. Dessa forma, todas as amostras de tamanho n têm chances iguais de serem selecionadas.

NOTA: As amostras aleatórias são obtidas por meio de amostragem com reposição de uma população finita ou de amostragem sem reposição de uma população infinita.

A ideia de que o próximo resultado (ou ocorrência) não é previsível é inerente ao conceito de aleatoriedade. Quando uma amostra aleatória é extraída, deve-se empregar todo o esforço necessário para garantir que todo o elemento tenha igual probabilidade de ser selecionado e que o resultado seguinte não se torne previsível. O procedimento adequado para selecionar uma amostra aleatória simples requer o uso de números aleatórios. É comum ocorrer erros em decorrência de o termo *aleatório* (chances iguais) ser confundido com o *ao acaso* (sem padrão).

Para selecionar uma amostra aleatória simples, deve-se primeiro atribuir um número de identificação para cada elemento dentro da estrutura de amostragem. Normalmente, isso é feito de forma sequencial, utilizando o mesmo número de dígitos para cada elemento. Em seguida, utilizando números aleatórios com a mesma quantidade de dígitos, selecionam-se tantos números quantos forem necessários para compor o tamanho de amostra desejado. Todos os elementos numerados no quadro de amostragem que correspondem a um número selecionado aleatoriamente são escolhidos para a amostra.

Por exemplo, imagine que o departamento de admissões em sua faculdade pretende estimar o custo "médio" atual dos livros didáticos por semestre, por aluno. A população de interesse é o "corpo de estudantes atualmente matriculados", e a variável é o "montante total gasto com livros didáticos" de cada aluno neste semestre. Como uma amostra aleatória é desejada, o diretor de admissões obtém a lista de matrículas em período integral para o semestre. Digamos que a lista contava com 4.265 nomes de alunos e o diretor numerou os alunos como 0001, 0002, 0003,..., até 4.265. Em seguida, com números aleatórios de quatro dígitos, o diretor identificou uma amostra: 1.288, 2.177, 1.952, 2.463, 1.644, 1.004, e assim por diante.

Por que criar uma amostra aleatória? Porque uma amostra aleatória simples é o primeiro passo para uma amostra imparcial. As amostras aleatórias são necessárias para a maioria dos procedimentos estatísticos apresentados neste livro. Sem um esquema aleatório, as conclusões obtidas com os procedimentos estatísticos podem não ser confiáveis.

Processo de coleta de dados

Observe o gráfico "O que os empregadores buscam", na página 5, e as cinco etapas do processo de coleta de dados.

1. *Definir os objetivos da pesquisa ou do estudo.* Determinar a opinião dos empregadores sobre quais qualidades eles buscam na contratação de empregados temporários.

2. *Definir a variável e a população de interesse.* A variável é a opinião ou a resposta para uma pergunta sobre as qualidades ou características. A população

AMOSTRAGEM SISTEMÁTICA

Em conceito, a amostragem aleatória simples é a técnica mais simples de amostragem probabilística, mas raramente é utilizada na prática, por ser muitas vezes ineficiente. Um dos métodos mais fáceis de usá-la para aproximar uma amostragem aleatória simples é o **método de amostragem sistemática**, que envolve a seleção de cada k-ésimo item do quadro de amostragem a partir de um primeiro elemento, que é selecionado aleatoriamente com base nos primeiros elementos k.

Para selecionar uma amostra sistemática de x por cento (%), teremos de selecionar aleatoriamente um elemento em cada $\frac{100}{x}$ elementos. Após o primeiro elemento ser localizado aleatoriamente entre os primeiros $\frac{100}{x}$ elementos, passamos a selecionar todos os $\frac{100}{x}$-ésimos

Método de amostragem sistemática
Amostragem que envolve a seleção de todos os k-ésimos itens do quadro de amostragem a partir do primeiro elemento, o qual é selecionado aleatoriamente com base nos primeiros elementos k.

de interesse é formada por todos os gerentes de recursos humanos dos Estados Unidos.

3. *Definir os sistemas de coleta e medição de dados.* Com base no próprio gráfico, pode ser observado que as fontes para as porcentagens apresentadas foram retiradas do site SnagAJob.com. De acordo com mais pesquisas, IPSOS Public Affairs, uma empresa de pesquisa terceirizada, conduziu o levantamento em nome do "site de trabalho por hora" SnagAJob.com entre 20 e 25 de fevereiro de 2009. Uma pesquisa on-line com 1.043 gerentes de contratação com a responsabilidade da contratação de funcionários para trabalhos temporários (de verão ou sazonais).

4. *Coletar a amostra.* As informações coletadas de cada gerente de recursos humanos referem-se à opinião deles sobre a única qualidade/característica essencial que um trabalhador temporário deve possuir.

5. *Revisar o processo de amostragem após a conclusão da coleta.* Uma vez que o processo de amostragem foi uma pesquisa on-line, somente os gerentes de recursos humanos que realizam seus negócios on--line tinham conhecimento dessa pesquisa? Estavam representadas várias áreas do país e tipos de empresas? Talvez você possa pensar em outras questões.

itens na sequência, até obtermos o número de valores de dados desejado para nossa amostra.

Por exemplo, se desejarmos uma amostra sistemática de 3%, deveremos localizar o primeiro item por meio da seleção aleatória de um número inteiro entre 1 e 33 ($\frac{100}{x} = \frac{100}{3} = 33,33$, que se torna 33 quando arredondado). Suponha que 23 foram selecionados aleatoriamente. Isso significa que o primeiro valor de dados é obtido do elemento na 23ª posição dentro do quadro de amostragem. O segundo valor de dados será proveniente da 56ª posição (23 + 33 = 56); o terceiro virá da 89ª posição (56 + 33); e assim por diante, até que a amostra esteja completa.

A técnica sistemática é fácil de descrever e executar; entretanto, apresenta alguns riscos inerentes, quando o quadro de amostragem é do tipo repetitivo ou cíclico. Por exemplo, uma amostra sistemática de todas as *k*-ésimas casas ao longo de uma rua pode resultar em uma amostra desproporcional no que diz respeito a casas em lotes de esquina. As informações resultantes provavelmente serão tendenciosas se a finalidade da amostragem for obter informações de apoio para um imposto proposto para a calçada. Nesses casos, os resultados não poderão aproximar-se de uma amostra aleatória simples.

Métodos multiestágio

Ao realizar uma amostragem de populações muito grandes, às vezes é necessário usar um esquema de *amostragem multiestágio* para aproximar a amostragem aleatória. A **amostragem aleatória multiestágio** é um processo de amostra em que os elementos do quadro de amostragem são subdivididos e a amostra é escolhida em mais de um estágio.

Em geral, os esquemas de amostragem multiestágio são iniciados dividindo-se uma população muito grande em subpopulações com base em alguma característica. Essas subpopulações são chamadas *estratos*. Esses estratos menores e mais fáceis de trabalhar podem, então, ser amostrados separadamente. Um exemplo desse esquema de amostragem é o método de amostragem aleatória estratificada. Esse método produz uma amostra estratificando a população, ou o quadro de amostragem, e, em seguida, selecionando um determinado número de itens de cada um dos estratos por meio de uma técnica de amostragem aleatória simples.

A **amostra aleatória estratificada** ocorre quando a população, ou um quadro de amostragem, é subdividida em diversos estratos. Geralmente algumas subdivisões ocorrem naturalmente, e, em seguida, uma subamostra é extraída de cada um desses estratos. Essas subamostras podem ser extraídas de vários estratos com a utilização de métodos aleatórios ou sistemáticos. Primeiro, as subamostras são resumidas separadamente e, depois, combinadas para gerar conclusões sobre toda a população.

Quando uma população com vários estratos é amostrada, geralmente, é necessário que o número de itens coletados de cada estrato seja proporcional ao tamanho dos estratos. Esse método é chamado de **amostragem estratificada proporcional**. Após a estratificação da população ou quadro de amostras, o pesquisador seleciona

Amostra aleatória multiestágio Esquema de amostragem no qual os elementos do quadro de amostragem são subdivididos e a amostra é selecionada em mais de um estágio.

Amostra aleatória estratificada Amostra obtida pela estratificação da população, ou do quadro de amostragem, selecionando-se, em seguida, um número de itens de cada um dos estratos, por meio de uma técnica de amostragem aleatória simples.

Amostra estratificada proporcional A amostra é obtida pela estratificação da população ou do quadro de amostras, selecionando-se, em seguida, um número de itens proporcional ao tamanho dos estratos a partir de cada estrato, por meio de uma técnica de amostragem aleatória simples.

um número de itens proporcional ao tamanho dos estratos – a partir de cada estrato – por meio de uma técnica de amostragem aleatória simples.

Uma forma conveniente de expressar a ideia de amostragem proporcional é estabelecer uma cota. Por exemplo, a cota "1 para cada 150" indica que deve ser selecionado um valor de dados para cada 150 elementos de cada estrato. Dessa forma, o tamanho dos estratos determina o tamanho da subamostra com base nos próprios estratos. As subamostras são resumidas separadamente e, depois, combinadas para gerar conclusões sobre toda a população.

> **Amostragem em clusters** Amostras obtidas pela estratificação da população, ou do quadro de amostragem, e subsequente seleção de alguns ou todos os itens de alguns estratos, mas não todos.

A amostragem em clusters é outro esquema multiestágios. Uma **amostragem em *cluster*** é obtida pela estratificação da população, ou do quadro de amostragem, e subsequente seleção de alguns ou todos os itens de alguns estratos, mas não todos. A amostragem em *clusters* utiliza métodos aleatórios ou sistemáticos para selecionar os estratos (*clusters*) a serem amostrados (primeiro estágio) e, depois, emprega métodos aleatórios ou sistemáticos para selecionar os elementos de cada *cluster* identificado (segundo estágio). O método de amostragem em clusters permite também a possibilidade de seleção de todos os elementos de cada *cluster* identificado. De qualquer forma, as subamostras são resumidas separadamente e, em seguida, as informações são combinadas.

Para ilustrar um possível processo de amostragem aleatória multiestágios, considere a necessidade de extrair amostras de um grande país. No primeiro estágio, o país é dividido em regiões menores, como estados, e é selecionada uma amostra aleatória desses estados. No segundo estágio, é extraída uma amostra aleatória de áreas menores (municípios) dentro dos estados selecionados. No terceiro estágio, é extraída uma amostra aleatória de áreas ainda menores (distritos) dentro de cada município. Finalmente, no quarto estágio, se esses distritos forem suficientemente pequenos para os fins do estudo, o pesquisador pode continuar colhendo amostras aleatórias simples de cada um dos distritos identificados. Isso significa que toda a amostra foi composta por várias subamostras "locais" identificadas como resultado dos diversos estágios.

O esquema de amostragem não é uma questão simples. Muitas faculdades e universidades oferecem cursos específicos sobre levantamento da amostras e projeto experimental. O tema da pesquisa amostral compõe por si só um livro didático completo. As informações mencionadas fornecem uma visão geral do processo de amostragem e coloca seu papel em perspectiva.

1.4 Estatística e tecnologia

NOS ÚLTIMOS ANOS, A TECNOLOGIA ELETRÔNICA TEVE UM TREMENDO IMPACTO SOBRE QUASE TODOS OS ASPECTOS DA VIDA.

O campo da estatística não é uma exceção. Como você verá, as estatísticas utilizam várias técnicas de natureza repetitiva: cálculos de estatísticas numéricas, procedimentos para a construção de gráficos de dados e procedimentos que são seguidos para formular inferências estatísticas. Computadores e calculadoras são muito bons para realizar essas operações, por vezes, longas e tediosas. Se o seu computador possui um desses pacotes estatísticos padrão ou se você tiver uma calculadora estatística, então, será fácil executar a análise.

Os Cartões de Tecnologia, fornecidos no final do livro, correspondem aos capítulos e contêm informações sobre como utilizar os vários tipos de tecnologia para realizar cálculos estatísticos.

Entra lixo, sai lixo!

É grande a tentação de usar o computador ou a calculadora para analisar todos e quaisquer conjuntos de dados e, em seguida, tratar os resultados como se as estatísticas estivessem corretas. Lembre-se do ditado: "Entra lixo, sai lixo!". O uso responsável da metodologia estatística é muito importante. Cabe ao usuário garantir que os métodos adequados sejam aplicados corretamente e que conclusões precisas sejam obtidas e comunicadas aos demais interessados.

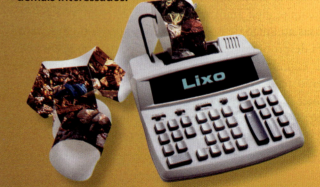

Stockbyte/Getty Images / Stockbyte/Getty Images / Bulent Ince/iStockphoto

problemas

Objetivo 1.1

1.1 O Postyour.info [http://postyour.info/] é um serviço mundial, no qual os usuários da internet de todo o mundo podem responder a seus questionários. O gráfico apresentado abaixo ilustra o resumo combinado de como os usuários responderam a uma das questões postadas. Os resultados são apresentados em porcentagem (contagem).

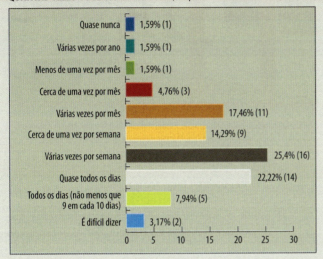

QUANTAS VEZES VOCÊ COME FRUTAS? (Independentemente dos motivos)

FONTE: http://postyour.info

a. Que pergunta foi feita e respondida a fim de reunir as informações apresentadas neste gráfico?
b. A quem foi perguntado?
c. Quantas pessoas responderam à pergunta?
d. Verifique os percentuais 1,59%, 17,46% e 25,4%.
e. Os percentuais informados neste gráfico representam todas as pessoas? Explique sua resposta.

1.2 Você trabalha duro pelo seu dinheiro? Os profissionais de Java acreditam que sim, relatando longas horas de trabalho em seus empregos. Desenvolvedores de Java do mundo inteiro foram entrevistados quanto ao número de horas de trabalho semanais. É listado aqui o número médio de horas trabalhadas semanalmente em várias regiões dos Estados Unidos e do mundo.

Região	Horas trabalhadas	Região	Horas trabalhadas
Estados Unidos	48	Califórnia	50
Nordeste	47	Nordeste da Costa do Pacífico	47
Médio Atlântico	49	Canadá	43
Sul	47	Europa	48
Centro-Oeste	47	Ásia	47
Central	51	América do Sul e África	49

FONTE: Jupitermedia Corporation

a. Quantas horas você trabalha por semana (ou prevê que irá trabalhar após se formar)?
b. O que aconteceu com as 40 horas semanais? Parecem existir para o profissional de Java?
c. As informações neste gráfico fazem uma carreira como profissional de Java parecer atraente?

1.3 O gráfico estatístico apresentado na página 2 parece sugerir que as informações se referem a que população? É esse o caso? Justifique sua resposta.

1.4 a. Observe o gráfico "Quantas vezes sua cama é arrumada?" Se você fosse questionado, como responderia? O que significa o percentual associado à sua resposta? Explique.
b. Como você interpreta o "5%-Semanalmente" informado em "Quantas vezes sua cama é arrumada"?

1.5 a. Escreva um parágrafo de 50 palavras descrevendo o que o termo "estatística" significa para você agora.
b. Escreva um parágrafo de 50 palavras descrevendo o que o termo "aleatório" significa para você agora.
c. Escreva um parágrafo de 50 palavras descrevendo o que o termo "amostra" significa para você agora.

1.6 *Estatística* é descrita na página 4 como "a ciência de coletar, descrever e interpretar dados". Usando suas próprias palavras, escreva uma frase descrevendo cada uma das três atividades estatísticas.

1.7 Determine quais das seguintes afirmações é de natureza descritiva e qual é inferencial. Consulte os dados abaixo em "Quantos anos tem meu peixe?"

Qual a idade do meu peixe?							
Idade média por comprimento do achigã no estado de Nova York							
Comprimento (polegadas)	8	9	10	11	12	13	14
Idade (anos)	2	3	3	4	4	5	5

FONTE: *NYS DEC Freshwater Fishing Guide* – New York State Department of Environmental Conservation (Guia de Pesca em Água Doce do Departamento de Conservação Ambiental do Estado de Nova York)

a. Todos os achigãs de 9 polegadas no estado de Nova York têm em média 3 anos de idade.
b. Para o achigã utilizado na amostra para compor o *NYS DEC Freshwater Fishing Guide*, a média de idade dos achigãs com 9 polegadas foi de 3 anos.

1.8 Determine quais das seguintes afirmações é de natureza descritiva e qual é inferencial. Consulte o gráfico "Adolescentes que utilizam o telefone celular na sala de aula" na página 5.
a. 84% dos adolescentes entre maio e junho de 2009 tinham telefones celulares.
b. Entre maio e junho de 2009, 16% de todos os adolescentes pesquisados não tinham um telefone celular.

1.9

Definição de uma data para um encontro

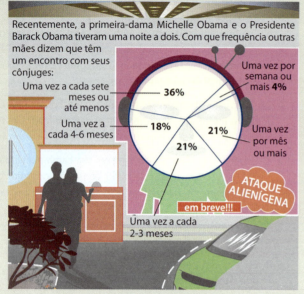

Recentemente, a primeira-dama Michelle Obama e o Presidente Barack Obama tiveram uma noite a dois. Com que frequência outras mães dizem que têm um encontro com seus cônjuges:

Uma vez a cada sete meses ou até menos — 36%

Uma vez a cada 4-6 meses — 18%

21%

21%

Uma vez por semana ou mais **4%**

Uma vez por mês ou mais — 21%

Uma vez a cada 2-3 meses

ATAQUE ALIENÍGENA

em breve!!!

FONTE: Frigidaire Motherload Index. Levantamento realizado com 1.170 mulheres casadas com idade entre 25 e 50 anos que possuem duas ou mais crianças.

a. Que grupo de pessoas foi entrevistado?
b. Quantas pessoas foram entrevistadas?
c. Que informações foram obtidas de cada pessoa?
d. Explique o significado de "18% dizem que uma vez a cada 4-6 meses".
e. Quantas pessoas responderam "Uma vez a cada 4-6 meses"?

1.10 O International Communications Research (ICR) realizou a pesquisa Spring Cleaning em 2008 para a Associação de Sabões e Detergentes. O ICR entrevistou 777 americanos adultos que fazem faxina para saber qual tarefa doméstica eles gostariam de contratar alguém para realizar por eles. Os resultados para as "tarefas" foram: 47% lavar as janelas, 23% limpar o banheiro, 12% limpar a cozinha, 8% tirar o pó, 7% passar pano no chão, 3% outras. A margem de erro da pesquisa é de ±3.52%.
a. Qual é a população?
b. Quantas pessoas foram entrevistadas?
c. Que informações foram obtidas de cada pessoa?
d. Utilizando as informações fornecidas, estime o número de adultos pesquisados que, se pudessem, contratariam alguém para lavar as janelas.
e. O que você acha que significa uma "margem de erro de ± 3,52%"?
f. Como você usaria a margem de erro na estimativa do percentual de todos os adultos que gostariam de contratar alguém para a tarefa de "limpar a cozinha"?

1.11 A Opinion Research Corporation realizou o estudo em 2008 Lemelson-MIT Invention Index com 501 adolescentes, com idades entre 12 e 17 anos. Foi perguntado que invenção cotidiana estaria obsoleta em cinco anos na opinião deles.

Moderno hoje, obsoleto amanhã

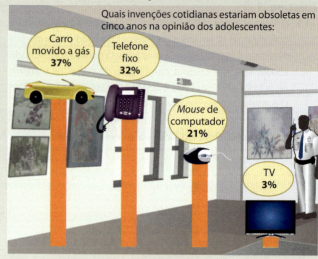

Quais invenções cotidianas estariam obsoletas em cinco anos na opinião dos adolescentes:

Carro movido a gás **37%**

Telefone fixo **32%**

Mouse de computador **21%**

TV **3%**

FONTE: 2009 Lemelson-MIT Invention Index. Estudo realizado com 501 adolescentes com idades entre 12 e 17 anos. Opinion Research Corp. Margem de erro de ± 4,3 pontos percentuais.

a. Qual é a população?
b. Quantas pessoas foram entrevistadas?
c. Que informações foram obtidas de cada pessoa?
d. Estime o número de adolescentes pesquisados que acham que o *mouse* do computador estará obsoleto em cinco anos.
e. O que você acha que significa uma "margem de erro de ± 4,3%"?
f. Como você usaria a margem de erro na estimativa do percentual de todos os adolescentes que acreditam que o *mouse* do computador estará obsoleto em cinco anos?

1.12

Como você planeja gastar sua restituição do imposto de renda?

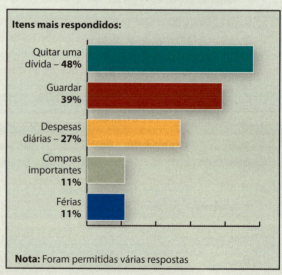

Itens mais respondidos:

Quitar uma dívida – **48%**

Guardar **39%**

Despesas diárias – **27%**

Compras importantes **11%**

Férias **11%**

Nota: Foram permitidas várias respostas

FONTE: National Retail Federation 2009 Tax Returns Consumer Intensions and Actions survey of 8.426 consumers. Margin of error: ±1 percentage point.

a. Descreva a população de interesse.
b. Descreva a forma de amostragem mais provavelmente utilizada para colher essas informações.

c. Identifique a variável utilizada para colher essas informações.

d. O que a maioria das pessoas vai fazer com a sua restituição de imposto? Como essa maioria é mostrada no gráfico?

1.13 Durante um programa de rádio há alguns anos, David Essel relatou as três estatísticas a seguir: (1) a taxa de divórcio nos Estados Unidos é de 55%; (2) quando adultos casados foram perguntados se voltariam a se casar com seu cônjuge, (a) 75% das mulheres disseram que sim; e (b) 65% dos homens disseram que sim.

a. Qual é a taxa de "permanecer casado"?

b. Parece haver uma contradição nessa informação. Como é possível que todas as três declarações estejam corretas? Explique.

1.14 Um conhecimento profissional de estatística é muito útil quando você deseja entender as estatísticas informadas nas notícias. Tanto os meios de comunicação quanto o governo muitas vezes fazem declarações como "A taxa de crimes subiram 50% em sua cidade."

a. Um aumento na taxa de 4 para 6 representa um aumento de 50%? Explique.

b. Por que alguém relataria um aumento de 4 para 6 como um "salto de 50%"?

1.15 Da população adulta dos Estados Unidos, 36% têm uma alergia. Em uma amostra de 1.200 adultos selecionados aleatoriamente, 33,2% tinham alguma alergia.

a. Descreva a população.

b. Qual é a amostra?

c. Descreva a variável.

d. Identifique a estatística e forneça seu valor.

e. Identifique o parâmetro e forneça seu valor.

1.16 Em suas próprias palavras, explique por que o parâmetro é fixo e a estatística varia.

1.17 O "número na camisa de futebol" é uma variável quantitativa ou categórica? Justifique sua resposta com uma explicação detalhada.

1.18 a. Cite duas variáveis de atributos relacionados ao cliente que uma loja de departamentos recém-inaugurada pode achar interessante estudar.

b. Cite duas variáveis numéricas relacionadas ao cliente que uma loja de departamentos recém-inaugurada pode achar interessante estudar.

1.19 a. Cite duas variáveis nominais relacionadas ao cliente que uma loja de departamentos recém-inaugurada pode achar interessante estudar.

b. Cite duas variáveis ordinais relacionadas ao cliente que uma loja de departamentos recém-inaugurada pode achar interessante estudar.

1.20 a. Explique por que a variável "pontos" para a equipe da casa em um jogo de basquete é discreta.

b. Explique por que a variável "número de minutos para ir e voltar do trabalho" é contínua.

1.21 A gravidade dos efeitos colaterais experimentados pelos pacientes durante o tratamento com um medicamento específico está em estudo. A gravidade é medida como "nenhuma", "leve", "moderada", "grave" ou "muito grave".

a. Cite a variável de interesse.

b. Identifique o tipo de variável.

1.22 Uma pesquisa nacional com adultos sobre utilizar telefone celular e dirigir foi realizada em 2009 pela The Harris Poll. As respostas para "O quanto é perigoso para um motorista usar o celular enquanto dirige?" foram classificadas como "muito perigoso", "perigoso", "um tanto perigoso", "pouco perigoso", ou "nada perigoso".

a. Cite a variável de interesse.

b. Identifique o tipo de variável.

1.23 Os alunos estão sendo questionados quanto ao peso dos livros e materiais que carregam ao assistir às aulas.

a. Identifique a variável de interesse.

b. Identifique o tipo de variável.

c. Liste alguns valores que podem ocorrer em uma amostragem.

1.24 Abaixo é apresentada uma pequena amostra das 165 caminhonetes ano 2009 listadas no site MPGoMatic.com e disponíveis para o público consumidor:

Fabricante	Modelo	Direção	Tamanho do motor (nº. cilindros)	Tamanho do motor, deslocamento (litros)	Transmissão	MPG cidade	MPG estrada
Chevrolet	Colorado	2WD	4	2,9	Manual	18	24
GMC	Canyon	2WD	5	3,7	Auto	17	23
Hummer	H3T	4WD	8	5,3	Auto	13	16
Mitsubishi	Raider	4WD	8	4,7	Auto	9	12
Suzuki	Equator	2WD	4	2,5	Auto	17	22
Toyota	Tacoma	4WD	6	4,0	Manual	14	19

FONTE: http://www.mpgomatic.com/

a. Qual é a população da qual essa amostra foi extraída?

b. Quantos elementos compõem a população? Quantos estão nessa amostra?

c. Quantas variáveis existem?

d. Cite as variáveis qualitativas/categóricas.

e. Quais variáveis qualitativas são nominais? Quais são ordinais?

f. Cite as variáveis quantitativas.

g. Quais variáveis qualitativas são discretas? Quais são contínuas?

1.25 Identifique cada um dos itens abaixo como exemplos de variáveis (1) nominais, (2) ordinais, (3) discretas ou (4) contínuas:

a. Uma pesquisa de eleitores registrados referente a qual candidato eles apoiam.

b. O tempo necessário para curar um ferimento quando um novo medicamento é utilizado.

c. O número de televisores em uma residência.

d. A que distância as mulheres no primeiro ano da faculdade podem chutar uma bola de futebol.

e. O número de páginas por trabalho produzidas por impressora de computador.

f. A espécie de árvore utilizada como árvore de Natal.

1.26 Suponha que uma criança de 12 anos de idade lhe pedisse para explicar a diferença entre uma amostra e uma população.

a. Que informações você deveria incluir em sua resposta?

b. Que razões você daria a ela para tomar uma amostra em vez de analisar todos os membros da população?

Objetivo 1.2

1.27 Suponha que medimos o peso (em quilos) dos indivíduos que compõem cada um dos seguintes grupos:

> Grupo 1: Líderes de torcida das equipes da Liga Nacional de Futebol dos Estados Unidos.
> Grupo 2: Jogadores das equipes da Liga Nacional de Futebol dos Estados Unidos.

Para que grupo você esperaria que os dados mostrassem maior variabilidade? Explique por quê.

1.28 Suponha que você estivesse tentando decidir qual entre duas máquinas comprar. Além disso, suponha que o comprimento no qual as máquinas cortam um determinado produto seja importante. Se ambas as máquinas produzirem peças, em média, com o mesmo comprimento, qual outra consideração sobre o comprimento seria importante? Por quê?

1.29 Há anos, grupos ativistas de consumidores têm incentivado os varejistas a utilizar preços unitários dos produtos. Eles argumentam que os preços dos alimentos, por exemplo, devem sempre ser rotulados em $/onça, $/libra, $/grama, $/litro etc., além de $/pacote, $/lata, $/caixa, $/garrafa. Explique por quê.

1.30 Uma máquina de café automática libera, em média, 170 ml de café por copo. Pode essa afirmação ser verdadeira para uma máquina de café automática que, ocasionalmente, libera somente o suficiente para encher o copo pela metade (digamos, 115 ml)? Explique.

1.31 Os professores utilizam provas para medir o conhecimento dos alunos sobre sua matéria. Explique como uma "falta de variabilidade na pontuação dos alunos pode indicar que a prova não foi um método muito eficaz de medição". Questões a considerar: O que significaria se todos os alunos atingissem uma pontuação de 100% em uma prova? O que significaria se todos atingissem 0%? O que significaria se as notas variassem entre 40% e 95%?

Objetivo 1.3

1.32 O *USA Today* regularmente pergunta aos leitores: "Você tem alguma reclamação sobre manipulação de bagagens, restituições, publicidade ou atendimento ao cliente prestado por uma companhia aérea? Responda: … ".

a. Que tipo de método de amostragem é esse?

b. Há possibilidade de os resultados serem tendenciosos? Explique.

1.33 O *USA Today* realizou uma pesquisa perguntando aos leitores "Qual é a coisa mais hilária que já aconteceu com você a caminho ou durante uma viagem de negócios?".

a. Que tipo de método de amostragem é esse?

b. Há possibilidade de os resultados serem tendenciosos? Explique.

1.34 Em uma pesquisa sobre famílias, Ann Landers, uma conhecida colunista, perguntou aos pais se eles teriam filhos novamente e 70% responderam "não". Em uma pesquisa aleatória independente, fazendo a mesma pergunta, 90% das respostas foi "sim". Dê ao menos uma explicação para o percentual resultante da pesquisa realizada por Landers ser tão diferente do resultante da amostra aleatória.

1.35 Um distribuidor de alimentos por atacado em uma grande área metropolitana gostaria de testar a demanda para um novo produto alimentício. Ele distribui os alimentos por meio de cinco grandes cadeias de supermercados. O distribuidor seleciona uma amostra das lojas localizadas nas áreas onde ele acredita que os consumidores são receptivos para experimentar novos produtos. Que tipo de amostragem isso representa?

1.36 Em dezembro de 2008, a NBC postou a pergunta abaixo em seu site para realizar uma pesquisa com o público.

> Voto on-line, 16 de março de 2009, com 12.810.699 respostas apuradas
>
> A frase "In God We Trust" ("Acreditamos em Deus") deve ser removida da moeda norte-americana?
>
> Sim. É uma violação do princípio da separação entre igreja e estado.
> 14%
>
> Não. A frase tem significado histórico e patriótico, e não tem a intenção de estabelecer uma religião do estado.
> 86%

Ao mesmo tempo, o e-mail abaixo foi divulgado para incentivar o voto.

> Aqui está a sua chance de deixar a mídia saber a posição do povo em relação à nossa fé em Deus, como uma nação. A NBC está realizando uma enquete sobre a permanência da frase "In God We Trust" ("Acreditamos em Deus") na moeda norte-americana.
>
> Envie este e-mail para todos os cristãos que você conhece para que eles possam votar sobre esse importante assunto. Por favor, faça-o imediatamente, antes que a NBC retire a enquete de sua página na web.
>
> Este *e-mail* não é enviado para a discussão; se você concorda, encaminhe-o; se você não concorda, exclua-o. Pelo fato de eu encaminhá-lo, você sabe como me sinto. Aposto que essa atitude foi uma surpresa para a NBC.

Descreva duas razões pelas quais não se deve esperar que os resultados da pesquisa "In God We Trust" sejam representativos da população.

1.37 Considere uma população simples, composta apenas pelos números 1, 2 e 3 (um número ilimitado de cada um deles). Há 9 amostras diferentes de tamanho 2 que podem ser extraídas dessa população: (1, 1), (1, 2), (1, 3), (2, 1), (2, 2), (2, 3), (3, 1), (3, 2), (3, 3).

a. Se a população for composta pelos números 1, 2, 3 e 4, liste todas as amostras com 2 números que possivelmente poderiam ser selecionadas.

b. Se a população for composta pelos números 1, 2, 3 e 4, liste todas as amostras com 3 números que possivelmente poderiam ser selecionadas.

1.38 a. O que é um quadro de amostragem?

b. No exemplo da página 14, o que o departamento de admissões utilizou como quadro de amostragem?

c. No mesmo exemplo, de onde se originou o número 1.288 e como ele foi usado?

1.39 Pode ser muito difícil obter uma amostra aleatória. Por quê?

1.40 Por que a amostra aleatória é tão importante em estatística?

1.41 Sheila Jones trabalha para uma empresa de pesquisa de marketing em Cincinnati, Ohio. Seu supervisor acaba de lhe entregar uma lista com 500 números aleatórios de 4 dígitos extraídos de um quadro estatístico de dígitos aleatórios. Ele pediu para Sheila realizar um levantamento contatando 500 moradores de Cincinnati por telefone, considerando que os 4 últimos dígitos do seu número de telefone deveriam bater com um dos números relacionados na lista. Se Sheila seguir as instruções de seu supervisor, ele tem certeza de que obterá uma amostra aleatória dos entrevistados? Explique.

1.42 Descreva detalhadamente como você selecionaria uma amostra sistemática de 4% dos adultos em uma cidade grande próxima, a fim de concluir uma pesquisa sobre uma questão política.

1.43 a. Que órgão do governo federal ilustra uma amostragem estratificada do povo? (Não é utilizado um processo de seleção aleatória.)

b. Que órgão do governo federal ilustra uma amostragem proporcional do povo? (Não é utilizado um processo de seleção aleatória.)

1.44 Suponha que você tenha sido contratado por um grupo de estações de rádio sobre esportes para determinar a distribuição etária de seus ouvintes. Descreva detalhadamente como selecionaria uma amostra aleatória de 2.500 pessoas com base em 35 áreas ouvintes envolvidas.

1.45 Explique por que as pesquisas que são tão frequentemente citadas durante as primeiras informações da cobertura eleitoral da TV no dia das eleições são um exemplo de amostragem por *clusters*.

1.46 A agenda de telefones pode não ser um quadro de amostragem representativo. Explique por quê.

1.47 A lista de eleitores registrados do conselho eleitoral não constitui um censo da população adulta. Explique por quê.

1.48 "Substitua as lâmpadas incandescentes por lâmpadas fluorescentes compactas que usam até 75% menos energia e duram até 10 vezes mais tempo."

FONTE: "Simple Ways to Save Energy" ("Formas simples de poupar energia"), *NYSEG Energy Lines*, fevereiro de 2009.

a. Quais são as duas afirmações feitas na declaração acima pela Companhia de Gás e Eletricidade do Estado de Nova York (NYSEG)? Defina-as em termos de parâmetros estatísticos.

b. Você acredita que as duas declarações da NYSEG são razoáveis e provavelmente verdadeiras? Explique.

c. Se você acredita que as duas declarações da NYSEG são razoáveis e provavelmente verdadeiras, você seria levado a buscar provas para verificar sua veracidade? Explique.

d. Se você acredita que as duas declarações da NYSEG não são razoáveis e provavelmente não são verdadeiras, você seria levado a buscar provas para verificar sua incoerência? Explique.

e. Seria mais provável que você investigasse a situação descrita na letra (c) ou (d)? Explique.

f. Como você procederia para tentar verificar a afirmação "até 75% menos energia"?

g. Como você procederia para tentar verificar a afirmação "por até 10 vezes mais tempo"?

Objetivo 1.4

1.49 Como os computadores aumentaram a utilidade da estatística para profissionais como pesquisadores, funcionários públicos que analisam dados, consultores de estatística, entre outros?

1.50 Como os computadores podem ajudá-lo com relação à estatística?

1.51 Qual é o significado do ditado "Entra lixo, sai lixo!", e como os computadores aumentaram a probabilidade de os estudos serem vitimados por esse provérbio?

Análise descritiva
e apresentação de dados de uma única variável

Você já se perguntou se o seu dia típico se compara ao de outros estudantes universitários? Ao olhar o gráfico abaixo, pense no que você faz durante o dia e quanto tempo você gasta realizando essas atividades. O seu dia se divide nas categorias mostradas abaixo? Ou você tem uma ou duas categorias extras? Em média, como se compara a quantidade de tempo que você gasta? Talvez você tenha categorias diferentes. Você pode desejar que também possa dispor de, em média, oito horas e meia de sono!

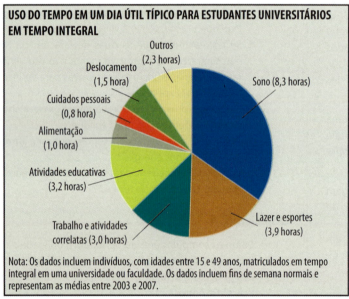

USO DO TEMPO EM UM DIA ÚTIL TÍPICO PARA ESTUDANTES UNIVERSITÁRIOS EM TEMPO INTEGRAL

Outros (2,3 horas)
Deslocamento (1,5 hora)
Cuidados pessoais (0,8 hora)
Alimentação (1,0 hora)
Atividades educativas (3,2 horas)
Trabalho e atividades correlatas (3,0 horas)
Sono (8,3 horas)
Lazer e esportes (3,9 horas)

Nota: Os dados incluem indivíduos, com idades entre 15 e 49 anos, matriculados em tempo integral em uma universidade ou faculdade. Os dados incluem fins de semana normais e representam as médias entre 2003 e 2007.

FONTE: Bureau of Labour Statistics

Você pode imaginar todas essas informações escritas em frases? Os gráficos podem, verdadeiramente, valer mais do que mil palavras. Esse gráfico de pizza resume as informações referentes a "Uso do Tempo", obtidas pelo American Time Use Survey (ATUS) entre 2003 e 2007, com mais de 50 mil norte-americanos. ATUS é um levantamento contínuo administrado pelo governo federal sobre o uso do tempo nos Estados Unidos, patrocinado pelo Bureau of Labor Statistics e realizado pelo U. S. Census Bureau. Como é um levantamento transversal, esse gráfico inclui apenas os estudantes universitários em tempo integral que participaram do estudo.

Agora que você conhece a origem e visualiza o tamanho total da amostra, pode achar que esses dados retratam um quadro relativamente preciso do dia de um estudante universitário. Ou será que algum dos números parece incorreto para você? O tempo de 0,8 hora por dia gasto com cuidados

objetivos

2.1 **Gráficos, diagramas de Pareto e diagramas de ramo e folhas**

2.2 **Distribuições de frequência e histogramas**

2.3 **Medidas de tendência central**

2.4 **Medidas de dispersão**

2.5 **Medidas de posição**

2.6 **Interpretação e compreensão do desvio padrão**

2.7 **A arte da fraude estatística**

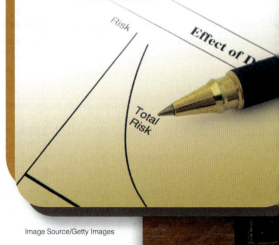

Image Source/Getty Images

pessoais pode apresentar uma diferença em razão do sexo e parecer incorreto para você. Conforme avançar pelo Capítulo 2, você começará a aprender como organizar e resumir os dados em representações gráficas e estatísticas numéricas, a fim de descrevê-los de forma precisa e adequada.

2.1 Gráficos, diagramas de Pareto e diagramas de ramo e folhas

APÓS OS DADOS DA AMOSTRAGEM SER COLETADOS, PRECISAMOS "NOS FAMILIARIZAR" COM ELES.

Uma das formas mais úteis de se familiarizar com os dados é a utilização de uma técnica de análise exploratória de dados inicial que resultará em uma representação visual dos dados. A apresentação exibirá os padrões de comportamento da variável que está sendo estudada. Existem diversas formas gráficas (visuais) de descrever dados. Os tipos de dados e a ideia a ser apresentada determinam qual método será usado.

NOTA: Não há somente uma resposta correta ao se construir um gráfico. O julgamento do analista e as circunstâncias que envolvem o problema desempenham um papel importante no desenvolvimento do gráfico.

Dados qualitativos

Os gráficos podem ser utilizados para resumir dados qualitativos, de atributo ou categóricos. Os **gráficos de pizza (gráficos em círculo)** mostram a quantidade de dados que pertencem a cada categoria como uma parte proporcional de um círculo. Os **gráficos de barras** mostram a quantidade de dados que pertencem a cada categoria como uma área retangular dimensionada proporcionalmente. Qualquer representação gráfica utilizada, independentemente do tipo, tem de ser totalmente autoexplicativa. Isso inclui um título descritivo significativo e a identificação adequada das quantidades e variáveis envolvidas. Para avaliar as diferenças entre esses dois tipos de representações gráficas, vamos compará-los utilizando o mesmo conjunto de dados para criar um gráfico de cada.

Para ter uma noção melhor do que está envolvido na representação gráfica de dados qualitativos, vamos considerar um exemplo relacionado às cirurgias realizadas em um hospital. A Tabela 2.1 lista o número de casos de cada tipo de cirurgia realizada no Hospital Geral no ano passado.

Tabela 2.1 **Cirurgias realizadas no Hospital Geral no ano passado**

Tipo de cirurgia	Número de casos
Torácica	20
Ossos e articulações	45
Olho, ouvido, nariz e garganta	58
Geral	98
Abdominal	115
Urológica	74
Proctológica	65
Neurocirúrgica	23
Total	498

Os dados da Tabela 2.1 são exibidos em um gráfico de pizza na Figura 2.1, sendo cada tipo de cirurgia representado por uma proporção relativa de um círculo, obtida dividindo-se o número de casos pelo tamanho total da amostra, ou seja, 498. As proporções são, então, relatadas como porcentagens (por exemplo, 25% do círculo). A Figura 2.2 exibe os mesmos dados de "tipo de cirurgia", mas na forma de gráfico de barras. Os gráficos de barras de dados de atributo devem ser desenhados com um espaço entre barras de uma mesma largura.

Quando o gráfico de barras é apresentado na forma de um *diagrama de Pareto*, ele apresenta informações adicionais e muito

Pali Rao/iStockphoto

Gráficos de pizza (gráficos em círculo)
Gráficos que mostram a quantidade de dados que pertence a cada categoria como uma parte proporcional de um círculo.

Gráficos de barras Gráficos que mostram a quantidade de dados que pertence a cada categoria como uma área retangular dimensionada proporcionalmente.

úteis. Isso ocorre porque, em um **diagrama de Pareto**, as barras são organizadas da categoria mais numerosa para a menos numerosa. O diagrama de Pareto inclui também um gráfico de linhas que mostra as porcentagens e contagens cumulativas para as barras. Esse diagrama é comum em aplicações de controle de qualidade. Um diagrama de Pareto dos tipos de defeitos mostrará aqueles que têm maior impacto sobre a taxa de defeitos em ordem de efeito. Assim, é fácil visualizar quais defeitos devem ser focados a fim de reduzir sua taxa de forma mais eficaz.

Os diagramas de Pareto também podem ser úteis na avaliação das estatísticas de criminalidade. O FBI informou o número de crimes de ódio por categoria em 2003 (www.fbi.gov). O diagrama de Pareto na Figura 2.3 mostra os 8.715 crimes de ódio categorizados, suas porcentagens e as porcentagens cumulativas.

> **Diagrama de Pareto** Gráfico de barras no qual as barras são organizadas da categoria mais numerosa para a menos numerosa.
> Inclui também um gráfico de linhas que mostra as porcentagens e contagens cumulativas com relação às barras.

Dados quantitativos

Uma razão importante para construir um gráfico de dados quantitativos é mostrar a sua **distribuição**, ou o padrão de variabilidade exibido pelos dados de uma variável. A distribuição mostra a frequência de cada valor da variável. Dois métodos comuns para a exibição da distribuição dos dados qualitativos são o **dotplot** (gráfico de pontos) e o diagrama de **ramo e folhas**.

> **Distribuição** Padrão de variabilidade exibido pelos dados de uma variável. A distribuição mostra a frequência de cada valor da variável.

Figura 2.1 Gráfico de pizza

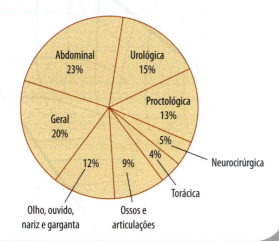

Cirurgias realizadas no Hospital Geral no ano passado

Figura 2.2 Gráfico de barras

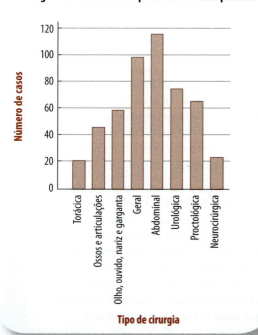

Cirurgias realizadas no Hospital Geral no ano passado

Figura 2.3 Diagrama de Pareto

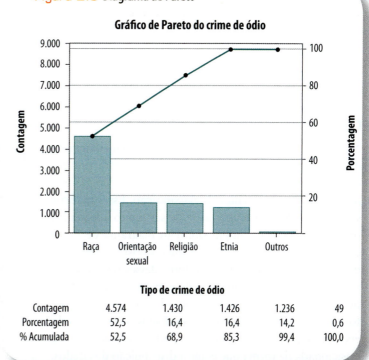

Gráfico de Pareto do crime de ódio

Tipo de crime de ódio

	Raça	Orientação sexual	Religião	Etnia	Outros
Contagem	4.574	1.430	1.426	1.236	49
Porcentagem	52,5	16,4	16,4	14,2	0,6
% Acumulada	52,5	68,9	85,3	99,4	100,0

GRÁFICO DOTPLOT

Um dos gráficos mais simples utilizados para demonstrar uma distribuição é o **gráfico dotplot**. O dotplot exibe os dados de uma amostra representando cada valor de dados por meio de um ponto posicionado ao longo de uma escala. Essa escala pode ser tanto horizontal quanto vertical. A frequência dos valores é representada ao longo da outra escala. O dotplot é uma técnica conveniente para ser utilizada ao iniciar a análise dos dados, pois gera uma imagem dos dados e classifica-os em ordem numérica. (*Classificar* dados é listá-los em ordem de classificação de acordo com o valor numérico.) A Tabela 2.2 fornece uma amostra de 19 notas de provas selecionadas aleatoriamente de uma classe extensa. Observe como os dados da Figura 2.4 estão agrupados perto do centro e mais espalhados perto das extremidades.

Tabela 2.2 Amostra de 19 notas de provas

76	74	82	96	66	76	78	72	52	68
86	84	62	76	78	92	82	74	88	

Figura 2.4 Dotplot

DIAGRAMA DE RAMO E FOLHAS

Nos últimos anos, uma técnica conhecida como **diagrama de ramo e folhas** se tornou muito popular para resumir os dados numéricos. Ela é uma combinação de uma técnica gráfica e uma técnica de classificação. Esses gráficos são simples de criar e usar, além de ser muito adequados para aplicações de computador. Um diagrama de ramo e folhas apresenta os dados de uma amostra usando os dígitos reais que formam os valores desses dados. Cada valor numérico é dividido em duas partes: o(s) dígito(s) inicial(is) forma(m) o ramo e o(s) dígito(s) adicional(is) forma(m) a folha. Os ramos estão dispostos ao longo do eixo principal, e uma folha para cada valor de dados é posicionada de forma que exibe a distribuição dos dados.

Gráfico dotplot Exibe os dados de uma amostra representando cada dado por meio de um ponto posicionado ao longo de uma escala. Essa escala pode ser tanto horizontal quanto vertical. A frequência dos valores é representada ao longo da outra escala.

Gráfico de ramo e folhas Exibe os dados de uma amostra utilizando os dígitos reais que formam os valores desses dados. Cada valor numérico é dividido em duas partes: o(s) dígito(s) inicial(is) forma(m) o ramo e o(s) dígito(s) adicional(is) forma(m) a folha. Os ramos são dispostos ao longo do eixo principal, sendo inserida uma folha para cada valor de dados de forma que exibe a distribuição dos dados.

Vamos construir um diagrama de ramo e folhas para as 19 notas de provas da Tabela 2.2. Com uma olhada rápida, vemos que há notas entre 50, 60, 70, 80 e 90. Vamos usar o primeiro dígito de cada nota como o ramo e o segundo dígito como a folha. Normalmente, o gráfico é construído na vertical. Traça-se uma linha vertical e dispõem-se os ramos, de forma ordenada, à esquerda da linha.

```
5 |
6 |
7 |
8 |
9 |
```

Em seguida, coloca-se cada folha em seu ramo. Isto é feito posicionando-se o dígito adicional à direita da linha vertical oposto ao seu dígito inicial correspondente. Nosso primeiro valor de dados é 76, em que 7 é o ramo e 6 é a folha. Assim, posicionamos um 6 no lado oposto ao ramo 7:

```
7 | 6
```

O próximo valor dos dados é 74, sendo a folha 4 adicionada ao ramo 7, ao lado do ramo 6.

```
7 | 6 4
```

O próximo valor de dados é 82, sendo a folha 2 posicionada no ramo 8.

```
7 | 6 4
8 | 2
```

Continuamos até cada uma das demais 16 folhas serem inseridas no gráfico. A Figura 2.5A mostra a imagem resultante do gráfico de ramo e folhas. A Figura 2.5B mostra o gráfico de ramo e folhas completo, após as folhas terem sido ordenadas.

Com base na Figura 2.5B, observamos que as notas centralizam-se em torno dos 70. Nesse caso, todas as notas com os mesmos algarismos de dezenas foram colocadas no mesmo ramo, mas isso pode nem sempre ser o desejado. Suponha que vamos reconstruir o gráfico e que, agora, em vez de agrupar dez valores possíveis em cada ramo, agruparemos os valores de modo que apenas cinco valores possíveis possam ser atribuídos a cada ramo. Você percebe uma diferença na aparência da Figura 2.6? A forma geral é aproximadamente simétrica em relação às notas referentes às unidades finais da dezena 70. Nossa informação é um pouco mais refinada, mas, basicamente, vemos a mesma distribuição.

É bastante comum a muitas variáveis exibir uma distribuição concentrada (acumulada) sobre um valor central e, em seguida, dispersar de alguma maneira em uma ou ambas as direções. Muitas vezes, um gráfico revela algo que o analista pode ou não ter previsto. O exemplo a seguir demonstra o que geralmente ocorre quando duas populações são amostradas em conjunto.

Figura 2.5A Gráfico de ramo e folhas inacabado

19 Notas de provas

```
5 | 2
6 | 6 8 2
7 | 6 4 6 8 2 6 8 4
8 | 2 6 4 2 8
9 | 6 2
```

Figura 2.5B Gráfico de ramo e folhas final

19 Notas de provas

```
5 | 2
6 | 2 6 8
7 | 2 4 4 6 6 6 8 8
8 | 2 2 4 6 8
9 | 2 6
```

Figura 2.6 Gráfico de ramo e folhas

19 Notas de provas

```
(50-54) 5 | 2
(55-59) 5 |
(60-64) 6 | 2
(65-69) 6 | 6 8
(70-74) 7 | 2 4 4
(75-79) 7 | 6 6 6 8 8
(80-84) 8 | 2 2 4
(85-89) 8 | 6 8
(90-94) 9 | 2
(95-99) 9 | 6
```

SOBREPOSIÇÃO DE DISTRIBUIÇÕES

➜ Vamos examinar as distribuições sobrepostas considerando uma amostra aleatória de 50 estudantes universitários. Seus pesos foram obtidos de seus registros médicos. Os dados resultantes estão listados na Tabela 2.3. Observe que os pesos variam entre 98 e 215 libras (44,45 e 97,52 kg). Agrupemos os pesos em ramos de dez unidades utilizando os dígitos de centenas e dezenas como ramos e os dígitos de unidades como a folha (veja a Figura 2.7). As folhas foram dispostas em ordem numérica.

Tabela 2.3 Peso de 50 estudantes universitários

Aluno	1	2	3	4	5	6	7	8	9	10
Masculino/Feminino	F	M	F	M	M	F	F	M	M	F
Peso	98	150	108	158	162	112	118	167	170	120
Aluno	11	12	13	14	15	16	17	18	19	20
Masculino/Feminino	M	M	M	F	F	M	F	M	M	F
Peso	177	186	191	128	135	195	137	205	190	120
Aluno	21	22	23	24	25	26	27	28	29	30
Masculino/Feminino	M	M	F	M	F	F	M	M	M	M
Peso	188	176	118	168	115	115	162	157	154	148
Aluno	31	32	33	34	35	36	37	38	39	40
Masculino/Feminino	F	M	M	F	M	F	M	F	M	M
Peso	101	143	145	108	155	110	154	116	161	165
Aluno	41	42	43	44	45	46	47	48	49	50
Masculino/Feminino	F	M	F	M	M	F	F	M	M	M
Peso	142	184	120	170	195	132	129	215	176	183

Figura 2.7 Gráfico de ramo e folhas

Peso de 50 estudantes universitários (libras)
Gráfico de ramo e folhas para PESO
N = 50 Unidade de folha = 1,0

```
 9 | 8
10 | 1 8 8
11 | 0 2 5 5 6 8 8
12 | 0 0 0 8 9
13 | 2 5 7
14 | 2 3 5 8
15 | 0 4 4 5 7 8
16 | 1 2 2 5 7 8
17 | 0 0 6 6 7
18 | 3 4 6 8
19 | 0 1 5 5
20 | 5
21 | 5
```

Figura 2.8 Gráfico de comparação de ramo e folhas

Peso de 50 estudantes universitários (libras)

Feminino		Masculino
8	09	
1 8 8	10	
0 2 5 5 6 8 8	11	
0 0 0 8 9	12	
2 5 7	13	
2	14	3 5 8
	15	0 4 4 5 7 8
	16	1 2 2 5 7 8
	17	0 0 6 6 7
	18	3 4 6 8
	19	0 1 5 5
	20	5
	21	5

Uma inspeção cuidadosa da Figura 2.7 sugere que duas distribuições sobrepostas podem estar envolvidas. O que temos exatamente é: uma distribuição de pesos femininos e uma distribuição de pesos masculinos. A Figura 2.8 mostra um gráfico de ramo e folhas "de comparação" desse conjunto de dados, e deixa claro que há duas distribuições distintas envolvidas.

A Figura 2.9, um dotplot "lado a lado" (mesma escala) dos mesmos 50 dados de peso, mostra a mesma distinção entre os dois subconjuntos.

Com base nas informações apresentadas nas Figuras 2.8 e 2.9 e no que sabemos sobre o peso das pessoas, parece razoável concluir que estudantes universitários do sexo feminino pesam menos do que estudantes universitários do sexo masculino. Situações que envolvem mais de um conjunto de dados serão abordadas mais detalhadamente no Capítulo 3.

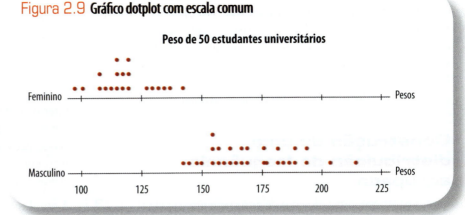

Figura 2.9 **Gráfico dotplot com escala comum**

2.2 Distribuições de frequência e histogramas

LISTAS DE GRANDES CONJUNTOS DE DADOS NÃO APRESENTAM UMA IMAGEM MUITO BOA.

Às vezes, desejamos condensar os dados de uma forma mais prática. Isto pode ser conseguido por meio da criação de uma **distribuição de frequência** que ordene os valores de uma variável em pares com suas frequências. As distribuições de frequência são geralmente expressas em forma de gráfico.

Para demonstrar o conceito de uma distribuição de frequência, vamos usar o conjunto de dados a seguir:

| 3 | 2 | 2 | 3 | 2 | 4 | 4 | 1 | 2 | 2 |
| 4 | 3 | 2 | 0 | 2 | 2 | 1 | 3 | 3 | 1 |

Se definirmos que x representa a variável, então, podemos usar uma distribuição de frequência para representar esse conjunto de dados listando os valores de x

> **Distribuição de frequência** Uma listagem, geralmente expressa em forma de gráfico, que relaciona os valores de uma variável em pares com suas frequências.
>
> **Frequência** O número de vezes que o valor de x ocorre na amostra.

com suas frequências. Por exemplo, o valor 1 ocorre na amostra três vezes e, portanto, a frequência de $x = 1$ é 3. O conjunto completo de dados é mostrado na distribuição de frequência na Tabela 2.4.

A **frequência** f é o número de vezes que o valor de x ocorre na amostra. A Tabela 2.4 representa uma **distribuição de frequência desagrupada** – "desagrupada" porque cada valor de x na distribuição fica sozinho. Quando um grande conjunto de dados possui diferentes valores de x em vez de alguns valores repetidos, como no exemplo anterior, podemos agrupar os valores em um conjunto de classes e construir uma **distribuição de frequência agrupada**. O gráfico de ramo e folhas na Figura 2.5B (página 27) mostra, em forma de imagem, uma distribuição de frequência agrupada. Cada ramo representa uma classe. O número de folhas em cada ramo é o mesmo que a frequência para a mesma *classe* (por vezes, chamado de *bin*). Os dados representados na Figura 2.5B são listados como uma distribuição de frequência agrupada na Tabela 2.5.

Tabela 2.4 **Distribuição de frequência desagrupada**

x	f
0	1
1	3
2	8
3	5
4	3

Tabela 2.5 **Distribuição de frequência agrupada**

		Classe	Frequência
50 ou mais, mas menos de 60	→	$50 \leq x < 60$	1
60 ou mais, mas menos de 70	→	$60 \leq x < 70$	3
80 ou mais, mas menos de 80	→	$70 \leq x < 80$	8
80 ou mais, mas menos de 90	→	$80 \leq x < 90$	5
90 ou mais, mas menos de 100	→	$90 \leq x < 100$	2
			19

O processo de ramo e folhas pode ser utilizado para construir uma distribuição de frequência. No entanto, a representação do ramo não é compatível com todas as *amplitudes de classe*. Por exemplo, as amplitudes de classe 3, 4 e 7 são difíceis de ser utilizadas. Assim, às vezes, é vantajoso contar com um procedimento separado para construir uma distribuição de frequência agrupada.

Construção de uma distribuição de frequência agrupada

Para ilustrar esse procedimento de agrupamento (ou classificação), vamos usar uma amostra de 50 notas obtidas nas provas finais por alunos da classe de estatística elementar do último semestre. A Tabela 2.6 lista as 50 notas.

Tabela 2.6 Notas da prova de estatística

60	47	82	95	88	72	67	66	68	98
90	77	86	58	64	95	74	72	88	74
77	39	90	63	68	97	70	64	70	70
58	78	89	44	55	85	82	83	72	77
72	86	50	94	92	80	91	75	76	78

PROCEDIMENTO

1. Identifique a nota mais alta (A = 98) e a nota mais baixa (B = 39) e determine o intervalo:

$$\text{intervalo} = A - B = 98 - 39 = 59$$

2. Selecione um número de classes ($m = 7$) e uma amplitude de classe ($c = 10$) de forma que o produto ($mc = 70$) seja um pouco maior do que o intervalo (intervalo = 59).

3. Escolha um ponto de partida. Esse ponto de partida deve ser um pouco menor do que a menor nota A. Supondo que iniciemos em 35, contando a partir daí de dez em dez (amplitude da classe), temos 35, 45, 55, 65, ... , 95, 105. Eles são chamados de **limites de classe**. As classes para os dados apresentados na Tabela 2.6 são:

35 ou mais, mas menos de 45	⟶	$35 \leq x < 45$
45 ou mais, mas menos de 55	⟶	$45 \leq x < 55$
55 ou mais, mas menos de 65	⟶	$55 \leq x < 65$
65 ou mais, mas menos de 75	⟶	$65 \leq x < 75$
	⋮	$75 \leq x < 85$
		$85 \leq x < 95$
95 ou mais, incluindo 105	⟶	$95 \leq x \leq 105$

NOTAS:

1. Com uma olhada rápida, é possível verificar o padrão dos números para determinar se a aritmética usada para formar as classes estava correta (35, 45, 55, ..., 105).

2. Para o intervalo $35 \leq x < 45$, 35 é o limite de classe inferior e 45 é o limite de classe superior. As observações que se enquadram no limite inferior da classe permanecem dentro desse intervalo; as observações que se enquadram no limite superior da classe avançam para o intervalo superior seguinte.

3. A amplitude da classe é a diferença entre os limites superior e inferior dessa classe.

4. É possível efetuar muitas combinações de amplitudes de classe, números de classes e pontos de partida ao classificar os dados. Não há escolha melhor. Tente algumas combinações diferentes e use o bom senso para decidir qual irá utilizar.

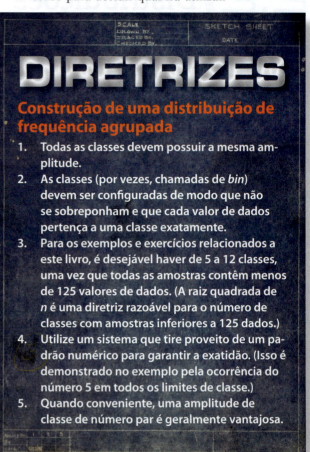

DIRETRIZES

Construção de uma distribuição de frequência agrupada

1. Todas as classes devem possuir a mesma amplitude.
2. As classes (por vezes, chamadas de *bin*) devem ser configuradas de modo que não se sobreponham e que cada valor de dados pertença a uma classe exatamente.
3. Para os exemplos e exercícios relacionados a este livro, é desejável haver de 5 a 12 classes, uma vez que todas as amostras contêm menos de 125 valores de dados. (A raiz quadrada de *n* é uma diretriz razoável para o número de classes com amostras inferiores a 125 dados.)
4. Utilize um sistema que tire proveito de um padrão numérico para garantir a exatidão. (Isso é demonstrado no exemplo pela ocorrência do número 5 em todos os limites de classe.)
5. Quando conveniente, uma amplitude de classe de número par é geralmente vantajosa.

Após as classes terem sido configuradas, é preciso classificar os dados dentro dessas classes. O método utilizado para essa classificação vai depender do formato atual dos dados: se forem classificados, as frequências poderão ser contadas; se não estiverem classificados, deveremos **tabular** os dados para localizar os números de

Tabela 2.7 Gráfico padrão para distribuição de frequência

Número de classe	Tabulações de classe	Limites	Frequência
1	||	$35 \leq x < 45$	2
2	||	$45 \leq x < 55$	2
3	||||| ||	$55 \leq x < 65$	7
4	||||| ||||| |||	$65 \leq x < 75$	13
5	||||| ||||| |	$75 \leq x < 85$	11
6	||||| ||||| |	$85 \leq x < 95$	11
7	||||	$95 \leq x \leq 105$	4
			50

Tabela 2.8 Distribuição de frequência com pontos médios de classe

Número de classe	Classe limites	Frequência f	Pontos médios de classe, x
1	$35 \leq x < 45$	2	40
2	$45 \leq x < 55$	2	50
3	$55 \leq x < 65$	7	60
4	$65 \leq x < 75$	13	70
5	$75 \leq x < 85$	11	80
6	$85 \leq x < 95$	11	90
7	$95 \leq x \leq 105$	4	100
		50	

Notas:

1. Se os dados tiverem sido classificados (em forma de lista, dotplot, ou ramo e folhas), a tabulação é desnecessária, basta contar os dados que pertencem a cada classe.

2. Se os dados não foram classificados, tenha cuidado com a tabulação.

3. A frequência f para cada classe é o número de blocos de dados que pertencem a essa classe.

4. A soma das frequências deve ser igual ao número de blocos de dados n ($n = \Sigma f$). Essa soma serve como uma boa forma de verificação.

Dietmar Klement/iStockphoto

frequência. Ao classificar os dados, é útil empregar um gráfico padrão (veja a Tabela 2.7).

Agora, você pode ver porque é útil ter uma amplitude de classe par. Uma amplitude de classe ímpar teria resultado em um ponto médio de classe com um dígito extra. (Por exemplo, a amplitude da classe 45-54 é 9 e o ponto médio da classe é 49,5.)

Cada classe precisa de um valor numérico único para representar todos os valores de dados que se encaixam nessa classe. O **ponto médio da classe** (por vezes, chamado de *marca da classe*) é o valor numérico que se encontra exatamente no meio de cada classe. Ele é encontrado somando-se os limites da classe e dividindo por 2. A Tabela 2.8 mostra uma coluna adicional para o ponto médio da classe, x. Como uma checagem de sua aritmética, os valores médios de classe sucessivos devem representar as amplitudes de classe, como é o caso do 10 neste exemplo (40, 50, 60, ... , 100 é um padrão reconhecível).

Ao ordenarmos os dados em classes, perdemos algumas informações. Somente quando temos todos os dados brutos, conhecemos os valores exatos que foram realmente observados para cada classe. Por exemplo, inserimos 47 e 50 na classe 2, com limites de classe de 45 e 55. Após serem inseridos nessa classe, nós perdemos esses valores e usamos o ponto médio da classe, 50, como seu valor representativo.

Histogramas

Uma das formas pelas quais os estatísticos representam visualmente as contagens de frequência de uma variável quantitativa é utilizando um gráfico de barras denominado **histograma**. Um histograma é formado por três componentes:

1. Um título, que identifica a população ou a amostra em questão.

2. Uma escala vertical, que identifica as frequências nas diversas classes.

3. Uma escala horizontal, que identifica a variável x. Os valores para os limites de classe ou pontos médios de classe podem ser identificados ao longo do eixo-x. Utilize o método de identificação do eixo que melhor apresenta a variável.

Ponto médio da classe (marca de classe) Valor numérico que se encontra exatamente no meio de cada classe.

Histograma Gráfico de barras que representa uma distribuição de frequência de uma variável quantitativa.

A distribuição de frequência da Tabela 2.8 é apresentada na forma de histograma na Figura 2.10.

Às vezes, a **frequência relativa** de um valor é importante. A frequência relativa é uma medida proporcional da frequência para uma ocorrência. Ela é encontrada dividindo-se a frequência da classe pelo número total de observações. A frequência relativa pode ser expressa como uma fração comum, na forma decimal, ou como uma porcentagem. Em nosso exemplo referente às notas de provas, a frequência associada à classe 3 (55-65) é 7. A frequência relativa para a classe 3 é $\frac{7}{50}$, ou 0,14 ou 14%. Em geral, as frequências relativas são úteis em uma apresentação, porque quase todo mundo compreende partes fracionárias quando expressas em porcentagem. As frequências relativas são particularmente úteis ao comparar as distribuições de frequência de dois con-

juntos de dados de tamanhos diferentes. A Figura 2.11 ilustra um **histograma de frequência relativa** da amostra das 50 notas de prova apresentadas na Tabela 2.8.

Um gráfico de ramo e folhas contém todas as informações necessárias para criar um histograma. Por exemplo, a Figura 2.5B (página 27). Na Figura 2.12A, o gráfico de ramo e folhas foi girado em 90° e as identificações foram inseridas para mostrar sua relação com um histograma. A Figura 2.12B mostra o mesmo conjunto de dados como um histograma completo.

Os histogramas são ferramentas valiosas. Por exemplo, o histograma de uma amostra deve ter uma forma de distribuição muito semelhante à forma de distribuição da população da qual a amostra foi retirada. Se o leitor de um histograma estiver totalmente familiarizado com as variáveis envolvidas, normalmente, ele será ca-

Figura 2.10   Histograma de frequência

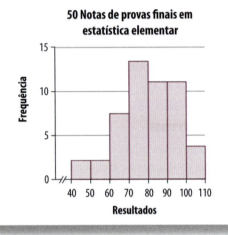

Figura 2.12A   Gráfico de ramo e folhas modificado

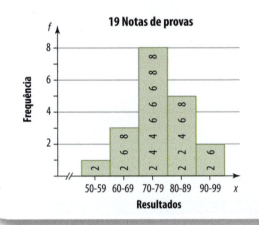

Figura 2.11   Histograma de frequência relativa

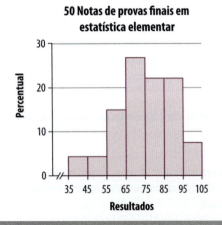

Figura 2.12B   Histograma

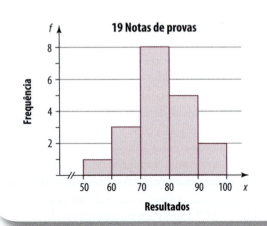

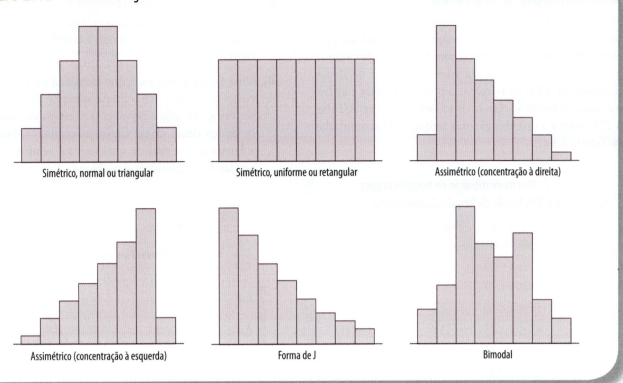

Figura 2.13 Formas de histogramas

Simétrico, normal ou triangular

Simétrico, uniforme ou retangular

Assimétrico (concentração à direita)

Assimétrico (concentração à esquerda)

Forma de J

Bimodal

paz de interpretar diversos fatos importantes. A Figura 2.13 apresenta os histogramas com identificações descritivas resultantes de sua forma geométrica.

Resumidamente, os termos usados para descrever os histogramas são os seguintes:

Simétrico: Ambos os lados dessa distribuição são idênticos (as metades são imagens de espelho).

Normal (triangular): A distribuição simétrica é elevada em torno da média e torna-se escassa nas extremidades. (Propriedades adicionais serão discutidas posteriormente).

Uniforme (retangular): Cada valor aparece com igual frequência.

Assimétrico: Um pico alonga-se mais do que o outro. A direção da assimetria está do lado do pico mais longo.

Forma de J: Não existe assimetria ao lado do pico da classe com a maior frequência.

Bimodal: As duas classes mais populosas são separadas por uma ou mais classes. Essa situação, geralmente, implica que duas populações estão sendo amostradas. (Veja a Figura 2.7, página 28.)

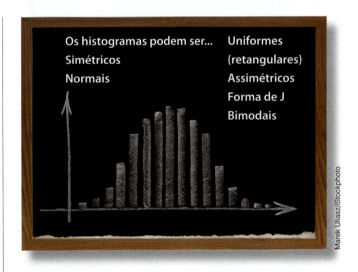

Os histogramas podem ser... Simétricos Normais — Uniformes (retangulares) Assimétricos Forma de J Bimodais

NOTAS:

1. A moda é o valor dos dados que ocorre com maior frequência. (A moda será abordada no Objetivo 2.3)

2. A classe modal é a classe com a maior frequência.

3. Uma distribuição bimodal possui duas classes de alta frequência separadas por classes de frequências mais baixas. Não é necessário que as duas altas frequências sejam idênticas.

Distribuição de frequência acumulada e ogivas

Outra forma de expressar uma distribuição de frequência é utilizando uma **distribuição de frequência acumulada** para unir as frequências acumuladas com os valores da variável.

A frequência acumulada para uma classe de dados qualquer é a soma da frequência para essa classe e as frequências de todas as classes de valores menores. A Tabela 2.9 mostra a distribuição das frequências acumuladas da Tabela 2.8.

Tabela 2.9 Uso da distribuição de frequência para compor uma distribuição de frequência acumulada

Número de classe	Limites de classe	Frequência f	Frequência acumulada
1	$35 \leq x < 45$	2	2 (2)
2	$45 \leq x < 55$	2	4 (2 + 2)
3	$55 \leq x < 65$	7	11 (7 + 4)
4	$65 \leq x < 75$	13	24 (13 + 11)
5	$75 \leq x < 85$	11	35 (11 + 24)
6	$85 \leq x < 95$	11	46 (11 + 35)
7	$95 \leq x \leq 105$	4	50 (4 + 46)

A mesma informação pode ser apresentada por meio de uma *distribuição de frequência relativa acumulada* (veja a Tabela 2.10). Ela combina as ideias de frequência acumulada e frequência relativa.

As distribuições acumuladas podem ser ilustradas graficamente utilizando uma ogiva. Considerando que um histograma é um gráfico de barras, uma **ogiva** é um gráfico de linhas de uma distribuição de frequência acumulada ou uma distribuição de frequência relativa acumulada. Uma ogiva apresenta os três componentes abaixo:

1. Um título, que identifica a população ou a amostra.

2. A escala vertical, que identifica as frequências acumuladas ou as frequências relativas acumuladas. (A Figura 2.14 mostra uma ogiva com frequências relativas acumuladas).

3. Uma escala horizontal, que identifica os limites superiores da classe. Até o limite superior de uma classe ser atingido, não é possível ter certeza de que todos os dados dessa classe foram acumulados. Portanto, a escala horizontal de uma ogiva é sempre baseada nos limites superiores das classes.

Figura 2.14 Ogiva

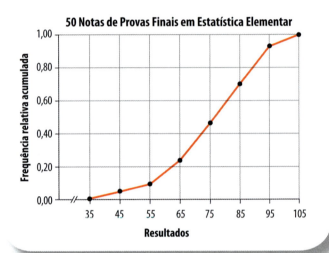

A ogiva pode ser usada para realizar demonstrações percentuais sobre dados numéricos, de forma muito parecida com o que o diagrama de Pareto faz para os dados de atributo. Por exemplo, suponha que desejamos saber qual a porcentagem de notas da prova final não era suficiente para aprovação, considerando-se que notas iguais

Tabela 2.10 Distribuição de frequência relativa acumulada

Número de classe	Limites de classe	Frequência relativa acumuldada	As frequências acumuladas são referentes ao intervalo de 35 até o limite superior da classe em questão
1	$35 \leq x < 45$	2/50, ou 0,04	← *a partir de 35, mas menos de 45*
2	$45 \leq x < 55$	4/50, ou 0,08	← *a partir de 35, mas menos de 55*
3	$55 \leq x < 65$	11/50, ou 0,22	← *a partir de 35, mas menos de 65*
4	$65 \leq x < 75$	24/50, ou 0,48	
5	$75 \leq x < 85$	35/50, ou 0,70	
6	$85 \leq x < 95$	46/50, ou 0,92	
7	$95 \leq x < 105$	50/50, ou 1,00	← *a partir de 35, para cima, mas menos de 105*

Distribuição de frequência acumulada Distribuição de frequência que une as frequências acumuladas com os valores da variável.

Ogiva Gráfico de linhas de uma distribuição de frequência acumulada ou de uma distribuição de frequência relativa acumulada.

ou superiores a 65 são consideradas suficientes. Seguindo verticalmente a partir de 65 na escala horizontal até a linha da ogiva e efetuando a leitura da escala vertical, cerca de 22% das notas obtidas na prova final não foram suficientes para aprovação.

NOTA: Toda ogiva começa à esquerda com uma frequência relativa de zero como limite inferior da primeira classe, e termina à direita com uma frequência relativa acumulada de 100% como limite superior da última classe.

2.3 Medidas de tendência central

AS MEDIDAS DE TENDÊNCIA CENTRAL SÃO VALORES NUMÉRICOS QUE LOCALIZAM, DE CERTA FORMA, O CENTRO DE UM CONJUNTO DE DADOS.

O termo *média* está frequentemente associado a todas as medidas de tendência central, incluindo média, mediana, moda e semiamplitude.

Determinação da média

A média, também denominada **média aritmética**, provavelmente, é a média com a qual você está mais familiarizado. A média da amostra é representada por $\bar{x}$ (leia-se "barra x" ou "média da amostra"). A média é encontrada somando-se todos os valores da variável x (essa soma dos valores de x é simbolizada por Σx) e dividindo-se o total pelo número desses valores, n (o "tamanho da amostra"). Nós expressamos isso na forma de fórmula, como

$$\text{média da amostra:} \quad barra\ x = \frac{soma\ de\ todos\ os\ números\ x}{número\ de\ x}$$

$$\bar{x} = \frac{\Sigma x}{n} \qquad (2.1)$$

NOTA: A média da população, μ (letra "mi" do alfabeto grego em minúscula), é a média de todos os valores x para toda a população.

PSI : *A média é o ponto médio por peso.*

Vamos encontrar a média utilizando um conjunto de dados composto pelos cinco valores 6, 3, 8, 6 e 4. Para determinar a média, utilizaremos primeiro a fórmula (2.1). Fazendo isso, chegamos a

$$\bar{x} = \frac{\Sigma x}{n} = \frac{6 + 3 + 8 + 6 + 4}{5} = \frac{27}{5} = 5,4$$

A representação física da média pode ser construída criando-se uma linha de números equilibrada sobre um ponto de apoio. Um peso é atribuído a um número da linha correspondente a cada número da amostra do exemplo acima. Na Figura 2.15, há um peso para cada um em 3, 8 e 4 e dois pesos para o 6, pois há dois 6 na amostra. A média é o valor que equilibra os pesos sobre a linha de números – neste caso, 5,4.

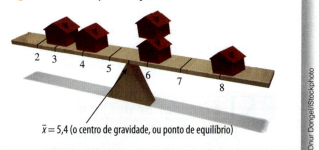
Figura 2.15 Representação física da média

$\bar{x} = 5,4$ (o centro de gravidade, ou ponto de equilíbrio)

Determinação da mediana

O valor dos dados que ocupa a posição central quando colocados em ordem de acordo com o tamanho é chamado de **mediana**. A mediana da amostra é representada por $\tilde{x}$ (leia-se "x-til" ou "mediana da amostra"). A mediana da população, M (letra "mi" do alfabeto grego em maiúscula), é o valor de dados na posição média de toda a população classificada.

Encontrar a mediana envolve três etapas básicas. Primeiro, é necessário classificar os dados. Então, determina-se a profundidade da mediana. A **profundidade** (número de posições de cada extremidade), ou posição, da mediana é determinada pela fórmula

$$profundidade\ da\ mediana = \frac{tamanho\ da\ amostra + 1}{2}$$

$$d(\tilde{x}) = \frac{n+1}{2} \qquad (2.2)$$

A profundidade da mediana (ou posição) é encontrada somando-se os números de posição do menor (1) e do maior dado (n) e dividindo a soma por 2 (n é o número de itens de dados). Por fim, determina-se o valor da mediana. Para tal, contamos os dados classificados, localizando os dados na posição $d(\tilde{x})$. A mediana será

Passos para determinar a mediana

Passo 1
Classificar os dados.

Passo 2
Determinar a profundidade da mediana.

Passo 3
Determinar o valor da mediana.

a mesma, independentemente de em qual extremidade dos dados classificados (superior ou inferior) iniciamos a contagem. Na verdade, a contagem a partir de ambas as extremidades servirá como uma excelente forma de verificação.

Os dois exemplos abaixo, aplicados a um conjunto de dados numerados com dígitos ímpares e um com dígitos pares, demonstram esse procedimento.

> **PSI** : O valor de $d(\tilde{x})$ é a profundidade da mediana e NÃO o valor da mediana $\tilde{x}$.

MEDIANA PARA *N* ÍMPAR

Vamos praticar como encontrar a mediana trabalhando primeiro com um número ímpar *n*. Encontraremos a mediana para o conjunto de dados {6, 3, 8, 5, 3}. Primeiro, classificamos os dados. Neste caso, os dados, classificados por ordem de tamanho, são 3, 3, 5, 6 e 8. Em seguida, veremos a profundidade da mediana: $d(\tilde{x}) = \frac{n+1}{2} = \frac{5+1}{2} = 3$ (a "3ª" posição). Agora, podemos identificar a mediana. A mediana é o terceiro número a partir de qualquer das duas extremidades dos dados classificados, ou $\tilde{x} = 5$.

Repare que, essencialmente, a mediana separa o conjunto de dados classificados em dois subgrupos de mesmo tamanho (veja a Figura 2.16).

Como no exemplo acima, quando *n* é ímpar, a profundidade da mediana, $d(\tilde{x})$, será sempre um número inteiro. Quando *n* é par, no entanto, a profundidade da mediana, $d(\tilde{x})$, será sempre um número fracionado, como mostrado a seguir.

A mediana é o ponto médio da contagem.

MEDIANA PARA *N* PAR

Agora, podemos comparar o processo que acabamos de concluir com outro no qual temos um número par de pontos no conjunto de dados. Vamos encontrar a mediana da amostra 9, 6, 7, 9, 10, 8.

Como no processo anterior, primeiro, vamos ordenar os dados por tamanho. Neste caso, temos 6, 7, 8, 9, 9 e 10.

Aqui, a profundidade da mediana é: $d(\tilde{x}) = \frac{n+1}{2} = \frac{6+1}{2} = 3,5$ (a "3,5ª" posição).

Agora, podemos identificar a mediana. A mediana é o ponto médio entre o terceiro e o quarto valor de dados. Para encontrar o número que está no ponto médio entre dois valores quaisquer, some os dois valores e divida a soma por 2. Neste caso, some o terceiro valor (8) e o quarto valor (9) e, depois, divida a soma (17) por 2. A mediana é $\tilde{x} = \frac{8+9}{2} = 8,5$, número do ponto médio entre os dois números do "meio" (veja a Figura 2.17). Observe que a mediana separa novamente o conjunto de dados classificados em dois subgrupos de mesmo tamanho.

Figura 2.16 Mediana de {3, 3, 5, 6, 8}

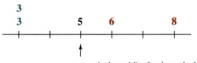

(valor médio; 2 valores de dados são menores e 2 são maiores)

Figura 2.17 Mediana de {6, 7, 8, 9, 9, 10}

$\tilde{x} = 8,5$ (valor médio; 3 valores de dados são menores e 3 são maiores)

Determinação da moda

A **moda** é o valor de *x* que ocorre com mais frequência. No conjunto de dados que utilizamos para encontrar a mediana para *n* ímpar {3, 3, 5, 6, 8}, a moda é 3 (veja a Figura 2.18).

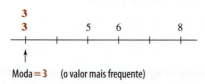

Figura 2.18 **Moda de {3, 3, 5, 6, 8}**

Moda = **3**   (o valor mais frequente)

Na amostra 6, 7, 8, 9, 9, 10, a moda é 9. Nessa amostra, somente o 9 ocorre mais de uma vez. No conjunto de dados anterior {6, 3, 8, 5, 3}, somente o 3 ocorre mais de uma vez. Se dois ou mais valores de uma amostra estiverem empatados em maior frequência (número de ocorrências), dizemos que *não há uma moda*. Por exemplo, na amostra 3, 3, 4, 5, 5, 7, o 3 e o 5 aparecem o mesmo número de vezes. Não há um valor que apareça com mais frequência; assim, esse exemplo não tem nenhuma moda.

Determinação da semiamplitude

O número localizado exatamente no ponto médio entre o valor de dados mais baixo *L* e o valor de dados mais alto *H* é denominado **semiamplitude**. Para determinar a semiamplitude, calculamos a média entre o maior e o menor valor:

$$semiamplitude = \frac{menor\ valor + maior\ valor}{2}$$

$$semiamplitude = \frac{L + H}{2} \qquad (2.3)$$

Para o conjunto de dados {3, 3, 5, 6, 8}, *L* = 3 e *H* = 8 (veja a Figura 2.19).

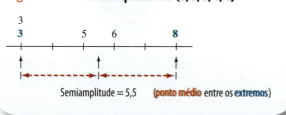

Figura 2.19 **Semiamplitude de {3, 3, 5, 6, 8}**

Semiamplitude = 5,5   (**ponto médio** entre os **extremos**)

Assim, a semiamplitude é

$$semiamplitude = \frac{L + H}{2}$$

$$= \frac{3 + 8}{2} = 5,5$$

As quatro medidas de tendência central representam quatro métodos diferentes de descrever o ponto médio. Esses quatro valores podem ser idênticos, mas o mais provável é que sejam diferentes.

Para o conjunto de dados da amostra {6, 7, 8, 9, 9, 10}, a média $\bar{x}$ é 8,2, a mediana $\tilde{x}$ é 8,5, a moda é 9 e a semiamplitude é 8. A relação entre esses elementos e entre eles e os dados é mostrada na Figura 2.20.

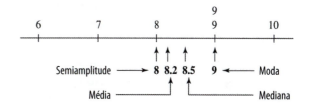

Figura 2.20 **Medidas de tendência central para {6, 7, 8, 9, 9, 10}**

Regra de arredondamento

Ao arredondar uma resposta, vamos estabelecer a manutenção de uma casa decimal a mais em nossa resposta que o apresentado na informação original. Para evitar o acúmulo de arredondamentos, arredonde somente a resposta final e não os passos intermediários. Ou seja, evite usar um valor arredondado para fazer outros cálculos. Nos exemplos anteriores, os dados eram compostos de números inteiros, portanto, as respostas que apresentam valores decimais devem ser arredondadas para o décimo mais próximo.

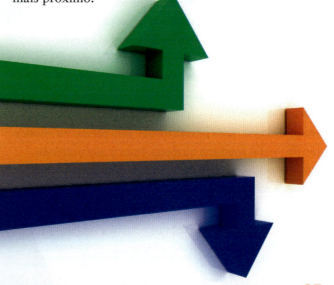

"Média" significa coisas diferentes

Quando se trata de conveniência, poucas coisas igualam-se ao maravilhoso dispositivo da matemática denominado média. Com uma **média**, é possível pegar um punhado de números sobre qualquer assunto e calcular um número que irá representar todos os demais.

Mas há uma coisa que devemos lembrar. Existem vários tipos de medidas comumente conhecidas como médias, e cada uma fornece uma imagem diferente dos números que deve representar. Tomemos um exemplo: a Tabela 2.11 contém os rendimentos anuais de dez famílias.

Tabela 2.11	Renda anual de dez famílias			
$54.000	$39.000	$37.500	$36.750	$35.250
$31.500	$31.500	$31.500	$31.500	$25.500

Qual seria a renda "típica" desse grupo? O cálculo da média forneceria a resposta, assim, vamos calcular a renda típica pelos meios mais simples e frequentes utilizados para o cálculo da média.

- **Média aritmética.** É a forma mais comum de média, obtida pela adição dos itens da série e subsequente divisão da soma pelo número de itens: $ 35.400. A média é representativa da série, uma vez que a soma dos montantes cujos valores mais elevados excedem a média é exatamente idêntica à soma dos montantes cujos valores mais baixos ficam aquém da média.
- **Mediana.** Como você deve ter observado, seis famílias ganham menos do que a média, e quatro ganham mais. Você pode muito bem desejar representar esse grupo variado pela renda da família que está bem no meio do monte. O resultado da mediana é $ 33.375.
- **Semiamplitude.** Outro número que pode ser usado para representar o grupo é a semiamplitude, determinado pelo cálculo do valor localizado no ponto médio entre a maior e a menor renda: $ 39.750.
- **Moda.** Até agora, vimos três tipos de médias, e nenhuma família realmente tem uma renda que corresponda a qualquer uma delas. Digamos que você queira representar o grupo estabelecendo a renda que ocorre com mais frequência. Esse método é chamado de moda. A renda modal seria $ 31.500.

Quatro médias diferentes, cada uma delas válida, correta e informativa a seu modo. Mas como elas diferem!

Média aritmética	Mediana	Semiamplitude	Moda
$35.400	$33.375	$39.750	$31.500

E iriam divergir ainda mais se apenas uma das famílias no grupo fosse milionária, ou se estivesse desempregada!

Dessa forma, três lições são tiradas: primeiro, ao ver ou ouvir uma média, descubra de que tipo ela é. Assim, você saberá que tipo de imagem está sendo passada. Em segundo lugar, pense nos números para os quais está sendo calculada a média, para que você possa avaliar se a média utilizada é adequada. E, em terceiro lugar, não suponha que a intenção é informar uma quantificação matemática literal toda vez que alguém fala em "média". Não é. Todos nós, muitas vezes, dizemos "uma pessoa média" sem pensar na implicação de média, mediana ou moda. Tudo o que pretendemos transmitir é a ideia de que outra pessoa, de muitas formas, é muito parecida com o resto de nós.

FONTE: Reproduzido com a permissão da revista *Changing Times* (Edição de março de 1980). Copyright de The Kiplinger Washington Editors.

Thumb/iStockphoto / Brian Hagiwara/Brand X Pictures/Jupiterimages / Angel Muniz/Brand X Pictures/Jupiterimages

TERMOS BÁSICOS – PARTE DOIS

Média (média aritmética) A média, também chamada de média aritmética, provavelmente, é a média com a qual você está mais familiarizado. A média da amostra é representada por $\bar{x}$ (leia-se "barra x" ou "média da amostra"). A média é encontrada somando-se todos os valores da variável x (essa soma dos valores de x é simbolizada por Σx) e dividindo-se o total pelo número desses valores, n (o "tamanho da amostra").

Mediana É o valor dos dados que ocupa a posição central quando os dados são classificados por ordem de tamanho. A mediana da amostra é representada por $\tilde{x}$ (leia-se "x-til" ou "mediana da amostra").

Moda É o valor de x que ocorre com mais frequência.

Semiamplitude Número localizado exatamente no ponto médio entre o dado de menor valor L e o dado de maior valor H.

Amplitude Diferença de valor entre o maior valor de dados (A) e o menor valor de dados (B).

Desvio da média Um desvio da média, $x - \bar{x}$, é a diferença entre o valor de x e a média $\bar{x}$.

Variância da amostra A variância da amostra, s^2, é a média dos desvios ao quadrado.

Desvio padrão da amostra O desvio padrão de uma amostra, s, é a raiz quadrada positiva da variância.

2.4 Medidas de dispersão

TENDO LOCALIZADO O "PONTO MÉDIO" COM AS MEDIDAS DE TENDÊNCIA CENTRAL, A NOSSA BUSCA POR INFORMAÇÕES COM BASE NOS CONJUNTOS DE DADOS AGORA SE VOLTA PARA AS MEDIDAS DE DISPERSÃO (VARIABILIDADE).

As medidas de dispersão incluem o intervalo, a variância e o desvio padrão. Esses valores numéricos descrevem a quantidade de dispersão, ou variabilidade, que é encontrada entre os dados: dados agrupados de forma mais próxima possuem valores relativamente pequenos, e dados distribuídos mais amplamente têm valores maiores. O agrupamento mais próximo possível ocorre quando os dados não apresentam dispersão (todos os dados têm o mesmo valor); nessa situação, a medida de dispersão será zero. Não há limite para o quão amplamente os dados podem ser dispersos. Assim, as medidas de dispersão podem ser muito extensas. A medida de dispersão mais simples é o **intervalo**, que é a diferença de valor entre o maior valor de dados (A) e o menor (B):

$$\text{intervalo} = \text{valor alto} - \text{valor baixo}$$
$$\text{intervalo} = A - B \tag{2.4}$$

O intervalo da amostra 3, 3, 5, 6, 8 é $A - B = 8 - 3 = 5$. O intervalo de 5 indica que esses dados estão todos dentro de um intervalo de 5 unidades (veja a Figura 2.21).

As demais medidas de dispersão a serem estudadas neste capítulo são referentes à média.

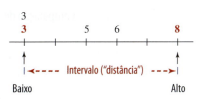

Figura 2.21 Intervalo de {3, 3, 5, 6, 8}

Para definirmos uma medida de dispersão em relação à média, primeiro, devemos responder à seguinte pergunta: Qual a distância entre x e a média? A diferença entre o valor de x e a média $\bar{x}$, ou $x - \bar{x}$, é chamada de **desvio da média**. Cada valor individual x se desvia da média por um valor igual a $(x - \bar{x})$. Esse desvio $(x - \bar{x})$ é zero quando x é igual à média $\bar{x}$. O desvio $(x - \bar{x})$ é positivo quando x é maior que $\bar{x}$, e negativo quando x é menor que $\bar{x}$.

Ao calcular o quadrado dos desvios e determinar a média desses valores, obtém-se o que chamamos de **variância da amostra**, s^2. Ela é calculada usando $n - 1$ como divisor:

variância da amostra:

$$s \text{ ao quadrado} = \frac{\text{soma do (quadrado dos desvios)}}{\text{número} - 1}$$

$$s^2 = \frac{\Sigma(x - \bar{x})^2}{n - 1} \qquad (2.5)$$

em que n é o tamanho da amostra, ou seja, o número de valores de dados na amostra.

A variância da amostra 6, 3, 8, 5, 3 é calculada na Tabela 2.12 utilizando a fórmula (2.5).

NOTAS:

1. A soma de todos os valores x é utilizada para determinar $\bar{x}$.

2. A soma dos desvios, $\Sigma(x - \bar{x})$, será sempre zero, desde que seja utilizado o valor exato de $\bar{x}$. Utilize esse fato como forma de checar seus cálculos, como foi feito na Tabela 2.12 (indicado por ✓).

3. Se um valor redondo de $\bar{x}$ for utilizado, então $\Sigma(x - \bar{x})$ nem sempre será igual a zero. No entanto, será razoavelmente próximo a zero.

4. A soma dos desvios ao quadrado é determinada calculando-se o quadrado de cada desvio e somando-se, em seguida, os valores ao quadrado.

Para demonstrar graficamente o que as variâncias de conjuntos de dados nos dizem, considere um segundo conjunto de dados: {1, 3, 5, 6, 10}. Observe que os valores de dados são mais dispersos do que os dados apresentados na Tabela 2.12. Dessa forma, a variância calculada desses valores é maior em $s^2 = 11,5$. Uma comparação gráfica lado a lado das duas amostras e suas variâncias é ilustrada na Figura 2.22.

Desvio padrão da amostra

A variância é fundamental no cálculo do **desvio padrão da amostra**, s, o qual é a raiz quadrada positiva da variância:

Desvio padrão da amostra:

$s = $ raiz quadrada da variância da amostra

$$s = \sqrt{s^2} \qquad (2.6)$$

Para as amostras apresentadas na Figura 2.22, os desvios padrão são $\sqrt{4,5}$ ou 2,1, e $\sqrt{11,5}$, ou 3,4.

NOTA: O numerador para a variância da amostra, $\Sigma(x - \bar{x})^2$, é geralmente chamado de soma dos quadrados para x e

Tabela 2.12 Cálculo da variância utilizando a Fórmula (2.5)

Passo 1. Determinar Σx	Passo 2. Determinar $\bar{x}$	Passo 3. Determinar cada $x - \bar{x}$	Passo 4. Determinar $\Sigma(x - \bar{x})^2$	Passo 5. Determinar s^2
6	$\bar{x} = \frac{\Sigma x}{n}$	$6 - 5 = 1$	$(1)^2 = 1$	$s^2 = \frac{\Sigma(x - \bar{x})^2}{n - 1}$
3		$3 - 5 = -2$	$(-2)^2 = 4$	
8		$8 - 5 = 3$	$(3)^2 = 9$	
5	$\bar{x} = \frac{25}{5}$	$5 - 5 = 0$	$(0)^2 = 0$	$s^2 = \frac{18}{4}$
3		$3 - 5 = -2$	$(-2)^2 = 4$	
$\Sigma x = 25$	$\bar{x} = 5$	$\Sigma(x - \bar{x}) = 0$ ✓	$\Sigma(x - \bar{x})^2 = 18$	$s^2 = 4,5$

Figura 2.22 Comparação de dados

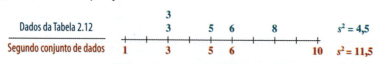

simbolizado por SQ(x). Assim, a fórmula (2.5) pode ser expressa como

variância da amostra:$\quad s^2 = \dfrac{SQ(x)}{n-1}$$\qquad$(2.7)

As fórmulas para variância podem ser modificadas de outras formas para facilitar o uso em várias situações.

A aritmética torna-se mais complicada quando a média contém dígitos diferentes de zero à direita da vírgula decimal. Entretanto, a **soma dos quadrados de x**, o numerador da fórmula (2.5), pode ser reescrita de forma que $\bar{x}$ não seja incluído:

soma dos quadrados:$\quad SQ(x) = \Sigma x^2 - \dfrac{(\Sigma x)^2}{n}$$\qquad$(2.8)

A combinação das fórmulas (2.7) e (2.8) resulta na "fórmula atalho" para a variância da amostra:

$$S \text{ ao quadrado} = \frac{(\text{soma de } x^2) - \left[\dfrac{(\text{soma de } x)^2}{\text{número}}\right]}{\text{número} - 1}$$

$$\text{Variância da amostra: } s^2 = \frac{\Sigma x^2 - \dfrac{(\Sigma x)^2}{n}}{n-1} \qquad (2.9)$$

As fórmulas (2.8) e (2.9) são chamadas de "atalhos" porque não incluem o cálculo de $\bar{x}$. Os cálculos de SS(x), s^2 e s utilizando as fórmulas (2.8), (2.9) e (2.6) são realizados como mostrado na Tabela 2.13.

A unidade de medida para o desvio padrão é a mesma utilizada para os dados. Por exemplo, se os dados estiverem em libras, o desvio padrão s também será calculado em libras. A unidade de medida para a variância poderá, então, ser pensada como *unidades ao quadrado*. Em nosso exemplo com libras, essa unidade seria *libras ao quadrado*. Como se pode ver, a unidade tem muito pouco significado.

2.5 Medidas de posição

MEDIDAS DE POSIÇÃO SÃO UTILIZADAS PARA DESCREVER A POSIÇÃO DE UM VALOR DE DADOS ESPECÍFICO EM RELAÇÃO AO RESTO DOS DADOS.

Tabela 2.13 Cálculo do desvio padrão utilizando o método do atalho

Passo 1. Determinar Σx	Passo 2. Determinar Σx^2	Passo 3. Determinar SQ(x)	Passo 4. Determinar s^2	Passo 5. Determinar s
6	$6^2 = 36$	$SQ(x) = \Sigma x^2 - \dfrac{(\Sigma x)^2}{n}$	$s^2 = \dfrac{\Sigma x^2 - \dfrac{(\Sigma x)^2}{n}}{n-1}$	$s = \sqrt{s^2}$
3	$3^2 = 9$			$s = \sqrt{5{,}7}$
8	$8^2 = 64$	$SQ(x) = 138 - \dfrac{(24)^2}{5}$		$s = 2{,}4$
5	$5^2 = 25$		$s^2 = \dfrac{22{,}8}{4}$	
2	$2^2 = 4$	$SQ(x) = 138 - 115{,}2$		
$\Sigma x = 24$	$\Sigma x^2 = 138$	$SQ(x) = 22{,}8$	$s^2 = 5{,}7$	

$Quartis$ e $porcentagens$ são duas das medidas de posição mais comuns. Outras medidas de posição incluem semiquartis, esquemas dos cinco números e pontuações padrão, ou escore-z.

Quartis

Quartis são valores da variável que dividem os dados classificados em quatro partes iguais. Cada conjunto de dados tem três quartis. O *primeiro quartil*, Q_1, é um número tal que no máximo 25% dos dados possuem valores menores que Q_1, e no máximo 75% possuem valores maiores. O *segundo quartil* é a mediana. O *terceiro quartil*, Q_3, é um número tal que no máximo 75% dos dados possuem valores menores que Q_3, e no máximo 25% possuem valores maiores (veja a Figura 2.23).

O procedimento para determinar os valores dos quartis é o mesmo aplicado para determinar os **percentis**, que são os valores da variável que dividem um conjunto de dados classificado em 100 subgrupos iguais, sendo que cada conjunto de dados possui 99 percentis (veja a Figura 2.24). O k-ésimo percentil, P_k, é um valor tal que, no máximo, k% dos dados são menores em valor que P_k, no máximo $(100 - k)$% dos dados são maiores (veja a Figura 2.25).

NOTAS:

1. O primeiro quartil e o 25º percentil são idênticos, ou seja, $Q_1 = P_{25}$. Além disso, $Q_3 = P_{75}$.

2. A mediana, o segundo quartil e o 50º percentil são todos idênticos: $\tilde{x} = Q_2 = P_{50}$. Assim, quando for pedido para determinar P_{50} ou Q_2, utilize o procedimento para determinar a mediana.

Percentis

O procedimento para determinar o valor de qualquer k-ésimo percentil (ou quartil) envolve quatro passos básicos, como descrito na Figura 2.26.

Utilizando a amostra composta pelas 50 notas obtidas na prova final de estatística elementar listadas na Tabela 2.14, determine o primeiro quartil Q_1, o 58º percentil P_{58}, e o terceiro quartil Q_3.

> **Quartis** Valores da variável que dividem os dados classificados em quatro partes iguais, sendo que cada conjunto de dados é composto por três quartis.
>
> **Percentis** Valores da variável que dividem um conjunto de dados classificados em cem subconjuntos iguais, sendo que cada conjunto de dados é composto por 99 percentis.

Figura 2.23 Quartis

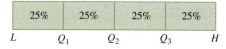

Classificação dos dados, em ordem crescente

25%	25%	25%	25%

$L \qquad Q_1 \qquad Q_2 \qquad Q_3 \qquad H$

Figura 2.24 Percentis

Classificação dos dados, em ordem crescente

1%	1%	1%	1%		1%	1%	1%

$L \quad P_1 \quad P_2 \quad P_3 \quad P_4 \qquad P_{97} \; P_{98} \; P_{99} \; H$

Figura 2.25 k-ésimo percentil

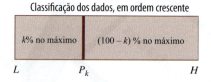

Classificação dos dados, em ordem crescente

k% no máximo	$(100 - k)$ % no máximo

$L \qquad\qquad P_k \qquad\qquad H$

Tabela 2.14 Pontuações brutas para a prova de estatística elementar

60	47	82	95	88	72	67	66	68	98
90	77	86	58	64	95	74	72	88	74
77	39	90	63	68	97	70	64	70	70
58	78	89	44	55	85	82	83	72	77
72	86	50	94	92	80	91	75	76	78

Figura 2.26 Procedimento para encontrar P_k

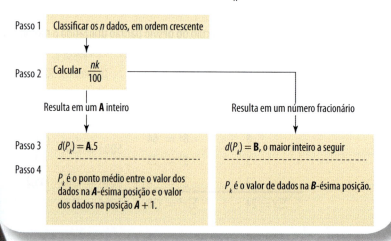

Passo 1 — Classificar os n dados, em ordem crescente

Passo 2 — Calcular $\dfrac{nk}{100}$

Resulta em um **A** inteiro / Resulta em um número fracionário

Passo 3 — $d(P_k) = $ **A**.5 / $d(P_k) = $ **B**, o maior inteiro a seguir

Passo 4 — P_k é o ponto médio entre o valor dos dados na **A**-ésima posição e o valor dos dados na posição **A** + 1. / P_k é o valor de dados na **B**-ésima posição.

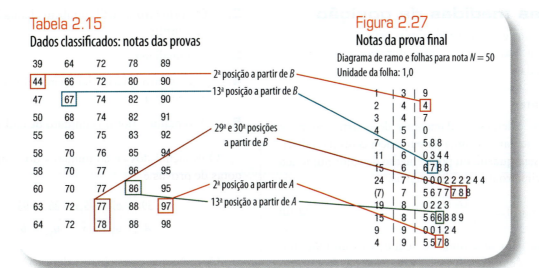

Tabela 2.15
Dados classificados: notas das provas

39	64	72	78	89
44	66	72	80	90
47	67	74	82	90
50	68	74	82	91
55	68	75	83	92
58	70	76	85	94
58	70	77	86	95
60	70	77	86	95
63	72	77	88	97
64	72	78	88	98

2ª posição a partir de B
13ª posição a partir de B
29ª e 30ª posições a partir de B
2ª posição a partir de A
13ª posição a partir de A

Figura 2.27
Notas da prova final

Diagrama de ramo e folhas para nota $N = 50$
Unidade da folha: 1,0

```
 1  | 3 | 9
 2  | 4 | 4
 3  | 4 | 7
 4  | 5 | 0
 7  | 5 | 5 8 8
11  | 6 | 0 3 4 4
15  | 6 | 6 7 8 8
24  | 7 | 0 0 0 2 2 2 2 4 4
(7) | 7 | 5 6 7 7 7 8 8
19  | 8 | 0 2 2 3
15  | 8 | 5 6 6 8 8 9
 9  | 9 | 0 0 1 2 4
 4  | 9 | 5 5 7 8
```

PROCEDIMENTO

Passo 1 Classificar os dados: pode ser elaborada uma lista classificada (veja a Tabela 2.15), ou utilizada uma ilustração gráfica mostrando os dados classificados. Tanto o diagrama *dotplot* quanto o de ramo e folhas podem ser utilizados para essa finalidade. O diagrama de ramo e folhas é especialmente útil, pois fornece os números de profundidade contados a partir dos dois extremos quando gerado por computador (veja a Figura 2.27). O Passo 1 é idêntico para as três estatísticas.

Determinar Q_1:

Passo 2 Determinar $\dfrac{nk}{100} : \dfrac{nk}{100} = \dfrac{(50)(25)}{100} = \mathbf{12,5}$
($n = 50$ e $k = 25$, uma vez que $Q_1 = P_{25}$.)

Passo 3 Determinar a profundidade de $Q_1 : d(Q_1) = \mathbf{13}$ (Uma vez que 12,5 é um número fracionário, B é o próximo inteiro de maior valor, 13.)

Passo 4 Determinar $Q_1 : Q_1$ é o 13º valor, contando a partir de B (veja a Tabela 2.15 ou a Figura 2.27), $Q_1 = \mathbf{67}$

Determinar P_{58}:

Passo 2 Determinar $\dfrac{nk}{100} : \dfrac{nk}{100} = \dfrac{(50)(58)}{100} = \mathbf{29}$
($n = 50$ e $k = 58$ para P_{58}.)

Passo 3 Determinar a profundidade de P_{58}: $d(P_{58}) = \mathbf{29,5}$ (Sendo $A = 29$, um inteiro, acrescente 0,5 e utilize 29,5.)

Passo 4 Determinar P_{58}: P_{58} é o valor do ponto médio entre os valores do 29º e 30º itens de dados,

contando a partir de B (veja a Tabela 2.15 ou a Figura 2.27), assim

$$P_{58} = \frac{77 + 78}{2} = 77,5$$

PSI : $d(P_k)$ = profundidade ou localização do k-ésimo percentil.

Técnica opcional: Quando k for maior que 50, subtrair k de 100 e usar $(100 - k)$ em vez de k no Passo 2. Então, a profundidade é contada a partir do maior valor de dados A.

Determinar Q_3 utilizando a técnica opcional:

Passo 2 Determinar $\dfrac{nk}{100} : \dfrac{nk}{100} = \dfrac{(50)(25)}{100} = \mathbf{12,5}$
($n = 50$ e $k = 75$, uma vez que $Q_3 = P_{75}$, e $k > 50$; usar $100 - k = 100 - 75 = 25$.)

Passo 3 Determinar a profundidade de Q_3 a partir de $a : d(Q_3) = \mathbf{13}$

Passo 4 Determinar $Q_3 : Q_3$ é o 13º valor, contando a partir de A (veja a Tabela 2.15 ou a Figura 2.27), $Q_3 = \mathbf{86}$

Portanto, podemos afirmar que, "no máximo, 75% das notas de prova possuem valor inferior a 86". Isso equivale também a dizer que, "no máximo, 25% das notas de prova apresentam valor superior a 86".

Portanto, podemos afirmar que, "no máximo, 58% das notas de prova possuem valor inferior a 77,5". Isso equivale também a dizer que, "no máximo, 42% das notas de prova apresentam valor superior a 77,5".

NOTA: Uma ogiva dessas notas determinaria graficamente esses mesmos percentuais, sem o uso de fórmulas.

Outras medidas de posição

Agora, vamos examinar três outras medidas de posição: semiquartil, esquema dos cinco números e pontuações padronizadas.

SEMIQUARTIS

Usando os cálculos fundamentais de quartis, agora, é possível calcular a medida da tendência central conhecida como **semiquartil**, ou ponto médio de valor numérico entre o primeiro e o terceiro quartis.

$$\text{semiquartil} = \frac{Q_1 + Q_3}{2} \qquad (2.10)$$

Assim, para determinar o semiquartil do conjunto de 50 notas de provas, fornecido no exemplo correspondente, basta somar 67 a 86 e dividir por 2.

$Q_1 = 67$ e $Q_3 = 86$, assim,

$$\text{semiquartil} = \frac{Q_1 + Q_3}{2} = \frac{67 + 86}{2} = \textbf{76,5}$$

A mediana, a semiamplitude e os semiquartis não possuem, necessariamente, o mesmo valor. Cada um é um valor médio, mas sob definições diferentes de "médio". A Figura 2.28 resume a relação entre essas três formas de estatísticas conforme elas são aplicadas ao conjunto de 50 notas de provas.

ESQUEMA DOS CINCO NÚMEROS

Outra medida de posição baseada em quartis e percentis é o **esquema dos cinco números**. O esquema dos cinco números não é eficaz apenas para a descrição de um conjunto de dados, mas suas informações são fáceis de obter, e ele é muito informativo para o leitor.

O esquema dos cinco números é composto por:

1. B, o menor valor no conjunto de dados;

2. Q_1, primeiro quartil (também chamado de P_{25}, 25º percentil);

3. $\tilde{x}$, a mediana;

4. Q_3, terceiro quartil (também chamado de P_{75}, 75º percentil); e

5. A, o maior valor no conjunto de dados.

O esquema dos cinco números do conjunto das 50 notas de provas é

39	67	75,5	86	98
A	Q_1	$\tilde{x}$	Q_3	B

Observe que esses cinco valores numéricos dividem o conjunto de dados em quatro subconjuntos, com um quarto dos dados em cada subconjunto. Com base no esquema dos cinco números, podemos observar qual quantidade de dados está distribuída em cada uma das quatro partes. Agora, podemos definir uma medida de dispersão adicional. A **amplitude interquartil** é a diferença entre o primeiro e o terceiro quartis. É a amplitude dos 50% centrais dos dados. O esquema dos cinco números torna muito fácil observar a amplitude interquartil.

> **Semiquartil** Ponto central dos valores numéricos entre o primeiro e o terceiro quartis.
>
> **Esquema dos cinco números** Apresentação de cinco números que oferecem um resumo estatístico de um conjunto de dados: o menor valor no conjunto de dados, o primeiro quartil, a mediana, o terceiro quartil e o maior valor no conjunto de dados.
>
> **Amplitude interquartil** Diferença entre o primeiro e o terceiro quartis. É a amplitude dos 50% centrais dos dados.

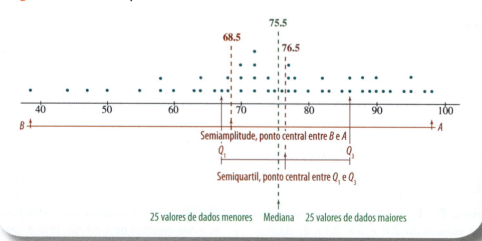

Figura 2.28 Notas da prova final

Figura 2.29 Diagrama de caixa e hastes

Notas da prova final

Resultados

O esquema dos cinco números é ainda mais informativo quando apresentado em um gráfico desenhado em escala. Uma representação gráfica gerada por computador que faz isso é conhecida como **diagrama de caixa e hastes**. Nessa representação gráfica do esquema dos cinco números, os cinco valores numéricos (menor valor, primeiro quartil, mediana, terceiro quartil e maior valor) são apresentados em uma escala tanto vertical quanto horizontal. A caixa é usada para ilustrar a metade central dos dados que se encontram entre os dois quartis. As hastes são segmentos de linha utilizados para ilustrar a outra metade dos dados: um segmento de linha representa o quarto dos dados com valores inferiores aos do primeiro quartil, e um segundo segmento de linha representa o quarto dos dados com valores superiores aos do terceiro quartil.

A Figura 2.29 representa um diagrama de caixa e hastes com as 50 notas de provas.

Pontuações padrão (escores-z)

Até aqui, examinamos medidas de posição *gerais*, mas às vezes é necessário medir a posição de um valor *específico* com relação à média e ao desvio padrão. Nesses casos, é utilizada a pontuação padrão, comumente chamada de *escore-z*. A **pontuação padrão** (ou **escore-z**) é a posição de um determinado valor de *x* em relação à média, medida em desvios padrão. O escore-z é determinado pela fórmula:

$$z = \frac{\text{valor} - \text{média}}{\text{desvio padrão}} = \frac{x - \bar{x}}{s} \qquad (2.11)$$

Vamos aplicar essa fórmula para determinar as pontuações padrão para (a) 92 e (b) 72 com relação a uma amostra de notas de provas com uma pontuação média de 74,92 e um desvio padrão de 14,20.

> **Diagrama de caixa e hastes** Representação gráfica do esquema dos cinco números.
>
> **Pontuação padrão ou escore-z** Posição de um determinado valor de *x* com relação à média, medida na forma de desvios padrão.

SOLUÇÃO

(a). $x = 92$; $\bar{x} = 74,92$; $s = 14,20$.

Assim, $z = \dfrac{x - \bar{x}}{s} = \dfrac{92 - 74,92}{14,20} = \dfrac{17,08}{14,20} = \mathbf{1,20.}$

(b). $x = 72$; $\bar{x} = 74,92$; $s = 14,20$.

Assim, $z = \dfrac{x - \bar{x}}{s} = \dfrac{72 - 74,92}{14,20} = \dfrac{-2,92}{14,20} = \mathbf{-0,21.}$

Isso significa que a pontuação 92 é aproximadamente um desvio padrão e um quinto acima da média, enquanto a pontuação 72 é aproximadamente um quinto do desvio padrão abaixo da média.

NOTAS:

1. Normalmente, o valor calculado de *z* é arredondado para o centésimo mais próximo.

2. O valor dos escores-z, normalmente, varia aproximadamente de −3,00 a +3,00.

Por ser escore-z uma medida de posição relativa quanto à média, pode ser utilizado para ajudar a comparar duas pontuações brutas procedentes de populações distintas. Por exemplo, suponha que você deseja comparar a nota que tirou em uma prova com a nota que uma amiga obteve em uma prova equivalente no curso ela faz. Você recebeu uma nota bruta de 45 pontos, enquanto ela obteve 72 pontos. A nota dela é melhor?

Necessitamos de mais informações antes de chegarmos a uma conclusão. Suponha que a média que você obteve na prova foi 38 e a média de sua amiga na prova dela foi 65. Suas notas estão, ambas, 7 pontos acima da média, mas ainda não podemos estabelecer uma conclusão definitiva. O desvio padrão da prova que você fez foi de 7 pontos, e de 14 pontos da prova da sua amiga. Isso significa que a sua pontuação está um (1) desvio padrão acima da média ($z = 1,0$), enquanto a nota da sua amiga é apenas meio desvio padrão acima da média ($z = 0,5$). Uma vez que a sua pontuação tem a "melhor" posição relativa, conclui-se que é ligeiramente melhor do que a pontuação da sua amiga. (Lembramos que estamos falando de um ponto de vista relativo.)

Regra empírica Se uma variável é distribuída normalmente, então: aproximadamente 68% dos dados estarão dentro do intervalo de um desvio padrão da média; aproximadamente 95% dos dados estarão dentro do intervalo de dois desvios padrão da média; e aproximadamente 99,7% dos dados estarão dentro do intervalo de três desvios padrão da média.

2.6 Interpretação e compreensão do desvio padrão

O DESVIO PADRÃO É UMA MEDIDA DE VARIAÇÃO (DISPERSÃO) NOS DADOS.

Ele é definido como um valor calculado por meio do uso de fórmulas. Ainda assim, você pode estar se perguntando o que ele realmente é e como se relaciona com os dados. É uma espécie de parâmetro por meio do qual comparamos a variabilidade de um conjunto de dados com outro. Essa "medida" em particular pode ser mais bem compreendida examinando-se duas afirmações que nos dizem como o desvio padrão está relacionado aos dados: a *regra empírica* e o *teorema de Chebyshev*.

Regra empírica e teste de normalidade

A regra empírica afirma que, se uma variável for distribuída normalmente, então: aproximadamente 68% dos dados estarão dentro do intervalo de um desvio padrão da média; aproximadamente 95% dos dados estarão dentro do intervalo de dois desvios padrão da média; e aproximadamente 99,7% dos dados estarão dentro do intervalo de três desvios padrão da média. Essa regra aplica-se especificamente a uma *distribuição normal (em forma de sino)*, mas é frequentemente apli-

cada como um guia interpretativo para qualquer distribuição acumulada.

A Figura 2.30 mostra os intervalos de um, dois e três desvios padrão com relação à média de uma distribuição praticamente normal. Geralmente, essas proporções não ocorrem exatamente em uma amostra, mas os valores observados serão próximos quando for extraída uma amostra grande de uma população distribuída normalmente.

Se uma distribuição é praticamente normal, ela será quase simétrica, e a média dividirá a distribuição ao meio (a média e a mediana são idênticas em uma distribuição simétrica). Isso nos permite refinar a regra empírica, como mostrado na Figura 2.31.

Figura 2.30 Regra empírica

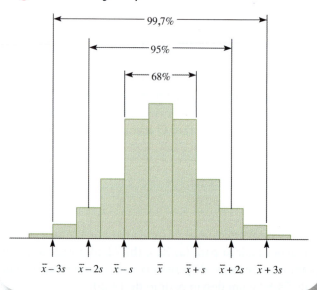

Figura 2.31 Refinamento da regra empírica

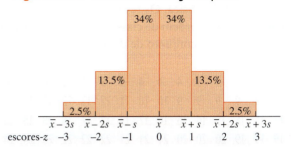

A regra empírica pode ser utilizada para determinar se um conjunto de dados está distribuído de forma praticamente normal ou não. Vamos demonstrar sua aplicação trabalhando com a distribuição das notas da prova final que utilizamos durante todo este capítulo. A média, $\bar{x}$, foi definida como 74,92, e o desvio padrão, s, como 14,20. O intervalo entre um desvio padrão abaixo da média, $\bar{x} - s$, e um acima da média, $\bar{x} + s$, é 74,92 − 14,20 = 60,72 a 74,92 + 14,20 = 89,12. Esse intervalo (de 60,72 a 89,12) inclui 61, 62, 63, ..., 89. Verificando os dados classificados (Tabela 2.15, página 43), observamos que 34 dos 50 dados, ou 68%, se encontram dentro do intervalo de um desvio padrão da média. Além disso, $\bar{x} - 2s = 74,92 − (2)(14,20) = 74,92 − 28,40 = 46,52$ a $\bar{x} + 2s = 74,92 + 28,40 = 103,32$ fornece o intervalo de 46,52 a 103,32. Dos 50 dados, 48, ou 96%, encontram-se dentro do intervalo de dois desvios padrão da média. Todos os 50 dados, ou 100%, estão incluídos no intervalo de três desvios padrão da média (de 32,32 a 117,52). Essas informações podem ser dispostas em uma tabela para comparação com os valores obtidos por meio da regra empírica (veja a Tabela 2.16).

Tabela 2.16 Porcentagens observadas *versus* regra empírica

Intervalo	Porcentagem da regra empírica	Porcentagem encontrada
$\bar{x} - s$ a $\bar{x} + s$	≈68	68
$\bar{x} - 2s$ a $\bar{x} + 2s$	≈95	96
$\bar{x} - 3s$ a $\bar{x} + 3s$	≈99,7	100

As porcentagens encontradas são razoavelmente próximas àquelas previstas pela regra empírica. Combinando essa evidência com a forma do histograma, podemos afirmar com segurança que os dados da prova final estão distribuídos de forma praticamente normal.

Outro método de testar a normalidade é criar um gráfico de probabilidades utilizando um computador ou uma calculadora gráfica.

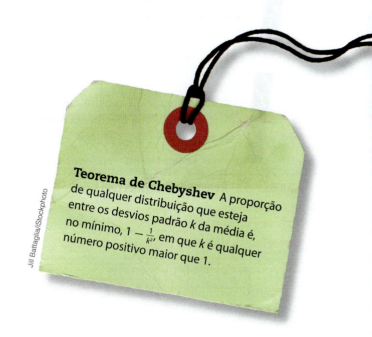

Teorema de Chebyshev A proporção de qualquer distribuição que esteja entre os desvios padrão k da média é, no mínimo, $1 - \frac{1}{k^2}$, em que k é qualquer número positivo maior que 1.

Teorema de Chebyshev

Caso os dados não apresentem uma distribuição próxima ao normal, o **teorema de Chebyshev** fornece informações sobre quantos dados estarão dentro de intervalos centralizados na média para todas as distribuições. Ele estabelece que a proporção de qualquer distribuição que se encontre entre desvios padrão k da média é, no mínimo, $1 - \frac{1}{k^2}$, em que k é qualquer número positivo maior do que 1. Esse teorema aplica-se a todas as distribuições de dados.

De acordo com esse teorema, dentro de dois desvios padrão da média ($k = 2$), encontraremos sempre, no mínimo, 75% (ou seja, 75% ou mais) dos dados:

$$1 - \frac{1}{k^2} = 1 - \frac{1}{2^2} = 1 - \frac{1}{4} = \frac{3}{4} = 0,75, \textbf{ mínimo de 75\%}$$

A Figura 2.32 mostra uma distribuição acumulada que ilustra o mínimo de 75%.

Figura 2.32 Teorema de Chebyshev com $k = 2$

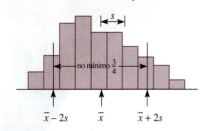

Se considerarmos o intervalo formado por três desvios padrão em ambos os lados da média ($k = 3$), de acordo com o teorema, encontraremos sempre o mínimo de 89% (ou seja, 89% ou mais) dos dados:

$$1 - \frac{1}{k^2} = 1 - \frac{1}{3^2} = 1 - \frac{1}{9} = \frac{8}{9} = 0{,}89, \textbf{ mínimo de 89\%}$$

A Figura 2.33 mostra uma distribuição acumulada que ilustra o mínimo de 89%.

Figura 2.33 Teorema de Chebyshev com $k = 3$

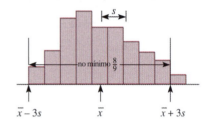

Imagine que todos os alunos do terceiro ano da escola de Ensino Fundamental Roth foram submetidos a um teste de aptidão física. Os resultados dos testes estão listados abaixo por ordem de classificação e são mostrados no histograma (conjunto de dados).

1	2	2	3	3	3	4	4	4	5	5	5	5	6	6	6
8	9	9	9	9	9	9	10	10	11	12	12	12	13	14	14
14	15	15	15	15	16	16	16	17	17	17	17	18	18	18	18
19	19	19	19	20	20	20	21	21	21	22	22	22	23	24	24

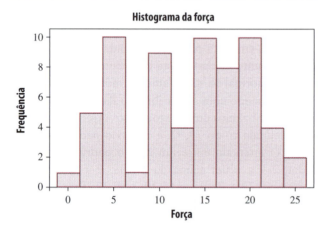

Algumas perguntas interessantes são: essa distribuição satisfaz a regra empírica? O teorema de Chebyshev é verdadeiro? A distribuição está próxima do normal?

Para responder às duas primeiras perguntas, precisamos determinar as porcentagens de dados em cada um dos três intervalos em relação à média. A média é 13,0 e o desvio padrão é 6,6.

Média ± ($k \times$ desvio padrão)	Intervalo	Porcentagem encontrada	Empírica	Chebyshev
$13{,}0 \pm (1 \times 6{,}6)$	6,4 a 19,6	36/64 = 56,3%	68%	—
$13{,}0 \pm (2 \times 6{,}6)$	−0,2 a 26,2	64/64 = 100%	95%	Mínimo de 75%
$13{,}0 \pm (3 \times 6{,}6)$	−6,8 a 32,8	64/64 = 100%	99,70%	Mínimo de 89%

Fica por sua conta verificar os valores da média, do desvio padrão, dos intervalos e das porcentagens.

As três porcentagens encontradas (56,3, 100 e 100) não se aproximam das porcentagens de 68, 95 e 99,7 determinadas pela regra empírica. As duas porcentagens encontradas (100 e 100) batem com o teorema de Chebyshev, uma vez que elas são maiores que 75% e 89%. Lembre-se, o teorema de Chebyshev aplica-se a todas as distribuições. Com a distribuição vista no histograma e as três porcentagens encontradas, é razoável concluir que esses resultados de testes não estão distribuídos de forma normal.

2.7 A arte da fraude estatística

"HÁ TRÊS TIPOS DE MENTIRAS: MENTIRAS, MENTIRAS DESLAVADAS E ESTATÍSTICAS."

Essas notáveis palavras, proferidas por Benjamin Disraeli (primeiro ministro britânico no século XIX), representam a visão cínica que muitas pessoas têm sobre a estatística. A maioria das pessoas está do lado do consumidor final das estatísticas e, assim, têm de "engoli-las".

Boa aritmética, estatística ruim

Vamos explorar uma mentira estatística deslavada. Suponha que uma pequena empresa empregue oito pessoas que ganham entre $ 300 e $ 350 por semana. O proprietário da empresa paga a si mesmo $ 1.250 por semana. Ele informa ao público em geral que o salário médio pago a seus funcionários é de $ 430 por semana. Isso pode ser um exemplo de boa aritmética, mas é estatística ruim. É uma representação incorreta da situação porque somente um funcionário, o proprietário, recebe mais do que o salário médio. O público pensará que a maioria dos funcionários ganha cerca de $ 430 por semana.

Enganação gráfica

As representações gráficas podem ser traiçoeiras e enganadoras. A escala de frequência (geralmente, representada no eixo vertical) deve iniciar em zero para apresentar uma imagem global. Em geral, os gráficos que não começam em zero são utilizados para economizar espaço. No entanto, eles podem ser enganosos. Os gráficos nos quais a escala de frequência começa em zero tendem a enfatizar o tamanho dos números envolvidos, enquanto os gráficos que omita e tendem a enfatizar a variação nos números sem levar em conta o seu tamanho real. A identificação da escala horizontal também pode induzir ao erro. É necessário inspecionar as representações gráficas cuidadosamente antes de tirar conclusões com base na "história contada por elas".

DISTORÇÕES SOBREPOSTAS

A sobreposição "inteligente" de gráficos da *Ithaca Times* (7 de dezembro de 2000) é, com certeza, o pior gráfico já

apresentado na primeira página. A reportagem de capa, "Por que as faculdades têm de custar tanto?", exibe dois gráficos sobrepostos no contexto referente ao *campus* da Universidade de Cornell. As duas linhas interrompidas representam o "Custo de Cornell" e a "Classificação de Cornell", com o custo aumentando de forma constante e a classificação cambaleando e caindo. Portanto, cria-se uma imagem muito clara: os alunos recebem menos e pagam mais!

Agora, veja os dois gráficos completos separadamente. Nota: (1) Os gráficos abrangem dois períodos de tempo diferentes. (2) As escalas verticais são diferentes. (3) A "melhor" distorção da informação vem da impressão de que uma "queda na classificação" representa uma qualidade educacional inferior. Uma classificação na 6ª posição não deveria ser melhor do que uma classificação na 15ª posição?

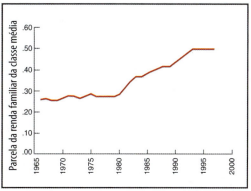

De acordo como os números: por mais de 35 anos, o custo com a faculdade de Cornell tem comprometido uma parcela cada vez maior da renda familiar de seus alunos de classe média

FONTE: datavis.ca/gallery/context.php

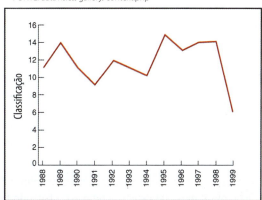

Estrutura de poder: por mais de 12 anos, a classificação da Faculdade de Cornell no *US News & World Report* subiu e caiu de posição de forma irregular.

Isso tudo se resume no fato de que a estatística, como todas as formas de linguagem, pode ser – e é – distorcida. Nas mãos de pessoas descuidadas, desinformadas ou inescrupulosas, as informações estatísticas podem ser tão falsas quanto uma "mentira deslavada".

problemas

Objetivo 2.1

2.1 Os resultados da pesquisa realizada pelo site Self.com sobre "Qual é a sua principal preocupação com a beleza na época do frio?" foram publicados na edição de dezembro de 2008 da revista *Self*: pele seca – 57%; lábios rachados – 25%; cabelos opacos – 10%; pés ásperos – 8%.

- a. Construa um gráfico de pizza mostrando as principais preocupações com a beleza no inverno.
- b. Construa um gráfico de barras mostrando as principais preocupações com a beleza no inverno.
- c. Na sua opinião, qual gráfico resulta em uma melhor representação das informações, o de pizza do item (a) ou o de barras do item (b)? Explique.

2.2 Algumas tarefas de limpeza são mais desagradáveis do que outras. De acordo com o *USA Today Snapshot*, de 17 de julho de 2009, referente a um levantamento realizado com mulheres pelo Consumer Reports National Research Center, os trabalhos de limpeza que mais desagradam às mulheres são apresentados no diagrama de Pareto abaixo.

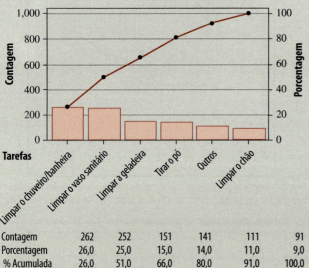

Tarefas de limpeza que mais desagradam às mulheres

Contagem	262	252	151	141	111	91
Porcentagem	26,0	25,0	15,0	14,0	11,0	9,0
% Acumulada	26,0	51,0	66,0	80,0	91,0	100,0

- a. Quantas mulheres foram entrevistadas ao todo?
- b. Verifique os 15% informados para "Limpar a geladeira".
- c. Explique como foi obtido o valor de 80% para "para tirar o pó" e o que ele significa.
- d. Quais as três tarefas que fariam que no máximo 75% das mulheres entrevistadas ficassem felizes se fossem eliminadas?

2.3 Um inspetor de camisas em uma fábrica de roupas classificou os últimos 500 defeitos como: 67 – faltando botão; 153 – costura malfeita; 258 – tamanho incorreto; 22 – defeito no tecido. Construa um diagrama de Pareto para essas informações.

2.4 A seguir, são apresentadas as alturas (em polegadas) dos jogadores de basquete que foram as primeiras escolhas das equipes profissionais da National Basketball Association para 2009.

82	86	76	77	75	72	75	81	78	74
77	77	81	81	82	80	76	72	74	74
73	82	80	84	74	81	80	77	74	78

FONTE: http://www.mynbadraft.com/2009-NBA-Draft-Results/

- a. Construa um gráfico dotplot com as alturas desses jogadores.
- b. Use o dotplot para descobrir o jogador mais baixo e o mais alto.
- c. Qual é a altura mais comum e quantos jogadores compartilham essa altura?
- d. Que recurso do dotplot ilustra a altura mais comum?

2.5 Todo ano, a revista *Fortune* publica uma lista com os 100 principais empregadores dos Estados Unidos. As 15 melhores empresas para trabalhar e o crescimento de seus postos de trabalho estão listados abaixo.

Empresa	Crescimento dos postos de trabalho (%)	Empresa	Crescimento dos postos de trabalho (%)
NetApp	12	Goldman Sachs	2
Edward Jones	9	Nugget Market	22
Boston Consulting Group	10	Adobe Systems	9
Google	40	Recreational Equipment (REI)	11
Wegmans Food Markets	6	Devon Energy	11
Cisco Systems	7	Robert W. Baird	4
Genentech	5	W. L. Gore & Associates	5
Methodist Hospital System	1		

FONTE: http://money.cnn.com

- a. Construa um diagrama de ramo e folhas com esses dados.
- b. Com base no diagrama de ramo e folhas, descreva a distribuição dos percentuais de crescimento.

2.6 De acordo com o diagrama de ramo e folhas a seguir:

Ramo e folhas de C1 N = 16
Unidade de folha = 0.010

1	59	7
4	60	148
(5)	61	02669
7	62	0247
3	63	58
1	64	3

- a. Qual o significado da Unidade de folha = 0,010?
- b. Quantos valores de dados são mostrados nesse diagrama de ramo e folhas?
- c. Liste os primeiros quatro valores de dados.
- d. Qual é a coluna de números disposta à esquerda da figura?

Objetivo 2.2

2.7 O ano de 2008 foi excelente para a equipe olímpica de futebol feminino dos Estados Unidos. Uma maneira de descrever as jogadoras do time é por meio de suas alturas individuais.

Altura (polegadas)								
70	68	65	64	68	66	66	67	68
68	67	65	65	66	64	69	66	65

FONTE: http://www.ussoccer.com

a. Construa uma distribuição de frequência desagrupada para as alturas.

b. Construa um histograma de frequência dessa distribuição.

c. Prepare uma distribuição de frequência relativa com esses mesmos dados.

d. Qual o percentual do time que tem pelo menos 5 ou 6 pés (1,52 a 1,83 m) de altura?

2.8 Uma pesquisa realizada com 100 gerentes de *resorts* sobre seus salários anuais resultou na distribuição de frequência abaixo:

Salário anual ($1.000)	15–25	25–35	35–45	45–55	55–65
Número de gerentes	12	37	26	19	6

a. O valor de dados "35" pertence a qual classe?

b. Explique o significado de "35-45".

c. Explique o que é "amplitude de classe", forneça seu valor e descreva três formas pelas quais ela pode ser determinada.

d. Desenhe um histograma de frequência para os salários anuais dos gerentes de *resorts*. Identifique os limites de classe.

2.9 Durante o primeiro semestre de 2009, 200 alunos fizeram uma prova de estatística com um determinado professor. As notas resultantes são apresentadas na tabela abaixo.

Notas da prova	Número
50–60	13
60–70	44
70–80	74
80–90	59
90–100	9
100–110	1
Total	200

a. Qual é a amplitude da classe?

b. Desenhe e identifique completamente um histograma de frequência para as notas obtidas na prova de estatística.

c. Desenhe e identifique completamente um histograma de frequência relativa para as notas obtidas na prova de estatística.

d. Examine com cuidado os histogramas dos itens (b) e (c) e explique por que um deles pode ser mais útil tanto para o aluno quanto para o professor.

2.10 A velocidade de 55 carros foi medida por um dispositivo de radar em uma rua da cidade:

27	23	22	38	43	24	35	26	28	18	20
25	23	22	52	31	30	41	45	29	27	43
29	28	27	25	29	28	24	37	28	29	18
26	33	25	27	25	34	32	36	22	32	33
21	23	24	18	48	23	16	38	26	21	23

a. Classifique esses dados em uma distribuição de frequência agrupada utilizando os limites de classe 12–18, 18–24, ..., 48–54.

b. Determine a amplitude de classe.

c. Para a classe 24–30, determine seu ponto médio, seu limite de classe inferior e de classe superior.

d. Construa um histograma de frequência para esses dados.

2.11 Uma pesquisa com 100 gerentes de *resorts* sobre seus salários anuais resultou na distribuição de frequência a seguir.

Salário anual ($1.000)	15–25	25–35	35–45	45–55	55–65
Número de gerentes	12	37	26	19	6

a. Prepare uma distribuição de frequência acumulada para os salários anuais.

b. Prepare uma distribuição de frequência relativa acumulada para os salários anuais.

c. Construa uma ogiva para a distribuição de frequência relativa acumulada encontrada no item (b).

d. Qual valor limita a frequência relativa acumulada de 0,75?

e. 75% dos salários anuais estão abaixo de qual valor? Explique a relação entre (d) e (e).

Objetivo 2.3

2.12 O custo para levar o seu animal de estimação com você a bordo de um voo no território continental dos Estados Unidos varia de acordo com a companhia aérea. Os preços cobrados por 14 das principais companhias aéreas dos Estados Unidos em junho de 2009 eram (em dólares):

69	100	100	100	125	150	100	60	100	125	75	100	125	100

Determine o custo médio para levar seu animal de estimação com você no voo.

2.13 Para os alunos do 8º ano com telefones celulares, a quantidade de números programados em seus telefones eram:

100	37	12	20	53	10	20	50	35	30

a. Determine a média dos números programados no telefone celular de um aluno do 8º ano.

b. Determine a mediana dos números programados no telefone celular de um aluno do 8º ano.

c. Explique a diferença nos valores da média e da mediana.

d. Exclua o valor mais extremo e responda aos itens de (a) a (c) novamente.

e. A exclusão do valor extremo possui mais efeito sobre a média ou a mediana? Explique por quê.

2.14 O número de carros por apartamento em uma amostra de moradores em um condomínio grande é 1, 2, 1, 2, 2, 2, 1, 2, 3, 2. Qual é a moda?

2.15 A cada ano, cerca de 160 faculdades participam da Competição Nacional de Canoas de Concreto da Sociedade norte-americana de Engenheiros Civis. Cada equipe deve projetar uma canoa de concreto em condições de navegar, sendo que o concreto não é um material conhecido por sua capacidade de flutuar. As canoas devem pesar entre 100 e 350 libras. Quando as canoas do ano passado foram pesadas, seus pesos variaram entre 138 e 349 libras.

a. Determine a semiamplitude.

b. A informação fornecida contém quatro valores de pesos, explique por que você utilizou dois deles em (a) e não utilizou os outros dois.

2.16. Considere a amostra 2, 4, 7, 8, 9. Determine o seguinte:
a. média, $\bar{x}$
b. mediana, $\tilde{x}$
c. moda
d. semiamplitude

Objetivo 2.4

2.17 a. O valor de dados $x = 45$ possui um valor de desvio igual a 12. Explique o que isso significa.

b. O valor de dados $x = 84$ possui um valor de desvio igual a –20. Explique o que isso significa.

2.18 Todas as medidas de variação apresentam um valor não negativo para todos os conjuntos de dados.
a. O que significa para um valor ser "não negativo"?
b. Descreva as condições necessárias para que uma medida de variação tenha valor zero.
c. Descreva as condições necessárias para que uma medida de variação tenha um valor positivo.

2.19 Considere a amostra 2, 4, 7, 8, 9. Determine o seguinte:
a. Intervalo.
b. Variância s^2, utilizando a fórmula (2.5).
c. Desvio padrão, s.

2.20 Foi pedido a 15 estudantes universitários selecionados aleatoriamente que informassem o número de horas que eles dormiram na noite anterior. Os dados resultantes são 5, 6, 6, 8, 7, 7, 9, 5, 4, 8, 11, 6, 7, 8, 7. Determine o seguinte:
a. Variância s^2, utilizando a fórmula (2.5).
b. Variância s^2, utilizando a fórmula (2.9).
c. Desvio padrão, s.

2.21 Considere os dois conjuntos de dados abaixo:

| Conjunto 1 | 45 | 80 | 50 | 45 | 30 |
| Conjunto 2 | 30 | 80 | 35 | 30 | 75 |

Ambos os conjuntos têm a mesma média, que é 50. Compare essas medidas para os dois conjuntos: $\Sigma(x - \bar{x})$, SS(x), e intervalo. Comente sobre o significado dessas comparações com relação à distribuição.

2.22 Comente a afirmação: "A perda média para os clientes do First State Bank (que não era segurado) foi de US$ 150. O desvio padrão das perdas foi – US$ 125."

Objetivo 2.5

2.23 Consulte a tabela de notas de prova – Tabela 2.15 da página 43 – para as atividades a seguir:
a. Utilizando o conceito de profundidade, descreva a posição do valor 91 no conjunto de 50 notas de prova de duas maneiras diferentes.

b. Determine P_{20} e P_{35} para as notas de prova listadas na Tabela 2.15.

c. Determine P_{80} e P_{95} para as notas de prova listadas na Tabela 2.15.

2.24 O U. S. Geological Survey coletou dados de deposição atmosférica nas Montanhas Rochosas. Parte do processo de amostragem consistiu em determinar a concentração de íons de amônia (em porcentagem). Abaixo, estão listados os resultados das 52 amostras:

2,9	4,1	2,7	3,5	1,4	5,6	13,3	3,9	4,0
2,9	7,0	4,2	4,9	4,6	3,5	3,7	3,3	5,7
3,2	4,2	4,4	6,5	3,1	5,2	2,6	2,4	5,2
4,8	4,8	3,9	3,7	2,8	4,8	2,7	4,2	2,9
2,8	3,4	4,0	4,6	3,0	2,3	4,4	3,1	5,5
4,1	4,5	4,6	4,7	3,6	2,6	4,0		

a. Determine Q_1.
b. Determine Q_2.
c. Determine Q_3.
d. Determine o semiquartil.
e. Determine P_{30}.
f. Determine o esquema dos cinco números.
g. Desenhe o diagrama de caixa e hastes.

2.25 Uma prova resultou em notas com uma pontuação média igual a 74,2 e desvio padrão igual a 11,5. Determine o escore-z para cada nota da prova x:
a. $x = 54$
b. $x = 68$
c. $x = 79$
d. $x = 93$

2.26 Uma amostra apresentou média igual a 120 e desvio padrão igual a 20,0. Determine o valor de z que corresponde a cada uma dessas pontuações padrão:
a. $z = 0,0$
b. $z = 1,2$
c. $z = -1,4$
d. $z = 2,05$

2.27 O ACT Assessment® foi desenvolvido para avaliar o desenvolvimento educacional geral dos alunos do ensino médio e sua capacidade para concluir um trabalho de nível universitário. A tabela lista a média e o desvio padrão das pontuações obtidas pelos 3.908.557 alunos do ensino médio, de classes com graduação entre 2006 e 2008, que fizeram os exames do ACT.

2006–2008	Inglês	Matemática	Leitura	Ciência	Redação
Média	20,6	21,0	21,4	20,9	21,1
Desvio padrão	6,0	5,1	6,1	4,8	4,9

FONTE: ACT, Inc.

Converta as seguintes notas do exame do ACT em escores-z para Inglês e Matemática. Compare a colocação entre os dois testes.
a. $x = 30$
b. $x = 23$
c. $x = 12$
d. Explique por que as posições relativas em Inglês e Matemática mudaram para as pontuações 30 e 12 no ACT.
e. Se Jessica tirasse 26 em um dos exames do ACT, em qual dos exames ela obteria a melhor pontuação relativa possível? Explique por quê.

Objetivo 2.6

2.28 A regra empírica indica que é possível determinarmos qual proporção da amostra foi incluída entre os valores a seguir?

a. $\bar{x} - s$ e $\bar{x} + s$
b. $\bar{x} - 2s$ e $\bar{x} + 2s$
c. $\bar{x} - 3s$ e $\bar{x} - 3s$

2.29 A vida útil média de um determinado pneu é de 30.000 milhas, sendo o desvio padrão igual a 2.500 milhas.

a. Supondo que a milhagem esteja distribuída de forma normal, aproximadamente, que porcentagem do total de pneus durará entre 22.500 e 37.500 milhas?
b. Sem ter nenhuma informação a respeito da forma de distribuição, aproximadamente, que porcentagem do total de pneus durará entre 22.500 e 37.500 milhas?

2.30 Utilizando a regra empírica, determine a porcentagem aproximada de uma distribuição normal que se espera encontrar dentro do intervalo descrito.

a. Menos do que a média.
b. Maior que 1 desvio padrão acima da média.
c. Menos de 1 desvio padrão acima da média.
d. Entre 1 desvio padrão abaixo da média e 2 desvios padrão acima da média.

2.31 Todos os anos, os fãs de futebol da faculdade NCAA gostam de saber sobre a classe de jogadores calouros que são promissores. Abaixo, são listadas as alturas (em polegadas) dos 100 principais jogadores de futebol do ensino médio nos Estados Unidos em 2009.

73	75	71	76	74	77	74	72	73	72
74	72	74	72	72	78	73	76	75	72
77	76	73	72	76	72	73	70	75	72
71	74	77	78	74	75	71	75	71	76
70	76	72	71	74	74	71	72	76	71
75	79	78	79	74	76	76	76	75	73
74	70	74	74	75	75	75	75	76	71
74	75	74	78	72	73	71	72	73	72
74	75	77	73	77	75	77	71	72	70
74	76	71	73	76	76	79	77	74	78

FONTE: http://www.takkle.com/

a. Construa um histograma e outro gráfico de sua escolha que mostre a distribuição das alturas.
b. Calcule a média e o desvio padrão.
c. Organize os dados em uma lista ordenada.
d. Determine os valores de $\bar{x} \pm s$, $\bar{x} \pm 2s$ e $\bar{x} \pm 3s$ e a porcentagem de dados dentro de um, dois e três desvios padrão da média.
e. As porcentagens encontradas em (d) estão de acordo com a regra empírica? O que isso significa? Explique.
f. As porcentagens encontradas em (d) estão de acordo com o teorema de Chebyshev? O que isso significa?
g. O gráfico mostra uma distribuição de acordo com suas respostas no item (e)? Explique.
h. Utilize uma das instruções da tecnologia de "testes de normalidade" do seu Tec Card do Capítulo 2. Compare os resultados com a sua resposta para o item (e).

Objetivo 2.7

2.32 Que tipos de operações financeiras você realiza on-line? Você se preocupa com sua segurança? De acordo com o Consumer Internet Barometer, fonte do *USA Today Snapshot*, de 25 de março de 2009, intitulado "Segurança das Contas On-line", foram citadas as seguintes operações e o percentual de pessoas preocupadas com sua segurança on-line.

O quê	Porcentagem
Transações bancárias	72
Pagar contas	70
Comprar ações e títulos	62
Declaração de impostos	62

FONTE: *USA Today* e Consumer Internet Barometer

Prepare dois gráficos de barras para ilustrar os dados percentuais. A escala do eixo vertical no primeiro gráfico deve ir de 50 a 80. Defina a escala do segundo gráfico entre 0 e 100. Qual é a sua conclusão com relação à comparação das porcentagens das quatro respostas com base nos dois gráficos de barras, e o que você recomendaria, se houver algo a recomendar, para melhorar as apresentações?

Análise descritiva
e apresentação de dados bivariados

3.1 Dados bivariados

NEM TODOS OS DADOS DE UMA AMOSTRA PODEM SER REPRESENTADOS GRAFICAMENTE COM UMA VARIÁVEL. PARA REPRESENTAR GRAFICAMENTE E DESCREVER NUMERICAMENTE DADOS AMOSTRAIS QUE ENVOLVAM DUAS VARIÁVEIS EMPARELHADAS, É NECESSÁRIO UTILIZAR DADOS BIVARIADOS, QUE SÃO OS VALORES DE DUAS VARIÁVEIS DIFERENTES OBTIDAS DE UM MESMO ELEMENTO DA POPULAÇÃO.

objetivos

3.1 **Dados bivariados**

3.2 **Correlação linear**

3.3 **Regressão linear**

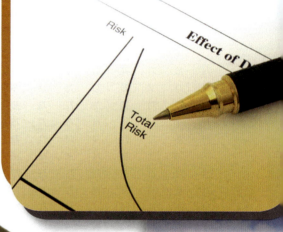

Dados bivariados Valores de duas variáveis diferentes obtidas de um mesmo elemento da população.

Cada uma das duas variáveis pode ser *qualitativa* ou *quantitativa*. Como resultado, três combinações de tipos de variáveis podem formar dados bivariados:

1. Ambas as variáveis são qualitativas (ambas são atributos).
2. Uma variável é qualitativa (atributo) e a outra é quantitativa (numérica).
3. Ambas são quantitativas (ambas são numéricas).

Duas variáveis qualitativas

Quando os dados bivariados resultam de duas variáveis qualitativas (atributo ou categórica), em geral, os dados são organizados em forma de **tabulação cruzada** ou **tabela de contingência**. Para vermos como isso funciona, vamos utilizar as informações sobre gênero e curso superior.

Pavel Losevsky/iStockphoto

TABULAÇÃO CRUZADA

➡️ Trinta estudantes da nossa faculdade foram selecionados aleatoriamente e classificados de acordo com duas variáveis: sexo (M/F) e curso (ciências humanas, administração de empresas e tecnologia), como mostra a Tabela 3.1. Esses 30 dados bivariados podem ser resumidos em uma tabela de tabulação cruzada 2 × 3, na qual as duas linhas representam os dois gêneros, masculino e feminino, e as três colunas representam as três categorias de cursos, ciências humanas (CH), administração de empresas (ADM) e tecnologia (T). A entrada em cada célula é encontrada determinando-se quantos alunos

Stacey Newman/ iStockphoto

ADM T CH CH ADM

Tabela 3.1 Sexo e curso de 30 estudantes universitários

Nome	Sexo	Curso	Nome	Sexo	Curso	Nome	Sexo	Curso
Adams	M	CH	Feeney	M	T	McGowan	M	ADM
Argento	F	ADM	Flanigan	M	CH	Mowers	F	ADM
Baker	M	CH	Hodge	F	CH	Ornt	M	T
Bennett	F	CH	Holmes	M	T	Palmer	F	CH
Brand	M	T	Jopson	F	T	Pullen	M	T
Brock	M	ADM	Kee	M	ADM	Rattan	M	ADM
Chun	F	CH	Kleeberg	M	CH	Sherman	F	CH
Crain	M	T	Light	M	ADM	Small	F	T
Cross	F	ADM	Linton	F	CH	Tate	M	ADM
Ellis	F	ADM	Lopez	M	T	Yamamoto	M	CH

Tabela 3.2 Tabulação cruzada de sexo e curso

(tabulados)

Sexo	Curso		
	CH	ADM	T
M	‖‖‖ (5)	‖‖‖‖ (6)	‖‖‖‖ ‖ (7)
F	‖‖‖‖ (6)	‖‖‖‖ (4)	‖ (2)

Tabela 3.3 Tabulação cruzada de sexo e curso

(frequências)

Sexo	Curso			Total por linha
	CH	ADM	T	
M	5	6	7	18
F	6	4	2	12
Total por coluna	11	10	9	30

se encaixam em cada categoria. Adams é do sexo masculino (M) e da área de ciências humanas (CH), sendo classificado na célula localizada na primeira linha e primeira coluna. Veja a marca de tabulação vermelha na Tabela 3.2. Os outros 29 alunos são classificados (tabulados e mostrados em preto) de forma semelhante.

A tabela de tabulação cruzada (contingência) 2 × 3 resultante – Tabela 3.3 – mostra a frequência de cada categoria cruzada das duas variáveis, juntamente com os totais por linha e coluna, chamados de *totais marginais* (ou *marginais*). O total dos totais marginais é o *total geral*, sendo igual a *n*, o *tamanho da amostra*.

As tabelas de contingência, geralmente, exibem porcentagens (frequências relativas). Essas porcentagens podem ser baseadas em toda a amostra ou em classificações de subamostras (linha ou coluna).

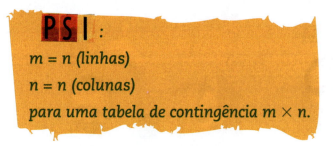

PSI:

$m = n$ (linhas)

$n = n$ (colunas)

para uma tabela de contingência $m \times n$.

PERCENTUAIS BASEADOS NO TOTAL GERAL (AMOSTRA TOTAL)

As frequências na tabela de contingência, apresentadas na Tabela 3.3, podem ser facilmente convertidas em porcentagens do total geral, dividindo-se cada frequência pelo total geral e multiplicando-se o resultado por 100. Por exemplo, 6 torna-se 20%:

$$\left(\frac{6}{30}\right) \times 100 = 20.$$

Na tabela de porcentagens do total geral (veja a Tabela 3.4), podemos ver facilmente que 60% da amostra é do sexo masculino, 40% do sexo feminino, 30% cursa tecnologia e assim por diante. Essas mesmas estatísticas (valores numéricos que descrevem os resultados da amostra) podem ser demonstradas em um gráfico de barras (veja a Figura 3.1).

A Tabela 3.4 e a Figura 3.1 mostram a distribuição dos alunos da área de humanas do sexo masculino, alunos da área de humanas do sexo feminino, alunos de

Tabela 3.4 Tabulação cruzada de sexo e curso

(frequências relativas; % do total geral)

Sexo	Curso			
	CH	ADM	T	Total por linha
M	17%	20%	23%	60%
F	20%	13%	7%	40%
Total por coluna	37%	33%	30%	100%

Figura 3.1 Gráfico de barras

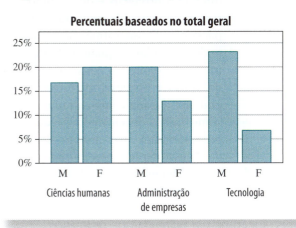

administração do sexo masculino, e assim por diante em relação a toda a amostra.

PERCENTUAIS BASEADOS NOS TOTAIS POR LINHA

As frequências na mesma tabela de contingência – Tabela 3.3 – podem ser expressas como porcentagens dos totais por linha (ou sexo), dividindo-se cada entrada de uma linha pelo total daquela linha e multiplicando-se os resultados por 100. A Tabela 3.5 baseia-se nos totais por linha. Nela, vemos que, dos alunos que cursam ciências humanas, 28% são do sexo masculino, enquanto 50% são do sexo feminino.

Tabela 3.5 Tabulação cruzada de sexo e curso

(% dos totais por linha)

Sexo	Curso			
	CH	ADM	T	Total por linha
M	28%	33%	39%	100%
F	50%	33%	17%	100%
Total por coluna	37%	33%	30%	100%

PERCENTUAIS BASEADOS NOS TOTAIS POR COLUNA

As frequências na tabela de contingência – Tabela 3.3 – podem ser expressas como porcentagens dos totais por coluna (ou curso), dividindo-se cada entrada de uma coluna pelo total daquela coluna e multiplicando-se o resultado por 100. A Tabela 3.6 baseia-se nos totais por coluna. Nela, vemos que 45% dos alunos que cursam ciências humanas são do sexo masculino, enquanto 55% são do sexo feminino.

Tabela 3.6 Tabulação cruzada de sexo e curso

(% dos totais por coluna)

Sexo	Curso			
	CH	ADM	T	Total por linha
M	45%	60%	78%	60%
F	55%	40%	22%	40%
Total por coluna	100%	100%	100%	100%

Uma variável qualitativa e uma quantitativa

Quando os dados bivariados resultam de uma variável qualitativa e de uma quantitativa, os valores quantitativos são vistos como amostras separadas, sendo cada conjunto identificado por níveis da variável qualitativa. Cada amostra é descrita empregando as técnicas do Capítulo 2, e os resultados são exibidos lado a lado para facilitar a comparação.

Para vermos como funciona uma comparação lado a lado, vamos usar o exemplo da distância de parada. A distância necessária para parar um veículo de 1.360 quilos, em uma pista molhada, foi medida para comparar as capacidades de frenagem de três modelos de pneu (veja a Tabela 3.7). Pneus de cada modelo foram testados repetidamente no mesmo veículo em um trecho controlado de uma pista molhada.

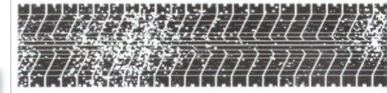

Tabela 3.7 Distâncias de parada (em pés) para três modelos de pneus

Modelo A (n = 6)			Modelo B (n = 6)			Modelo C (n = 6)		
37	36	38	33	35	38	40	39	40
34	40	32	34	42	34	41	41	43

O modelo do pneu é uma variável qualitativa, com três níveis de resposta, e a distância de parada é uma variável quantitativa. A distribuição das distâncias de parada para o modelo A deverá ser comparada com a distribuição das distâncias de parada para cada um dos demais modelos de pneus. Essa comparação pode ser feita tanto por meio da técnica numérica quanto da técnica gráfica. Algumas das opções disponíveis são mostradas na Figura 3.2 e nas Tabelas 3.8 e 3.9.

Figura 3.2 Gráfico *dotplot* e diagrama de caixa e hastes utilizando uma escala comum

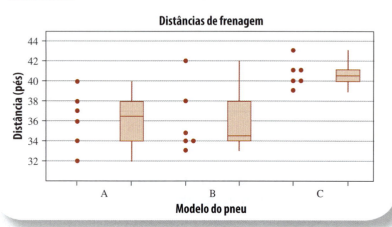

riável de entrada (por vezes chamada de **variável independente**) e *y* é a **variável de saída** (por vezes chamada **variável dependente**). Diz-se que os dados estão *ordenados* porque um valor, *x*, é sempre escrito primeiro. Eles são chamados de *emparelhados*, pois, para cada valor de *x*, existe um valor de *y* correspondente proveniente da mesma fonte. Por exemplo, se *x* é a altura e *y* é o peso, então, uma altura e um peso correspondentes são registrados para cada pessoa. A variável de entrada *x* é medida ou controlada a fim de prever a variável de saída *y*. Suponha que alguns médicos pesquisadores estão testando uma nova droga, prescrevendo diferentes dosagens e observando a extensão do tempo de recuperação de seus pacientes. Dessa forma, o pesquisador pode controlar a quantidade de droga prescrita, expressa como *x*. No caso da altura e do peso, qualquer variável pode ser tratada como entrada e a outra como saída, dependendo da questão a ser respondida. No entanto, dependendo da escolha feita, serão obtidos resultados diferentes de acordo com a análise de regressão.

Tabela 3.8 Esquema dos cinco números para cada modelo

	Modelo A	Modelo B	Modelo C
Alta	40	42	43
Q_3	38	38	41
Mediana	36,5	34,5	40,5
Q_1	34	34	40
Baixa	32	33	39

Tabela 3.9 Média e desvio padrão para cada modelo

	Modelo A	Modelo B	Modelo C
Média	36.2	36.0	40.7
Desvio padrão	2.9	3.4	1.4

Duas variáveis quantitativas

Quando os dados bivariados resultam de duas variáveis quantitativas, é habitual expressar os dados matematicamente como **pares ordenados** (*x*, *y*), em que *x* é a va-

CONSTRUÇÃO DE UM DIAGRAMA DE DISPERSÃO

Em problemas que lidam com duas variáveis quantitativas, apresentamos os dados da amostra ilustrativamente em um **diagrama de dispersão**, ou gráfico de todos os pares ordenados de dados bivariados em um sistema de eixos coordenados. Em um diagrama de dispersão, a variável de entrada, *x*, é representada no eixo horizontal e a variável de saída, *y*, é representada no eixo vertical.

Diagrama de dispersão Gráfico de todos os pares ordenados de dados bivariados em um sistema de eixos coordenados.

Para ilustrar, vamos trabalhar com dados do curso de condicionamento físico do Sr. Chamberlain, do qual várias pontuações para aptidão física foram levantadas.

A amostra a seguir contém os números de flexões e abdominais realizados por dez alunos selecionados aleatoriamente:

(27, 30) (22, 26) (15, 25) (35, 42) (30, 38)
(52, 40) (35, 32) (55, 54) (40, 50) (40, 43)

(continua na p. 60)

Os norte-americanos amam seus automóveis

O caso de amor dos Estados Unidos com o utilitário esportivo (SUV) começou no fim dos anos 1990 e início dos anos 2000, mas as vendas podem estar caindo em decorrência do consumo de gasolina, do custo e da pouca segurança proporcionada por esses veículos. Os utilitários esportivos são vistos como veículos de tração nas quatro rodas, robustos e de alta performance, construídos sobre chassis de caminhonetes que podem enfrentar terrenos *off-road* sob qualquer condição climática, com boa capacidade de reboque, podem transportar mais de quatro passageiros e oferecem mais segurança, por causa do seu porte avantajado e estrutura robusta.

Este quadro lista 16 utilitários de 6 cilindros e tração nas quatro rodas oferecidos pelas montadoras em 2009 e os valores de quatro variáveis para cada veículo.

Utilitários esportivos 6-cilindros 4x4 2009

Montadora	Modelo	Tipo de gasolina	Custo para rodar 25 milhas	Custo para encher o tanque	Capacidade do tanque (galões)
Buick	Enclave	Comum	2,51	37,82	22
Chevrolet	Trailblazer	Comum	2,98	37,82	22
Chrysler	Aspen	Comum	3,18	46,41	27
Dodge	Durango	Comum	3,18	46,41	27
Ford	Escape	Comum	2,39	28,36	16,5
GMC	Envoy	Comum	2,98	37,82	22
Honda	Pilot	Comum	2,65	36,1	21
Jeep	Grd Cherokee	Comum	2,81	36,27	21,1
Kia	Sportage	Comum	2,39	29,57	17,2
Lexus	RX 350	Premium	2,83	37,15	19,2
Lincoln	MKX	Comum	2,51	32,66	19
Mazda	CX-7	Premium	2,99	35,22	18,2
Mercury	Mountaineer	Comum	3,18	38,68	22,5
Mitsubishi	Outlander	Comum	2,15	27,16	15,8
Nissan	Murano	Premium	2,69	41,99	21,7
Toyota	RAV4	Comum	2,27	27,33	15,9

FONTE: http://www.fueleconomy.gov

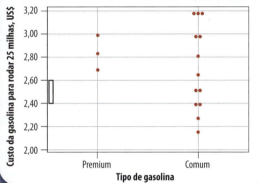

Gráfico lado a lado do custo para rodar 25 milhas por tipo de gasolina

Esse gráfico *dotplot* compara o custo para rodar 25 milhas ao tipo de gasolina, revelando que três utilitários que utilizam gasolina comum têm um custo maior do que veículos que utilizam gasolina premium.

Esse gráfico *dotplot* revela que seis dos utilitários que utilizam gasolina comum têm tanques com maior capacidade que três veículos que utilizam gasolina premium. Por que alguns veículos precisam de tanques de gasolina com capacidade para 27 galões?

Gráfico lado a lado da capacidade do tanque por tipo de gasolina

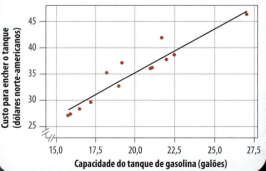

Custo para encher o tanque *versus* capacidade do tanque

Esse gráfico apresenta informações que você provavelmente já conhece; quanto maior o tamanho do tanque de gasolina, maior o custo para completá-lo. Como poderia ser de outra forma? Como as distribuições acima aparecem no gráfico?

Tabela 3.10 Dados referentes a flexões e abdominais

Aluno	1	2	3	4	5	6	7	8	9	10
Flexões, x	27	22	15	35	30	52	35	55	40	40
Abdominais, y	30	26	25	42	38	40	32	54	50	43

A Tabela 3.10 exibe esses dados amostrais e a Figura 3.3 apresenta um diagrama de dispersão dos dados.

O diagrama de dispersão do curso de condicionamento físico do Sr. Chamberlain mostra um padrão definido. Observe que o número de abdominais aumentou de acordo com o aumento do número de flexões.

Figura 3.3 Diagrama de dispersão

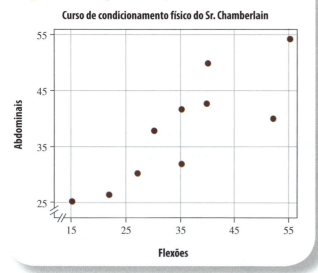

Curso de condicionamento físico do Sr. Chamberlain

3.2 Correlação linear

O PRINCIPAL OBJETIVO DA **ANÁLISE DE CORRELAÇÃO LINEAR** É MEDIR A INTENSIDADE DE UMA RELAÇÃO LINEAR ENTRE DUAS VARIÁVEIS.

Vamos examinar alguns diagramas de dispersão que demonstram as diferentes relações entre variáveis de entrada, ou independentes, **x,** e variáveis de saída, ou dependentes, **y.** Se quando **x** aumenta não ocorre nenhuma mudança definida nos valores de **y,** dizemos que **não há correlação** ou nenhuma relação entre **x** e **y.** Se quando **x** aumenta ocorre uma mudança nos valores de **y,** então, há uma correlação. A correlação é **positiva** quando **y** tende a crescer, e **negativa** quando **y** tende a diminuir. Se os pares ordenados (**x, y**) tendem a seguir uma linha reta, há uma correlação linear. A precisão da mudança em **y** quando **x** aumenta determina a intensidade da **correlação linear.** Os diagramas de dispersão na Figura 3.4 demonstram essas ideias.

A correlação linear perfeita ocorre quando todos os pontos posicionam-se exatamente ao longo de uma linha reta, como mostrado nos dois gráficos de cima da Figura 3.5. A correlação pode ser positiva ou negativa, dependendo se y aumenta ou diminui de acordo com o aumento do x. Se os dados formam uma linha reta horizontal ou vertical, não há correlação porque uma variável não tem efeito sobre a outra, como mostrado nos dois gráficos de baixo da Figura 3.5.

Max Delson Martins Santos/iStockphoto

Figura 3.4 Diagramas de dispersão e correlação

Nenhuma correlação · Positiva · Altamente positiva · Negativa · Altamente negativa

Figura 3.5 Pares ordenados formando uma linha reta

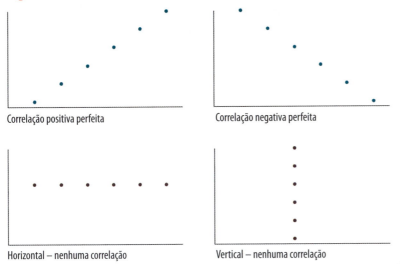

Correlação positiva perfeita

Correlação negativa perfeita

Horizontal – nenhuma correlação

Vertical – nenhuma correlação

Figura 3.6 Nenhuma correlação linear

positivo. Por exemplo, espera-se obter um valor positivo de r para a idade e a altura de crianças porque, conforme as crianças ficam mais velhas, ficam mais altas. Além disso, considere a idade, x, e o valor de revenda, y, de um automóvel. Conforme a idade do carro aumenta, seu valor de revenda diminui. Uma vez que x aumenta e y diminui, essa relação resulta em um valor negativo para r.

Nem sempre os diagramas de dispersão aparecem em uma das formas mostradas nas Figuras 3.4 e 3.5. Às vezes, eles sugerem outras relações não lineares, como na Figura 3.6. Parece haver um padrão definido; entretanto, as duas variáveis não se relacionam de forma linear e, dessa maneira, não há correlação linear.

Cálculo do coeficiente de correlação linear, *r*

O **coeficiente de correlação linear**, r, é a medida numérica da intensidade da relação linear entre duas variáveis. O coeficiente reflete a consistência do efeito que a mudança em uma variável tem sobre a outra. O valor do coeficiente de correlação linear nos ajuda a responder à seguinte pergunta: existe uma correlação linear entre as duas variáveis levadas em consideração? O coeficiente de correlação linear, r, é sempre um valor entre −1 e +1. Um valor igual a +1 significa uma correlação positiva perfeita, enquanto um valor igual a −1 indica uma correlação negativa perfeita. Se, quando x aumenta, ocorre um aumento geral no valor de y, então, r será um valor

r é positivo para a relação entre idade e altura das crianças **X**

Rubberball/Jupiterimages

O valor de r é definido pela **fórmula de produto-momento de Pearson**:

Fórmula de definição

$$r = \frac{\Sigma(x - \bar{x})(y - \bar{y})}{(n-1)s_x s_y} \qquad (3.1)$$

NOTAS:

1. s_x e s_y representam o desvio padrão das variáveis x e y.

2. O desenvolvimento dessa fórmula é abordado no Capítulo 13.

Para calcular r, utilizamos uma fórmula alternativa – fórmula (3.2) – que é equivalente à fórmula (3.1). Como cálculos preliminares, vamos calcular separadamente três somas de quadrados e, em seguida, substituí-las na fórmula (3.2) para obter r.

Fórmula do cálculo

$$\text{coeficiente de correlação linear} = \frac{\text{soma dos quadrados de } xy}{\sqrt{(\text{soma dos quadrados de } x)\,(\text{soma dos quadrados de } y)}}$$

$$r = \frac{SQ(xy)}{\sqrt{SQ(x)SQ(y)}} \qquad (3.2)$$

Reveja o cálculo de $SQ(x)$ por meio da fórmula (2.8) para obter a variância da amostra:

$$\text{soma dos quadrados para } x = \text{soma de } x^2 - \frac{(\text{soma de } x)^2}{n}$$

$$SQ(x) = \Sigma x^2 - \frac{(\Sigma x)^2}{n} \qquad (2.8)$$

Podemos calcular também:

$$\text{soma dos quadrados para } y = \text{soma de } y^2 - \frac{(\text{soma de } y)^2}{n}$$

$$SQ(y) = \Sigma y^2 - \frac{(\Sigma y)^2}{n} \qquad (3.3)$$

$$\text{soma dos quadrados para } xy = \text{soma de } xy - \frac{(\text{soma de } x)\,(\text{soma de } y)}{n}$$

$$SQ(xy) = \Sigma xy - \frac{\Sigma x \Sigma y}{n} \qquad (3.4)$$

→ Assim, vamos aplicar essas técnicas e fórmulas nos dados de flexões/abdominais do curso de condicionamento do Sr. Chamberlain (página 58).

Para determinar o coeficiente de correlação linear para os dados de flexões/abdominais, primeiro, construímos uma tabela de extensões (Tabela 3.11), listando todos os pares de valores (x, y) para nos ajudar a determinar x^2, xy e y^2 para cada par e os cinco totais por coluna.

Segundo, para completar os cálculos preliminares, substituímos as cinco somas (cinco totais por coluna) da tabela de extensões nas fórmulas (2.8), (3.3) e (3.4), e calculamos as três somas dos quadrados:

$$SQ(x) = \Sigma x^2 - \frac{(\Sigma x)^2}{n} = 13.717 - \frac{(351)^2}{10} = 1.396,9$$

$$SQ(y) = \Sigma y^2 - \frac{(\Sigma y)^2}{n} = 15.298 - \frac{(380)^2}{10} = 858,0$$

$$SQ(xy) = \Sigma xy - \frac{\Sigma x \Sigma y}{n} = 14.257 - \frac{(351)(380)}{10} = 919,0$$

Terceiro, substituímos as três somas dos quadrados na fórmula (3.2), para determinar o valor do coeficiente de correlação:

$$r = \frac{SQ(xy)}{\sqrt{SQ(x)SQ(y)}} = \frac{919,0}{\sqrt{(1.396,9)(858,0)}} = 0,8394 = \mathbf{0,84}$$

NOTA: NORMALMENTE, r É ARREDONDADO PARA O CENTÉSIMO MAIS PRÓXIMO

O valor do coeficiente de correlação linear nos ajuda a responder à pergunta: existe uma correlação linear entre as duas variáveis levadas em consideração? Quando o valor calculado de r é próximo de zero, concluímos que há pouca ou nenhuma correlação linear. Quando o valor calculado de r muda de 0,0 para +1,0 ou −1,0, isso indica um aumento na correlação linear entre as duas variáveis. Do ponto de vista gráfico, quando calculamos r, estamos medindo a qualidade com a qual uma linha reta descreve o diagrama de dispersão dos pares ordenados. Quando o valor de r muda de 0,0 para +1,0 ou −1,0, os pontos de dados criam um padrão que se aproxima mais de uma linha reta.

Tabela 3.11 Tabela de extensões para determinar cinco somas

Aluno	Flexões, x	x^2	Abdominais, y	y^2	xy
1	27	729	30	900	810
2	22	484	26	676	572
3	15	225	25	625	375
4	35	1.225	42	1.764	1.470
5	30	900	38	1.444	1.140
6	52	2.704	40	1.600	2.080
7	35	1.225	32	1.024	1.120
8	55	3.025	54	2.916	2.970
9	40	1.600	50	2.500	2.000
10	40	1.600	43	1.849	1.720
	$\Sigma x = 351$	$\Sigma x^2 = 13.717$	$\Sigma y = 380$	$\Sigma y^2 = 15.298$	$\Sigma xy = 14.257$
	soma para x	soma para x^2	soma para y	soma para y^2	soma para xy

Variáveis causais e de confusão

Quando tentamos explicar o passado, entender o presente e prever o futuro, torna-se necessário avaliar os fatores de causa e efeito, pois desejamos impor ordem ao nosso ambiente.

A **relação de causa-efeito** é totalmente objetiva. Você pode se concentrar no *efeito* de uma situação (por exemplo, uma doença ou um problema social) e tentar determinar sua(s) *causa(s)*, ou pode começar pela *causa* (condições insalubres ou de pobreza) e abordar seu(s) *efeito(s)*. Para determinar a causa de alguma coisa, pergunte-se *por que* aquilo aconteceu. Para determinar o efeito, pergunte-se *o que* aconteceu. As **variáveis de confusão** também fazem parte da relação de causa-efeito em estudo, porque, apesar de não estarem incluídas no estudo em si, elas produzem efeito sobre as variáveis do estudo e fazem parecer que estão relacionadas.

A seguir, algumas armadilhas que devem ser evitadas:

1. Em uma relação de causa-efeito direta, o aumento (ou a diminuição) em uma variável provoca um aumento (ou diminuição) em outra. Suponhamos que exista uma forte correlação positiva entre peso e altura. Um aumento no peso *acarretaria* um aumento na altura? Não necessariamente. Ou, colocando de outra forma, uma diminuição no peso *acarretaria* uma diminuição na altura? Muitas outras variáveis possíveis estão envolvidas, como sexo, idade e tipo corporal. Essas outras variáveis são denominadas *variáveis de confusão*.

2. No exemplo da página 59, existia uma correlação positiva entre a capacidade do tanque de gasolina e o custo para completá-lo. Se tivéssemos um dos utilitários com um tanque menor, isso faria com que economizássemos dinheiro com a gasolina? Não necessariamente. Existem outras variáveis, incluindo o consumo de combustível.

3. Não racionalize com base na *correlação com a causa*: apenas porque todas as pessoas que transitam pela cidade envelhecem, não significa que a cidade *causa* envelhecimento. A cidade pode ser um fator, mas você não pode basear seu argumento nessa correlação.

> **Variável de confusão** Variável que não está incluída em um estudo, mas que afeta as variáveis do estudo e faz parecer que essas variáveis estão relacionadas.

Variável de confusão

Um bom exemplo de variáveis de confusão pode ser encontrado na forte relação positiva mostrada entre a quantidade de danos causados por um incêndio e o número de bombeiros que combatem o fogo. O "tamanho" do incêndio é uma variável de confusão, ele "determina" tanto a "quantidade" de danos quanto o "número" de bombeiros. Se existir uma forte correlação linear entre duas variáveis, então, uma das seguintes situações pode ser verdadeira no que diz respeito à relação entre as duas variáveis:

1 Existe uma relação de causa-efeito direta entre as duas variáveis.

2 Existe uma relação de causa-efeito inversa entre as duas variáveis.

3 A relação entre elas pode ser causada por uma terceira variável.

4 A relação entre elas pode ser causada por interações de várias outras variáveis.

5 A aparente relação pode ser apenas uma coincidência.

LEMBRE-SE
que uma correlação forte não implica necessariamente causação.

Mr. Pliskin/iStockphoto / Alenate/iStockphoto

3.3 Regressão linear

EMBORA O COEFICIENTE DE CORRELAÇÃO MEÇA A INTENSIDADE DE UMA RELAÇÃO LINEAR, ELE NÃO INFORMA A RELAÇÃO MATEMÁTICA ENTRE AS DUAS VARIÁVEIS.

Na seção Objetivo 3.2, determinou-se que o coeficiente de correlação para os dados de flexões/abdominais era 0,84 (veja a página 62). Isso e o padrão apresentado no diagrama de dispersão implicam a existência de uma re-

lação linear entre o número de flexões e o número de abdominais realizados por um aluno. No entanto, o coeficiente de correlação não ajuda a prever o número de abdominais que uma pessoa pode fazer com base na informação de que ela pode fazer 28 flexões. A **análise de regressão** determina a equação da linha que melhor descreve a relação entre duas variáveis. Um dos usos dessa equação é fazer previsões. Nós fazemos uso dessas previsões regularmente, por exemplo, para prever o sucesso que um aluno terá na faculdade com base em seus resultados no ensino médio, bem como para prever a distância necessária para parar um carro com base em sua velocidade e seu peso. Geralmente, não é possível prever o valor exato de *y* e, normalmente, ficamos satisfeitos se as previsões forem razoavelmente próximas.

Linha de melhor ajuste

Se um modelo de linha reta parece apropriado, a linha reta de melhor ajuste é determinada utilizando-se o **método dos mínimos quadrados**. Suponha que $\hat{y} = b_0 + b_1 x$ é a equação de uma linha reta, em que $\hat{y}$ (leia-se "y-circunflexo") representa o **valor previsto de y** que corresponde a um valor específico de x. O **critério dos mínimos quadrados** requer que determinemos as constantes b_0 e b_1, de forma que $\Sigma(y - \hat{y})^2$ seja a menor possível.

A Figura 3.7 mostra a distância entre um valor observado de y e um **valor previsto de $\hat{y}$**. O comprimento dessa distância representa o valor $(y - \hat{y})$ (mostrado como um segmento de linha vermelho na Figura 3.7). Observe que $(y - \hat{y})$ é positivo quando o ponto (x, y) está acima da linha, e negativo quando (x, y) está abaixo dela.

A Figura 3.8 mostra um diagrama de dispersão com o que aparenta ser a **linha de melhor ajuste**, juntamente com dez valores $(y - \hat{y})$ individuais. (Os valores positivos são mostrados em vermelho e os negativos, em verde.) A soma dos quadrados dessas diferenças é minimizada (reduzida o máximo possível) se a linha for realmente a linha de melhor ajuste.

A Figura 3.9 mostra os mesmos pontos de dados que a Figura 3.8. Os dez valores individuais de $(y - \hat{y})$ são representados por uma linha que, definitivamente, não é a linha de melhor ajuste. [O valor de $\Sigma(y - \hat{y})^2$ é 149, muito maior que o 23 da Figura 3.8.] Cada linha diferente traçada por meio desse conjunto de dez pontos resultará em um valor diferente para $\Sigma(y - \hat{y})^2$. Nosso trabalho é encontrar a linha que torna $\Sigma(y - \hat{y})^2$ o menor valor possível.

A equação da linha de melhor ajuste é determinada por sua **inclinação** (b_1) e seu **intercepto-y** (b_0). O valor das constantes – inclinação e intercepto-y – que satisfaz o critério dos mínimos quadrados é determinado utilizando-se as fórmulas apresentadas abaixo:

Fórmula de definição

$$\text{inclinação:} \quad b_1 = \frac{\Sigma(x - \bar{x})(y - \bar{y})}{\Sigma(x - \bar{x})^2} \tag{3.5}$$

Nós utilizaremos uma equivalente matemática da fórmula (3.5) para a inclinação, b_1, que utiliza as somas dos quadrados determinadas nos cálculos preliminares da correlação:

Fórmula de cálculo

$$\text{inclinação:} \quad b_1 = \frac{SQ(xy)}{SQ(x)} \tag{3.6}$$

Observe que o numerador da fórmula (3.6) é SS(xy) da fórmula (3.4) (página 62), e o denominador a fórmula (2.8) (também na página 62) dos cálculos do coeficiente de correlação. Assim, se você calculou o coeficiente de correlação linear anteriormente utilizando o procedimento descrito na

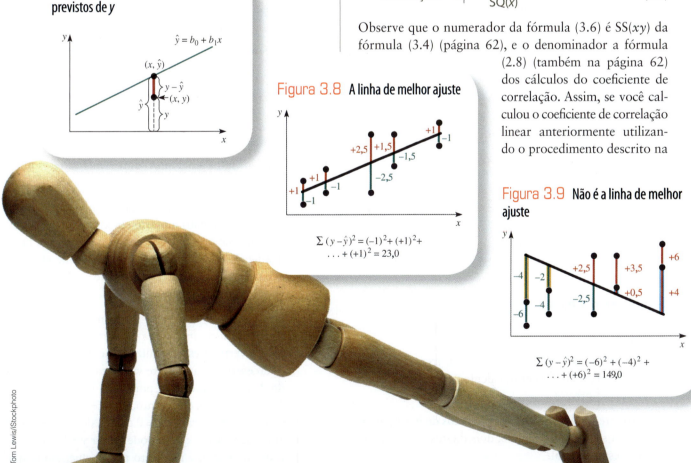

Figura 3.7 Valores observados e previstos de y

Figura 3.8 A linha de melhor ajuste

$$\Sigma(y - \hat{y})^2 = (-1)^2 + (+1)^2 + \ldots + (+1)^2 = 23{,}0$$

Figura 3.9 Não é a linha de melhor ajuste

$$\Sigma(y - \hat{y})^2 = (-6)^2 + (-4)^2 + \ldots + (+6)^2 = 149{,}0$$

página 62, é possível determinar facilmente a inclinação da linha de melhor ajuste. Se você não calculou o valor de r anteriormente, construa uma tabela semelhante à Tabela 3.11 (página 63) e efetue os cálculos preliminares necessários.

Para o intercepto-y, temos:

Fórmula de cálculo

$$\text{intercepto-}y = \frac{(\text{soma de } y) - [(\text{inclinação})(\text{soma de } x)]}{\text{número}}$$

$$b_0 = \frac{\sum y - (b_1 \cdot \sum x)}{n} \qquad (3.7)$$

Fórmula de cálculo alternativa

$$\text{intercepto-}y = \text{barra-}y - (\text{inclinação} \cdot \text{barra } x)$$

$$b_0 = \bar{y} - (b_1 \cdot \bar{x}) \qquad (3.7a)$$

➡ Agora vamos reconsiderar os dados da classe de condicionamento físico do Sr. Chamberlain (página 58) e a questão de prever o número de abdominais realizadas por um aluno com base em seu número de flexões. Queremos determinar a linha de melhor ajuste, $\hat{y} = b_0 + b_1 x$. Os cálculos preliminares já foram realizados na Tabela 3.11 (página 63). Para calcular a inclinação, b_1, utilizando a fórmula (3.6), lembre-se que $SS(xy) = 919,0$ e $SS(x) = 1.396,9$. Assim,

$$\text{inclinação: } b_1 = \frac{SS(xy)}{SS(x)} = \frac{919,0}{1.396,9} = 0,6579 = \textbf{0,66}$$

Para calcular o intercepto-y, b_0, utilizando a fórmula (3.7), lembre-se que $\sum x = 351$ e $\sum y = 380$, de acordo com a tabela de extensões. Temos

$$\text{intercepto-}y: b_0 = \frac{\sum y - (b_1 \cdot \sum x)}{n} = \frac{380 - (0,6579)(351)}{10}$$

$$= \frac{380 - 230,9229}{10} = 14,9077 = \textbf{14,9}$$

Inserindo os dois valores recém-encontrados no modelo $\hat{y} = b_0 + b_1 x$, obtemos a equação da linha de melhor ajuste:

$$\hat{y} = \textbf{14,9} + \textbf{0,66}x$$

NOTAS:

1. Lembre-se de manter, pelo menos, três casas decimais extras ao efetuar os cálculos para garantir uma resposta precisa.

2. Ao arredondar os valores calculados de b_0 e b_1, mantenha sempre, no mínimo, dois dígitos significativos na resposta final.

Agora que conhecemos a equação da linha de melhor ajuste, vamos traçar a linha no diagrama de dispersão de forma que possamos visualizar a relação entre a linha e os dados. Precisamos de dois pontos para traçar a linha no diagrama. Selecione dois valores convenientes x, um próximo a cada extremo do domínio ($x = 10$ e $x = 60$ são boas escolhas para essa ilustração) e determine os valores de y correspondentes.

Para $x = 10$: $\hat{y} = 14,9 + 0,66x = 14,9 + 0,66(10)$
$= 21,5;$ **(10, 21.5)**

Para $x = 60$: $\hat{y} = 14,9 + 0,66x = 14,9 + 0,66(60)$
$= 54,5;$ **(60, 54,5)**

Então, esses dois pontos, (10, 21,5) e (60, 54,5), são localizados no diagrama de dispersão (utilizamos um + roxo para distingui-los dos pontos de dados) e é traçada a linha de melhor ajuste (mostrada em azul na Figura 3.10).

Figura 3.10 Linha de melhor ajuste para flexões *versus* abdominais

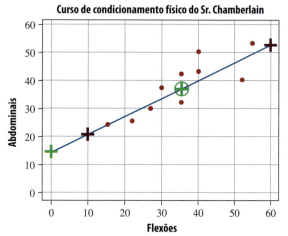

Há alguns fatos adicionais sobre o método dos mínimos quadrados que precisamos abordar:

1. A inclinação, b_1, representa a mudança prevista em y por aumento unitário em x. Em nosso exemplo, em que $b_1 = 0,66$, se um aluno consegue fazer dez flexões adicionais (x), prevemos que ele seria capaz de fazer aproximadamente 7 ($0,66 \times 10$) abdominais adicionais (y).

2. O intercepto-y é o valor de y em que a linha de melhor ajuste intercepta o eixo y. (Quando a escala vertical está localizada acima de $x = 0$, o intercepto-y é facilmente visualizado no diagrama de dispersão, indicado por um + verde na Figura 3.10.) Primeiro, entretanto, ao interpretar b_0, é necessário considerar se $x = 0$ é um valor de x realista antes de concluir que se pode prever $\hat{y} = b_0$, se $x = 0$. Provavelmente, é incorreto prever que, ainda que

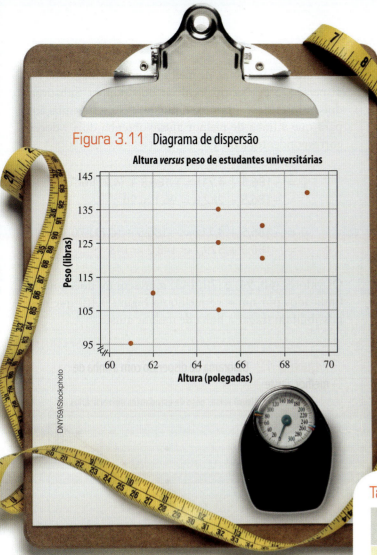

Figura 3.11 Diagrama de dispersão

Altura *versus* peso de estudantes universitárias

Peso (libras) — eixo y: 95, 105, 115, 125, 135, 145

Altura (polegadas) — eixo x: 60, 62, 64, 66, 68, 70

DNY59/iStockphoto

altura (a medida mais próxima) e seu peso (com aproximação de 5 libras). Os dados obtidos são mostrados na Tabela 3.12. Determine uma equação para prever o peso de uma universitária com base em sua altura (equação da linha de melhor ajuste) e represente-a no diagrama de dispersão da Figura 3.11.

Antes de começarmos a determinar a equação para a linha de melhor ajuste, geralmente, é útil construir o diagrama de dispersão, que oferece uma representação visual da relação entre as duas variáveis. O diagrama de dispersão para os dados sobre as alturas e os pesos de estudantes universitárias, mostrados na Figura 3.11, indica que o modelo linear é adequado.

Tabela 3.12 Alturas e pesos de estudantes universitárias

	1	2	3	4	5	6	7	8
Altura, x	65	65	62	67	69	65	61	67
Peso, y	105	125	110	120	140	135	95	130

Tabela 3.13 Cálculos preliminares necessários para determinar b_1 e b_0

	Altura da estudante, x	x^2	Peso, y	xy
1	65	4.225	105	6.825
2	65	4.225	125	8.125
3	62	3.844	110	6.820
4	67	4.489	120	8.040
5	69	4.761	140	9.660
6	65	4.225	135	8.775
7	61	3.721	95	5.795
8	67	4.489	130	8.710
	$\Sigma x = 521$	$\Sigma x^2 = 33.979$	$\Sigma y = 960$	$\Sigma xy = 62.750$

um aluno não tenha realizado nenhuma flexão, ele fará aproximadamente 15 abdominais ($b_0 = 14,9$). Segundo, o valor de x igual a zero pode estar fora do domínio dos dados nos quais a linha de regressão é baseada. Ao prever o valor de y com base em um valor de x, certifique-se de que o valor de x está dentro do domínio dos valores observados de x.

3. A linha de melhor ajuste sempre passará pelo centroide, o ponto $(\bar{x}, \bar{y})$. Ao traçar a linha de melhor ajuste em seu diagrama de dispersão, utilize esse ponto como forma de verificação. Para nossa ilustração,

$$\bar{x} = \frac{\Sigma x}{n} = \frac{351}{10} = 35,1, \quad \bar{y} = \frac{\Sigma y}{n} = \frac{380}{10} = 38,0$$

Vemos que a linha de melhor ajuste passa por $(\bar{x}, \bar{y}) = (35,1, 38,0)$, como mostrado pelo ⊕ verde na Figura 3.10.

Vamos trabalhar com outro exemplo para esclarecer as etapas envolvidas na análise de regressão.

CÁLCULO DA EQUAÇÃO DA LINHA DE MELHOR AJUSTE

➔ Em uma amostra aleatória de oito estudantes universitárias, foi perguntado a cada uma qual a sua

Monica Butnaru/iStockphoto

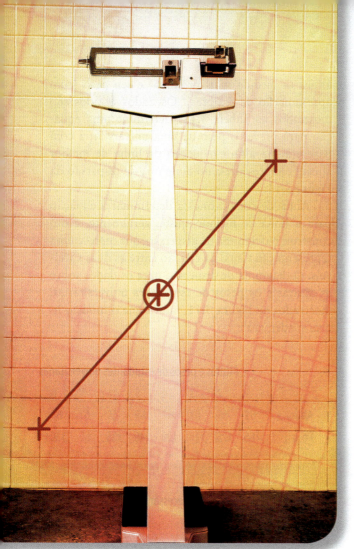

PNC/Brand X Pictures/Jupiterimages / AbleStock.com/Jupiterimages

Para traçar a linha de melhor ajuste no diagrama de dispersão, é necessário localizar dois pontos. Substitua dois valores de x – por exemplo, 60 e 70 – na equação, para que a linha de melhor ajuste obtenha dois valores correspondentes para $\hat{y}$:

$$\hat{y} = -186,5 + 4,71x = -186,5 + (4,71)(60)$$
$$= -186,5 + 282,6 = 96,1 \approx 96$$

$$\hat{y} = -186,5 + 4,71x = -186,5 + (4,71)(70)$$
$$= -186,5 + 329,7 = 143,2 \approx 143$$

Os valores (60, 96) e (70, 143) representam dois pontos (indicados por um + vermelho na Figura 3.12) que nos possibilitam traçar a linha de melhor ajuste.

Figura 3.12 Diagrama de dispersão com a linha de melhor ajuste

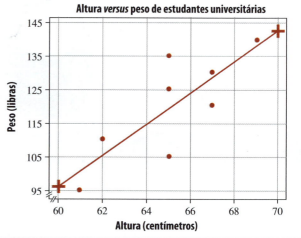

Para determinar a equação para a linha de melhor ajuste, primeiro, precisamos efetuar os cálculos preliminares, como mostrado na Tabela 3.13. Os outros cálculos preliminares incluem determinar SQ(x), por meio da fórmula (2.8), e SS(xy), por meio da fórmula (3.4):

$$SS(x) = \Sigma x^2 - \frac{(\Sigma x)^2}{n} = 33.979 - \frac{(521)^2}{8} = 48,875$$

$$SS(xy) = \Sigma xy - \frac{\Sigma x \Sigma y}{n} = 62.750 - \frac{(521)(960)}{8} = 230,0$$

Segundo, é preciso determinar a inclinação e o intercepto-y utilizando as fórmulas (3.6) e (3.7):

$$\text{inclinação: } b_1 = \frac{SQ(xy)}{SQ(x)} = \frac{230,0}{48,875} = 4,706 = \mathbf{4,71}$$

$$\text{intercepto-}y: b_0 = \frac{\Sigma y - (b_1 \cdot \Sigma x)}{n} = \frac{960 - (4,706)(521)}{8}$$
$$= -186,478 = \mathbf{-186,5}$$

Dessa forma, a equação da linha de melhor ajuste é

$$\hat{y} = \mathbf{-186,5 + 4,71x}$$

Fazendo previsões

Uma das principais razões para determinar uma equação de regressão é fazer previsões. Uma vez estabelecida uma relação linear e conhecido o valor da variável de entrada x, podemos prever um valor de y, $\hat{y}$. Considere a equação $\hat{y} = -186,5 + 4,71x$ referente à altura e ao peso das estudantes universitárias. Se uma estudante em particular tiver 66 polegadas (1,67 m) de altura, qual o peso previsto para ela? O valor previsto é

$$\hat{y} = -186,5 + 4,71x = -186,5 + (4,71)(66)$$
$$= -186,5 + 310,86$$
$$= 124,36 \approx 124 \text{ libras}$$

Não se deve esperar que o valor previsto seja exato, ou seja, deve-se esperar um peso médio para todas as estudantes universitárias que têm 1,67 metro de altura.

Ao fazer previsões com base na linha de melhor ajuste, observe as seguintes restrições:

1. A equação deve ser utilizada para fazer previsões somente sobre a população da qual a amostra foi retirada. Por exemplo, a utilização da nossa relação entre a altura e o peso das estudantes universitárias para prever o peso de atletas profissionais conforme sua altura é questionável.

2. A equação deve ser utilizada somente dentro do domínio da amostra da variável de entrada. Sabemos que os dados demonstram uma tendência linear no domínio dos dados x, mas não sabemos qual a tendência fora desse intervalo. Assim, pode ser muito perigoso fazer previsões fora do domínio dos dados x. Por exemplo, não faz sentido prever que uma universitária de altura zero pesará −84,6 quilos. Não utilize uma altura fora do domínio da amostra de 1,55 a 1,75 metro para prever um peso. Eventualmente, você pode querer usar a linha de melhor ajuste para estimar valores fora do intervalo do domínio da amostra. Isso pode ser feito, mas você deve fazê-lo com cautela e somente para valores próximos ao intervalo do domínio.

3. Se a amostra foi colhida em 2010, não espere que os resultados tenham sido válidos em 1929 ou que se mantenham válidos em 2020. As mulheres de hoje podem ser diferentes das de 1929 e das de 2020.

As equações de regressão ajudam a fazer previsões precisas

AO CONTRÁRIO

Das leituras de folhas de chá

VOCÊ SABIA

Uma linha de regressão reta

Na Exposição Internacional em Londres, em 1884, Sir Francis Galton montou um laboratório onde pagou 3 centavos às pessoas para medir suas cabeças. Galton estava interessado em prever a inteligência humana e dava às pessoas às quais pagou sua opinião quanto à inteligência delas. Após a exposição, o laboratório mudou-se para o Museu de Londres, onde Galton continuou a colher dados sobre as características humanas, como altura, peso e força. Galton criou gráficos bidirecionais para as alturas de pais e filhos, o que posteriormente levou à inclinação da linha de regressão.

problemas

Objetivo 3.1

3.1 Em um levantamento nacional com 500 empresas e 500 turistas, foi perguntado a cada um deles onde gostaria de ter "mais espaço".

	No avião	Quarto de hotel	Todos os demais
Empresa	355	95	50
Lazer	250	165	85

a. Apresente os dados como porcentagens do total.
b. Apresente os dados como porcentagens do total por linha. Por que alguém poderia preferir expressar uma tabela dessa forma?
c. Apresente os dados como porcentagens do total por coluna. Por que alguém poderia preferir expressar uma tabela dessa forma?

3.2 Qual efeito o valor mínimo tem sobre a taxa de juros oferecida para certificados de depósito (CDs) por período de três meses? A seguir são apresentadas as taxas de retorno anunciadas, y, para um depósito mínimo de US$ 500, US$ 1.000, US$ 2.500, US$ 5.000 ou US$10.000, x. (Observe que x está em US$100 e y é a taxa percentual anual de retorno).

Depósito mín.	Taxa	Depósito mín.	Taxa	Depósito mín.	Taxa
100	0,95	25	1,00	25	0,75
100	1,24	50	1,00	10	0,75
10	1,24	100	1,00	100	0,70
10	1,15	5	1,00	5	0,64
100	1,10	10	1,00	10	0,50
50	1,09	10	0,80	100	0,35
100	1,07	10	0,75	25	0,35
5	1,00	10	0,75	5	0,99
25	0,75				

FONTE: http://www.bankrate.com, 28 de julho de 2009

a. Prepare um *dotplot* dos seis conjuntos de dados utilizando uma escala comum.
b. Prepare um esquema dos cinco números e um gráfico *boxplot* dos três conjuntos de dados. Use a mesma escala para os *boxplots*.
c. Descreva qualquer diferença observada entre os três conjuntos de dados.

3.3 É possível prever a altura de uma mulher com base na altura de sua mãe? Abaixo, são listadas as alturas de alguns pares de mães-filhas, sendo x a altura da mãe e y a altura da filha.

x	63	63	67	65	61	63	61	64	62	63
y	63	65	65	65	64	64	63	62	63	64

x	64	63	64	64	63	67	61	65	64	65	66
y	64	64	65	65	62	66	62	63	66	66	65

a. Desenhe dois *dotplots* usando a mesma escala e mostrando os dois conjuntos de dados lado a lado.
b. O que se pode concluir ao ver os dois conjuntos de alturas apresentados como conjuntos separados no item (a)? Explique.

c. Desenhe um diagrama de dispersão desses dados como pares ordenados.
d. O que se pode concluir ao ver os dados apresentados como pares ordenados? Explique.

3.4 Considere as duas variáveis de altura e peso de uma pessoa. Qual variável, a altura ou o peso, você usaria como de entrada ao estudar a relação entre elas? Explique por quê.

3.5 Trace o eixo da coordenada e localize os pontos (0, 6), (3, 5), (3, 2) e (5, 0) para criar um diagrama de dispersão. Descreva o padrão apresentado pelos dados nesse gráfico.

3.6 Gráficos de crescimento normalmente são utilizados por um pediatra para monitorar o crescimento de uma criança. Considere o gráfico de crescimento que se segue.

Gráfico de crescimento

a. Quais são as duas variáveis mostradas no gráfico?
b. Quais as informações representadas pelo par ordenado (3, 87)?
c. Descreva como o pediatra poderia utilizar esse gráfico e a que tipo de conclusões poderia chegar com base nas informações apresentadas por ele.

3.7 Compensa estudar para uma prova?
a. Desenhe um diagrama de dispersão para o número de horas de estudo, x, comparado com a nota recebida na prova, y.

x	2	5	1	4	2
y	80	80	70	90	60

b. Explique o que se pode concluir com base no padrão de dados mostrados no diagrama de dispersão traçado no item (a).

3.8 Os dados que acompanham mostram o número de horas dedicadas ao estudo para uma prova, x, e a nota recebida, y (y é medido em dezenas, ou seja, $y = 8$ significa que a nota arredondada para a dezena mais próxima é 80). Trace o gráfico de dispersão. (Esse gráfico será utilizado na resolução do problema 3.18, página 72.)

x	2	3	3	4	4	5	5	6	6	6	7	7	7	8	8
y	5	5	7	5	7	7	8	6	9	8	7	9	10	8	9

3.9 Um psicólogo experimental afirma que quanto mais velha a criança, menor número de respostas irrelevantes ela dará durante um experimento controlado. Para investigar essa afirmação, foram coletados os dados a seguir. Desenhe um gráfico de dispersão. (Esse gráfico será utilizado no exercício 3.19).

Idade, x	2	4	5	6	6	7	9	9	10	12
Repostas irrelevantes, y	12	13	9	7	12	8	6	9	7	5

3.10 Consulte as informações referentes aos utilitários esportivos 6-cilindros 4x4 2009 na página 59. Observe especificamente a capacidade do tanque de gasolina, x, e o custo para enchê-lo, y.

a. Se você fosse desenhar diagramas de dispersão dessas duas variáveis, em um mesmo gráfico, mas separadamente, para os utilitários esportivos que utilizam gasolina comum e premium, acha que seria possível distinguir os dois conjuntos de dados? Explique o que você espera ver.

b. Construa um diagrama de dispersão da capacidade do tanque, x, e o custo para enchê-lo, y, para utilitários movidos a gasolina comum.

c. Construa um diagrama de dispersão da capacidade do tanque, x, e o custo para enchê-lo, y, para utilitários movidos a gasolina premium no diagrama de dispersão do item (b).

d. Os dois conjuntos de dados são distintos?

e. Como sua resposta no item (a) se compara à sua resposta no item (d)? Explique a diferença.

3.11 Os estádios de beisebol variam em idade, estilo, tamanho e em muitas outras maneiras. Os fãs podem pensar no tamanho do estádio em termos do número de lugares, enquanto o jogador pode medir o tamanho do estádio pela distância da base do rebatedor (*homeplate*) à defesa do campo central (*centerfield*).

Lugares	CC	Lugares	CC	Lugares	CC
38.805	420	36.331	434	40.950	435
41.118	400	43.405	405	38.496	400
56.000	400	48.911	400	41.900	400
45.030	400	50.449	415	42.271	404
34.077	400	50.091	400	43.647	401
40.793	400	43.772	404	42.600	396
56.144	408	49.033	407	46.200	400
50.516	400	47.447	405	41.222	403
40.615	400	40.120	422	52.355	408
48.190	406	41.503	404	45.000	408

CC = distância da base do rebatedor à defesa do campo central

FONTE: http://mlb.mlb.com

Existe uma relação entre essas duas medidas para o "tamanho" dos 30 estádios da Major League Baseball, principal liga de beisebol norte-americana?

a. O que você acha que vai encontrar? Estádios maiores oferecem mais lugares? Estádios menores oferecem mais lugares? Não há nenhuma relação entre o tamanho do estádio e o número de lugares? Existe uma forte relação entre o tamanho do estádio e o número de lugares? Explique.

b. Construa um diagrama de dispersão.

c. Descreva o que o diagrama de dispersão lhe diz, incluindo uma reação à sua resposta no item (a).

Objetivo 3.2

3.12 Como você interpretaria as conclusões apresentadas por um estudo de correlação que fornecesse um coeficiente de correlação linear igual a +0,3?

3.13 Como você interpretaria a conclusão apresentada por um estudo de correlação que fornecesse um coeficiente de correlação linear igual a 21,34?

3.14 Explique por que faz sentido um conjunto de dados ter um coeficiente de correlação igual a zero quando os dados mostram um padrão bem definido, como na Figura 3.6 da página 61.

3.15 Telefones celulares e iPods são itens de necessidade para a geração atual. O uso de um indica o uso do outro? Sete alunos do Ensino Fundamental II que possuíam telefone celular e iPod foram selecionados aleatoriamente, resultando nos dados a seguir:

Celular, n (números de telefone)	42	7	75	78	126	22	23
iPod, n (músicas armazenadas)	303	212	401	500	536	200	278

a. Realize os cálculos preliminares: extensões, esquema dos cinco números, e SQ(x), SQ(y), SQ(xy).

b. Determine r.

3.16 Estime o coeficiente de correlação para cada um dos itens abaixo:

3.17 Peixes-boi nadam próximos à superfície da água. Eles costumam ter problemas com os inúmeros barcos a motor na Flórida. Considere o gráfico a seguir:

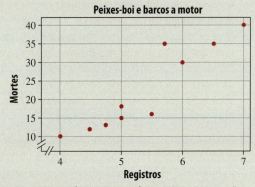

a. Quais são os dois grupos de sujeitos que estão sendo comparados?

b. Quais são as duas variáveis que estão sendo utilizadas para fazer a comparação?

c. A que conclusão se pode chegar com base nesse gráfico de dispersão?

d. O que você faria se fosse um guarda da vida selvagem na Flórida?

3.18 a. Use o diagrama de dispersão desenhado no problema 3.8 (página 70) para estimar r para os dados amostrais referentes ao número de horas de estudo e a nota da prova.

b. Calcule r.

3.19 a. Use o diagrama de dispersão desenhado no Exercício 3.9 da página 70 para estimar r para os dados amostrais referentes ao número de respostas irrelevantes e a idade da criança.

b. Calcule r.

3.20 Considere os dados a seguir para utilitários esportivos 6-cilindros 4×4 2009:

Utilitários esportivos 6-cillindros 4x4 2009			
Empresa	Modelo	Gasolina	Ton
Buick	Enclave	18,0	9,6
Chevrolet	Trailblazer	21,4	11,4
Chrysler	Aspen	22,8	12,2
Dodge	Durango	22,8	12,2
Ford	Escape	17,1	9,2
GMC	Envoy	21,4	11,4
Honda	Pilot	19,0	10,2
Jeep	Grand Cherokee	20,1	10,8
Kia	Sportage	17,1	9,2
Lexus	RX 350	18,0	9,6
Lincoln	MKX	18,0	9,6
Mazda	CX-7	19,0	10,2
Mercury	Mountaineer	22,8	12,2
Mitsubishi	Outlander	18,0	9,6
Nissan	Murano	17,1	9,2
Toyota	RAV4	16,3	8,7

a. Que valor você atribuiria para o coeficiente de correlação das duas variáveis, o consumo anual de petróleo em barris, x, e as toneladas anuais de CO_2 emitidas, y? Explique.

b. Calcule o coeficiente de correlação linear para as duas variáveis, consumo anual de petróleo em barris, x, e toneladas anuais de CO_2 emitidas, y.

c. O valor encontrado no item (b) aproxima-se do valor que você previu no item (a)? Explique sua resposta.

d. Faz sentido que os dados demonstrem uma correlação tão alta? Se a quantidade consumida duplica, o que você acha que acontecerá às toneladas de CO_2 emitidas? Seja específico em sua explicação.

3.21 A Secretaria da Criança do Departamento de Saúde e Serviço Social dos Estados Unidos desempenha um trabalho monumental. 510 mil crianças estavam em orfanatos em 2006. Desse total, aproximadamente 51 mil crianças foram adotadas. Normalmente, é maior o número de meninos ou meninas adotados? Existe uma diferença? A tabela a seguir apresenta o número de meninos e meninas adotados em cada um dos 16 estados selecionados aleatoriamente.

Estado	Meninos	Meninas	Estado	Meninos	Meninas
Delaware	50	44	Wyoming	27	30
Nevada	231	213	Nova Jersey	689	636
Alabama	190	197	Arkansas	178	217
Michigan	1.296	1.296	Idaho	580	603
Carolina do Sul	203	220	Havaí	202	195
Iowa	512	472	Washington	586	610
Geórgia	660	586	Tennessee	497	497
Vermont	90	74	Alasca	112	100

FONTE: Children's Bureau, Administration for Children and Families, U.S. Department of Health.

Existe uma relação linear entre o número de meninos e meninas adotados de orfanatos em 2006? Utilize gráficos e estatísticas numéricas para sustentar sua resposta.

3.22 Durante o MLB All Star Game Home Run Derby de 2008, Josh Hamilton deu um *show* incrível com seus 35 *home runs*. O ápice registrado e a distância de cada *home run* marcado por ele estão listados abaixo:

Ápice – O ponto mais alto atingido pela bola em voo acima do nível do campo, em pés.

DistPad, distância padrão – Distância estimada em pés que a bola viajaria se seu voo não fosse interrompido durante todo o seu curso em direção ao nível do campo. A distância padrão é um fator fora da influência do vento, temperatura e altitude, sendo, assim, a melhor forma de se comparar *home runs* marcados sob uma série de condições distintas.

Ápice	100	114	145	45	98	130	105	94	59
DistPad	459	474	404	378	479	443	393	410	356

Ápice	112	50	144	154	153	132	126	123	118
DistPad	430	390	411	418	423	455	421	464	440

Ápice	70	152	95	48	162	117	54	110	88
DistPad	432	435	447	386	364	447	379	423	442

Ápice	125	47	119	111	84	155	153	116
DistPad	428	387	453	401	387	445	426	463

FONTE: http://www.hittrackeronline.com/

a. Construa um diagrama de dispersão utilizando o ápice como x e a distância padrão como y.

b. Os pontos parecem sugerir um padrão linear? Explique.

c. Parece que o ápice para o voo de um *home run* será útil para prever a sua duração? Explique, fornecendo ao menos uma razão não estatística e uma razão estatística.

d. Que outro fator sobre o voo de uma bola de *home run* poderia fazer que o padrão de pontos fosse tão variado?

e. Estime o valor do coeficiente de correlação linear.

f. Calcule o coeficiente de correlação.

Objetivo 3.3

3.23 Desenhe um diagrama de dispersão para esses dados:

x	2	12	4	6	9	4	11	3	10	11	3	1	13	12	14	7	2	8
y	4	8	10	9	10	8	8	5	10	9	8	3	9	8	8	11	6	9

Seria justificável utilizar técnicas de regressão linear sobre esses dados para determinar a linha de melhor ajuste? Explique.

3.24 Vale a pena estudar para uma prova? O número de horas de estudo, x, é comparado à nota recebida na prova, y:

x	2	5	1	4	2
y	80	80	70	90	60

a. Determine a equação para a linha de melhor ajuste.
b. Trace a linha de melhor ajuste no diagrama de dispersão dos dados extraídos no exercício 3.7, página 70.
c. Com base no que você observa em suas respostas para os itens (a) e (b), vale a pena estudar para uma prova? Explique.

3.25 Geoff está interessado em comprar um utilitário esportivo de preço razoável. Ele está ciente de que carros e caminhonetes perdem o seu valor logo que saem da concessionária. Geoff utilizou a regressão linear para ter uma ideia melhor de como funciona essa desvalorização. A linha de regressão foi $\hat{y} = 34,03 - 3,04x$, em que x é a idade do carro em anos e y é o valor do carro ($\times$ US$ 1.000). Em termos de idade e valor:

a. Explique o significado do intercepto-y, 34,03.
b. Explique o significado da inclinação, –3,04.

3.26 Se for solicitado a todos os alunos do curso de condicionamento físico do Sr. Chamberlain (páginas 58, 60 e 62-63) que conseguem fazer 40 flexões que façam tantas abdominais quanto possível:

a. Quantas abdominais você espera que cada um consiga fazer?
b. Será que todos eles serão capazes de fazer o mesmo número?
c. Explique o significado da resposta para o item (a).

3.27 Foi realizado um estudo para investigar a relação entre o custo, y (em dezenas de milhares de dólares), por unidade de equipamentos fabricados e do número de unidades produzidas por ciclo, x. A equação resultante para a linha de melhor ajuste foi $\hat{y} = 7,31 - 0,01x$, com x sendo observado para valores entre 10 e 200. Se um ciclo de produção foi programado para produzir 50 unidades, qual seria o custo por unidade que você iria prever?

3.28 "Hoje, mais do que nunca, um diploma é importante", de acordo com o anúncio de uma faculdade do norte de Nova York, publicado em 31 de maio de 2009, no *Democrat and Chronicle*. A estatística abaixo, do U. S. Bureau of Labor Statistics, foi apresentada com relação à renda média semanal usual.

Nível de escolaridade	Renda média semanal usual	Anos de educação escolar
Menos do que um diploma do Ensino Médio	$ 453	10
Diploma do Ensino Médio, nenhum curso superior	$ 618	12
Diploma de Ensino Superior	$ 1.115	16
Diploma de especialização	$ 1.287	18

a. Construa um diagrama de dispersão com os anos de educação escolar como variável independente, x, e a renda média semanal usual como a variável dependente, y.
b. Parece haver uma relação linear? Por quê?
c. Calcule o coeficiente de correlação linear.
d. O valor de r parece razoável se comparado com o padrão demonstrado no diagrama de dispersão? Explique.
e. Determine a equação da linha de melhor ajuste.
f. Interprete a inclinação da equação.
g. Trace a linha de melhor ajuste no diagrama de dispersão.
h. Qual é o intercepto-y para a equação? Interprete seu significado nessa aplicação.

3.29 Os dados a seguir são uma amostra das idades e das cotações para um Honda Accord usado listadas no AutoTrader.com em 10 de março de 2005:

Idade, x (anos)	Preço, y ($\times$ $1000)	Idade, x (anos)	Preço, y ($\times$ $1000)
3	24,9	2	26,9
7	9,0	4	23,8
5	17,8	5	19,3
4	29,2	4	21,9
6	15,7	6	16,4
3	24,9	4	21,2
2	25,7	3	24,9
7	11,9	5	20,0
6	15,2	7	13,6
2	25,9	5	18,8

FONTE: http://autotrader.com/

a. Desenhe um gráfico de dispersão.
b. Calcule a equação da linha de melhor ajuste.
c. Trace a linha de melhor ajuste no diagrama de dispersão.
d. Preveja o preço médio pedido para todos os Honda Accords com cinco anos de idade. Obtenha essa resposta de duas maneiras: use a equação do item (b) e a linha traçada no item (c).
e. Você consegue imaginar alguma variável de confusão em potencial para essa situação? Explique qualquer eventual papel que ela poderia ter.

Probabilidade

Alguma vez você já abriu um saco de M&Ms e encontrou apenas alguns de uma cor, mas um monte de outra cor? Se isso já aconteceu, você deve ter se perguntado qual a relação de uma cor com as demais. As porcentagens são uma maneira adequada de obter essa relação. Se você tem 151 M&Ms azuis e existem 692 M&Ms no saco, pode-se deduzir a porcentagem de M&Ms azuis por meio de uma equação matemática básica:

$$\frac{151}{692} = 0,218 \approx 0,22 \text{ ou } 22\%$$

Assim, 22% dos M&Ms no saco são azuis. Outra maneira de olhar para esse percentual é se imaginar retirando um M&M de um recipiente onde todos estejam bem misturados, sem olhar. Com a proporção acima, você teria 22% de chance de pegar um M&M azul.

objetivos

4.1 **Probabilidade de eventos**

4.2 **Probabilidade condicional de eventos**

4.3 **Regras da probabilidade**

4.4 **Eventos mutuamente exclusivos**

4.5 **Eventos independentes**

4.6 **A exclusividade mútua e a independência estão relacionadas?**

4.1 Probabilidade de eventos

AGORA, ESTAMOS PRONTOS PARA DEFINIR O QUE SE ENTENDE POR PROBABILIDADE.

Especificamente, quando falamos em "**probabilidade de um evento**", referimo-nos à frequência relativa que se pode esperar que um evento ocorra. A probabilidade de um evento pode ser obtida de três formas diferentes: (1) *empírica*, (2) *teórica* e (3) *subjetiva*.

O método empírico acabou de ser ilustrado pelos M&Ms e seus percentuais, e pode ser chamado de **probabilidade experimental** ou **empírica**. Essa probabilidade é a **frequência relativa observada** em que ocorre um evento. No exemplo do M&M, observou-se que 151 dos 692 M&Ms eram azuis. A probabilidade empírica observada para a ocorrência da cor azul é de **151/692**, ou 0,218.

Gord Horne/iStockphoto

O valor atribuído à probabilidade de um evento A como resultado de uma experimentação pode ser encontrado por meio da fórmula:

Probabilidade Empírica (Observada) *P'*(A)

Expressão por extenso:

$$\text{probabilidade empírica de A} = \frac{\text{número de vezes que A ocorreu}}{\text{número de experimentos}}$$

Expressão algébrica: $\qquad\qquad P'(A) = \dfrac{n(A)}{n}$ (4.1)

O método teórico para a obtenção da probabilidade de um evento utiliza um *espaço amostral*. Um **espaço amostral** é uma listagem de todos os possíveis resultados do experimento a ser considerado (indicado pela letra S maiúscula). Quando esse método é utilizado, o espaço amostral deve conter pontos amostrais **igualmente prováveis**.

Notação
da probabilidade empírica

Notação da probabilidade empírica: quando o valor atribuído à probabilidade de um evento resulta de dados experimentais ou empíricos, identificamos a probabilidade do evento com o símbolo *P'*( ).

Bulent Ince/iStockphoto

Por exemplo, o espaço amostral para o rolar de um dado é S = {1, 2, 3, 4, 5, 6}. Cada **resultado** (ou seja, número) é igualmente provável. Um **evento** é um subconjunto do espaço amostral (representado por uma letra maiúscula que não seja S; normalmente, a letra A é usada para o primeiro evento). Portanto, a *probabilidade de um evento* A, P (A), é a razão entre o número de pontos que satisfazem a definição do evento A, $n(A)$, e o número de pontos amostrais em todo o espaço amostral, $n(S)$. Ou seja,

Os seis resultados possíveis do rolar de um dado

Probabilidade teórica (esperada) *P*(A)

Expressão por extenso:

$$probabilidade\ teórica\ de\ A = \frac{número\ de\ vezes\ que\ A\ ocorre\ no\ espaço\ amostral}{número\ de\ elementos\ no\ espaço\ amostral}$$

Expressão algébrica: $P(A) = \dfrac{n(A)}{n(S)}$ (4.2)

NOTAS:

1. Quando o valor atribuído à probabilidade de um evento resulta de uma fonte teórica, identificamos a probabilidade do evento com o símbolo P( ).

2. O símbolo principal *não é utilizado* com probabilidades teóricas, sendo utilizado apenas com probabilidades empíricas.

Probabilidade de um evento ocorrer
Frequência relativa com a qual se pode esperar que um evento ocorra.

Espaço amostral (S) Listagem de todos os resultados possíveis do experimento a serem considerados.

Evento Subconjunto do espaço amostral, denotado por uma letra maiúscula, que não seja S.

Representação do espaço amostral

→ Considere o rolar de um dado. Em um único rolar há seis resultados possíveis, tornando $n(S) = 6$. Defina o evento A como a ocorrência de um número "maior que 4". O evento "maior que 4" é satisfeito pela ocorrência

de um 5 ou um 6, assim, $n(A) = 2$. Sabendo que o dado é simétrico e que cada número tem probabilidade igual de ocorrer, a probabilidade de A é $\frac{2}{6}$, ou $\frac{1}{3}$.

O que acontece quando você joga um par de dados?

Representação gráfica

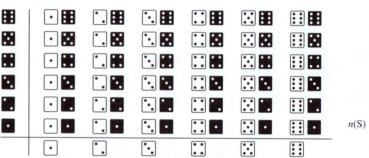

$n(S) = 36$

A soma de seus pontos deve ser considerada. Uma lista de possíveis "somas" constitui um espaço amostral S = {2, 3, 4, 5, 6, 7, 8, 9, 10, 11, 12} e $n(S) = 11$. Entretanto, os elementos desse espaço amostral não são igualmente prováveis, portanto, não pode ser usado para determinar probabilidades teóricas. Para isso, devemos utilizar o espaço amostral de 36 pontos mostrado no gráfico acima. Utilizando-o, é possível observar que é inteiramente composto de pontos amostrais igualmente prováveis e a probabilidade para as somas de 2, 3, 4 etc. pode ser facilmente determinada. A soma de 2 representa {(1, 1)}, em que o primeiro elemento do **par ordenado** é o resultado para o dado branco, e o segundo elemento é o resultado para o dado preto. A soma de 3 representa {(2, 1), (1, 2)}; a soma de 4 representa {(1, 3), (3, 1), (2, 2)}; e assim por diante. Assim, podemos utilizar a fórmula (4.2) e o espaço amostral de 36 pontos para obter as probabilidades para cada uma das 11 somas.

$$P(2) = \frac{n(2)}{n(S)} = \frac{1}{36}; \quad P(3) = \frac{n(3)}{n(S)} = \frac{2}{36};$$
$$P(4) = \frac{n(4)}{n(S)} = \frac{3}{36}; \quad \text{e assim por diante.}$$

Eliza Now/iStockphoto / Charles Taylor/Shutterstock

2. Existem quatro ramos; cada um deles tem início na "raiz da árvore" e continua até uma "extremidade" (cada uma composta por dois segmentos ramificados), mostrando um resultado possível.

Como os segmentos ramificados são igualmente prováveis, presumindo-se uma probabilidade igual de gêneros, então, os quatro ramos são igualmente prováveis. Isso significa que eles necessitam somente da contagem de ramos para que a fórmula (4.2) seja aplicada e a probabilidade de a família ter um filho de cada sexo seja determinada. Os dois ramos intermediários, (M, F) e (F, M), representam o evento de interesse, assim, $n(A) = n$(um de cada) = 2, sabendo-se que $n(S)$= 4, pois há um total de quatro ramos. Assim,

$$P\left(\begin{array}{l}\text{um de cada sexo em uma}\\\text{família com dois filhos}\end{array}\right) = \frac{2}{4}$$
$$= \frac{1}{2} = 0,5$$

Quando um experimento de probabilidade pode ser concebido como sequência de eventos, geralmente, um **diagrama de árvore** é forma bastante útil de ilustrar o espaço amostral. Uma família com dois filhos é selecionada aleatoriamente, e nós queremos determinar a probabilidade de ela ter um filho de cada sexo. Por haver sempre um primogênito e um segundo filho, usaremos um diagrama de árvore para mostrar os possíveis arranjos de gênero, tornando, assim, possível determinar a probabilidade. Comece determinando a sequência de eventos envolvidos. Nesse caso, o primogênito e o segundo filho. Use o diagrama de árvore para mostrar os possíveis resultados do primeiro evento (mostrados em marrom na Figura 4.1) e, em seguida, acrescente segmentos ramificados para mostrar os resultados possíveis para o segundo evento (mostrados em laranja na Figura 4.1).

NOTAS:

1. Os dois segmentos que representam M e F (masculino e feminino) para o segundo filho devem ser traçados de acordo com cada resultado para o filho primogênito, criando, assim, a aparência de "árvore".

Agora, vamos considerar a seleção de uma família de três filhos e determinar a probabilidade de haver "pelo menos um menino" nessa família. Novamente, a família pode ser considerada uma sequência de três eventos, o primogênito, o segundo filho e o terceiro filho. Para criar um diagrama de árvore dessa família, é preciso acrescentar um terceiro conjunto de segmentos ramificados ao nosso diagrama de árvore da família com dois filhos. Os segmentos verdes representam o terceiro filho (veja a Figura 4.2 na próxima página).

Figura 4.1 Representação em diagrama de uma família com dois filhos

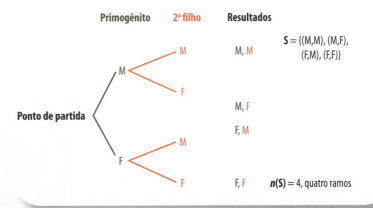

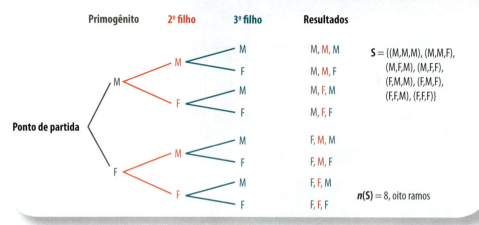

Figura 4.2 Representação em diagrama de uma família com três filhos

| Primogênito | 2º filho | 3º filho | Resultados |

$S = \{(M,M,M), (M,M,F), (M,F,M), (M,F,F), (F,M,M), (F,M,F), (F,F,M), (F,F,F)\}$

$n(S) = 8$, oito ramos

Novamente, como os segmentos ramificados são igualmente prováveis, presumindo-se uma probabilidade igual de gêneros, então, os oito ramos são igualmente prováveis. Isso significa que eles necessitam somente da contagem de ramos para aplicar a fórmula (4.2) e determinar a probabilidade de a família ter, pelo menos, um menino. Todos os sete primeiros ramos têm um ou mais meninos, o equivalente a "pelo menos um".

$$P\left(\begin{array}{l}\text{pelo menos um menino em} \\ \text{uma família com três filhos}\end{array}\right) = \frac{7}{8}$$
$$= 0{,}875$$

Vamos considerar outra pergunta antes de deixarmos este exemplo. Qual é a probabilidade de que o terceiro filho dessa família de três filhos seja uma menina? Na verdade, essa questão é fácil: a resposta é 0,5, pois assumimos uma probabilidade igual para ambos os sexos. No entanto, se olharmos para o diagrama de árvore na Figura 4.2, existem duas formas de visualizar a resposta. Primeiro, se você olhar apenas para os segmentos do terceiro filho, verá que um dos dois se refere a uma menina em cada conjunto, ou seja, $\frac{1}{2}$, ou 0,5. Além disso, se você olhar para o diagrama de árvore inteiro, a última criança é uma menina em quatro dos oito ramos, ou seja, $\frac{4}{8}$, ou 0,5.

Deve-se dar sempre atenção especial ao espaço amostral. Como a população estatística, o espaço amostral deve ser bem definido. Uma vez definido, você achará o restante do trabalho muito mais fácil.

Uma **probabilidade subjetiva** é um julgamento pessoal determinado por um observador com informações incompletas. Seu serviço de meteorologia local, geralmente, atribui uma probabilidade ao evento "precipitação". Por exemplo, "Há 20% de chance de chover hoje" ou "Há 70% de chance de nevar amanhã". O meteorologista atribui uma probabilidade ao evento com base em dados anteriores sobre o clima que se seguiram após circunstâncias semelhantes no passado, sabendo, durante todo o tempo,

que todos os fatores que contribuem para o clima não são conhecidos cientificamente. Quanto mais experiência tem o observador (neste caso, o meteorologista) em relacionar circunstâncias atuais a eventos passados e quanto mais tipos de dados ele leva em consideração, mais precisa a probabilidade subjetiva se torna. As probabilidades subjetivas (também chamadas de probabilidades bayesianas) são cada vez mais usadas em ciências naturais, ciências sociais, medicina e economia.

Propriedades dos números de probabilidade

Seja a probabilidade *empírica*, *teórica*, ou *subjetiva*, as duas propriedades a seguir devem ser mantidas. Primeiro, a probabilidade é sempre um valor numérico entre zero e um. Segundo, a soma das probabilidades para todos os resultados de um experimento é exatamente igual a um.

PROPRIEDADE 1 ("Uma probabilidade é sempre um valor numérico entre zero e um.") Pode ser expressa algebricamente como segue:

$$0 \leq \text{cada } P(A) \leq 1 \quad \text{ou} \quad 0 \leq \text{cada } P'(A) \leq 1$$

Com base nessa fórmula, você pode perceber que:

1. A probabilidade é 0, se o evento não pode ocorrer.

2. A probabilidade é 1, se o evento ocorre todas as vezes.

3. Senão, a probabilidade é um número fracionário entre 0 e 1.

VS.

PROPRIEDADE 2 ("A soma das probabilidades para todos os resultados de um experimento é exatamente igual a um.") Também pode ser expressa algebricamente:

$$\sum_{\text{todos os resultados}} P(A) = 1 \quad \text{ou} \quad \sum_{\text{todos os resultados}} P'(A) = 1$$

Para manter a Propriedade 2, a lista de "todos os resultados" deve ser um conjunto de eventos sem sobreposição, que inclui todas as possibilidades.

NOTAS SOBRE OS NÚMEROS DE PROBABILIDADE:

1. A probabilidade representa uma frequência relativa.

2. $P(A)$ é a razão do número de vezes que se pode esperar que um evento ocorra dividido pelo número de experimentos. $P'(A)$ é a razão do número de vezes que um evento ocorreu dividido pelo número de dados.

3. O numerador da razão da probabilidade deve ser um número positivo ou zero.

4. O denominador da razão da probabilidade deve ser um número positivo (maior que zero).

5. Como resultado das Notas 1 a 4, acima, a probabilidade de um evento, seja empírica, teórica ou subjetiva, será sempre um valor numérico entre zero e um, inclusive.

6. As regras da probabilidade são as mesmas para todos os três tipos de probabilidade.

Qual a relação entre as probabilidades empírica e teórica?

Considere o rolar de um dado e defina o evento A como a ocorrência de um "1". Um dado comum possui seis lados com probabilidades iguais; desta forma, a probabilidade teórica do evento A é $P(A) = \frac{1}{6}$. O que isso significa?

Você espera ver um "1" em cada teste com o dado rolando seis vezes? Explique. Se não, que resultados você espera ver? Se tivéssemos que jogar o dado várias vezes e controlar a proporção de vezes que o evento A ocorre, observaríamos uma probabilidade empírica para o evento A. Que valor você esperaria observar para $P'(A)$? Explique. Qual a relação entre as duas probabilidades $P(A)$ e $P'(A)$? Explique.

DEMONSTRAÇÃO DA LEI DOS GRANDES NÚMEROS

→ Para compreendermos essa relação, vamos fazer um experimento, que consistirá em 20 testes. Cada teste se baseará em deixar um dado rolar seis vezes e registrar o número de vezes em que o número "1" ocorreu. Realize 20 testes.

Cada linha da Tabela 4.1 mostra os resultados de um teste. Conduziremos 20 deles, logo, teremos 20 linhas. A coluna 1 listará a quantidade de vezes que o número 1 for observado em cada teste (conjunto de seis jogadas); a coluna 2 listará a frequência relativa observada para cada teste; e a coluna 3 listará a frequência relativa acumulada conforme cada teste for concluído.

A Figura 4.3a, na próxima página, mostra a flutuação (acima e abaixo) da probabilidade observada, $P'(A)$

Tabela 4.1 Resultados experimentais para o rolar de um dado seis vezes em cada teste

Teste	Coluna 1: Número de vezes que o 1 ocorreu	Coluna 2: Frequência relativa	Coluna 3: Frequência relativa acumulada	Teste	Coluna 1: Número de vezes que o 1 ocorreu	Coluna 2: Frequência relativa	Coluna 3: Frequência relativa acumulada
1	1	1/6	1/6 = 0,17	11	1	1/6	10/66 = 0,15
2	2	2/6	3/12 = 0,25	12	0	0/6	10/72 = 0,14
3	0	0/6	3/18 = 0,17	13	2	2/6	12/78 = 0,15
4	1	1/6	4/24 = 0,17	14	1	1/6	13/84 = 0,15
5	0	0/6	4/30 = 0,13	15	1	1/6	14/90 = 0,16
6	1	1/6	5/36 = 0,14	16	3	3/6	17/96 = 0,18
7	2	2/6	7/42 = 0,17	17	0	0/6	17/102 = 0,17
8	2	2/6	9/48 = 0,19	18	1	1/6	18/108 = 0,17
9	0	0/6	9/54 = 0,17	19	0	0/6	18/114 = 0,16
10	0	0/6	9/60 = 0,15	20	1	1/6	19/120 = 0,16

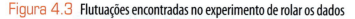

Figura 4.3 Flutuações encontradas no experimento de rolar os dados

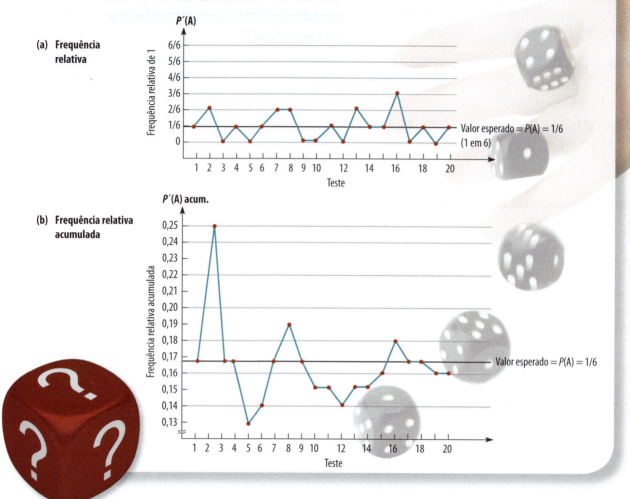

(Tabela 4.1, coluna 2), referente à probabilidade teórica, $P(A) = \frac{1}{6}$, enquanto a Figura 4.3b mostra a flutuação da frequência relativa acumulada (Tabela 4.1, coluna 3) e como ela se torna mais estável. Na verdade, a frequência relativa acumulada torna-se relativamente próxima à probabilidade teórica ou esperada $\frac{1}{6}$, ou 0,1666 = 0,167.

Um gráfico cumulativo, como o gráfico mostrado na Figura 4.3b, demonstra a ideia de uma **média de longo prazo**. Geralmente, referimo-nos à média de longo prazo como a **lei dos grandes números**, a qual afirma que, conforme o número de vezes que um experimento é repetido aumenta, a razão entre o número de ocorrências bem-sucedidas e o número de testes tende a se aproximar da probabilidade teórica do resultado para um teste individual.

A lei dos grandes números nos diz que quanto maior o número de testes experimentais, *n*, mais próximo espera-se que a probabilidade empírica, *P'*(A), esteja da probabilidade verdadeira ou teórica, *P*(A). Esse conceito tem muitas aplicações. O experimento anterior com o rolar do dado é um exemplo por meio do qual podemos facilmente comparar os resultados reais com o que espe-

rávamos que acontecesse. Ele nos dá a chance de verificar a afirmação da lei dos grandes números.

Às vezes, vivemos com os resultados obtidos de grandes conjuntos de dados quando a expectativa teórica é desconhecida. Um exemplo disso ocorre na indústria de seguros de vida. A chave para estabelecer taxas de seguro de vida adequadas é utilizar a probabilidade de que os segurados viverão 1, 2 ou 3 anos, e assim por diante, a partir do momento em que adquirem suas apólices. Essas probabilidades são derivadas de estatísticas reais de vida e morte e, dessa forma, são probabilidades empíricas. Elas são publicadas pelo governo e são extremamente importantes para a indústria de seguros de vida.

Lei dos grandes números Conforme o número de vezes que um experimento é repetido, aumenta a razão entre o número de ocorrências bem-sucedidas e o número de testes tende a se aproximar da probabilidade teórica do resultado para um teste individual.

Probabilidades como chances

As probabilidades podem ser e são expressas de diversas formas. Nós vemos e ouvimos muitas delas nos noticiários quase que diariamente (na maioria das vezes, elas são probabilidades subjetivas). As chances são uma forma de expressar probabilidades por meio do número de formas que um evento pode ocorrer comparado ao número de formas que ele pode não ocorrer. A afirmação "É quatro vezes mais provável chover amanhã (C) do que não chover (NC)" é uma afirmação de probabilidade que pode ser expressa como chances: "As chances são de 4 contra 1 a favor de chover amanhã" (também representada por 4:1).

A relação entre chances e probabilidade é mostrada a seguir.

> Se as chances a favor de um evento A são de *a* contra *b* (ou *a:b*), então
> 1. As chances contra o evento A são de *b* contra *a* (ou *b:a*).
> 2. A probabilidade do evento A é $P(A) = \dfrac{a}{a+b}$.
> 3. A probabilidade de o evento A não ocorrer é $P(\text{não A}) = \dfrac{b}{a+b}$.

Para ilustrar essa relação, considere a afirmação: "As chances de que chova amanhã são de 4 contra 1". Utilizando a notação anterior, $a = 4$ e $b = 1$.

Assim, a probabilidade de chover amanhã é $\dfrac{4}{4+1}$, ou $\dfrac{4}{5} = 0,8$. As chances de não chover amanhã são de 1 contra 4 (ou 1:4), e a probabilidade de que não haverá chuva amanhã é $\dfrac{1}{4+1}$, ou $\dfrac{1}{5} = 0,2$.

Vamos considerar um conhecido exemplo de tentar superar as expectativas. Muitos jovens aspiram tornarem-se atletas profissionais. Porém, apenas alguns deles conseguem ser bem-sucedidos, como indicado no diagrama abaixo. Para cada 13.600 jogadores de futebol universitário veteranos, somente 250 são selecionados por um time profissional, o que se traduz em uma probabilidade de apenas 0,018 (250/13.600).

Há muitas outras especificações interessantes ocultas nessa informação. Por exemplo, muitos rapazes do ensino médio sonham em se tornar jogadores de futebol profissional, mas, de acordo com esses números, a probabilidade de seus sonhos se tornarem realidade é de apenas 0,000816 (250/306.200).

Uma vez que um jogador chegou a um time de futebol universitário, ele deve estar muito interessado nas chances que tem de jogar como veterano. Dos 17.500 jogadores que compõem um time universitário como calouros, 13.600 atuam como veteranos, enquanto 3.900 não. Assim, se um jogador fez parte de um time universitário, as chances de ele jogar como veterano são de 13.600 contra 3.900, que pode ser reduzido para 136 contra 39.

Se um jogador universitário veterano tiver sorte suficiente para jogar, ele estará interessado em suas chances de chegar à liga profissional. Observamos que, dos 13.600 universitários veteranos, somente 250 chegam à liga profissional, enquanto 13.350 não conseguem; assim, as chances contra ele chegar ao próximo nível são de 13.350 contra 250, que é reduzido para 267 contra 5. Ou seja, as chances de ele não conseguir são enormes.

Comparação de probabilidade e estatística

Probabilidade e **estatística** são dois campos da matemática independentes, porém relacionados. Diz-se que "a probabilidade é o veículo da estatística". Ou seja, se não fosse pelas leis da probabilidade, a teoria da estatística não seria possível. Vamos ilustrar a relação e a diferença entre esses ramos da matemática observando dois conjuntos de fichas de pôquer. Por um lado, sabemos que o conjunto de probabilidade contém 20 fichas verdes, 20 fichas vermelhas e 20 fichas azuis. A probabilidade tenta responder a perguntas como: "Se uma ficha for retirada desse conjunto aleatoriamente, qual a chance de ela ser

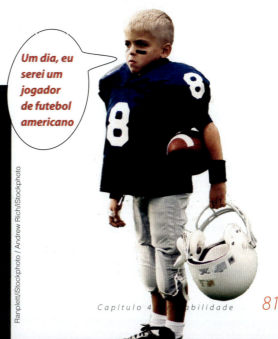

Um dia, eu serei um jogador de futebol americano

Jogadores:
Atletas do ensino médio 306.200
Calouros universitários 17.500
Veteranos universitários 13.600
Recrutados na faculdade 250

azul?". Por outro lado, no conjunto estatístico, não sabemos qual é a combinação das fichas. Extraímos uma amostra e, com base nas conclusões da amostra, fazemos conjecturas sobre o que acreditamos haver no conjunto. Observe a diferença: a probabilidade indaga sobre a chance de algo específico, como retirar uma ficha azul, ocorrer quando você conhece as possibilidades (ou seja, você conhece a população). A estatística, ao contrário, pede que você extraia uma amostra, descreva essa amostra (estatística descritiva) e, em seguida, faça inferências sobre a população com base nas informações encontradas na amostra (estatística inferencial).

Probabilidade   Estatística

20V   20V   20A

?   ?   ?

4.2 Probabilidade condicional de eventos

MUITAS DAS PROBABILIDADES QUE VEMOS OU OUVIMOS SENDO USADAS DIARIAMENTE SÃO O RESULTADO DAS CONDIÇÕES EXISTENTES NA ÉPOCA.

> **Probabilidade condicional de eventos** É a frequência relativa em que um evento pode acontecer sob a condição de serem conhecidas informações preexistentes adicionais sobre algum outro evento.

Quando a frequência relativa com a qual se pode esperar que um evento ocorra se baseia na condição de que sejam conhecidas informações adicionais preexistentes sobre algum outro evento, ocorre a **probabilidade condicional de que um evento ocorra**. $P(A \mid B)$ é usado para simbolizar a probabilidade de o evento A ocorrer sob a condição de que se tenha conhecimento da existência do evento B.

> Algumas formas de dizer ou expressar a probabilidade condicional, $P(A \mid B)$, são:
> - A *"probabilidade de A, dado B"*.
> - A *"probabilidade de A, conhecendo-se B"*.
> - A *"probabilidade de A acontecer, sabendo-se que B já ocorreu"*.

Na verdade, o conceito de probabilidade condicional é muito familiar e ocorre frequentemente sem que tenhamos consciência disso. A mídia informativa, geralmente, repassa muitos valores de probabilidade condicional. Entretanto, eles não explicam que aquela informação é uma probabilidade condicional, e ela passa por uma simples aritmética do dia a dia. Considere uma pesquisa com 13.660 eleitores em 250 zonas eleitorais espalhadas pelo país durante a eleição presidencial de 2008 (veja a Tabela 4.2).

→ Uma pessoa deve ser selecionada aleatoriamente da amostra com 13.660 eleitores. Utilizando a Tabela 4.2, responda às questões de probabilidade abaixo.

Tabela 4.2

Sexo	Porcentagem de eleitores	Porcentagem para McCain	Porcentagem para Obama	Porcentagem para os outros
Homens	**48**	54	44	2
Mulheres	52	**46**	56	1
Idade				
18–29	**14**	36	63	1
30–44	27	55	44	1
45–64	39	44	45	1
65 ou mais	20	48	**52**	0

Todos os percentuais indicados referem-se ao número inteiro mais próximo.

1. Qual a probabilidade de a pessoa selecionada ser um homem? Sua resposta: 0,48. Expressa em forma de equação:

   P(eleitor selecionado é um homem) = 0,48.

2. Qual a probabilidade de a pessoa selecionada ter entre 18 e 29 anos? Sua resposta: 0,14. Expressa em forma de equação:

   P(eleitor selecionado tem entre 18 e 29) = 0,14.

3. Sabendo-se que o eleitor selecionado foi uma mulher, qual a probabilidade de ela ter votado em McCain? Sua resposta: 0,46. Expressa em forma de equação:

   P(McCain | mulher) = 0,46.

4. Qual a probabilidade de a pessoa selecionada ter votado em Obama, se o eleitor tiver 65 anos ou mais? Resposta: 0,52. Expressa em forma de equação:

   P(Obama | 65 ou mais) = 0,52.

NOTA: As duas primeiras questões são probabilidades simples, enquanto as duas últimas são probabilidades condicionais.

O exemplo descrito envolveu encontrar probabilidades condicionais com base em uma tabela de porcentagens, mas também podemos encontrar as probabilidades condicionais em uma tabela de dados de contagem. Vamos permanecer no campo da política, mas mudar o nosso conjunto de dados. Dessa vez, vamos considerar uma pesquisa realizada com 1.000 eleitores em 25 zonas eleitorais espalhadas pelo país durante a eleição presidencial de 2008 (veja a Tabela 4.3).

Uma pessoa deve ser selecionada aleatoriamente da amostra com 1.000 eleitores. Utilizando a tabela, responda às seguintes questões de probabilidade:

1. Sabendo-se que o eleitor escolhido concluiu o Ensino Médio, qual a probabilidade de essa pessoa ter votado em McCain? Sua resposta: 103/220 = 0,46818 = 0,47. Expressa em forma de equação:

   P(McCain | Ensino Médio concluído) = 103/220 = 0,46818 = 0,47.

2. Sabendo-se que o eleitor selecionado possui alguma educação superior, qual a probabilidade de essa pessoa ter votado em Obama? Sua resposta: 172/320 = 0,5375 = 0,54.
   Expressa em forma de equação:

   P(Obama | alguma educação superior) = 172/320 = 0,5375 = 0,54.

3. Sabendo-se que a pessoa selecionada votou em McCain, qual a probabilidade de esse eleitor ter nível de pós-graduação? Sua resposta: 88/477 = 0,1844 = 0,18. Expressa em forma de equação:

   P(pós-graduação | McCain) = 88/477 = 0,1844 = 0,18.

4. Sabendo-se que a pessoa escolhida votou em Obama, qual a probabilidade de esse eleitor não ter cursado o Ensino Médio? Sua resposta: 19/510 = 0,0372 = 0,04. Expressa em forma de equação:

   P(sem Ensino Médio | Obama) = 19/510 = 0,0372 = 0,04.

NOTAS:

1. A notação de probabilidade condicional é muito informativa e útil. Ao expressar uma probabilidade condicional em forma de equação, é vantajoso para você utilizar a notação mais completa. Dessa forma, quando ler as informações de volta, todas elas estarão disponíveis.

2. Ao determinar uma probabilidade condicional, algumas possibilidades serão eliminadas assim que a condição é conhecida. Considere a questão 4 anterior. Assim que a condicional referente à pessoa selecionada ter votado em Obama é estabelecida, os 477 eleitores que votaram em McCain e os 13 que votaram em outros candidatos são eliminados, deixando os 510 resultados possíveis.

Tabela 4.3

Educação	Números para Obama	Números para McCain	Números para os outros	Números de eleitores
Sem Ensino Médio	19	20	1	40
Com diploma de Ensino Médio	114	103	3	220
Com alguma educação superior	172	147	1	320
Com diploma universitário	135	119	6	260
Pós-graduado	70	88	2	160
Total	510	477	13	1.000

4.3 Regras da probabilidade

MUITAS VEZES, DESEJA-SE SABER A PROBABILIDADE DE UM **EVENTO COMPOSTO**, NO ENTANTO OS ÚNICOS DADOS DISPONÍVEIS SÃO AS PROBABILIDADES DE EVENTOS SIMPLES RELACIONADOS A ELE.

(Eventos compostos são combinações de mais de um evento simples.) Nos parágrafos a seguir, é apresentado um resumo da relação entre essas probabilidades.

Determinação da probabilidade de "não A"

O conceito de eventos complementares é fundamental para determinar a probabilidade de "não A." Nos **eventos complementares**, o complemento de um evento A, $\overline{A}$, é o conjunto de todos os pontos amostrais em um espaço amostral que não pertence ao evento A.

Alguns exemplos de eventos complementares são (1) o complemento do evento "sucesso" é "fracasso", (2) o complemento de "eleitor selecionado é Republicano" é "eleitor selecionado não é Republicano", e (3) o complemento de "nenhuma cara" em 10 jogadas de uma moeda é "ao menos uma cara".

Combinando as informações na definição de complemento com a Propriedade 2 (página 79), podemos dizer que

$P(A) + P(\overline{A}) = 1,0$ para qualquer evento A

Como resultado dessa relação, temos a regra do complemento, que estabelece que a probabilidade de complemento de A = um menos a probabilidade de A. Essa

> **Evento complementar** O *complemento de um evento* A, $\overline{A}$, é o conjunto de todos os pontos de amostra no espaço amostral que não pertence ao evento A.

regra pode ser expressa algebricamente da seguinte forma:

$$P(\overline{A}) = 1 - P(A) \qquad (4.3)$$

Todo evento A possui um evento complementar $\overline{A}$. As probabilidades complementares são muito úteis quando a questão pede a probabilidade de "no mínimo um". Geralmente, isso representa uma combinação de vários eventos, mas o evento complementar "nenhum" é um resultado único. É mais fácil definir a probabilidade para o evento complementar e obter a resposta utilizando a fórmula (4.3).

UTILIZAÇÃO DE COMPLEMENTOS PARA DETERMINAR AS PROBABILIDADES

→ Uma maneira de determinar as probabilidades é por meio da utilização de complementos. Dois dados são jogados. Qual a probabilidade de a soma ser no mínimo 3 (ou seja, 3, 4, 5, ..., 12)? Suponha que um dos dados seja preto e o outro branco. (Lembre-se da representação gráfica na página 76, que mostra todos os 36 pares de resultados possíveis ao ser rolado um par de dados.)

Em vez de determinar a probabilidade de cada uma das somas 3, 4, 5, ... , 12 separadamente e somá-las depois, é muito mais simples determinar a probabilidade de a soma ser 2 ("inferior a 3") e depois usar a fórmula (4.3) para determinar a probabilidade de "no mínimo 3", pois "inferior a 3" e "no mínimo 3" são eventos complementares. Utilizando-se a fórmula (4.3),

$$P(\text{soma de 2}) = P(A) = \frac{1}{36} \left| \begin{array}{l} \text{"2" ocorre somente no} \\ \text{espaço amostral de 36 pontos} \end{array} \right|$$

$$P(\text{soma é no mínimo 3}) = P(\overline{A}) = 1 - P(A) = 1 - \frac{1}{36} = \frac{35}{36}$$

Determinação da probabilidade de "A OU B"

Um trabalhador que recebe salário por hora quer estimar as chances de "receber uma promoção ou obter um aumento de salário". O trabalhador ficaria feliz com qualquer resultado. As informações históricas disponíveis permitirão a ele estimar a probabilidade de "receber uma promoção" e "conseguir um aumento de salário" separadamente. Nesta seção, vamos aprender como aplicar a **regra da adição** para determinar a probabilidade composta de interesse.

O complemento do evento A é indicado por $\overline{A}$ (lê-se "complemento de A").

REGRA GERAL DA ADIÇÃO

→ Consideremos A e B como dois eventos definidos em um espaço amostral, S.

Por extenso:

probabilidade de A ou B = probabilidade de A + probabilidade de B − probabilidade de A e B

Algebricamente:

$$P(A \text{ ou } B) = P(A) + P(B) - P(A \text{ e } B) \qquad (4.4)$$

Para verificar se a relação expressa pela regra geral da adição funciona, vamos vê-la na prática. Foi realizada uma pesquisa de âmbito estadual com 800 eleitores cadastrados em 25 zonas eleitorais espalhadas pelo estado de Nova York. Cada eleitor foi identificado como Republicano, Democrata ou outro e, em seguida, foi feita a seguinte pergunta: "Você é a favor ou contra a proposta orçamentária atual que está aguardando a assinatura do governador?". As contagens resultantes são mostradas a seguir.

	Número a favor	Número contra	Número de eleitores
Republicanos	136	88	224
Democratas	314	212	526
Outros	14	36	50
Totais	464	336	800

Suponha que um eleitor deve ser selecionado aleatoriamente entre 800 eleitores resumidos na tabela anterior. Consideremos os dois eventos: "O eleitor selecionado é a favor" e "O eleitor é Republicano". Determine as quatro probabilidades: P(a favor), P(Republicano), P(a favor ou Republicano) e P(a favor e Republicano). Em seguida, utilize os resultados para verificar a veracidade da regra da adição.

Concluímos que:

- Probabilidade de o eleitor selecionado ser "a favor"

   $= P(\text{a favor}) = 464/800 = \underline{0{,}58}$.

- Probabilidade de o eleitor selecionado ser "Republicano"

   $= P(\text{Republicano}) = 224/800 = \underline{0{,}28}$.

- Probabilidade de o eleitor selecionado ser "a favor" ou "Republicano" $= P(\text{a favor ou Republicano})$

   $= (136 + 314 + 14 + 88)/800 = 552/800 = \underline{0{,}69}$.

- Probabilidade de o eleitor selecionado ser "a favor" e "Republicano"

   $= P(\text{a favor e Republicano}) = 136/800 = \underline{0{,}17}$.

NOTAS SOBRE A DETERMINAÇÃO DAS PROBABILIDADES

1. O conectivo "ou" significa "um ou outro ou ambos". Assim, "a favor ou Republicano" significa todos os eleitores que atendam a um dos dois eventos.

2. O conectivo "e" significa "ambos" ou "em comum". Assim, "a favor e Republicano" significa todos os eleitores que satisfazem os dois eventos.

Agora, vamos usar essas probabilidades para demonstrar a veracidade da regra da adição.

Sendo A = "a favor" e B = "Republicano", então, a regra da adição geral torna-se:

P(a favor ou Republicano) = P(a favor) + P(Republicano) – P(a favor e Republicano)

Lembre-se, concluímos anteriormente que P(a favor ou Republicano) = 0,69. Utilizando as outras três probabilidades, observamos que:

P(a favor) + P(Republicano) – P(a favor e Republicano) = 0,58 + 0,28 – 0,17 = $\underline{0{,}69}$

Assim, obtemos respostas idênticas aplicando a regra da adição e consultando as células correspondentes na tabela. Normalmente, não se tem a opção de determinar $P(A \text{ ou } B)$ de duas formas, como fizemos aqui. Será pedido para que se determine $P(A \text{ ou } B)$ começando por $P(A)$ e $P(B)$. No entanto, será necessária uma terceira informação. Na situação anterior, nós precisamos de $P(A$ e $B)$. Precisaremos conhecer $P(A$ e $B)$ ou alguma informação que nos permita determiná-lo.

Determinação da probabilidade de "A E B"

Suponha que um professor de justiça criminal queira que sua classe determine a probabilidade do seguinte evento: "um motorista ser multado por excesso de velocidade, sendo que já tenha assistido a uma aula de direção defensiva". Os alunos estão confiantes de que podem determinar as probabilidades de "um motorista ser multado por excesso de velocidade" e "um motorista que já tenha assistido a uma aula de direção defensiva" separadamente. Nesta seção, aprenderemos como aplicar a **regra da multiplicação** para determinar a probabilidade composta de interesse.

Brand X Pictures/Getty Images

Regra geral da multiplicação

Consideremos A e B como dois eventos definidos no espaço amostral, S.

Por extenso:

probabilidade de A e B = probabilidade de A × probabilidade de B, conhecendo A

Algebricamente: $P(A\ e\ B) = P(A) \cdot P(B \mid A)$ (4.5)

NOTA: Quando dois eventos estão envolvidos, um deles pode ser identificado como A e o outro como B. A regra geral da multiplicação também poderia ser expressa por $P(B\ e\ A) = P(B) \cdot P(A \mid B)$.

Para compreendermos melhor a regra da multiplicação, vamos voltar para nossa pesquisa estadual de 800 eleitores cadastrados em 25 zonas eleitorais espalhadas por todo o estado de Nova York. Cada eleitor foi identificado como Republicano, Democrata ou outro e, em seguida, foi feita a seguinte pergunta: "Você é a favor ou contra a proposta orçamentária atual que está aguardando a assinatura do governador?". As contagens resultantes são mostradas a seguir:

	Número a favor	Número contra	Número de eleitores
Republicanos	**136**	88	**224**
Democratas	314	212	526
Outros	14	36	50
Totais	**464**	336	**800**

Suponha que um eleitor deve ser selecionado aleatoriamente entre os 800 eleitores resumidos na tabela anterior. Consideremos os dois eventos: "O eleitor selecionado é a favor" e "O eleitor é Republicano". Determine as três probabilidades: P(a favor), P(Republicano | a favor) e P(a favor e Republicano). Em seguida, utilize os resultados para verificar a veracidade da regra da multiplicação. Concluímos que:

- Probabilidade de o eleitor selecionado ser "a favor"

  = P(a favor) = 464/800 = 0,58.

- Probabilidade de o eleitor selecionado ser "Republicano, dado a favor"

  = P(Republicano | a favor)
  = 136/464 = 0,29.

- Probabilidade de o eleitor selecionado ser "a favor" e "Republicano"

  = P(a favor e Republicano)
  = 136/800 = 136/800 = 0,17.

Notas sobre a determinação das probabilidades

1. A condicional "dado" significa que há uma restrição; então, "Republicano | a favor" significa que iniciaremos somente com os eleitores que são "a favor". Nesse caso, isso significa que estamos considerando somente 464 eleitores ao determinar essa probabilidade.

2. O conectivo "e" significa "ambos" ou "em comum". Assim, "a favor e Republicano" significa todos os eleitores que satisfazem os dois eventos.

Agora, vamos usar as probabilidades acima para demonstrar a veracidade da regra da multiplicação.

Consideremos A = "a favor" e B = "Republicano". Então, a regra da multiplicação geral torna-se:

P(a favor e Republicano)
= P(a favor) · P(Republicano | a favor)

Anteriormente, concluímos que:
P(a favor e Republicano) = 136/800 = 0,17.

Utilizando as outras duas probabilidades, observamos que:

P(a favor) · P(Republicano | a favor)
$= \dfrac{464}{800} \cdot \dfrac{136}{464} = \dfrac{136}{800} = 0{,}17.$

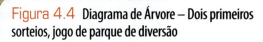

Figura 4.4 Diagrama de Árvore – Dois primeiros sorteios, jogo de parque de diversão

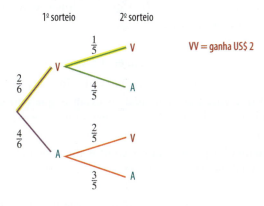

1º sorteio   2º sorteio

VV = ganha US$ 2

bolinha for azul, então, as probabilidades são $\frac{2}{5}$ e $\frac{3}{5}$, como mostrado no diagrama de árvore (segmentos em laranja na Figura 4.4). As probabilidades mudam a cada sorteio, pois o número de bolinhas disponíveis diminui conforme cada sorteio ocorre. O diagrama de árvore é uma excelente ferramenta ilustrativa para acompanhar a progressão.

Agora, podemos determinar a probabilidade de ganhar o prêmio de US$ 2 utilizando a fórmula (4.5):

$$P(A \text{ e } B) = P(A) \cdot P(B \mid A)$$

$$P(\text{ganhando } \$2) = P(V_1 \text{ e } V_2) = P(V_1) \cdot P(V_2 \mid V_1)$$

$$= \frac{2}{6} \cdot \frac{1}{5} = \frac{1}{15} = 0{,}067$$

NOTA: O diagrama de árvore, quando identificado, possui as probabilidades necessárias para a multiplicação, listadas ao longo do ramo que representa o esforço para ganhar.

PROBABILIDADE CONDICIONAL E SORTEIO SEM REPOSIÇÃO

→ Normalmente, não se tem a opção de determinar $P(A \text{ e } B)$ de duas formas, como aqui. Ao ser solicitado que se determine $P(A \text{ e } B)$, geralmente, $P(A)$ e $P(B)$ serão informados. No entanto, nem sempre você obterá a resposta correta apenas multiplicando essas duas probabilidades. Uma terceira informação será necessária: a probabilidade condicional de um dos dois eventos ou informações que permitam determiná-la.

Em um jogo de parque de diversão, o jogador retira sem olhar uma bolinha de gude colorida por vez de uma caixa contendo duas bolinhas vermelhas e quatro azuis. A bolinha escolhida não é colocada de volta na caixa após ser selecionada, ou seja, cada sorteio é realizado sem reposição. As bolinhas de gude são misturadas antes de cada sorteio. Custa US$ 1 para jogar e, se as duas primeiras bolinhas retiradas forem vermelhas, o jogador receberá um prêmio de US$ 2. Se as quatro primeiras bolinhas retiradas forem azuis, o jogador receberá um prêmio de US$ 5. Caso contrário, ele não recebe nenhum prêmio. Para determinar a probabilidade de o jogador ganhar um prêmio, vamos analisar primeiro a probabilidade de se escolher vermelho ou azul em sorteios consecutivos e organizar as informações em um diagrama de árvore.

No primeiro sorteio (representado por segmentos em roxo na Figura 4.4), a probabilidade para vermelho é de duas chances em seis, $\frac{2}{6}$, ou $\frac{1}{3}$, enquanto a probabilidade para azul é de $\frac{4}{6}$, ou $\frac{2}{3}$. Uma vez que a bolinha de gude não é reposta, sobram somente cinco bolinhas de gude na caixa, o que faz o número de cada cor restante depender da cor da primeira bolinha escolhida. Se a primeira bolinha for vermelha, então, as probabilidades são $\frac{1}{5}$ e $\frac{4}{5}$, como mostrado no diagrama de árvore (segmentos verdes na Figura 4.4). Se a primeira

4.4 Eventos mutuamente exclusivos

PARA APROFUNDARMOS NOSSA DISCUSSÃO SOBRE EVENTOS COMPOSTOS, DEVEMOS INTRODUZIR O CONCEITO DE "MUTUAMENTE EXCLUSIVO".

Eventos mutuamente exclusivos são eventos não vazios definidos no mesmo espaço amostral, com cada evento excluindo a ocorrência do outro. Em outras palavras, não compartilham elementos em comum. Algebricamente:

$$P(A \text{ e } B) = 0$$

Eventos mutuamente exclusivos Eventos não vazios definidos no mesmo espaço amostral, com cada evento excluindo a ocorrência do outro. Em outras palavras, não compartilham elementos em comum.

Existem várias formas equivalentes de expressar o conceito de mutuamente exclusivos:

1. Sabendo-se que um dos eventos ocorreu, então, o outro evento é excluído ou não pode ter ocorrido.

2. Observando-se as listas dos elementos que compõem cada evento, nenhum dos elementos listados para um evento aparecerá na lista do outro evento; "não há elementos compartilhados".

3. A equação diz "a **interseção** dos dois eventos tem uma probabilidade de zero", significando que "a interseção é um conjunto vazio" ou "não há interseção".

NOTA: O conceito de eventos mutuamente exclusivos baseia-se na relação entre os conjuntos de elementos que satisfazem os eventos. Mutuamente exclusivo não é um conceito de probabilidade por definição, o que ocorre é que é mais fácil expressar esse conceito utilizando uma afirmação de probabilidade.

Compreensão dos eventos mutuamente exclusivos (e não mutuamente exclusivos)

→ Vejamos alguns exemplos que ajudarão a entender a diferença entre eventos mutuamente exclusivos e não mutuamente exclusivos.

Dessa vez, vamos considerar uma pesquisa realizada com 1.000 eleitores em 25 zonas eleitorais espalhadas pelos Estados Unidos durante a eleição presidencial de 2008, que forneceu os seguintes dados:

Educação	Números para McCain	Números para Obama	Números para os outros	Números de eleitores
Sem Ensino Médio	19	20	1	40
Com diploma do Ensino Médio	114	103	3	220
Com alguma educação superior	172	147	1	320
Com diploma universitário	135	119	6	260
Pós-graduado	70	88	2	160
Total	510	477	13	1.000

Suponha que um eleitor seja selecionado aleatoriamente entre os 1.000 eleitores resumidos na tabela anterior. Considere os dois eventos "O eleitor selecionado votou em McCain" e "O eleitor selecionado votou em Obama". Para que o evento "o eleitor selecionado votou em McCain" ocorra, o eleitor selecionado deve ser 1 dos 510 eleitores listados na coluna "Números para McCain". Para que o evento "o eleitor selecionado votou em Obama" ocorra, o eleitor selecionado deve ser um dos 477 eleitores listados na coluna "Números para

Obama". Por não haver nenhum eleitor listado na coluna McCain que também esteja na coluna Obama, e por não haver nenhum eleitor listado na coluna Obama que também esteja na coluna McCain, os dois eventos são mutuamente exclusivos.

Na forma de equação:

P(votou em McCain e votou em Obama) = 0.

Agora, observemos a mesma situação, mas de um ângulo diferente para entender os eventos que não são mutuamente exclusivos. Vamos considerar a mesma pesquisa realizada com 1.000 eleitores em 25 zonas eleitorais espalhadas pelos Estados Unidos durante a eleição presidencial de 2008, que forneceu os seguintes dados:

Educação	Números para McCain	Números para Obama	Números para os outros	Números de eleitores
Sem Ensino Médio	19	20	1	40
Com diploma do Ensino Médio	114	103	3	220
Com alguma educação superior	172	147	1	320
Com diploma universitário	135	119	6	260
Pós-graduado	70	88	2	160
Total	510	477	13	1.000

Suponha que um eleitor seja selecionado aleatoriamente entre os 1.000 eleitores resumidos na tabela anterior. Considere os dois eventos "O eleitor selecionado votou em McCain" e "O eleitor selecionado tinha alguma educação superior". Para que o evento "o eleitor selecionado votou em McCain" ocorra, o eleitor selecionado deve ser um dos 510 eleitores listados na coluna "Números para McCain". Para que o evento "o eleitor selecionado tinha alguma educação superior" ocorrer, o eleitor selecionado deve ser um dos 320 eleitores listados na linha "Alguma educação superior". Uma vez que os 172 eleitores mostrados na interseção da coluna "Números para McCain" com a linha "Alguma educação superior" pertencem a ambos os eventos ("o eleitor selecionado votou em McCain" e "o eleitor selecionado tinha alguma educação superior"), esses dois eventos NÃO são mutuamente exclusivos.

Na forma de equação:

P(votou em McCain e tem algum ensino superior) = **172**/**1000** = 0,172, que não é igual a zero.

Se você está tendo problemas para visualizar esses conceitos em termos de política, considere o sorteio de uma carta de baralho comum e os dois eventos "a carta sorteada é uma dama" e "a carta sorteada é um ás". O baralho deve ser embaralhado e uma carta deve ser sorteada aleatoriamente. Para que o evento "a carta sorteada é uma dama" ocorra, a carta sorteada deve ser uma das quatro damas: de copas, de ouros, de espadas ou de paus. Para que o evento "a carta sorteada é um ás" ocorra, ela deve ser um dos quatro ases: ás de copas, ás de ouros, ás de espadas ou ás de paus. Observe que não há nenhuma carta que seja ao mesmo tempo uma dama e um ás. Portanto, esses dois eventos, "a carta sorteada é uma dama" e "a carta sorteada é um ás" são eventos mutuamente exclusivos.

Na forma de equação:

P(dama e ás) = 0.

Analogamente, podemos demonstrar o conceito de eventos não mutuamente exclusivos com o mesmo baralho de cartas e os dois eventos "a carta sorteada é uma dama" e "a carta sorteada é de copas." O baralho deve ser embaralhado e uma carta deve ser sorteada aleatoriamente. Os eventos "dama" e "copas" são mutuamente exclusivos? O evento "a carta sorteada é uma dama" é composto por quatro damas: de copas, de ouros, de espadas e de paus. O evento "a carta sorteada é de copas" é composto pelas 13 cartas de copas: ás de copas, rei de copas, dama de copas, valete de copas, e as demais nove cartas de copas. Observe que a "dama de copas" está em ambas as listas, tornando possível a ocorrência dos dois eventos "a carta sorteada é uma dama" e "a carta sorteada é de copas" simultaneamente. Isso significa que, quando um desses dois eventos ocorre, ele não exclui a possibilidade de ocorrência do outro. Esses eventos não são mutuamente excludentes.

Na forma de equação:

P(dama e copas) = 1/52, que não é igual a zero.

Representação visual e compreensão dos eventos mutuamente excludentes

Como podemos demonstrar visualmente o que acontece com os eventos mutuamente excludentes? Considere um experimento em que são jogados dois dados. Três eventos são definidos como segue:

A: A soma dos números nos dois dados é 7.

B: A soma dos números nos dois dados é 10.

C: Cada um dos dois dados mostra o mesmo número.

Vamos determinar se esses três eventos são mutuamente excludentes.

Podemos mostrar quais dos três eventos são mutuamente excludentes mostrando que cada par de eventos é mutuamente excludente. Os eventos A e B são mutuamente excludentes? Sim, eles são, porque a soma dos dois dados não pode ser 7 e 10 ao mesmo tempo. Se a soma for 7, é impossível que ela seja 10.

A Figura 4.5 apresenta o espaço amostral para esse experimento. É o mesmo espaço amostral apresentado na representação gráfica da página 76, exceto pelo fato de serem usados pares ordenados em vez de imagens. As marcações ovais, em forma de losango e retangulares mostram os pares ordenados que compõem os eventos A, B e C, respectivamente. Podemos ver que não há interseção entre os eventos A e B. Portanto, eles são mutuamente

Figura 4.5 Espaço amostral para o rolar de dois dados

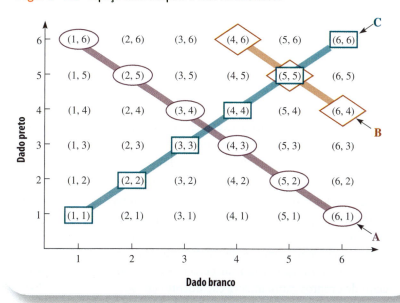

excludentes. O ponto (5, 5) na Figura 4.5 satisfaz tanto o evento B quanto o evento C. Assim, B e C não são mutuamente excludentes. Os dois dados podem mostrar o número 5, o que satisfaz C, e o total satisfaz B. Uma vez que encontramos um par de eventos que não são mutuamente excludentes, os eventos A, B e C não são mutuamente excludentes.

Regra especial da adição

A regra da adição simplifica quando os eventos envolvidos são mutuamente excludentes. Se soubermos que dois eventos são mutuamente excludentes, então, aplicando $P(A\ e\ B) = 0$ à regra da adição para probabilidades, segue que $P(A\ ou\ B) = P(A) + P(B) - P(A\ e\ B)$ torna-se $P(A\ ou\ B) = P(A) + P(B)$. Em outras palavras, quando A e B são dois eventos mutuamente excludentes definidos em um espaço amostral S, "a probabilidade de A ou B = probabilidade de A + probabilidade de B". Isso é conhecido como regra especial da adição. Em termos básicos de álgebra:

$$P(A\ ou\ B) = P(A) + P(B) \qquad (4.6)$$

Essa fórmula pode ser expandida para considerar mais de dois eventos mutuamente excludentes:

$$P(A\ ou\ B\ ou\ C\ ou\ \dots\ ou\ E) = P(A) + P(B) + P(C) + \dots + P(E)$$

Geralmente, essa equação é conveniente para calcular probabilidades, mas isso não nos ajuda a entender a relação entre os eventos A e B. É a *definição* que nos diz como devemos analisar eventos mutuamente excludentes. Os alunos que entendem o exclusivismo mútuo dessa forma têm uma percepção do que se trata o exclusivismo mútuo de forma geral. Isso faz que você analise com mais clareza as situações que envolvem eventos mutuamente excludentes, tornando-o, assim, menos susceptível a confundir o conceito de eventos mutuamente excludentes com o conceito de eventos independentes (a ser definido no Objetivo 4.5), ou a cometer outros erros comuns relacionados ao conceito de exclusividade mútua.

NOTAS:

1. Defina eventos mutuamente excludentes em termos de conjuntos de elementos que satisfazem os eventos e teste a exclusivismo mútuo dessa maneira.

2. Não utilize $P(A\ e\ B) = 0$ como definição de eventos de exclusivismo mútuo. Essa equação é uma propriedade que resulta da definição. Ela pode ser usada como uma forma de testar eventos mutuamente excludentes, mas, como definição, não expressa nenhum significado ou percepção do conceito de eventos mutuamente excludentes em si.

3. Em forma de equação, a *definição* de eventos mutuamente excludentes estabelece que:

   $P(A\ e\ B) = 0$ (Ambos não podem ocorrer ao mesmo tempo.)

   $P(A\ |\ B) = 0$ e $P(B\ |\ A) = 0$ (Sabendo-se que um ocorreu, então, o outro não ocorreu.)

Reveja o evento mutuamente excludente das cartas, com os dois eventos "a carta sorteada é uma dama" e "a carta sorteada é um ás" ao sortear exatamente uma carta de um baralho comum. A carta sorteada é uma dama ou é um ás. Essa carta não pode ser ao mesmo tempo uma dama e um ás, o que torna esses dois eventos mutuamente excludentes. Portanto, a regra especial da adição aplica-se à situação de determinar $P(dama\ ou\ ás)$.

$$P(dama\ ou\ ás) = P(dama) + P(ás)$$
$$= \frac{4}{52} + \frac{4}{52} = \frac{8}{52} = \frac{2}{13}$$

4.5 Eventos independentes

O CONCEITO DE **EVENTOS INDEPENDENTES** É NECESSÁRIO PARA CONTINUARMOS NOSSA DISCUSSÃO SOBRE EVENTOS COMPOSTOS.

Dois eventos são independentes se a ocorrência (ou não) de um não nos fornece nenhuma informação sobre a probabilidade de ocorrência do outro. Em outras palavras, se a probabilidade de A permanece inalterada após sabermos que B ocorreu (ou não ocorreu), os eventos são independentes. Algebricamente, esta situação é expressa da seguinte forma:

$$P(A) = P(A\ |\ B) = P(A\ |\ não\ B)$$

Há várias formas equivalentes de expressar o conceito de independência:

1. A probabilidade de um evento A não é afetada pelo conhecimento de que um segundo evento, B, ocorreu, pelo conhecimento de que B não ocorreu, ou por

Eventos independentes
Dois eventos são independentes se a ocorrência (ou não) de um evento não nos fornece nenhuma informação sobre a probabilidade de ocorrência do outro.

falta de conhecimento sobre a ocorrência ou não do evento B.

2. A probabilidade do evento A não é afetada pelo conhecimento, ou por falta de conhecimento, de que um segundo evento, B, ocorreu ou não.

3. A probabilidade de um evento A quando não temos nenhum conhecimento sobre o evento B é idêntica à do evento A quando sabemos que o evento B ocorreu, sendo ambas idênticas à probabilidade do evento A quando sabemos que o evento B não ocorreu.

Compreensão dos eventos independentes (e não independentes)

Nem todos os eventos são independentes. Alguns são **dependentes**. Ou seja, a ocorrência de um evento afeta a probabilidade da ocorrência do outro. Para melhor ilustrar essa diferença, vamos continuar com os contextos de eleições e cartas.

COMPREENSÃO DOS EVENTOS INDEPENDENTES

➜ Foi realizada uma pesquisa de âmbito estadual com 750 eleitores Republicanos e Democratas cadastrados em 25 zonas eleitorais espalhadas pelo estado de Nova York. Cada eleitor foi identificado como Republicano ou Democrata e, em seguida, foi feita a seguinte pergunta: "Você é a favor ou contra a proposta orçamentária atual que está aguardando a assinatura do governador?". As contagens resultantes são mostradas a seguir.

	Número a favor	Número contra	Número de eleitores
Republicanos	135	90	225
Democratas	315	210	525
Totais	450	300	750

Suponha que um eleitor deve ser selecionado aleatoriamente entre os 750 eleitores resumidos na tabela anterior. Consideremos os dois eventos "O eleitor selecionado é a favor" e "O eleitor é Republicano". Esses dois eventos são independentes?

Para responder a isso, considere as três probabilidades a seguir: (1) probabilidade de o eleitor selecionado ser a favor, (2) probabilidade de o eleitor selecionado ser a favor, sabendo que é Republicano, e (3) probabilidade de o eleitor selecionado ser a favor, sabendo que não é Republicano.

- Probabilidade de o eleitor selecionado ser a favor
  = P(a favor) = **450**/**750** = 0,60.

- Probabilidade de o eleitor selecionado ser a favor, sabendo que é Republicano
  = P(a favor | Republicano) = **135**/**225** = 0,60.

- Probabilidade de o eleitor selecionado ser a favor, sabendo que não é Republicano =
  Probabilidade de o eleitor selecionado ser a favor, sabendo que é Democrata
  = P(a favor | não Republicano)
  = P(a favor | Democrata) = 315/525 = 0,60.

Saber a filiação política do eleitor tem alguma influência sobre a probabilidade de ele ser a favor da proposta orçamentária? Sem informações sobre a filiação política, a probabilidade de ser a favor é de 0,60. Informações sobre o evento "Republicano" não alteram a probabilidade de "a favor". Todas as probabilidades têm o valor de 0,60. Assim, dizemos que esses dois eventos são **eventos independentes**.

Eventos dependentes
Eventos que não são independentes, o que significa que a ocorrência de um evento exerce um efeito na probabilidade da ocorrência do outro.

Ao checar as três probabilidades, $P(A)$, $P(A \mid B)$ e $P(A \mid$ não $B)$, é necessário comparar somente duas delas. Se duas das três probabilidades forem iguais, a terceira terá o mesmo valor. Além disso, se duas das três forem diferentes, então, todas as três terão valores diferentes.

NOTA: Determine todos os três valores, utilizando a terceira probabilidade como forma de verificação. Todas serão idênticas ou todas serão diferentes; não há outro resultado possível.

Considere um baralho de cartas comum e os dois eventos: "a carta sorteada é uma dama" e "a carta sorteada é de copas". Suponha que eu embaralhe as cartas, retire uma aleatoriamente e, antes de olhá-la, pergunto-lhe a probabilidade de essa carta ser uma dama. Você responde: $\frac{4}{52}$ ou $\frac{1}{13}$. Então, eu olho a carta e digo que é de copas. Agora, qual é a probabilidade de a carta ser uma dama? Você responde que é de $\frac{1}{13}$, a mesma resposta dada antes de saber que a carta era de copas.

A dica que a carta era de copas forneceu uma informação adicional, mas ela não muda a probabilidade de ser uma dama. Portanto, "dama" e "copas" são eventos independentes. Agora, suponha que, após sortear a carta e de olhá-la, eu tenha dito a você que ela "não era de copas". Qual seria a probabilidade de a carta ser uma dama? Você responde: $\frac{3}{39}$ ou $\frac{1}{13}$. Novamente, observe que saber que a carta não era de copas forneceu uma informação adicional, mas não alterou a probabilidade de ela ser uma dama. É isso o que significa que os dois eventos, "a carta é uma dama" e "a cartão é de copas", são independentes.

Na forma de equação:

P(dama | copas) = P(D | C) = P(D)

P(dama | não é copas) = P(D | não C) = P(D)

Portanto, P(D) = P(D | C) = P(D | não C), e os dois eventos são independentes.

COMPREENSÃO DOS EVENTOS NÃO INDEPENDENTES

➜ Com eventos dependentes (não independentes), a ocorrência de um evento afeta a probabilidade da ocorrência do outro. Vamos voltar à eleição. Considere uma pesquisa com 13.660 eleitores em 250 zonas eleitorais espalhadas pelos Estados Unidos durante a eleição presidencial de 2008, que forneceu os seguintes dados:

	Porcentagem de eleitores	Porcentagem para Obama	Porcentagem para McCain	Porcentagem para os outros
Homens	48	44	54	2
Mulheres	52	56	43	1

Suponha que um eleitor seja selecionado aleatoriamente entre os 13.660 eleitores resumidos na tabela anterior. Vamos considerar os dois eventos: "O eleitor é uma mulher" e "O eleitor votou em Obama". Esses dois eventos são independentes? Para responder a isso, considere a pergunta: "Saber que o eleitor é uma mulher exerce influência sobre a probabilidade de o eleitor ter votado em Obama?" Qual é a probabilidade de o voto ter sido em Obama, se o eleitor for uma mulher? Você responde "0,56". Agora, compare isso à probabilidade de o voto ser em Obama, se o eleitor não for uma mulher. Você responde que a probabilidade é de 0,44. Então, eu lhe pergunto: "Saber que o eleitor é uma mulher exerce influência sobre a probabilidade de ter votado em Obama?". Sim, influencia. A probabilidade é de 0,56 quando o eleitor é uma mulher, e de 0,44 quando não é uma mulher. Informações sobre o evento "mulher" alteram a probabilidade do evento "votou em Obama". Portanto, esses dois eventos *não são independentes*; assim, dizemos que eles são *eventos dependentes*.

Na forma de equação:

P(votou em Obama | sabendo que o eleitor é uma mulher) = P(O | M) = 0,56

P(votou em Obama | sabendo que o eleitor não é uma mulher) = P(O | $\overline{M}$) = 0,44

Assim, P(O | M) ≠ P(O | $\overline{M}$) e os dois eventos não são independentes.

Agora, vamos considerar os dois eventos: "a carta sorteada é de copas" e "a carta sorteada é vermelha". Os eventos "copas" e "vermelho" são independentes? Seguindo o mesmo cenário anterior, eu embaralho as 52 cartas, retiro uma carta aleatoriamente, e antes de olhá-la, você diz que a probabilidade de a carta ser vermelha é 26/52 = 1/2. No entanto, ao receber a informação adicional de que a carta é de copas, você muda sua probabilidade de a carta ser vermelha para 13/13, ou 1. Essa informação adicional resulta em uma probabilidade diferente para vermelho.

P(vermelho | carta de copas) = P(V | C) = $\frac{13}{13}$ = 1, e P(vermelho) = P(vermelho | sem informações adicionais) = $\frac{26}{52}$ = $\frac{1}{2}$. Logo, as informações adicionais alteram a probabilidade do evento "vermelho". Portanto, esses dois eventos não são independentes; assim, dizemos que eles são dependentes.

Em forma de equação, a definição estabelece que:

A e B são independentes, se e somente se P(A | B) = P(A)

Regra especial da multiplicação

A regra da multiplicação simplifica quando os eventos envolvidos são independentes.

Sabendo que dois eventos são independentes, ao aplicarmos a definição de independência, P(B | A) = P(B), à regra da multiplicação, segue-se que:

P(A e B) = P(A) · P(B | A)

torna-se

P(A e B) = P(A) · P(B)

NOTA: Defina independência em termos de probabilidade condicional, e teste a independência desta maneira.

Alenate/iStockphoto / Catherine dee Auvil/iStockphoto

Então, o resultado é a **regra especial da multiplicação**. Sendo A e B dois eventos independentes definidos em um espaço amostral, S, a regra especial da multiplicação estabelece que a "probabilidade de A e B é igual à probabilidade de A vezes a probabilidade de B". Algebricamente, isto significa que:

$$P(\text{A e B}) = P(\text{A}) \cdot P(\text{B}) \qquad (4.7)$$

Essa fórmula pode ser expandida para considerar mais de dois eventos independentes:

$$P(\text{A e B e C e} \ldots \text{e E})$$
$$= P(\text{A}) \cdot P(\text{B}) \cdot P(\text{C}) \cdot \ldots \cdot P(\text{E})$$

Para entender a relação de independência entre os eventos A e B, é preciso consultar a definição. Se você analisar mais claramente as situações que envolvem eventos independentes, será menor a probabilidade de confundir o conceito de eventos independentes com o de eventos mutuamente excludentes, ou de cometer outros erros comuns relacionados à independência.

NOTA: Não utilize $P(\text{A e B}) = P(\text{A}) \cdot P(\text{B})$ como definição de independência. Essa equação é uma propriedade que resulta da definição. Ela pode ser utilizada como uma forma de testar a independência, mas, como definição, ela não expressa nenhum significado ou percepção do conceito de eventos independentes em si.

4.6 A exclusividade mútua e a independência estão relacionadas?

EVENTOS MUTUAMENTE EXCLUDENTES E EVENTOS INDEPENDENTES SÃO DOIS CONCEITOS MUITO DIFERENTES, BASEADOS EM DEFINIÇÕES QUE PARTEM DE DIREÇÕES MUITO DISTINTAS.

Os dois conceitos podem ser facilmente confundidos porque interagem entre si e se entrelaçam por conta das afirmações de probabilidade que usamos para descrevê-los.

Para descrever esses dois conceitos e entender a distinção entre eles, bem como a sua relação, temos que concordar que os eventos considerados são dois eventos não vazios definidos no mesmo espaço amostral e, portanto, cada um tem probabilidade diferente de zero.

Os exemplos a seguir colocam esses conceitos de probabilidade em prática.

Cálculo de probabilidades e regra da adição

➜ Um par de dados é lançado. O evento T é definido como a ocorrência de "um total de 10 ou 11" e o evento D é a ocorrência de "duplos". Para determinar a probabilidade $P(\text{T ou D})$, você precisa levar em conta o espaço amostral de 36 pares ordenados para o rolar de dois dados, como na Figura 4.5 (página 89). O evento T ocorre se qualquer um dos cinco pares ordenados a seguir acontecer: (4, 6), (5, 5), (6, 4), (5, 6), (6, 5). Portanto, $P(\text{T}) = \frac{5}{36}$. O evento D ocorre se qualquer um destes 6 pares ordenados ocorrer: (1, 1), (2, 2), (3, 3), (4, 4), (5, 5), (6, 6). Portanto, $P(\text{D}) = \frac{6}{36}$. Observe, entretanto, que esses dois eventos não são mutuamente excludentes. Os dois eventos "compartilham" o par ordenado (5, 5). Assim, a probabilidade $P(\text{T e D}) = \frac{1}{36}$. Como resultado, a probabilidade $P(\text{T ou D})$ será encontrada utilizando-se a fórmula (4.4).

$$P(\text{T ou D}) = P(\text{T}) + P(\text{D}) - P(\text{T e D})$$

$$= \frac{5}{36} + \frac{6}{36} - \frac{1}{36} = \frac{10}{36} = \mathbf{\frac{5}{18}}$$

Observe o espaço amostral na Figura 4.5 (página 89) e verifique que $P(\text{T ou D}) = \frac{5}{18}$.

Utilização das probabilidades condicionais para determinar a independência

➜ Também é possível utilizar as probabilidades condicionais para determinar a independência. Em uma amostra de 150 moradores, foi perguntado a cada pessoa se era a favor da ideia de ter uma central de polícia única em todo o município. O município é composto por um distrito central grande e muitos distritos menores ao seu redor. As residências (no centro ou fora dele) e as respostas dos moradores estão resumidas na Tabela 4.4, na próxima página. Se um desses moradores fosse selecionado aleatoriamente, qual seria a probabilidade de (a) ser a favor da ideia? (b) ser a favor da ideia se a pessoa selecionada residisse na cidade? (c) ser a favor da ideia se a pessoa selecionada residisse fora da cidade? (d) os eventos F (a favor da ideia) e C (reside na cidade) são independentes?

Tabela 4.4 Resultados da amostra

Residência	A favor (F)	Contra (F̄)	Total
Na cidade (C)	80	40	120
Fora da cidade (C̄)	20	10	30
Total	100	50	150

Uma série de cálculos simples fornece a solução:

(a) $P(F)$ é a proporção do total de amostras a favor da ideia. Portanto,

$$P(F) = \frac{n(F)}{n(S)} = \frac{100}{150} = \frac{2}{3}$$

(b) $P(F \mid C)$ é a probabilidade de a pessoa selecionada ser a favor da ideia, sabendo-se que ela mora na cidade. A condição "reside na cidade" reduz o espaço amostral aos 120 residentes da cidade que compõem a amostra. Desses, 80 são a favor da ideia, portanto,

$$P(F \mid C) = \frac{n(F \text{ e } C)}{n(C)} = \frac{80}{120} = \frac{2}{3}$$

(c) $P(F \mid \bar{C})$ é a probabilidade de a pessoa selecionada ser a favor da ideia, sabendo-se que ela reside fora da cidade. A condição "reside fora da cidade" reduz o espaço amostral aos 30 moradores dos distritos fora da cidade, portanto,

$$P(F \mid \bar{C}) = \frac{n(F \text{ e } \bar{C})}{n(\bar{C})} = \frac{20}{30} = \frac{2}{3}$$

(d) Todas as três probabilidades têm o mesmo valor, $\frac{2}{3}$. Portanto, podemos dizer que os eventos F (a favor) e C (reside na cidade) são independentes. O local de residência não afetou $P(F)$.

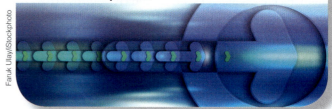

Nos próximos três capítulos, veremos as distribuições associadas a eventos probabilísticos. Isso nos preparará para os cálculos estatísticos que virão na sequência. Temos de ser capazes de prever a variabilidade que a amostra apresentará com relação à população antes de podermos ser bem-sucedidos em "estatística inferencial", na qual descrevemos a população com base na estatística da amostra disponível.

problemas

Objetivo 4.1

4.1 Se você lançar um dado 40 vezes e 9 desses lançamentos resultarem em um "5", que probabilidade empírica foi observada nesse evento?

4.2 Um único dado é rolado. Qual é a probabilidade de o número virado para cima ser o seguinte?
a. Um 3.
b. Um número ímpar.
c. Um número inferior a 5.
d. Um número superior a 3.

4.3 A Sra. Gordon queria saber se sua classe estava assistindo televisão demais em noites que precedem a ida à escola. Para descobrir, ela fez uma pesquisa rápida com seus alunos da 7ª série. Aqui estão os resultados:

Horas	Número
0	2
1	3
2	2
3	0
4	3
5	2
6	1

a. Que porcentagem da classe não está assistindo à televisão em noites que precedem a ida à escola?
b. Que porcentagem da classe está assistindo a, no máximo, 2 horas de televisão em noites que precedem a ida à escola?
c. Que porcentagem da classe está assistindo a, no mínimo, 4 horas de televisão em noites que precedem a ida à escola?

4.4 A tabela a seguir mostra o número médio de nascimentos por dia nos Estados Unidos, conforme relatado pelo CDC.

Dia	Número
Domingo	7.563
Segunda-feira	11.733
Terça-feira	13.001
Quarta-feira	12.598
Quinta-feira	12.514
Sexta-feira	12.396
Sábado	8.605
Total	78.410

Com base nessas informações, qual é a probabilidade de um bebê identificado de forma aleatória ter:
a. Nascido em uma segunda-feira?
b. Nascido em um fim de semana?
c. Nascido em uma terça ou quarta-feira?
d. Nascido em uma quarta, quinta ou sexta-feira?

4.5 Um número de um dígito deve ser selecionado aleatoriamente.
a. Liste o espaço amostral.
b. Qual é a probabilidade de cada dígito?
c. Qual é a probabilidade de um número par?

4.6 São lançados dois dados. Encontre as probabilidades para os itens de (b) a (e). Use o espaço amostral e a representação gráfica fornecidos na página 76.
a. Por que o conjunto {2, 3, 4, . . . , 12} não é um espaço amostral útil?
b. P(o dado branco mostra um número ímpar).
c. P(a soma é 6).
d. P(os dois dados mostram números ímpares).
e. P(o número mostrado pelo dado preto é maior que o número do dado branco).

4.7 Seja x a taxa de sucesso de um novo programa de televisão. A tabela a seguir lista as probabilidades subjetivas atribuídas a cada x para um novo programa específico por três diferentes críticos dos meios de comunicação. Quais desses conjuntos de probabilidades são inadequados por violarem uma regra básica da probabilidade? Explique.

Taxa de sucesso, x	Juiz		
	A	B	C
Altamente bem-sucedido	0,5	0,6	0,3
Bem-sucedido	0,4	0,5	0,3
Não é bem-sucedido	0,3	—0,1	0,3

4.8 As chances de o Saints vencer o campeonato do Super Bowl no próximo ano são de 1 contra 6.
a. Qual é a probabilidade de o Saints vencer o Super Bowl no próximo ano?
b. Quais as chances contra o Saints vencer o Super Bowl no próximo ano?

4.9 Alan Garole, um jóquei da pista de corrida Saratoga Race Course, participou de 195 corridas entre julho e setembro de 2008. Dessas, ele terminou 39 vezes em primeiro lugar, 17 vezes em segundo e 28 vezes em terceiro. Se todas as condições da temporada de corridas de 2008 se mantiverem para ele no início da temporada de 2009, quais seriam:
a. as chances a favor de Alan Garole chegar em primeiro lugar durante a temporada de corridas de 2009 em Saratoga?
b. a probabilidade de Alan Garole chegar em primeiro lugar durante a temporada de corridas de 2009 em Saratoga?
c. as chances a favor de Alan Garole chegar ao pódio (em 1º, 2º ou 3º lugar) durante a temporada de corridas de 2009 em Saratoga?
d. a probabilidade de Alan Garole chegar ao pódio durante a temporada de corridas de 2009 em Saratoga?
e. Com base nas estatísticas acima, você apostaria em Alan Garole para chegar em primeiro lugar ou subir ao pódio? Por quê?

4.10 Muitas jovens aspiram tornarem-se atletas profissionais. Porém, somente algumas delas conseguem ser bem-sucedidas, como indica a tabela.

Atletas estudantes	Basquetebol feminino
Atletas que cursam o Ensino Médio	452.929
Atletas que estão no último ano do Ensino Médio	129.408
Atletas estudantes da NCAA	15.096
Posições de escalação de calouras da NCAA	4.313
Atletas estudantes do último ano da NCAA	3.355
Atletas estudantes da NCAA selecionadas	32

a. Quais são as chances a favor de uma atleta do Ensino Médio ser selecionada por um time de basquete profissional?

b. Quais são as chances contra uma jogadora de basquete feminino escalada como caloura em uma faculdade jogar como sênior?

c. Qual a probabilidade de uma atleta do Ensino Médio ser selecionada por um time de basquete profissional?

d. Qual a probabilidade de uma atleta sênior da NCAA ser selecionada por um time de basquete profissional?

4.11 Classifique cada um dos itens a seguir como uma probabilidade ou um problema de estatística:

a. Determinar quanto tempo leva para lidar com um telefonema típico para solicitação de informações em um escritório imobiliário.

b. Determinar a vida útil das lâmpadas de 100 watts produzidas por uma empresa.

c. Determinar a chance de uma bola azul ser retirada de um recipiente contendo 15 bolas, das quais 5 são azuis.

d. Determinar a resistência ao cisalhamento dos rebites que sua empresa acabou de adquirir para a construção de aviões.

e. Determinar a chance de obter "duplos" ao lançar um par de dados.

Objetivo 4.2

4.12 Foi perguntado a 300 espectadores se eles estavam satisfeitos com a cobertura televisiva de um desastre recente.

	Sexo	
	Feminino	Masculino
Satisfeitos	80	55
Não satisfeitos	120	45

Um espectador deve ser selecionado aleatoriamente entre os entrevistados.

a. Determinar P(satisfeitos).

b. Determinar P(satisfeitos | feminino).

c. Determinar P(satisfeitos | masculino).

4.13 As manhãs de sábado são momentos de grande movimento no Webster Aquatic Center. São oferecidas aulas de natação que vão desde a Cruz Vermelha Nível 2, Habilidades Aquáticas Fundamentais, até a Cruz Vermelha Nível 6, Natação e Aprimoramentos das Habilidades, em dois horários.

Nível	Número de pessoas na turma das 10h	Número de pessoas na turma das 11h
2	12	12
3	15	10
4	8	8
5	2	0
6	2	0

Lauren, a coordenadora do programa, irá selecionar aleatoriamente um nadador que será entrevistado para um comercial na televisão local sobre o centro e seu programa de natação. Qual é a probabilidade de o nadador selecionado pertencer a uma das seguintes classes?

a. Uma turma de nível 3.

b. A turma das 10h.

c. Uma turma do nível 2, no horário das 10h.

d. Horário das 11h, sendo da turma de nível 6.

4.14 Durante o primeiro semestre de 2009, na faculdade Monroe Community, uma amostra aleatória de estudantes foi questionada sobre seu conhecimento quanto ao significado da palavra "sustentabilidade". A principal motivação da pesquisa era investigar o quanto os alunos poderiam estar interessados em um Certificado de Sustentabilidade e descobrir a melhor forma de informá-los sobre essa opção. A tabela a seguir lista o quanto 224 estudantes concordaram com a afirmação: "A sustentabilidade é importante para mim".

Grau de concordância da afirmação "A sustentabilidade é importante para mim"					
Geração (idades)	Concordam plenamente	Concordam	Discordam	Discordam plenamente	Total
Geração Y (18–29)	74	109	11	1	195
Geração X (30–44)	14	8	1	0	23
Baby-Boomers (45+)	2	3	0	1	6
Todos os entrevistados	90	120	12	2	224

FONTE: Monroe Community College, Sustainability Certificate Survey (Levantamento sobre Certificado de Sustentabilidade)

Determine a probabilidade de uma estudante selecionada aleatoriamente

a. "concordar plenamente" que a sustentabilidade é importante para ela.

b. pertencer à Geração X.

c. "discordar" da importância da sustentabilidade e pertencer à Geração Y.

d. pertencer à geração dos *Baby Boomers* (pessoas nascidas entre 1945 e 1964), e "concordar" com a importância da sustentabilidade.

Objetivo 4.3

4.15 Segundo o Levantamento de Proprietários de Animais de Estimação 2007-2008 da Associação norte-americana de Produtos para Animais de Estimação, 63% de todos os proprietários de cães nos EUA, aproximadamente 60 milhões, possuem apenas um cão. Com base nessas informações, determine a probabilidade de um proprietário de cão norte-americano ter mais de um cão.

4.16 De acordo com o Sleep Disorder Channel (http://www.
sleepdisorderchannel.com/), a apneia do sono afeta 18
milhões de pessoas nos Estados Unidos. O distúrbio do
sono interrompe a respiração e pode acordar a pessoa
afetada até cinco vezes a cada hora. Muitas pessoas não
reconhecem a condição, apesar de ela causar roncos altos. Supondo que existam 304 milhões de pessoas nos
Estados Unidos, qual é a probabilidade de um indivíduo
escolhido ao acaso não ser afetado pela apneia do sono?

4.17 Se $P(A) = 0,4$, $P(B) = 0,5$ e $P(A$ e $B) = 0,1$, determine
$P(A$ ou $B)$.

4.18 Jason participa da reunião de sua turma do Ensino Médio. Dos presentes, 50% são do sexo feminino. De acordo
com o conhecimento geral, 88% das pessoas são destras.
Jason, que é do sexo masculino e canhoto, sabe que em
uma determinada população, somente cerca de 6% são
homens e canhotos. Se Jason conversar com a primeira
pessoa que ele encontrar na reunião, qual a probabilidade
de essa pessoa ser do sexo masculino ou canhota?

4.19 A e B são eventos definidos em um espaço amostral, com
$P(A) = 0,7$ e $P(B \mid A) = 0,4$. Determine $P(A$ e $B)$.

4.20 A e B são eventos definidos em um espaço amostral, com
$P(A) = 0,6$ e $P(A$ e $B) = 0,3$. Determine $P(B \mid A)$.

4.21 Juan mora em uma cidade grande e vai para o trabalho
diariamente de metrô ou de táxi. Ele usa o metrô 80%
das vezes porque custa menos, e pega um táxi os outros
20% das vezes. Quando vai de metrô, ele chega ao trabalho pontualmente 70% das vezes, enquanto de táxi, ele é
pontual 90% das vezes.
a. Qual é a probabilidade de Juan pegar o metrô e chegar
no trabalho pontualmente em um determinado dia?
b. Qual é a probabilidade de Juan pegar um táxi e chegar
pontual em um determinado dia?

4.22 Ninguém gosta de pagar impostos, mas sonegar não é o
caminho para se livrar deles! Acredita-se que 10% de todos os contribuintes, intencionalmente, reivindicam algumas deduções às quais não têm direito. Se 9% de todos os
contribuintes reivindicarem intencionalmente deduções
extras e negarem ao serem auditados, determine a probabilidade de um contribuinte que fez deduções extras
intencionalmente negá-las ter feito.

4.23 Se você decidisse jogar o jogo do parque de diversões
descrito na página 87, você gostaria de ganhar o prêmio
de US$ 5, mas qual é a probabilidade de que isso ocorra?
a. Desenhe e insira legendas num diagrama de árvore,
incluindo as probabilidades de todos os sorteios possíveis.
b. Qual é a probabilidade de tirar uma bolinha vermelha no segundo sorteio? Que informações adicionais
são necessárias para determinar a probabilidade? Que
"condições" poderiam existir?
c. Calcule a probabilidade de ganhar o prêmio de US$ 5.

d. O prêmio mais difícil de ganhar é o de US$ 2 ou o de
US$ 5? Qual é o mais provável? Justifique sua resposta.

4.24 Suponha que A e B são eventos definidos em um espaço
amostral em comum e que as seguintes probabilidades são
conhecidas: $P(A) = 0,3$, $P(B) = 0,4$ e $P(A \mid B) = 0,2$. Determine
$P(A$ ou $B)$.

4.25 Sendo $P(A$ ou $B) = 1,0$, $P(\overline{A}$ e $\overline{B}) = 0,7$, e $P\overline{(B)} = 0,4$, determine:
a. $P(B)$ b. $P(A)$ c. $P(A \mid B)$

4.26 A probabilidade de C é de 0,4. A probabilidade condicional
de C ocorrer, tendo ocorrido D, é de 0,5. A probabilidade
condicional de C ocorrer, não tendo ocorrido D, é de 0,25.
a. Qual é a probabilidade de D ocorrer?
b. Qual é a probabilidade condicional de D ocorrer, tendo
ocorrido C?

Objetivo 4.4

4.27 Determine se cada um dos seguintes pares de eventos é
mutuamente excludente.
a. Cinco moedas são lançadas: "vira uma cara", "vira pelo
menos uma cara".
b. Um vendedor atende um cliente e faz uma venda: "a
venda é superior a US$ 100"; "a venda é superior a US$
1.000".
c. Um estudante é selecionado aleatoriamente entre um
corpo discente: a pessoa selecionada é do sexo "masculino"; a pessoa selecionada tem "mais de 21 anos de
idade".
d. Dois dados são lançados: o total mostrado é "menor
que 7"; o total mostrado é "maior que 9".

4.28 Explique por que $P(A$ e $B) = 0$ quando os eventos A e B são
mutuamente excludentes.

4.29 Se $P(A) = 0,3$, $P(B) = 0,4$ e se A e B são eventos mutuamente
excludentes, determine:
a. $P(\overline{A})$ b. $P(B)$
c. $P(A$ ou $B)$ d. $P(A$ e $B)$

4.30 Um aluno é selecionado entre o corpo discente de sua
faculdade. Defina os seguintes eventos: M – o aluno selecionado é do sexo masculino, F – aluno selecionado é do
sexo feminino, E – aluno selecionado está matriculado em
Estatística.
a. Os eventos M e F são mutuamente excludentes? Explique.
b. Os eventos M e E são mutuamente excludentes? Explique.
c. Os eventos F e E são mutuamente excludentes? Explique.
d. Os eventos M e F são complementares? Explique.
e. Os eventos M e E são complementares? Explique.
f. Os eventos complementares também são eventos mutuamente excludentes? Explique.
g. Os eventos mutuamente excludentes também são
eventos complementares? Explique.

4.31 As pessoas tomam aulas de natação em piscinas cober-
tas no meio do verão? Com certeza, no Webster Aquatic
Center, isso acontece. Somente durante o mês de julho de
2009, 283 pessoas participaram de vários tipos de aula.

Categorias de nado	Durante o dia	À noite
Pré-escola	66	80
Níveis	69	56
Adultos e mergulho	10	2
Total	145	138

Se um nadador fosse selecionado aleatoriamente entre os alunos de julho:

a. Os eventos "durante o dia" e "à noite" para o aluno selecionado são mutuamente excludentes? Explique.

b. Os eventos "pré-escola" e "níveis" para o aluno selecionado são mutuamente excludentes? Explique.

c. Os eventos "durante o dia" e "pré-escola" para o aluno selecionado são mutuamente excludentes? Explique.

d. Determine P(pré-escola).

e. Determine P(durante o dia).

f. Determine P(nenhum nível).

g. Determine P(pré-escola ou à noite).

h. Determine P(pré-escola e durante o dia).

i. Determine P(durante o dia | níveis).

j. Determine P(adulto e mergulho | à noite).

4.32 Um aluno é selecionado entre um corpo discente. Suponha que a probabilidade de ele ser do sexo feminino é de 0,5 e a probabilidade de esse aluno trabalhar meio período é de 0,6. Os dois eventos, "sexo feminino" e "trabalho", são mutuamente excludentes? Explique.

4.33 São lançados dois dados. Defina os eventos como segue: A — soma de 7, C — duplos, E — soma de 8.

a. Quais pares de eventos, A e C, A e E, ou C e E, são mutuamente excludentes? Explique.

b. Determine as probabilidades P(A ou C), P(A ou E), e P(C ou E).

4.34 Um aquário em uma loja de animais contém 40 peixes-espada laranjas (22 fêmeas e 18 machos) e 28 peixes-espadas verdes (12 fêmeas e 16 machos). Você retira um peixe aleatoriamente.

a. Qual é a probabilidade de que ele seja um peixe-espada laranja?

b. Qual é a probabilidade de que ele seja um peixe macho?

c. Qual é a probabilidade de que ele seja um peixe-espada laranja fêmea?

d. Qual é a probabilidade de que ele seja um peixe-espada fêmea ou verde?

e. Os eventos "macho" e "fêmea" são mutuamente excludentes? Explique.

f. Os eventos "macho" e "peixe-espada" são mutuamente excludentes? Explique.

Objetivo 4.5

4.35 Determine se cada um dos seguintes pares de eventos é independente:

a. Lançar um par de dados e obter "1" no primeiro dado e "1" no segundo.

b. Retirar uma carta de "espadas" de um baralho comum e, em seguida, retirar outra de "espadas" do mesmo baralho sem repor a primeira carta.

c. Idêntico ao item (b), exceto pelo fato de a primeira carta retornar ao baralho antes da segunda retirada.

d. Ter um carro vermelho e cabelos loiros.

e. Ter um carro vermelho e ter um pneu furado hoje.

f. Estudar para uma prova e ser aprovado.

4.36 A e B são eventos independentes, e $P(A) = 0{,}7$ e $P(B) = 0{,}4$. Determine P(A e B).

4.37 Supunha que $P(A) = 0{,}3$, $P(B) = 0{,}4$, e P(A e B) $= 0{,}12$

a. Como fica $P(A|B)$?

b. Como fica $P(B|A)$?

c. A e B são independentes?

4.38 Uma única carta é retirada de um baralho comum. Sendo A o evento "a carta é uma figura" (valete, dama ou rei), B é uma "carta vermelha" e C é "uma carta de copas". Determine se os pares de eventos a seguir são independentes ou dependentes:

a. A e B   b. A e C   c. B e C

4.39 Uma caixa contém quatro fichas de pôquer vermelhas e três fichas azuis. Três fichas de pôquer são selecionadas aleatoriamente, uma de cada vez.

a. Qual é a probabilidade de todas as três fichas serem vermelhas se a seleção for realizada com a reposição das fichas?

b. Qual é a probabilidade de todas as três fichas serem vermelhas se a seleção for realizada sem a reposição das fichas?

c. Os sorteios são independentes no item (a) ou (b)? Justifique sua resposta.

4.40 O programa espacial dos Estados Unidos tem uma história composta por muitos sucessos e alguns fracassos. A confiabilidade do voo espacial é de extrema importância para o lançamento dos ônibus espaciais. A confiabilidade de toda a missão baseia-se em todos os seus componentes. Cada uma das seis juntas do foguete propulsor do ônibus espacial *Challenger* tinha uma confiabilidade de 0,977. As seis juntas atuavam de forma independente.

a. O que significa dizer que as seis juntas atuavam de forma independente?

b. Qual foi a confiabilidade (probabilidade) para todas as seis juntas atuarem em conjunto?

4.41 Em um estudo realizado em 2008 pela Experian Automotive, verificou-se que o número médio de veículos por família nos Estados Unidos é 2,28 veículos. Os resultados também mostraram que quase 35% das famílias têm três ou mais veículos (http://www.autospies.com/news/Study-Finds-Americans-Own-2-28-Vehicles-Per-Household-26437/).

a. Se duas famílias norte-americanas forem selecionadas aleatoriamente, determine a probabilidade de ambas terem três ou mais veículos.

b. Se duas famílias norte-americanas forem selecionadas aleatoriamente, determine a probabilidade de nenhuma das duas ter três ou mais veículos.

c. Se quatro famílias norte-americanas forem selecionadas aleatoriamente, determine a probabilidade de todas as quatro terem três ou mais veículos.

4.42 Um artigo na seção Snapshot do *USA Today* intitulado "Pesando muito" (5 de fevereiro de 2009) apresentou os resultados de um Resumo para Web da Avaliação Nacional de Saúde das Faculdades de 2007, em que 34% dos alunos disseram que "o estresse" era o problema de saúde ou saúde mental que atrapalhava seu desempenho acadêmico com mais frequência. Se cinco estudantes universitários forem selecionados aleatoriamente, qual é a probabilidade de todos os cinco responderem que o "estresse" é o problema de saúde ou saúde mental que atrapalha o desempenho acadêmico com mais frequência?

4.43 Os proprietários de uma empresa de duas pessoas tomam suas decisões independentes um do outro e, depois, comparam as suas decisões. Se eles concordarem, a decisão é acatada; se eles não concordarem, então, é necessária uma análise mais aprofundada antes de chegarem a uma decisão. Se cada um deles tem um histórico de tomar decisões corretas 60% do tempo, qual é a probabilidade de que juntos eles:
a. tomem a decisão certa na primeira tentativa
b. tomem a decisão errada na primeira tentativa
c. atrasem a decisão para um estudo mais aprofundado

Objetivo 4.6

4.44 a. Descreva com suas próprias palavras por que dois eventos não podem ser independentes se já é sabido que eles são mutuamente excludentes.
b. Descreva com suas próprias palavras por que dois eventos não podem ser mutuamente excludentes se já é sabido que eles são independentes.

4.45 Mil funcionários da Russell Microprocessor Company foram questionados sobre a sua satisfação em relação ao trabalho. Um funcionário é selecionado aleatoriamente.

	Homens		Mulheres		
	Qualificados	Não qualificados	Qualificados	Não qualificados	Total
Satisfeitos	350	150	25	100	625
Insatisfeitos	150	100	75	50	375
Total	500	250	100	150	1.000

a. Determine a probabilidade de um trabalhador não qualificado estar satisfeito com o trabalho.
b. Determine a probabilidade de uma trabalhadora quali-
ficada estar satisfeita com o trabalho.
c. A satisfação das funcionárias independe do fato de serem qualificadas ou não?

4.46 $P(R) = 0,5$, $P(S) = 0,3$ e os eventos R e S são independentes.
a. Determine $P(R \text{ e } S)$.
b. Determine $P(R \text{ ou } S)$.
c. Determine $P(\overline{S})$.
d. Determine $P(R \mid S)$.
e. Determine $P(\overline{S} \mid R)$.
f. Os eventos R e S são mutuamente excludentes? Explique.

4.47 $P(M) = 0,3$, $P(N) = 0,4$ e os eventos M e N são mutuamente excludentes.
a. Determine $P(M \text{ e } N)$.
b. Determine $P(M \text{ ou } N)$.
c. Determine $P(M \text{ ou } \overline{N})$.
d. Determine $P(M \mid N)$.
e. Determine $P(M \mid \overline{N})$.
f. Os eventos M e N são independentes? Explique.

4.48 Duas sementes de flores são selecionadas aleatoriamente de um pacote que contém cinco sementes de flores vermelhas e três de flores brancas.
a. Qual é a probabilidade de que ambas as sementes resultem em flores vermelhas?
b. Qual é a probabilidade de ser selecionada uma semente de cada cor?
c. Qual é a probabilidade de ambas as sementes resultarem em flores brancas?

DICA: Desenhe um diagrama de árvore.

4.49 Uma empresa que fabrica sapatos tem três fábricas. A fábrica 1 produz 25% dos calçados da empresa, a fábrica 2 produz 60% e a fábrica 3 produz 15%. Um por cento dos sapatos produzidos pela fábrica 1 é identificado incorretamente, 0,5% dos sapatos produzidos pela fábrica 2 é identificado incorretamente e 2% dos sapatos produzidos pela fábrica 3 são identificados incorretamente. Se você comprar um par de sapatos fabricados por essa empresa, qual é a probabilidade de que esses sapatos estejam identificados de forma incorreta?

Distribuições
de probabilidade (variáveis discretas)

Os norte-americanos são muito apaixonados por automóveis e muitos têm mais de um à sua disposição. A média nacional é de 2,28 veículos por família, e quase 34% das famílias possuem um único veículo e 31% possuem dois. No entanto, quase 35% de todas as famílias têm três ou mais veículos.

Unindo o número de veículos por família como a variável x com a probabilidade para cada valor de x, cria-se uma distribuição de probabilidade. Isso é muito parecido com a distribuição de frequência relativa, que estudamos no Capítulo 2.

Veículos, x	1	2	3	4	5	6	7	8
$P(x)$	0,34	0,31	0,22	0,06	0,03	0,02	0,01	0,01

objetivos

5.1 Variáveis aleatórias

5.2 Distribuições de probabilidade de uma variável aleatória discreta

5.3 Distribuição de probabilidade binomial

5.1 Variáveis aleatórias

SE A CADA RESULTADO DE UM **EXPERIMENTO** DE PROBABILIDADE FOR ATRIBUÍDO UM VALOR NUMÉRICO, ENTÃO, AO OBSERVAMOS OS RESULTADOS DO EXPERIMENTO, ESTAREMOS OBSERVANDO OS VALORES DE UMA VARIÁVEL ALEATÓRIA.

Uma **variável aleatória** assume um valor numérico único para cada resultado no espaço amostral de um experimento de probabilidade. Esse valor numérico é o *valor da variável aleatória*.

Em outras palavras, uma variável aleatória é utilizada para designar os resultados de um experimento de probabilidade. A variável aleatória pode assumir qualquer valor numérico que pertença ao conjunto de todos os resultados possíveis do experimento. (É chamada de "aleatória" porque o valor que ela assume é o resultado de um acaso ou evento aleatório.) Cada evento em um experimento de probabilidade também deve ser definido de tal forma que apenas um valor da variável aleatória seja atribuído a ele (**eventos mutuamente exclusivos**), e cada evento deve ter um valor atribuído a ele (**eventos tudo incluído**).

As variáveis aleatórias numéricas podem ser subdivididas em duas categorias: *variáveis aleatórias discretas* e *variáveis aleatórias contínuas*.

Hasloo Group Production Studio/Shutterstock

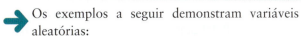 Os exemplos a seguir demonstram variáveis aleatórias:

- Lançamos cinco moedas e observamos o "número de caras" visíveis. A variável aleatória x é o número de caras observado e pode assumir valores inteiros de 0 a 5. (Uma variável aleatória discreta.)

- Consideremos o "número de telefonemas recebidos" por dia por uma empresa como a variável aleatória. Valores inteiros que podem variar de zero a um número muito alto são os valores possíveis. (Uma variável aleatória discreta.)

- Consideremos o "comprimento do fio" de um aparelho elétrico como uma variável aleatória. A variável aleatória é um valor numérico entre 12 e 72 polegadas para a maioria dos aparelhos. (Uma variável aleatória contínua.)

VARIÁVEL ALEATÓRIA DISCRETA
É uma variável aleatória quantitativa que pode assumir um número finito de valores.

VARIÁVEL ALEATÓRIA CONTÍNUA
É uma variável aleatória quantitativa que pode assumir um número infinito de valores.

Lembre-se do Capítulo 1

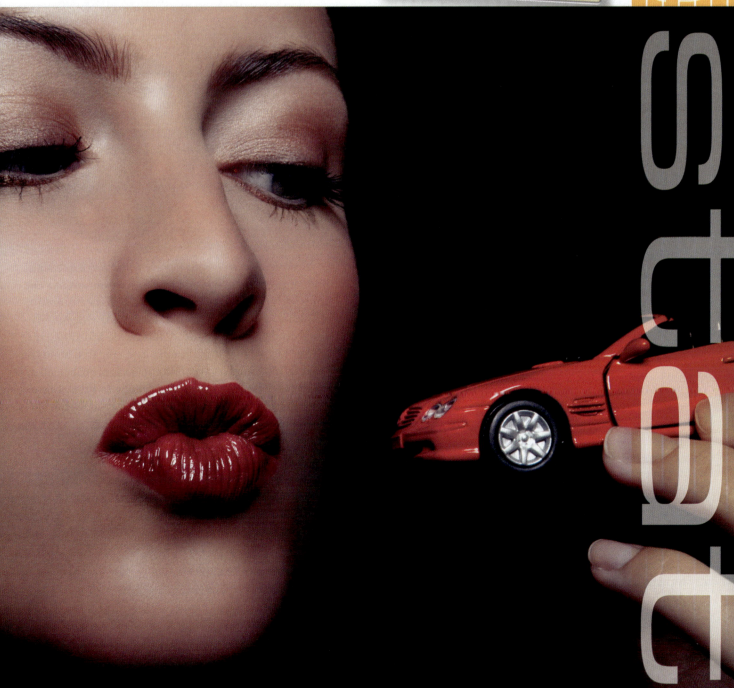

- Consideremos a "velocidade de classificação" para os carros de corrida que tentam se classificar para as 500 milhas de Indianápolis como uma variável aleatória. Dependendo do quão rápido o piloto consegue ir, a velocidade é de aproximadamente 220 ou mais, medidas em milhas por hora (arredondada para o milésimo de milha mais próximo). (Uma variável aleatória contínua.)

As variáveis aleatórias contínuas são abordadas no Capítulo 6.

5.2 Distribuições de probabilidade de uma variável aleatória discreta

CONSIDERE UM EXPERIMENTO NO QUAL DUAS MOEDAS SÃO LANÇADAS E OBSERVA-SE NENHUMA CARA, UMA CARA OU DUAS CARAS.

Se definirmos a variável aleatória x como o número de caras observado quando duas moedas são lançadas, x pode assumir o valor 0, 1 ou 2. A probabilidade de cada um desses três eventos pode ser calculada usando as técnicas do Capítulo 4:

$$P(x = 0) = P(0CA) = P(COCO)$$
$$= \frac{1}{2} \cdot \frac{1}{2} = \frac{1}{4} = 0,25$$

$$P(x = 1) = P(1CA) = P(CACO \text{ ou } COCA)$$
$$= \frac{1}{2} \cdot \frac{1}{2} + \frac{1}{2} \cdot \frac{1}{2} = \frac{1}{2} = 0,50$$

$$P(x = 2) = P(2CA) = P(CACA)$$
$$= \frac{1}{2} \cdot \frac{1}{2} = \frac{1}{4} = 0,25$$

Essas probabilidades podem ser listadas de várias formas. Um das maneiras mais convenientes é o formato de tabela conhecido como *distribuição de probabilidade* (veja a Tabela 5.1). Uma **distribuição de probabilidade** é

Tabela 5.1 Distribuição de probabilidade: lançamento de duas moedas

x	P(x)
0	0,25
1	0,50
2	0,25

Tabela 5.2 Distribuição de probabilidade: lançamento de um dado

x	P(x)
1	$\frac{1}{6}$
2	$\frac{1}{6}$
3	$\frac{1}{6}$
4	$\frac{1}{6}$
5	$\frac{1}{6}$
6	$\frac{1}{6}$

uma distribuição das probabilidades associadas a cada um dos valores de uma variável aleatória. É uma distribuição teórica, utilizada para representar as populações.

Em um experimento no qual um único dado é lançado e o número de pontos na face virada para cima é observado, a variável aleatória é o número observado. A distribuição de probabilidade dessa variável aleatória é mostrada na Tabela 5.2.

Às vezes, é conveniente escrever uma regra que algebricamente expresse a probabilidade de um evento em termos de valor da variável aleatória. Essa expressão, geralmente, é escrita em forma de fórmula e denominada **função de probabilidade**. A função de probabilidade pode ser tão simples quanto uma lista emparelhando os valores de uma variável aleatória com suas probabilidades. As Tabelas 5.1 e 5.2 mostram duas dessas listas. Entretanto, uma função de probabilidade é mais frequentemente expressa na forma de fórmula.

Distribuição de probabilidade É uma distribuição das probabilidades associadas a cada um dos valores de uma variável aleatória. A distribuição de probabilidade é uma distribuição teórica, utilizada para representar as populações.

Função de probabilidade É uma regra que atribui probabilidades aos valores das variáveis aleatórias.

Considere um dado que foi modificado para que tenha uma face com um ponto, duas faces com dois e três faces com três pontos. Considere x como o número de pontos observado quando esse dado é lançado. A distribuição de probabilidade para esse experimento é demonstrada na Tabela 5.3.

Cada uma das probabilidades pode ser representada pelo valor de x dividido por 6, ou seja, cada $P(x)$ é igual ao valor de x dividido por 6, em que $x = 1$, 2 ou 3. Assim,

$$P(x) = \frac{x}{6} \quad \text{para} \quad x = 1, 2 \text{ ou } 3$$

é a fórmula para a função de probabilidade desse experimento.

A função de probabilidade para o experimento de rolar um dado comum é

$$P(x) = \frac{1}{6} \quad \text{para} \quad x = 1, 2, 3, 4, 5 \text{ ou } 6$$

Essa função específica é chamada de função constante, pois o valor de $P(x)$ não se altera conforme o x muda.

Toda função de probabilidade deve apresentar duas propriedades básicas de probabilidade (veja as páginas 78 e 79). Essas duas propriedades são: (1) a probabilidade atribuída a cada valor da variável aleatória deve ser um número entre zero e um, inclusive; e (2) a soma das probabilidades atribuídas a todos os valores da variável aleatória deve ser igual a um – ou seja,

PROPRIEDADE 1 $0 \leq$ cada $P(x) \leq 1$

PROPRIEDADE 2 $\sum\limits_{\text{todos os } x} P(x) = 1$

Determinação de uma função de probabilidade

Como se determina uma função de probabilidade? Por exemplo, $P(x) = \frac{x}{10}$ para $x = 1$, 2, 3 ou 4 é uma função de probabilidade? Para responder a essa pergunta, precisamos apenas testar a função quanto às duas propriedades básicas. A distribuição de probabilidade é mostrada na Tabela 5.4.

A propriedade 1 é satisfeita, porque 0,1, 0,2, 0,3 e 0,4 são todos valores numéricos entre zero e um. (Veja o ✓ mostrando que cada valor foi checado.) A propriedade 2 também é satisfeita, porque a soma das quatro probabilidades é exatamente um. (Veja o checado mos-

Tabela 5.3 Distribuição de probabilidade: lançamento de um dado modificado

x	$P(x)$
1	$\frac{1}{6}$
2	$\frac{2}{6}$
3	$\frac{3}{6}$

Tabela 5.4 Distribuição de probabilidade para $P(x) = \frac{x}{10}$ para $x = 1, 2, 3$ ou 4

x	$P(x)$	
1	$\frac{1}{10} = 0,1$	✓
2	$\frac{2}{10} = 0,2$	✓
3	$\frac{3}{10} = 0,3$	✓
4	$\frac{4}{10} = 0,4$	✓
	$\frac{10}{10} = 1,0$	checado

Os valores da variável aleatória são todos incluídos.

trando que a soma foi verificada.) Uma vez que ambas as propriedades são satisfeitas, podemos concluir que $P(x) = \frac{x}{10}$ para $x = 1$, 2, 3 ou 4 é uma função de probabilidade.

E quanto a $P(x = 5)$ (ou qualquer valor diferente de $x = 1$, 2, 3 ou 4) para a função $P(x) = \frac{x}{10}$ para $x = 1$, 2, 3 ou 4? $P(x = 5)$ é considerado como zero. Ou seja, a função de probabilidade fornece uma probabilidade de zero a todos os valores de x diferentes dos valores especificados como parte do domínio.

As distribuições de probabilidade podem ser representadas graficamente. Independentemente da representação gráfica específica utilizada, os valores da variável aleatória são representados na escala horizontal, e a probabilidade associada a cada valor da variável aleatória é representada na escala vertical.

Normalmente, é utilizado um histograma comum para representar as distribuições de probabilidade. A Figura 5.1 mostra a distribuição de probabilidade como um **histograma de probabilidade**. O histograma de uma

Figura 5.1 Histograma: distribuição de probabilidade para $P(x) = \frac{x}{10}$ para $x = 1, 2, 3, 4$

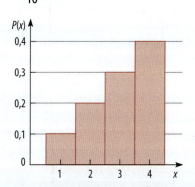

distribuição de probabilidade utiliza a área física de cada barra para representar a probabilidade atribuída a ela. A barra para $x = 2$ tem uma unidade de largura (de 1,5 a 2,5) e 0,2 unidade de altura. Portanto, sua área (comprimento × largura) é $(0,2)(1) = 0,2$, a probabilidade atribuída a $x = 2$. A área das outras barras pode ser determinada de forma semelhante. Essa representação de área será um conceito importante no Capítulo 6, quando começaremos a trabalhar com variáveis aleatórias contínuas.

Média e variância de uma distribuição de probabilidade discreta

Lembre-se que, no Capítulo 2, calculamos várias estatísticas amostrais numéricas (média, variância, desvio padrão, entre outras) para descrever conjuntos empíricos de dados. As distribuições de probabilidade podem ser usadas para representar populações teóricas, o correspondente a amostras. Usamos **parâmetros populacionais** (média, variância e desvio padrão) para descrever essas distribuições de probabilidade, assim como usamos as estatísticas amostrais para descrever as amostras.

A *média da distribuição de probabilidade* de uma variável aleatória discreta, ou a **média de uma variável aleatória discreta**, é determinada de forma que se aproveite totalmente o formato da tabela de uma distribuição de probabilidade discreta. A média, μ, de uma variável

Média de uma variável aleatória discreta (valor esperado) A média, μ, de uma variável aleatória discreta x é determinada multiplicando-se cada valor possível de x por sua própria probabilidade e, em seguida, somando-se todos os produtos.

aleatória discreta x é determinada multiplicando-se cada valor possível de x por sua própria probabilidade e, em seguida, somando-se todos os produtos:

média de x: mi = soma de $\left(\begin{array}{c} \text{cada } x \text{ multiplicado por} \\ \text{sua própria probabilidade} \end{array} \right)$

$$\mu = \Sigma[xP(x)] \tag{5.1}$$

Em geral, a média de uma variável aleatória discreta é conhecida como seu valor esperado.

A **variância de uma variável aleatória discreta** é definida de forma muito semelhante à variância dos dados amostrais, a média dos desvios ao quadrado da média. Para determinar a variância, σ^2, de uma variável aleatória discreta x, multiplica-se cada valor possível do desvio ao quadrado da média, $(x - \mu)^2$, por sua própria probabilidade e, então, somam-se todos os produtos:

variância: $\dfrac{\text{sigma ao}}{\text{quadrado}} = \text{soma de} \left(\begin{array}{c} \text{desvio ao quadrado} \\ \text{vezes probabilidade} \end{array} \right)$

$$\sigma^2 = \Sigma[(x - \mu)^2 P(x)] \tag{5.2}$$

Em geral, não é conveniente usar a fórmula (5.2). Ela pode ser reescrita da seguinte forma: "variância:

Notas sobre as notações

1. $\bar{x}$ é a média da amostra.
2. s^2 e s são a variância e o desvio padrão da amostra, respectivamente.
3. $\bar{x}$, s^2 e s são chamados de *estatísticas amostrais*.
4. μ (letra grega mi em minúsculo) é a média da população.
5. σ^2 (sigma ao quadrado) é a variância da população.
6. σ (letra grega sigma em minúsculo) é o desvio padrão da população.
7. μ, σ^2 e σ são chamados de parâmetros da população (um parâmetro é uma constante; μ, σ^2 e σ são, geralmente, valores desconhecidos em problemas reais de estatística. Praticamente, só são conhecidos em descrições de problemas de livros didáticos com as finalidades de aprendizado e compreensão.)

Tabela 5.5 Tabela de extensões: distribuição de probabilidade, $P(x) = \dfrac{x}{10}$ para $x = 1, 2, 3$ ou 4

x	$P(x)$	$xP(x)$	x^2	$x^2P(x)$
1	$\frac{1}{10} = 0,1$ ✓	0,1	1	0,1
2	$\frac{2}{10} = 0,2$ ✓	0,4	4	0,8
3	$\frac{3}{10} = 0,3$ ✓	0,9	9	2,7
4	$\frac{4}{10} = 0,4$ ✓	1,6	16	6,4
	$\frac{10}{10} = 1,0$ checado	$\Sigma[xP(x)] = 3,0$		$\Sigma[x^2P(x)] = 10,0$

Nicholas Belton/iStockphoto

sigma ao quadrado = soma de (x^2 vezes probabilidade) – [soma de (x vezes probabilidade)]^2", ou na forma algébrica a seguir:

$$\sigma^2 = \Sigma[x^2 P(x)] - \{\Sigma[xP(x)]\}^2 \qquad (5.3a)$$

ou

$$\sigma^2 = \Sigma[x^2 P(x)] - \mu^2 \qquad (5.3b)$$

Do mesmo modo, o **desvio padrão de uma variável aleatória discreta** é calculado da mesma forma que o desvio padrão dos dados amostrais, como a raiz quadrada positiva da variância:

desvio padrão: $\quad \sigma = \sqrt{\sigma^2} \qquad (5.4)$

➡ Para ajudá-lo a entender completamente a aplicação desses conceitos, vamos calcular as estatísticas para uma função de probabilidade. Especificamente, vamos encontrar a média, a variância e o desvio padrão da seguinte função de probabilidade:

$$P(x) = \frac{x}{10} \quad \text{para} \quad x = 1, 2, 3 \text{ ou } 4$$

Primeiro, vamos determinar a média usando a fórmula (5.1), a variância usando a fórmula (5.3a) e o desvio padrão usando a fórmula (5.4). A forma mais conveniente de organizar os produtos e encontrar os valores totais de que precisamos é ampliando a distribuição de probabilidade para uma tabela de extensões (veja a Tabela 5.5).

Para determinar a média de x: a coluna $xP(x)$ contém cada valor de x multiplicado pela probabilidade correspondente a ele, e a soma no final é o valor necessário na fórmula (5.1):

$$\mu = \Sigma[xP(x)] = \mathbf{3{,}0}$$

Para determinar a variância de x, os totais no final das colunas $xP(x)$ e $x^2 P(x)$ são substituídos pela fórmula (5.3a):

$$\sigma^2 = \Sigma[x^2 P(x)] - \{\Sigma[xP(x)]\}^2$$
$$= 10{,}0 - (3{,}0)^2 = \mathbf{1{,}0}$$

Para determinar o desvio padrão de x, use a fórmula (5.4):

$$\sigma = \sqrt{\sigma^2} = \sqrt{1{,}0} = \mathbf{1{,}0}$$

Variância de uma variável aleatória discreta A variância, σ^2, de uma variável aleatória discreta x é determinada multiplicando-se cada valor possível do desvio ao quadrado da média, $(x - \mu)^2$, por sua própria probabilidade e, então, somando-se todos os produtos.

Desvio padrão de uma variável aleatória discreta A raiz quadrada positiva da variância.

Notas

1. A finalidade da tabela de extensões é organizar o processo para determinar o total das três colunas: $\Sigma[P(x)]$, $\Sigma[xP(x)]$ e $\Sigma[x^2 P(x)]$.

2. As outras colunas, x e x^2, não devem ser totalizadas, pois não serão utilizadas.

3. $\Sigma[P(x)]$ sempre será 1,0. Use isso somente como uma forma de verificação.

4. $\Sigma[xP(x)]$ e $\Sigma[x^2 P(x)]$ são usadas para determinar a média e a variância de x.

5.3 Distribuição de probabilidade binomial

MUITOS EXPERIMENTOS SÃO COMPOSTOS POR TESTES REPETIDOS, CUJOS RESULTADOS PODEM SER CLASSIFICADOS EM UMA DAS SEGUINTES CATEGORIAS: **SUCESSO** OU **FRACASSO**.

Exemplos desses experimentos são: o lançamento de moedas, respostas para questões de certo/errado e outros experimentos mais práticos, tais como determinar se um produto cumpriu ou não seu objetivo previsto e se um candidato é eleito ou não. Há experimentos nos quais os testes apresentam muitos resultados que, sob as condições corretas, podem se encaixar nessa descrição geral de ser classificados em uma de duas categorias. Por exemplo, ao jogarmos um dado único, normalmente, consideramos seis resultados possíveis. Entretanto, se estamos interessados apenas em saber se o número "1" será mostrado ou não, na verdade, só há dois resultados: ou o dado mostra o número "1" ou mostra um "outro número qualquer". Experimentos como esse descrito são denominados **experimentos de probabilidade binomial**.

Um experimento de probabilidade binomial é composto por testes repetidos com as seguintes propriedades:

1. Existem n testes independentes idênticos repetidos.

2. Cada teste tem dois resultados possíveis (sucesso e fracasso).

3. $P(\text{sucesso}) = p$, $P(\text{fracasso}) = q$ e $p + q = 1$.

4. A **variável aleatória binomial** x é a contagem do número de testes bem-sucedidos que ocorreram; x pode assumir qualquer valor inteiro de zero a n.

➡ Para demonstrar as propriedades de um experimento de probabilidade binomial, tomemos o experimento de rolar um dado 12 vezes e observar o "número um" ou "outro número qualquer". Ao término das 12 rodadas, o número de "uns" é relatado. A variável aleatória x é o número de vezes que o número "1" é observado em $n = 12$ testes. Sendo "um" o resultado desejado, o teste é considerado um "sucesso"; assim, $p = P(1) = 1/6$ e $q = P(\text{não é } 1) = \frac{5}{6}$. Esse experimento é binomial.

A chave para trabalhar com qualquer experimento de probabilidade é a sua distribuição de probabilidade. Todos os experimentos de probabilidade binomiais têm as mesmas propriedades e, portanto, o mesmo esquema de organização pode ser usado para representar todos eles. A função de probabilidade binomial nos permite determinar a probabilidade de cada valor possível de x.

FUNÇÃO DE PROBABILIDADE BINOMIAL

➡ Para um experimento binomial, considere que p representa a probabilidade de "sucesso" e q, a probabilidade de "fracasso" de um único teste. Então, $P(x)$, a probabilidade de que haverá exatamente x sucessos em n testes, é

$$P(x) = \binom{n}{x}(p^x)(q^{n-x}) \text{ para } x = 0, 1, 2, \ldots, n \quad (5.5)$$

Ao observar a função de probabilidade, nota-se que ela é o produto de três fatores básicos:

1. o número de formas que exatamente x sucessos podem ocorrer em n testes, $\binom{n}{x}$,

2. a probabilidade de exatamente x sucessos, p^x, e

3. a probabilidade de que ocorra um fracasso nos $(n-x)$ testes restantes, q^{n-x}.

O número de formas em que exatos x sucessos possam ocorrer em um conjunto de n testes é representado pelo símbolo $\binom{n}{x}$, o qual deve ser sempre um inteiro positivo. Esse termo é denominado coeficiente binomial e é determinado empregando-se a fórmula

$$\binom{n}{x} = \frac{n!}{x!(n-x)!} \quad (5.6)$$

NOTAS:

1. $n!$ ("n fatorial") é uma abreviação para o produto da sequência de inteiros iniciando com n e terminando com um. Por exemplo, $3! = 3 \cdot 2 \cdot 1 = 6$ e $5! = 5 \cdot 4 \cdot 3 \cdot 2 \cdot 1 = 120$. Existe um caso especial, $0!$, que é definido como 1.

2. Os valores para $n!$ e $\binom{n}{x}$ podem ser prontamente determinados utilizando-se a maioria das calculadoras científicas.

3. O coeficiente binomial $\binom{n}{x}$ é equivalente ao número de combinações $_nC_x$, o símbolo mais provável em sua calculadora.

Uma moeda é lançada três vezes e observamos o número de vezes que ocorre cara nos três lançamentos. Esse é um experimento binomial, pois apresenta todas as propriedades de um experimento binomial:

1. Existem $\underline{n = 3}$ testes <u>independentes</u> repetidos (cada lançamento da moeda é um experimento separado, e o resultado de qualquer um dos testes não afeta a probabilidade dos outros testes).

2. Cada teste (cada lançamento da moeda) tem dois resultados: sucesso = <u>cara</u> (que é com o que estamos contando) e fracasso = <u>coroa</u>.

3. A probabilidade de sucesso é $p = P(\text{CA}) = \underline{0{,}5}$ e a probabilidade de fracasso é $q = P(\text{CO}) = \underline{0{,}5}$. [$p + q = 0{,}5 + 0{,}5 = 1$ checado]

Compucow/iStockphoto

4. A variável aleatória x é o <u>número de caras</u> que ocorre nos três testes; x assumirá exatamente um dos valores <u>0, 1, 2 ou 3</u> quando o experimento estiver concluído.

A função de probabilidade binomial para o lançamento de três moedas é

$$P(x) = \binom{n}{x}(p^x)(q^{n-x})$$
$$= \binom{3}{x}(0,5)^x(0,5)^{n-x} \quad \text{para} \quad x = 0, 1, 2 \text{ ou } 3$$

Vamos determinar a probabilidade de $x = 1$ utilizando a função de probabilidade binomial anterior:

$$P(x = 1) = \binom{3}{1}(0,5)^1(0,5)^2 = 3(0,5)(0,25) = \mathbf{0,375}$$

Determinação de um experimento binomial e suas probabilidades

Nós já demonstramos as propriedades de um experimento de probabilidade binomial. Agora, podemos discutir como determinar um experimento binomial e suas probabilidades. Vamos aplicar o que sabemos sobre experimentos binomiais a um experimento específico que utiliza o sorteio de cinco cartas, uma de cada vez com sua reposição, de um baralho bem embaralhado. A carta sorteada é identificada como de espadas ou não de espadas, depois é devolvida ao baralho, o qual é novamente embaralhado, e assim por diante. A variável aleatória x é o número de cartas de espadas observadas no conjunto de cinco sorteios. Esse é um experimento binomial? Vamos identificar as quatro propriedades.

Experimento de probabilidade binomial

Um questionário de múltipla escolha com quatro questões (3 respostas possíveis cada) se qualifica como um experimento binomial composto por quatro testes, quando todas as quatro respostas são obtidas por meio de uma escolha aleatória.

1. **PROPRIEDADE 1** Um <u>teste</u> é a <u>resposta de uma questão</u>, sendo repetido <u>$n = 4$</u> vezes. Os testes <u>são independentes</u>, porque a probabilidade de uma resposta correta para qualquer uma das questões não é afetada pelas respostas das outras questões.

2. **PROPRIEDADE 2** Os dois resultados possíveis para cada teste são <u>sucesso = C</u>, resposta correta, e <u>fracasso = E</u>, resposta errada.

3. **PROPRIEDADE 3** Para cada teste (cada questão):
   <u>$p = P(\text{correta}) = \frac{1}{3}$</u> e <u>$q = P(\text{incorreta}) = \frac{2}{3}$</u>.
   $[p + q = 1 \checkmark]$

4. **PROPRIEDADE 4** Para o experimento completo (o questionário): <u>x = número de respostas corretas</u>, podendo ser qualquer valor inteiro de zero a $n = 4$.

- As propriedades 1 e 2 são as duas propriedades básicas de qualquer experimento binomial.
- **Testes independentes** significam que o resultado de um teste não afeta a probabilidade de sucesso de qualquer outro teste do experimento. Em outras palavras, a probabilidade de sucesso permanece constante durante todo o experimento.
- A propriedade 3 fornece a notação algébrica de cada teste.
- A propriedade 4 refere-se à notação algébrica para o experimento como um todo.
- É de extrema importância que tanto x quanto p estejam associados a "sucesso".

1. Existem <u>cinco sorteios repetidos</u>: <u>$n = 5$</u>. Esses testes individuais são <u>independentes</u>, pois a carta sorteada é devolvida ao baralho, que é embaralhado novamente antes do sorteio seguinte.

2. Cada sorteio é um teste e possui dois resultados possíveis: "<u>é de espadas</u>" ou "<u>não é de espadas</u>".

3. $p = P(\underline{\text{de espadas}}) = \frac{13}{52}$ e $q = P(\underline{\text{não é de espadas}}) = \frac{39}{52}$. $[p + q = 1$ checado$]$

4. x é o <u>número de espadas</u> registrado na conclusão dos cinco sorteios; os valores possíveis são <u>0, 1, 2, ... , 5</u>.

A função de probabilidade binomial é

$$P(x) = \binom{5}{x}\left(\frac{13}{52}\right)^x\left(\frac{39}{52}\right)^{5-x} = \binom{5}{x}\left(\frac{1}{4}\right)^x\left(\frac{3}{4}\right)^{5-x}$$

$$= \binom{5}{x}(0{,}25)^x(0{,}75)^{5-x} \quad \text{para} \quad x = 0, 1, \ldots , 5$$

$$P(0) = \binom{5}{0}(0{,}25)^0(0{,}75)^5 = (1)(1)(0{,}2373) = \mathbf{0{,}2373}$$

$$P(1) = \binom{5}{1}(0{,}25)^1(0{,}75)^4 = (5)(0{,}25)(0{,}3164)$$
$$= \mathbf{0{,}3955}$$

$$P(2) = \binom{5}{2}(0{,}25)^2(0{,}75)^3 = (10)(0{,}0625)(0{,}421875)$$
$$= \mathbf{0{,}2637}$$

$$P(3) = \binom{5}{3}(0{,}25)^3(0{,}75)^2 = (10)(0{,}015625)(0{,}5625)$$
$$= \mathbf{0{,}0879}$$

As duas probabilidades restantes foram deixadas para você calcular.

A distribuição de probabilidades anterior indica que o único valor mais provável de x é um, o evento de observar exatamente uma carta de espadas em uma mão de cinco cartas. Qual é o número de espadas menos provável de ser observado?

PROBABILIDADE BINOMIAL DE "OVOS PODRES"

➜ O gerente do Steve's Food Market garante que nenhuma de suas caixas com uma dúzia de ovos conterá mais de um ovo podre. Se houver mais de um ovo estragado em uma caixa, ele substituirá toda a dúzia de ovos e permitirá que o cliente fique com os ovos originais. Se a probabilidade de haver um único ovo ruim é de 0,05, qual é a probabilidade de o gerente ter de trocar uma determinada caixa de ovos?

SOLUÇÃO

Num primeiro momento, a situação do gerente parece se encaixar nas propriedades de um experimento binomial, se considerarmos x como o número de ovos podres encontrados em uma caixa com uma dúzia de ovos, sendo $p = P(\text{podre}) = 0{,}05$, e sendo a inspeção de cada ovo um teste que resulta em encontrar um ovo "podre" ou "não podre". Haverá $n = 12$ testes para verificar os 12 ovos em uma caixa. Contudo, os testes de um experimento binomial devem ser independentes e, portanto, vamos supor que a qualidade de um ovo em uma caixa é independente da qualidade de qualquer uma dos outros ovos. (Isso pode ser uma tremenda hipótese! Mas, com essa hipótese, poderemos usar a distribuição de probabilidade binomial como nosso modelo.) Agora, com base nessa hipótese, seremos capazes de determinar/estimar a probabilidade de o gerente ter de fazer valer sua garantia. A função de probabilidade associada a esse experimento será:

$$P(x) = \binom{12}{x}(0{,}05)^x(0{,}95)^{12-x} \quad \text{para } x = 0, 1, 2, \ldots , 12$$

A probabilidade de o gerente ter de trocar uma dúzia de ovos é de $x = 2, 3, 4, \ldots , 12$. Lembre-se que $\Sigma P(x) = 1$, ou seja,

$$\mathbf{P(0) + P(1)} + P(2) + \cdots + P(12) = 1$$

$$P(\text{troca}) = P(2) + P(3) + \cdots + P(12)$$

$$= 1 - [\mathbf{P(0) + P(1)}]$$

É mais fácil determinar a probabilidade de troca encontrando $P(x = 0)$ e $P(x = 1)$ e subtraindo seu total de 1, do que determinando todas as outras probabilidades. Temos

$$P(x) = \binom{12}{x}(0{,}05)^x(0{,}95)^{12-x}$$

$$P(0) = \binom{12}{0}(0{,}05)^0(0{,}95)^{12} = \mathbf{0{,}540}$$

Comstock Images/Jupiterimages / Filipp Bezlutskiy/iStockphoto

$$P(1) = \binom{12}{1}(0,05)^1(0,95)^{11} = \mathbf{0,341}$$

$$P(\text{troca}) = 1 - (0,540 + 0,341) = \mathbf{0,119}$$

Se $p = 0,05$ está correto, então, o gerente ficará ocupado trocando caixas de ovos. Se ele trocar 11,9% de todas as caixas de ovos que vende, certamente estará se desfazendo de uma porcentagem substancial de seus ovos. Isso sugere que ele deveria ajustar sua garantia (ou vender ovos melhores). Por exemplo, se ele se propusesse a trocar uma caixa de ovos somente quando quatro ou mais ovos estiverem estragados, ele esperaria trocar somente 3 em cada 1.000 caixas [1,0 – (0,540 + 0,341 + 0,099 + 0,017)], ou 0,3% das caixas vendidas. Observe

NOTA: Os valores de muitas probabilidades binomiais para valores de $n \leq 15$ e valores normais de p são encontrados na Tabela 2 do Apêndice B. Neste exemplo, temos $n = 12$ e $p = 0,05$, e desejamos determinar as probabilidades para $x = 0$ e 1. Precisamos localizar a seção da Tabela 2 em que $n = 12$, encontrar a coluna intitulada $p = 0,05$ e ler os números correspondentes a $x = 0$ e $x = 1$. Encontraremos 0,540 e 0,341, como mostrado na Tabela 5.6. (Procure esses valores na Tabela 2 do Apêndice B.)

Tabela 5.6 Trecho da Tabela 2 do Apêndice B, Probabilidades binomiais

n	x	0,01	0,05	0,10	0,20	0,30	0,40	0,50	0,60	0,70	0,80	0,90	0,95	0,99	x
								p							
	:														
	:														
12	0	,886	,540	,282	,069	,014	,002	0+	0+	0+	0+	0+	0+	0+	0
	1	,107	,341	,377	,206	,071	,017	,003	0+	0+	0+	0+	0+	0+	1
	2	,006	,099	,230	,283	,168	,064	,016	,002	0+	0+	0+	0+	0+	2
	3	0+	,017	,085	,236	,240	,142	,054	,012	,001	0+	0+	0+	0+	3
	4	0+	,002	,021	,133	,231	,213	,121	,042	,008	,001	0+	0+	0+	4
	:														

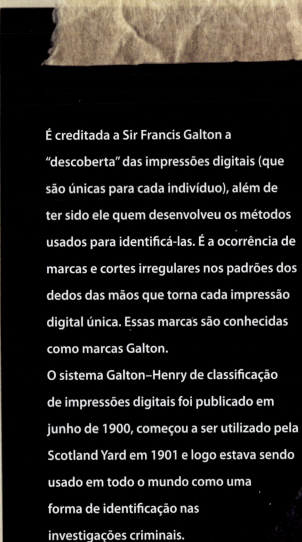

É creditada a Sir Francis Galton a "descoberta" das impressões digitais (que são únicas para cada indivíduo), além de ter sido ele quem desenvolveu os métodos usados para identificá-las. É a ocorrência de marcas e cortes irregulares nos padrões dos dedos das mãos que torna cada impressão digital única. Essas marcas são conhecidas como marcas Galton.

O sistema Galton–Henry de classificação de impressões digitais foi publicado em junho de 1900, começou a ser utilizado pela Scotland Yard em 1901 e logo estava sendo usado em todo o mundo como uma forma de identificação nas investigações criminais.

Sir Francis Galton

que o gerente poderá controlar o "risco" (probabilidade de troca) se ele ajustar o valor da variável aleatória definido em sua garantia.

Uma notação conveniente para identificar a distribuição de probabilidade binomial para um experimento binomial com $n = 12$ e $p = 0,05$ é $B(12, 0,05)$. $B(12, 0,05)$ lê-se "Distribuição binominal para $n = 12$ e $p = 0,05$", e representa toda a distribuição ou "bloco" de probabilidades mostrado em roxo na Tabela 5.6. Quando usado em conjunto com a notação $P(x)$, $P[x = 1|B(12, 0,05)]$, indica a probabilidade de $x = 1$ com base nessa distribuição, ou 0,341, como mostrado na Tabela 5.6.

Média e desvio padrão da distribuição binomial

A média e o desvio padrão de uma distribuição de probabilidade binomial teórica podem ser determinados por meio das duas fórmulas a seguir:

Média da distribuição binomial

$$\mu = np \qquad (5.7)$$

e

Desvio padrão da distribuição binomial

$$\sigma = \sqrt{npq} \qquad (5.8)$$

A fórmula para a média, μ, parece apropriada: o número de testes multiplicado pela probabilidade de "sucesso". A fórmula para o desvio padrão, σ, não é tão fácil de entender. Assim, nesse momento, devemos observar o exemplo que demonstra que as fórmulas (5.7) e (5.8) produzem os mesmos resultados que as fórmulas (5.1), (5.3a) e (5.4).

➜ Imagine que você vai lançar uma moeda três vezes. Sendo x o número de caras observado nos três lançamentos da moeda, $n = 3$ e $p = \frac{1}{2} = 0,5$. Aplicando a fórmula (5.7), descobrimos que a média de x é

$$\mu = np = (3)(0,5) = \mathbf{1,5}$$

Aplicando a fórmula (5.8), descobrimos que o desvio padrão de x é

$$\sigma = \sqrt{npq} = \sqrt{(3)(0,5)(0,5)}$$
$$= \sqrt{0,75} = 0,866 = \mathbf{0,87}$$

Os resultados teriam sido os mesmos se tivéssemos utilizado as fórmulas (5.1), (5.3a) e (5.4). No entanto, as fórmulas (5.7) e (5.8) são muito mais fáceis de usar quando x é uma variável aleatória binomial.

Usando as fórmulas, podemos calcular a média e o desvio padrão de uma distribuição binomial (em outras palavras, para qualquer número n). Vamos encontrar a

média e o desvio padrão da distribuição binomial quando $n = 20$ e $p = \frac{1}{5}$ (ou 0,2, em formato decimal). Lembre-se que a "distribuição binomial quando $n = 20$ e $p = 0,2$" tem a função de probabilidade

$$P(x) = \binom{20}{x}(0,2)^x(0,8)^{20-x} \quad \text{para } x = 0, 1, 2, \ldots, 20$$

e uma distribuição correspondente a 21 x valores e 21 probabilidades, como mostrado no gráfico de distribuição, Tabela 5.7, e no histograma da Figura 5.2.

Vamos determinar a média e o desvio padrão dessa distribuição de x aplicando as fórmulas (5.7) e (5.8):

$$\mu = np = (20)(0,2) = \mathbf{4,0}$$

$$\sigma = \sqrt{npq} = \sqrt{(20)(0,2)(0,8)} = \sqrt{3,2} = \mathbf{1,79}$$

Tabela 5.7 Distribuição binomial: $n = 20$, $p = 0.2$

x	P(x)	x	P(x)
0	0,012	9	0.007
1	0,058	10	0.002
2	0,137	11	0+
3	0,205	12	0+
4	0,218	13	0+
5	0,175	⋮	⋮
6	0,109	⋮	⋮
7	0,055	⋮	⋮
8	0,022	20	0+

Figura 5.2 Histograma de distribuição binomial $B(20, 0,2)$

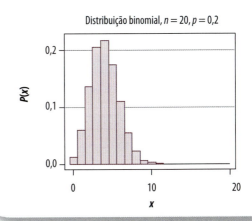

Distribuição binomial, $n = 20$, $p = 0,2$

A Figura 5.3 mostra a média, $\mu = 4$ (mostrada pela localização da linha vertical azul ao longo do eixo x), em relação à variável x. Esse 4.0 é o valor médio esperado para x, o número de sucessos em cada amostra aleatória de tamanho 20 extraída de uma população com $p = 0,2$. A Figura 5.3 também mostra o tamanho do desvio padrão, $\sigma = 1,79$ (como mostrado pelo comprimento do segmento de linha horizontal vermelho). Esse é o desvio padrão esperado para os valores da variável aleatória x que ocorrem em amostras de tamanho 20 extraídas dessa mesma população.

Figura 5.3 Histograma de distribuição binomial

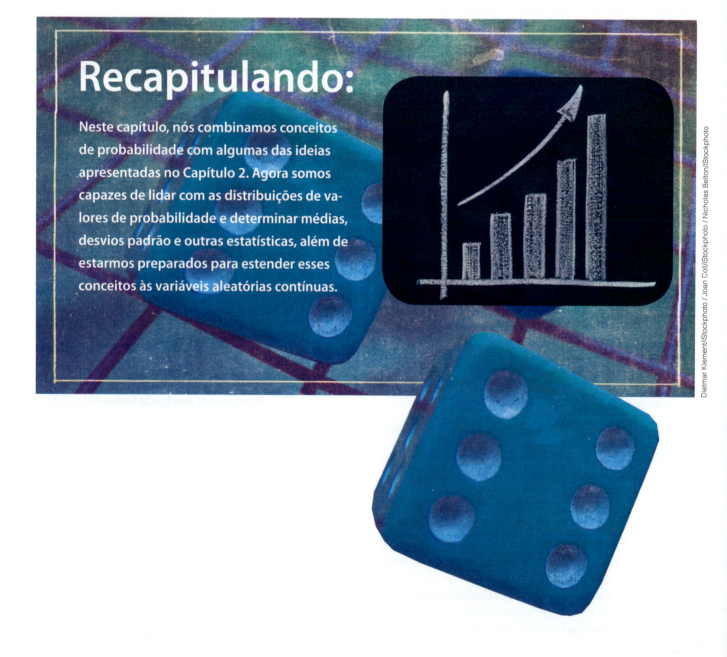

Recapitulando:

Neste capítulo, nós combinamos conceitos de probabilidade com algumas das ideias apresentadas no Capítulo 2. Agora somos capazes de lidar com as distribuições de valores de probabilidade e determinar médias, desvios padrão e outras estatísticas, além de estarmos preparados para estender esses conceitos às variáveis aleatórias contínuas.

Dietmar Klement/iStockphoto / Joan Coll/iStockphoto / Nicholas Belton/iStockphoto

problemas

Objetivo 5.1

5.1 Pergunte a seus colegas de classe quantos irmãos eles têm e qual a duração da última conversa que tiveram com suas mães. Identifique as duas variáveis aleatórias de interesse e liste seus possíveis valores.

5.2 a. As variáveis do problema 5.1 são variáveis discretas ou contínuas. Quais são elas e por quê?
b. Explique por que a variável "número de convidados para o jantar de Ação de Graças" é uma variável discreta.
c. Explique por que a variável "número de milhas até a casa de sua avó" é uma variável contínua.

5.3 Uma assistente social está envolvida com um estudo sobre a estrutura familiar. Ela obtém informações quanto ao número de filhos por família para uma determinada comunidade com base nos dados do censo. Identifique a variável aleatória de interesse, determine se ela é uma variável discreta ou contínua e liste seus valores possíveis.

5.4 Um arqueiro atira flechas em direção ao centro do alvo e mede a distância do centro até a flecha. Identifique a variável aleatória de interesse, determine se é uma variável discreta ou contínua e liste seus valores possíveis.

*5.5 Se você pudesse parar o tempo e viver para sempre com boa saúde, que idade você escolheria? As respostas a essa pergunta foram publicadas na seção Snapshot do *USA Today*. A idade média ideal para cada faixa etária é listada na tabela a seguir. A idade média ideal para todos os adultos foi 41 anos. Curiosamente, os entrevistados com menos de 30 anos querem ficar mais velhos, enquanto aqueles com mais de 30 anos querem ser mais jovens.

Faixa etária	18–24	25–29	30–39	40–49	50–64	65+
Idade ideal	27	31	37	40	44	59

A idade é usada como variável duas vezes nessa aplicação.
a. A idade da pessoa entrevistada não é a variável aleatória nessa situação. Explique o porquê e descreva como a "idade" é usada em relação à faixa etária.
b. Qual é a variável aleatória envolvida nesse estudo? Descreva o seu papel nessa situação.
c. A variável aleatória é uma variável discreta ou contínua? Explique.

Objetivo 5.2

5.6 Expresse o lançamento de uma moeda como uma distribuição de probabilidade de x, o número de caras que ocorre (isto é, $x = 1$, se der cara, e $x = 0$, se der coroa).

5.7 a. Expresse $P(x) = \frac{1}{6}$; para $x = 1, 2, 3, 4, 5, 6$, na forma de distribuição.
b. Construa um histograma da distribuição da probabilidade $P(x) = \frac{1}{6}$; para $x = 1, 2, 3, 4, 5, 6$.
c. Descreva a forma do histograma do item (b).

5.8 a. Explique como os vários valores de x em uma distribuição de probabilidade formam um conjunto de eventos mutuamente exclusivos.
b. Explique como os vários valores de x em uma distribuição de probabilidade formam um conjunto de eventos "todos incluídos".

5.9 Teste a função abaixo para determinar se é uma função de probabilidade. Se não for, tente transformá-la em uma função de probabilidade.

$$R(x) = 0{,}2 \text{ para } x = 0, 1, 2, 3, 4$$

a. Liste a distribuição de probabilidades.
b. Esboce um histograma.

5.10 Teste a função abaixo para determinar se é uma função de probabilidade.

$$P(x) = \frac{x^2 + 5}{10}, \text{ para } x = 1, 2, 3, 4$$

a. Liste a distribuição de probabilidade.
b. Esboce um histograma.

5.11 Os dados do censo são frequentemente utilizados para obter as distribuições de probabilidade para diversas variáveis aleatórias. Os dados do censo das famílias em um determinado estado com uma renda combinada de US$ 50.000 ou mais mostra que 20% dessas famílias não têm filhos, 30% têm um filho, 40% têm dois e 10% têm três. Com base nessas informações, construa a distribuição de probabilidade de x, em que x representa o número de filhos por família para essa faixa de renda.

5.12 Na seção Snapshot do *USA Today* (1º de junho de 2009), foi publicada a estatística a seguir sobre o número de horas de sono que os adultos têm.

Número de horas	Porcentagem
5 ou menos	12
6	29
7	37
8 ou mais	24

FONTE: Levantamento realizado por StrategyOne para Tempur-Pedic com 1.004 adultos em abril

a. Existem outros valores que o número de horas pode alcançar?
b. Explique por que o total das porcentagens não é 100%.
c. Essa é uma distribuição de probabilidade discreta? É uma distribuição de probabilidade? Explique.

5.13 a. Monte a tabela de distribuição de probabilidade para $P(x) = \frac{x}{6}$, para $x = 1, 2, 3$.
b. Determine as extensões $xP(x)$ e $x^2P(x)$ para cada x.
c. Determine $\Sigma[xP(x)]$ e $\Sigma[x^2P(x)]$.
d. Determine a média para $P(x) = \frac{x}{6}$, para $x = 1, 2, 3$.
e. Determine a variância para $P(x) = \frac{x}{6}$, para $x = 1, 2, 3$.
f. Determine o desvio padrão para $P(x) = \frac{x}{6}$, para $x = 1, 2, 3$.

5.14 Se você efetuar a soma das colunas x e x^2 na tabela de extensões, que valor você encontrará exatamente?

5.15 Dada a função de probabilidade $P(x) = \frac{5-x}{10}$ para $x = 1, 2,$ 3, 4, determine a média e o desvio padrão.

5.16 Dada a função de probabilidade $R(x) = 0,2$ para $x = 0, 1, 2,$ 3, 4, determine a média e o desvio padrão.

5.17 O número de navios que chegam a um porto em um determinado dia é uma variável aleatória representada por x. A distribuição da probabilidade de x é a seguinte:

x	10	11	12	13	14
P(x)	0,4	0,2	0,2	0,1	0,1

Encontre a média e o desvio padrão para o número de navios que chegam a um porto em um determinado dia.

5.18 O número de filhos vivos por família, x, nos Estados Unidos, em 2008, é expresso aqui na forma de distribuição de probabilidade.

x	0	1	2	3	4	5+
P(x)	0,209	0,384	0,249	0,106	0,032	0,020

FONTE: U.S. Census Bureau

a. Essa é uma distribuição de probabilidade discreta? Explique.
b. Desenhe um histograma para a distribuição de x, número de filhos por família.
c. Substituindo "5+" por exatamente "5", determine a média e o desvio padrão.

5.19 O cachorro é o melhor amigo do homem? Pode-se achar que sim com uma população de 60 milhões de cães de estimação em todo o país. Mas quantos amigos são necessários? Em um levantamento realizado pela Associação norte-americana de Produtos para Animais de Estimação com donos de animais de estimação entre 2007 e 2008 (2007–2008 National Pet Owners Survey), as estatísticas a seguir foram registradas.

Número de cães de estimação	Porcentagem
Um	63
Dois	25
Três ou mais	12

FONTE: APPA 2007–2008 National Pet Owners Survey (Pesquisa Nacional com Proprietários do Animais de Estimação 2007-2008 realizada pela APPA)

a. Essa é uma distribuição de probabilidade discreta? Explique.
b. Desenhe um histograma de frequência relativa para ilustrar os resultados mostrados na tabela.
c. Substituindo a categoria "três ou mais" por "três" exatamente, determine a média e o desvio padrão do número de cães de estimação por domicílio.
d. Como você interpreta a média?
e. Explique o efeito que a substituição da categoria "três ou mais" por "três" teve sobre a média e o desvio padrão.

5.20 Conforme relatado no início do capítulo, os norte-americanos são apaixonados por automóveis – a maioria das famílias possui mais de um veículo. De fato, a média nacional é de 2,28 veículos por família. O número de veículos por família nos Estados Unidos pode ser descrito da seguinte forma:

Veículos, x	P(x)
1	0,34
2	0,31
3	0,22
4	0,06
5	0,03
6	0,02
7	0,01
8 ou mais	0,01

a. Substituindo a categoria "oito ou mais" por "oito" exatamente, determine a média e o desvio padrão do número de veículos por família nos Estados Unidos.
b. Como a média calculada no item (a) corresponde à média nacional de 2,28?
c. Explique o efeito que a substituição da categoria "oito ou mais" por "oito" teve sobre a média e o desvio padrão.

5.21 A variável aleatória A apresenta a seguinte distribuição de probabilidade:

A	1	2	3	4	5
P(A)	0,6	0,1	0,1	0,1	0,1

a. Encontre a média e o desvio padrão de A.
b. Quanto da distribuição de probabilidade está dentro dos dois desvios padrão da média?
c. Qual a probabilidade de A estar entre $\mu - 2\sigma$ e $\mu + 2\sigma$?

5.22 A seção Snapshot do *USA Today* (4 de março de 2009) apresentou um gráfico de pizza mostrando como os trabalhadores danificam seus laptops. As estatísticas foram obtidas de um levantamento realizado com 714 gerentes de TI pelo Ponemon Institute para a Dell. Essa é uma distribuição de probabilidade? Explique.

Motivos de danos em laptops	Porcentagem
Alimentos ou líquidos derramados	34
Derrubando-os	28
Não protegendo durante o transporte	25
Raiva do trabalhor	13

5.23 a. Use um computador (ou uma tabela de números aleatórios) para gerar uma amostra aleatória de 25 observações extraídas da distribuição de probabilidade discreta.

x	1	2	3	4	5
P(x)	0,2	0,3	0,3	0,1	0,1

Compare os dados resultantes com suas expectativas.
b. Monte uma distribuição de frequência relativa dos dados aleatórios.
c. Construa um histograma de probabilidade da distribuição fornecida e um histograma de frequência relativa dos dados observados utilizando os pontos médios de classe 1, 2, 3, 4 e 5.
d. Compare os dados observados com a distribuição teórica. Descreva as suas conclusões.
e. Repita os itens de (a) a (d) várias vezes com $n = 250$. Descreva a variabilidade que você observou entre as amostras.

f. Repita os itens de (a) a (d) várias vezes com $n = 250$. Descreva a variabilidade que você observou entre as amostras desse conjunto muito maior.

5.24 a. Use um computador (ou uma tabela de números aleatórios) para gerar uma amostra aleatória de 100 observações extraídas da população de probabilidade discreta $P(x) = \frac{5-x}{10}$, para $x = 1, 2, 3, 4$. Liste a amostra resultante.

b. Monte uma distribuição de frequência relativa dos dados aleatórios.

c. Monte uma distribuição de probabilidade da distribuição de probabilidade esperada. Compare os dados resultantes com suas expectativas.

d. Construa um histograma de probabilidade da distribuição fornecida e um histograma de frequência relativa dos dados observados utilizando os pontos médios de classe 1, 2, 3 e 4.

e. Compare os dados observados com a distribuição teórica. Descreva as suas conclusões.

f. Repita os itens de (a) a (d) várias vezes com $n = 100$. Descreva a variabilidade que você observou entre as amostras.

5.25 Toda terça-feira, a Jason's Video realiza o dia do "jogue os dados". Um cliente pode jogar dois dados e alugar um segundo filme por um valor (em centavos) determinado pelos números mostrados nos dados, o maior número primeiro. Por exemplo, se o cliente obtém um número 1 e um número 5, ele pode alugar um segundo filme por $ 0,51. Considere que x representa a quantia paga pelo segundo filme na terça-feira de jogar os dados.

a. Use o espaço amostral para o rolar de um par de dados e expresse o custo do aluguel do segundo filme, x, como uma distribuição de probabilidade.

b. Qual é o custo médio de locação esperado (média de x) do segundo filme em uma terça-feira de jogar os dados?

c. Qual é o desvio padrão de x?

d. Usando um computador e a distribuição de probabilidade encontrada no item (a), gere uma amostra aleatória de 30 valores para x e determine o custo total de locação do segundo filme para 30 aluguéis.

e. Usando um computador, obtenha uma estimativa para a probabilidade de que o montante total pago por 30 locações de segundos filmes exceda US$ 15,00, repetindo o item (d) 500 vezes e utilizando os 500 resultados.

Objetivo 5.3

5.26 Identifique as propriedades que fazem lançar uma moeda 50 vezes e manter o controle do número de caras um experimento binomial.

5.27 Apresente uma razão bastante prática por que um item com defeito dentro de uma situação industrial pode ser definido como "sucesso" em um experimento binomial.

5.28 Avalie cada um dos seguintes itens:

a. $4!$ b. $7!$ c. $0!$ d. $\frac{6!}{2!}$

e. $\frac{5!}{2!3!}$ f. $\frac{6!}{4!(6-4)!}$ g. $(0,3)^4$ h. $\binom{7}{3}$

i. $\binom{5}{2}$ j. $\binom{3}{0}$ k. $\binom{4}{1}(0,2)^1(0,8)^3$

l. $\binom{5}{0}(0,3)^0(0,7)^5$

5.29 Uma caixa contendo 100 camisetas é inspecionada. Cada camiseta é classificada como "de primeira qualidade" ou "irregular". Após todas as 100 camisetas terem sido inspecionadas, o número de camisetas irregulares é registrado como uma variável aleatória. Explique por que x é uma variável aleatória binomial.

5.30 Um dado é lançado 20 vezes e o número de "cincos" que ocorreu é registrado como sendo a variável aleatória. Explique por que x é uma variável aleatória binomial.

5.31 a. Calcule $P(4)$ e $P(5)$ para o sorteio de uma carta de espadas de um baralho na pág.108.

b. Verifique se as seis probabilidades, $P(0)$, $P(1)$, $P(2)$, ..., $P(5)$ formam uma distribuição de probabilidade.

5.32 Se x for uma variável aleatória binomial, utilize a Tabela 2 do Apêndice B para determinar a probabilidade de x para cada um dos seguintes procedimentos:

a. $n = 10, x = 8, p = 0,3$ b. $n = 8, x = 7, p = 0,95$
c. $n = 15, x = 3, p = 0,05$ d. $n = 12, x = 12, p = 0,99$
e. $n = 9, x = 0, p = 0,5$ f. $n = 6, x = 1, p = 0,01$

g. Explique o significado do símbolo 0+ que aparece na Tabela 2.

5.33 De acordo com uma pesquisa online realizada pela Revista *SELF* em dezembro de 2008, 66% dos entrevistados responderam "Sim" à pergunta: "Você quer reviver seus dias de faculdade?" Qual é a probabilidade de que exatamente metade dos próximos 10 participantes da pesquisa selecionados também responda "Sim" a essa pergunta?

5.34 De acordo com um relatório do Conselho de Segurança Nacional, até 78% das colisões de automóveis são resultado de distrações, como mensagens de texto, telefonema para um amigo, ou se atrapalhar com o som. Considere um grupo selecionado aleatoriamente de 18 colisões relatadas.

FONTE:"Cruise Control" ("Controle da Direção"), Revista *SELF*, dezembro de 2008

a. Qual é a probabilidade de que todas as colisões sejam decorrentes das distrações mencionadas?

b. Qual é a probabilidade de que 15 dessas colisões sejam decorrentes das distrações mencionadas?

5.35 De acordo com o artigo "Season's Cleaning" ("Limpeza da Temporada"), o Departamento de Energia dos Estados Unidos informa que 25% das pessoas com garagens para dois carros não têm espaço para estacionar nenhum carro lá dentro. (1º de janeiro de 2009, Rochester D&C)
Supondo que isso seja verdade, qual é a probabilidade para as seguintes opções?

a. Exatamente três famílias com garagem para dois carros, de uma amostra aleatória de cinco famílias com garagem para dois carros, não têm espaço para estacionar nenhum carro lá dentro.

b. Exatamente sete famílias com garagem para dois carros, de uma amostra aleatória de 15 famílias com garagem para dois carros, não têm espaço para estacionar nenhum carro lá dentro.

c. Exatamente 20 famílias com garagem para dois carros, de uma amostra aleatória de 30 famílias com garagem para dois carros, não têm espaço para estacionar nenhum carro lá dentro.

5.36 Jogar videogames quando criança ou adolescente pode levar à prática de jogos de azar ou à dependência de substâncias químicas? De acordo com um artigo publicado no *USA Today* em 11 de abril de 2009, "Kids show addiction symptoms" ("As crianças mostram sintomas de vício"), a pesquisa publicada na revista *Psychological Science* concluiu que 8,5% de crianças e adolescentes que jogam videogames apresentam sinais comportamentais que podem indicar vício. Suponha que um grupo de 30 alunos do oitavo ano que joga videogames seja selecionado aleatoriamente.

a. Qual é a probabilidade de que exatamente dois desses alunos apresentem sintomas do vício?

b. Se o estudo também indicou que 12% dos meninos que jogam videogames apresentam sintomas de vício, qual é a probabilidade de que exatamente dois dos 17 meninos no grupo apresentem sintomas do vício?

c. Além disso, se o estudo indicou que 3% das meninas que jogam videogames apresentam sintomas de vício, qual é a probabilidade de que exatamente duas das 13 meninas no grupo apresentem sintomas do vício?

5.37 Das peças produzidas por uma máquina específica, 0,5% apresentam defeito. Se uma amostra aleatória de dez peças produzidas por essa máquina contém duas ou mais peças defeituosas, a máquina é desligada para reparos. Determine a probabilidade de a máquina ser desligada para reparos com base nesse plano de amostragem.

5.38 A taxa de sobrevivência durante uma cirurgia de risco para pacientes sem nenhuma outra esperança de sobrevivência é de 80%. Qual é a probabilidade de que exatamente quatro dos próximos cinco pacientes sobrevivam a essa cirurgia?

5.39 De todas as árvores plantadas por uma empresa de paisagismo, 90% sobrevivem. Qual é a probabilidade de que oito ou mais das dez árvores recém-plantadas por eles sobrevivam? (Encontre a resposta utilizando uma tabela).

5.40 No biatlo, nos *Jogos Olímpicos de inverno*, um participante esquia, na modalidade *cross-country*, e, em quatro ocasiões intercaladas, ele para a uma determinada distância do alvo e dispara uma sequência de cinco tiros com um rifle. Se o centro do alvo é atingido, nenhum ponto de penalização é atribuído. Se um determinado participante tem um histórico de acertar o centro do alvo em 90% de seus tiros, qual é a probabilidade para as seguintes opções?

a. Todos os cinco tiros de sua próxima sequência acertarão o centro do alvo.

b. Pelo menos quatro tiros de sua próxima sequência de cinco tiros acertarão o centro do alvo. (Supõe independência.)

5.41 A seção Snapshot do *USA Today* de 26 de maio de 2009, "Overcoming Identity Theft" (Superando o roubo de identidade), publicou os resultados de uma pesquisa com vítimas de roubo de identidade. De acordo com a fonte, Affinion Security Center, 20% das vítimas declarou ter levado de "uma semana a um mês" para se recuperar do roubo de identidade.

Um grupo de 14 vítimas de roubo de identidade é selecionado aleatoriamente em sua cidade.

a. Qual é a probabilidade de que nenhum deles seja capaz de se recuperar do roubo no prazo de uma semana a um mês?

b. Qual é a probabilidade de que exatamente três deles sejam capazes de se recuperar do roubo no prazo de uma semana a um mês?

c. Qual a probabilidade de que ao menos cinco deles sejam capazes de se recuperar do roubo no prazo de uma semana a um mês?

d. Qual é a probabilidade de que não mais de quatro deles sejam capazes de se recuperar do roubo no prazo de uma semana a um mês?

5.42 Se a probabilidade de nascimento é a mesma para meninos e meninas, qual é a probabilidade de haver, pelo menos, um menino em uma família de seis filhos selecionada aleatoriamente? (Encontre a resposta utilizando uma fórmula.)

5.43 Um levantamento realizado com motociclistas em janeiro de 2005, encomendado pelo Progressive Group of Insurance Companies, mostrou que 40% dos motociclistas têm alguma forma de arte no corpo, como tatuagens e *piercings*. Um grupo de dez motociclistas está no processo de aquisição de seguro para motos.

FONTE: http://www.syracuse.com/

a. Qual é a probabilidade de que nenhum dos dez motociclistas tenha alguma forma de arte no corpo?

b. Qual é a probabilidade de que exatamente três deles tenham alguma forma de arte no corpo?

c. Qual é a probabilidade de que, pelo menos, quatro deles tenham alguma forma de arte no corpo?

d. Qual é a probabilidade de que não mais que dois deles tenham alguma forma de arte no corpo?

5.44 Um quarto de uma determinada raça de coelhos nasce com pelos longos. Qual é a probabilidade de que, em uma ninhada de 6 coelhos, exatamente três tenham pelos compridos? (Encontre a resposta utilizando uma fórmula.)

5.45 Determine a média e o desvio padrão para a variável aleatória binomial x com $n = 30$ e $p = 0,6$, usando as fórmulas (5.7) e (5.8).

5.46 Considere a distribuição binomial em que $n = 11$ e $p = 0,05$.

a. Determine a média e o desvio padrão aplicando as fórmulas (5.7) e (5.8).

b. Utilizando a Tabela 2 do Apêndice B, liste a distribuição de probabilidade e desenhe um histograma.

c. Localize μ e σ no histograma.

5.47 Considere a distribuição binomial em que $n = 11$ e $p = 0,05$ (veja o problema 5.47).

a. Use a distribuição [problema 5.47(b) ou da Tabela 2] e determine a média e o desvio padrão aplicando as fórmulas (5.1), (5.3a) e (5.4).

b. Compare os resultados do item (a) com as respostas encontradas no problema 5.47(a).

5.48 Dada a função de probabilidade binomial

$$P(x) = \binom{5}{x} \cdot \left(\frac{1}{2}\right)^x \cdot \left(\frac{1}{2}\right)^{5-x} \quad \text{para } x = 0, 1, 2, 3, 4, 5$$

a. Calcule a média e o desvio padrão da variável aleatória aplicando as fórmulas (5.1), (5.3a) e (5.4).

b. Calcule a média e o desvio padrão aplicando as fórmulas (5.7) e (5.8).

c. Compare os resultados dos itens (a) e (b).

5.49 Determine a média e o desvio padrão de x para cada uma das variáveis aleatórias binomiais a seguir:

a. O número de coroas observado em 50 lançamentos de uma moeda de 25 centavos.

b. O número de alunos canhotos em uma turma de 40 alunos (supondo que 11% da população seja canhota).

c. O número de carros com pneus em condições precárias entre os 400 carros parados em uma blitz policial para inspeção (supondo que 6% de todos os carros tenham um ou mais pneus em condições precárias).

d. O número de sementes de melão que germinam quando um pacote de 50 sementes é plantado (a embalagem indica que a probabilidade de germinação é 0,88).

5.50 Determine a média e o desvio padrão de cada uma das variáveis aleatórias binomiais a seguir nos itens de (a) a (c):

a. A quantidade de números seis observada em 50 lançamentos de um dado.

b. O número de televisores com defeito em um carregamento de 125 televisores (o fabricante alegou que 98% dos aparelhos estavam funcionando).

c. O número de televisores em funcionamento em um carregamento de 125 televisores (o fabricante alegou que 98% dos aparelhos estavam funcionando).

d. Como os itens (b) e (c) estão relacionados? Explique.

5.51 De acordo com o United Mileage Plus Visa (22 de novembro de 2004), 41% dos passageiros dizem que "colocam os fones de ouvido" para evitar serem incomodados por seus vizinhos de assento durante os voos. Para mostrar o quão importantes – ou não – os fones de ouvido são para as pessoas, considere a variável x como o número de pessoas em uma amostra de 12 que dizem "colocar os fones de ouvido" para evitar seus vizinhos de assento. Suponha que a porcentagem mencionada – de 41% – seja válida para toda a população de viajantes de avião e que uma amostra aleatória seja selecionada.

a. x é uma variável aleatória binomial? Justifique sua resposta.

b. Determine a probabilidade de $x = 4$ ou 5.

c. Determine a média e o desvio padrão de x.

d. Desenhe um histograma da distribuição de x: identifique-o completamente, destaque a área que representa $x = 4$ e $x = 5$, trace uma linha vertical no valor da média e marque a localização de x que é um desvio padrão maior que a média.

5.52 Se o binômio $(q + p)$ é elevado ao quadrado, o resultado é $(q + p)^2 = q^2 + 2qp + p^2$. Para o experimento binomial com $n = 2$, a probabilidade de não ocorrer nenhum sucesso em dois testes é q^2 (o primeiro termo em uma expansão), a probabilidade de um sucesso em dois testes é $2qp$ (o segundo termo em expansão) e a probabilidade de dois sucessos em dois testes é p^2 (o terceiro termo na expansão). Determine $(q + p)^3$ e compare seus termos às probabilidades binomiais para $n = 3$ testes.

5.53 Alguma vez você comprou uma lâmpada incandescente que falhou (estava queimada ou não funcionou) na primeira vez que você ligou o interruptor? Quando você coloca uma lâmpada nova em uma luminária, espera que ela acenda e, na maioria das vezes, isso acontece. Considere embalagens com 8 lâmpadas de 60 watts e considere x como o número de lâmpadas em um pacote que "falham" na primeira vez que são usadas. Se 0,02 de todas as lâmpadas desse tipo falharem em sua primeira utilização e cada embalagem de oito lâmpadas for considerada uma amostra aleatória:

a. Liste a distribuição de probabilidade e desenhe o histograma de x.

b. Qual é a probabilidade de que uma embalagem qualquer de 8 lâmpadas não tenha nenhuma lâmpada que falhe na primeira utilização?

c. Qual é a probabilidade de que uma embalagem qualquer de oito lâmpadas não tenha mais que uma que falhe na primeira utilização?

d. Determine a média e o desvio padrão de x.

e. Qual proporção de distribuição se situa entre $\mu - \sigma$ e $\mu + \sigma$?

f. Qual proporção de distribuição se situa entre $\mu - 2\sigma$ e $\mu + 2\sigma$?

g. Como essas informações estão relacionadas com a regra empírica e o teorema de Chebyshev? Explique.

h. Use um computador para simular testes com 100 embalagens de oito de lâmpadas e observar x, o número de falhas por embalagem de oito lâmpadas. Descreva como as informações provenientes da simulação se comparam com o que era esperado [as respostas dos itens de (a) a (g) descrevem os resultados esperados].

i. Repita o item (h) várias vezes. Descreva como esses resultados se comparam com os dos itens de (a) a (g) e com o item (h).

Distribuições
de probabilidade normais

6.1 Distribuições de probabilidade normais

A **DISTRIBUIÇÃO DE PROBABILIDADE NORMAL** É CONSIDERADA A MAIS IMPORTANTE. UM NÚMERO ILIMITADO DE **VARIÁVEIS ALEATÓRIAS CONTÍNUAS** POSSUI UMA **DISTRIBUIÇÃO NORMAL** OU APROXIMADAMENTE NORMAL.

Várias distribuições de probabilidade, tanto de variáveis aleatórias discretas quanto contínuas, também são aproximadamente normais sob determinadas condições.

Lembre-se de que, no Capítulo 5, aprendemos como usar uma função de probabilidade para calcular as probabilidades associadas a **variáveis aleatórias discretas**. A distribuição de probabilidade normal tem uma variável aleatória contínua e utiliza duas funções: uma para determinar as ordenadas (valores y) do gráfico que representa a distribuição e uma segunda função para determinar as probabilidades. A fórmula (6.1) fornece a ordenada (valor de y) que corresponde a cada abscissa (valor de x).

Função da distribuição de probabilidade normal

$$y = f(x) = \frac{e^{-\frac{1}{2}\left(\frac{x-\mu}{\sigma}\right)^2}}{\sigma\sqrt{2\pi}} \text{ para todos os } x \text{ reais} \qquad (6.1)$$

Quando um gráfico com todos esses pontos é desenhado, a curva normal (em forma de sino) aparecerá como mostrado na Figura 6.1

Zentilia/Shutterstock

Figura 6.1 Distribuição de probabilidade normal

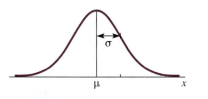

Figura 6.2 Área sombreada: $P(a \leq x \leq b)$

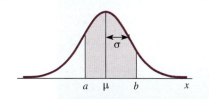

NOTA: Cada par diferente de valores para a média, μ, e o desvio padrão, σ, resultará em uma diferente função de distribuição de probabilidade normal.

A fórmula (6.2) fornece a probabilidade associada ao intervalo de $x = a$ a $x = b$:

$$P(a \leq x \leq b) = \int_{a}^{b} f(x)\, dx \qquad (6.2)$$

A probabilidade de x estar dentro do intervalo de $x = a$ a $x = b$ é mostrada como uma área sombreada na Figura 6.2.

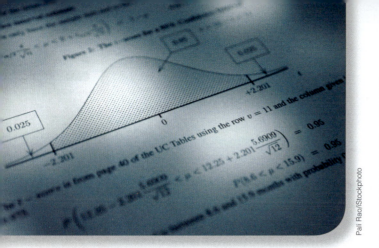

A integral definida da fórmula (6.2) é um tópico de cálculo, sendo matematicamente mais avançada do que o esperado para a estatística elementar. Em vez de utilizar as fórmulas (6.1) e (6.2), vamos utilizar uma tabela para determinar as probabilidades de distribuições normais. As fórmulas (6.1) e (6.2) foram usadas para gerar essa tabela. Antes de aprendermos a usar a tabela, entretanto, devemos enfatizar que ela é expressa em forma "padronizada", de forma que possa ser utilizada para determinar as probabilidades de todas as combinações de valores de média, μ, e desvio padrão, σ. Ou seja, a distribuição de probabilidade normal com média 38 e desvio padrão 7 é semelhante à com média 123 e desvio padrão 32. Lembre-se da regra empírica e dos percentuais de distribuição que se enquadram em determinados intervalos da média (página 46). As mesmas três porcentagens são verdadeiras para todas as distribuições normais.

6.2 Distribuição normal padrão

HÁ UM NÚMERO ILIMITADO DE DISTRIBUIÇÕES DE PROBABILIDADE NORMAIS, MAS, FELIZMENTE, TODAS ESTÃO RELACIONADAS A UMA DISTRIBUIÇÃO: A **DISTRIBUIÇÃO NORMAL PADRÃO**, QUE É A DISTRIBUIÇÃO NORMAL DA VARIÁVEL PADRÃO Z (DENOMINADA "**PONTUAÇÃO PADRÃO**" OU "**ESCORE-Z**").

A Tabela 3 do Apêndice B lista as probabilidades associadas à **área acumulada** à esquerda de um valor específico de z. As probabilidades de outros intervalos podem ser determinadas utilizando-se as entradas da tabela e as operações de adição e subtração, de acordo com as propriedades descritas no quadro mostrado na próxima página.

Vimos a distribuição normal padrão nos capítulos anteriores, em que ela apareceu como a regra empírica. Ao usar a regra empírica, os valores de z foram normalmente valores inteiros, como na Figura 6.3. Por meio da

NOTA: Os conceitos de **porcentagem, proporção, e probabilidade** são basicamente os mesmos. A porcentagem (25%) é geralmente usada quando se fala sobre a proporção $\left(\frac{1}{4}\right)$ de uma população. A probabilidade é normalmente usada quando se fala sobre a possibilidade de que o próximo item individual possua certa propriedade. A área é a representação gráfica dos três conceitos, quando desenhamos uma figura para ilustrar a situação.

A regra empírica é um dispositivo de medição bastante rudimentar. Por meio dela, somos capazes de determinar as probabilidades associadas apenas a múltiplos inteiros do desvio padrão (dentro de 1, 2 ou 3 desvios padrão da média). Em geral, estaremos interessados nas probabilidades associadas a partes fracionárias do desvio padrão. Por exemplo, podemos querer saber a probabilidade de x estar dentro de 1,37 desvios padrão da média. Portanto, devemos refinar a regra empírica de forma que possamos trabalhar com medidas mais precisas. Esse refinamento é abordado na próxima seção.

Propriedades da distribuição normal padrão

1. A área total sob a **curva normal** é igual a 1.
2. A distribuição é acumulada e simétrica, estendendo-se indefinidamente em ambas as direções – aproximando-se do eixo horizontal, mas nunca o tocando.
3. A distribuição tem uma média de 0 e um desvio padrão de 1.
4. A média divide a área ao meio, 0,5000 de cada lado.
5. Praticamente toda a área está entre $z = -3,00$ e $z = 3,00$.

Remigiusz Zalucki/iStockphoto

Figura 6.3 Distribuição normal padrão de acordo com a regra empírica

Tabela 3, o escore z será medido com a aproximação de um centésimo, permitindo maior precisão.

Lembre-se também de que uma das propriedades básicas de uma distribuição de probabilidade é que a soma de todas as probabilidades seja exatamente igual a 1. Como a área sob a curva normal representa a medida de probabilidade, a área total sob a curva em forma de sino é exatamente 1. Observe na Figura 6.3 que a distribuição também é simétrica em relação a uma linha vertical traçada através de $z = 0$. Ou seja, a área sob a curva à esquerda da média é igual a meio, 0,5, e a área à direita também é meio, 0,5. Observe que $z = 0,00$ na Tabela 3 do Apêndice B. As áreas (probabilidades, porcentagens) não fornecidas diretamente pela tabela podem ser encontradas com o auxílio dessas propriedades. Vejamos várias ilustrações que demonstram como usar a Tabela 3 para determinar as probabilidades da pontuação normal padrão, z.

DEFININDO A ÁREA À ESQUERDA DE UM VALOR z NEGATIVO

➔ Imagine que você deseja determinar a área sob a curva normal padrão à esquerda de $z = -1,52$, como é mostrado na Figura 6.4.

Figura 6.4 Área à esquerda de $z = -1.52$

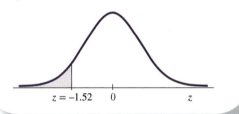

A Tabela 3 do Apêndice B foi elaborada para fornecer de forma direta a área à esquerda de –1,52. O escore-z está localizado nas margens, com as unidades e dígitos decimais alinhados à esquerda e os dígitos de centésimos alinhados na parte superior. Para $z = -1,52$, localize a linha identificada como –1,5 e a coluna identificada como 0,02. Na interseção delas, você encontrará o valor 0,0643, que é a medida da área acumulada à esquerda de $z = -1,52$ (veja a Tabela 6.1). Expressa em forma de probabilidade:

$$P(z < -1,52) = \mathbf{0,0643}$$

Tabela 6.1 Uma parte da Tabela 3 do Apêndice B

z	0,00	0,01	0,02	...
⋮				
−1,5			**0,0643**	...
⋮				

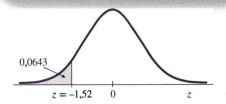

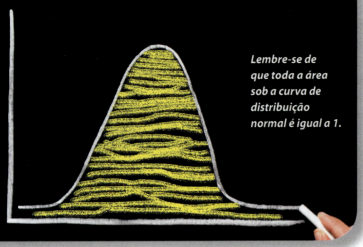

Lembre-se de que toda a área sob a curva de distribuição normal é igual a 1.

Stephen Rees/iStockphoto

DEFININDO A ÁREA À ESQUERDA DE UM VALOR Z POSITIVO

Para encontrar a área sob a curva normal à esquerda de $z = 1,52$: $P(z < 1,52)$, comece desenhando e identificando um esboço. (Delinear e identificar a curva irá ajudá-lo a visualizar os cálculos que está realizando.) Determinar a área à esquerda de um valor z positivo é muito parecido com determinar essa área para um valor z negativo. A Tabela 3 do Apêndice B foi elaborada para fornecer diretamente a área à esquerda de um valor z positivo, com o escore-z localizado nas margens, estando as unidades e os dígitos decimais alinhados à esquerda e os centésimos na parte superior. Assim, para $z = 1,52$, localize a linha identificada como 1,5 e a coluna como 0,02. Como é possível ver na Tabela 6.2, na interseção delas, você encontrará o valor 0,9357, que é a medida da área acumulada à esquerda de $z = +1,52$.

$$P(z < 1,52) = \mathbf{0,9357}$$

Tabela 6.2 **Uma parte da Tabela 3 do Apêndice B**

z	0,00	0,01	0,02	...
⋮				
1,5			**0,9357**	...
⋮				

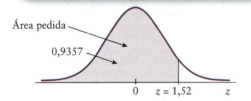

Área pedida
0,9357

NOTAS:

1. As probabilidades associadas a valores positivos de z são superiores a 0,5000, uma vez que elas incluem toda a metade esquerda da curva normal.

2. Crie o hábito de escrever o escore-z com duas casas decimais e as áreas (probabilidades, porcentagens) com quatro casas decimais, como na Tabela 3 do Apêndice B. Isso ajudará a fazer a distinção entre os dois conceitos.

DEFININDO A ÁREA À DIREITA DE UM VALOR Z

Saber que a área total sob a curva de distribuição normal é igual a 1 é o fator chave para determinar as probabilidades associadas aos valores à direita de um valor z. Para demonstrar o porquê, vejamos como determinar a área que não está incluída dentro da área sombreada. Determine a área sob a curva normal à direita de $z = -1,52$: $P(z > -1,52)$. O problema pede pela área que não está incluída na área sombreada 0,0643. Sendo a área sob toda a curva normal igual a 1, subtraímos 0,0643 de 1:

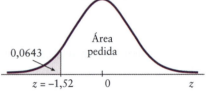

0,0643 Área pedida

$z = -1,52$ 0   z

$$P(z > -1,52) = 1,000 - 0,0643 = \mathbf{0,9357}$$

Esse método de subtração aplica-se ao determinar a área à direita de qualquer escore-z. Utilizando a Tabela 3, determine a área à esquerda e subtraia o valor da tabela de 1,0. O total da área à esquerda e da área à direita sempre será igual a 1,0.

DEFININDO A ÁREA ENTRE DOIS VALORES QUAISQUER DE Z

Se os dois escores-z forem negativos ou positivos, ou se um for negativo e o outro positivo, utilize o maior escore-z para determinar a área entre os dois, como mostrado no exemplo abaixo. A área entre $z = -1,36$ e $z = 2,14$, $P(-1,36 < z < 2,14)$ é determinada por meio da subtração. A área acumulada à esquerda do maior z, $z = 2,14$, inclui as duas áreas pedidas e a área à esquerda do menor z, $z = -1,36$. Assim, subtraímos a área à esquerda do menor z, $z = -1,36$, da área à esquerda do maior z, $z = 2,14$:

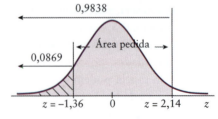

0,9838

Área pedida

0,0869

$z = -1,36$ 0 $z = 2,14$ z

$$P(-1,36 < z < 2,14) = 0,9838 - 0,0869 = \mathbf{0,8969}$$

DEFININDO O ESCORE-Z ASSOCIADO A UM PERCENTIL

A Tabela 3 do Apêndice B também pode ser utilizada para determinar o escore-z que limita uma área específica. Por exemplo, determine o escore-z associado ao 75º percentil de uma distribuição normal. Encontrando a área ou a probabilidade dentro da tabela, o escore-z pode ser lido ao longo da margem esquerda e da margem superior.

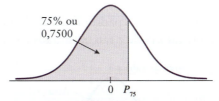

75% ou 0,7500

A área acumulada da Tabela 3 do Apêndice B corresponde à definição de um percentil. Lembre-se de que o 75º percentil significa que 75% dos dados são inferiores ao valor do percentil. Para determinar o escore-z para o 75º percentil, verifique a Tabela 3 e encontre a entrada de "área" mais próxima a 0,7500. Essa entrada de área é 0,7486. Agora leia o escore-z, que corresponde a essa área.

Tabela 6.3 Uma parte da Tabela 3 do Apêndice B

z	...	0,07		0,08	...
⋮					
0,6	...	0,7486	**0,7500**	0,7518	...
⋮					

Como podemos ver na Tabela 6.3, o escore-z encontrado é $z = 0,67$. Isso significa que o 75º percentil em uma distribuição normal é de 0,67 (aproximadamente 2/3) do desvio padrão acima da média.

DEFININDO DOIS ESCORES-z QUE LIMITAM UMA ÁREA

Também é possível determinar os escores-z em torno de áreas parciais de uma distribuição normal. Por exemplo, quais escores-z limitam os 95% centrais de uma distribuição normal? Conforme mostrado na Figura 6.5, os 95% são divididos em duas partes iguais pela média, assim, 0,4750 é a área (em porcentagem) do escore-z no limite esquerdo e $z = 0$, a média (assim como 0,4750 é a área entre $z = 0$, a média e o limite direito).

A área que não está incluída em nenhuma das duas caudas da curva pode ser encontrada recordando-se que a área de cada metade da curva normal é igual a 0,5000 e que a curva é simétrica. Assim, do lado esquerdo, é necessário $0,5000 - 0,4750 = 0,0250$; e, do lado direito, é necessário $0,5000 + 0,4750 = 0,9750$. Para determinar o escore-z do limite esquerdo, utilize a área igual a 0,0250 da Tabela 3 do Apêndice B e encontre a entrada de "área" que está mais próxima a 0,0250; essa entrada é exatamente 0,0250.

Verificando a Tabela 6.4, descobre-se que o escore-z que corresponde a essa área é $z = -1,96$. Da mesma forma, para determinar o escore-z do limite direito, utilize a área igual a 0,9750 na Tabela 3 e encontre a entrada de "área" que está mais próxima a 0,9750. Essa entrada é exatamente 0,9750. Lendo esse escore-z, temos $z = +1,96$.

Portanto, você pode procurar por qualquer um dos dois e utilizar a simetria da distribuição normal. $z = -1,96$ e $z = 1,96$ limitam os 95% centrais de uma distribuição normal.

SE VOCÊ QUISER CONFIRMAR A VERIFICAÇÃO DE SEU TRABALHO, RESOLVA O PROBLEMA DE AMBAS AS FORMAS.

Tabela 6.4 Uma parte da Tabela 3 do Apêndice B

lado de z negativo			e	lado de z positivo		
z		0,06		z		0,06
⋮				⋮		
−1,9	...	0,0250	...	1,9	...	0,9750	...
⋮				⋮		

Figura 6.5

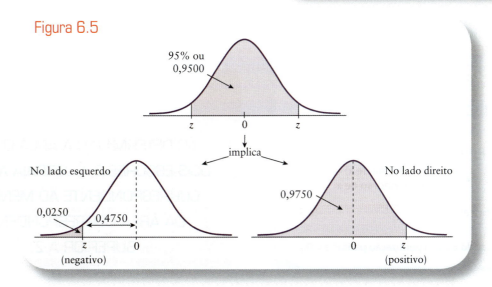

95% ou 0,9500

implica

No lado esquerdo

0,0250   0,4750

z (negativo)   0

No lado direito

0,9750

0   z (positivo)

6.3 Aplicações de distribuições normais

NO OBJETIVO 6.2, APRENDEMOS A USAR A TABELA 3 DO APÊNDICE B PARA CONVERTER AS INFORMAÇÕES SOBRE A VARIÁVEL NORMAL PADRÃO Z EM PROBABILIDADE E COMO CONVERTER AS INFORMAÇÕES DE PROBABILIDADE SOBRE A DISTRIBUIÇÃO NORMAL PADRÃO EM ESCORES-Z.

Agora, estamos prontos para aplicar essa metodologia a todas as distribuições normais. A chave é a pontuação padrão, z. As informações associadas a uma distribuição normal serão referentes aos valores de x ou às probabilidades. Utilizaremos o escore z e a Tabela 3 do Apêndice B como ferramentas para "intermediar" as informações fornecidas e a resposta desejada.

Probabilidades e curvas normais

➔ Para demonstrar o processo de conversão de uma curva normal padrão para determinar as probabilidades, vamos considerar as pontuações de QI. As pontuações de QI são normalmente distribuídas com uma

> **Lembre-se de que a pontuação padrão, z, foi definida no Capítulo 2.**
>
> **Pontuação padrão**
>
> Por extenso: $z = \dfrac{x - (\text{média de } x)}{\text{desvio padrão de } x}$
>
> Expressão algébrica: $z = \dfrac{x - \mu}{\sigma}$ (6.3)
>
> (Observe que quando $x = \mu$, a pontuação padrão $z = 0$.)

média de 100 e o desvio padrão de 16. Se uma pessoa é escolhida ao acaso, qual é a probabilidade de seu QI estar entre 100 e 115? Isto é, qual é $P(100 < x < 115)$?

$P(100 < x < 115)$ é representada pela área sombreada na figura abaixo.

A variável x deve ser padronizada utilizando a fórmula (6.3). Os valores de z são mostrados na figura.

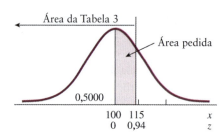

$$z = \frac{x - \mu}{\sigma}$$

quando $x = 100$: $z = \dfrac{100 - 100}{16} = 0{,}00$

quando $x = 115$: $z = \dfrac{115 - 100}{16} = 0{,}94$

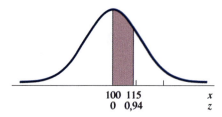

Portanto,

$$P(100 < x < 115) = P(0{,}00 < z < 0{,}94) = \mathbf{0{,}3264}$$

Assim, a probabilidade de uma pessoa escolhida ao acaso ter um QI entre 100 e 115 é de 0,3264 (valor encontrado utilizando a Tabela 3 do Apêndice B).

E se precisarmos determinar a probabilidade para "qualquer" curva normal? Como calculamos a probabilidade sob "qualquer" curva normal? Vamos continuar a usar o exemplo das pontuações de QI e tentar encontrar a probabilidade de uma pessoa selecionada aleatoriamente ter um QI superior a 90.

> **LEMBRE-SE:**
>
> AO DETERMINAR A ÁREA ENTRE DOIS ESCORES-Z, SUBTRAIA A ÁREA CORRESPONDENTE AO MENOR Z DA ÁREA CORRESPONDENTE SUPERIOR A Z.

Há 0,7357 de chance de essa pessoa ter um QI maior que 90

te. Qual será a nota mínima necessária para obter um A? (Suponha que as notas terão uma distribuição aproximadamente normal). Podemos usar a curva normal e z para determinar o valor dos dados.

Comece convertendo os 10% em informação compatível com a Tabela 3 do Apêndice B subtraindo:

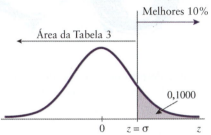

$$10\% = 0,1000;$$
$$1,0000 - 0,1000 = 0,9000$$

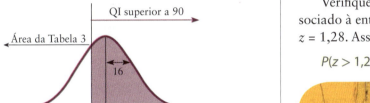

$$z = \frac{x - \mu}{\sigma} = \frac{90 - 100}{16} = \frac{-10}{16} = -0,625 = -0,63$$

$$P(x > 90) = P(z > -0,63)$$

$$= 1,0000 - 0,2643 = 0,7357$$

Assim, a probabilidade de uma pessoa selecionada aleatoriamente ter um QI superior a 90 é de 0,7357.

Utilização da curva normal e z

A tabela normal – Tabela 3 do Apêndice B – pode ser usada para responder a muitos tipos de perguntas que envolvam uma distribuição normal. Vários problemas exigem a localização de um "ponto de corte", um valor específico de x, de forma que haja exatamente uma determinada porcentagem em uma área específica.

Determine os valores de dados

Em uma classe grande, suponha que sua professora lhe diga que você precisa obter uma nota entre as 10% melhores de sua classe para obter um A em um determinado exame. Com base em sua experiência anterior, ela é capaz de estimar que a média e o desvio padrão sobre esse exame serão de 72 e 13, respectivamen-

Verifique a Tabela 3 para encontrar o valor de z associado à entrada de área mais próxima a 0,9000, que é $z = 1,28$. Assim,

$$P(z > 1,28) = 0,10$$

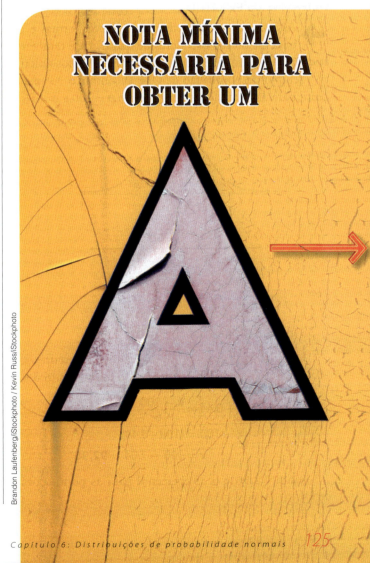

NOTA MÍNIMA NECESSÁRIA PARA OBTER UM

Agora, determine o valor de x que corresponde a $z = 1,28$ utilizando a fórmula (6.3):

$$z = \frac{x - \mu}{\sigma} : \quad 1,28 = \frac{x - 72}{13}$$
$$x - 72 = (13)(1,28)$$
$$x = 72 + (13)(1,28) = 72 + 16,64 = 88,64 \text{ ou } \mathbf{89}$$

Assim, se a sua nota for igual a 89 ou mais (o valor dos dados), você pode esperar estar entre os 10% melhores (o que significa que pode esperar receber um A).

DETERMINE OS PERCENTIS

→ Assim como você pode usar a curva normal e z para encontrar os valores de dados, você também pode usá-los para determinar os percentis. Vamos voltar ao exemplo da pontuação de QI e encontrar o 33º percentil para as pontuações de QI, sendo $\mu = 100$ e $\sigma = 16$.

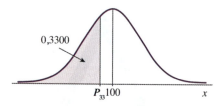

z	$\cdots$	0,04	$\cdots$
$\vdots$			
$-0,4$	$\cdots$	0,3300	$\cdots$

$$P(z < P_{33}) = 0,3300$$
33º percentil está em $z = -0,44$

Agora, convertemos o 33º percentil dos escores-z, $-0,44$, em uma pontuação x utilizando a fórmula (6.3):

$$z = \frac{x - \mu}{\sigma} : \quad -0,44 = \frac{x - 100}{16}$$
$$x - 100 = (16)(-0,44)$$
$$x = 100 - 7,04 = \mathbf{92,96}$$

Assim, 92,96 é o 33º percentil para as pontuações de QI.

DETERMINE OS PARÂMETROS POPULACIONAIS

→ A curva normal e z também podem ser usados para determinar os parâmetros populacionais. Ou seja, ao receber informações relacionadas, você pode encontrar o desvio padrão, σ. Para ilustrar como isso pode ser feito, peguemos os rendimentos dos executivos juniores de uma grande corporação, os quais são distribuídos de forma aproximadamente normal. Um possível corte não dispensará os executivos juniores com ganhos dentro de US\$ 4.900 da média. Se isso representa os 80% médios das rendas, qual é o desvio padrão para os salários desse grupo de executivos juniores?

A Tabela 3 do Apêndice B indica que os 80% médios, ou 0,8000, de uma distribuição normal são delimitados por $-1,28$ e $1,28$. Considere o ponto B mostrado na figura abaixo: 4.900 é a diferença entre o valor de x em B e o valor da média, o numerador da fórmula (6.3) $[x - \mu = 4.900]$.

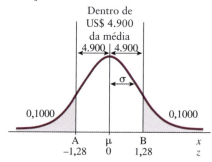

Aplicando-se a fórmula (6.3), podemos determinar o valor de σ:

$$z = \frac{x - \mu}{\sigma} : \quad 1,28 = \frac{4.900}{\sigma}$$
$$\sigma = \frac{4.900}{1,28}$$
$$\sigma = 3.828,125 = \mathbf{\$3.828}$$

Ou seja, o desvio padrão atual para os salários dos executivos juniores é de US\$ 3.828.

Você está prestes a ficar desempregado

6.4 Notação

O ESCORE-*Z* É USADO EM TODA A ESTATÍSTICA DE DIVERSAS FORMAS. PORÉM, A RELAÇÃO ENTRE O VALOR NUMÉRICO DE *Z* E A ÁREA SOB A CURVA DA DISTRIBUIÇÃO NORMAL PADRÃO NÃO MUDA. UMA VEZ QUE *Z* É USADO COM GRANDE FREQUÊNCIA, PRECISAMOS DE UMA NOTAÇÃO CONVENIENTE PARA IDENTIFICAR AS INFORMAÇÕES NECESSÁRIAS.

A convenção que usamos como um "nome algébrico" para um escore-*z* específico é $z(\alpha)$, em que α representa a "área à direita" do *z* que está sendo identificado.

Interpretação visual de z(α)

As Figuras 6.6 e 6.7 são ambas interpretações visuais de $z(\alpha)$. A Figura 6.6 retrata $z(0,05)$ (lê-se "*z* de 0,05"), que é o nome algébrico para *z*, de forma que a área à direita e sob a curva normal padrão é exatamente 0,05. De forma semelhante, a Figura 6.7 mostra $z(0,90)$ (lê-se "*z* de 0,90"), que é o valor de *z*, de forma que 0,90 da área estejam localizados à direita.

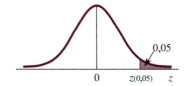

Figura 6.6 Área associada a $z_{(0,05)}$

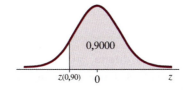

Figura 6.7 Área associada a $z_{(0,90)}$

Definição de valores de z correspondentes a z(α)

As representações visuais como as apresentadas nas Figuras 6.6 e 6.7 também possuem valores numéricos correspondentes. Agora, vamos determinar os valores numéricos de $z(0,05)$, $z(0,90)$ e $z(0,95)$.

Para determinar o valor numérico de $z(0,05)$, temos que converter as informações da área na notação em informações que possamos utilizar com a Tabela 3 do Apêndice B. Subtraindo 0,05 de 1, temos 0,95, a área à esquerda de $z(0,05)$, que podemos ver na Figura 6.8. Ao verificarmos a Tabela 3, procuramos por uma área que esteja mais próxima possível de 0,9500.

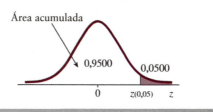

Figura 6.8 Encontre o valor de $z_{(0,05)}$

z	···	0,04	**0,05**	···
⋮				
1,6	···	0,9495	***0,9500***	0,9505	···
⋮				

Usamos o *z* que corresponde à área mais próxima em valor. Quando acontece de o valor estar localizado exatamente no meio das entradas da tabela, conforme mostrado acima, utilizamos sempre o maior valor de *z*. Portanto, $z(0,05) = \mathbf{1{,}65}$.

Para determinar o valor numérico de $z(0,90)$, precisamos subtrair a área de 0,90 de 1, o que resulta em uma área de 0,10 à esquerda de $z(0,90)$. A área de 0,1000 é aquela que podemos ver com a Tabela 3 do Apêndice B, como é mostrado no diagrama abaixo.

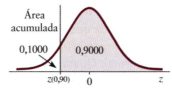

Os valores mais próximos da Tabela 3 são 0,1003 e 0,0985, estando 0,1003 mais próximo a 0,1000.

z	···	**0,08**		0,09
⋮				
−1,2	···	0,1003	0,1000	0,0985
⋮				

Assim, $z(0,90)$ está relacionado a $-1,28$. Uma vez que $z(0,90)$ está abaixo da média, faz sentido que $z(0,90)$ $= -1,28$.

Em decorrência da natureza simétrica da distribuição normal, $z(\alpha)$ e $z(1-\alpha)$ estão intimamente relacionados. A única diferença existente reside no fato de um ser positivo e o outro negativo. Nós já encontramos o valor de $z(0,05) = 1,65$. Agora, vamos determinar $z(0,95)$.

$z(0,95)$ está localizado à esquerda da distribuição normal, pois a área à direita é $0,95$. Então, a área da cauda à esquerda contém o outro $0,05$, como mostrado na Figura 6.9.

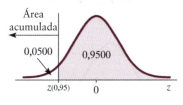

Figura 6.9 **Área associada a $z_{(0,95)}$**

Usando a Tabela 3 do Apêndice B, $z(0,95) = -1,65$.

Por causa da natureza simétrica da distribuição normal, $z(0,95) = -1,65$ e $z(0,05) = 1,65$ diferem apenas no que diz respeito ao sinal e ao lado da distribuição ao qual pertencem. Assim, $z(0,95) = -z(0,05) = -1,65$.

Em muitas situações, será mais conveniente consultar a área da cauda do que a área acumulada ou a área para a direita, para que assim possamos utilizar essa diferença como um nome algébrico alternativo para os valores de z que limitam uma situação do lado esquerdo da cauda. Em geral, quando $1-\alpha$ é maior que $0,5000$, a convenção de notação que usaremos é $z(1-\alpha) = -z(\alpha)$.

A notação $z(\alpha)$ é frequentemente usada em associação a situações inferenciais envolvendo a área de uma região de cauda (extremidades de uma curva de distribuição, à esquerda ou à direita). Nos capítulos posteriores, essa notação será usada de forma regular. Os valores de z, que serão usados regularmente, provêm de uma dessas situações: (1) o escore-z de forma que exista uma área específica em uma cauda da distribuição normal, ou (2) os escores-z que limitam uma proporção média específica da distribuição normal. Quando a proporção média de uma distribuição normal é especificada, também podemos usar a notação da "área à direita" para identificar o escore-z específico envolvido.

Tabela 4 e valores de *z* comumente usados

Já resolvemos duas situações unicaudais comumente utilizadas: $z(0,05) = 1,65$ é localizado de forma que $0,05$ da

área sob a curva de distribuição normal se encontre na cauda à direita, e $z(0,90) = -1,28$ é localizado de forma que $0,10$ da área sob a curva de distribuição normal se encontre na cauda à esquerda.

A Tabela 4, Valores críticos da distribuição normal padrão, foi projetada para fornecer somente os valores de z mais comumente utilizados quando fornecida(s) a(s) área(s) das regiões de cauda. A Parte A, Situações unicaudais, é utilizada quando a área de uma cauda é fornecida. Para examinar essa afirmação, vamos determinar os valores de $z(0,05)$ e $z(0,95)$ utilizando a Tabela 4. A Tabela 4A, Situações unicaudais, nos mostra:

		Quantidade de α em uma cauda			
α	$\cdots$	0,10	**0,05**	0,025	$\cdots$
$z(\alpha)$	$\cdots$	1,28	**1,65**	1,96	$\cdots$

$z(0,05) = \mathbf{1,65}$ e, sendo a distribuição normal padrão simétrica, o valor de $z(0,95) = -z(0,05) = -\mathbf{1,65}$.

Definição dos escores-z para áreas delimitadas

Os escores-z também podem ser determinados para áreas delimitadas de uma distribuição normal. Por exemplo, podemos determinar os escores-z que limitam a fração $0,95$ central da distribuição normal. Tendo $0,95$ como a área central (veja a Figura 6.10), as duas caudas devem conter um total de $0,05$. Portanto, cada cauda contém $\frac{1}{2}$ de $0,05$, ou $0,025$, como mostrado na Figura 6.11.

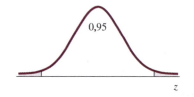

Figura 6.10 **Área associada à fração 0,95 central**

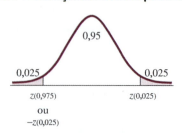

Figura 6.11 **Definição dos escores-z para a fração 0,95 central**

O valor da cauda direita, $z(0,025)$, é determinado utilizando-se a Tabela 4, Parte A, Situações unicaudais, como mostrado anteriormente.

Uma parte da Tabela 4A, Situações unicaudais				
	Quantidade de α em uma cauda			
α	⋯	0,05	**0,025**	0,02	⋯
Z(α)	⋯	1,65	**1,96**	2,05	⋯

$z(0,025) = $ **1,96,** e sendo a distribuição normal padrão simétrica, o valor de $z(0,975) = -z(0,025) = $ **–1,96.**

UTILIZAÇÃO DE DUAS CAUDAS

Também é possível usar duas caudas para encontrar a área. Tendo 0,95 como a área central (Figura 6.11), as duas caudas devem conter um total de 0,05. A Tabela 4, Parte B, Situações bicaudais, pode ser usada quando é conhecida a área combinada de ambas as caudas (ou a área no centro). Localize a coluna que corresponde a $\alpha = 0,05$ ou $(1 - \alpha) = 0,95$.

Uma parte da Tabela 4B, Situações bicaudais				
	Quantidade de α em duas caudas			
α	⋯	0,10	**0,05**	0,02	⋯
Z(α/2)	⋯	1,65	**1,96**	2,33	⋯
1 − α	⋯	0,90	**0,95**	0,98	⋯
	Área no "centro"			

Utilizando a Tabela 4B, encontramos $z(0,05/2) = z(0,025) = 1,96$. Aplicando a propriedade de simetria da distribuição, chegamos a $z(0,975) = -z(0,025) = -1,96$. Assim, a fração 0,95 central da distribuição normal é delimitada por **–1,96** e **1,96.**

6.5 Aproximação normal da binomial

NO CAPÍTULO 5, INTRODUZIMOS A **DISTRIBUIÇÃO BINOMIAL**. LEMBRE-SE DE QUE A DISTRIBUIÇÃO BINOMIAL É UMA DISTRIBUIÇÃO DE PROBABILIDADE DA VARIÁVEL ALEATÓRIA DISCRETA x, O NÚMERO DE SUCESSOS OBSERVADO EM n TESTES INDEPENDENTES REPETIDOS.

Agora, veremos como as **probabilidades binomiais** – ou seja, probabilidades associadas à distribuição binomial – podem ser razoavelmente aproximadas utilizando-se a distribuição de probabilidade normal.

Vejamos, primeiro, algumas distribuições binomiais específicas. A Figura 6.12 mostra as probabilidades de x para o intervalo de 0 a n para três situações: $n = 4$, $n = 8$ e $n = 24$. Para cada uma dessas distribuições, a probabilidade de sucesso para um teste é de 0,5. Observe que, conforme n aumenta, a distribuição parece cada vez mais com uma distribuição normal.

Para fazer a aproximação desejada, é preciso levar em conta uma importante diferença entre a distribuição de probabilidade binomial e a normal. A variável aleatória binomial é **discreta**, enquanto a variável aleatória normal é **contínua**. Lembre-se de que o Capítulo 5 demonstrou que a probabilidade atribuída a um determinado valor de x deve ser mostrada em um diagrama por meio de um segmento de linha reta, cujo comprimento represente a probabilidade (como na Figura 6.12). O Capítulo 5 sugeriu, no entanto, que também podemos usar um histograma no qual a área de cada barra seja igual à probabilidade de x.

Observemos a distribuição da variável binomial x, quando $n = 14$ e $p = 0,5$. As probabilidades para cada valor de x podem ser obtidas da Tabela 2 do Apêndice B. Essa distribuição de x é mostrada na Figura 6.13. Vemos a mesma distribuição na Figura 6.14, em forma de histograma.

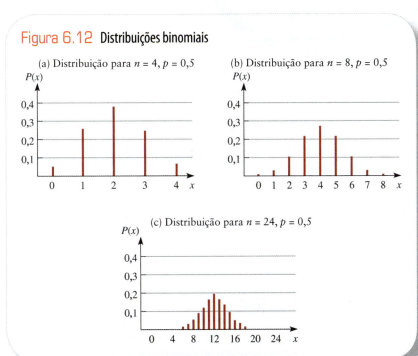

Figura 6.12 **Distribuições binomiais**

(a) Distribuição para $n = 4$, $p = 0,5$

(b) Distribuição para $n = 8$, $p = 0,5$

(c) Distribuição para $n = 24$, $p = 0,5$

Examinemos $P(x = 4)$ para $n = 14$ e $p = 0,5$ para estudar a técnica de aproximação. $P(x = 4)$ é igual a 0,061 (veja a Tabela 2 do Apêndice B), a área da barra (retângulo) acima de $x = 4$ na Figura 6.15.

A área de um retângulo é o produto de sua largura e de sua altura. Nesse caso, a altura é igual a 0,061 e a largura a 1,0, assim, a área é igual a 0,061. Vamos olhar a largura mais de perto. Para $x = 4$, a barra começa em 3,5 e termina em 4,5, assim, estamos olhando a área delimitada por $x = 3,5$ e $x = 4,5$. A adição e a subtração de 0,5 ao valor de x são comumente chamadas de **fator de correção de continuidade**. Esse é o nosso método de conversão de uma variável discreta em uma variável contínua.

Agora, vejamos a distribuição normal relacionada a essa situação. Primeiro, é necessária uma distribuição normal com média e desvio padrão iguais aos da distribuição binomial que estamos discutindo. As fórmulas (5.7) e (5.8) nos fornecem esses valores:

$$\mu = np = (14)(0,5) = \textbf{7,0}$$

$$\sigma = \sqrt{npq} = \sqrt{(14)(0,5)(0,5)} = \sqrt{3,5} = \textbf{1,87}$$

A probabilidade de $x = 4$ é aproximada pela área sob a curva normal entre $x = 3,5$ e $x = 4,5$, como é mostrado na Figura 6.16. A Figura 6.17 mostra toda a distribuição da variável binomial x com uma distribuição normal da mesma média e desvio padrão sobreposto. Observe que as barras e as áreas de intervalo sob a curva abrangem praticamente a mesma área.

A probabilidade de x estar entre 3,5 e 4,5 sob essa curva normal é determinada aplicando-se a fórmula (6.3), Tabela 3 do Apêndice B, e os métodos descritos no Objetivo 6.4:

$$z = \frac{x - \mu}{\sigma}:$$

$$P(3.5 < x < 4,5) = P\left(\frac{3,5 - 7,0}{1,87} < z < \frac{4,5 - 7,0}{1,87}\right)$$

$$= P(-1,87 < z < -1,34)$$

$$= 0,0901 - 0,0307 = 0,0594$$

Considerando que a probabilidade binomial de 0,061 e a probabilidade normal de 0,0594 são razoavelmente próximas, a distribuição de probabilidade normal parece ser uma aproximação razoável da distribuição binomial.

A aproximação normal da distribuição binomial também é útil para valores de p que não estão próximos a 0,5. A distribuição de probabilidade binomial mostrada na Figura 6.18 sugere que as probabilidades binomiais podem ser aproximadas utilizando-se a distribuição normal. Observe que à medida que n aumenta, a distribuição binomial começa a se parecer com a distribuição normal. Conforme o valor de p se distancia de 0,5, um n maior é necessário para que a aproximação normal seja razoável. A *regra de ouro* a seguir, geralmente, é usada como uma diretriz:

REGRA: A distribuição normal fornece uma aproximação razoável para a distribuição de probabilidade binomial sempre que os valores de np e $n(1 - p)$ se igualam ou excedam a 5.

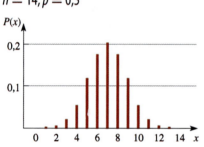

Figura 6.13 Distribuição de x quando $n = 14, p = 0,5$

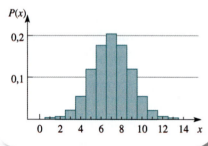

Figura 6.14 Histograma da distribuição de x quando $n = 14, p = 0,5$

Fator de correção de continuidade: $x \pm 0,5$

Ranplett/Stockphoto

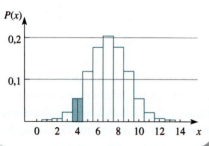

Figura 6.15 A área da barra acima de $x = 4$ é 0,061, para $B(n = 14, p = 0,5)$

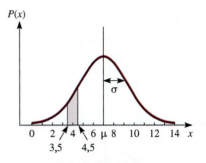

Figura 6.16 Probabilidade de $x = 4$ ser aproximado pelo valor da área sombreada

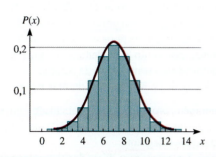

Figura 6.17 Distribuição normal sobreposta à distribuição da variável binomial x

Figura 6.18 Distribuições binomiais

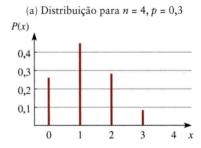

(a) Distribuição para $n = 4$, $p = 0,3$

(b) Distribuição para $n = 8$, $p = 0,3$

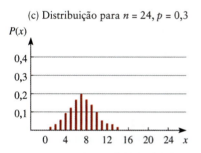

(c) Distribuição para $n = 24$, $p = 0,3$

Nesse momento, você pode estar pensando: "E daí? Vou simplesmente usar a tabela binomial, encontrar as probabilidades diretamente e evitar todo o trabalho extra". No entanto, isso nem sempre funciona. Às vezes, você deve resolver (e não encontrar) um problema de probabilidade binomial com a distribuição normal. Por exemplo, uma falha mecânica não percebida em uma fábrica de máquinas fez que $\frac{1}{3}$ da produção de 5 mil molas espirais apresentassem defeito. Qual a probabilidade de um inspetor encontrar mais de três molas defeituosas em uma amostra aleatória de 25 peças?

Nesse exemplo de experimento binomial, x é o número de peças defeituosas encontradas na amostra, $n = 25$ e $p = P$(defeituosa) $= \frac{1}{3}$. Para responder à questão usando a distribuição binomial, teremos de usar a função de probabilidade binomial, a fórmula (5.5):

$$P(x) = \binom{25}{x}\left(\frac{1}{3}\right)^x\left(\frac{2}{3}\right)^{25-x} \qquad \text{para } x = 0, 1, 2, \ldots, 25$$

Devemos calcular os valores para $P(0)$, $P(1)$, $P(2)$ e $P(3)$ porque eles não são fornecidos pela Tabela 2 do Apêndice B. Esse é um trabalho muito cansativo por causa do tamanho do expoente. Em situações como essa, podemos usar o método de aproximação normal.

Agora, vamos encontrar $P(x \leq 3)$ aplicando o método de aproximação normal. Primeiro, é necessário en-

contrar a média e o desvio padrão de x, utilizando as fórmulas (5.7) e (5.8):

$$\mu = np = (25)\left(\frac{1}{3}\right) = \mathbf{8,333}$$

$$\sigma = \sqrt{npq} = \sqrt{(25)\left(\frac{1}{3}\right)\left(\frac{2}{3}\right)} = \sqrt{5,555} = \mathbf{2,357}$$

Esses valores são mostrados na Figura. A área da região sombreada ($x < 3,5$) representa a probabilidade de $x = 0$, 1, 2 ou 3. Lembre-se de que $x = 3$, a variável binomial discreta, abrange o intervalo contínuo de 2,5 a 3,5.

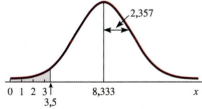

$P(x$ não é maior que 3$) = P(x \leq 3)$ $\left(\text{para uma variável discreta } x\right)$

$\qquad\qquad = P(x < 3,5)$ $\left(\text{para uma variável contínua } x\right)$

$z = \dfrac{x - \mu}{\sigma}:$

$$P(x < 3,5) = P\left(z < \frac{3,5 - 8,333}{2,357}\right) = P(z < -2,05)$$

$$= \mathbf{0,0202}$$

Assim, P(não mais do que três peças defeituosas) é aproximadamente 0,02.

problemas

Objetivo 6.1

6.1 Porcentagem, proporção ou probabilidade – identificar o que é ilustrado por cada uma das seguintes afirmações.
   a. Um terço da plateia tinha uma boa visão do evento.
   b. Quinze por cento dos eleitores foram entrevistados conforme deixavam o local da votação.
   c. A chance de chover amanhã durante o dia é de 0,2.

6.2 Porcentagem, proporção ou probabilidade – em suas próprias palavras, utilizando entre 25 e 50 palavras para cada um, descreva o seguinte:
   a. Como a porcentagem difere dos outros termos.
   b. Como a proporção difere dos outros termos.
   c. Como a probabilidade difere dos outros termos.
   d. Como os três termos acima são basicamente a mesma coisa.

Objetivo 6.2

6.3 Determine a área sob a curva normal localizada à esquerda dos seguintes valores de z.
   a. $z = -1,30$ b. $z = -2,56$
   c. $z = -3,20$ d. $z = -0,64$

6.4 Determine a probabilidade de um dado selecionado aleatoriamente de uma população normal apresentar uma pontuação padrão (z) que esteja localizada à esquerda dos seguintes valores de z.
   a. $z = 2,10$ b. $z = 1,20$
   c. $z = 3,26$ d. $z = 0,71$

6.5 Determine a área sob a curva normal padrão à direita de $z = -2,35$, $P(z > -2,35)$.

6.6 Determine as seguintes áreas sob a curva normal padrão.
   a. À direita de $z = -0,47$, $P(z > -0,47)$.
   b. À direita de $z = -1,01$, $P(z > -1,01)$.
   c. À direita de $z = -3,39$, $P(z > -3,39)$.

6.7 Determine a área sob a curva normal padrão à direita de $z = 2,03$: $P(z > 2,03)$.

6.8 Determine a área sob a curva normal padrão entre $-1,39$ e a média, $P(-1,39 < z < 0,00)$.

6.9 Determine a área sob a curva normal padrão entre $z = -2,46$ e $z = 1,46$, $P(-2,46 < z < 1,46)$.

6.10 Determine a área sob a curva normal padrão que corresponde aos seguintes valores de z.
   a. Entre 0 e 1,55.   b. À direita de 1,55.
   c. À esquerda de 1,55.   d. Entre $-1,55$ e 1,55

6.11 Determine o seguinte:
   a. $P(0,00 < z < 2,35)$ b. $P(-2,10 < z < 2,34)$
   c. $P(z > 0,13)$ d. $P(z < 1,48)$

6.12 Determine o seguinte:
   a. $P(-3,05 < z < 0,00)$ b. $P(-2,43 < z < 1,37)$
   c. $P(z < -2,17)$ d. $P(z > 2,43)$

6.13 Determine a área sob a curva normal padrão entre $z = 0,75$ e $z = 2,25$, $P(0,75 < z < 2,25)$.

6.14 Determine a área sob a curva normal situada entre os seguintes pares de valores de z:
   a. $z = -1,20$ a $z = -0,22$
   b. $z = -1,75$ a $z = -1,54$
   c. $z = 1,30$ a $z = 2,58$
   d. $z = 0,35$ a $z = 3,50$

6.15 Determine o escore-z para a distribuição normal padrão mostrada em cada um dos diagramas a seguir.
   a.
   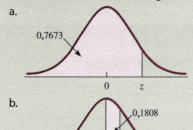
   b.

   c.
   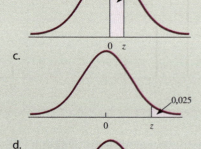
   d.

   e.
   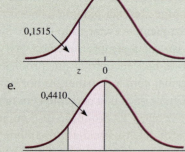
   f.
   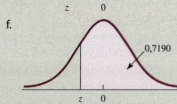

6.16 Considerando uma distribuição normal, qual é o escore-z associado aos 90º, 95º e 99º percentis?

6.17 Considerando uma distribuição normal, qual é o escore-z associado aos 1º, 2º e 3º quartis?

6.18 a. Determine o escore-z padrão de modo que 80% da distribuição esteja abaixo (à esquerda) desse valor.
   b. Determine o escore-z padrão de modo que a área à direita desse valor seja igual a 0,15.
   c. Determine os dois escores-z que limitam os 50% centrais de uma distribuição normal.

6.19 a. Determine o escore-z para o 33º percentil da distribuição normal padrão.
   b. Determine os escores-z que limitam os 40% centrais da distribuição normal padrão.

Objetivo 6.3

6.20 Sabendo que $x = 58$, $\mu = 43$ e $\sigma = 5,2$, determine z.

6.21 Sabendo que x é uma variável aleatória distribuída normalmente, com média de 60 e desvio padrão igual a 10, determine as seguintes probabilidades.
   a. $P(x > 60)$ b. $P(60 < x < 72)$
   c. $P(57 < x < 83)$ d. $P(65 < x < 82)$
   e. $P(38 < x < 78)$ f. $P(x < 38)$

6.22 Baseado em uma pesquisa realizada pela Greenfield Online, adultos entre 25 e 34 anos alimentam-se de *fast-food* a maior parte da semana. O *US Today* informou em sua seção Snapshot, de maio de 2009, a quantia semanal média de US$ 44,00 gasta com *fast-food*. Supondo que as despesas semanais com *fast-food* são distribuídas normalmente, com um desvio padrão de US$ 14,50, qual é a probabilidade de um adulto entre 25 e 34 anos gastar
   a. menos de US$ 25,00 por semana com *fast-food*?
   b. entre US$ 30,00 e US$ 50,00 por semana com *fast-food*?
   c. mais de US$ 75,00 por semana com *fast-food*?

6.23 Dependendo de onde você vive e da qualidade da creche, as despesas com creche podem variar de US$ 3.000 a US$ 15.000 por ano (ou de US$ 250 a US$ 1.250 mensais) para uma criança, de acordo com o BabyCenter, creches nas grandes cidades, como Nova York e São Francisco, são notoriamente caras. Suponha que os custos com creche sejam distribuídos normalmente com uma média igual a US$ 9.000 e um desvio padrão de US$ 1.800.

   FONTE: http://www.babycenter.com/

   a. Qual porcentagem de creches custará entre US$ 7.200 e US$ 10.800 por ano?
   b. Qual porcentagem de creches custará entre US$ 5.400 e US$ 12.600 por ano?
   c. Qual porcentagem de creches custará entre US$ 3.600 e US$ 14.400 por ano?
   d. Compare os resultados dos itens de (a) a (c) com a regra empírica. Explique a relação.

6.24 Como mostrado no exemplo da página 126, os rendimentos dos executivos juniores são distribuídos normalmente, com um desvio padrão de US$ 3.828.
   a. Qual é a média dos salários dos executivos juniores, se um salário de US$ 62.900 estiver no topo dos 80% médios dos rendimentos?
   b. Com as informações adicionais obtidas no item (a), qual é a probabilidade de um executivo júnior escolhido aleatoriamente ganhar menos de US$ 50.000?

6.25 De acordo com a ACT, os resultados obtidos nos testes ACT de 2008 revelaram que os estudantes tiveram uma pontuação média em interpretação de 21,4 pontos, com desvio padrão de 6,0 pontos. Supondo que as pontuações são normalmente distribuídas,
   a. determine a probabilidade de um estudante selecionado aleatoriamente ter uma pontuação no teste ACT de interpretação de textos inferior a 20 pontos.
   b. determine a probabilidade de um estudante selecionado aleatoriamente ter uma pontuação no teste ACT de interpretação de textos entre 18 e 24 pontos.
   c. determine a probabilidade de um estudante selecionado aleatoriamente ter uma pontuação no teste ACT de interpretação de textos superior a 30 pontos.
   d. determine o valor do 75º percentil para as pontuações no ACT.

6.26 A unidade de radar é usada para medir a velocidade dos veículos em uma via expressa durante o tráfego da hora do *rush*. A velocidade de cada veículo é distribuída normalmente com uma média de 62 mph.
   a. Determine o desvio padrão de todas as velocidades, sendo que 3% dos veículos trafegam com velocidade acima de 72 mph.
   b. Usando o desvio padrão encontrado no item (a), determine a porcentagem dos carros que trafegam com velocidade inferior a 55 mph.
   c. Usando o desvio padrão encontrado no item (a), determine o 95º percentil para a variável "velocidade".

6.27 a. Gere uma amostra aleatória com 100 dados de uma distribuição normal com média igual a 50 e desvio padrão de 12.
   b. Usando a amostra aleatória de 100 dados gerada no item (a) e os comandos tecnológicos para calcular os valores das ordenadas em seu Tec Card, encontre os 100 valores de y correspondentes a uma curva de distribuição normal com média igual a 50 e desvio padrão de 12.
   c. Use os 100 pares ordenados encontrados no item (b) e desenhe a curva da distribuição normal com média igual a 50 e desvio padrão de 12. (Os comandos tecnológicos estão incluídos no item (b), comandos do seu Tec Card.)
   d. Aplicando os comandos tecnológicos a probabilidade acumulada fornecidos por seu Tec Card, determine a probabilidade de um valor selecionado aleatoriamente de uma distribuição normal, com uma média igual a 50 e desvio padrão de 12, estar entre 55 e 65. Verifique seus resultados utilizando a Tabela 3 do Apêndice B.

6.28 Gere dez amostras aleatórias, cada uma de tamanho 25, de uma distribuição normal com média igual a 75 e desvio padrão de 14. Responda aos itens (b) a (d) da questão 6.25.

Objetivo 6.4

6.29 Utilizando a notação z(α) (passe a identificar o valor de α usado dentro dos parênteses), identifique cada uma das variáveis normais padrão z mostradas nos diagramas a seguir.

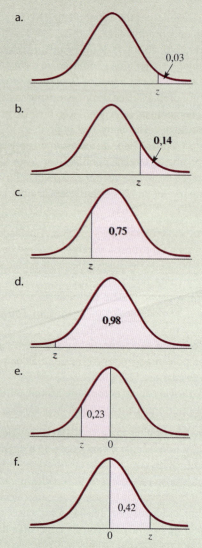

a.

b.

c.

d.

e.

f.

6.30 Desenhe a curva normal padrão mostrando:
   a. $z(0,15)$ b. $z(0,82)$

6.31 Desenhe a curva normal padrão mostrando:
   a. $z(0,04)$ b. $z(0,94)$

6.32 Geralmente, estamos interessados em encontrar o valor de z que limita uma determinada área na cauda direita da distribuição normal, como mostrado na figura. A notação $z(\alpha)$ representa o valor de z de forma que $P(z > z(\alpha)) = \alpha$.

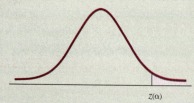

Determine o seguinte:
   a. $z(0,025)$ b. $z(0,05)$ c. $z(0,01)$

6.33 Utilize a Tabela 4A do Apêndice B e a propriedade de simetria das distribuições normais para determinar os seguintes valores de z.
   a. $z(0,05)$ b. $z(0,01)$ c. $z(0,025)$
   d. $z(0,975)$ e. $z(0,98)$

6.34 Utilizando a Tabela 4A do Apêndice B e a propriedade de simetria da distribuição normal, complete os gráficos de escores-z a seguir. A área fornecida nas tabelas é a área à direita sob a distribuição normal nas figuras.
   a. escores-z associados à cauda da direita: dada a área A, determine z(A).

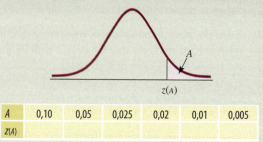

A	0,10	0,05	0,025	0,02	0,01	0,005
Z(A)						

   b. escores-z associados à cauda esquerda: dada a área B, determine $z(B)$.

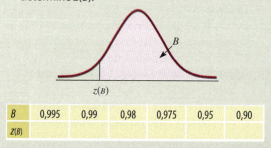

B	0,995	0,99	0,98	0,975	0,95	0,90
Z(B)						

6.35 A notação z, z(α), combina dois conceitos relacionados, o escore-z e a área à direita, em um símbolo matemático. Identifique a letra em cada um dos itens a seguir como sendo um escore-z ou uma área e, em seguida, com o auxílio de um diagrama, explique o que o número e a letra fornecidos representam na curva padrão.
   a. $z(A) = 0,10$ b. $z(0,10) = B$
   c. $z(C) = -0,05$ d. $-z(0,05) = D$

Objetivo 6.5

6.36 Determine os valores np e nq (lembre-se: $q = 1 - p$) para um experimento binomial com $n = 100$ e $p = 0,02$. Essa distribuição binomial satisfaz a regra de aproximação normal? Explique.

6.37 Para ver o que acontece quando a aproximação normal é usada incorretamente, considere a distribuição binomial com $n = 15$ e $p = 0,05$. Uma vez que $np = 0,75$, a regra de ouro ($np > 5$ e $nq > 5$) não é satisfeita. Utilizando as tabelas de binômios, determine a probabilidade de ocorrer um ou menos sucessos e compare o resultado à aproximação normal.

6.38 Determine a aproximação normal para a probabilidade binomial $P(x = 6)$, em que $n = 12$ e $p = 0,6$. Compare o resultado com o valor de $P(x = 6)$ obtido na Tabela 2 do Apêndice B.

6.39 Determine a aproximação normal para a probabilidade binomial $P(x = 4,5)$, em que $n = 14$ e $p = 0,5$. Compare o resultado com o valor de $P(x = 4,5)$ obtido na Tabela 2 do Apêndice B.

6.40 Determine a aproximação normal para a probabilidade binomial $P(x \leq 8)$, em que $n = 14$ e $p = 0,4$. Compare o resultado com o valor de $P(x \leq 8)$ obtido na Tabela 2 do Apêndice B.

6.41 Determine a aproximação normal para a probabilidade binomial $P(x \geq 9)$, em que $n = 13$ e $p = 0,7$. Compare o resultado com o valor de $P(x \geq 9)$ obtido na Tabela 2 do Apêndice B.

6.42 O melanoma é a forma mais grave de câncer de pele e está aumentando a uma taxa superior a qualquer outro câncer nos Estados Unidos. Se for descoberto em sua fase inicial, a taxa de sobrevivência de cinco anos para os pacientes é de, em média, 98% nos Estados Unidos. Qual é a probabilidade de que 235 ou mais indivíduos de algum grupo de 250 pacientes em estágio inicial sobrevivam cinco anos ou mais após o diagnóstico de melanoma?

FONTE: http://www.health.com/

6.43 De acordo com um relatório do Pew Internet & American Life Project de setembro de 2008, 62% dos adultos empregados utilizam a internet ou *e-mail* em seus trabalhos. Qual é a probabilidade de que mais de 180 indivíduos de um grupo de 250 adultos empregados utilizem a internet ou o *e-mail* em seus trabalhos?

FONTE: http://www.pewinternet.org/

6.44 Uma pesquisa realizada em fevereiro de 2007 pela Gallup e publicada pelo Pew Research Center revelou que 88% dos eleitores votariam em uma mulher para presidente se ela fosse qualificada. Somente 53% dos eleitores pensavam assim em 1969. Supondo que 88% é a proporção atual verdadeira, qual é a probabilidade de outra pesquisa com 1.125 eleitores registrados, conduzida de forma aleatória, revelar que

FONTE: http://pewresearch.org/

a. mais de oito nonos votariam em uma mulher para presidente, se ela fosse qualificada?

b. menos de 85% votariam em uma mulher para presidente se ela fosse qualificada?

6.45 Nem todos os técnicos da NBA com carreiras longas foram vencedores em todas as temporadas que participaram com as equipes que treinaram. Por exemplo, Bill Fitch, que foi técnico durante 25 temporadas do basquete profissional depois de iniciar sua carreira como treinador na Universidade de Minnesota, venceu 944 jogos, mas perdeu 1.106, enquanto trabalhava com o Cavaliers, o Celtics, o Rockets, o Nets e o Clippers. Se você tivesse de escolher aleatoriamente 60 pontuações finais dos registros históricos dos jogos nos quais Bill Fitch treinou uma das equipes, qual é a probabilidade de que menos da metade dessas pontuações mostrem sua equipe como vencedora? Para obter a sua resposta, use a aproximação normal para a distribuição binomial.

FONTE: http://www.basketball-reference.com

6.46 De acordo com um relatório de dezembro de 2008 do site Join Together, da Escola de Saúde Pública da Universidade de Boston, aproximadamente metade (42%) das crianças norte-americanas são expostas ao fumo passivo semanalmente, com mais de 25% dos pais informando que seus filhos são expostos ao fumo em suas casas. Essa estatística foi um dos muitos resultados da pesquisa Social Climate Survey of Tobacco Control (Pesquisa de Clima Social de Controle do Tabagismo). Utilize a aproximação normal para a distribuição binomial para determinar a probabilidade de que em uma pesquisa com 1.200 pais selecionados aleatoriamente, de 450 a 500 pais, inclusive, respondam que seus filhos são expostos ao fumo em casa.

FONTE: http://www.socialclimate.org/

6.47 A tecnologia é a chave para o nosso futuro. Aparentemente, os estudantes também acreditam nisso. De acordo com uma pesquisa realizada pela Ridgid com alunos do Ensino Médio em abril de 2009, a principal escolha de carreira entre esses alunos foi a Tecnologia da Informação. Essa opção foi selecionada por 25% dos alunos entrevistados. Suponha que você selecione aleatoriamente 200 alunos de sua escola secundária local. Utilize a aproximação normal para a distribuição binomial para determinar a probabilidade de que de acordo com sua amostra:

a. Mais de 65 alunos escolham a Tecnologia da Informação como a sua opção de carreira.

b. Menos de 27 alunos escolham a Tecnologia da Informação como a sua opção de carreira.

c. Entre 45 e 60 alunos escolham a Tecnologia da Informação como a sua opção de carreira.

Variabilidade amostral

7.1 Distribuições amostrais

AMOSTRAS SÃO COLHIDAS TODOS OS DIAS POR DIVERSAS RAZÕES: INDÚSTRIAS MONITORAM CONTINUAMENTE A QUALIDADE DE SEUS PRODUTOS, AGÊNCIAS MONITORAM O AMBIENTE E PROFISSIONAIS DA ÁREA DE SAÚDE MONITORAM NOSSA SAÚDE. ENFIM, A LISTA É INFINITA.

objetivos

7.1 **Distribuições amostrais**

7.2 **Distribuição amostral de médias amostrais**

7.3 **Aplicação da distribuição amostral de médias amostrais**

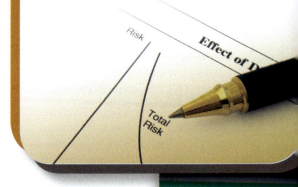

Muitas dessas amostras são colhidas uma única vez, enquanto outras são repetidas para um monitoramento contínuo.

O censo, que é um levantamento de 100% de uma amostragem populacional, é realizado nos Estados Unidos uma vez a cada dez anos. É um trabalho enorme e cansativo, mas as informações obtidas são vitais para a organização e a estrutura do país. No entanto, o tempo traz mudanças que resultam em novas questões e, portanto, alteram o censo. É impraticável a realização de um censo com mais frequência, mas, muitas vezes, são necessárias informações novas e atualizadas. São nesses casos que uma amostra representativa e amostras diárias são úteis.

Para chegarmos a conclusões sobre a população, é necessário discutirmos um pouco mais sobre os resultados amostrais. Uma média amostral $\bar{x}$ é obtida de uma amostra. Você espera que esse valor, $\bar{x}$, seja exatamente igual ao valor da média da população μ? Sua resposta deve ser não. Não se deve esperar que as médias sejam idênticas, mas ficaremos satisfeitos com os resultados de nossa amostra se a média amostral estiver "próxima" ao valor da média da população. Vamos considerar uma segunda pergunta: se for coletada uma segunda amostra, será que ela terá uma média igual à da população? Igual à média da primeira amostra? Novamente, não. Não se espera que a média amostral seja igual à da população, nem que a média da segunda amostra seja uma repetição da média da primeira amostra.

Oxana Bogatova/iStockphoto / Rob Eyers/iStockphoto

Porém, novamente, esperamos que os valores sejam "próximos". (Esse argumento deve valer para qualquer outra amostra estatística e seu valor para a população correspondente.)

Você já deve ter pensado nas perguntas a seguir: o que é "próximo"? Como determinar (e medir) essa proximidade? Como a **estatística de amostras repetidas** será distribuída? Para responder a essas perguntas, deve-se considerar uma *distribuição amostral*. A **distribuição amostral de uma estatística amostral** é a distribuição dos valores de uma amostra estatística obtidos de amostras repetidas, todas do mesmo tamanho e extraídas da mesma população.

Vamos começar examinando duas pequenas distribuições amostrais teóricas diferentes. Primeiro, vamos introduzir uma distribuição amostral básica das médias. Em seguida, vamos examinar a distribuição amostral das médias mais detalhadamente.

Distribuição amostral de uma estatística amostral É a distribuição dos valores de uma estatística amostral, obtidos de amostras repetidas, todas do mesmo tamanho e extraídas da mesma população.

Criação de uma distribuição amostral das médias

→ Consideremos uma pequena população finita, para ilustrar o conceito de uma distribuição amostral: o conjunto de inteiros pares de um dígito {0, 2, 4, 6, 8} e todas as amostras possíveis de tamanho 2. Vamos examinar uma distribuição amostral que pode ser criada: a distribuição amostral das médias amostrais.

Primeiro, precisamos listar todas as amostras possíveis de tamanho 2. Há 25 amostras possíveis:

{0, 0}	{2, 0}	{4, 0}	{6, 0}	{8, 0}
{0, 2}	{2, 2}	{4, 2}	{6, 2}	{8, 2}
{0, 4}	{2, 4}	{4, 4}	{6, 4}	{8, 4}
{0, 6}	{2, 6}	{4, 6}	{6, 6}	{8, 6}
{0, 8}	{2, 8}	{4, 8}	{6, 8}	{8, 8}

Cada uma dessas amostras tem uma média $\bar{x}$. Essas médias são, respectivamente:

0	1	2	3	4
1	2	3	4	5
2	3	4	5	6
3	4	5	6	7
4	5	6	7	8

Todas essas amostras são igualmente prováveis e, dessa maneira, cada uma das 25 médias amostrais pode ser atribuída com uma probabilidade de $\frac{1}{25}$ = 0,04. A **distribuição amostral de médias amostrais** é exibida na Tabela 7.1, como uma **distribuição de probabilidade**, e na Figura 7.1, em forma de histograma.

O exemplo citado é de natureza teórica e, portanto, expresso em probabilidades. Uma vez que a população é pequena, fica fácil listar todas as 25 amostras possíveis de tamanho 2 (espaço amostral) e atribuir probabilidades. Nem sempre é possível fazer isso.

Agora, vamos examinar empiricamente (isto é, por meio de experimentação) outra distribuição amostral.

Figura 7.1 Histograma: distribuição amostral de médias amostrais

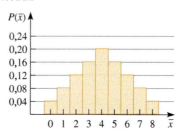

Criação de uma distribuição amostral de médias amostrais

→ Consideremos uma população que consista em cinco inteiros igualmente prováveis: 1, 2, 3, 4 e 5. Podemos observar uma parte da distribuição amostral de médias amostrais quando 30 amostras do tamanho 5 são selecionadas aleatoriamente. A Figura 7.2 mostra um histograma de representação da população.

A Tabela 7.2 mostra as 30 amostras e suas médias. A distribuição amostral resultante, uma distribuição de frequências, das médias amostrais é mostrada na Figura 7.3.

Tabela 7.1 Distribuição de probabilidade: distribuição amostral de médias amostrais

$\bar{x}$	$P(\bar{x})$
0	0,04
1	0,08
2	0,12
3	0,16
4	0,20
5	0,16
6	0,12
7	0,08
8	0,04

Figura 7.2 A população: distribuição de probabilidade teórica

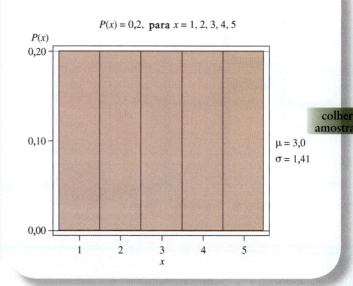

colher amostra

Idade média dos veículos ferroviários de trânsito urbano

Há muitas razões para coletarem dados serem coletados repetidamente. Nem todas as coletas repetidas de dados são realizadas para formar uma distribuição amostral. Considere a estatística "Idade média dos veículos ferroviários de trânsito urbano (anos)" do Departamento de Transportes dos EUA. A tabela mostra a idade média de quatro diferentes categorias de veículos ferroviários monitorados por vários anos. Ao estudar o padrão de mudança na idade média para cada categoria de veículos, uma pessoa pode tirar conclusões sobre o que vem acontecendo com a frota ao longo de vários anos. Além disso, as pessoas envolvidas na manutenção de cada frota podem detectar quando uma mudança nas políticas de substituição de veículos antigos é necessária. Apesar de essa informação ser útil, não há nenhuma distribuição amostral envolvida aqui.

FONTE: Departamento de Transportes dos EUA, Federal Transit Administration

Idade média dos veículos ferroviários de trânsito urbano (anos)

Trânsito ferroviário	1985	1990	1995	2000	2003	2007
Locomotivas urbanas [a]	16,3	15,7	15,9	13,4	16,6	18,4
Vagões de passageiros de trens urbanos	19,1	17,6	21,4	16,9	20,5	18,9
Vagões de passageiros de trens pesados	17,1	16,2	19,3	22,9	19,0	21,6
Veículos leves sobre trilhos (bondes)	20,6	15,2	16,8	16,1	15,6	16,1

[a] Não estão incluídas locomotivas usadas nos serviços de transporte de passageiros entre cidades da Amtrak.

Observe que essa distribuição de médias amostrais não se parece com a população. Pelo contrário, parece mostrar as características de uma distribuição normal: ela é acumulada e quase simétrica com relação à sua média (aproximadamente 3,0).

NOTA: A variável para a distribuição amostral é $\bar{x}$. Portanto, a média de $\bar{x}$ é $\bar{\bar{x}}$, e o desvio padrão de $\bar{x}$ é $s_{\bar{x}}$.

A teoria associada às distribuições amostrais que será descrita no restante deste capítulo requer uma amostragem aleatória. Lembre-se do Capítulo 1, em que uma amostra aleatória é obtida de forma que todas as amostras possíveis de tamanho n fixo tenham a mesma probabilidade de serem selecionadas (veja a página 14).

A Figura 7.4 da próxima página mostra como é formada a distribuição amostral de médias amostrais.

Tabela 7.2 30 amostras de tamanho 5

Nº	Amostra	$\bar{x}$	Nº	Amostra	$\bar{x}$
1	4,5,1,4,5	3,8	16	4,5,5,3,5	4,4
2	1,1,3,5,1	2,2	17	3,3,1,2,1	2,0
3	2,5,1,5,1	2,8	18	2,1,3,2,2	2,0
4	4,3,3,1,1	2,4	19	4,3,4,2,1	2,8
5	1,2,5,2,4	2,8	20	5,3,1,4,2	3,0
6	4,2,2,5,4	3,4	21	4,4,2,2,5	3,4
7	1,4,5,5,2	3,4	22	3,3,5,3,5	3,8
8	4,5,3,1,2	3,0	23	3,4,4,2,2	3,0
9	5,3,3,3,5	3,8	24	3,3,4,5,3	3,6
10	5,2,1,1,2	2,2	25	5,1,5,2,3	3,2
11	2,1,4,1,3	2,2	26	3,3,3,5,2	3,2
12	5,4,3,1,1	2,8	27	3,4,4,4,4	3,8
13	1,3,1,5,5	3,0	28	2,3,2,4,1	2,4
14	3,4,5,1,1	2,8	29	2,1,1,2,4	2,0
15	3,1,5,3,1	2,6	30	5,3,3,2,5	3,6

utilizando as 30 médias

Figura 7.3 Distribuição empírica de médias amostrais

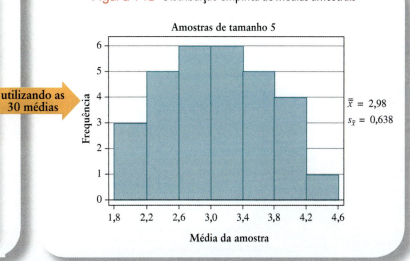

$\bar{\bar{x}} = 2,98$
$s_{\bar{x}} = 0,638$

SCALE
DRAWN BY
TRACED BY
CHECKED BY
SKETCH SHEET
DATE

Figura 7.4 Distribuição amostral de médias amostrais

População estatística em estudo

População estatística

Parâmetro de interesse, μ

A repetição da amostra é necessária para a formação da distribuição amostral

Todas as amostras possíveis de n

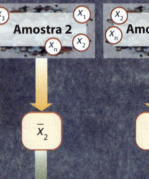 **Amostra 1** x_1 x_3 x_n x_2

Amostra 2 x_3 x_1 x_n x_2

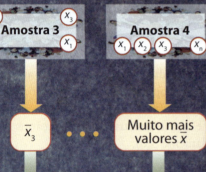 **Amostra 3** x_2 x_3 x_n x_1

Amostra 4 x_1 x_2 x_3 x_n

Um valor da estatística amostral ($\bar{x}$, neste caso) correspondente ao parâmetro de interesse (μ, neste caso) é obtido por cada amostra

$\bar{x}_1$

$\bar{x}_2$

$\bar{x}_3$

$\cdots$

Muito mais valores $\bar{x}$

A distribuição amostral de médias amostrais

Os elementos da distribuição amostral
$\{\bar{x}_1, \bar{x}_2, \bar{x}_3, \dots\}$

Descrição gráfica da distribuição amostral:

Distribuição amostral de médias amostrais

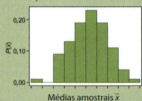

Médias amostrais $\bar{x}$

Descrição numérica da distribuição amostral:

$$\mu_{\bar{x}} = \mu \quad \text{e} \quad \sigma_{\bar{x}} = \frac{\sigma}{\sqrt{n}}$$

Todos esses valores da estatística amostral $\bar{x}$ são, então, utilizados para formar a distribuição amostral

7.2 Distribuição amostral das médias amostrais

NAS PÁGINAS ANTERIORES, ABORDAMOS AS DISTRIBUIÇÕES AMOSTRAIS DAS MÉDIAS AMOSTRAIS, E MUITAS OUTRAS DISTRIBUIÇÕES AMOSTRAIS PODERIAM SER DISCUTIDAS.

No entanto, o único item que nos interessa neste momento é a distribuição amostral das médias amostrais:

Se todas as amostras aleatórias possíveis, cada uma delas de tamanho n, forem extraídas de uma população qualquer com média μ e desvio padrão σ, então, a distribuição amostral das médias amostrais será a seguinte:

1. Uma média $\mu_{\bar{x}}$ igual a μ
2. Um desvio padrão $\sigma_{\bar{x}}$ igual a $\dfrac{\sigma}{\sqrt{n}}$

Além disso, se a população amostrada tiver uma distribuição normal, a distribuição amostral de x também será normal para amostras de todos os tamanhos.

As afirmações 1 e 2 acima são muito interessantes. A primeira parte aborda a relação entre a média e o desvio padrão da população e a média e o desvio padrão da distribuição amostral para todas as distribuições amostrais de médias amostrais. O desvio padrão da distribuição amostral é denotado por σ_x e recebe um nome específico para evitar confusão com o desvio padrão da população, σ. Chamamos σ_x de **erro padrão da média**.

Erro padrão da média ($\sigma_{\bar{x}}$) O desvio padrão da distribuição amostral das médias amostrais.

Teorema do limite central (TLC) A distribuição amostral das médias amostrais será cada vez mais parecida com uma distribuição normal, conforme o tamanho da amostra aumenta.

A segunda parte indica que essa informação nem sempre é útil. Colocada de outra forma, ela diz que os valores médios de somente algumas observações são distribuídos normalmente quando as amostras são extraídas de uma população com distribuição normal. Entretanto, esses valores não serão distribuídos normalmente quando a população amostrada for uniforme, distorcida ou não normal. No entanto, o **teorema do limite central (TLC)** nos fornece algumas informações adicionais e muito importantes sobre a distribuição amostral de médias amostrais. De acordo com esse teorema, a distribuição amostral das médias amostrais será cada vez mais parecida com uma distribuição normal, conforme o tamanho da amostra aumenta.

Se a distribuição amostral for normal, a distribuição amostral das médias amostrais será normal, conforme a afirmação anterior, e o teorema do limite central (TLC) não se aplica. Porém, mesmo se a população amostrada não for normal, ainda assim a distribuição amostral

TEOREMA DO LIMITE CENTRAL
e jogos de azar

Abraham De Moivre foi pioneiro na teoria da probabilidade e publicou A *Doutrina das Probabilidades* em latim, em 1711, e em posteriores edições ampliadas no final daquele século. A edição de 1756 continha sua contribuição mais importante: a aproximação das distribuições binomiais para um número amplo de testes utilizando a distribuição normal. A definição de independência estatística também surgiu juntamente com muitos jogos de dados e outros jogos de azar. De Moivre provou que o teorema do limite central é válido para os números resultantes de jogos de azar. Com o uso da matemática, ele também previu com sucesso a data de sua própria morte.

será aproximadamente uma distribuição normal sob as condições corretas. Se a distribuição da amostra for praticamente normal, a distribuição de $\bar{x}$ é aproximadamente normal para um n razoavelmente pequeno (possivelmente tão pequeno quanto 15). Quando a distribuição da amostra não tem simetria, é possível que n tenha de ser razoavelmente grande (talvez 50 ou mais) antes de a distribuição normal fornecer uma aproximação satisfatória.

Ao combinar as informações anteriores, podemos descrever a distribuição amostral de $\bar{x}$ completamente: (1) a localização do centro (média), (2) uma medida de espalhamento, indicando quão amplamente a distribuição é dispersa (desvio padrão) e (3) uma indicação de como ela é distribuída.

1. $\mu_{\bar{x}} = \mu$; a média da distribuição amostral ($\mu_{\bar{x}}$) é igual à média da população (μ).

2. $\sigma_{\bar{x}} = \dfrac{\sigma}{\sqrt{n}}$; o *erro* padrão da média ($\sigma_{\bar{x}}$) é igual ao desvio padrão da população (σ) dividido pela raiz quadrada do tamanho da amostra, n.

3. A distribuição das médias amostrais é normal quando a população-mãe é distribuída normalmente. Além disso, o TLC diz que a distribuição das médias amostrais se torna aproximadamente normal (independentemente da forma da população-mãe) quando o tamanho da amostra é suficientemente grande.

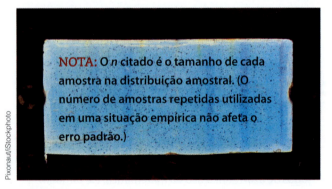

NOTA: O *n* citado é o tamanho de cada amostra na distribuição amostral. (O número de amostras repetidas utilizadas em uma situação empírica não afeta o erro padrão.)

Nós não mostramos uma prova para os três fatos apresentados anteriormente neste texto, no entanto, sua validade será demonstrada pela análise de duas ilustrações. Para a primeira, vamos considerar uma população para a qual podemos construir uma distribuição amostral teórica de todas as amostras possíveis.

Construção de uma distribuição amostral de médias amostrais

➜ Vamos analisar todas as amostras possíveis de tamanho 2 que possam ser extraídas de uma população contendo os três números: 2, 4 e 6. Primeiro, observemos a população em si: construímos um histograma para ilustrar a sua distribuição (Figura 7.5); em seguida, calculamos a média μ e o desvio padrão σ (Tabela 7.3). (Lembre-se: devemos utilizar as técnicas do Capítulo 5 para as distribuições de probabilidade discretas.)

Figura 7.5 População

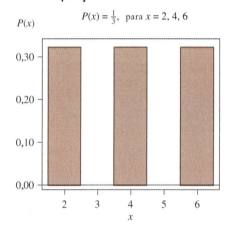

$$P(x) = \tfrac{1}{3}, \quad \text{para } x = 2, 4, 6$$

Tabela 7.3 Tabela de extensões para x

x	$P(x)$	$xP(x)$	$x^2P(x)$
2	$\frac{1}{3}$	$\frac{2}{3}$	$\frac{4}{3}$
4	$\frac{1}{3}$	$\frac{4}{3}$	$\frac{16}{3}$
6	$\frac{1}{3}$	$\frac{6}{3}$	$\frac{36}{3}$
Σ	$\frac{3}{3}$	$\frac{12}{3}$	$\frac{56}{3}$
	1,0 checado	4,0	18,6̄6̄

$\mu = \mathbf{4,0}$

$\sigma = \sqrt{18,6\overline{6} - (4,0)^2} = \sqrt{2,6\overline{6}} = \mathbf{1,63}$

A Tabela 7.4 lista todas as possíveis amostras de tamanho 2 que podem ser extraídas dessa população. (Um número é extraído, observado e, depois, retorna à população antes de o segundo número ser extraído.) A Tabela 7.4 lista também as médias dessas amostras. A distribuição de probabilidade para essas médias e suas extensões é fornecida pela Tabela 7.5, juntamente com o cálculo da média e do erro padrão da média para a distribuição amostral. O histograma para a distribuição amostral das médias amostrais é exibido na Figura 7.6.

Tabela 7.4 As nove amostras possíveis de tamanho 2

Amostra	$\bar{x}$	Amostra	$\bar{x}$	Amostra	$\bar{x}$
2, 2	2	4, 2	3	6, 2	4
2, 4	3	4, 4	4	6, 4	5
2, 6	4	4, 6	5	6, 6	6

Tabela 7.5 Tabela de extensões para $\bar{x}$

$\bar{x}$	$P(\bar{x})$	$\bar{x}P(\bar{x})$	$\bar{x}^2P(\bar{x})$
2	$\frac{1}{9}$	$\frac{2}{9}$	$\frac{4}{9}$
3	$\frac{2}{9}$	$\frac{6}{9}$	$\frac{18}{9}$
4	$\frac{3}{9}$	$\frac{12}{9}$	$\frac{48}{9}$
5	$\frac{2}{9}$	$\frac{10}{9}$	$\frac{50}{9}$
6	$\frac{1}{9}$	$\frac{6}{9}$	$\frac{36}{9}$
Σ	$\frac{9}{9}$	$\frac{36}{9}$	$\frac{156}{9}$
	1,0 checado	4,0	17,3$\bar{3}$

$$\mu_{\bar{x}} = 4,0$$
$$\sigma_{\bar{x}} = \sqrt{17,3\bar{3} - (4,0)^2} = \sqrt{1,3\bar{3}} = 1,15$$

Figura 7.6 Distribuição amostral de médias amostrais

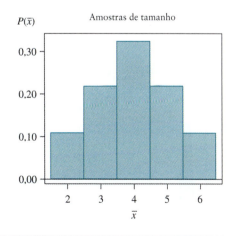

Agora, vamos verificar a veracidade dos três fatos sobre a distribuição amostral das médias amostrais:

3FATOS

1. A média $\mu_{\bar{x}}$ da distribuição amostral será igual à média μ da população: tanto μ quanto $\mu_{\bar{x}}$ têm o valor **4,0**.

2. O erro padrão da média $\sigma_{\bar{x}}$ para a distribuição amostral será igual ao desvio padrão σ da população dividido pela raiz quadrada do tamanho da amostra, n: $\sigma_{\bar{x}} = $ **1,15** e $\sigma = 1,63$, $n = 2$, $\frac{\sigma}{\sqrt{n}} = \frac{1,63}{\sqrt{2}} = $ **1,15**; eles são iguais a: $\sigma_{\bar{x}} = \frac{\sigma}{\sqrt{n}}$.

3. A distribuição será de forma aproximadamente normal: o histograma da Figura 7.6 sugere veementemente uma normalidade.

Nosso exemplo utiliza uma situação teórica e sugere que todos os três fatos parecem ser verdadeiros. Esses três fatos se mantêm quando dados reais são coletados? Observemos novamente o exemplo usando cinco inteiros igualmente prováveis (1, 2, 3, 4, 5) da página 138 e vejamos se todos os três fatos são sustentados pela distribuição amostral empírica.

Primeiro, vejamos a população, a distribuição de probabilidade teórica da qual as amostras foram extraídas. A Figura 7.2 é um histograma mostrando a distribuição de probabilidade para dados selecionados aleatoriamente da população de inteiros igualmente prováveis 1, 2, 3, 4, 5. A média da população μ é igual a 3,0. O desvio padrão da população σ é $\sqrt{2}$, ou 1,41. A população possui uma distribuição uniforme.

Agora, vejamos a distribuição empírica das 30 médias amostrais encontradas no exemplo anterior. Com base em 30 valores de $\bar{x}$ da Tabela 7.2, a média observada para $\bar{x}$, $\bar{\bar{x}}$, é 2,98 e o erro padrão observado para a média, $s_{\bar{x}}$, é 0,638. O histograma da distribuição amostral da Figura 7.3 parece ser acumulado, aproximadamente simétrico e centralizado próximo ao valor 3,0.

Agora, vamos verificar a veracidade das três propriedades específicas:

1. $\mu_{\bar{x}}$ e μ serão iguais: a média da população μ é 3,0 e a média da distribuição amostral observada $\bar{\bar{x}}$ é 2,98, ou seja, são valores muito próximos.

2. $\sigma_{\bar{x}}$ será igual a $\frac{\sigma}{\sqrt{n}}$. $\sigma = 1,41$ and $n = 5$; portanto, $\frac{\sigma}{\sqrt{n}} = \frac{1,41}{\sqrt{5}} = 0,632$, e $s_{\bar{x}} = 0,638$; ou seja, eles apresentam valores muito próximos. (Lembre-se de que utilizamos somente 30 amostras de tamanho 5 e não todas as amostras possíveis.)

3. A **distribuição amostral** de $\bar{x}$ será realizada de forma aproximadamente normal. Mesmo que a população tenha uma distribuição retangular, o histograma da Figura 7.3 sugere que a distribuição $\bar{x}$ apresenta algumas das propriedades de normalidade (acumulada, simétrica).

Embora esses exemplos não constituam uma prova, a evidência parece sugerir fortemente que ambas as afirmações, a distribuição amostral de médias amostrais e o teorema do limite central, são verdadeiras.

Tendo observado esses dois exemplos específicos, vejamos agora uma ilustração gráfica que apresenta as informações da distribuição amostral e do TLC de forma ligeiramente diferente. Na Tabela 7.6, cada linha compara quatro distribuições: a primeira linha mostra a distribuição da população-mãe e a distribuição dos valores individuais de x. Cada uma das três linhas restantes mostra a distribuição amostral das médias amostrais, $\bar{x}$, utilizando três tamanhos de amostra diferentes.

Na primeira coluna, temos uma distribuição uniforme, muito parecida com a da Figura 7.2 para a ilustração dos inteiros e as distribuições resultantes das médias amostrais para as amostras de tamanhos de 2, 5 e 30. As duas colunas a seguir mostram as distribuições em forma de U e J.

Todas as três distribuições não normais parecem confirmar o TLC, pois as distribuições amostrais das médias

Tabela 7.6 Comparação de distribuições amostrais

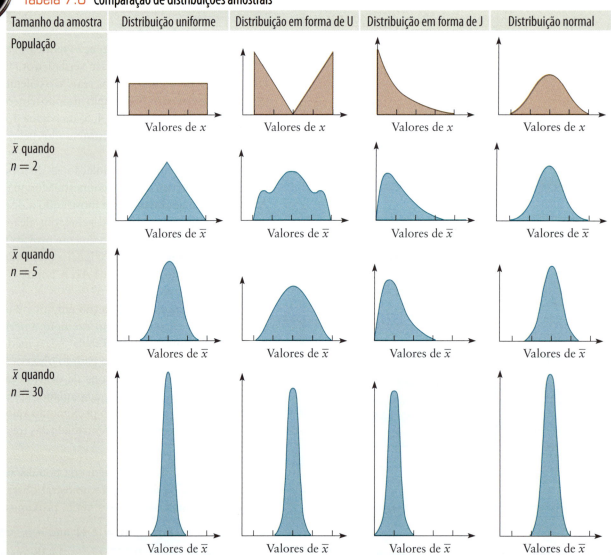

amostrais parecem ser aproximadamente normais para as três quando são usadas amostras de tamanho 30. Com a população normal (última coluna da Tabela 7.6), as distribuições amostrais para todos os tamanhos de amostra parecem ser normais. Assim, observamos um fenômeno surpreendente: não importa qual a forma de uma população, a distribuição amostral das médias amostrais é normal ou torna-se aproximadamente normal quando n se torna suficientemente grande.

Você deve notar outro ponto: a média amostral torna-se menos variável com o aumento do tamanho da amostra. Observe que, conforme n aumenta de 2 para 30, todas as distribuições tornam-se mais limitadas.

Vadimir / iStockphoto

7.3 Aplicação da distribuição amostral de médias amostrais

QUANDO A DISTRIBUIÇÃO AMOSTRAL DAS MÉDIAS AMOSTRAIS É NORMAL, OU APROXIMADAMENTE NORMAL, SEREMOS CAPAZES DE RESPONDER A PERGUNTAS DE PROBABILIDADE COM A AJUDA DA DISTRIBUIÇÃO NORMAL PADRÃO (TABELA 3 DO APÊNDICE B).

Conversão de informações de $\overline{x}$ em escores-z

➡ Quando a população é distribuída normalmente, a distribuição amostral de $\overline{x}$ também é normal. Para determinar probabilidades associadas a uma distribuição normal, precisamos elaborar um enunciado de probabilidade envolvendo o **escore-z** para usar a Tabela 3 do Apêndice B – tabela de distribuição normal padrão. Consideremos uma população normal com $\mu = 100$ e $\sigma = 20$. Se for selecionada uma amostra aleatória de tamanho 16, qual é a probabilidade de que essa amostra tenha um valor médio entre 90 e 110? Ou seja, qual é $P(90 < \overline{x} < 110)$?

Essa população é distribuída normalmente, assim, a distribuição amostral de $\overline{x}$ também é normal. Será necessário converter o enunciado $P(90 < \overline{x} < 110)$ em um enunciado de probabilidade envolvendo o escore z. A distribuição amostral é mostrada na figura, onde a área sombreada representa $P(90 < \overline{x} < 110)$.

A fórmula para determinar o escore-z correspondente a um valor conhecido de $\overline{x}$ é

$$z = \frac{\overline{x} - \mu_{\overline{x}}}{\sigma_{\overline{x}}} \qquad (7.1)$$

$\sigma_{\overline{x}} = 20/\sqrt{16} = 5$

```
        90    μ = 100   110    x̄
```

A média e o erro padrão da média são $\mu_{\overline{x}} = \mu$ e $\sigma_{\overline{x}} = \frac{\sigma}{\sqrt{n}}$. Portanto, vamos reescrever a fórmula (7.1) em termos de μ, σ e n:

$$z = \frac{\overline{x} - \mu}{\sigma/\sqrt{n}} \qquad (7.2)$$

Retornando à ilustração e aplicando a fórmula (7.2), encontramos:

escore-z para $\overline{x} = 90$: $\quad z = \dfrac{\overline{x} - \mu}{\sigma/\sqrt{n}} = \dfrac{90 - 100}{20/\sqrt{16}} = \dfrac{-10}{5}$
$= \mathbf{-2,00}$

escore-z para $\overline{x} = 110$: $\quad z = \dfrac{\overline{x} - \mu}{\sigma/\sqrt{n}} = \dfrac{110 - 100}{20/\sqrt{16}} = \dfrac{10}{5}$
$= \mathbf{2,00}$

Portanto,

$P(90 < \overline{x} < 110) = P(-2,00 < z < 2,00)$
$= 0,9773 - 0,0228 = \mathbf{0,9545}$

Distribuição de x̄ e aumento do tamanho da amostra individual

Antes de vermos mais ilustrações, vamos considerar o que está implícito em $\sigma_{\bar{x}} = \frac{\sigma}{\sqrt{n}}$. Para demonstrar, vamos supor que $\sigma = 20$ e utilizar uma distribuição amostral com amostras de tamanho 4. Agora, $\sigma_{\bar{x}}$ é $20/\sqrt{4}$, ou 10, e aproximadamente 95% (0,9545) de todas as médias amostrais devem estar dentro do intervalo de 20 abaixo a 20 acima da média da população (dentro de dois desvios padrão da média da população). No entanto, se o tamanho da amostra aumentar para 16, $\sigma_{\bar{x}}$ torna-se $20/\sqrt{16} = 5$ e aproximadamente 95% da distribuição amostral deve estar dentro de 10 unidades da média, e assim por diante. À medida que o tamanho da amostra aumenta, o tamanho de $\sigma_{\bar{x}}$ torna-se menor e a distribuição das médias amostrais torna-se muito mais limitada. A Figura 7.7 ilustra o que acontece com a distribuição de x̄ conforme o tamanho das amostras individuais aumenta.

Lembre-se de que a área (probabilidade) sob a curva normal é sempre exatamente igual a 1. Assim, à medida que a largura da curva se estreita, a altura tem de aumentar a fim de manter essa área.

Figura 7.7 Distribuições de médias amostrais

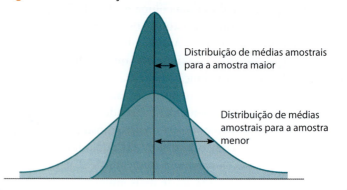

Distribuição de médias amostrais para a amostra maior

Distribuição de médias amostrais para a amostra menor

Cálculo de probabilidades para a média

O cálculo de probabilidades é uma forma por meio da qual podemos fazer previsões sobre o parâmetro da população correspondente que estamos observando. Utilizemos o exemplo de alturas médias de alunos do jardim de infância para demonstrar isso. Crianças do jardim de infância têm alturas distribuídas de forma aproximadamente normal sobre a média de 39 polegadas (99 cm) e desvio padrão de 2 polegadas (5 cm). É tomada uma amostra aleatória de tamanho 25

e calculada a média $\bar{x}$. Qual é a probabilidade de esse valor médio estar entre 38,5 e 40,0 polegadas?

Para descobrir, precisamos determinar $P(38,5 < \bar{x} < 40,0)$. Os valores de $\bar{x}$, 38,5 e 40,0, devem ser convertidos em escores-z (necessário para o uso da Tabela 3 do Apêndice B), utilizando $z = \frac{\bar{x} - \mu}{\sigma/\sqrt{n}}$:

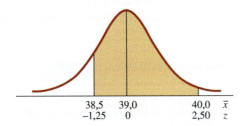

	38,5	39,0		40,0	$\bar{x}$
	−1,25	0		2,50	z

$\bar{x} = 38,5$:
$$z = \frac{\bar{x} - \mu}{\sigma/\sqrt{n}} = \frac{38,5 - 39,0}{2/\sqrt{25}}$$
$$= \frac{-0,5}{0,4} = \mathbf{-1,25}$$

$\bar{x} = 40,0$:
$$z = \frac{\bar{x} - \mu}{\sigma/\sqrt{n}} = \frac{40,0 - 39,0}{2/\sqrt{25}}$$
$$= \frac{1,0}{0,4} = \mathbf{2,50}$$

Portanto,

$$P(38,5 < \bar{x} < 40,0) = P(-1,25 < z < 2,50)$$
$$= 0,9938 - 0,1057 = \mathbf{0,8881}$$

Da mesma maneira, podemos calcular os limites de altura média para uma determinada parcela da nossa população. Utilizando as alturas das crianças do jardim de infância fornecidas no exemplo anterior, podemos descobrir os limites dentro dos quais encontramos os 90% centrais da distribuição amostral das médias amostrais para amostras de tamanho 100.

As duas ferramentas que temos para trabalhar são: a fórmula (7.2) e a Tabela 3 do Apêndice B. A fórmula relaciona os valores-chave da população aos da distribuição amostral. A Tabela 3 relaciona as áreas aos escores-z. Primeiro, utilizando a Tabela 3, observamos que o 0,9000 central é delimitado por $z = \pm 1,65$.

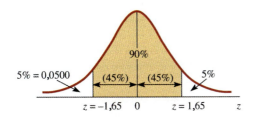

5% = 0,0500   90%   (45%)   (45%)   5%

$z = -1,65$ 0 $z = 1,65$ z

z	...	0,04		0,05	...
⋮					
−1,6	...	0,0505	**0,0500**	0,0495	...
⋮					

Segundo, utilizamos a fórmula (7.2), $z = \frac{\bar{x} - \mu}{\sigma/\sqrt{n}}$:

$z = -1,65$:
$$-1,65 = \frac{\bar{x} - 39,0}{2/\sqrt{100}}$$
$$\bar{x} - 39 = (-1,65)(0,2)$$
$$\bar{x} = 39 - 0,33$$
$$= \mathbf{38,67}$$

$z = 1,65$:
$$1,65 = \frac{\bar{x} - 39,0}{2/\sqrt{100}}$$
$$\bar{x} - 39 = (1,65)(0,2)$$
$$\bar{x} = 39 + 0,33$$
$$= \mathbf{39,33}$$

Assim,

$$P(38,67 < \bar{x} < 39,33) = 0,90$$

Portanto, 38,67 polegadas (98,22 cm) e 39,33 polegadas (99,9 cm) são os limites que restringem os 90% centrais das médias amostrais.

RECAPITULANDO

O objetivo essencial de considerar o que acontece quando uma população é amostrada repetidamente, conforme foi abordado neste capítulo, é a criação de distribuições amostrais. A distribuição amostral é, então, utilizada para descrever a variabilidade que ocorre de uma amostra para a próxima. A partir do momento em que esse padrão de variabilidade é conhecido e compreendido por uma estatística amostral específica, podemos fazer previsões sobre o parâmetro da população correspondente com a medida do quão precisa é essa previsão. O teorema do limite central ajuda a descrever a distribuição para médias amostrais. Começaremos a fazer inferências sobre médias de população e valores de parâmetros populacionais no Capítulo 8.

problemas

Objetivo 7.1

7.1 Fabricantes utilizam amostras aleatórias para testar se seu produto está dentro das especificações. Essas amostras podem ser pessoas, peças fabricadas, ou mesmo amostras durante a produção de batatas *chips*.

    a. Você acha que todas as amostras aleatórias extraídas da mesma população levarão ao mesmo resultado?

    b. Qual característica (ou propriedade) das amostras aleatórias podem ser observadas durante o processo de amostragem?

7.2 Considere o conjunto de números inteiros ímpares de um único dígito {1, 3, 5, 7, 9}.

    a. Faça uma lista de todas as amostras de tamanho 2 que podem ser extraídas desse conjunto de números inteiros. [Amostra com reposição, ou seja, o primeiro número é extraído, observado e, em seguida, reposto (retorna ao conjunto de amostras) antes da retirada seguinte.]

    b. Construa a distribuição amostral das médias amostrais para as amostras de tamanho 2 selecionadas desse conjunto.

    c. Construa as distribuições amostrais dos intervalos amostrais para as amostras de tamanho 2.

7.3 Considere o conjunto de números inteiros pares de um único dígito {0, 2, 4, 6, 8}.

    a. Faça uma lista de todas as amostras possíveis de tamanho 3 que podem ser extraídas desse conjunto de números inteiros. [Amostra com reposição, ou seja, o primeiro número é extraído, observado e, em seguida, reposto (retorna ao conjunto de amostras) antes da retirada seguinte.]

    b. Construa a distribuição amostral das médias amostrais para as amostras de tamanho 3.

    c. Construa a distribuição amostral das medianas amostrais para as amostras de tamanho 3.

7.4 Utilizando os números de telefone listados em sua agenda telefônica como sua população, obtenha aleatoriamente 20 amostras de tamanho 3. De cada número de telefone identificado como uma fonte, pegue o quarto, o quinto e o sexto dígitos. (Por exemplo, para 245-8268, você pegaria o 8, o 2 e o 6 como sua amostra de tamanho 3).

    a. Calcule a média das 20 amostras.

    b. Construa um histograma mostrando as 20 médias amostrais. (Use as classes –0,5 a 0,5, 0,5 a 1,5, 1,5 a 2,5 e assim por diante.)

    c. Descreva a distribuição de $\bar{x}$ que você vê no item (b) (forma de distribuição, centro, quantidade de dispersão).

    d. Extraia mais 20 amostras e acrescente os 20 novos $\bar{x}$ ao histograma do item (b). Descreva a distribuição que parece estar se desenvolvendo.

7.5 Com base no quadro de números aleatórios na Tabela 1 do Apêndice B, construa outro quadro mostrando 20 conjuntos de 5 inteiros de um único dígito selecionados aleatoriamente. Encontre a média de cada conjunto e, depois, a média geral. Compare a média geral com a média da população teórica $\mu = 4,5$, utilizando a diferença absoluta e o erro %. Mostre todo o trabalho.

7.6 a. Usando um computador ou uma tabela de números aleatórios, simule a extração de 100 amostras, cada uma delas de tamanho 5, com base na distribuição de probabilidade uniforme de números inteiros de um único dígito, de 0 a 9.

    b. Determine a média para cada amostra.

    c. Construa um histograma das médias amostrais. (Use os valores inteiros como pontos médios de classe.)

    d. Descreva a distribuição amostral mostrada no histograma do item (c).

MINITAB

    a. Utilize os comandos em DADOS ALEATÓRIOS Inteiros do seu Tec Card do Capítulo 2, substituindo *gerar* por 100, *armazenar em* por C1-C5, *valor mínimo* por 0 e *valor máximo* por 9.

    b. *Escolha:* Calc > Row Statistics
    Selecione: Mean
    Insira: Variáveis de entrada: C1–C5
        Armazenar resultado em: C6 > OK

    c. Utilize os comandos de HISTOGRAMA em seu Tec Card do Capítulo 2 para os dados em C6. Para ajustar o histograma, selecione Binning with midpoint and midpoint positions 0:9/1.

EXCEL

    a. Insira de 0 a 9 na coluna A e os 0,1s correspondentes na coluna B; em seguida, continue com:
    Escolha: Dados > Análise de dados > Geração de número aleatório > OK
    Insira: Número de variáveis: 5
        Quantidade de números aleatórios: 100
        Distribuição: Discreta
        Valor e intervalo de entrada de probabilidade:
        (A1:B10 ou selecione as células)
    Selecione: Intervalo de saída:
    Insira: (C1 ou selecione a célula) > OK

    b. Ative a célula H1.
    Escolha: Inserir função, f_x > Estatística > Média > OK
    Insira: Número1: (C1:G1 ou selecione as células) > OK
    Arraste: Canto inferior direito da caixa de valores médios para baixo para exibir outras médias

    c. Utilize os comandos em HISTOGRAMA do Tec Card do Capítulo 2, com a coluna H como intervalo de entrada e a coluna A como intervalo de bloco.

TI-83/84 PLUS

    a. Utilize os comandos em DADOS ALEATÓRIOS Inteiros e STO do seu Tec Card do Capítulo 2, substituindo *Inserir* por 0, 9, 100. Repita os comandos anteriores mais quatro vezes, armazenando os dados em L2, L3, L4 e L5, respectivamente.

    b. *Escolha:* STAT > EDIT > 1:Edit
    Destaque: L6 (*título da coluna*)
    Insira: (L1+L2+L3+L4+L5)/5

c. *Escolha:* 2nd > STAT PLOT >
   1:Plot1
   Escolha: Window
   Insira: 0, 9, 1, 0, 30, 5, 1
   Escolha: Trace > > >

7.7 a. Utilizando um computador ou uma tabela de números aleatórios, simule a extração de 250 amostras, cada uma delas de tamanho 8, da distribuição de probabilidade uniforme dos números inteiros de um único dígito, de 0 a 9.

b. Determine a média para cada amostra.

c. Construa um histograma das médias amostrais.

d. Descreva a distribuição amostral exibida no histograma do item (c).

7.8 a. Utilize um computador para extrair 500 amostras aleatórias, cada uma de tamanho 20, da distribuição de probabilidade normal com média 80 e desvio padrão 15.

b. Determine a média para cada amostra.

c. Construa um histograma de frequência para essas 500 médias amostrais.

d. Descreva a distribuição amostral exibida no histograma do item (c), incluindo a média e o desvio padrão.

Objetivo 7.2

7.9 a. Qual é a medida total da área para qualquer distribuição de probabilidade?

b. Justifique a afirmação: "x torna-se menos variável conforme n aumenta".

7.10 Se uma população tem um desvio padrão σ de 25 unidades, qual será o erro padrão da média se forem selecionadas amostras de tamanho 16? Amostras de tamanho 36? Amostras de tamanho 100?

7.11 Uma determinada população tem uma média de 500 e um desvio padrão de 30. Muitas amostras de tamanho 36 são selecionadas aleatoriamente e suas médias são calculadas.

a. Qual valor você esperaria encontrar para a média de todas essas médias amostrais?

b. Qual valor você esperaria encontrar para o desvio padrão de todas essas médias amostrais?

c. Que forma você esperaria que a distribuição de todas essas médias amostrais tivesse?

7.12 De acordo com o relatório de audiência televisiva da Nielsen, em 2009, uma residência norte-americana média tinha 2,86 aparelhos de televisão (mais do que o número médio de pessoas por domicílio, que é 2,5 pessoas). Se o desvio padrão para o número de televisores em uma residência nos EUA é de 1,2 e uma amostra aleatória de 80 domicílios norte-americanos é selecionada, a média dessa amostra faz parte de uma distribuição amostral.

a. Qual é a forma dessa distribuição amostral?

b. Qual é a média dessa distribuição amostral?

c. Qual é o desvio padrão dessa distribuição amostral?

7.13 Segundo o *The World Factbook*, 2009, a taxa de fertilidade total (número médio estimado de crianças nascidas por mulher) de Uganda é de 6,77. Suponha que o desvio padrão da taxa de fertilidade total é de 2,6. O número médio de filhos para uma amostra de 200 mulheres selecionadas aleatoriamente é um valor entre muitos que formam a distribuição amostral das médias amostrais.

a. Qual é o valor médio dessa distribuição amostral?

b. Qual é o desvio padrão dessa distribuição amostral?

c. Descreva a forma dessa distribuição amostral.

7.14 O American Meat Institute publicou o relatório U.S. Meat and Poultry Production & Consumption: An Overview (Produção e Consumo de Carnes e Aves nos EUA: Uma Visão Geral) de 2007. O boletim informativo de 2007 revela que o consumo anual de aves é de 86,5 libras (39,24 kg) por pessoa. Suponha que o desvio padrão para o consumo de aves por pessoa seja de 29,3 libras (13,29 kg). O peso médio de aves consumidas para uma amostra de 150 pessoas selecionadas aleatoriamente é um valor entre muitos que formam a distribuição amostral das médias amostrais.

a. Qual é o valor médio dessa distribuição amostral?

b. Qual é o desvio padrão dessa distribuição amostral?

c. Descreva a forma dessa distribuição amostral.

7.15 Um pesquisador deseja extrair uma amostra aleatória simples de cerca de 5% do corpo discente de duas escolas. A universidade possui cerca de 20 mil alunos e a faculdade cerca de 5 mil. Identifique cada uma das afirmações a seguir como verdadeiras ou falsas e justifique sua resposta.

a. A variabilidade das amostras é a mesma para ambas as escolas.

b. A variabilidade das amostras é maior para a universidade que para a faculdade.

c. A variabilidade das amostras é menor para a universidade que para a faculdade.

d. Não se pode chegar a nenhuma conclusão sobre a variabilidade de amostragem sem conhecer os resultados do estudo.

7.16 a. Utilize um computador para selecionar aleatoriamente 100 amostras de tamanho 6 de uma população normal com média μ = 20 e desvio padrão σ = 4,5.

b. Determine a média $\bar{x}$ para cada uma das 100 amostras.

c. Utilizando as 100 médias amostrais, construa um histograma e determine a média $\bar{\bar{x}}$ e o desvio padrão $s_{\bar{x}}$.

d. Compare os resultados do item (c) com as três afirmações feitas sobre a distribuição amostral de médias amostrais.

MINITAB

a. Utilize os comandos em DADOS ALEATÓRIOS Normais do Tec Card do Capítulo 2, substituindo *gerar* por 100, *armazenar em* por C1-C6, *média* por 20, e *desvio padrão* por 4,5.

b. Use os comandos ROW STATISTICS do problema 7.6, substituindo as *variáveis de entrada* por C1-C6 e *armazenar o resultado em* por C7.

c. Utilize os comandos em HISTOGRAMA do Tec Card do Capítulo 2 para os dados em C7. Para ajustar o histograma, selecione *Binning with midpoint and midpoint positions* 12.8:27.2/1.8. Utilize os comandos em MÉDIA e DESVIO PADRÃO do Tec Card do Capítulo 2 para os dados em C7.

EXCEL

a. Utilize os comandos para GERAÇÃO DE DADOS ALEATÓRIOS Normais do Tec Card do Capítulo 2, substituindo *número de variáveis* por 6, *quantidade de números aleatórios* por 100, *média* por 20 e *desvio padrão* por 4,5.

b. Ative a célula G1.
Escolha: Inserir Função, f_x > Estatística > Média > OK
Insira: Número1: (A1:F1 ou selecione as células) > OK
Arraste: Canto inferior direito da caixa de valores médios para baixo para exibir outras médias

c. Utilize os comandos para GERAÇÃO DE NÚMEROS ALEATÓRIOS Distribuição Padronizada a seguir:
Escolha: Dados > Análise de dados > Geração de número aleatório > OK
Insira: Número de variáveis: 1
    Distribuição: Padronizada
    De: 12,8 a 27,2 em passos de 1,8
    repetindo cada número: 1 vez
    repetindo a sequência: 1 vez
Selecione: Intervalo de saída
Insira: (H1 ou selecione a célula) > OK

Utilize os comandos em HISTOGRAMA do Tec Card do Capítulo 2, com a coluna G como intervalo de entrada e a coluna H como intervalo de bloco. Utilize os comandos em MÉDIA e DESVIO PADRÃO do Tec Card do Capítulo 2 para os dados da coluna G.

TI-83/84 PLUS

a. Utilize os comandos em DADOS ALEATÓRIOS Inteiros e STO do Tec Card do Capítulo 2, substituindo *Inserir* por 20, 4,5, 100). Repita os comandos anteriores mais cinco vezes, armazenando os dados em L2, L3, L4, L5 e L6, respectivamente.

b. Insira: (L1 + L2 + L3 + L4 + L5 + L6)/6
Escolha: STO→ L7 (use a tecla ALPHA para o "L" ou use "MEAN")

c. Escolha: 2nd > STAT
    PLOT > 1:Plot1
Escolha: Window
Insira: 12,8, 27,2, 1,8, 0, 40, 5, 1
Escolha: Trace > > >
Escolha: STAT > CALC >
    1:1-VAR STATS > 2nd > LIST
Selecione: L7

7.17 a. Utilize um computador para selecionar aleatoriamente 200 amostras de tamanho 24 de uma população normal com média $\mu = 20$ e desvio padrão $\sigma = 4,5$.

b. Determine a média $\bar{x}$ para cada uma das 200 amostras.

c. Utilizando as 200 médias amostrais, construa um histograma e determine a média $\bar{\bar{x}}$ e o desvio padrão $s_{\bar{x}}$.

d. Compare os resultados do item (c) com as três afirmações feitas sobre a distribuição amostral de médias amostrais e sobre o TLC na página 141.

e. Compare esses resultados com os obtidos no problema 7.16. Especificamente, qual é o efeito do aumento no tamanho da amostra de 6 para 24? Qual é o efeito do aumento no número de amostras de 100 para 200?

PSI Se você estiver utilizando um computador, veja o problema 7.16.

Objetivo 7.3

7.18 Considere uma população normal com $\mu = 43$ e $\sigma = 5,2$. Calcule o escore-*z* para um $\bar{x}$ igual a 46,5 para uma amostra de tamanho 16.

7.19 Considere uma população com $\mu = 43$ e $\sigma = 5,2$.
a. Calcule o escore-*z* para um $\bar{x}$ igual a 46,5 para uma amostra de tamanho 35.
b. Esse escore-*z* poderia ser usado no cálculo de probabilidades utilizando a Tabela 3 do Apêndice B? Justifique sua resposta.

7.20 Qual é a probabilidade de a amostra de crianças do jardim de infância (páginas 146 e 147) apresentar uma altura média inferior a 39,75 polegadas (1 m)?

7.21 Uma amostra aleatória de tamanho 36 deve ser selecionada de uma população com média $\mu = 50$ e desvio padrão $\sigma = 10$.
a. Essa amostra de tamanho 36 tem um valor médio de $\bar{x}$ que pertence a uma distribuição amostral. Encontre a forma dessa distribuição amostral.
b. Determine a média dessa distribuição amostral.
c. Determine o erro padrão dessa distribuição amostral.
d. Qual é a probabilidade de essa média amostral estar entre 45 e 55?
e. Qual é a probabilidade de a média amostral apresentar um valor superior a 48?
f. Qual é a probabilidade de a média amostral estar dentro de 3 unidades da média?

7.22 A padaria local assa mais de mil pães de 1 libra (453,592 g) diariamente, sendo que o peso desses pães varia. O peso médio é 1 libra e 1 onça, ou 482 gramas. Supondo que o desvio padrão dos pesos seja de 18 gramas e que uma amostra de 40 pães deva ser aleatoriamente selecionada:
a. Essa amostra de tamanho 40 tem um valor médio de $\bar{x}$, que pertence a uma distribuição amostral. Determine a forma dessa distribuição amostral.
b. Determine a média dessa distribuição amostral.
c. Determine o erro padrão dessa distribuição amostral.
d. Qual é a probabilidade de essa média amostral estar entre 475 e 495 gramas?
e. Qual é a probabilidade de a média amostral apresentar um valor inferior a 478 gramas?
f. Qual é a probabilidade de a média amostral estar dentro de 5 gramas da média?

7.23 Considere a população aproximadamente normal das alturas dos estudantes universitários do sexo masculino com média $\mu = 69$ polegadas (1,75 m) e desvio padrão $\sigma = 4$ polegadas (0,1 m ou 10 cm). É obtida uma amostra aleatória de 16 alturas.
a. Descreva a distribuição de *x*, a altura dos estudantes universitários do sexo masculino.

b. Determine a proporção de estudantes universitários do sexo masculino cuja altura é superior a 70 polegadas (1,78 m).

c. Descreva a distribuição de $\bar{x}$, a média das amostras de tamanho 16.

d. Determine a média e o erro padrão da distribuição $\bar{x}$.

e. Determine $P(\bar{x} > 70)$.

f. Determine $P(\bar{x} < 67)$.

7.24 A quantidade de preenchimento (o peso do conteúdo) inserida em um vidro de molho de macarrão é distribuída normalmente, com média $\mu = 850$ gramas e desvio padrão $\sigma = 8$ gramas.

a. Descreva a distribuição da quantidade de x, preenchimento por vidro.

b. Determine a probabilidade de um vidro selecionado aleatoriamente conter entre 848 e 855 gramas.

c. Descreva a distribuição de $\bar{x}$, o peso médio de uma amostra de 24 vidros de molho.

d. Determine a probabilidade de uma amostra aleatória de 24 vidros ter um peso médio entre 848 e 855 gramas.

7.25 As alturas das crianças do jardim de infância (páginas 146 e 147) têm distribuição aproximadamente normal com $\mu = 39$ e $\sigma = 2$.

a. Se uma criança do jardim de infância é selecionada aleatoriamente, qual é a probabilidade de ela ter uma altura entre 38 e 40 polegadas (0,97 m e 1,02 m)?

b. Uma sala de aula com 30 dessas crianças é usada como amostra. Qual é a probabilidade de a média da classe $\bar{x}$ estar entre 38 e 40 polegadas (0,97 m e 1,02 m)?

c. Se uma criança do jardim de infância for selecionada aleatoriamente, qual é a probabilidade de ela ter uma altura superior a 40 polegadas (1,02 m)?

d. Uma sala de aula com 30 dessas crianças é usada como amostra. Qual é a probabilidade de a média da classe $\bar{x}$ ser superior a 40 polegadas (1,02 m)?

7.26 Os salários de vários cargos podem variar significativamente, dependendo do fato de a empresa pertencer ao setor público ou privado. O Departamento do Trabalho dos EUA publicou que o salário médio para gerentes de recursos humanos empregados pelo governo federal no ano de 2007 era de US$ 76.503. Supondo que os salários anuais para esse tipo de trabalho sejam distribuídos normalmente, com um desvio padrão de US$ 8.850:

a. Qual é a probabilidade de um gerente de recursos humanos selecionado aleatoriamente ter recebido mais de US$ 100.000 em 2007?

b. Uma amostra com 20 gerentes de recursos humanos é tomada e os salários anuais são informados. Qual é a probabilidade de o salário médio anual da amostra estar entre US$ 70.000 e US$ 80.000?

7.27 Com base nos dados de 1996 a 2006 do Centro Meteorológico Regional da Costa Oeste, a velocidade média dos ventos em Honolulu, Havaí, é igual a 10,6 milhas por hora (~20 km/h). Suponha que as velocidades do vento tenham uma distribuição aproximadamente normal, com

desvio padrão de 3,5 milhas por hora (~5,6 km/h).

a. Determine a probabilidade de que a velocidade do vento em qualquer leitura ultrapasse 13,5 milhas por hora (~20 km/h).

b. Determine a probabilidade de a média de uma amostra aleatória de 9 leituras ultrapassar 13,5 milhas por hora (~20 km/h).

c. Na sua opinião, a suposição de normalidade é razoável? Explique.

d. Na sua opinião, qual o efeito dessa suposição de normalidade sobre as respostas dos itens (a) e (b)? Explique.

7.28 O Trends in International Mathematics and Science Study (TIMSS) de 2007 teve enfoque nos resultados obtidos em matemática e ciências por alunos do oitavo ano em todo o mundo. Um total de oito países (incluindo os Estados Unidos) participou do estudo. A pontuação média na prova de matemática de estudantes norte-americanos foi de 509, com desvio padrão igual a 88.

FONTE: http://nces.ed.gov/

Supondo que as pontuações sejam distribuídas normalmente, determine as probabilidades a seguir para uma amostra de 150 alunos.

a. Determine a probabilidade de a pontuação TIMSS média para um grupo de alunos da oitava série selecionado aleatoriamente estar entre 495 e 515.

b. Determine a probabilidade de a pontuação TIMSS média para um grupo de alunos da oitava série selecionado aleatoriamente ser inferior a 520.

c. Na sua opinião, a suposição de normalidade é razoável? Explique.

7.29 Uma lanterna popular que utiliza duas pilhas tipo D foi selecionada e foram compradas várias unidades dos mesmos modelos para testar a "vida útil de uso contínuo" das pilhas D. Ao serem colocadas pilhas novas, cada lanterna foi ligada e a hora foi anotada. Quando a lanterna não produzia mais luz, a hora foi anotada novamente. Os dados resultantes para "vida útil de uso contínuo" de pilhas Rayovac apresentou uma média de 21,0 horas

FONTE: http://www.rayovac.com

Suponha que esses valores tenham uma distribuição normal, com desvio padrão de 1,38 horas.

a. Qual é a probabilidade de que uma pilha Rayovac selecionada aleatoriamente apresente uma vida de teste entre 20,5 e 21,5 horas?

b. Qual é a probabilidade de que uma amostra de 4 pilhas Rayovac selecionadas aleatoriamente apresentem uma vida de teste média entre 20,5 e 21,5 horas?

c. Qual é a probabilidade de que uma amostra de 16 pilhas Rayovac selecionadas aleatoriamente apresentem uma vida de teste média entre 20,5 e 21,5 horas?

d. Qual é a probabilidade de que uma amostra de 64 pilhas Rayovac selecionadas aleatoriamente apresentem uma vida de teste média entre 20,5 e 21,5 horas?

e. Descreva o efeito que o aumento no tamanho da amostra teve sobre as respostas para os itens de (b) a (d).

Introdução à
inferência estatística

8.1 A natureza da estimativa

SEGUNDO DADOS RECENTES DO NATIONAL CENTER FOR HEALTH STATISTICS (NCHS), A ALTURA MÉDIA DAS MULHERES NOS ESTADOS UNIDOS É DE 63,7 POLEGADAS (1,62 M), COM UM DESVIO PADRÃO DE 2,75 POLEGADAS (0,07 M).

Agora, suponhamos que as alturas sejam obtidas de 50 profissionais norte-americanas do sexo feminino da área da saúde selecionadas aleatoriamente. Você espera que a média dessa amostra aleatória de 50 mulheres seja exatamente igual à média da população, que é de 63,7 polegadas (uma **questão de estimativa**)? Se a média amostral é superior a 63,7 polegadas (1,62 m), significa que as profissionais da área da saúde são mais altas que as mulheres norte-americanas (uma **questão de testes de hipótese**)?

Como você deve se lembrar, o teorema do limite central nos forneceu algumas informações muito importantes sobre a distribuição amostral das médias amostrais. Especificamente, ele afirma que em muitos casos reais (quando a amostra aleatória é suficientemente grande), a distribuição de médias amostrais é feita normalmente ou é aproximadamente normal com relação à média da população. Com essas informações, foi possível fazer declarações sobre a probabilidade de determinados valores de média amostral que ocorrem quando as amostras são extraídas de uma população com uma média e desvio padrão conhecidos. Agora, estamos prontos para inverter essa situação para o caso no qual a média da população não é conhecida. Extrairemos uma amostra para calcular o seu valor médio e, então, fazer uma inferência sobre o valor da média populacional com base no valor médio da amostra.

O objetivo da estatística inferencial é usar a informação contida nos dados da amostra para aumentar nosso conhecimento da população amostrada. Aprenderemos como fazer dois tipos de inferências: (1) estimar o valor de um parâmetro populacional; e (2) testar uma hipótese. A distribuição amostral de médias amostrais é a chave para fazer essas inferências.

Laurence Dean/iStockphoto / Lonnie Duka/Age Fotostock/Photolibrary

Neste capítulo, lidaremos com as questões referentes à média populacional, utilizando dois métodos que assumem que o valor do desvio padrão da população é uma quantidade conhecida. Raramente, esse pressuposto é percebido nos problemas da vida real, mas ele tornará nosso primeiro contato com as técnicas de inferência muito mais simples.

Vamos começar pelo conceito de **estimativa**. As estimativas ocorrem de duas formas: estimativa pontual e estimativa de intervalo. A **estimativa pontual de um parâmetro** é um número único concebido para estimar um parâmetro quantitativo de uma população, geralmente, o valor da amostra estatística correspondente.

Para ilustrar isso, vejamos uma empresa que fabrica rebites para serem utilizados na construção de aeronaves. Uma característica de extrema importância é a "resistência ao cisalhamento" de cada rebite. Os engenheiros da empresa devem monitorar a produção para se certificar de que a resistência ao cisalhamento dos rebites atende às especificações exigidas. Para isso, eles retiram uma amostra e determinam a sua resistência média ao cisalhamento. Com base nessas informações da amostra,

Estimativa pontual de um parâmetro Número único concebido para estimar um parâmetro quantitativo de uma população, geralmente, o valor da amostra estatística correspondente.

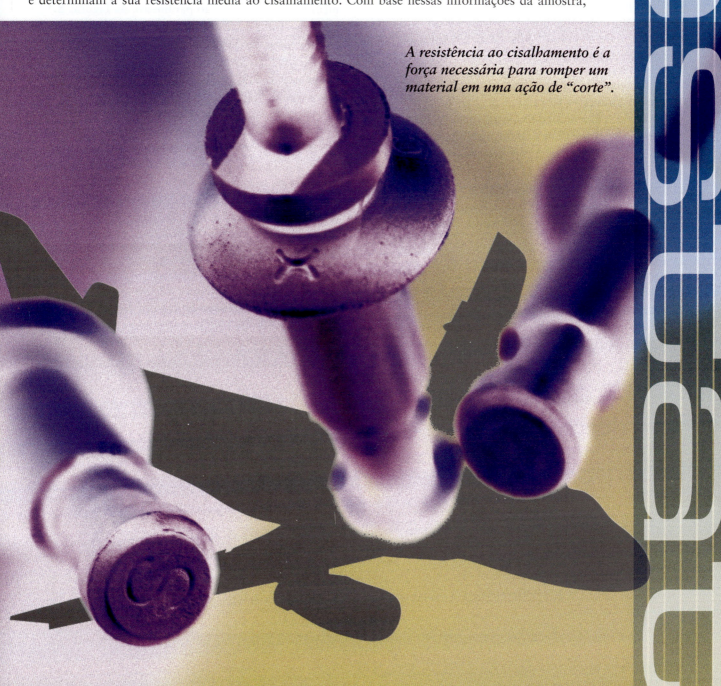

A resistência ao cisalhamento é a força necessária para romper um material em uma ação de "corte".

CAPÍTULO

8

estat

a empresa pode estimar a resistência média ao cisalhamento para todos os rebites que ela fabrica.

É selecionada uma amostra aleatória de 36 rebites, sendo cada rebite testado quanto à sua resistência ao cisalhamento. A média amostral resultante é $\overline{x} = 924,23$ libras. Com base nesse exemplo, afirmamos: "Acreditamos que a resistência média ao cisalhamento para todos os rebites é de 924,23 libras". Ou seja, a média da amostra, $\overline{x}$, é a estimativa pontual (valor de número único) para a média μ da população amostrada. Para o exemplo dos rebites, 924,23 é a estimativa pontual para μ, resistência de cisalhamento média para todos os rebites.

NOTA: Durante todo o Capítulo 8, trataremos o desvio padrão, σ, como uma quantidade conhecida, ou fornecida, e nos concentraremos no aprendizado dos procedimentos para fazer inferências estatísticas sobre a média populacional μ. Portanto, para continuar a explicação das inferências estatísticas, assumiremos $\sigma = 18$ para os rebites específicos descritos no exemplo.

A qualidade dessa estimativa pontual deve ser questionada. A estimativa é exata? A probabilidade é que a estimativa seja alta ou baixa? Outra amostra produziria o mesmo resultado? Outra amostra produziria uma estimativa com aproximadamente o mesmo valor ou com um valor muito diferente? O quanto seria "aproximadamente o mesmo" ou "muito diferente"? A qualidade de um procedimento (ou método) de estimativa melhora muito se a estatística da amostra for *menos variável* e *imparcial*. A variabilidade de uma estatística é medida pelo erro padrão de sua distribuição amostral. É possível tornar a média amostral menos variável, reduzindo-se seu erro padrão, $\sigma/\sqrt{n}$. Isso requer o uso de uma amostra maior, pois, conforme n aumenta, o erro padrão diminui.

A Figura 8.1 ilustra o conceito de ser imparcial e o efeito da variabilidade sobre a estimativa pontual. O valor A é o parâmetro que está sendo estimado e os pontos representam possíveis valores estatísticos da amostra com base na distribuição amostral da estatística. Se A representa a média populacional verdadeira, μ, então, os pontos representam possíveis médias amostrais da distribuição amostral $\overline{x}$.

As Figuras 8.1(a), (c), (d) e (f) mostram estatísticas parciais. (a) e (d) mostram distribuições amostrais cujo valor médio é inferior ao valor do parâmetro, enquanto (c) e (f) mostram distribuições amostrais cujos valores médios são superiores ao parâmetro. As Figuras 8.1 (b) e (e) mostram as distribuições amostrais que parecem ter um valor médio igual ao do parâmetro, portanto, elas são imparciais. As Figuras 8.1 (a), (b) e (c) mostram maior variabilidade, enquanto (d), (e) e (f) mostram menor variabilidade nas distribuições amostrais. A Figura 8.1(e) representa a melhor situação: uma estimativa que é imparcial (no alvo) e apresenta baixa variabilidade (todos os valores próximos ao alvo).

A média amostral, $\overline{x}$, é uma **estatística imparcial**, pois o valor médio da distribuição amostral das médias amostrais, $\mu_{\overline{x}}$, é igual à média populacional, μ. Assim, a estatística amostral $\overline{x} = 924,23$ é uma estatística pontual

Estatística imparcial Estatística amostral cuja distribuição amostral apresenta um valor médio igual ao valor do parâmetro populacional que está sendo estimado. Uma estatística que não é imparcial é uma estatística tendenciosa.

Lembre-se de que a distribuição amostral das médias amostrais tem média $\mu_{\overline{x}} = \mu$.

Figura 8.1 Efeitos de variabilidade e tendências

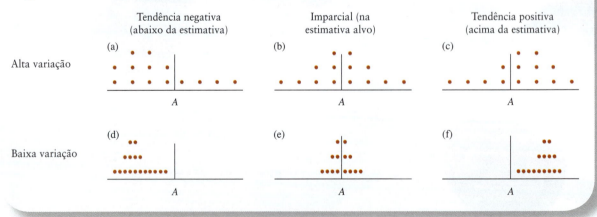

imparcial para a resistência média de todos os rebites fabricados em nosso exemplo.

As médias amostrais variam em valor e formam uma distribuição amostral, na qual nem todas as amostras resultam em valores de $\bar{x}$ iguais à média da população. Portanto, não devemos esperar que essa amostra de 36 rebites produza uma estimativa pontual (média amostral) exatamente igual à média μ da população amostrada. Devemos, no entanto, esperar que a estimativa pontual seja relativamente próxima do valor da média populacional. A distribuição amostral de médias amostrais e o teorema do limite central (TLC) fornecem as informações necessárias para descrever o quão próximo se espera que a estimativa pontual, $\bar{x}$, esteja da **média populacional, μ**.

Lembre-se de que aproximadamente 95% de uma distribuição normal está dentro de dois desvios padrão da média, e que o TLC descreve a distribuição amostral de médias amostrais como sendo aproximadamente normal quando as amostras são grandes o suficiente. As amostras de tamanho 36 de populações de variáveis como a resistência dos rebites são, geralmente, consideradas suficientemente grandes. Portanto, devemos antecipar que aproximadamente 95% de todas as amostras aleatórias selecionadas de uma população com média μ desconhecida e desvio padrão σ = 18 apresentarão médias $\bar{x}$ entre

$$\mu - 2(\sigma_{\bar{x}}) \quad e \quad \mu + 2(\sigma_{\bar{x}})$$
$$\mu - 2\left(\frac{\sigma}{\sqrt{n}}\right) \quad e \quad \mu + 2\left(\frac{\sigma}{\sqrt{n}}\right)$$
$$\mu - 2\left(\frac{18}{\sqrt{36}}\right) \quad e \quad \mu + 2\left(\frac{18}{\sqrt{36}}\right)$$
$$\mu - 6 \quad e \quad \mu + 6$$

Isso sugere que 95% de todas as amostras aleatórias de tamanho 36 selecionadas de uma população de rebites devem apresentar uma média $\bar{x}$ entre μ − 6 e μ + 6. A Figura 8.2 mostra os 95% centrais da distribuição, os limites do intervalo que abrangem os 95% e a média μ.

Figura 8.2 Distribuição amostral de $\bar{x}$, μ desconhecida

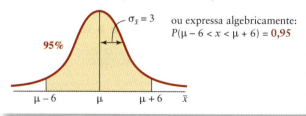

ou expressa algebricamente:
$P(\mu - 6 < x < \mu + 6) = \mathbf{0,95}$

A segunda forma de calcular é por meio de uma **estimativa de intervalo**, que é um intervalo limitado por dois valores e usado para estimar o valor de um parâmetro populacional. Os valores que limitam esse intervalo são

> **Estimativa de confiança** É um intervalo limitado por dois valores e usado para estimar o valor de um parâmetro populacional. Os valores que limitam esse intervalo são estatísticas calculadas de acordo com a amostra que está sendo usada como base para a estimativa.
>
> **Nível de confiança (1 – α)** É a proporção de todas as estimativas de intervalo que incluem o parâmetro a ser estimado.
>
> **Intervalo de confiança** É uma estimativa de intervalo com um nível específico de confiança.

estatísticas calculadas de acordo com a amostra que está sendo usada como base para a estimativa. As estimativas de intervalo envolvem certo **nível de confiança (1 – α)** que é a proporção de todas as estimativas de intervalo que incluem o parâmetro a ser estimado.

A combinação de um intervalo de confiança com um nível específico de confiança fornece um **intervalo de confiança**. Podemos extrair todas as informações juntas do exemplo do rebite na forma de um intervalo de confiança. Para construir o intervalo de confiança, usaremos a estimativa pontual $\bar{x}$ como o valor central de um intervalo de forma muito semelhante ao modo como utilizamos a média μ como o valor central para definir o intervalo que captura os 95% centrais da distribuição de $\bar{x}$ na Figura 8.2.

Para o exemplo dos rebites, podemos determinar os limites para um intervalo centralizado em $\bar{x}$:

$$\bar{x} - 2(\sigma_{\bar{x}}) \quad a \quad \bar{x} + 2(\sigma_{\bar{x}})$$
$$924,23 - 6 \quad a \quad 924,23 + 6$$

O intervalo resultante é de 918,23 a 930,23.

O nível de confiança atribuído a esse intervalo é de aproximadamente 95%, ou 0,95. Os limites do intervalo são 2 múltiplos ($z = 2,0$) do erro padrão da média amostral e, consultando a Tabela 3 do Apêndice B, podemos determinar com mais precisão o nível de confiança como 0,9544. Colocando todas essas informações juntas, expressamos a estimativa como um intervalo de confiança: **918,23 a 930,23** *é o intervalo de confiança de 95,44% para a resistência média ao cisalhamento dos rebites. Ou de forma abreviada:* **918,23 a 930,23**, *intervalo de confiança de 95,44% para* μ.

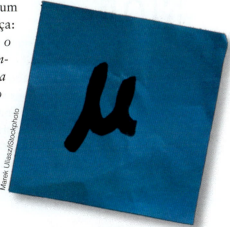

8.2 Estimativa da média μ (σ conhecido)

NO OBJETIVO 8.1, EXAMINAMOS OS CONCEITOS BÁSICOS DE ESTIMATIVA: ESTIMATIVA PONTUAL, ESTIMATIVA DE INTERVALO, NÍVEL DE CONFIANÇA E INTERVALO DE CONFIANÇA.

Esses conceitos básicos estão inter-relacionados e são utilizados em toda a estatística quando uma inferência pede uma estimativa. Nesta seção, formalizamos o processo da estimativa de intervalo como processo que se aplica para estimar a média populacional μ com base na amostra aleatória, com a restrição de que o desvio padrão da população σ seja um valor conhecido.

A distribuição amostral das médias amostrais e o TLC fornecem as informações de que necessitamos para garantir que os *pressupostos* necessários para estimar uma média populacional sejam atendidos.

O pressuposto para estimar a média μ utilizando um σ conhecido:

A distribuição amostral de $\bar{x}$ possui uma distribuição normal.

As informações necessárias para garantir que esse pressuposto (ou condição) seja satisfeito encontram-se na distribuição amostral de médias amostrais e no TLC. Lembre-se que no Capítulo 7 a distribuição amostral de médias amostrais $\bar{x}$ é distribuída sobre uma média

NOTA

O termo *pressupostos* é de certa forma uma denominação incorreta. Isso não significa que nós "pressupomos" que algo é a situação e seguimos em frente, mas que devemos ter certeza de que as condições expressas pelos pressupostos existem antes de aplicarmos um método estatístico em particular. Se os pressupostos não forem atendidos para a estimativa da média μ, utilizando um σ conhecido, é muito provável que o nível de confiança seja menor que o declarado.

igual a μ com erro padrão igual a $\sigma/\sqrt{n}$, e (1) se a população amostrada aleatoriamente é distribuída normalmente, então, $\bar{x}$ é distribuída geralmente para todos os tamanhos de amostra, ou (2) se a população amostrada aleatoriamente não é distribuída normalmente, então $\bar{x}$ tem distribuição aproximadamente normal para tamanhos de amostra suficientemente grandes.

Assim, podemos satisfazer o pressuposto exigido (1) sabendo que a população amostrada é distribuída normalmente; ou (2) usando uma amostra aleatória que contém um número suficientemente grande de dados. A primeira possibilidade é óbvia: ou nós temos conhecimento suficiente sobre a população para saber que é distribuída normalmente, ou não temos. A segunda maneira de satisfazer o pressuposto é aplicando-se o TLC. A observação de várias exibições gráficas dos dados amostrais deve fornecer uma indicação do tipo de distribuição da população. O TLC pode ser aplicado a amostras menores (digamos, $n = 15$ ou mais) quando os dados fornecem uma forte indicação de uma distribuição unimodal que é aproximadamente simétrica. Se houver evidência de alguma assimetria nos dados, o tamanho da amostra deve ser muito maior (por exemplo, $n \geq 50$). Se os dados fornecerem evidência de uma distribuição extremamente assimétrica ou em forma de J, ainda assim, aplica-se o TLC, desde que a amostra seja suficientemente grande. Em casos extremos, "suficientemente grande" pode ser grande de modo irrealista ou impraticável. Não há nenhuma regra clara para definir "suficientemente grande", o tamanho da amostra que é "suficientemente grande" varia muito de acordo com a distribuição da população.

NOTA: Deve-se buscar a ajuda de um estatístico profissional ao lidar com dados extremamente assimétricos.

O intervalo de confiança $1 - \alpha$ para a estimativa da média μ é encontrado utilizando a fórmula

Intervalo de confiança para a média

$$\bar{x} - z(\alpha/2)\left(\frac{\sigma}{\sqrt{n}}\right) \quad \text{a} \quad \bar{x} + z(\alpha/2)\left(\frac{\sigma}{\sqrt{n}}\right) \qquad (8.1)$$

Aqui, estão as partes componentes da fórmula do intervalo de confiança:

1. $\bar{x}$ é a estimativa pontual e o ponto central do intervalo de confiança.

2. $z(\alpha/2)$ é o **coeficiente de confiança**. É o número de múltiplos do erro padrão necessário para formular

uma estimativa de intervalo com a extensão correta para obter um nível de confiança de $1 - \alpha$. A Figura 8.3 mostra a relação entre o nível de confiança $1 - \alpha$ (porção central da distribuição), $\alpha/2$ (a "área à direita" usada com a notação de valor crítico) e o coeficiente de confiança $z(\alpha/2)$ (cujo valor é determinado utilizando-se a Tabela 4B do Apêndice B).

3. $\frac{\sigma}{\sqrt{n}}$ é o **erro padrão da média,** ou o desvio padrão da distribuição amostral das médias amostrais.

4. $z(\alpha/2)\left(\frac{\sigma}{\sqrt{n}}\right)$ é uma vez e meia a extensão do intervalo de confiança (o produto entre o coeficiente de confiança e o erro padrão) e é denominado **erro máximo de estimativa,** E.

5. $\bar{x} - z(\alpha/2)\left(\frac{\sigma}{\sqrt{n}}\right)$ é denominado limite inferior de confiança (LIC), e $\bar{x} + z(\alpha/2)\left(\frac{\sigma}{\sqrt{n}}\right)$ é denominado limite superior de confiança (LSC) para o intervalo de confiança.

O procedimento de estimativa é organizado em um processo de cinco etapas que levará em conta todas as informações citadas anteriormente e produzirá a estimativa pontual e o intervalo de confiança.

Figura 8.3 **Coeficiente de confiança $z(\alpha/2)$**

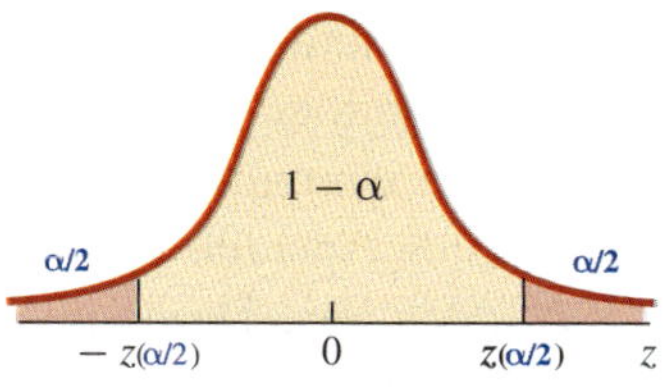

BASICAMENTE, O INTERVALO DE CONFIANÇA É "ESTIMATIVA PONTUAL ± ERRO MÁXIMO".

Construção de um intervalo de confiança

Apliquemos o procedimento de intervalo de confiança para determinar a média da distância de deslocamento diário, em um sentido apenas. O corpo discente em muitas faculdades comunitárias é considerado uma "população com deslocamento diário". O departamento de atividades estudantis pretende obter uma resposta para a pergunta: qual é a distância do trajeto (só de ida) percorrido por um aluno médio de faculdade comunitária para ir à faculdade todos os dias? (Normalmente, a "distância média do trajeto percorrido pelo aluno" representa a "distância média" percorrida por todos os alunos que se deslocam até a faculdade.) Foi selecionada uma amostra aleatória de 100 estudantes que se deslocam diariamente até a faculdade e obtida a distância de ida percorrida. A distância média da amostra resultante foi 10,22 milhas (16,45 km). Para estimar a distância média de ida percorrida para todos os estudantes que se deslocam diariamente, vamos usar: (a) uma estimativa pontual; e (b) um intervalo de confiança de 95%. (Usemos σ = 6 milhas.) Nossa estimativa pontual (a) para a distância média de ida é **10,22** milhas (média amostral). Em seguida, usamos o procedimento de cinco passos para determinar o intervalo de confiança de 95% (b).

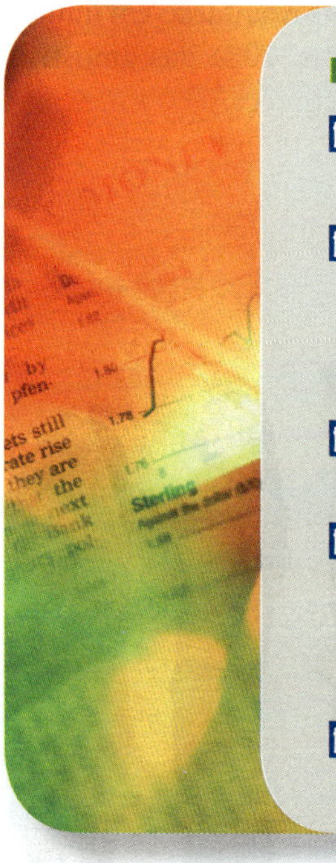

John Foxx/Stockbyte/Getty Images

Intervalo de confiança: Procedimento de cinco passos

PASSO 1 **Definição:**
Descrever o parâmetro populacional de interesse.

PASSO 2 **Critérios do intervalo de confiança:**
a. Verificar os pressupostos.
b. Identificar a distribuição de probabilidade e a fórmula a ser utilizada.
c. Estabelecer o nível de confiança, $1 - \alpha$.

PASSO 3 **Evidência amostral:**
Coletar as informações da amostra.

PASSO 4 **Intervalo de confiança:**
a. Determinar o coeficiente de confiança.
b. Determinar o erro máximo da estimativa.
c. Determinar os limites de confiança inferior e superior.

PASSO 5 **Resultados:**
Estabelecer o intervalo de confiança.

PASSO 1 DEFINIÇÃO:

Descrever o parâmetro populacional de interesse.

A média μ das distâncias de ida percorridas por todos os estudantes de faculdades comunitárias que se deslocam diariamente é o parâmetro de interesse.

PASSO 2 CRITÉRIOS DO INTERVALO DE CONFIANÇA:

a. Verificar os pressupostos.

σ é conhecido. A variável "distância percorrida" muito provavelmente tem uma distribuição assimétrica porque a maioria dos alunos percorre entre 0 e 25 milhas (40,2 km), com pouco deslocamento superior a 25 milhas (40,2 km). Uma amostra de tamanho 100 deve ser grande o suficiente para TLC, para satisfazer o pressuposto. A distribuição amostral $\bar{x}$ é aproximadamente normal.

b. Identificar a distribuição de probabilidade e a fórmula a ser utilizada.

A distribuição normal padrão, **z**, será utilizada para determinar o coeficiente de confiança, e a fórmula (8.1) será utilizada com σ = 6.

c. Estabelecer o nível de confiança, 1 – α.

O problema pede uma confiança de 95%, ou 1 – α = 0,95.

PASSO 3 EVIDÊNCIA AMOSTRAL:

Coletar as informações da amostra.

As informações da amostra são fornecidas no enunciado do problema: $n = 100$, $\bar{x} = 10,22$.

PASSO 4 INTERVALO DE CONFIANÇA:

a. Determinar o coeficiente de confiança.

O coeficiente de confiança é encontrado utilizando-se a Tabela 4B:

Nível de confiança: 1 − α = 0,95 →

Uma parte da tabela 4B		
α	⋯	0,05
$z(\alpha/2)$	⋯	1,96
1 − α	⋯	0,95

→ Coeficiente de confiança: $z(\alpha/2) = 1,96$

b. Determinar o erro máximo da estimativa.

Utilizar o componente de erro máximo da fórmula (8.1):

$$E = z(\alpha/2)\left(\frac{\sigma}{\sqrt{n}}\right) = (1,96)(0,6) = 1,176$$

c. Determinar os limites de confiança inferior e superior.

Utilizando a estimativa pontual, $\bar{x}$, do Passo 3 e o erro máximo, **E**, do Passo 4b, determinamos os limites do intervalo de confiança:

$$\bar{x} - z(\alpha/2)\left(\frac{\sigma}{\sqrt{n}}\right) \quad \text{a} \quad \bar{x} + z(\alpha/2)\left(\frac{\sigma}{\sqrt{n}}\right)$$

PASSO 5 OS RESULTADOS:

Definir o intervalo de confiança.

9,04 a 11,40 é o intervalo de confiança de 95% para μ. Ou seja, com uma confiança de 95%, podemos afirmar que: "A distância média de ida está entre 9,04 e 11,40 milhas (14,55 e 18,35 km)."

Vejamos novamente o conceito de "nível de confiança". Ele foi definido como a probabilidade de que a amostra a ser selecionada produzirá os limites do intervalo que contêm o parâmetro.

Demonstração do significado de um intervalo de confiança

Números aleatórios de um dígito, como os da Tabela 1 do Apêndice B, têm um valor médio μ = 4,5 e um desvio padrão σ = 2,87. Extraia uma amostra de 40 números de um dígito da Tabela 1 e construa o intervalo de confiança de 90% para a média. O intervalo resultante contém o valor esperado de μ, 4,5? Se tivéssemos de selecionar outra amostra de 40 números de um dígito da Tabela 1, obteríamos o mesmo resultado? O que poderia acontecer se selecionássemos um total de 15 amostras diferentes e construíssemos um intervalo de confiança de 90% para cada uma? O valor esperado para μ, ou seja, 4,5, estaria contido em todos eles? Deveríamos esperar que todos os 15 intervalos de confiança contivessem 4,5? Pense na definição de "nível de confiança", ela diz que, em longo prazo, 90% das amostras resultarão em limites que contêm μ. Em outras palavras, 10% das amostras não conterão μ. Vejamos o que acontece.

Primeiro, precisamos verificar os pressupostos. Se eles não são atendidos, não podemos esperar que os 90% e os 10% ocorram.

Sabemos que: (1) a distribuição de números aleatórios de um dígito é retangular (definitivamente não é normal); (2) a distribuição de números aleatórios de um dígito é simétrica com relação à média do números; (3) a distribuição $\bar{x}$ para amostras muito pequenas ($n = 5$) em nosso exemplo do Capítulo 7 mostrou uma distribuição que parecia ser aproximadamente normal; e (4) não deve haver assimetria envolvida. Portanto, parece razoável supor que $n = 40$ é grande o suficiente para aplicarmos o TLC.

A primeira amostra aleatória foi retirada da Tabela 1 do Apêndice B:

Tabela 8.1 **Amostra aleatória de números de um único dígito**

2	8	2	1	5	5	4	0	9	1
0	4	6	1	5	1	1	3	8	0
3	6	8	4	8	6	8	9	5	0
1	4	1	2	1	7	1	7	9	3

A estatística amostral é $n = 40$, $\Sigma x = 159$ e $\bar{x} = 3{,}975$. Aqui está o resultado para 90% do intervalo de confiança:

$$\bar{x} \pm z_{(\alpha/2)}\left(\frac{\sigma}{\sqrt{n}}\right): \quad 3{,}975 \pm 1{,}65\left(\frac{2{,}87}{\sqrt{40}}\right)$$

$$3{,}975 \pm (1{,}65)(0{,}454)$$

$$3{,}975 \pm 0{,}749$$

$$3{,}975 - 0{,}749 = 3{,}23 \quad \text{a} \quad 3{,}975 + 0{,}749 = 4{,}72$$

De 3,23 a 4,72 é o intervalo de confiança de 90% para μ

A Figura 8.4 mostra essa estimativa de intervalo, seus limites e a média μ esperada.

Figura 8.4 **Intervalo de confiança de 90%**

Com uma confiança de 90%, acreditamos que μ se encontra em algum ponto dentro desse intervalo

O valor esperado para a média, 4,5, está entre os limites do intervalo de confiança para essa amostra. Agora, vamos selecionar mais 14 amostras aleatórias na Tabela 1 do Apêndice B, cada uma de tamanho 40.

A Tabela 8.2, na próxima página, lista a média da primeira amostra e as médias obtidas de 14 amostras aleatórias adicionais de tamanho 40. Os intervalos de confiança de 90% para a estimativa de μ com base em cada uma das 15 amostras são listados na Tabela 8.2 e mostrados na Figura 8.5 na próxima página.

Vemos que 86,7% (13 dos 15) dos intervalos contêm μ e duas das 15 amostras (amostra 7 e amostra 12) não contêm μ. Os resultados aqui são "típicos". A experimentação repetida pode resultar em qualquer número de intervalos que contêm 4,5. Entretanto, a longo prazo, devemos esperar que aproximadamente $1 - \alpha = 0{,}90$ (ou 90%) das amostras resultem em limites que contêm 4,5 e que, aproximadamente, 10% resultem em limites que não contêm 4,5.

Tamanho da amostra

O intervalo de confiança tem duas características básicas que determinam a sua qualidade: o seu nível de confiança e sua extensão. É preferível para o intervalo ter um alto nível de confiança e ser preciso (estreito) ao mesmo tempo. Quanto maior o nível de confiança, maior a probabilidade de o intervalo conter o parâmetro, e quanto mais estreito o intervalo, mais precisa é a estimativa. No entanto, essas duas propriedades parecem se contradizer, pois, aparentemente, um intervalo mais estreito tenderia a apresentar uma probabilidade menor e um intervalo mais amplo seria menos preciso. O componente de erro máximo da fórmula do intervalo de confiança especifica a relação envolvida.

Erro de estimativa máximo

$$E = z(\alpha/2)\left(\frac{\sigma}{\sqrt{n}}\right) \qquad (8.2)$$

Essa fórmula possui quatro componentes: (1) o erro máximo E, metade da extensão do intervalo de confiança; (2) o coeficiente de confiança, $z(\alpha/2)$, o qual é determinado pelo nível de confiança; (3) o tamanho da amostra, n; e (4) o desvio padrão, σ. O desvio padrão σ não é um fator importante para esta discussão por ser uma constante (o valor do desvio padrão de uma população não se altera). Assim, restam três fatores. A análise da fórmula (8.2) indica o seguinte: o aumento do nível de confiança tornará o coeficiente de confiança maior e, dessa forma, exigirá que o erro máximo aumente ou que o tamanho da amostra aumente; a diminuição do erro máximo exigirá que o nível de confiança diminua ou que o tamanho da amostra aumente; e a diminuição no tamanho da amostra forçará o aumento do erro máximo ou a diminuição do nível de confiança. Temos um "cabo de guerra de três pontas," como ilustrado na Figura 8.6.

O aumento ou a diminuição de qualquer um dos três componentes tem efeito sobre um dos dois outros fatores ou sobre ambos. O trabalho do estatístico é "equilibrar" o nível de confiança, o tamanho da amostra e o erro máximo de forma que resulte em um intervalo acessível.

Figura 8.5 Intervalos de confiança da Tabela 8.2

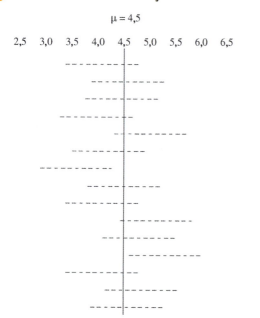

Figura 8.6 "Cabo de guerra de três pontas" entre $1 - \alpha$, n e E

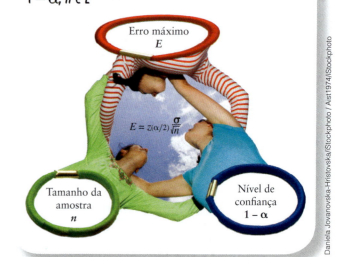

Tabela 8.2 Quinze amostras de tamanho 40

Número da amostra	Média amostral, $\bar{x}$	Estimativa de intervalo de confiança de 90% para μ	Número da amostra	Média amostral, $\bar{x}$	Estimativa de intervalo de confiança de 90% para μ
1	3,98	3,23 a 4,72	9	4,08	3,33 a 4,83
2	4,64	3,89 a 5,39	10	5,20	4,45 a 5,95
3	4,56	3,81 a 5,31	11	4,88	4,13 a 5,63
4	3,96	3,21 a 4,71	12	5,36	4,61 a 6,11
5	5,12	4,37 a 5,87	13	4,18	3,43 a 4,93
6	4,24	3,49 a 4,99	14	4,90	4,15 a 5,65
7	3,44	2,69 a 4,19	15	4,48	3,73 a 5,23
8	4,60	3,85 a 5,35			

Tamanho da amostra e intervalos de confiança

Para ter uma ideia melhor de como os estatísticos equilibram a confiança, o tamanho da amostra e o erro, tomemos o problema de determinar o tamanho da amostra necessário para estimar o peso médio de todos os alunos da segunda série, com precisão de 1 libra (0,45 kg) e confiança de 95%. Iremos assumir uma distribuição normal e o desvio padrão dos pesos dos meninos de 3 libras (1,35 kg).

O nível de confiança desejado determina o coeficiente de confiança, que é encontrado utilizando-se a Tabela 4B: $z(\alpha/2) = z(0,025) = $ **1,96**.

Sabemos que nosso erro máximo desejado é $E = 1,0$ (lembre-se, 1 libra). Agora, estamos prontos para utilizar a fórmula do erro máximo:

$$E = z(\alpha/2)\left(\frac{\sigma}{\sqrt{n}}\right): \qquad 1,0 = 1,96\left(\frac{3}{\sqrt{n}}\right)$$

$$\text{Cálculo para } n: \qquad 1,0 = \frac{5,88}{\sqrt{n}}$$

$$\sqrt{n} = 5,88$$

$$n = (5,88)^2 = 34,57 = \mathbf{35}$$

Assim, $n = 35$ é o tamanho da amostra necessário se você deseja um intervalo de confiança de 95% com um erro máximo que não ultrapasse 1 libra (0,45 kg).

NOTA: Quando calculamos a fórmula para o tamanho de amostra n, normalmente, arredondamos para o próximo inteiro de maior valor, independente da fração (ou decimal) resultante.

Cálculo do tamanho da amostra com valor de sigma (σ) desconhecido

O uso da fórmula de erro máximo (8.2) pode ficar um pouco mais fácil reescrevendo a fórmula de modo que expresse n com relação a outros valores.

Image Source/Getty Images

Tamanho da amostra

$$n = \left(\frac{z(\alpha/2) \cdot \sigma}{E}\right)^2 \qquad (8.3)$$

Se o erro máximo é expresso como um múltiplo do desvio padrão σ, então, o valor real de σ não é necessário para calcular o tamanho da amostra. Se desejarmos encontrar o tamanho da amostra necessário para estimar a média da população dentro do intervalo de $\frac{1}{5}$ de um desvio padrão com confiança de 99%, precisaríamos, primeiro, determinar o coeficiente de confiança (usando a Tabela 4B): $1 - \alpha = 0,99$, $z(\alpha/2) = 2,58$. O erro máximo desejado é $E = \frac{\sigma}{5}$. Agora, estamos prontos para utilizar a fórmula do tamanho amostral (8.3):

$$n = \left(\frac{z(\alpha/2) \cdot \sigma}{E}\right)^2 \qquad n = \left(\frac{(2,58) \cdot \sigma}{\sigma/5}\right)^2 = \left(\frac{(2,58\sigma)(5)}{\sigma}\right)^2$$

$$= [(2,58)(5)]^2$$

$$= (12,90)^2 = 166,41 = \mathbf{167}$$

8.3 A natureza dos testes de hipóteses

PARA TESTAR UMA DECLARAÇÃO, DEVEMOS FORMULAR UMA HIPÓTESE NULA E UMA HIPÓTESE ALTERNATIVA.

Todos nós tomamos decisões todos os dias de nossas vidas. Algumas dessas decisões são da maior importância, outras são aparentemente insignificantes. Todas as decisões seguem o mesmo padrão básico. Nós pesamos as alternativas, então, com base em nossas crenças e preferências e em qualquer evidência que esteja disponível, chegamos a uma decisão e tomamos as medidas adequadas. O teste da hipótese estatística segue um processo muito semelhante, exceto pelo fato de que ele envolve informações estatísticas. Nesta seção, desenvolveremos muitos dos conceitos e atitudes do teste de hipótese, enquanto avaliamos várias situações de tomada de decisão sem a utilização de nenhuma estatística.

Um amigo está dando uma festa (decisão de campeonato, férias escolares – você conhece a situação, qualquer desculpa serve) e você foi convidado. Você deve tomar uma decisão: ir ou não ir. É uma decisão simples; bem, talvez seja, exceto que você quer ir apenas se puder ser convencido de que a festa será mais divertida do que festas típicas do seu amigo. Além disso, você definitivamente não quer ir caso a festa seja apenas mais um fracasso. Você tomou a posição de que "a festa vai ser um fracasso" e não irá a menos que se convença do contrário Seu amigo garante que "Certeza, a festa será um sucesso!" Você irá ou não?

O processo de tomada de decisão começa identificando uma *questão de interesse* e, em seguida, formulando duas hipóteses sobre ela. Uma **hipótese** é uma afirmação de que algo é verdadeiro. A afirmação de seu amigo, "A festa será um sucesso", é uma hipótese. Sua posição, "A festa será um fracasso", também é uma hipótese. O processo pelo qual é tomada uma decisão entre duas hipóteses opostas é chamado **teste de hipótese estatística**. As duas hipóteses opostas são formuladas de modo que cada uma seja a negação da outra. (Dessa forma, uma delas será sempre verdadeira, e a outra será sempre falsa.) Então, uma hipótese é testada na esperança de que possa ser mostrada uma ocorrência muito improvável, implicando que a outra hipótese é provavelmente a verdadeira.

As duas hipóteses envolvidas na tomada de decisão são conhecidas como *hipótese nula* e *hipótese alternativa*. A **hipótese nula** é a hipótese que testaremos. Geralmente, essa é uma declaração de que um parâmetro populacional possui um valor específico. A hipótese nula é assim denominada porque ela será o "ponto de início" para a investigação. (A expressão "não há diferença" é frequentemente usada em sua interpretação.) A **hipótese alternativa** é uma declaração sobre o mesmo parâmetro populacional utilizado na hipótese nula. Geralmente, essa é uma declaração que especifica que o parâmetro da população tem um valor que é de alguma forma diferente do valor fornecido na hipótese nula. A rejeição da hipótese nula implicará que a hipótese alternativa é provavelmente verdadeira.

Com relação à festa de seu amigo, os dois pontos de vista opostos ou hipóteses são "A festa será um sucesso" e "A festa será um fracasso". Qual declaração será a hipótese nula e qual a hipótese alternativa?

Determinar a declaração da hipótese nula e a da hipótese alternativa é uma etapa muito importante. A *ideia básica* do teste de hipótese é que a evidência tenha uma chance de "refutar" a hipótese nula. A hipótese nula é a declaração que a evidência pode desmentir. *Sua preocupação* (crença ou resultado desejado), como a pessoa que realiza os testes, está expressa na hipótese alternativa. Como a pessoa que toma a decisão, você acredita que a evidência demonstrará a viabilidade de sua "teoria" demonstrando a *improbabilidade* da verdade da hipótese nula. Às vezes, a hipótese alternativa é referida como a *hipótese de pesquisa*, uma vez que ela representa o que o pesquisador espera ser estabelecido

Hipótese Uma declaração de algo é verdadeiro.

Teste das hipóteses estatísticas Processo pelo qual uma decisão é tomada entre duas hipóteses opostas.

Hipótese nula,* H_o A hipótese que testaremos.

Hipótese alternativa, H_a Uma declaração sobre o mesmo parâmetro populacional utilizado na hipótese nula.

como "verdadeiro". (Se for assim, ele terá um papel fora da pesquisa.)

Uma vez que a "evidência" (quem irá à festa, o que será servido etc.) pode demonstrar somente a improbabilidade de a festa ser um fracasso, sua posição inicial, "A festa será um fracasso", tornar-se a hipótese nula. Assim, a alegação do seu amigo, "A festa será um sucesso", torna-se a hipótese alternativa.

$$H_o\text{:"A festa será um fracasso"}$$
$$vs.$$
$$H_a\text{:"A festa será um sucesso"}$$

Antes de retornarmos ao nosso exemplo relacionado à festa, é necessário abordarmos os quatro resultados possíveis que poderiam resultar do fato de a hipótese nula ser verdadeira ou falsa e de a decisão ser "rejeitar H_o" ou "não rejeitar H_o." A Tabela 8.3 mostra esses quatro resultados possíveis.

Uma **decisão correta tipo A** ocorre quando a hipótese nula é verdadeira e nós decidimos a seu favor. Uma **decisão correta tipo B** ocorre quando a hipótese nula é falsa e a decisão é contrária a essa hipótese. Um **erro tipo I** ocorre quando uma hipótese verdadeira é rejeitada, ou seja, quando a hipótese nula é verdadeira, mas decidimos contra ela. Um **erro tipo II** ocorre quando decidimos a favor de uma hipótese nula que, na verdade, é falsa.

※ Utilizamos a notação H_o para a hipótese nula, em contraste com a notação H_a, utilizada para a hipótese alternativa. Outros textos podem usar H_O (zero subscrito) em vez de H_o e H_1 em vez de H_a.

Elaboração das hipóteses

Parte de se tornar um estatístico competente é compreender como elaborar hipóteses úteis. Aqui, são apresentados alguns exemplos para que você tenha uma ideia de como fazê-lo em diferentes situações.

Situação	Solução
Você está testando um novo projeto para *airbags* usados em automóveis e sua preocupação é que eles possam não abrir corretamente. Elabore as hipóteses nula e alternativa.	As duas possibilidades opostas são "Os *airbags* abrem corretamente" e "Os *airbags* não abrem corretamente". Os testes podem somente produzir evidências que neguem a hipótese "Os *airbags* abrem corretamente". Assim, a hipótese nula é "Os *airbags* abrem corretamente" e a hipótese alternativa é "Os *airbags* não abrem corretamente". A hipótese alternativa pode ser a afirmação que o analista deseja mostrar que é a verdadeira.
Você suspeita que um detergente de marca comercial supera em desempenho o produto de marca própria da loja que vende detergentes e deseja testar os dois detergentes, porque você prefere comprar a marca mais barata da loja. Elabore as hipóteses nula e alternativa.	Sua suspeita, "o detergente de marca comercial supera em desempenho o produto de marca própria da loja", é a razão para o teste e, portanto, torna-se a hipótese alternativa. H_o: "Não há diferença no desempenho dos detergentes." H_a: "O detergente de marca comercial é melhor do que o da marca própria da loja." Entretanto, como consumidor, você espera não rejeitar a hipótese nula por razões financeiras.

Tabela 8.3 Quatro resultados possíveis em um teste de hipótese

Decisão	H_o	
	Verdadeira	Falsa
Não rejeitar H_o	Decisão correta tipo A	Erro tipo II
Rejeitar H_o	Erro tipo I	Decisão correta tipo B

Ao tomar uma decisão, seria bom tomar sempre a decisão correta. Isso, entretanto, não é possível em estatística, pois tomamos nossas decisões com base em informações amostrais. O melhor que podemos esperar é controlar a probabilidade com a qual um erro ocorre. A probabilidade atribuída ao erro tipo I é α (ou seja, **"alfa"**; α é a primeira letra do alfabeto grego). A pro-

babilidade do erro tipo II é β (ou seja, **"beta"**; β é a segunda letra do alfabeto grego). Consulte a Tabela 8.4.

Para controlar esses erros, atribuiremos uma probabilidade pequena a cada um deles. Os valores de probabilidade utilizados com mais frequência para α e β são 0,01 e 0,05. A probabilidade atribuída a cada erro depende de sua gravidade. Quanto mais grave o erro, menos desejamos que ele ocorra e, portanto, é atribuída uma probabilidade menor. α e β são probabilidades de erros, cada uma delas sob condições independentes, e não podem ser combinadas. Assim, não podemos determinar uma probabilidade única para a tomada de uma decisão incorreta. Dessa mesma forma, as duas decisões corretas são separadas de forma distinta e cada uma tem sua própria probabilidade: $1 - \alpha$ é a probabilidade de uma decisão correta quando a hipótese nula é verdadeira, e $1 - \beta$ é a probabilidade de uma decisão correta

Marek Uliasz/iStockphoto

Tabela 8.4 Probabilidade com a qual ocorrem as decisões

Erro na decisão	Tipo	Probabilidade	Decisão correta	Tipo	Probabilidade
Rejeição de uma H_o verdadeira	I	α	Não rejeitar uma H_o verdadeira	A	$1 - \alpha$
Não rejeitar uma H_o falsa	II	β	Rejeição de uma H_o falsa	B	$1 - \beta$

Descrição de resultados

Como poderíamos descrever os quatro resultados possíveis e as ações resultantes que ocorreriam para o teste de hipótese sobre o detergente descrito na página 163?

Primeiro, lembre-se de que precisamos de uma hipótese nula e de uma hipótese alternativa:

H_o: "Não há diferença no desempenho dos detergentes."

H_a: "O detergente de marca tem um desempenho melhor que o detergente de marca própria da loja."

NOTAS:

1. A verdade da situação não é conhecida antes da decisão ser tomada, da conclusão ser obtida e das ações resultantes ocorrerem. A verdade de H_o pode nunca ser conhecida.
2. O erro tipo II, geralmente, resulta no que representa uma "oportunidade perdida" e, nessa situação, é perdida a chance de usar um produto que oferece melhores resultados.

	H_o é verdadeira	H_o é falsa
Não rejeita H_o	**Decisão correta tipo A** **A verdade da situação:** Não há diferença entre os detergentes. **Conclusão:** Foi determinado que não havia diferença. **Ação:** O consumidor comprou o detergente mais barato, economizando dinheiro e obtendo os mesmos resultados.	**Erro tipo II** **Verdade da situação:** O detergente de marca é melhor. **Conclusão:** Foi determinado que não havia diferença. **Ação:** O consumidor comprou o detergente mais barato, economizando dinheiro e obtendo resultados inferiores.
Rejeita H_o	**Erro tipo I** **A verdade da situação:** Não há diferença entre os detergentes. **Conclusão:** Determinou-se que o detergente de marca era melhor. **Ação:** O consumidor comprou o detergente de marca, gastou dinheiro extra e não obteve um resultado melhor.	**Decisão correta tipo B** **Verdade da situação:** O detergente de marca é melhor. **Conclusão:** Determinou-se que o detergente de marca era melhor. **Ação:** O consumidor comprou o detergente de marca, gastando mais dinheiro e obtendo resultados melhores.

quando a hipótese nula é falsa. $1 - \beta$ é chamado *poder do teste estatística* uma vez que ele mede a capacidade de um teste de hipótese rejeitar uma hipótese nula falsa, o que é uma característica muito importante.

NOTA: Independentemente do resultado de um teste de hipótese , é impossível ter certeza de que a decisão correta foi tomada.

Vamos rever os dois erros possíveis na tomada de uma decisão que poderiam ocorrer em nosso exemplo relacionado a detergentes. A maioria das pessoas ficaria incomodada se descobrisse que estava gastando mais dinheiro com um detergente que não oferecia nenhum resultado melhor do que o da marca mais barata. Da mesma forma, a maioria das pessoas se incomodaria se descobrisse que poderia estar comprando um detergente melhor. A avaliação da gravidade relativa desses erros requer saber se o detergente será utilizado em sua lavanderia doméstica ou por uma lavanderia profissional, quanto a mais custa o detergente da marca comercial etc.

Existe uma inter-relação entre a probabilidade do erro tipo I (α), a probabilidade do erro tipo II (β) e o tamanho da amostra (n). Isso é muito semelhante à inter-relação existente entre o nível de confiança, o erro máximo e o tamanho da amostra, assuntos abordados na página 160. A Figura 8.7 mostra o "cabo de guerra de três pontas" entre α, β e n. Se qualquer um desses três fatores aumentar ou diminuir, ele afetará um ou os demais.

Figura 8.7 "O cabo de guerra de três pontas" entre α, β e n

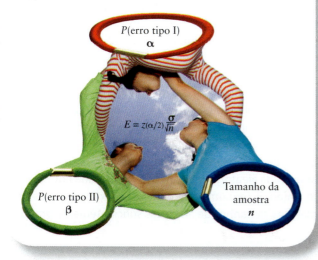

O trabalho do estatístico é "equilibrar" os três valores de α, β e n para obter uma situação de teste aceitável. Se o valor de α for reduzido, então, β deve aumentar ou n deve ser aumentado; se β for reduzido, então, α aumenta ou n deve ser aumentado; se n for reduzido, então, α aumenta ou β aumenta. As escolhas para α, β e n definitivamente não são arbitrárias. Nesse ponto do nosso estudo de estatística, α será fornecido no enunciado do problema, assim como o tamanho da amostra n. Deixamos a abordagem mais ampla do papel de β, P(erro tipo II) para outro momento.

O tamanho da amostra, n, é autoexplicativo, assim, vamos dar uma olhada no papel de α, ou **nível de significância**. O nível de significância α é a probabilidade de cometer o erro tipo I.

Estabelecer o nível de significância pode ser tão difícil quanto tomar uma "decisão administrativa". Normalmente, uma pessoa responsável determina o nível de probabilidade com o qual deseja arriscar cometer um erro tipo I.

Nesse ponto do procedimento de teste de hipótese, a evidência é coletada e resumida, e o valor de uma *estatística de teste* é calculado. Uma **estatística de teste** é uma variável aleatória cujo valor é calculado com dados amostrais e usado na tomada de decisão "não rejeitar H_o" ou "rejeitar H_o". O valor da estatística de teste calculado é usado juntamente com uma regra de decisão para determinar "rejeitar H_o" ou "não rejeitar H_o". Essa **regra de decisão** deve ser estabelecida antes de os dados serem coletados. Ela especifica como você chegará à decisão.

Voltando à festa de seu amigo: você deve pesar o histórico das festas de seu amigo, o horário e o local, quem mais irá à festa etc., com base em critérios estabelecidos por você mesmo e, então, tomar sua decisão. Como resultado da decisão sobre a hipótese nula ("A festa será um fracasso"), você agirá de forma adequada: irá ou não à festa.

Para concluir um teste de hipótese, é necessário que você elabore uma conclusão que descreva cuidadosamente o significado da decisão relacionada à intenção do teste de hipótese.

Ao elaborar a decisão e a conclusão, lembre-se de que (1) a decisão se refere a H_o; e (2) a conclusão se refere a uma declaração sobre se a alegação de H_a foi sustentada. Isso é consistente com a "atitude" de todo o procedimento de teste de hipótese. A hipótese nula é a afirmação que está "em análise" e, portanto, a decisão

deve ser sobre ela. A alegação da hipótese alternativa é a ideia que deu origem à necessidade de uma decisão. Assim, a questão que gerou a hipótese alternativa deve ser respondida quando a conclusão for elaborada.

Devemos nos lembrar sempre que, quando a decisão é tomada, nada foi provado. Ambas as decisões podem induzir a erros: "Não rejeitar H_o" poderia ser um erro tipo II (a falta de evidência suficiente fez que ótimas festas fossem perdidas mais de uma vez), e "rejeitar H_o" poderia ser um erro tipo I (mais de uma pessoa decidiu ir a uma festa que foi um fracasso).

CONCLUSÃO

a. Se a decisão for "rejeitar H_o", então, a conclusão deve expressar algo como: "Há evidência suficiente no nível de significância α para mostrar que . . . (o significado da hipótese alternativa)".

b. Se a decisão for "não rejeitar H_o", então, a conclusão dever expressar algo como: "Não há vidência suficiente no nível de significância α para mostrar que . . . (o significado da hipótese alternativa)".

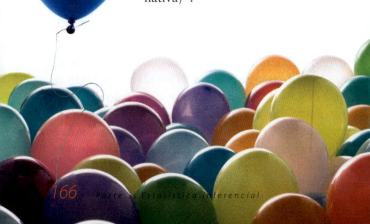

8.4 Teste de hipótese da média μ (σ conhecido): uma abordagem valor-probabilidade

A **ABORDAGEM VALOR-PROBABILIDADE** USA INTEGRALMENTE A CAPACIDADE DO COMPUTADOR DE REALIZAR A TAREFA DO PROCESSO DE TOMADA DE DECISÃO.

No Objetivo 8.3, estudamos os conceitos e muito da racionalização por trás de um teste de hipótese, enquanto observávamos ilustrações estatísticas. Nesta seção, vamos formalizar o procedimento de teste de hipótese no que se aplica a afirmações relacionadas à média μ de uma população com a restrição de que σ, o desvio padrão da população, seja um valor conhecido.

O pressuposto para os testes de hipótese referentes à média μ utilizando um σ conhecido:

A distribuição amostral de $\bar{x}$ é normal.

As informações de que necessitamos para garantir que esse pressuposto seja satisfeito encontram-se na distribuição amostral das médias amostrais e no TLC (consulte o Capítulo 7, páginas 140 a 142).

A distribuição amostral das médias amostrais $\bar{x}$ é feita com relação à média igual a μ com erro padrão igual a $\sigma/\sqrt{n}$; e (1) se a população amostrada aleatoriamente for normalmente distribuída, então, $\bar{x}$ é distribuída normalmente para todos os tamanhos de amostras; ou (2) se a população amostrada aleatoriamente não for distribuída normalmente, então, $\bar{x}$ tem uma distribuição aproximadamente normal para tamanhos de amostras suficientemente grandes.

O teste de hipótese é um procedimento passo a passo bem organizado, usado na tomada de decisões. Normalmente, são utilizados dois formatos diferentes para testar as hipóteses. A *abordagem valor-probabilidade*, ou simplesmente *abordagem valor-p*, é o processo de teste de hipótese que ficou popular nos últimos anos, muito em consequência de sua conveniência e da capacidade de "processar números" do computador. Essa abordagem é organizada como o procedimento de cinco passos descrito na caixa a seguir.

Teste de hipótese unicaudal utilizando a abordagem do valor-*p*

Para ter uma noção de como esse procedimento funciona, vamos considerar um fabricante de aviões comerciais que compra rebites para usar na montagem das aeronaves. Cada fornecedor de rebite que deseja vender para o fabricante de aviões deve demonstrar que seus rebites satisfazem as especificações exigidas. Uma das especificações é: "A resistência média ao cisalhamento de todos esses rebites, μ, é no mínimo 925 libras". Cada vez que a fabricante de aeronaves compra rebites, sua preocu-

pação é que a resistência média possa ser menor que a especificação de 925 libras.

Cada rebite tem uma resistência ao cisalhamento, a qual é determinada pela medição da força necessária para romper ("quebrar") o rebite. Evidentemente, nem todos os rebites podem ser testados. Portanto, uma amostra dos rebites será testada e uma decisão sobre a resistência média de todos os rebites não testados será tomada com base na média dos rebites amostrados e testados.

PASSO 1 DEFINIÇÃO:

a. **Descrever o parâmetro populacional de interesse.**
O parâmetro populacional de interesse é a média μ, a resistência média ao cisalhamento dos rebites (ou força média necessária para rompê-los) que estão sendo considerados para a compra.

b. **Estabelecer a hipótese nula (H_o) e a hipótese alternativa (H_a).**
A hipótese nula e a hipótese alternativa são formuladas pela inspeção do problema ou afirmação a ser investigada, formulando-se, primeiro, duas afirmações opostas sobre a média μ. Para o nosso exemplo, essas duas afirmações opostas são: (A) "A resistência

SE OS PRESSUPOSTOS NÃO SÃO ATENDIDOS PARA OS TESTES DE HIPÓTESES SOBRE A MÉDIA μ UTILIZANDO UM σ CONHECIDO, O VALOR-*P* CALCULADO PODE ACARRETAR UMA DECISÃO INCORRETA SOBRE H_O.

Teste de hipótese de valor-probabilidade: um procedimento de cinco passos

PASSO 1 Definição:
    a. Descrever o parâmetro populacional de interesse.
    b. Estabelecer a hipótese nula (H_o) e a hipótese alternativa (H_a).

PASSO 2 Critérios do teste de hipótese:
    a. Verificar os pressupostos.
    b. Identificar a distribuição de probabilidade e a estatística de teste a ser utilizadas.
    c. Determinar o nível de significância, α.

PASSO 3 Evidência amostral:
    a. Coletar as informações da amostra.
    b. Calcular o valor da estatística de teste.

PASSO 4 Distribuição de probabilidade:
    a. Calcular o valor-*p* para a estatística de teste.
    b. Determinar se o valor-*p* é ou não inferior a α.

PASSO 5 Resultados:
    a. Estabelecer a decisão sobre H_o.
    b. Estabelecer a conclusão sobre H_a.

média ao cisalhamento é inferior a 925" ($\mu < 925$, a preocupação do fabricante da aeronave), e (B) "A resistência média ao cisalhamento é, no mínimo, 925" ($\mu = 925$, a afirmação do fornecedor dos rebites e a especificação do fabricante da aeronave).

NOTA: A lei da tricotomia da álgebra estabelece que dois valores numéricos devem ser correspondentes em exatamente uma das três relações possíveis: <, = ou >. Todas essas três possibilidades devem ser consideradas nas duas hipóteses opostas para que elas sejam negações uma da outra. As três combinações possíveis de sinais e hipóteses são mostradas na Tabela 8.5. Lembre-se de que a hipótese nula atribui um valor específico ao parâmetro em questão e, portanto, a "igualdade" será sempre parte da hipótese nula.

Tabela 8.5 Três declarações possíveis para as hipóteses nula e alternativa

Hipótese nula	Hipótese alternativa
1. maior que ou igual a ($\geq$)	menor que (<)
2. menor que ou igual a ($\leq$)	maior que (>)
3. igual a (=)	diferente de ($\neq$)

O parâmetro de interesse, a média da população μ, está relacionado ao valor 925. A afirmação (A) torna-se a hipótese alternativa:

H_a: $\mu < 925$ (a média é menor que 925)

Essa afirmação representa a preocupação do fabricante da aeronave e significa: "Os rebites não atendem às especificações necessárias". A afirmação (B) torna-se a hipótese nula:

H_o: $\mu = 925$ ($\geq$) (a média é no mínimo 925)

Essa afirmação representa a negação do fabricante da aeronave e significa: "Os rebites atendem às especificações necessárias".

NOTA: Vamos formular a hipótese nula apenas com o sinal de igual, reportando assim o valor exato atribuído. Quando "igual a" está equiparado com "menor que" ou com "maior que", o símbolo combinado é escrito ao lado da hipótese nula como um lembrete de que todos os três sinais foram considerados nas duas afirmações opostas.

Antes de continuar com nosso exemplo dos rebites, vejamos dois exemplos que demonstram a formulação de hipóteses estatísticas nula e alternativa envolvendo a média da população μ.

ELABORAÇÃO DAS HIPÓTESES NULA E ALTERNATIVA (SITUAÇÃO UNICAUDAL)

➡ Suponha que a EPA – Environmental Protection Agency – estava processando a cidade de Rochester pelo descumprimento das normas sobre monóxido de carbono. Especificamente, a EPA queria mostrar que o nível médio de monóxido de carbono no ar no centro de Rochester está perigosamente alto, superior a 4,9 partes por milhão. Elabore as hipóteses nula e alternativa.

SOLUÇÃO

Para elaborar as duas hipóteses, primeiro, é necessário identificarmos o parâmetro populacional em questão: o "nível médio de monóxido de carbono em Rochester". O parâmetro μ está sendo comparado ao valor 4,9 partes por milhão, o valor específico de interesse. A EPA está questionando o valor de μ e deseja mostrar que é maior que 4,9 (ou seja, $\mu > 4,9$). A três relações possíveis – (1) $\mu < 4,9$, (2) $\mu = 4,9$ e (3) $\mu > 4,9$ – devem ser organizadas de modo que formem duas afirmações opostas: uma estabelece a posição da EPA, "O nível médio é maior que 4,9 ($\mu > 4,9$)", e a outra, a negação, "O nível médio não é maior que 4,9 ($\mu \leq 4,9$)". Uma dessas duas afirmações será a hipótese nula, H_o, e a outra, a hipótese alternativa, H_a.

NOTA: Lembre-se de que há duas regras para formular as hipóteses: (1) A hipótese nula estabelece que o parâmetro em questão possui um valor específico ("H_o deve conter o sinal de igual"); e (2) a alegação da EPA será a hipótese alternativa ("maior que"). As duas regras indicam:

H_o: $\mu = 4,9$ ($\leq$)   e H_a: $\mu > 4,9$

FORMULAÇÃO DAS HIPÓTESES NULA E ALTERNATIVA (SITUAÇÃO BICAUDAL)

➡ A satisfação no trabalho é muito importante para a produtividade do trabalhador. Um questionário padrão de satisfação no trabalho foi administrado por dirigentes sindicais a uma amostra de trabalhadores da linha de montagem em uma fábrica grande na esperança de mostrar que a pontuação média dos trabalhadores de montadoras nesse questionário seria diferente da média estabelecida de 68. Formule as hipóteses nula e alternativa.

SOLUÇÃO

Ou a pontuação média para satisfação no trabalho é diferente de 68 ($\mu \neq 68$) ou a média é igual a 68 ($\mu = 68$). Portanto,

H_o: $\mu = 68$ e H_a: $\mu \neq 68$

A Tabela 8.6 lista algumas expressões comuns adicionais usadas nas alegações e indica suas negações e a hipótese em que cada expressão será usada. Novamente, observe que o sinal de "igual" está sempre na hipótese nula. Observe também que a negação do "menor que" é "maior que ou igual a". Pense em negação como "todos os outros" de acordo com o conjunto de três sinais.

Após as hipóteses nula e alternativa serem estabelecidas, vamos trabalhar sob o pressuposto de que a hipótese nula é uma afirmação verdadeira até que haja evidência suficiente para rejeitá-la. Essa situação pode ser comparada a um julgamento no tribunal, em que o acusado é considerado inocente (H_o: Réu é inocente *versus* H_a: Réu não é inocente) até serem apresentadas evidências suficientes para mostrar que a inocência é totalmente inacreditável ("acima de qualquer dúvida razoável"). Na conclusão do teste de hipótese, vamos optar por uma de duas decisões possíveis. Decidiremos em contrário à hipótese nula e dizemos que "rejeitamos H_o" (isso corresponde à "condenação" do acusado em um julgamento), ou vamos decidir de acordo com a hipótese nula e dizemos que "não rejeitamos H_o" (o que corresponde a "não condenar" ou a uma "absolvição" do acusado em um julgamento).

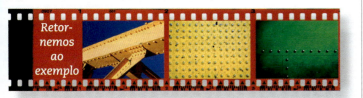

Retornemos ao exemplo dos rebites, que interrompemos nas páginas 167 e 168, e continuemos com o Passo 2. Lembre-se de que

H_o: $\mu = 925$ ($\geq$) (no mínimo 925)
H_a: $\mu < 925$ (menor que 925)

PASSO 2 **CRITÉRIOS DO TESTE DE HIPÓTESE:**

a. **Verificar os pressupostos.**
σ é conhecido. Variáveis como resistência ao cisalhamento, normalmente, têm uma distribuição acumulada, portanto, uma amostra de tamanho 50 deve ser grande o suficiente para aplicar o TLC e assegurar que a distribuição amostral das médias amostrais seja feita normalmente.

b. **Identificar a distribuição de probabilidade e a estatística de teste a ser utilizadas.**
A distribuição de probabilidade normal padrão é usada porque se espera que $\bar{x}$ tenha uma distribuição normal.

Para um teste de hipótese de μ, desejamos comparar o valor da média amostral ao valor da média da população como indicado na hipótese nula. Essa comparação é obtida usando a estatística de teste da fórmula (8.4):

Estatística de teste para a média

$$z\star = \frac{\bar{x} - \mu}{\sigma/\sqrt{n}} \qquad (8.4)$$

O valor calculado resultante é identificado como $z\star$ ("z estrela"), pois se espera que ele tenha uma distribuição normal padrão quando a hipótese nula é verdadeira e os pressupostos são satisfeitos. A $\star$ ("estrela") é para lembrarmos que esse é o valor calculado da estatística de teste.

A estatística de teste a ser utilizada é $z\star = \frac{\bar{x} - \mu}{\sigma/\sqrt{n}}$ com $\sigma = 18$.

c. **Determinar o nível de significância, α.**
A definição de α foi descrita como uma decisão administrativa no Objetivo 8.3. Para ver o que está envolvido na determinação de α, probabilidade do erro tipo I, para o exemplo dos rebites, podemos começar identificando os quatro resultados possíveis, seu significado, e as ações relacionadas a cada um deles.

O erro tipo I ocorre quando uma hipótese nula verdadeira é rejeitada. Isso ocorrerá quando o fabricante testou os rebites que na verdade atendiam às especificações e os rejeitou. Sem dúvida, isso levaria os rebites a não serem comprados, mesmo que atendam às especificações. Para o gerente determinar um nível de significância, são necessárias informações relacionadas, ou seja, em quanto tempo será necessário um novo fornecimento de rebites? Se eles forem necessários amanhã e este é o único fornecedor com um fornecimento disponível, esperar uma semana para encontrar rebites aceitáveis poderia ser muito caro e, portanto, rejeitar rebites bons

Tabela 8.6 Expressões comuns e suas negações

H_o: ($\geq$)	H_a: ($<$)	H_o: ($\leq$)	H_a: ($>$)	H_o: ($=$)	H_a: ($\neq$)
no mínimo	menos de	no máximo	mais de	é	não é
não menos que	menos que	não mais que	mais de	não diferente de	diferente de
não menos que	menos de	não maior que	maior que	o mesmo que	não o mesmo que

poderia ser considerado um erro grave. Por outro lado, se os rebites não são necessários até o próximo mês, esse erro pode não ser muito grave. Apenas o gerente conhecerá todas as ramificações e, portanto, as informações fornecidas por ele são importantes aqui.

Depois de muita consideração, o gerente atribui o nível de significância: $\alpha = 0,05$.

PASSO 3 EVIDÊNCIA AMOSTRAL:

a. **Coletar as informações da amostra.**

Estamos prontos para os dados. A amostra deve ser aleatória extraída da população cuja média μ está sendo questionada. Uma amostra aleatória de 50 rebites é selecionada, cada rebite é testado e a resistência média ao cisalhamento da amostra é calculada: $\overline{x} = 921,18$ e $n = 50$.

b. **Calcular o valor da estatística de teste.**

A evidência amostral ($\overline{x}$ e n encontrados no Passo 3a) é, em seguida, convertida no valor calculado da estatística de teste, $z\star$, utilizando a fórmula (8.4). (μ é 925 com base em H_o; $\sigma = 18$ é a quantidade conhecida, como mostrado na página anterior). Temos

$$z\star = \frac{\overline{x} - \mu}{\sigma/\sqrt{n}}: \quad z\star = \frac{921,18 - 925,0}{18/\sqrt{50}}$$

$$= \frac{-3,82}{2,5456} = -1,50$$

PASSO 4 DISTRIBUIÇÃO DE PROBABILIDADE:

a. **Calcular o valor-p para a estatística de teste.**

O **valor da probabilidade**, ou **valor-p**, é a probabilidade de que a estatística de teste possa ter seu próprio valor ou um valor mais extremo (na direção da hipótese alternativa) quando a hipótese nula é verdadeira. O valor-p é representado pela área abaixo da curva da distribuição de probabilidade para a estatística de teste que é mais extrema do que o valor calculado da própria estatística de teste. Há três casos distintos e a direção (ou sinal) da hipótese alternativa é a chave. A Tabela 8.7 descreve o procedimento para todos os três casos.

Para aplicar isso ao Passo 4 do exemplo dos rebites, desenhe um esboço da distribuição normal padrão e localize $z\star$ (encontrado no Passo 3b) nele. Para identificar a área que representa o valor-p, veja o sinal na hipótese alternativa. Para esse teste, a hipótese alternativa indica

que estamos interessados na parte da distribuição amostral que é "menor que" $z\star$. Portanto, o valor-p é a área que se encontra à esquerda de $z\star$. Sombrear essa área. Você pode ver que, para esse exemplo, estamos lidando com uma hipótese unicaudal com a cauda à esquerda.

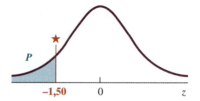

Existem três formas de determinar o valor-p exato:

Método 1: Utilize a Tabela 3, no Apêndice B, para determinar a área listada correspondente ao lado esquerdo de $z = -1,50$:

$$\text{valor-}p = P(z < z\star) = P(z < -1,50) = \mathbf{0,0668}$$

Método 2: Utilize a Tabela 5, no Apêndice B, e a propriedade de simetria: a Tabela 5 é configurada para permitir que você leia o valor-p diretamente nela. Sendo $P(z < -1,50) = P(z > 1,50)$, apenas localize $z\star = 1,50$ na Tabela 5 e leia o valor-p:

$$P(z < -1,50) = \mathbf{0,0668}$$

Método 3: Utilize a função de probabilidade acumulada em um computador ou calculador para encontrar o valor-p:

$$P(z < -1,50) = \mathbf{0,0668}$$

b. **Determinar se o valor-p é ou não menor que α.**

Em nosso exemplo, o valor-p (0,0668) é menor que α (0,05).

PASSO 5 OS RESULTADOS:

a. **Estabelecer a decisão sobre H_o.**

O valor-p é suficientemente pequeno para indicar que a evidência amostral é altamente improvável no caso da hipótese nula ser verdadeira? Para tomar essa decisão, é necessário conhecermos a regra de decisão.

Regra de decisão

a. Se o valor-p é **menor ou igual** ao nível de significância α, então, a decisão deve ser **rejeitar H_o**.

b. Se o valor-p é **maior** que o nível de significância α, então, a decisão deve ser **não rejeitar H_o**.

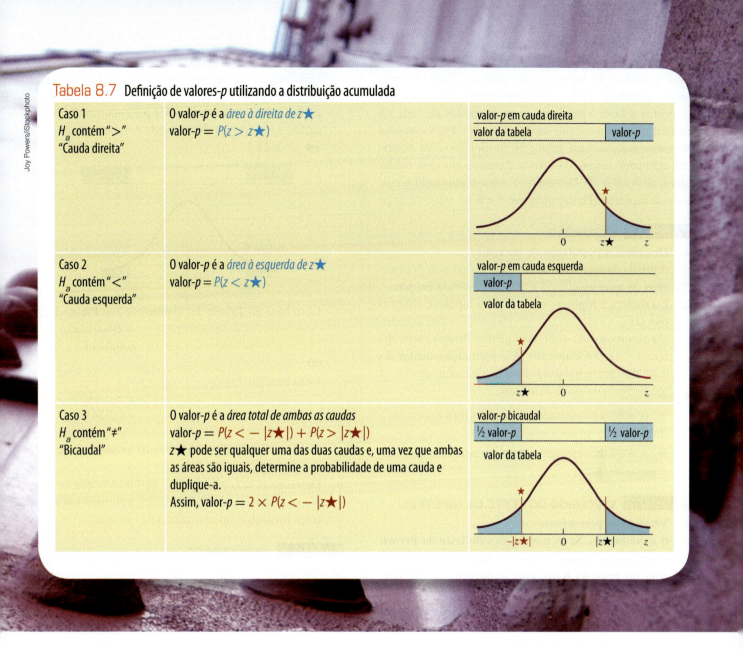

Tabela 8.7 Definição de valores-*p* utilizando a distribuição acumulada

Caso 1 H_a contém ">" "Cauda direita"	O valor-*p* é a *área à direita de z*★ valor-*p* = $P(z > z★)$	valor-*p* em cauda direita
Caso 2 H_a contém "<" "Cauda esquerda"	O valor-*p* é a *área à esquerda de z*★ valor-*p* = $P(z < z★)$	valor-*p* em cauda esquerda
Caso 3 H_a contém "≠" "Bicaudal"	O valor-*p* é a *área total de ambas as caudas* valor-*p* = $P(z < -\|z★\|) + P(z > \|z★\|)$ $z★$ pode ser qualquer uma das duas caudas e, uma vez que ambas as áreas são iguais, determine a probabilidade de uma cauda e duplique-a. Assim, valor-*p* = $2 \times P(z < -\|z★\|)$	valor-*p* bicaudal

Decisão sobre H_o: não rejeitar H_o.

b. Estabelecer a conclusão sobre H_a.

Consulte a página 166 para obter informações específicas sobre como formular a conclusão. No nosso caso, não há evidência suficiente no nível de significância 0,05 para indicar que a resistência média ao cisalhamento dos rebites é inferior a 925. Nós "não condenamos" a hipótese nula. Em outras palavras, uma média amostral tão pequena quanto 921,18 tem probabilidade de ocorrer (como definido por α) quando o valor verdadeiro da média populacional é 925,0 e $\overline{x}$ é distribuída normalmente. A ação resultante tomada pelo administrador seria comprar os rebites.

NOTA: Quando a decisão tomada é "não rejeitar H_o" (ou "aceitar H_o", como muitas vezes se diz incorretamente), significa somente que "por falta de mais informações, aja como se a hipótese nula fosse verdadeira".

Teste de hipótese bicaudal utilizando a abordagem do valor-*p*

O exemplo dos rebites envolveu um procedimento unicaudal. Agora, vejamos uma ilustração que envolve o procedimento bicaudal. Para isso, utilizaremos o exemplo de um teste de seleção de funcionários.

Muitas empresas grandes em uma determinada cidade utilizam há anos a Agência de Empregos Kelly para testar possíveis funcionários. O teste de seleção de funcionários utilizado, historicamente, resulta em pontuações distribuídas normalmente sobre uma média igual a 82, com desvio padrão de 8. A Agência Brown desenvolveu um novo teste que é mais rápido e mais fácil de administrar e, portanto, menos dispendioso. A Brown alega que os resultados de seu teste são idênticos aos obtidos pelo teste da Kelly. Muitas empresas estão considerando uma mudança da Agência Kelly para a Agência Brown, com o objetivo de cortar custos. No entanto, eles não estão dispostos a fazer a mudança se os resultados do teste de Brown tiverem um valor médio diferente. Uma empresa de testes independente testou 36 funcionários em potencial aplicando o teste da Brown. Resultou em uma média amostral igual a 79. Determine o valor-p associado a esse teste de hipótese. (Presumindo que $\sigma = 8$.)

PASSO 1 DEFINIÇÃO:

a. **Descrever a população de interesse.**
A média da população μ, a média de todas as pontuações de teste utilizando o teste da Agência Brown.

b. **Estabeleça a hipótese nula (H_o) e a hipótese alternativa (H_a).**
Os resultados do teste de Agência Brown "será diferente" (a preocupação) se a pontuação média do teste não for igual a 82. Eles "serão idênticos" se a média for igual a 82. Portanto,

H_o: $\mu = 82$ (os resultados dos testes têm a mesma média)

H_a: $\mu \neq 82$ (os resultados do teste apresentam uma média diferente)

PASSO 2 CRITÉRIOS DO TESTE DE HIPÓTESE:

a. **Verificar os pressupostos.**
σ é conhecido. Se as pontuações do teste da Brown forem distribuídas da mesma forma que as pontuações do teste da Kelly, elas serão distribuídas normalmente e a distribuição amostral será normal para todos os tamanhos de amostra.

b. **Identificar a distribuição de probabilidade e a estatística de teste a ser utilizadas.**
A distribuição de probabilidade normal padrão e a estatística de teste

$$z\bigstar = \frac{\bar{x} - \mu}{\sigma/\sqrt{n}}$$

será usado com $\sigma = 8$.

c. **Determinar o nível de significância, α.**
O nível de significância é omitido porque pede pelo valor-p e não por uma decisão.

PASSO 3 EVIDÊNCIA AMOSTRAL:

a. **Coletar as informações da amostra.** $n = 36$, $\bar{x} = 79$.
b. **Calcular o valor da estatística de teste.**
μ é 82 de H_o; $\sigma = 8$ é a quantidade conhecida. Nós temos

$$z\bigstar = \frac{\bar{x} - \mu}{\sigma/\sqrt{n}}: \quad z\bigstar = \frac{79 - 82}{8/\sqrt{36}} = \frac{-3}{1,3333} = -2,25$$

PASSO 4 DISTRIBUIÇÃO DE PROBABILIDADE:

a. **Calcular o valor-p para a estatística de teste.**

Uma vez que a hipótese alternativa indica um teste bicaudal, devemos determinar a probabilidade associada às duas caudas. O valor-p é encontrado duplicando-se a área de uma cauda (veja a Tabela 8.7). $z\bigstar = -2,25$

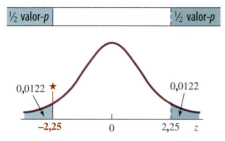

Com base na Tabela 3: valor-$p = 2 \times P(z < -2,25)$
$= 2(0,0122)$
$= 0,0244$.

ou

Com base na Tabela 5: valor-$p = 2 \times P(z > 2,25)$
$= 2(0,0122)$
$= 0,0244$.

ou

Utilize a função de probabilidade acumulada em um computador ou calculadora.

b. **Determinar se o valor-p é ou não menor que α.**
Não é possível uma comparação, pois nenhum valor α foi fornecido no enunciado da questão.

PASSO 5 RESULTADOS:

O valor-p para esse teste de hipótese é 0,0244. Cada empresa agora vai decidir se vai continuar a usar os serviços da Agência Kelly ou mudar para a Agência Brown. Cada um terá de estabelecer o nível de significância que melhor se adapta à sua própria situação e, depois, tomar uma decisão usando a regra de decisão descrita anteriormente.

Avaliação da abordagem do valor-p

A ideia fundamental do valor-p é expressar o grau de crença na hipótese nula:

- Quando o valor-p é minúsculo (algo como 0,0003), a hipótese nula seria rejeitada por todos, pois os resultados da amostra são muito improváveis para uma H_o verdadeira.

- Quando o valor-p é relativamente pequeno (como 0,012), a evidência contra H_o é muito forte e H_o será rejeitada por muitos.

- Quando o valor-p começa a aumentar (digamos, de 0,02 a 0,08), há muita probabilidade de que os dados, assim como a amostra envolvida possam ter ocorrido mesmo se H_o for verdadeira, e a rejeição de H_o não é uma decisão fácil.

- Quando o valor-p é grande (como 0,15 ou mais), os dados não são de forma alguma improváveis se H_o é verdadeira e ninguém rejeitará H_o.

As vantagens da abordagem do valor-p são as seguintes: (1) Os resultados do procedimento de teste são expressos de acordo com uma escala de probabilidade contínua de 0,0 a 1,0 e não, simplesmente, com base em "rejeitar" ou "não rejeitar". (2) O valor-p pode ser relatado e o usuário da informação pode decidir quanto à força da evidência que se aplica à sua própria situação. (3) Os computadores podem fazer todos os cálculos e informar o valor-p, eliminando assim a necessidade de tabelas.

A desvantagem da abordagem do valor-p é a tendência de as pessoas protelarem a determinação do nível de significância. Não deve ser permitido que isso aconteça, porque assim é possível que alguém defina o nível de significância após o fato, deixando em aberto a possibilidade de que o resultado seja a decisão "preferida". Provavelmente, isso é importante somente quando o valor-p informado se encontra no intervalo "escolha difícil" (digamos, de 0,02 a 0,08), como descrito anteriormente.

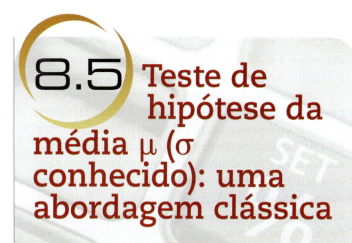

8.5 Teste de hipótese da média μ (σ conhecido): uma abordagem clássica

A ABORDAGEM CLÁSSICA UTILIZA VALORES CRÍTICOS AO REALIZAR O PROCESSO DE TOMADA DE DECISÃO.

No Objetivo 8.4, exploramos a abordagem do valor-p para os testes de hipótese. Agora, vamos examinar a abordagem clássica, que tem sido popular por muitos anos. Como a abordagem do valor-p, a abordagem clássica é um procedimento passo a passo bem organizado utilizado para tomar uma decisão. O teste de hipótese clássico também é organizado como um processo de cinco passos.

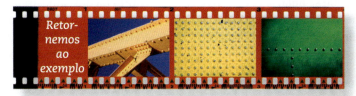

Teste de hipótese clássico: um processo de cinco passos.

PASSO 1 **Definição:**
   a. Descrever o parâmetro populacional de interesse.
   b. Determinar a hipótese nula (H_o) e a hipótese alternativa (H_a).

PASSO 2 **Critérios do teste de hipótese:**
   a. Verificar os pressupostos.
   b. Identificar a distribuição de probabilidade e a estatística de teste a ser utilizadas.
   c. Determinar o nível de significância, α.

PASSO 3 **Evidência amostral:**
   a. Coletar as informações da amostra.
   b. Calcular o valor da estatística de teste.

PASSO 4 **Distribuição de probabilidade:**
   a. Determinar a região crítica e o(s) valor(es) crítico(s).
   b. Determinar se a estatística de teste calculada está dentro da região crítica ou não.

PASSO 5 **Resultados:**
   a. Estabelecer a decisão sobre H_o.
   b. Estabelecer a conclusão sobre H_a. Região crítica

Com o procedimento clássico, ainda pressupomos que sobre a média μ, utilizando um σ conhecido, a distribuição amostral de $\bar{x}$ é normal. (Reveja a página 166.)

Para manter as coisas simples, vamos voltar ao exemplo dos rebites. Lembre-se da definição: um fabricante de aviões comerciais compra rebites para usar na montagem das aeronaves. Cada fornecedor que deseja vender rebites para o fabricante de aviões deve demonstrar que seus rebites satisfazem as especificações exigidas. Uma das especificações é: "A resistência média ao cisalhamento de todos esses rebites, μ, é no mínimo 925 libras". Cada vez que o fabricante de aviões compra rebites, sua preocupação é que a resistência média possa ser menor que a especificação de 925 libras. As mesmas especificações de resistência ao cisalhamento e amostragem aplicam-se aqui também.

PASSO 1 DEFINIÇÃO:

Assim como a abordagem do valor-p, nossa definição básica do problema é a mesma (veja a página 167). Observe também que a lei da tricotomia da álgebra aplica-se ao teste de hipótese clássico. As três combinações de sinais possíveis e as hipóteses são mostradas na Tabela 8.5. Lembre-se que a hipótese nula atribui um valor específico ao parâmetro em questão e, portanto, a "igualdade" será sempre parte da hipótese nula.

Novamente, o parâmetro de interesse, a média da população μ, está relacionado ao valor 925. A afirmação (A) torna-se a hipótese alternativa:

H_a: μ < 925 (a média é inferior a 925)

Essa afirmação representa a preocupação do fabricante da aeronave e isso significa: "Os rebites não atendem às especificações necessárias". A afirmação (B) torna-se a hipótese nula:

H_o: μ = 925 (≥) (a média é no mínimo 925)

Essa afirmação representa a negação do fabricante da aeronave e isso significa: "Os rebites atendem às especificações necessárias."

NOTA: Utilizamos a mesma notação para representar a hipótese nula que utilizamos com a abordagem do valor-p. (Consulte as notas da página 168.)

Lembre-se de que este exemplo representa uma situação unicaudal. Descrever uma situação bicaudal utilizando a abordagem clássica é comparável a descrevê-la utilizando a abordagem do valor-p (veja a página 168).

Se você utilizar a abordagem do valor-p ou a abordagem clássica para o exemplo dos rebites, os Passos 2 e 3 serão idênticos. Para refrescar sua memória sobre

a forma como eles foram realizados, reveja as páginas 169 e 170. Quando chegamos ao Passo 4, no entanto, as coisas são feitas de forma um pouco diferente.

PASSO 4 DISTRIBUIÇÃO DE PROBABILIDADE:

a. **Determinar a região crítica e o(s) valor(es) crítico(s).** A variável normal padrão z é a nossa estatística de teste para esse teste de hipótese. Portanto, desenhamos um esboço da distribuição normal padrão, identificamos a escala como z e localizamos seu valor médio, 0. A **região crítica** é o conjunto de valores para a estatística de teste que fará que rejeitemos a hipótese nula. O conjunto valores que não está na região crítica é chamado de **região não crítica** (alguma vezes, também de **região de aceitação**).

Lembre-se de que estamos trabalhando sob o pressuposto de que a hipótese nula é verdadeira. Assim, estamos pressupondo que a resistência média ao cisalhamento de todos os rebites na população amostrada é igual a 925. Se esse for o caso, então, ao selecionarmos uma amostra aleatória de 50 rebites, podemos esperar que essa média amostral, $\bar{x}$, componha uma distribuição normal centralizada em 925 e tenha um erro padrão de $\sigma/\sqrt{n} = 18/\sqrt{50}$ ou, aproximadamente, 2,55. Aproximadamente, 95% dos valores médios amostrais serão superiores a 920,8 [um valor de 1,65 erro padrão abaixo da média: 925 − (1,65)(2,55) = 920,8]. Assim, se H_o é verdadeira e μ = 925, então, esperamos que $\bar{x}$ seja superior a 920,8 aproximadamente 95% das vezes, e inferior a 920,8 somente 5% das vezes.

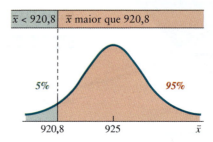

Se, no entanto, o valor de $\bar{x}$ que obtemos de nossa amostra for inferior a 920,8 (digamos, 919,5), teremos de fazer uma escolha. Poderia ser que (A) esse valor de

Região crítica Conjunto de valores para a estatística de teste que fará que rejeitemos a hipótese nula.

Região não crítica (região de aceitação) Conjunto de valores que não se encontram na região crítica.

MPG

Elaboração das hipóteses nula e alternativa (situação unicaudal)

Um grupo de defesa do consumidor deseja refutar a alegação de um fabricante de carros de que um modelo específico percorrerá, em média, 24 milhas por galão (10,2 quilômetros por litro) de gasolina. Especificamente, o grupo deseja mostrar que a média de milhas por galão é consideravelmente menor que 24. Elabore as hipóteses nula e alternativa.

Solução

Para elaborar as duas hipóteses, primeiro, é necessário identificarmos o parâmetro populacional em questão: a "milhagem média alcançada por esse modelo de carro". O parâmetro μ é comparado ao valor 24 milhas por galão, que é o valor específico de interesse. Os advogados estão questionando o valor de μ e desejam mostrar que ele é inferior a 24 (ou seja, $\mu < 24$). Há três relações possíveis: (1) $\mu < 24$, (2) $\mu = 24$ e (3) $\mu > 24$. Esses três casos devem ser organizados de modo que formem duas declarações opostas: uma estabelece aquilo que os advogados estão tentando mostrar, "O nível médio é inferior a ($\mu < 24$)", enquanto a "negação" é "O nível médio não é inferior a 24 ($\mu \geq 24$)". Uma dessas duas declarações será a hipótese nula H_o, e a outra a hipótese alternativa H_a.

Nota: Lembre-se de que há duas regras para elaborar as hipóteses: (1) A hipótese nula estabelece que o parâmetro em questão possui um valor específico ("H_o deve conter o sinal de igual"); e (2) a alegação do grupo de defesa do consumidor será a hipótese alternativa ("inferior a"). As duas regras indicam:

$$H_o: \mu = 24\ (\geq) \quad \text{e} \quad H_a: \mu < 24$$

$\bar{x}$ (919,5) é um componente da distribuição amostral com média 925, embora apresente uma probabilidade de ocorrência muito baixa (menos de 0,05); ou (B) $\bar{x} = 919,5$ é um componente de uma distribuição amostral cuja média é inferior a 925, o que o tornaria um valor com maior probabilidade de ocorrer.

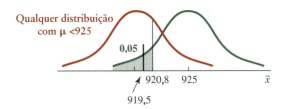

Qualquer distribuição com $\mu < 925$

0,05

919,5 → 920,8   925 $\bar{x}$

Em estatística, "apostamos" no "mais provável de ocorrer" e consideramos a segunda opção (B) como a escolha correta. Assim, a cauda à esquerda da distribuição z torna-se uma região crítica. E o nível de significância α torna-se a medida dessa área.

Além disso, é necessário identificar o **valor crítico**, ou primeiro valor ou valor limite, da região crítica. O valor crítico para o nosso exemplo é $-z(0,05)$ e tem o valor de $-1,65$, como mostrado na Tabela 4A do Apêndice B.

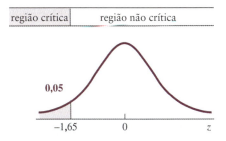

região crítica	região não crítica

0,05

$-1,65$ 0 z

b. Determine se a estatística de teste calculada está dentro da região crítica ou não.

Valores críticos Os "primeiros" valores ou valores "limite" das regiões críticas.

Graficamente, essa determinação é mostrada localizando-se o valor para $z\star$ na ilustração do Passo 4a. O valor calculado de z, $z\star = -1,50$, **não está na região crítica** (está na parte não sombreada da figura).

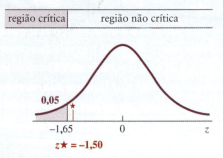

| região crítica | região não crítica |

$z\star = -1,50$

PASSO 5 RESULTADOS:

a. Estabelecer a decisão sobre H_o.

Para tomar a decisão, é necessário conhecermos a regra de decisão.

Regra de decisão

a. Se a estatística de teste estiver *dentro da região crítica*, então, a decisão deve ser **rejeitar H_o**. (O valor crítico faz parte da região crítica.)

b. Se a estatística de teste não estiver *dentro da região crítica*, então, a decisão deve ser **não rejeitar H_o**.

A decisão é: não rejeitar H_o.

b. Estabelecer a conclusão sobre H_a.

Não há evidência suficiente no nível de significância 0,05 para indicar que os rebites têm uma resistência média ao cisalhamento inferior a 925. Nós "não condenamos" a hipótese nula. Em outras palavras, uma média amostral tão pequena quanto 921,18 tem probabilidade de ocorrer (como definido por α) quando o valor da média populacional verdadeira é 925,0. Portanto, a ação resultante seria a compra dos rebites.

O valor atribuído a α é chamado *nível de significância* do teste de hipótese. Alfa não pode ser interpretado como qualquer outra coisa que não o risco (ou a probabilidade) de rejeição da hipótese nula quando ela é, de fato, verdadeira. Raramente, somos capazes de determinar se a hipótese nula é verdadeira ou falsa, decidiremos apenas se iremos "rejeitar H_o" ou "não rejeitar H_o". A frequência relativa com que rejeitamos uma hipótese verdadeira é α, mas nunca saberemos a frequência relativa com que cometemos um erro na decisão. As duas ideias são muito diferentes, ou seja, um erro tipo I e um erro na decisão

são duas coisas totalmente diferentes. Lembre-se de que existem dois tipos de erros: tipo I e tipo II.

Teste de hipótese bicaudal utilizando a abordagem clássica

Vejamos um último teste de hipótese envolvendo o procedimento bicaudal. Para esse exemplo, veremos o peso médio de estudantes universitárias. Alega-se que o peso médio das alunas de uma determinada faculdade é 54,4 kg. O Professor Hart não acredita nessa alegação e dispôs-se a mostrar que o peso médio não é 54,4 kg. Para testar a alegação, ele coleta uma amostra aleatória de 100 pesos entre as estudantes. O resultado é uma média amostral de 53,75 kg. Para determinar se essa evidência é suficiente para o Professor Hart rejeitar a afirmação, consideremos $\alpha = 0,05$ e $\sigma = 5,4$ kg. Novamente, aplicaremos nosso procedimento de cinco passos.

PASSO 1 DEFINIÇÃO:

a. Descrever a população de interesse.

O parâmetro populacional de interesse é a média μ, o peso médio de todas as alunas da faculdade.

ALGUNS DOS DETALHES QUE NÓS VIMOS ATÉ AGORA:

1. A hipótese nula especifica um determinado valor de um parâmetro populacional.

2. A hipótese alternativa pode assumir três formas. Cada forma determina uma localização específica da(s) região(ões) crítica(s), conforme mostrado na tabela a seguir.

3. Para muitos testes de hipóteses, o sinal na hipótese alternativa "aponta" na direção na qual a região crítica está localizada. [Pense no sinal de diferente ($\neq$) como sendo tanto menor que ($<$) quanto maior que ($>$), apontando assim em ambas as direções.]

	Sinal na hipótese alternativa		
	$<$	$\neq$	$>$
Região crítica	Uma região	Duas regiões	Uma região
	Lado esquerdo	Metade de cada lado	Lado direito
	Teste unicaudal	**Teste bicaudal**	**Teste unicaudal**

b. Estabeleça a hipótese nula (H_o) e a hipótese alternativa (H_a).

O peso médio é igual a 54,4 kg, ou o peso médio não é igual a 54,4 kg.

H_o: μ = 54,4 (o peso médio é 54,4)

H_a: $\mu \neq$ 54,4 (o peso médio não é 54,4)
(Lembre-se: é, ao mesmo tempo, < e >.)

PASSO 2 CRITÉRIOS DO TESTE DE HIPÓTESE:

a. **Verificar os pressupostos.**
σ é conhecido. Geralmente, os pesos de um grupo de mulheres adultas têm distribuição aproximadamente normal, assim, uma amostra de n = 100 é grande o suficiente para permitir que se aplique o TLC.

b. **Identificar a distribuição de probabilidade e a estatística de teste a ser utilizadas.**
A distribuição de probabilidade normal padrão e a estatística de teste

$$z\star = \frac{\bar{x} - \mu}{\sigma/\sqrt{n}}$$

serão utilizadas; σ = 5,4.

c. **Determinar o nível de significância, α.**
α = 0,05 (fornecido no enunciado do problema).

PASSO 3 EVIDÊNCIA AMOSTRAL:

a. **Coletar as informações da amostra.**
$\bar{x}$ = 53,75 e n = 100.

b. **Calcular o valor da estatística de teste.**
Utilize a fórmula (8.4), as informações de H_o – μ = 54,4 e σ = 5,4 (conhecido):

$$z\star = \frac{\bar{x} - \mu}{\sigma/\sqrt{n}}: \quad z\star = \frac{53,75 - 54,4}{5,4/\sqrt{100}} = \frac{-0,65}{0,54}$$
$$= -1,204 = -1,20$$

PASSO 4 DISTRIBUIÇÃO DE PROBABILIDADE:

a. **Determinar a região crítica e o(s) valor(es) crítico(s).**
A região crítica abrange tanto a cauda esquerda quanto a direita, pois tanto os valores menores quanto os maiores da média amostral sugerem que a hipótese nula está errada. O nível de significância será dividido ao meio, com 0,025 sendo a medida de cada cauda. Os valores críticos estão listados na Tabela 4B do Apêndice B: $\pm z(0,025) = \pm 1,96$. (As instruções da Tabela 4B encontram-se na página 158.)

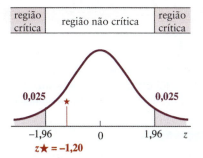

b. **Determinar se a estatística de teste calculada está dentro da região crítica ou não.**
O valor calculado de z, $z\star$ = –1,20, não está dentro da região crítica (mostrada em vermelho na figura anterior).

PASSO 5 RESULTADOS:

a. **Estabelecer a decisão sobre H_o:** não rejeitar H_o.

b. **Estabelecer a conclusão sobre H_a.**
Não há evidências suficientes no nível de significância 0,05 para mostrar que as alunas têm um peso médio diferente do alegado, 54,4 quilos. Em outras palavras, não há evidência estatística para sustentar as alegações do Professor Hart.

Neste capítulo, limitamos nossa discussão das inferências à média de uma população para a qual o desvio padrão é conhecido. Nos Capítulos 9 e 10, discutiremos inferências sobre a média da população e eliminar a restrição do valor conhecido para o desvio padrão. Além disso, veremos as inferências sobre proporção, variância e desvio padrão dos parâmetros.

problemas

Objetivo 8.1

8.1 O número de equipamentos de propriedade do corpo de bombeiros foi obtido de uma amostra aleatória extraída dos registros do departamento de bombeiros de todo os Estados Unidos.

FONTE: Corpo de Bombeiros

29	8	7	33	21	26	6	11	4	54	7	4

Utilize esses dados para determinar uma estimativa pontual para cada um dos seguintes parâmetros:

a. Média   b. Variância   c. Desvio padrão

8.2 Em cada diagrama a seguir, I e II representam as distribuições amostrais de duas estatísticas que poderiam ser usadas para estimar um parâmetro. Em cada caso, identifique a estatística que você acredita que seria o melhor estimador, ou nenhum deles, e descreva a sua escolha.

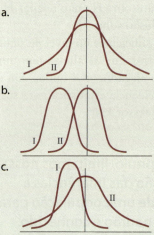

8.3 Ser imparcial e ter uma pequena variabilidade são duas características desejáveis de uma estatística se ela vai ser usada como um estimador. Descreva como a distribuição amostral de médias amostrais aborda essas duas propriedades ao estimar a média de uma população.

8.4 De acordo com o Departamento de Censo dos Estados Unidos, a renda familiar média de um casal nos EUA é de US$ 90.835 ± US$ 101. Eles descrevem a margem de erro como uma probabilidade de 90% de que o intervalo definido pela estimativa menos a margem de erro e a estimativa mais a margem de erro (os limites de confiança inferior e superior) contenha o valor verdadeiro.

FONTE: U.S. Census Bureau, 2005–2007 American Community Survey (Departamento de Censo dos EUA, Levantamento da Comunidade Norte-Americana de 2005 a 2007)

a. Qual é a população e a variável de interesse?

b. Qual o parâmetro que está sendo estimado? Qual é o seu valor estimado?

c. Como a margem de erro está relacionada ao erro máximo da estimativa?

d. Qual valor está sendo informado como margem de erro?

e. Que nível de confiança está sendo informado?

f. Determine o intervalo de confiança e indique exatamente o que ele representa.

8.5 Um Centro de Pesquisa Nacional de Relatórios de Consumidor relatou que 76% das mulheres respondem: "diariamente ou com mais frequência", quando perguntadas: "Quantas vezes a sua cama é arrumada?" Essa informação adicional está incluída como uma nota de rodapé: margem de erro de ± 3,2 pontos percentuais.

a. Qual é a população e a variável de interesse?

b. Qual o parâmetro que está sendo estimado? Qual é o seu valor estimado?

c. Qual valor está sendo informado como margem de erro?

d. Determine o intervalo e indique exatamente o que ele representa.

e. Quais informações adicionais você poderia desejar saber sobre esse intervalo de confiança?

8.6 Explique por que o erro padrão das médias amostrais é 3 para o exemplo dos rebites na página 153.

8.7 Determine o nível de confiança atribuído a um intervalo de estimativa da média formada utilizando os seguintes intervalos:

a. $\bar{x} - 1,28 \cdot \sigma_{\bar{x}}$ a $\bar{x} + 1,28 \cdot \sigma_{\bar{x}}$

b. $\bar{x} - 1,44 \cdot \sigma_{\bar{x}}$ a $\bar{x} + 1,44 \cdot \sigma_{\bar{x}}$

c. $\bar{x} - 1,96 \cdot \sigma_{\bar{x}}$ a $\bar{x} + 1,96 \cdot \sigma_{\bar{x}}$

d. $\bar{x} - 2,33 \cdot \sigma_{\bar{x}}$ a $\bar{x} + 2,33 \cdot \sigma_{\bar{x}}$

8.8 O estudo "Population Requirement for Primary Hip-Replacement Surgery: A Cross-Sectional Study" foi conduzido pela Universidade de Bristol, no Reino Unido. As conclusões resultaram na seguinte afirmação: "A prevalência de dor no quadril autorreferida foi de 107 por 1.000 (IC 95%, 101-113) para homens e de 173 por 1.000 (166-180) para mulheres".

a. Explique o significado do intervalo de confiança, (IC 95%, 101–113).

b. Determine o erro padrão para o intervalo de confiança de 95% para dor no quadril autorrelatada em homens.

c. Supondo que os dados para as mulheres também foram com base em um intervalo de confiança de 95%, determine o erro padrão.

8.9 Uma selecionadora estima que, se você for contratado para trabalhar para sua empresa e trabalhar a semana inteira na função de representante de vendas comissionado que ela está oferecendo, você irá faturar "US$ 525, mais ou menos US$ 250, 80% do tempo". Ela acrescenta: "Tudo depende de você!"

a. O que significa "US$ 525, mais ou menos US$ 250"?

b. O que significa "80% do tempo"?

c. Se você faturar US$ 300 a mais aproximadamente US$ 10 na maioria das semanas, ela terá lhe dito a verdade? Explique.

Objetivo 8.2

8.10 Determine o valor do coeficiente de confiança $z(\alpha/2)$ para cada situação descrita a seguir:

a. $1 - \alpha = 0,90$ b. $1 - \alpha = 0,95$

8.11 De acordo com as informações, a população amostrada é distribuída normalmente, $n = 16$, $\bar{x} = 28,7$ e $\sigma = 6$:
   a. Determine o intervalo de confiança de 0,95 para μ.
   b. Os pressupostos são satisfeitos? Explique.

8.12 De acordo com as informações, a população amostrada é distribuída normalmente, $n = 55$, $\bar{x} = 78,2$ e $\sigma = 12$:
   a. Determine o intervalo de confiança de 0,98 para μ.
   b. Os pressupostos são satisfeitos? Explique.

8.13 Em suas próprias palavras, descreva a relação entre os seguintes parâmetros:
   a. Média amostral e estimativa pontual.
   b. Tamanho da amostra, desvio padrão da amostra e erro padrão.
   c. Erro padrão e erro máximo.

8.14 Uma amostra das idades de 60 alunos de escolas noturnas é obtida para estimar a idade média dos alunos de escolas noturnas. $\bar{x} = 25,3$ anos. A variância da população é de 16.
   a. Forneça uma estimativa pontual para μ.
   b. Determine o intervalo de confiança de 95% para μ.
   c. Determine o intervalo de confiança de 99% para μ.

8.15 O Eurostar foi o primeiro trem internacional da Europa, projetado para beneficiar do Túnel do Canal que liga a Inglaterra à Europa Continental. Ele transporta cerca de 800 passageiros e, ocasionalmente, atinge uma velocidade máxima de mais de 190 mph (~305 km/h).
   FONTE: http://www.o-keating.com/
   Suponha que o desvio padrão da velocidade do trem é de 19 mph (~30km/h) no percurso de todas as viagens de ida e de volta e que a velocidade do trem é distribuída normalmente. Suponha que as leituras de velocidade são realizadas durante as próximas 20 viagens do Eurostar e que a velocidade média dessas medições é de 184 mph (296km/h).
   a. Qual é a variável que está sendo estudada?
   b. Determine a estimativa do intervalo de confiança de 90% para a velocidade média.
   c. Determine a estimativa do intervalo de confiança de 95% para a velocidade média.

8.16 Baseado em uma pesquisa realizada pela Greenfield On-line, adultos entre 25 e 34 anos passam a maior parte da semana comendo *fast-food*. A quantia semanal média de US$ 44 (baseado em 115 participantes) foi divulgada pelo *USA Today*, em seu Snapshot, em maio de 2009. Supondo que os gastos semanais com *fast-food* são distribuídos normalmente, com um desvio padrão conhecido de US$ 14,50, construa um intervalo de confiança de 90% para a quantia média semanal gasta por adultos entre 25 e 34 anos com *fast-food*.

8.17 O "College Costs Rise" (29 de outubro de 2008), um artigo no site da CNN Money, forneceu os últimos números levantados pelo College Board em custo anual, taxas, alojamento e alimentação. O valor total médio para faculdades particulares é de US$ 34.132 e US$ 14.333 para faculdades públicas.
   FONTE: http://money.cnn.com/
   Em um esforço para comparar esses mesmos custos no Estado de Nova York, uma amostra de 32 universitários é selecionada aleatoriamente em todo o estado em faculdades particulares e mais 32 alunos de faculdades públicas. A amostra da faculdade particular resultou em uma média de US$ 34.020, e a média da amostra da faculdade pública foi de US$ 14.045.
   a. Suponha que as taxas anuais para faculdades particulares têm uma distribuição acumulada e o desvio padrão é de US$ 2.200. Determine o intervalo de confiança de 95% para os custos médios com faculdade.
   b. Suponha que as taxas anuais para faculdades públicas têm uma distribuição acumulada e o desvio padrão é de US$ 1.500. Determine o intervalo de confiança de 95% para os custos médios com faculdade.
   c. Como os custos da Faculdade do Estado de Nova York se comparam com os valores do College Board? Explique.
   d. Compare os intervalos de confiança encontrados nos itens (a) e (b) e descreva o efeito que as duas médias amostrais diferentes tiveram sobre as respostas resultantes.
   e. Compare os intervalos de confiança encontrados nos itens (a) e (b) e descreva o efeito que os dois desvios padrão amostrais diferentes tiveram sobre as respostas resultantes.

8.18 Que tamanho de amostra deve ser extraído se a média da população deve ser estimada com 99% de confiança para a faixa de US$ 75? A população tem um desvio padrão de US$ 900.

8.19 Medindo a quantidade de tempo que leva para o componente de um produto passar de uma estação de trabalho para a próxima, um engenheiro estima que o desvio padrão é de 5 segundos.
   a. Quantas medidas devem ser tomadas para se ter 95% de certeza de que o erro máximo da estimativa não excederá um segundo?
   b. Que tamanho de amostra é necessário para um erro máximo de 2 segundos?

8.20 Os novos computadores portáteis podem oferecer tanto poder de cálculo quanto as máquinas com várias vezes o seu tamanho, mas eles pesam menos de 3 libras (1,36 kg). Que tamanho de amostra seria necessário para estimar o peso médio da população se o erro máximo da estimativa for 0,4 de um desvio padrão com 95% de confiança?

Objetivo 8.3

8.21 Formule as hipóteses nula e alternativa para cada uma das seguintes situações:
   a. Você quer mostrar um aumento na compra e venda de residências unifamiliares neste ano em comparação com as taxas do ano passado.
   b. Você está testando uma nova receita para fazer uma *cheesecake* com "baixo teor de gordura" e espera descobrir que seu sabor não é tão bom quanto uma *cheesecake* tradicional.
   c. Você está tentando mostrar que as aulas de música têm um efeito positivo sobre a autoestima de uma criança.
   d. Você está investigando a relação entre o sexo de uma pessoa e o tipo de automóvel que ela dirige. Especificamente, você quer mostrar que mais homens que mulheres dirigem veículos tipo caminhonete.

8.22 Formule as hipóteses nula e alternativa para cada uma das seguintes situações:

a. Você está investigando uma denúncia de que "correio de entrega especial leva muito tempo" para ser entregue.

b. Você quer mostrar que as pessoas acham o novo *design* de uma cadeira reclinável mais confortável que o modelo antigo.

c. Você está tentando mostrar que a fumaça do cigarro afeta a qualidade de vida de uma pessoa.

d. Você está testando uma nova fórmula para um condicionador de cabelo e espera mostrar que ela é eficaz em "pontas duplas".

8.23 Quando uma médica no local de um acidente grave avalia cada vítima, ela administra a assistência médica adequada a todas as vítimas, a menos que ela esteja certa de que a vítima está morta.

a. Formule as hipóteses nula e alternativa.

b. Descreva os quatro resultados possíveis que podem resultar, dependendo da veracidade da hipótese nula e da decisão tomada.

c. Descreva a gravidade dos dois erros possíveis.

8.24 Um fornecedor de materiais de construção para estradas diz que pode fornecer uma mistura de asfalto que vai tornar as estradas pavimentadas, com seus materiais, menos escorregadias quando molhada. A empreiteira que constrói estradas deseja testar a alegação do fornecedor. A hipótese nula é "Estradas pavimentadas com essa mistura de asfalto não são menos escorregadias que estradas pavimentadas com outro tipo de asfalto". A hipótese alternativa é "Estradas pavimentadas com essa mistura de asfalto são menos escorregadias que estradas pavimentadas com outro tipo de asfalto".

a. Descreva o significado dos dois tipos de erros possíveis que podem ocorrer na tomada de decisão quando esse teste de hipótese é concluído.

b. Descreva como a hipótese nula, como afirmado anteriormente, é um "ponto de partida" para a decisão a ser tomada com relação ao asfalto.

8.25 Descreva as ações que resultariam em um erro tipo I e um erro tipo II se as seguintes hipóteses nulas forem testadas. (Lembre-se, a hipótese alternativa é a negação da hipótese nula.)

a. H_o: A maioria dos norte-americanos é a favor de leis contra armas de fogo.

b. H_o: As opções no cardápio de *fast-food* não têm baixo teor de sal.

c. H_o: Esse prédio não deve ser demolido.

d. H_o: Não há desperdício nos gastos do governo.

8.26 a. Se o valor 0,001 é atribuído a α, o que isso significa sobre o erro tipo I?

b. Se o valor 0,05 é atribuído a α, o que isso significa sobre o erro tipo I?

c. Se o valor 0,10 é atribuído a α, o que isso significa sobre o erro tipo I?

8.27 a. Se a hipótese nula é verdadeira, a probabilidade de um erro de decisão é identificada por qual nome?

b. Se a hipótese nula é falsa, a probabilidade de um erro de decisão é identificada por qual nome?

8.28 Suponha que um teste de hipótese é realizado utilizando $\alpha = 0,05$. Qual é a probabilidade de cometer um erro tipo I?

8.29 Explique por que, nem sempre, α é a probabilidade de rejeição da hipótese nula.

8.30 Explique como a atribuição de uma pequena probabilidade de erro controla a probabilidade de sua ocorrência.

8.31 A conclusão é a parte do teste de hipótese que informa as conclusões do teste ao leitor. Como tal, ela requer atenção especial para que o leitor tenha uma imagem precisa das conclusões.

a. Descreva cuidadosamente a "atitude" do estatístico e a declaração da conclusão quando a decisão é "rejeitar H_o".

b. Descreva cuidadosamente a "atitude" do estatístico e a declaração da conclusão quando a decisão é "não rejeitar H_o".

8.32 A população distribuída normalmente é conhecida por ter um desvio padrão igual a 5, porém sua média é questionada. Têm-se discutido se $\mu = 80$ ou $\mu = 90$, e o teste de hipótese a seguir foi elaborado para resolver essa discussão. A hipótese nula, H_o: $\mu = 80$, será testada utilizando um valor de dados selecionado aleatoriamente e comparando-o com o valor crítico de 86. Se o valor dos dados for maior ou igual a 86, a hipótese nula será rejeitada.

a. Determine α, a probabilidade do erro tipo I.

b. Determine β, a probabilidade do erro tipo II.

Objetivo 8.4

8.33 Formule a hipótese nula, H_o, e a hipótese alternativa, H_a, que seriam utilizadas para um teste de hipótese relacionado às seguintes afirmações:

a. A média de idade dos alunos matriculados no período noturno em uma determinada faculdade é maior que 26 anos.

b. O peso médio dos pacotes enviados por Air Express durante o mês passado foi menor que 36,7 libras (16,65 kg).

c. A vida média das lâmpadas fluorescentes é, no mínimo, 1.600 horas.

d. A resistência média das soldas por um novo processo é diferente de 570 libras por unidade de área, a resistência média das soldas pelo processo antigo.

8.34 A fabricante deseja testar a hipótese de que "modificando a fórmula de sua pasta de dente, ela proporcionará a seus usuários uma melhor proteção". A hipótese nula representa a ideia de que "a mudança não vai melhorar a proteção" e a hipótese alternativa é "a mudança vai melhorar a proteção". Descreva o significado dos dois tipos de erros possíveis que podem ocorrer na tomada de decisão quando esse teste de hipótese for realizado.

8.35 Suponha que *z* é a estatística de teste e calcule o valor de $z\star$ para cada uma das situações a seguir:

a. H_o: $\mu = 51$, $\sigma = 4,5$, $n = 40$, $\bar{x} = 49,6$

b. H_o: $\mu = 20$, $\sigma = 4,3$, $n = 75$, $\bar{x} = 21,2$

c. H_o: $\mu = 138,5$, $\sigma = 3,7$, $n = 14$, $\bar{x} = 142,93$

d. H_o: $\mu = 815$, $\sigma = 43,3$, $n = 60$, $\bar{x} = 799,6$

8.36 Determine a estatística de teste $z\star$ e o valor-p para cada uma das situações a seguir.
  a. $H_o: \mu = 22,5$, $H_a: \mu > 22,5$; $\bar{x} = 24,5$, $\sigma = 6$, $n = 36$
  b. $H_o: \mu = 200$, $H_a: \mu < 200$; $\bar{x} = 192,5$, $\sigma = 40$, $n = 50$
  c. $H_o: \mu = 12,4$, $H_a: \mu \neq 2,4$; $\bar{x} = 11,52$, $\sigma = 2,2$, $n = 16$

8.37 Calcule o valor-p para cada uma das situações a seguir:
  a. $H_o: \mu = 10$, $H_a: \mu > 10$, $z\star = 1,48$
  b. $H_o: \mu = 105$, $H_a: \mu < 105$, $z\star = -0,85$
  c. $H_o: \mu = 13,4$, $H_a: \mu \neq 13,4$, $z\star = 1,17$
  d. $H_o: \mu = 8,56$, $H_a: \mu < 8,56$, $z\star = -2,11$
  e. $H_o: \mu = 110$, $H_a: \mu \neq 110$, $z\star = -0,93$

8.38 O Instituto Ponemon, juntamente com a Intel, publicou o estudo "The Cost of a Lost Laptop" ("O custo de um *laptop* perdido") em abril de 2009. Com a força de trabalho cada vez mais móvel carregando dados mais sensíveis em seus *laptops*, a perda envolve muito mais do que o *laptop* em si. O custo médio de um *laptop* perdido com base em casos de várias indústrias é US$ 49.246. Essa média inclui a substituição do equipamento, o custo de violação dos dados, custo da produtividade perdida e outras despesas legais e forenses. Outro estudo de 30 casos da indústria de cuidados com a saúde produziu uma média de US$ 67.873. Em vista desses números, há provas suficientes para sustentar a alegação de que os custos de substituição de *laptops* de profissionais da área de saúde são mais elevados do que o geral? Use um nível de significância de 0,001.
  FONTE: http://communities.intel.com/

8.39 De doces a joias e flores, esperava-se que o consumidor médio gastasse US$ 123,89 no Dia das Mães de 2009, segundo um estudo da Federação Nacional do Varejo, de abril de 2009. Os comerciantes locais acharam que essa média era muito elevada para a sua área. Eles contrataram uma agência para realizar um estudo. Uma amostra aleatória de 60 consumidores foi coletada em um shopping center local no sábado anterior ao Dia das Mães e resultou na quantia média da amostra de US$ 106,27. Se σ = US$ 39,50, a amostra fornece evidência suficiente para sustentar a alegação dos comerciantes em um nível de significância de 0,05?

8.40 Em âmbito nacional, a relação entre enfermeiros e estudantes está abaixo do padrão federal recomendado de acordo com o artigo do *USA Today*, "School Nurses in Short Supply" (Escassez de enfermeiros em formação) (de 11 de agosto de 2009). A recomendação dos Centros de Controle e Prevenção de Doenças (CDC) é um enfermeiro para cada 750 estudantes. Utilize a amostra a seguir proveniente de 38 escolas selecionadas aleatoriamente no Estado de Nova York para testar a afirmação, "O número médio de estudantes por enfermeiro em formação em Nova York é significativamente maior que o padrão CDC de 750". Supondo que σ = 540.

1.062	1.070	353	675	1.557	1.374	459	302	1.946	487	295
1.047	1.751	784	480	377	883	1.035	332	330	989	1.098
1.241	778	1.691	963	1.645	1.594	2.125	338	1.380	885	707
1.267	1.412	1.037	1.603	915						

  a. Descreva o parâmetro de interesse.

b. Formule as hipóteses nula e alternativa.
c. Calcule o valor para $z\star$ e encontre o valor-p.
d. Formule sua decisão e conclusão utilizando $\alpha = 0,01$.

Objetivo 8.5

8.41 Formule a hipótese nula, H_o, e a hipótese alternativa, H_a, que seriam utilizadas para um teste de hipótese para cada uma das afirmações a seguir:
  a. A média de idade dos jovens que passeiam pelos shopping centers é inferior a 16 anos.
  b. A altura média dos jogadores profissionais de basquete é superior a 6'6" (1,98 m).
  c. A queda de elevação média das pistas de esqui nos centros de esqui orientais é de, pelo menos, 285 pés (~87 m).
  d. O diâmetro médio dos rebites tem mais de 0,375 polegadas (0,95 cm).
  e. O nível médio de colesterol dos estudantes universitários do sexo masculino é diferente de 200 mg/dL.

8.42 Determine a região crítica e os valores críticos utilizados para testar as hipóteses nulas a seguir:
  a. $H_o: \mu = 55$ ($\geq$), $H_a: \mu < 55$, $\alpha = 0,02$
  b. $H_o: \mu = -86$ ($\geq$), $H_a: \mu < -86$, $\alpha = 0,01$
  c. $H_o: \mu = 107$, $H_a: \mu \neq 107$, $\alpha = 0,05$
  d. $H_o: \mu = 17,4$ ($\leq$), $H_a: \mu > 17,4$, $\alpha = 0,10$

8.43 As mulheres possuem uma média de 15 pares de sapatos. Essa afirmação baseia-se em uma pesquisa com adultos do sexo feminino realizada pela Kelton Research para a Enslow, o Centro de Conforto dos Pés, sediada na cidade de Nova York. Suponha que foi coletada uma amostra aleatória de 35 mulheres recém-contratadas com graduação universitária, e a média da amostra foi 18,37 pares de sapatos. Se σ = 6,12, essa amostra fornece evidência suficiente de que o número médio de sapatos para mulheres jovens com graduação universitária é maior que o número médio geral para todas as mulheres adultas? Use um nível de significância de 0,10.

8.44 De acordo com o artigo "Curbing Flexible Spending Accounts Could Help Pay for Health Care Reform" ("A redução das verbas para gastos flexíveis poderia ajudar a pagar a reforma na área da saúde"), publicado pelo Centro de Orçamento e Prioridades Políticas (revisado em 10 de junho de 2009), as verbas para gastos flexíveis encorajam o excesso de consumo da área da saúde: as pessoas compram coisas que não precisam, caso contrário, perdem o dinheiro. Em 2007, para aqueles que não utilizaram toda a verba (cerca de um em cada sete), o montante médio perdido foi US$ 723.
  FONTE: http://www.cbpp.org/
  Suponha que uma amostra aleatória de 150 funcionários que não usaram toda a verba em 2009 é considerada e um valor médio de US$ 683 foi perdido. Teste a hipótese de que não há diferença significativa no montante médio perdido. Suponha que σ = US$ 307 por ano. Use $\alpha = 0,05$.
  a. Defina o parâmetro.
  b. Formule as hipóteses nula e alternativa.
  c. Especifique os critérios do teste de hipótese.
  d. Apresente a evidência amostral.
  e. Encontre as informações da distribuição de probabilidade.
  f. Determine os resultados.

Capítulo 9

Inferências
envolvendo uma população

Do momento em que você levanta da cama até sair pela porta, quanto tempo leva para se aprontar de manhã? Alguns dirão apenas cinco minutos, mas quando isso é cronometrado, é difícil tomar banho, arrumar-se, comer e vestir-se em menos de 15 minutos. Se você fosse encarregado de estimar o tempo gasto da "cama à porta" por uma estudante universitária típica, que informações seriam necessárias? Como você as utilizaria para determinar sua estimativa? Examine a cronologia a seguir e veja se, em sua opinião, ela fornece informações suficientes.

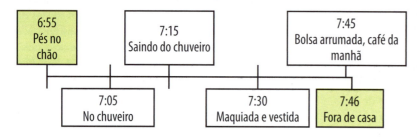

objetivos

9.1 **Inferências sobre a média μ (σ desconhecido)**

9.2 **Inferências sobre a probabilidade binomial do sucesso**

9.3 **Inferências sobre a variância e o desvio padrão**

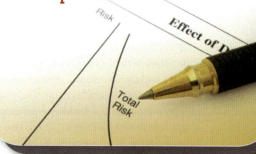

9.1 Inferências sobre a média μ (σ desconhecido)

AS INFERÊNCIAS SOBRE A MÉDIA DA POPULAÇÃO μ TÊM BASE NA MÉDIA AMOSTRAL $\bar{x}$ E NAS INFORMAÇÕES OBTIDAS DA DISTRIBUIÇÃO AMOSTRAL DAS MÉDIAS AMOSTRAIS.

Lembre-se de que a distribuição amostral de médias amostrais tem uma média μ e um **desvio padrão** de $\sigma/\sqrt{n}$ para todas as amostras de tamanho n, sendo distribuída normalmente, quando a população amostrada é uniformemente distribuída, ou aproximadamente normal, quando o tamanho da amostra é suficientemente grande. Isso significa que a estatística de teste $z\bigstar = \frac{\bar{x} - \mu}{\sigma/\sqrt{n}}$ tem uma distribuição normal padrão. No entanto, quando **σ** é **desconhecido**, o erro padrão $\sigma/\sqrt{n}$ também é indeterminado. Assim, o desvio padrão da amostra *s* será utilizado como a estimativa pontual para σ. Como resultado, um erro padrão estimado da média, $s/\sqrt{n}$, será usado, e nossa estatística de teste se tornará $\frac{\overline{x} - \mu}{s/\sqrt{n}}$.

Quando um **σ conhecido** é usado para fazer uma inferência sobre a média μ, a amostra fornece um valor para aplicar nas fórmulas. Esse valor é $\overline{x}$. Quando o desvio padrão da amostra *s* também é usado, esta fornece dois valores: a média amostral $\overline{x}$ e o erro padrão estimado $s/\sqrt{n}$. Como resultado, a estatística-*z* será substituída por uma estatística que representa o uso de um erro padrão estimado. Essa nova estatística é conhecida como a **estatística-*t* de Student**.

Em 1908, W. S. Gosset, um funcionário irlandês de uma cervejaria, publicou um trabalho sobre essa distribuição-*t* sob o pseudônimo de "Student". Ao determinar a distribuição-*t*, Gosset supôs que as amostras foram extraídas de populações normais. Embora isso possa parecer restritivo, são obtidos resultados

z ou t

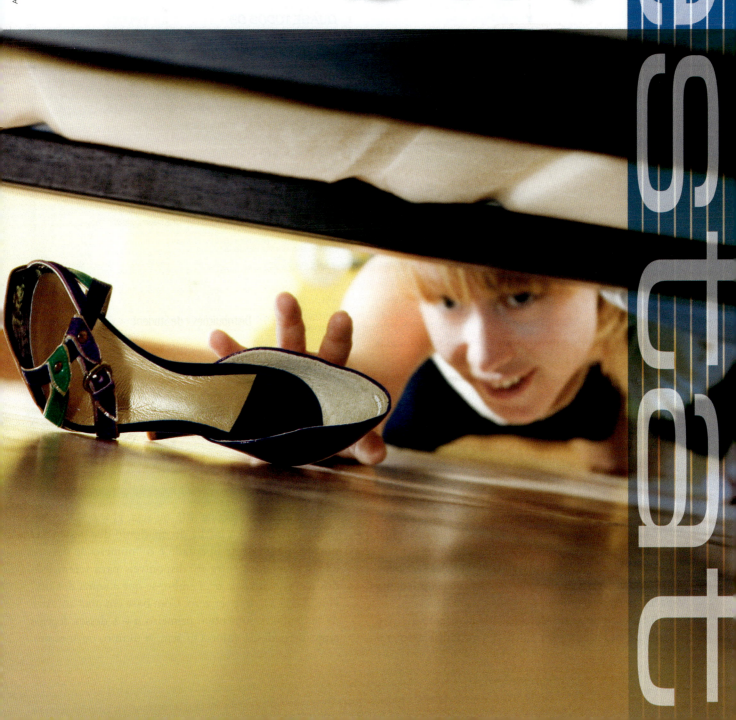

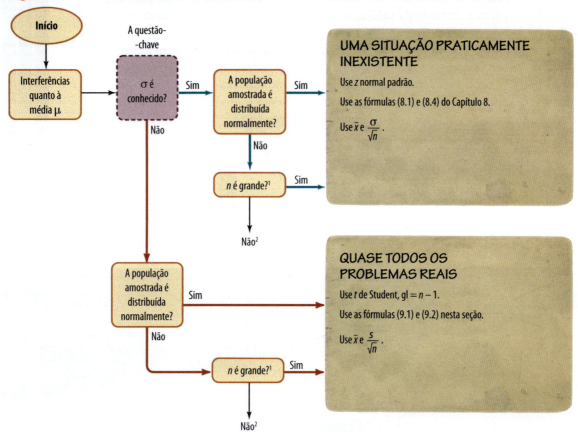

Figura 9.1 Eu utilizo a estatística-*z* ou a estatística-*t*?

Início

A questão-chave

Interferências quanto à média μ

σ é conhecido? — Sim → A população amostrada é distribuída normalmente? — Sim →

UMA SITUAÇÃO PRATICAMENTE INEXISTENTE

Use *z* normal padrão.

Use as fórmulas (8.1) e (8.4) do Capítulo 8.

Use $\bar{x}$ e $\dfrac{\sigma}{\sqrt{n}}$.

Não (σ é conhecido?) ↓

Não (população distribuída normalmente?) ↓

n é grande?[1] — Sim →

Não[2] ↓

A população amostrada é distribuída normalmente? — Sim →

QUASE TODOS OS PROBLEMAS REAIS

Use *t* de Student, gl = *n* − 1.

Use as fórmulas (9.1) e (9.2) nesta seção.

Use $\bar{x}$ e $\dfrac{s}{\sqrt{n}}$.

Não ↓

n é grande?[1] — Sim →

Não[2]

1. *n* é grande? As amostras que são tão pequenas quanto *n* = 15 ou 20 podem ser consideradas grandes o suficiente para que o teorema do limite central se aplique, caso os dados amostrais sejam unimodais, praticamente simétricos, de cauda curta e sem valores discrepantes. Amostras não simétricas exigem tamanhos amostrais maiores, com 50 sendo o bastante, exceto para aquelas extremamente desiguais. Veja a discussão no Capítulo 8 (Objetivo 8.2).

2. Requer o uso de uma técnica não paramétrica (veja o Capítulo 14).

satisfatórios quando amostras grandes são selecionadas de muitas populações não normais.

A Figura 9.1 apresenta uma organização diagramática para as inferências sobre a média da população, como foi abordado no Capítulo 8 e nesta primeira seção do Capítulo 9. Existem duas situações: σ é conhecido, ou σ é desconhecido. Como afirmado anteriormente, σ quase nunca é uma quantidade conhecida em problemas reais; portanto, o erro padrão será quase sempre estimado por $s/\sqrt{n}$. A utilização de um erro padrão estimado da média requer o uso da distribuição-*t*. Quase todas as inferências do mundo real sobre a média populacional serão feitas por meio da estatística-*t* de Student.

A Figura 9.2 mostra algumas distribuições-*t*. A caixa na próxima página explica em detalhes as **propriedades** específicas da **distribuição-*t***.

O número de graus de liberdade associado a s^2 é o divisor (*n* − 1) usado para calcular a variância amostral

Figura 9.2 Distribuições-*t* de Student

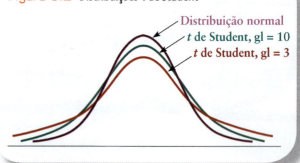

Distribuição normal
t de Student, gl = 10
t de Student, gl = 3

s^2 [fórmula (2.5), página 40]; ou seja, gl = *n* − 1. A variância amostral é a média do quadrado dos desvios. O número de graus de liberdade é o "número de desvios não relacionados entre si" disponíveis para serem usados na estimativa de σ^2. Lembre-se que a soma dos desvios, $\Sigma(x - \bar{x})$, deve ser zero. Com base em uma amostra de tamanho *n*, somente o primeiro *n* − 1 desses desvios tem liberdade de valor. Ou seja, o último, ou *n*-ésimo,

Propriedades da distribuição-*t* (gl > 2)*

1 *t* é distribuído com uma média de zero.

2 *t* é distribuído simetricamente com relação à sua média.

3 *t* é distribuído de modo a formar uma família de distribuições, uma distribuição separada para cada número diferente de graus de liberdade (gl ≥ 1).

4 A distribuição-*t* aproxima-se da distribuição normal padrão conforme o número de graus de liberdade aumenta.

5 *t* é distribuído com uma variância maior que 1, mas conforme os graus de liberdade aumentam, esta aproxima-se de 1.

6 *t* é distribuído de forma a apresentar um pico menor na média e maior nas caudas que a distribuição normal.

Graus de liberdade, gl

Um valor que identifica cada distribuição diferente da distribuição-*t* de Student. Para os métodos apresentados neste capítulo, o valor de gl será o tamanho da amostra menos 1: gl = *n* – 1.

*Nem todas as propriedades aplicam-se para gl = 1 e gl = 2. Uma vez que não encontraremos situações em que gl = 1 ou 2, esses casos especiais não serão abordados com mais detalhes.

Uma vez que gl é "maior que 100", os valores críticos da distribuição-*t* são idênticos aos correspondentes da distribuição normal padrão, como foi fornecido na Tabela 4A do Apêndice B.

Utilizando a Tabela de distribuição-*t* (Tabela 6, Apêndice B)

Os valores críticos da distribuição-*t* de Student que devem ser utilizados tanto para a construção de um intervalo de confiança, quanto para os testes de hipóteses, serão obtidos da Tabela 6, no Apêndice B. Para determinar o valor de *t*, você precisará conhecer dois valores de identificação: (1) gl, o número de graus de liberdade (que identifica a distribuição de interesse); e (2) α, a área sob a curva para a direita do valor crítico à direita. Uma notação muito semelhante àquela utilizada com z será usada para identificar um valor crítico. *t* (gl, α), lê-se "*t* de gl, α", é o símbolo para o valor de *t* com gl (graus de liberdade) e uma área de α na cauda direita, como mostrado na Figura 9.3.

Figura 9.3 Distribuição-*t* mostrando $t(gl, \alpha)$

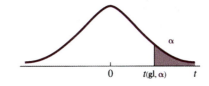

DEFINIÇÃO DE T EM RELAÇÃO À MÉDIA

Existem três formas de *t* se relacionar com a média: *t* pode estar à direita, estar à esquerda, ou apresentar valores que limitam uma determinada porcentagem. Comecemos determinando o valor de *t* à direita da média, encontrando especificamente o valor de $t(10, 0,05)$ (veja o diagrama a seguir).

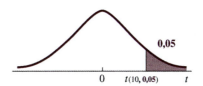

Há 10 graus de liberdade, e 0,05 é a área à direita do valor crítico. Na Tabela 6 do Apêndice B, procuramos a linha gl = 10 e a coluna identificada como "Área em uma cauda", $\alpha = 0,05$. Na interseção delas, descobrimos que $t(10, 0,05) = 1,81$.

valor de $(x - \bar{x})$ deve fazer com que a soma dos desvios *n* seja exatamente zero. Como resultado, acredita-se que a variância seja a média de *n* – 1, valores do quadrado de desvios não relacionados entre si, e esse número, *n* – 1, foi chamado "graus de liberdade".

Embora exista uma distribuição-*t* separada para cada grau de liberdade, gl = 1, gl = 2, ..., gl = 20, ..., gl = 40, e assim por diante, somente determinados **valores críticos chave de *t*** serão necessários para o nosso trabalho. Consequentemente, a tabela da distribuição-*t* de Student (Tabela 6 do Apêndice B) é uma tabela de valores críticos, e não uma tabela completa, assim como a Tabela 3 com relação à distribuição normal padrão para z. Ao olhar a Tabela 6, você notará que o lado esquerdo é identificado por "gl", ou graus de liberdade. A coluna à esquerda inicia com 3 no topo e lista os valores seguintes de gl até 30 e, então, pula para 35, ..., para "gl > 100" na parte inferior. Como afirmamos, conforme os graus de liberdade aumentam, a distribuição-*t* aproxima-se das características da distribuição-z normal padrão.

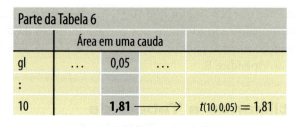

Parte da Tabela 6			
	Área em uma cauda		
gl	...	0,05	...
:			
10		**1,81** $\longrightarrow$	$t(10, 0,05) = 1,81$

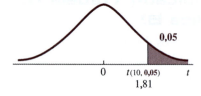

Para os valores de t à esquerda da média, podemos usar uma das duas notações. O valor t mostrado na Figura 9.4 poderia ser chamado $t(gl, 0,95)$, uma vez que a área à sua direita é 0,95, ou poderia ser identificado por $-t(gl, 0,05)$, uma vez que a distribuição-t é simétrica com relação à sua média, zero.

Figura 9.4 Valor-t à esquerda

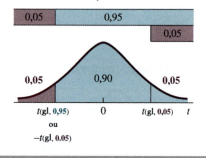

Vamos encontrar o valor de $t(15, 0,95)$. Existem 15 graus de liberdade. Na Tabela 6, buscamos a coluna identificada como $\alpha = 0,05$ (uma cauda) e sua interseção com a linha gl = 15. A tabela mostra $t(15, 0,05) = 1,75$; portanto, $t(15, 0,95) = -t(15, 0,05) = -1,75$. O valor é negativo porque está à esquerda da média zero; veja a figura a seguir.

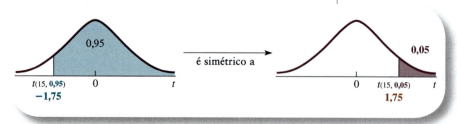

Vejamos outro exemplo: encontrar os valores de t que limitam uma porcentagem central. Podemos encontrar os valores da distribuição-t que limitam 0,90 central da área sob a curva para a distribuição com gl = 17.

O 0,90 central deixa 0,05 para a área de cada cauda. O valor de t que limita a cauda à direita é $t(17, 0,05) = 1,74$, como mostrado na Tabela 6. O valor que

limita a cauda à esquerda é **–1,74**, pois a distribuição-t é simétrica com relação à sua média zero.

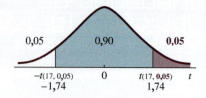

Se o gl necessário não estiver listado na coluna à esquerda da Tabela 6, então use o menor valor de gl listado na sequência. Por exemplo, $t(72, 0,05)$ é estimado usando $t(70, 0,05) = 1,67$.

Procedimento do intervalo de confiança

Agora estamos prontos para fazer inferências sobre a média da população μ, usando o desvio padrão da amostra. Como mencionamos anteriormente, existe uma condição para o uso da distribuição-t:

> **O pressuposto para inferências sobre a média μ, quando σ é desconhecido:**
> **A população amostrada é distribuída normalmente.**

O procedimento para construir intervalos de confiança usando o desvio padrão da amostra é muito semelhante ao utilizado quando σ é conhecido (consulte as páginas 154 a 158). A diferença é o uso do t de Student no lugar do z padrão e o uso de s, desvio padrão da amostra, como uma estimativa de σ. O teorema do limite central implica que essa técnica também pode ser aplicada a populações não normais, quando o tamanho da amostra é suficientemente grande.

Intervalo de confiança para a média:

$$\bar{x} - t_{(gl, \alpha/2)}\left(\frac{s}{\sqrt{n}}\right) \quad \text{para}$$

$$\bar{x} + t_{(gl, \alpha/2)}\left(\frac{s}{\sqrt{n}}\right)$$

$$\text{com gl} = n - 1 \tag{9.1}$$

Intervalo de confiança para μ com σ desconhecido

Para ilustrar como os intervalos de confiança podem ser formados utilizando a distribuição-t, vamos considerar uma amostra aleatória do peso de 20 bebês com um ano de idade, nascidos no Northside Hospital ano passado. Foi constatada uma média de 20,73 libras (9,4 quilos) e um desvio padrão de 2,17 libras (0,98 quilos) para a amostra. Com base em informações anteriores, pressupomos que

19,72-21,74

os pesos dos bebês com um um ano são distribuídos normalmente. Usando o processo dos cinco passos, podemos estimar com confiança de 95% o peso médio de todos os bebês com um ano de idade nascidos nesse hospital.

PASSO 1 **DEFINIÇÃO:**

Descrever o parâmetro populacional de interesse.

μ, peso médio dos bebês com um ano nascidos no Northside Hospital no ano passado.

PASSO 2 **CRITÉRIOS DO INTERVALO DE CONFIANÇA:**

a. Verificar os pressupostos.
   σ é desconhecido e informações anteriores indicam que a população amostrada é normal.
b. Identificar a distribuição de probabilidade e a fórmula a ser utilizada.
   A distribuição-t de Student será usada com a fórmula (9.1).
c. Estabelecer o nível de confiança.
   $1 - \alpha = 0,95$.

PASSO 3 **EVIDÊNCIA AMOSTRAL:**

Coletar informações da amostra.
$n = 20$, $\bar{x} = 20,73$ e $s = 2,17$.

PASSO 4 **INTERVALO DE CONFIANÇA:**

a. Determinar os coeficientes de confiança.
   Sendo $1 - \alpha = 0,95$, $\alpha = 0,05$; portanto, $\alpha/2 = 0,025$. Além disso, sendo $n = 20$, gl = 19. Na interseção da linha gl = 19 com a coluna unicaudal $\alpha = 0,025$ na Tabela 6, encontramos $t(gl, \alpha/2) = t(19, 0,025) = 2,09$. Veja a figura a seguir.

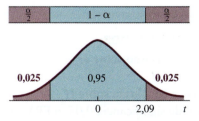

Informações sobre o coeficiente de confiança e o uso da Tabela 6 são fornecidas nas páginas 185 e 186.

b. Determinar o erro máximo da estimativa.

$$E = t(gl, \alpha/2)\left(\frac{s}{\sqrt{n}}\right):$$
$$E = t(19, 0,025)\left(\frac{s}{\sqrt{n}}\right)$$
$$= 2,09\left(\frac{2,17}{\sqrt{20}}\right) = (2,09)(0,485) = 1,01$$

c. Determinar os limites de confiança inferior e superior.

$$\bar{x} - E \quad a \quad \bar{x} + E$$
$$20,73 - 1,01 \quad a \quad 20,73 + 1,01$$
$$19,72 \quad a \quad 21,74$$

PASSO 5 **RESULTADOS:**

Estabelecer o intervalo de confiança.
19,72 a 21,74 é o intervalo de confiança de 95% para μ. Ou seja, com uma confiança de 95%, estimamos que o peso médio esteja entre 19,72 e 21,74 libras (8,94 e 9,86 quilos).

Procedimento do teste de hipóteses

A estatística-t é utilizada para realizar o teste das hipóteses com relação à média populacional μ de forma muito semelhante ao modo como z foi usada no Capítulo 8. Nas situações de teste de hipótese, usamos a fórmula (9.2) para calcular o valor da **estatística de teste** $t\star$:

Estatística de teste para a média:

$$t\star = \frac{\bar{x} - \mu}{s/\sqrt{n}} \quad \text{com gl} = n - 1 \qquad (9.2)$$

O t calculado é o número de erros padrão estimados que $\bar{x}$ está da média μ hipotética. Assim como ocorre com os intervalos de confiança, o teorema do limite central indica que a distribuição-t também pode ser aplicada a populações não normais quando o tamanho da amostra é suficientemente grande.

Teste de hipóteses unicaudal para μ, com σ desconhecido

Para realizar um teste de hipótese unicaudal para μ com σ desconhecido, vamos voltar para a hipótese do exemplo do Capítulo 8 (página 168), em que a EPA queria mostrar que o nível médio de monóxido de carbono é superior a 4,9 partes por milhão. Uma amostra aleatória de 22 leituras (resultado da amostra: $\bar{x} = 5,1$ e $s = 1,17$) apresenta evidência suficiente para sustentar a alegação da EPA? Use $\alpha = 0,05$. Estudos anteriores indicam que essas leituras têm uma distribuição aproximadamente normal. Novamente, seguiremos o procedimento dos cinco passos:

PASSO 1 DEFINIÇÃO:

a. Descrever o parâmetro populacional de interesse.
μ, nível médio de monóxido de carbono do ar no centro de Rochester.

b. Formular a hipótese nula (H_o) e a hipótese alternativa (H_a).

$H_o: \mu = 4,9$ ($\leq$) (não superior a)

$H_a: \mu > 4,9$ (superior a)

PASSO 2 CRITÉRIOS DO TESTE DE HIPÓTESES:

a. Verificar os pressupostos.
Os pressupostos são satisfeitos, porque a população amostrada é aproximadamente normal e o tamanho da amostra é grande o suficiente para aplicar o CLT (consulte as páginas 183 a 185).

b. Identificar a distribuição de probabilidade e a estatística de teste a ser utilizadas.
σ é desconhecido; assim, usamos a distribuição-t com gl = $n - 1 = 21$, sendo a estatística de teste $t\star$, fórmula (9.2).

c. Determinar o nível de significância:
$\alpha = 0,05$.

PASSO 3 EVIDÊNCIA AMOSTRAL:

a. Coletar as informações amostrais.
$n = 22$, $\bar{x} = 5,1$ e $s = 1,17$.

b. Calcular o valor da estatística de teste.
Usar a fórmula (9.2):

$$t\star = \frac{\bar{x} - \mu}{s/\sqrt{n}}: \quad t\star = \frac{5,1 - 4,9}{1,17/\sqrt{22}} = \frac{0,20}{0,2494} = 0,8018 = \mathbf{0,80}$$

PASSO 4 DISTRIBUIÇÃO DE PROBABILIDADE:

Como sempre, podemos usar tanto o procedimento do valor-p quanto o clássico:

Usando o procedimento do valor-p:

a. Calcular o valor-p para a estatística de teste.
Usar a cauda à direita, porque H_a expressa interesse por valores relacionados à "superior a".
$P = P(t\star > 0,80$, com gl = 21) como mostrado na figura.

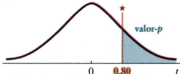

Para encontrar o valor-p, utilize um dos três métodos a seguir:
1. Usar a Tabela 6 do Apêndice B para atribuir limites ao valor-p: $0,10 < P < 0,25$.
2. Usar a Tabela 7 do Apêndice B para obter o valor diretamente: $P = 0,216$.
3. Usar um computador ou uma calculadora para determinar o valor-p: $P = 0,2163$.

b. Determinar se o valor-p é ou não menor que α.
O valor-p não é menor que α, o nível de significância.

Usando o procedimento clássico:

a. Determinar a região crítica e o(s) valor(es) crítico(s).
A região crítica é a cauda à direita, porque H_a expressa interesse por valores relacionados à "superior a". O valor crítico é encontrado na interseção da linha gl = 21 com a coluna 0,05 unicaudal da Tabela 6: $t(21, 0,05) = 1,72$.

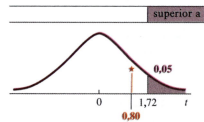

b. Determinar se a estatística de teste calculada está dentro da região crítica ou não.
$t\star$ não se encontra na região crítica, como foi mostrado em vermelho na figura anterior.

PASSO 5 RESULTADOS:

a. Formular a decisão sobre H_o.
Não rejeitar H_o.

b. Formular a conclusão sobre H_a.
No nível de significância 0,05, o EPA não tem evidência suficiente para mostrar que o nível médio de monóxido de carbono é maior que 4,9.

Cálculo do valor-*p* utilizando a distribuição-*t*

Método 1: usar a Tabela 6 do Apêndice B para atribuir limites ao valor-p. Verificando-se a linha gl = 21 da Tabela 6, é possível determinar um intervalo dentro do qual reside o valor-*p*. Localize *t★* ao longo da linha identificada como gl = 21. Se o valor de *t★* não estiver listado, localize os dois valores da tabela entre os quais ele está situado e leia os limites para o valor-*p* a partir do topo da tabela. Nesse caso, *t★* = 0,80 está entre 0,686 e 1,32, portanto, P está entre 0,10 e 0,25. Use o cabeçalho unicaudal, uma vez que H_a é unicaudal nessa ilustração. (Use o cabeçalho bicaudal quando H_a for bicaudal.)

A entrada 0,686 da tabela significa que P(*t* > 0,686) = 0,25, como mostrado em roxo na figura no final da página. A entrada 1,32 da tabela significa que P(*t* > 1,32) = 0,10, como mostrado em verde. Pode-se ver que o valor-*p* P (mostrado em azul) está entre 0,10 e 0,25. Portanto, 0,10 < P < 0,25, e dizemos que 0,10 e 0,25 são os "limites" para o valor-*p*.

Método 2: usar a Tabela 7 do Apêndice B para obter o valor-p ou "atribuir limites" ao valor-p. A Tabela 7 foi projetada para produzir valores-*p* conhecendo-se o *t★* e os valores gl, ou para produzir limites para P mais estreitos do que aqueles produzidos pela Tabela 6.

No exemplo anterior, *t★* = 0,80 e gl = 21. Por acaso, esses são os cabeçalhos da linha e da coluna, assim o valor-*p* pode ser obtido diretamente da tabela. Localize o valor-*p* na interseção da linha *t★* = 0,80 com a coluna gl = 21. O valor-*p* para *t★* = 0,80 com gl = 21 é **0,216**.

Parte da Tabela 7

t★	gl	...	21	
⋮				
0,80			**0,216** → P = P(*t★* > 0,80, com gl = 21) = 0,216

Para ilustrar como atribuir limites ao valor-*p* quando *t★* e gl não são valores de cabeçalho, vamos considerar a situação na qual *t★* = 2,43, com gl = 16. O *t★* = 2,43 encontra-se entre as linhas *t* = 2,4 e *t* = 2,5, enquanto gl = 16 se encontra entre as colunas gl = 15 e gl = 18. Essas duas linhas e duas colunas se cruzam em um total de quatro vezes, ou seja, em 0,015 e 0,014 na linha *t★* = 2,4, e em 0,012 e 0,011 na fila *t★* = 2,5. O valor-*p* que procuramos é limitado pelo menor e pelo maior desses quatro valores, ou seja, 0,011 (posição inferior direita) e 0,015 (posição superior esquerda). Portanto, os limites para o valor-*p* são 0,011 < P < 0,015.

Parte da Tabela 7

t★	gl	...	15	*16*	18	
⋮						
2,4			0,015		0,014	P = P(*t★* > 2,43, com gl = 16)
2,43				P	→ 0,011 < P < 0,015	
2,5			0,012		0,011	

Método 3: Se você estiver realizando o teste das hipóteses com o auxílio de um computador ou uma calculadora, muito provavelmente o equipamento calculará o valor-*p* para você.

TESTE DE HIPÓTESES BICAUDAL PARA μ, COM σ DESCONHECIDO

Vejamos uma situação de teste de hipóteses bicaudal, que também podemos realizar para μ com σ desconhecido. Dessa vez, examinaremos os dados de um teste de autoimagem popular que resulta em pontuações distribuídas normalmente. Espera-se que a pontuação média para os beneficiários da assistência pública seja 65. Uma amostra aleatória com 28 beneficiários da assistência pública do Condado de Emerson é testada. Eles atingem uma pontuação média de 62,1, com um desvio padrão de 5,83. Na média, o resultado foi diferente do esperado, para um nível de significância de 0,02? Para descobrir, vamos nos voltar novamente para o processo dos cinco passos.

Determinação de P = P(*t★* > 0,80, com gl = 21)

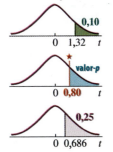

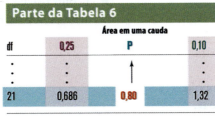

Parte da Tabela 6

df	Área em uma cauda			
	0,25	**P**		**0,10**
⋮	⋮	↑		⋮
21	0,686	**0,80**		1,32

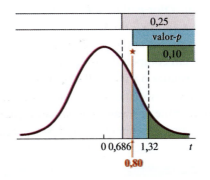

PASSO 1 DEFINIÇÃO:

a. Descrever o parâmetro populacional de interesse.

μ, pontuação média do teste de autoimagem para todos os beneficiários da assistência pública no Condado de Emerson.

b. Estabelecer a hipótese nula (H_o) e a hipótese alternativa (H_a).

H_o: μ = 65 (a média é 65)

H_a: μ ≠ 65 (a média é diferente de 65)

PASSO 2 CRITÉRIOS DO TESTE DE HIPÓTESES:

a. Verificar os pressupostos.

Esperava-se que o teste produzisse pontuações distribuídas normalmente; assim, o pressuposto foi satisfeito, sendo σ desconhecido.

b. Identificar a distribuição de probabilidade e a estatística de teste a serem utilizadas.

A distribuição-t com gl = $n - 1$ = 27, e a estatística de teste é $t\star$, fórmula (9.2).

c. Determinar o nível de significância.

α = 0,02 (fornecido no enunciado do problema).

PASSO 3 EVIDÊNCIA AMOSTRAL:

a. Coletar as informações amostrais.

n = 28, $\bar{x}$ = 62,1 e s = 5,83.

b. Calcular o valor da estatística de teste.

Usar a fórmula (9.2):

$$t\star = \frac{\bar{x} - \mu}{s/\sqrt{n}}:$$

$$t\star = \frac{62,1 - 65,0}{5,83/\sqrt{28}}$$

$$= \frac{-2,9}{1,1018}$$

$$= -2,632 = -2,63$$

PASSO 4 DISTRIBUIÇÃO DE PROBABILIDADE:

Novamente, podemos escolher entre o valor-p e o procedimento clássico:

Usando o procedimento do valor-p:

a. Calcular o valor-p para a estatística de teste.

Use as duas caudas porque H_a expressa interesse por valores relacionados à "diferente de".

P = $P(t < -2,63) + P(t > 2,63)$

= 2 · $P(t > 2,63)$ com gl = 27 como mostrado na figura.

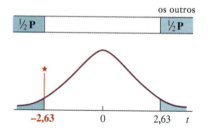

Para encontrar o valor-p, utilize um dos três métodos a seguir:

1. Use a Tabela 6 do Apêndice B para atribuir limites ao valor-p: 0,01 < P < 0,02.

2. Use a Tabela 7 do Apêndice B para atribuir limites ao valor-p: 0,012 < P < 0,016.

3. Use um computador ou uma calculadora para determinar o valor-p: P = 0,0140.

Detalhes específicos na sequência deste exemplo.

b. Determine se o valor-p é ou não menor que α.

O valor-p é menor que o nível de significância, α.

Usando o procedimento clássico:

a. Determinar a região crítica e o(s) valor(es) crítico(s).

A região crítica abrange as duas caudas, porque H_a expressa interesse em valores relacionados à "diferente de". O valor crítico encontra-se na interseção da linha gl = 27 com a coluna unicaudal 0,01 da Tabela 6: $t(27, 0,01) = 2,47$.

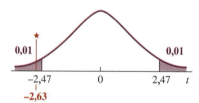

b. Determinar se a estatística de teste calculada se encontra ou não na região crítica.

$t\star$ encontra-se na região crítica, como mostrado em vermelho na figura anterior.

a. Estabelecer a decisão sobre H_o.

Rejeitar H_o.

b. Estabelecer a conclusão sobre H_a.

No nível de significância de 0,02, temos evidência suficiente para concluir que os resultados do teste com os beneficiários da assistência pública no Condado de Emerson são significativamente diferentes, em média, dos 65 esperados.

Cálculo do valor-*p* utilizando a distribuição-*t*

Método 1: utilizando a Tabela 6, encontre 2,63 entre duas entradas na linha gl = 27 e obtenha os limites para P do cabeçalho bicaudal no topo da tabela:

$$0,01 < P < 0,02$$

Método 2: geralmente, os limites encontrados utilizando a Tabela 7 serão mais estreitos que os encontrados utilizando a Tabela 6. A tabela a seguir mostra como obter os limites na Tabela 7. Encontre $t\star$ = 2,63 entre duas linhas e gl = 27 entre duas colunas e localize as quatro interseções entre linhas e colunas. O valor de $\frac{1}{2}$P é limitado pela posição superior esquerda e pela posição inferior direita dessas entradas da tabela.

Parte da Tabela 7			
	Graus de liberdade		
t★	25	27	29	P = 2P(t★ > 2,63, com gl = 27)
⋮		⋮	
2,6	0,008		0,007	
2,63	→	$\frac{1}{2}$P	→	$0,006 < \frac{1}{2}P < 0,008$
2,7	0,006		0,006	$0,012 < P < 0,016$

Método 3: se você estiver realizando o teste das hipóteses com o auxílio de um computador ou uma calculadora, muito provavelmente o equipamento calculará o valor-*p* para você (não dobre o resultado).

9.2 Inferências sobre a probabilidade binomial do sucesso

TALVEZ A INFERÊNCIA MAIS COMUM ENVOLVA O PARÂMETRO BINOMIAL *p*, A "PROBABILIDADE DE SUCESSO".

Sim, todos nós usamos essa inferência, mesmo que apenas casualmente. Em milhares de situações, nós nos preocupamos com alguma coisa que "está" ou "não está acontecendo". Existem apenas dois resultados possíveis que interessam, e essa é a propriedade fundamental de um **experimento binomial**. O outro ingrediente necessário são os múltiplos testes independentes. Perguntar a cinco pessoas se elas são "a favor" ou "contra" alguma questão pode gerar cinco testes independentes; se a mesma pergunta é feita a 200 pessoas, 200 testes independentes podem estar envolvidos; se 30 itens são inspecionados para verificar se cada um deles "exibe uma propriedade específica" ou "não", haverá 30 testes repetidos – esses são os resultados de uma inferência binomial.

O parâmetro binomial *p* é definido como a probabilidade de sucesso de um único teste em um experimento binomial.

Probabilidade Binomial da Amostra

$$p' = \frac{x}{n} \tag{9.3}$$

em que a **variável aleatória *x*** representa o número de sucessos que ocorrem em uma amostra composta por *n* testes.

Asiseeit/iStockphoto / Image Source/Getty Images

Está acontecendo

OU

Não está acontecendo

Lembre-se que a média e o desvio padrão da variável aleatória binomial x são encontrados utilizando a fórmula (5.7), $\mu = np$, e a fórmula (5.8), $\sigma = \sqrt{npq}$, na qual $q = 1 - p$. A distribuição de x é considerada aproximadamente normal se n for maior que 20 e np e nq forem ambos maiores que 5. Essa *regra de ouro* comumente aceita permite-nos usar a **distribuição normal padrão** para estimar as probabilidades para a variável aleatória binomial x e o número de sucessos em n testes, além de fazer inferências com relação ao parâmetro binomial p, a probabilidade de sucesso em um teste independente.

Geralmente, é mais fácil e mais significativo trabalhar com a distribuição de p' (probabilidade de ocorrência observada) do que com x (número de ocorrências). Consequentemente, nós converteremos as fórmulas (5.7) e (5.8) das unidades de x (inteiros) em unidades de proporções (porcentagens expressas como decimais) dividindo cada fórmula por n, como mostrado na Figura 9.5.

Lembre-se de que $\mu_{p'} = p$ e que a *estatística amostral* p' é um **estimador imparcial para p**. Portanto, as informações sobre a distribuição amostral de p' são resumidas como segue:

> Se uma amostra aleatória de tamanho n é selecionada de uma população grande com $p = P$ (sucesso), então, a distribuição amostral de p' tem:
> 1. Uma média μ_p igual a p (9,4)
> 2. Um erro padrão σ_p igual a $\sqrt{\dfrac{pq}{n}}$ (9.5)
> 3. Uma distribuição aproximadamente normal se n é suficientemente grande

Na prática, o uso dessas diretrizes garantirá a normalidade.

1. O tamanho da amostra é maior que 20.
2. Os produtos np e nq são ambos maiores que 5.
3. A amostra é composta por menos de 10% da população.

Agora estamos prontos para fazer inferências sobre o parâmetro populacional p. O uso da distribuição-z envolve um pressuposto:

> **Pressuposto para as inferências sobre o parâmetro binomial p:**
> As n observações aleatórias que formam a amostra são selecionadas independentemente de uma população que não muda durante a amostragem.

Procedimento do intervalo de confiança

As inferências sobre a parâmetro populacional binomial p, P(sucesso), são feitas por meio de procedimentos muito semelhantes aos de inferência utilizados para a média populacional μ. Ao estimar a **proporção populacional p**, nós basearemos nossas hipóteses na **estimativa pontual p'**. A estimativa pontual p' torna-se o centro do intervalo de confiança, e o erro máximo da estimativa é um múltiplo do **erro padrão**. O **nível de confiança** determina o coeficiente de confiança, número de múltiplos do erro padrão.

Intervalo de confiança para uma proporção

$$p' - z_{(\alpha/2)}\left(\sqrt{\frac{p'q'}{n}}\right)$$

a

$$p' + z_{(\alpha/2)}\left(\sqrt{\frac{p'q'}{n}}\right) \qquad (9.6)$$

em que $p' = \frac{x}{n}$ e $q' = 1 - p'$.

Observe que o erro padrão, $\sqrt{\frac{pq}{n}}$, foi substituído por $\sqrt{\frac{p'q'}{n}}$. Uma vez que estamos estimando p, não sabemos o seu valor e, portanto, devemos usar o melhor substituto disponível. Esse substituto é p', o valor observado ou a estimativa pontual para p. Essa substituição acarretará uma pequena mudança no erro padrão ou na largura do intervalo de confiança, desde que n seja suficientemente grande.

INTERVALO DE CONFIANÇA PARA p

➜ Podemos ilustrar a formação de um intervalo de confiança para o parâmetro binomial p com o seguinte exemplo: em uma discussão sobre os carros que alguns amigos estudantes dirigem, foram feitas várias declarações sobre tipos, idades, marcas, cores, e assim por diante. Dana decidiu que queria estimar a proporção de conversíveis dirigidos por estudantes; assim, escolheu aleatoriamente 200 carros no estacionamento dos alunos e descobriu que 17 eram conversíveis. Para determinar o intervalo de confiança de 90% para a proporção de conversíveis dirigidos por estudantes, seguiremos novamente o processo dos cinco passos.

PASSO 1 DEFINIÇÃO:
Descrever o parâmetro populacional de interesse.
p, a proporção (porcentagem) de conversíveis conduzidos por estudantes.

PASSO 2 CRITÉRIOS DO INTERVALO DE CONFIANÇA:
a. Verificar os pressupostos.

Figura 9.5 Fórmulas (9.4) e (9.5)

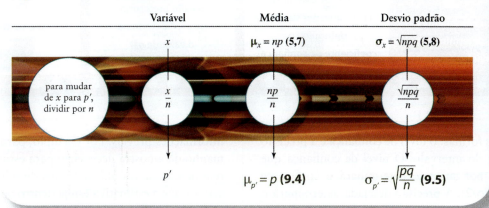

	Variável	Média	Desvio padrão
	x	$\mu_x = np$ **(5,7)**	$\sigma_x = \sqrt{npq}$ **(5,8)**
para mudar de x para p', dividir por n	$\dfrac{x}{n}$	$\dfrac{np}{n}$	$\dfrac{\sqrt{npq}}{n}$
	p'	$\mu_{p'} = p$ **(9.4)**	$\sigma_{p'} = \sqrt{\dfrac{pq}{n}}$ **(9.5)**

A amostra foi selecionada aleatoriamente e a resposta de cada estudante é independente das respostas fornecidas pelos demais entrevistados.

b. Identificar a distribuição de probabilidade e a fórmula a ser utilizada.

A distribuição normal padrão será usada com a fórmula (9.6) como a estatística de teste. p' deve ser aproximadamente normal, porque:

(1) $n = 200$ é maior que 20, e (2) tanto np [aproximado por $np' = 200\ (17/200) = 17$] quanto nq [aproximado por $nq' = 200\ (183/200) = 183$] são maiores que 5.

c. Estabelecer o nível de confiança.

$1 - \alpha = 0{,}90$.

PASSO 3 EVIDÊNCIA AMOSTRAL:

Coletar as informações da amostra.

$n = 200$ carros foram identificados e $x = 17$ eram conversíveis:

$$p' = \frac{x}{n} = \frac{17}{200} = 0{,}085$$

PASSO 4 INTERVALO DE CONFIANÇA:

a. Determinar o coeficiente de confiança.

Essa é a escore-z [$z(\alpha/2)$, "z de meio alfa"] que identifica o número de erros padrão necessário para obter o nível de confiança, sendo encontrada na Tabela 4 do Apêndice B: $z(\alpha/2) = z(0{,}05) = 1{,}65$ (veja o diagrama a seguir).

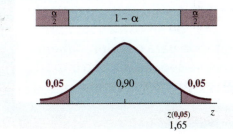

b. Determinar o erro máximo da estimativa.

Utilizar o componente de erro máximo da fórmula (9.6):

$$E = z(\alpha/2)\left(\sqrt{\frac{p'q'}{n}}\right) = 1{,}65\left(\sqrt{\frac{(0{,}085)(0{,}915)}{200}}\right)$$

$$= (1{,}65)\sqrt{0{,}000389} = (1{,}65)(0{,}020) = \mathbf{0{,}033}$$

c. Determinar os limites de confiança inferior e superior.

$$p' - E \ \text{a} \ p' + E$$

$$0{,}085 - 0{,}033 \ \text{a} \ 0{,}085 + 0{,}033$$

$$0{,}052 \ \text{a} \ 0{,}118$$

PASSO 5 RESULTADOS:

Estabelecer o intervalo de confiança.

$0{,}052$ a $0{,}118$ é o intervalo de confiança de 90% para $p = P$(dirige um conversível).

Ou seja, a proporção verdadeira de estudantes que dirigem conversíveis está entre $0{,}052$ e $0{,}118$, com intervalo de confiança de 90%.

Definição do tamanho da amostra

Usando o componente de erro máximo da fórmula do intervalo de confiança, é possível determinar o **tamanho da amostra** que deve ser coletada para estimar p com a precisão desejada. Aqui está a fórmula para o **erro máximo de estimativa para uma proporção**:

$$E = z(\alpha/2)\left(\sqrt{\frac{pq}{n}}\right) \tag{9.7}$$

Para determinar o tamanho da amostra por meio dessa fórmula, devemos decidir sobre a qualidade que desejamos para nosso intervalo de confiança final. Essa qualidade é

3 componentes determinam o tamanho da amostra:

1 o nível de confiança (1 - α, que, por sua vez, determina o coeficiente de confiança)

2 o valor provisório de *p* (*p** determina o valor de *q**)

3 o erro máximo, E

medida de duas formas: o nível de confiança e a precisão (estreitamento) do intervalo. O nível de confiança que estabelecemos, por sua vez, determinará o coeficiente de confiança, $z(\alpha/2)$. A precisão desejada determinará o erro máximo da estimativa, E. (Lembre-se de que estamos estimando *p*, a probabilidade binomial, portanto, *E* normalmente será expresso em centésimos).

Para facilitar o uso, podemos resolver a fórmula (9.7) para *n* como segue:

Tamanho da amostra para 1 – α Intervalo de confiança para *p*

$$n = \frac{[z(\alpha/2)]^2 \cdot p^* \cdot q^*}{E^2} \qquad (9.8)$$

em que *p** e *q** são valores provisórios de *p* e *q* utilizados no planejamento.

O aumento ou a diminuição de um dos três componentes mostrados na tira anterior afeta o tamanho da amostra. Se o nível de confiança aumenta ou diminui (enquanto os outros componentes são mantidos constantes), o tamanho da amostra também aumentará ou diminuirá, respectivamente. Se o produto de *p** e *q** aumenta ou diminui (enquanto os outros componentes são mantidos constantes), o tamanho da amostra também aumentará ou diminuirá, respectivamente. (O produto $p^* \cdot q^*$ é maior quando $p^* = 0,5$ e diminui à medida que o valor de *p** se distancia de 0,5). O aumento ou a diminuição do erro máximo desejado terá o efeito oposto sobre o tamanho da amostra, desde que *E* apareça no denominador da fórmula. Se não houver valores provisórios para *p* e *q* disponíveis, então, utilize $p^* = 0,5$ e $q^* = 0,5$. Usar $p^* = 0,5$ é seguro, porque fornece o maior tamanho de amostra de um valor possível de *p*. O uso de $p^* = 0,5$ funciona razoavelmente bem quando o valor real está "próximo a 0,5" (digamos, entre 0,3 e 0,7), porém, conforme *p* se aproxima de zero ou um, ocorre uma superestimação considerável no tamanho da amostra.

TAMANHO DA AMOSTRA PARA ESTIMAR *P* (SEM INFORMAÇÕES PRÉVIAS)

Usando intervalos de confiança, podemos determinar o tamanho da amostra necessário para estimar *p* sem informações prévias. Por exemplo, para encontrar o tamanho da amostra necessário para estimar a proporção real de estudantes universitários de olhos azuis, se quisermos que a estimativa esteja dentro de um intervalo de 0,02 com confiança de 90%, fazemos o seguinte:

PASSO 1 O nível de confiança é $1 - \alpha = 0,90$; portanto, o coeficiente de confiança é $z(\alpha/2) = z(0,05) = 1,65$ na Tabela 4 do Apêndice B. Veja o diagrama a seguir.

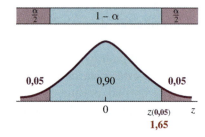

PASSO 2 O erro máximo desejado é $E = 0,02$.

PASSO 3 Uma vez que nenhuma estimativa foi fornecida para *p*, use $p^* = 0,5$ e $q^* = 1 - p^* = 0,5$.

PASSO 4 Use a fórmula (9.8) para encontrar *n*:

$$n = \frac{[z(\alpha/2)]^2 \cdot p^* \cdot q^*}{E^2}:$$

$$n = \frac{(1,65)^2 \cdot 0,5 \cdot 0,5}{(0,02)^2}$$

$$= \frac{0,680625}{0,0004} = 1.701,56 = \mathbf{1.702}$$

PSI Ao encontrar o tamanho de amostra *n*, sempre o arredonde para o maior número inteiro na sequência, não importa quão pequeno é o decimal.

TAMANHO DA AMOSTRA PARA ESTIMAR P (INFORMAÇÃO PRÉVIA)

➡ Também podemos determinar o tamanho da amostra para estimar p quando temos informações prévias. Considere um fabricante de automóveis que compra parafusos de um fornecedor que afirma que aproximadamente 5% de seus parafusos apresentam defeito. Para determinar o tamanho da amostra necessária para estimar a proporção real de parafusos com defeito, se quiséssemos que a nossa estimativa estivesse dentro do intervalo de $\pm\ 0,02$ com confiança de 90%, faríamos o seguinte:

PASSO 1 O nível de confiança é $1 - \alpha = 0,90$; o coeficiente de confiança é $z(\alpha/2) = z(0,05) = 1,65$.

PASSO 2 O erro máximo desejado é $E = 0,02$.

PASSO 3 Uma vez que existe uma estimativa para p (alegação do fornecedor é "5% com defeito"), use $p^* = 0,05$ e $q^* = 1 - p^* = 0,95$.

PASSO 4 Use a fórmula (9.8) para encontrar n:

$$n = \frac{[z(\alpha/2)]^2 \cdot p^* \cdot q^*}{E^2}:$$

$$n = \frac{(1,65)^2 \cdot 0,05 \cdot 0,95}{(0,02)^2}$$

$$= 0,12931875/0,0004 = 323,3 = \textbf{324}$$

Observe a diferença no tamanho das amostras necessário nos dois exemplos anteriores (com e sem informações prévias). A única diferença matemática entre os problemas é o valor usado para p^*. No primeiro exemplo, nós usamos $p^* = 0,5$ e, no segundo, utilizamos $p^*=0,05$. Lembre-se de que o uso do valor provisório $p^* = 0,5$ fornece o tamanho máximo da amostra. Como se pode ver, será uma vantagem ter alguma indicação do valor esperado para p, especialmente conforme p se distancia cada vez mais de 0,5.

Procedimento de teste de hipóteses

Quando o parâmetro binomial p tiver de ser testado usando um procedimento de teste de hipóteses, utilizaremos uma estatística de teste que representa a diferença entre a proporção observada e a proporção hipotética, dividida pelo erro padrão. Pressupõe-se que essa estatística de teste tenha uma distribuição normal quando a hipótese nula é verdadeira, os pressupostos para o teste são satisfeitos e n é suficientemente grande ($n > 20$, $np > 5$ e $nq > 5$).

Estatística de teste para uma proporção

$$z\bigstar = \frac{p' - p}{\sqrt{\frac{pq}{n}}} \quad \text{com } p' = \frac{x}{n} \qquad (9.9)$$

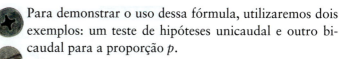

Para demonstrar o uso dessa fórmula, utilizaremos dois exemplos: um teste de hipóteses unicaudal e outro bicaudal para a proporção p.

TESTE DE HIPÓTESES UNICAUDAL PARA PROPORÇÃO P

Muitas pessoas dormem mais nos fins de semana para compensar "noites curtas" durante a semana de trabalho. De acordo com o Conselho para um Sono Melhor, 61% de nós tem mais de sete horas de sono por noite nos fins de semana. Uma amostra aleatória de 350 adultos descobriu que 235 deles tiveram mais de sete horas de sono por noite no fim de semana passado. No nível de significância de 0,05, essa evidência mostra que mais de 61% dormem sete horas ou mais por noite nos fins de semana?

PASSO 1 DEFINIÇÃO:

a. Descrever o parâmetro populacional de interesse.
p, a proporção de adultos que têm mais de sete horas de sono por noite nos finais de semana.

b. Formular a hipótese nula (H_o) e a hipótese alternativa (H_a).

$$H_o: p = P(7+ \text{ horas de sono}) = 0,61 \ (\leq)$$
$$\text{(não mais de 61\%)}$$

$$H_a: p > 0,61 \ (\text{mais de 61\%})$$

PASSO 2 CRITÉRIOS DO TESTE DE HIPÓTESES:

a. Verificar os pressupostos.
A amostra aleatória de 350 adultos foi entrevistada separadamente.

b. Identificar a distribuição de probabilidade e a estatística de teste a ser utilizadas.
O z normal padrão será utilizado com a fórmula (9.9). Sendo $n = 350$ maior que 20 e tanto $np = (350)(0,61) = 213,5$ quanto $nq = (350)(0,39) = 136,5$ maiores que 5, espera-se que p' tenha uma distribuição aproximadamente normal.

c. Determinar o nível de significância: $\alpha = 0,05$.

PASSO 3 EVIDÊNCIA AMOSTRAL:

a. Coletar informações da amostra: $n = 350$ e $x = 235$:

$$p' = \frac{x}{n} = \frac{235}{350} = 0,671$$

b. Calcular o valor da estatística de teste.
Use a fórmula (9.9):

$$z\bigstar = \frac{p' - p}{\sqrt{\frac{pq}{n}}}: \quad z\bigstar = \frac{0,671 - 0,61}{\sqrt{\frac{(0,61)(0,39)}{350}}}$$

$$= \frac{0,061}{\sqrt{0,0006797}}$$

$$= \frac{0,061}{0,0261} = \textbf{2,34}$$

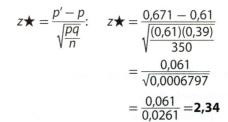

PASSO 4 DISTRIBUIÇÃO DE PROBABILIDADE:

Novamente, podemos escolher entre o valor-*p* e o procedimento clássico:

Usando o procedimento do valor de p:

a. **Calcular o valor-*p* para a estatística de teste.**
Use a cauda à direita, porque H_a expressa interesse por valores relacionados a "mais que".
P = valor-*p* = $P(z > 2,34)$, como mostrado na figura a seguir.

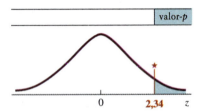

Para encontrar o valor-*p*, utilize um dos três métodos a seguir:

1. Use a Tabela 3 do Apêndice B para calcular o valor-*p*: **P** = $1,000 - 0,9904 = \mathbf{0,0096}$.
2. Use a Tabela 5 do Apêndice B para atribuir limites ao valor-*p*: $0,0094 < \mathbf{P} < 0,0107$.
3. Use um computador ou uma calculadora para determinar o valor-*p*: **P** = 0,0096.
Para obter instruções específicas, veja o *Método 3* no final do Passo 5.

b. **Determinar se o valor-*p* é ou não menor que α.**
O valor-*p* é menor que α.

Usando o procedimento clássico:

a. **Determinar a região crítica e o(s) valor(es) crítico(s).**
A região crítica é a cauda à direita, porque H_a expressa interesse por valores relacionados a "mais que". O valor crítico é obtido da Tabela 4A: $z(0,05) = 1,65$.

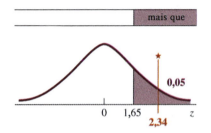

Instruções específicas para encontrar os valores críticos são fornecidas nas páginas 174 a 176.

b. **Determinar se a estatística de teste calculada está dentro da região crítica ou não.**
$z\star$ está na região crítica, como mostrado em vermelho na figura anterior.

PASSO 5 RESULTADOS:

a. **Estabelecer a decisão sobre H_o.**
Rejeitar H_o.

b. **Formular a conclusão sobre H_a.**
Há razões suficientes para concluir que a proporção de adultos na população amostrada que dormem mais de sete horas por noite nos fins de semana é significativamente maior que 61%, no nível de significância de 0,05.

Método 3: se você estiver realizando o teste das hipóteses com o auxílio de um computador ou uma calculadora, muito provavelmente o equipamento calculará o valor-*p* para você.

TESTE DE HIPÓTESES BICAUDAL PARA PROPORÇÃO *P*

Agora vamos trabalhar com um teste de hipótese bicaudal para a proporção *p*, utilizando o exemplo na página 192 sobre carros dirigidos por estudantes. Durante uma conversa sobre os carros dirigidos por seus colegas estudantes, Tom afirmou que 15% dos alunos dirigiam conversíveis. Jody acha isso difícil de acreditar e deseja verificar a validade da afirmação de Tom utilizando a amostra aleatória de Dana. Em um nível de significância de 0,10, queremos determinar se existe evidência suficiente para rejeitar a afirmação de Tom caso houvesse 17 conversíveis em amostra de 200 veículos coletada por Dana.

PASSO 1 DEFINIÇÃO:

a. **Descrever o parâmetro populacional de interesse.**
p = *P*(estudante dirige um conversível).

b. Formular a hipótese nula (H_o) e a hipótese alternativa (H_a).

$H_o: p = 0,15$ (15% dirigem conversíveis)

$H_a: p \neq 0,15$ (a porcentagem é diferente de 15%)

PASSO 2 CRITÉRIOS DO TESTE DE HIPÓTESES:

a. Verificar os pressupostos.

A amostra foi selecionada aleatoriamente e a resposta de cada entrevistado é independente das respostas fornecidas pelos demais.

b. Identificar a distribuição de probabilidade e a estatística de teste a serem utilizadas.

O z normal padrão e a fórmula (9.9) serão utilizados. Sendo $n = 200$ maior que 20 e np e nq maiores que 5, espera-se que p' tenha uma distribuição aproximadamente normal.

c. Determinar o nível de significância: $\alpha = 0,10$.

PASSO 3 EVIDÊNCIA AMOSTRAL:

a. Coletar informações da amostra: $n = 200$ e $x = 17$:

$$p' = \frac{x}{n} = \frac{17}{200} = 0,085$$

b. Calcular o valor da estatística de teste. Use a fórmula (9.9):

$$z\bigstar = \frac{p' - p}{\sqrt{\dfrac{pq}{n}}}:$$

$$z\bigstar = \frac{0,085 - 0,150}{\sqrt{\dfrac{(0,15)(0,85)}{200}}}$$

$$= \frac{-0,065}{\sqrt{0,00064}}$$

$$= \frac{-0,065}{0,02525} = -2,57$$

PASSO 4 DISTRIBUIÇÃO DE PROBABILIDADE:

Novamente, podemos escolher entre o valor-p e o procedimento clássico:

Usando o procedimento do valor-p:

a. Calcular o valor-p para a estatística de teste.
Use as duas caudas, porque H_a expressa interesse em valores relacionados à "diferente de".

$\mathbf{P}$ = valor-$p = P(z < -2,57) + P(z > 2,57)$
$= 2 \times P(|z| > 2,57)$

como é mostrado na figura a seguir.

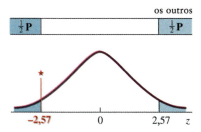

Para encontrar o valor-p, utilize um dos três métodos a seguir:

1. Use a Tabela 3 do Apêndice B para calcular o valor-p: $\mathbf{P} = 2 \times 0,0051 = 0,0102$.
2. Use a Tabela 5 do Apêndice B para atribuir limites ao valor-p: $0,0094 < \mathbf{P} < 0,0108$.
3. Use um computador ou calculadora para determinar o valor-p: $\mathbf{P} = 0,0102$.

Para obter instruções específicas, consulte as páginas 170 e 171.

b. **Determinar se o valor-p é ou não menor que α.**
O valor-p é menor que α.

Usando o procedimento clássico:

a. **Determinar a região crítica e o(s) valor(es) crítico(s).**
A região crítica é bicaudal, porque H_a expressa interesse em valores relacionados a "diferente de". O valor crítico é obtido da Tabela 4B: $z(0,05) = 1,65$.

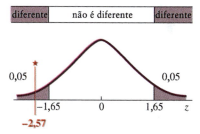

Para obter instruções específicas, consulte as páginas 174 a 176.

b. **Determinar se a estatística de teste calculada está dentro da região crítica ou não.**
$z\bigstar$ está na região crítica, como mostrado em vermelho na figura anterior.

a. Formular a decisão sobre H_o.
   Rejeitar H_o.

b. Formular a conclusão sobre H_a.
   Há evidência suficiente para rejeitar a afirmação de Tom e concluir que a porcentagem de alunos que dirigem conversíveis é diferente de 15% no nível de significância de 0,10.

9.3 Inferências sobre a variância e o desvio padrão

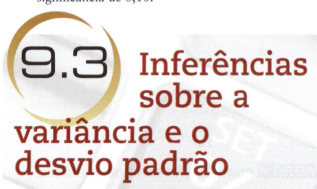

MUITAS VEZES SURGEM PROBLEMAS QUE NOS OBRIGAM A FAZER INFERÊNCIAS SOBRE A VARIABILIDADE.

➡ Por exemplo, uma empresa de engarrafamento de refrigerantes tem uma máquina que enche garrafas de 16 onças (0,47 litro). A empresa precisa controlar o desvio padrão σ (ou variância σ²) na quantidade de refrigerante, **x**, colocada em cada garrafa. A quantidade média colocada em cada garrafa é importante, mas uma quantidade média correta não garante que a máquina de enchimento está funcionando corretamente. Se a variação for muito grande, muitas garrafas serão enchidas em excesso e muitas serão enchidas com volume a menos. Assim, a empresa de engarrafamento quer manter o desvio padrão (ou variância) o menor possível.

Ao discutir as inferências sobre a disseminação de dados, geralmente falamos de variância em vez de desvio padrão, porque as técnicas (as fórmulas usadas) empregam a variância amostral, e não o desvio padrão. No entanto, lembre-se de que o desvio padrão é a raiz quadrada positiva da variância, assim, falarmos sobre a variância de uma população é comparável a falarmos sobre seu desvio padrão.

As inferências sobre a variância de uma população distribuída normalmente usam o **qui-quadrado**, χ², distribuições ("qui-quadrado", "qui" como em "quilo"; χ é a letra grega chi em minúsculo). As distribuições qui-quadrado, assim como as distribuições-t de Student, são uma família de distribuições de probabilidades, cada uma identificada pelo número do parâmetro de graus de liberdade. Para usar a distribuição qui-quadrado, devemos estar cientes de suas propriedades (veja a Figura 9.6).

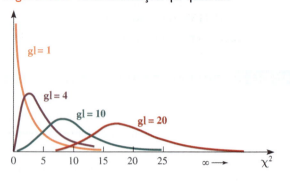

Figura 9.6 Várias distribuições qui-quadrado

NOTA: Quando gl > 2, o valor médio da distribuição qui-quadrado é gl. A média está localizada à direita do modo (valor onde a curva atinge o seu ponto alto) e logo à direita da mediana (valor que divide a distribuição, 50% para cada lado). Ao localizar o zero na extrema esquerda e o valor de gl em seu esboço da distribuição χ², você estabelecerá uma escala aproximada, para que outros valores possam ser localizados em suas respectivas posições. Veja a Figura 9.7.

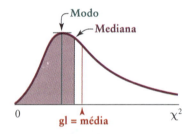

Figura 9.7 Localização de média, mediana e modo para distribuição χ²

Propriedades da distribuição de qui-quadrado

1. χ² é um valor não negativo, é sempre zero ou positivo.
2. χ² não é simétrico, e sim deslocado para a direita.
3. χ² é distribuído de modo que forme uma família de distribuições distintas para cada número diferente de graus de liberdade.

Valores críticos de qui-quadrado

Os **valores críticos de qui-quadrado** são obtidos na Tabela 8 do Apêndice B. Cada um deles é identificado por dois tipos de informação: graus de liberdade (gl) e área sob a curva, à direita do valor crítico que está sendo procurado. Assim, χ^2 (gl, α) (leia-se "*qui-quadrado de gl, alfa*") é o símbolo usado para identificar o valor crítico de qui-quadrado com graus de liberdade e com α, área à direita, como mostrado na Figura 9.8. Como a distribuição qui-quadrado não é simétrica, os valores críticos associados às caudas da direita e da esquerda são indicados separadamente na Tabela 8.

Figura 9.8 Distribuição qui-quadrado mostrando χ^2(gl, α)

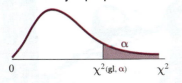

Para ilustrar a definição de χ^2 associado à cauda da direita, vamos encontrar χ^2(20, 0,05). Veja a figura a seguir. Utilize a Tabela 8 do Apêndice B para determinar o valor de χ^2(20, 0,05) na interseção da linha gl = 20 com a coluna referente à área de 0,05 à direita, como mostrado na parte da tabela a seguir:

Parte da Tabela 8

gl		Área à direita	
	...	0,05	...
⋮			
20		**31,4** →	χ^2(20, 0,05) = **31,4**

Também, podemos determinar χ^2, associado à cauda da esquerda. Para isso, vamos determinar χ^2(14, 0,90).

Utilizamos a Tabela 8 do Apêndice B para determinar o valor de χ^2(14, 0,90) na interseção da linha gl = 14 com a coluna α = 0,90, como mostrado na parte da tabela a seguir:

Parte da Tabela 8

gl		Área à direita	
	...	0,90	...
⋮			
14		7,79 →	χ^2(14, 0,90) = 7,79

A aplicação desse número à nossa curva produz a figura correspondente.

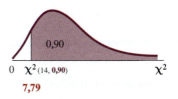

A maioria dos pacotes de software para computadores ou calculadoras estatísticas calculará a área relacionada com um valor χ^2 específico. A figura a seguir mostra a relação entre a distribuição de probabilidade acumulada e um valor χ^2 específico para uma distribuição χ^2 com gl (graus de liberdade).

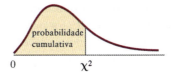

Procedimento do teste de hipóteses

Agora estamos prontos para usar o qui-quadrado e fazer inferências sobre a variância da população ou seu desvio padrão.

O pressuposto para as inferências sobre a variância σ^2 ou o desvio padrão σ:

A população amostrada é distribuída normalmente.

Os procedimentos de *t* para inferências sobre a média (veja Objetivo 9.1) foram baseados na suposição de normalidade, mas eles geralmente são úteis mesmo quando a população amostrada é não normal e é especialmente útil para amostras maiores. No entanto, o mesmo não se aplica aos procedimentos de inferência para o desvio padrão. Os procedimentos estatísticos para o desvio padrão são muito sensíveis às distribuições não normais (assimetria, em particular) e isso torna difícil determinar se um resultado aparentemente significativo é o resultado da evidência amostral ou uma violação dos pressupostos. Portanto, o único procedimento de inferência a ser apresentado aqui é o teste de hipóteses para o desvio padrão de uma população normal.

A **estatística de teste**, que será utilizada nos testes de hipóteses sobre a variância ou o desvio padrão da população, é obtida por meio da fórmula a seguir:

Estatística de teste para variância e desvio padrão

$$\chi^2\bigstar = \frac{(n-1)s^2}{\sigma^2} \quad \text{com gl} = n - 1 \qquad (9.10)$$

Quando amostras aleatórias são extraídas de uma população normal com variância conhecida σ^2, a quantidade $\frac{(n-1)s^2}{\sigma^2}$ possui uma distribuição de probabilidade que é conhecida como a distribuição qui-quadrado com $n - 1$ grau de liberdade.

TESTE DE HIPÓTESES UNICAUDAL PARA VARIAÇÃO σ^2

Vamos retornar ao exemplo sobre a empresa de engarrafamento que pretende detectar quando a variabilidade na quantidade de refrigerantes colocada em cada garrafa sai do controle. Uma variância de 0,0004 é considerada aceitável e a empresa quer ajustar a máquina de envasamento, quando a variância, σ^2, for maior que esse valor. A decisão será tomada usando o procedimento de teste de hipóteses. Nesse cenário, realizaremos um teste de hipóteses unicaudal para a variância, σ^2.

A empresa de engarrafamento de refrigerantes quer controlar a variabilidade na quantidade envasada, não permitindo que a variância exceda 0,0004. Precisamos saber se uma amostra de tamanho 28, com uma variância de 0,0007 indica que o processo de envasamento está fora de controle (no que diz respeito à variância) no nível de significância de 0,05.

PASSO 1 DEFINIÇÃO:

a. Descrever o parâmetro populacional de interesse.
   σ^2, variância na quantidade de refrigerante engarrafado durante o processo de envasamento.
b. Formular a hipótese nula (H_o) e a hipótese alternativa (H_a).

H_o: $\sigma^2 = 0{,}0004$ ($\leq$) (a variância não é maior que 0,0004)

H_a: $\sigma^2 > 0{,}0004$ (a variância é maior que 0,0004)

PASSO 2 CRITÉRIOS DO TESTE DE HIPÓTESES:

a. Verificar os pressupostos.
   Geralmente, a quantidade de líquido colocado em uma garrafa é distribuída normalmente. Checando a distribuição da amostra, foi possível verificar essa normalidade na distribuição.
b. Identificar a distribuição de probabilidade e a estatística de teste a ser utilizada.
   Usar a distribuição qui-quadrado e a fórmula (9.10), com gl = $n - 1 = 28 - 1 = 27$.
c. Determinar o nível de significância: $\alpha = 0{,}05$.

PASSO 3 EVIDÊNCIA AMOSTRAL:

a. Coletar informações da amostra:
   $n = 28$ e $s^2 = 0{,}0007$.

b. Calcular o valor da estatística de teste.
   Usar a fórmula (9.10):

$$\chi^2\bigstar = \frac{(n-1)s^2}{\sigma^2}:$$

$$\chi^2\bigstar = \frac{(28-1)(0{,}0007)}{0{,}0004}$$

$$= \frac{(27)(0{,}0007)}{0{,}0004}$$

$$= 47{,}25$$

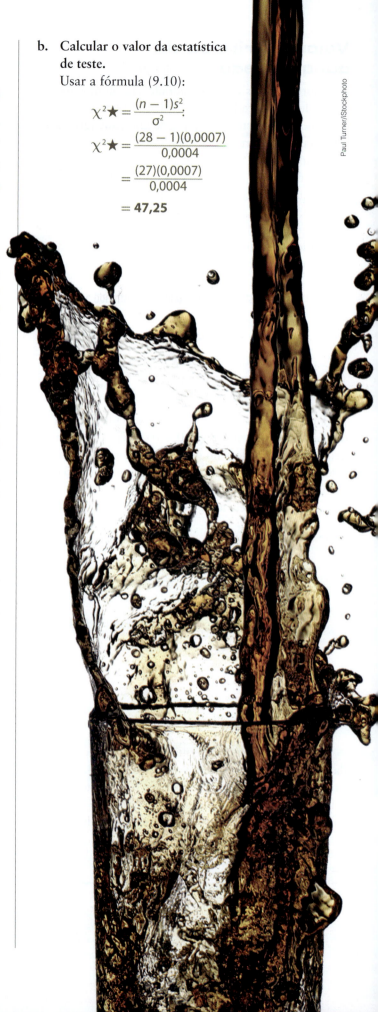

PASSO 4 DISTRIBUIÇÃO DE PROBABILIDADE:

Novamente, podemos escolher entre o valor-p e o procedimento clássico:

Usando o procedimento do valor-p:

a. **Calcular o valor-p para a estatística de teste.**
Usar a cauda à direita, porque H_a expressa interesse por valores relacionados à "maior que".
$P = P(\chi^2\bigstar > 47,25$, com gl = 27), como mostrado na figura.

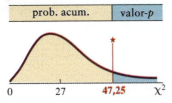

Para determinar o valor-p, use um dos dois métodos a seguir:

1. Use a Tabela 8 do Apêndice B para atribuir limites ao valor-p: $0,005 < P < 0,01$.
2. Use um computador ou uma calculadora para determinar o valor-p: $P = 0,0093$.
Instruções específicas são fornecidas na sequência desse procedimento de cinco passos.

b. **Determinar se o valor-p é ou não menor que α.**
O valor-p é menor que o nível de significância, α $(0,05)$.

Usando o procedimento clássico:

a. **Determinar a região crítica e o(s) valor(es) crítico(s).**
A região crítica é a cauda à direita, porque H_a expressa interesse por valores relacionados à "maior que". O valor crítico é obtido da Tabela 8, na interseção da linha gl = 27 e a coluna $\alpha = 0,05$: $\chi^2(27, 0,05) = 40,1$.

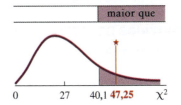

Para instruções específicas, veja a página 199.

b. **Determinar se a estatística de teste calculada está dentro da região crítica ou não.**
$\chi^2\bigstar$ encontra-se na região crítica, como mostrado em vermelho na figura anterior.

PASSO 5 RESULTADOS:

a. Estabelecer a decisão sobre H_o.
Rejeitar H_o.
b. Formular a conclusão sobre H_a.
No nível de significância de $0,05$, concluímos que o processo de engarrafamento está fora de controle em relação à variância.

Cálculo do valor-p ao utilizar a distribuição χ^2

Método 1: usar a Tabela 8 do Apêndice B para atribuir limites ao valor-p. Verificando-se a linha gl = 27 da Tabela 8, é possível determinar um intervalo dentro do qual reside o valor-p. Localizar $\chi^2\bigstar$ ao longo da linha identificada como gl =27. Se $\chi^2\bigstar$ não estiver listado, localize os dois valores da tabela entre os quais $\chi^2\bigstar$ está situado e, em seguida, leia os limites para o valor-p a partir do topo da tabela. Nesse caso, $\chi^2\bigstar = 47,25$ está entre $47,0$ e $49,6$; assim, **P** está entre $0,005$ e $0,01$.

Parte da Tabela 8

gl	...	0,01	P	0,005	→ $0,005 < P < 0,01$
:		↑		↑	
27		47,0	**47,25**	49,6	

Área à direita

TESTE DE HIPÓTESES BICAUDAL PARA O DESVIO PADRÃO, σ

Decisões também podem ser tomadas utilizando o procedimento de testes de hipóteses bicaudal. Vejamos outro cenário. O fabricante de um produto químico fotográfico alega que seu produto tem uma vida útil que é distribuída normalmente sobre uma média de 180 dias, com desvio padrão máximo de dez dias. Como usuário desse produto químico, a Fast Foto receia que o desvio padrão possa ser diferente de dez dias; do contrário, ela comprará uma quantidade maior, uma vez que o produto faz parte de uma promoção especial. Doze amostras aleatórias foram selecionadas e testadas, resultando em um desvio padrão de 14 dias. Os gerentes da Fast Photo desejam saber se, no nível de significância de 0,05, essa amostra fornece evidência suficiente para demonstrar que o desvio padrão é diferente de dez dias.

PASSO 1 DEFINIÇÃO:

a. Descrever o parâmetro populacional de interesse.
   σ, desvio padrão para a vida útil do produto químico.
b. Formular a hipótese nula (H_o) e a hipótese alternativa (H_a).

H_o: $\sigma = 10$ (o desvio padrão é de 10 dias)

H_a: $\sigma \neq 10$ (o desvio padrão é diferente de 10 dias)

PASSO 2 CRITÉRIOS DO TESTE DE HIPÓTESES:

a. Verificar os pressupostos.

O fabricante alega que a vida útil é distribuída normalmente, o que pode ser verificado checando-se a distribuição da amostra.

b. **Identificar a distribuição de probabilidade e a estatística de teste a ser utilizada.**
   Usaremos a distribuição qui-quadrado e a fórmula (9.10), com gl = $n - 1 = 12 - 1 = 11$.
c. **Determinar o nível de significância:**
   $\alpha = 0,05$.

PASSO 3 EVIDÊNCIA AMOSTRAL:

a. Coletar informações da amostra.
   $n = 12$ e $s = 14$.
b. Calcular o valor da estatística de teste.
   Use a fórmula (9.10):

$$\chi^2\bigstar = \frac{(n-1)s^2}{\sigma^2}; \quad \chi^2\bigstar = \frac{(12-1)(14)^2}{(10)^2} = \frac{2156}{100} = \mathbf{21,56}$$

PASSO 4 DISTRIBUIÇÃO DE PROBABILIDADE:

Novamente, podemos escolher entre o valor-p e o procedimento clássico:

Usando o procedimento do valor-p:

a. **Calcular o valor-p para a estatística de teste.**
   Uma vez que o interesse é por valores "diferentes de" 10, o valor-p abrange a área das duas caudas. A área de cada cauda representará $\frac{1}{2}$P.
   Estando $\chi^2\bigstar = 21,56$ localizado na cauda à direita, a área da cauda à direita é $\frac{1}{2}$P:

   $$\frac{1}{2}\mathbf{P} = P(\chi^2 > 21,56, \text{com gl} = 11)$$

   como é mostrado na figura.

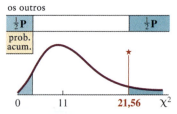

Para determinar $\frac{1}{2}$P, utilize um dos dois métodos a seguir:
1. Use a Tabela 8 do Apêndice B para atribuir limites a $\frac{1}{2}$P: $0,025 < \frac{1}{2}$P$ < 0,05$. Duplicar os dois limites para encontrar os limites para P: $2 \times (0,025 < \frac{1}{2}P < 0,05)$ torna-se $0,05 <$ P $< 0,10$.
2. Use um computador ou uma calculadora para determinar $\frac{1}{2}$P: $\frac{1}{2}$P$ = 0,0280$; portanto, P $= 0,0560$. Instruções específicas são fornecidas na sequência desse procedimento de cinco passos.

b. **Determinar se o valor-p é ou não menor que α.**
   O valor-p não é menor do que o nível de significância, α (0,05).

Usando o procedimento clássico:

a. **Determinar a região crítica e o(s) valor(es) crítico(s).**
   A região crítica é dividida em duas partes iguais porque H_a expressa interesse em valores relacionados a "diferente de". Os valores críticos são obtidos na Tabela 8, na interseção entre a linha gl = 11 com as colunas $\alpha = 0,975$ e 0,025 (área à direita): $\chi^2(11, 0,975) = 3,82$ e $\chi^2(11, 0,025) = 21,9$.

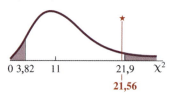

Para instruções específicas, veja a página 199.

b. **Determinar se a estatística de teste calculada está dentro da região crítica ou não.**
   $\chi^2\bigstar$ não está localizado na região crítica.
   Veja a figura anterior.

PASSO 5 RESULTADOS:

a. Estabelecer a decisão sobre H_o.
   Não rejeita H_o.
b. Estabelecer a conclusão sobre H_a.
   Não há evidência suficiente no nível de significância de 0,05 para concluir que a vida útil desse produto químico tem um desvio padrão diferente de dez dias. Portanto, a Fast Foto deve adquirir o produto químico de acordo com sua necessidade.

Cálculo do valor-p ao utilizar a distribuição χ^2

Método 1: usar a Tabela 8 do Apêndice B para atribuir limites ao valor-p. Verificar a linha gl = 11 para localizar $\chi^2 \star = 21,56$. Observe que 21,56 está entre duas entradas da tabela. Os limites para $\frac{1}{2}P$ são obtidos do Cabeçalho Cauda à Direita, no topo da tabela.

Parte da Tabela 8

gl	...	0,05	$\frac{1}{2}$P	0,025	$\longrightarrow 0,025 < \frac{1}{2}P < 0,05$
⋮		↑		↑	
11		19,7	**21,56**	21,9	

Duplique os dois limites para encontrar os limites para P: $2 \times (0,025 < \frac{1}{2}P < 0,05)$ torna-se **$0,05 < P < 0,10$**.

NOTA: Quando os dados amostrais são assimétricos, somente um valor discrepante pode ser extremamente afetado pelo desvio padrão. É muito importante, especialmente ao utilizar amostras pequenas, que a população amostrada seja normal; do contrário, os procedimentos não são confiáveis.

RECAPITULANDO

Estudamos as inferências, tanto os intervalos de confiança quanto os testes de hipóteses, para os três parâmetros populacionais básicos (μ, p e σ) de uma única população. No próximo capítulo, discutiremos as inferências sobre duas populações cujas respectivas médias, proporções e desvios padrão devem ser comparados.

Catherine dée Auvil/iStockphoto

problemas

Objetivo 9.1

9.1 Determine:
   a. $t(12, 0,01)$ b. $t(22, 0,025)$ c. $t(50, 0,10)$ d. $t(8, 0,005)$

9.2 Determine os seguintes valores críticos utilizando a Tabela 6 do Apêndice B:
   a. $t(21, 0,95)$ b. $t(26, 0,975)$ c. $t(27, 0,99)$ d. $t(60, 0,025)$

9.3 Construa uma estimativa de intervalo de confiança de 95% para a média μ utilizando as informações amostrais $n = 24$, $\bar{x} = 16,7$ e $s = 2,6$.

9.4 O departamento de Administração de Segurança no Tráfego Rodoviário Nacional detectou que o tempo médio de resposta do serviço médico de emergência norte-americano (EMS) desde a notificação da emergência até a chegada ao local do acidente em áreas urbanas é de 6,85 minutos. Uma amostra aleatória de 20 acidentes fatais relatados em Dakota do Sul apresentou um tempo médio da notificação à chegada de 5,25 minutos, com um desvio padrão de 2,78 minutos. Determine o intervalo de confiança de 98% para o tempo médio da notificação à chegada verdadeira em Dakota do Sul se os tempos de resposta são considerados praticamente simétricos.

9.5 Com base em um estudo realizado com mil adultos pela Greenfield Online e divulgado em maio de 2009 na seção Snapshot do *USA Today*, adultos de 24 anos ou menos gastam uma média semanal de US$ 35 com *fast-food*. Se 200 dos adultos entrevistados estavam na faixa etária de 24 ou menos e forneceram um desvio padrão de US$ 14,50, construa um intervalo de confiança de 95% para o gasto médio semanal com *fast-food* para adultos de 24 anos ou menos. Suponha que os gastos semanais com *fast-food* são distribuídos normalmente.

9.6 Ao escrever um artigo sobre o alto custo da educação universitária, um repórter coletou uma amostra aleatória do custo de livros didáticos novos para um semestre. A variável aleatória x é o custo de um livro. Seus dados amostrais podem ser resumidos por $n = 41$, $\Sigma x = 3.582,17$ e $\Sigma(x - \bar{x})^2 = 9.960,336$.
   a. Determine a média amostral, $\bar{x}$.
   b. Determine o desvio padrão da amostra, s.
   c. Determine o intervalo de confiança de 90% para estimar o custo médio verdadeiro dos livros didáticos para o semestre com base nessa amostra.

9.7 Geralmente, os intervalos para o almoço são considerados muito curtos e os funcionários frequentemente desenvolvem o hábito de "esticá-lo". O gerente do Giant Mart identificou aleatoriamente 22 funcionários e observou a duração de seus intervalos para almoço (em minutos) para um dia da semana selecionado aleatoriamente:

30	24	38	35	27	35	23	28	28	22	26
34	29	25	28	34	24	26	28	32	29	40

   a. Mostre evidências de que os pressupostos de normalidade são satisfeitos.

b. Encontre o intervalo de confiança de 95% para "duração média dos intervalos para almoço" no Giant Mart.

9.8 Muitos estudos revelaram que precisamos nos exercitar para reduzir vários riscos à saúde, como hipertensão, doenças cardíacas e colesterol alto. Mas ter conhecimento e fazer não é a mesma coisa. Profissionais da área de saúde devem ser ainda mais conscientes da necessidade de exercícios. Os dados a seguir são provenientes de um estudo realizado com técnicos cardiovasculares (indivíduos que desempenham diversos procedimentos diagnósticos cardiovasculares) quanto à sua própria prática semanal de exercícios físicos, medida em minutos.

60	40	50	30	60	50	90	30	60	60
60	80	90	90	60	30	20	120	60	50
20	60	30	120	50	30	90	20	30	40
50	40	30	40	20	30	60	50	60	80

a. Determine se um pressuposto de normalidade é razoável. Explique.
b. Estime a quantidade média de tempo de exercícios semanais para todos os técnicos cardiovasculares utilizando uma estimativa pontual e um intervalo de confiança de 95%.

9.9 Formule a hipótese nula, H_o, e a hipótese alternativa, H_a, que seriam utilizadas para testar cada uma das seguintes alegações:
a. Um criador de galinhas em Best Broilers alega que suas galinhas têm peso médio de 56 onças (1,60 kg).
b. A idade média dos jatos comerciais nos EUA é inferior a 18 anos.
c. O saldo médio não pago mensalmente no cartão de crédito é superior a US$ 400.

9.10 Calcule o valor de $t\star$ para o teste de hipóteses: H_o: $\mu = 32$, H_a: $\mu > 32$, $n = 16$, $\bar{x} = 32,93$, $s = 3,1$.

9.11 Determine o valor-p para os seguintes testes de hipóteses envolvendo a distribuição-t de estudantes com 10 graus de liberdade.
a. H_o: $\mu = 15,5$, H_a: $\mu < 15,5$, $t\star = -2,01$
b. H_o: $\mu = 15,5$, H_a: $\mu > 15,5$, $t\star = 2,01$
c. H_o: $\mu = 15,5$, H_a: $\mu \neq 15,5$, $t\star = 2,01$

9.12 Determine a região crítica e o(s) valor(es) crítico(s) que seriam utilizados na abordagem clássica para testar as seguintes hipóteses nulas:
a. H_o: $\mu = 10$, H_a: $\mu \neq 10$ ($\alpha = 0,05$, $n = 15$)
b. H_o: $\mu = 37,2$, H_a: $\mu > 37,2$ ($\alpha = 0,01$, $n = 25$)
c. H_o: $\mu = -20,5$, H_a: $\mu > -20,5$ ($\alpha = 0,05$, $n = 18$)

9.13 Residências próximas a uma cidade universitária têm um valor médio de US$ 88.950. Supõe-se que as casas nos arredores da faculdade têm um valor médio maior. Para testar essa teoria, uma amostra aleatória com 12 casas foi selecionada na área da faculdade. Seu valor médio é de US$ 92.460, com desvio padrão de US$ 5.200. Realize o teste das hipóteses usando $\alpha = 0,05$. Suponha que os preços são distribuídos normalmente.

a. Solucione utilizando a abordagem do valor-p.
b. Solucione utilizando a abordagem clássica.

9.14 De acordo com o artigo "Where Our Garbage Goes" ("Para onde vai nosso lixo") publicado no *Readers Digest* em agosto de 2009, o norte-americano médio descarta 4,6 libras (2 kg) de lixo todos os dias. Uma pequena cidade em Vermont iniciou uma campanha ecológica, Going Green, e os moradores foram orientados a utilizar mais a reciclagem e reduzir a sua geração de lixo diária. Para estimar a quantidade média de lixo descartado pelas pessoas na cidade, 18 residências foram selecionadas aleatoriamente e foi solicitado a todos em um mesmo dia que pesassem cuidadosamente o lixo naquele dia. A quantidade média para a amostra foi 3,89 libras (1,76 kg), com desvio padrão de 1,322 libras (0,60 kg). Há evidência suficiente de que agora a cidade de Vermont atingiu quantidades médias de lixo diário significativamente menores que a média das residências norte-americanas? Utilize um nível de significância de 0,05 e pressuponha que os pesos são distribuídos normalmente.

9.15 O número de horas de sono por noite recomendado é de oito horas, mas todos "sabemos" que um estudante universitário médio dorme menos de sete horas. O número de horas de sono reportado por dez estudantes universitários selecionados aleatoriamente foi listado a seguir:

5,2	6,8	6,2	5,5	7,8	5,8	7,1	8,1	6,9	5,6

Utilize um computador ou calculadora para concluir o teste de hipótese: H_o: $\mu = 7$, H_a: $\mu > 7$, $\alpha = 0,05$.

9.16 De acordo com as afirmações do Centro Nacional de Informações de Saúde da Mulher e dos Centros de Controle e Prevenção de Doenças, as pessoas deveriam exercitar-se, pelo menos, 60 minutos por semana para reduzir vários riscos à saúde.
a. Com base nos dados do Problema 9.8, determine se os técnicos se exercitam, pelo menos, 60 minutos por semana. Use um nível de significância de 0,05.
b. A decisão estatística tomada no item (a) resultou na mesma conclusão que você expressou ao responder o item (b) do Problema 9.6 para esses mesmos dados?

9.17 O paracetamol é um ingrediente ativo encontrado em 600 medicamentos vendidos sem e com receita médica, tais como analgésicos, medicamentos contra tosse e medicamentos para resfriados. É seguro e eficaz quando utilizado corretamente, mas consumido em excesso pode levar a danos hepáticos.

FONTE: http://www.keepkidshealthy.com/

A pesquisadora acredita que uma determinada marca de comprimidos para resfriado contém uma quantidade média de paracetamol por comprimido diferente dos 600 mg alegados pelo fabricante. Uma amostra aleatória de 30 comprimidos apresentava uma quantidade média de 596,3 mg de paracetamol, com desvio padrão de 4,7 mg.
a. O pressuposto de normalidade é razoável? Explique.
b. Construa um intervalo de confiança de 99% para a estimativa do teor médio de paracetamol.

c. O que o intervalo de confiança encontrado no item (b) sugere sobre o teor médio de paracetamol de uma pílula? Você acredita que há 600 mg por comprimido? Explique.

Objetivo 9.2

9.18 Dos 150 elementos que compõem uma amostra aleatória, 45 são classificados como "sucesso".
   a. Explique por que os valores 45 e 150 são atribuídos a x e n, respectivamente.
   b. Determine o valor de p'. Explique como p' é encontrado e o significado de p'.
   Para cada uma das situações a seguir, determine p'.
   c. $x = 24$ e $n = 250$
   d. $x = 640$ e $n = 2.050$
   e. 892 de 1.280 responderam "sim"

9.19 a. Qual é a relação entre $p = P(\text{sucesso})$ e $q = P(\text{fracasso})$? Explique.
   b. Explique por que a relação entre entre p e q pode ser expressa pela fórmula $q = 1 - p$.
   c. Se $p = 0,6$, qual é o valor de q?
   d. Se o valor de $q' = 0,273$, qual é o valor de p'?

9.20 Um banco selecionou aleatoriamente 250 clientes de conta corrente e descobriu que 110 deles também tinham contas poupança no mesmo banco. Construa um intervalo de confiança de 95% para a proporção verdadeira de clientes com conta corrente que também têm contas poupança.

9.21 Apenas uma porção por mês de couve ou repolho ou mais de duas porções de cenoura por semana podem reduzir o risco de glaucoma em mais de 60%, de acordo com um estudo da UCLA realizado com mil mulheres. Usando um intervalo de confiança de 90% para a proporção binomial verdadeira com base em uma amostra aleatória de mil testes binomiais e uma proporção observada de 0,60, estime a proporção de redução do risco de glaucoma em mulheres que consomem as porções recomendadas de couve, repolho ou cenoura.

FONTE: "Tasty Sight Savers," *Readers Digest*, fevereiro de 2009

9.22 Os resultados de três pesquisas de âmbito nacional são descritos a seguir.

USA Today Snapshot/Rent.com, 18 de agosto de 2009; $n = 1.000$ adultos com 18 anos ou mais. ME ± 3.
O que os inquilinos mais desejam ao procurar um apartamento: máquina de lavar/secadora-39%, ar-condicionado-30%, sala de ginástica-10%, piscina-10%.

USA Today/Harris Interactive Poll, 10 a 15 de fevereiro de 2009; $n = 1.010$ adultos. ME ± 3.
Os norte-americanos que dizem que as pessoas em Wall Street são "tão honestas e morais quanto as outras pessoas": Discordam-70%, Concordam-26%, Não estão certos/não responderam-4%.

Boletim da Associação Norte-Americana de Pessoas Aposentadas/ levantamento da AARP, de 22 de julho a 2 de agosto de 2009; $n = 1.006$ adultos com 50 anos ou mais. ME ± 3. 16% dos adultos com 50 anos ou mais disseram que estão propensos a voltar para a escola.

ME significa Margem de Erro

Cada uma das pesquisas é baseada em, aproximadamente, 1.005 adultos selecionados aleatoriamente.

a. Calcule o erro máximo de confiança de 95% da estimativa para a proporção binomial verdadeira com base em experimentos binomiais com o mesmo tamanho de amostra e a proporção observada, conforme listado anteriormente em cada artigo.
b. Explique o que causou a variação dos valores dos erros máximos.
c. A margem de erro que está sendo relatada é geralmente o valor do erro máximo arredondado para o próximo maior percentual inteiro. Os seus resultados no item (a) confirmam isso?
d. Explique por que a prática de arredondamento é considerada "conservadora"?
e. Qual valor-p deve ser usado para calcular o erro padrão se é desejada a margem de erro mais conservadora?

9.23 De acordo com uma pesquisa realizada pela Harris Poll em maio de 2009, 72% das pessoas que dirigem e possuem telefones celulares dizem utilizar o celular para conversar enquanto dirigem. Você deseja conduzir um estudo em sua cidade para determinar o percentual de motoristas com telefones celulares que utilizam o aparelho para conversar enquanto dirigem. Use o valor nacional de 72% para a estimativa inicial de p.
   a. Determine o tamanho da amostra se você quiser que sua estimativa esteja no intervalo de 0,02, com confiança de 90%.
   b. Determine o tamanho da amostra se você quiser que sua estimativa esteja no intervalo de 0,04, com confiança de 90%.
   c. Determine o tamanho da amostra se você quiser que sua estimativa esteja no intervalo de 0,02, com confiança de 98%.
   d. Que efeito a alteração do erro máximo tem sobre o tamanho da amostra? Explique.
   e. Que efeito a alteração do nível de confiança tem sobre o tamanho da amostra? Explique.

9.24 O câncer de pulmão é a principal causa de morte por câncer em homens e mulheres nos Estados Unidos. De acordo com as estatísticas do Centro de Controle e Prevenção de Doenças para 2005, o câncer de pulmão é responsável por mais mortes que o câncer de mama, o câncer de próstata e o câncer de cólon combinados.
No geral, somente aproximadamente 16% de todas as pessoas que desenvolvem câncer de pulmão sobrevivem por 5 anos.

FONTE: Centers for Disease Control and Preservation, http://www.cdc.gov/

Suponha que você quisesse verificar se essa taxa de sobrevivência ainda é verdadeira. Que tamanho de amostra você necessitaria coletar para estimar a proporção verdadeira de sobrevivência por cinco anos após o diagnóstico, dentro do intervalo de 1% com confiança de 95%? (Utilize 16% como valor-p inicial.)

9.25 Formule a hipótese nula, H_0, e a hipótese alternativa, H_a, a serem utilizadas para testar as seguintes alegações:
   a. Mais de 60% de todos os estudantes em nossa faculdade têm empregos de meio período durante o ano letivo.

b. Não mais que um terço dos fumantes está interessado em parar de fumar.

c. A maioria dos eleitores votarão para o orçamento escolar este ano.

d. Pelo menos três quartos das árvores em nosso município foram seriamente danificadas pela tempestade.

e. Os resultados mostram que a moeda não foi lançada de forma justa.

9.26 Calcule a estatística de teste $z\star$ usada para testar as seguintes situações:

a. $H_o: p = 0,70$ *versus* $H_a: p > 0,70$, com a amostra $n = 300$ e $x = 224$

b. $H_o: p = 0,35$ *versus* $H_a: p \neq 0,35$, com a amostra $n = 280$ e $x = 94$

9.27 Determine os critérios de teste que seriam usados para testar as hipóteses a seguir quando z é usado como a estatística de teste com uma abordagem clássica.

a. $H_o: p = 0,5$ e $H_a: p > 0,5$, com $\alpha = 0,05$

b. $H_o: p = 0,5$ e $H_a: p \neq 0,5$, com $\alpha = 0,05$

c. $H_o: p = 0,4$ e $H_a: p < 0,4$, com $\alpha = 0,10$

9.28 Determine o valor-p para cada uma das situações de testes de hipóteses a seguir.

a. $H_o: p = 0,5$, $H_a: p \neq 0,5$, $z\star = 1,48$

b. $H_o: p = 0,4$, $H_a: p > 0,4$, $z\star = 0,98$

c. $H_o: p = 0,2$, $H_a: p < 0,2$, $z\star = -1,59$

9.29 Uma companhia de seguros afirma que 90% de suas reivindicações são resolvidas no prazo de 30 dias. Um grupo de consumidores selecionou uma amostra aleatória com 75 reivindicações da empresa para testar essa afirmação. Se o grupo de consumidores descobriu que 55 das reivindicações foram resolvidas no prazo de 30 dias, eles têm motivo suficiente para apoiar a sua alegação de que menos de 90% das reivindicações são resolvidas no prazo de 30 dias? Use $\alpha = 0,05$.

a. Solucione utilizando a abordagem do valor-p.

b. Solucione utilizando a abordagem clássica.

9.30 Em 21 de abril de 2009, um artigo do *USA Today*, intitulado "On Road, It's 'Do as I Say, Not as I Do'" ("Na estrada, vale o 'Faça o que eu digo, não faça o que eu faço'"), informava que 58% dos adultos norte-americanos aceleram para passar no farol amarelo. Suponha que você realize uma pesquisa com 150 adultos selecionados aleatoriamente em sua cidade natal e descubra que 71 dos 150 admitem acelerar para passar no farol amarelo. A sua cidade natal têm uma taxa menor de aceleração para passar no farol amarelo do que a taxa do país como um todo? Use um nível de significância de 0,05.

9.31 A popularidade de motos aquáticas (PWCs, também conhecidas como *jet skis*) continua a aumentar, apesar do perigo aparente associado à sua utilização. Na verdade, uma amostra de 54 acidentes com motos aquáticas comunicados à Comissão de Jogo e Parques, no estado de Nebraska, revelou que 85% deles envolviam PWCs, embora apenas 8% dos barcos a motor registrados no estado sejam PWCs.

FONTE: "Officer's Notebook: The Personal Problem", *NEBRASKAland*

Suponha que a proporção média nacional de acidentes com veículos aquáticos envolvendo PWCs foi de 78%. A taxa de acidentes com veículos aquáticos para PWCs no estado de Nebraska ultrapassa a taxa do país como um todo? Use um nível de significância de 0,01.

a. Solucione utilizando a abordagem do valor-p.

b. Solucione utilizando a abordagem clássica.

Objetivo 9.3

9.32 Encontre esses valores críticos utilizando a Tabela 8 do Apêndice B.

a. $\chi^2(18, 0,01)$　　b. $\chi^2(16, 0,025)$　　c. $\chi^2(8, 0,10)$

d. $\chi^2(28, 0,01)$　　e. $\chi^2(22, 0,95)$　　f. $\chi^2(10, 0,975)$

g. $\chi^2(50, 0,90)$　　h. $\chi^2(24, 0,99)$

9.33 Utilizando a notação do problema 9.26, identifique e encontre os valores críticos de χ^2.

a. 　　　　　　　　　　　　b.

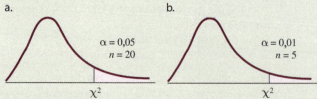

c. 　　　　　　　　　　　　d.

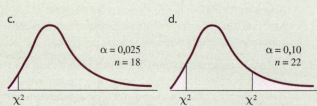

9.34 Formule a hipótese nula, H_o, e a hipótese alternativa, H_a, que seriam utilizadas para testar cada uma das seguintes alegações:

a. O desvio padrão aumentou a partir de seu valor anterior de 24.

b. O desvio padrão não é maior que 0,5 oz (0,01 kg).

c. O desvio padrão não é igual a 10.

d. A variância não é menor que 18.

e. A variância é diferente do valor de 0,025, o valor estabelecido nas especificações.

9.35 Calcule o valor para a estatística de teste, $\chi^2\star$, para cada uma das situações a seguir:

a. $H_o: \sigma^2 = 20$, $n = 15$, $s^2 = 17,8$

b. $H_o: \sigma^2 = 30$, $n = 18$, $s^2 = 5,7$

c. $H_o: \sigma^2 = 42$, $n = 25$, $s^2 = 37,8$

d. $H_o: \sigma^2 = 12$, $n = 37$, $s^2 = 163$

9.36 Calcule o valor-p para cada um dos testes de hipóteses a seguir:

a. $H_a: \sigma^2 \neq 20$, $n = 15$, $\chi 2^* = 27,8$

b. $H_a: \sigma^2 > 30$, $n = 18$, $\chi 2^* = 33,4$

c. $H_a: \sigma^2 < 12$, gl $= 40$, $\chi 2^* = 26,3$

9.37 Determine a região crítica e o(s) valor(es) crítico(s) que seriam utilizados para testar as situações a seguir utilizando a abordagem clássica:

a. H_o: $\sigma = 0,5$ e H_a: $\sigma > 0,5$, com $n = 18$ e $\alpha = 0,05$

b. H_o: $\sigma^2 = 8,5$ e H_a: $\sigma^2 < 8,5$, com $n = 15$ e $\alpha = 0,01$

c. H_o: $\sigma = 20,3$ e H_a: $\sigma \neq 20,3$, com $n = 10$ e $\alpha = 0,10$

d. H_o: $\sigma^2 = 0,05$ e H_a: $\sigma^2 \neq 0,05$, com $n = 8$ e $\alpha = 0,02$

e. H_o: $\sigma = 0,5$ e H_a: $\sigma < 0,5$, com $n = 12$ e $\alpha = 0,10$

9.38 Uma amostra aleatória de 51 observações foi selecionada de uma população distribuída normalmente. A média amostral foi $\bar{x} = 98,2$, e a variância amostral foi $s^2 = 37,5$. Essa amostra fornece evidência suficiente para concluir que o desvio padrão da população não é igual a 8 no nível de significância de 0,05?

a. Solucione utilizando a abordagem do valor-p.

b. Solucione utilizando a abordagem clássica.

9.39 É esperada uma variação na vida útil das pilhas, mas muita variação seria uma questão de preocupação para o consumidor, que nunca saberia se a pilha adquirida teria uma vida útil muito curta. Uma amostra aleatória de 30 pilhas AA de uma determinada marca produziu um desvio padrão de 350 horas. Se um desvio padrão de 288 horas (12 dias) é considerado aceitável, essa amostra fornece evidência suficiente de que essa marca de pilhas tem uma variação maior que o aceitável no nível de significância de 0,05? Suponha que a vida útil da bateria é distribuída normalmente.

9.40 Um agricultor comercial colhe toda sua plantação de uma hortaliça de cada vez. Por isso, ele gostaria de plantar uma pequena variedade de feijões-verdes que amadureçam todos ao mesmo tempo (desvio padrão pequeno entre os tempos de maturação de cada planta). A empresa de sementes desenvolveu uma nova espécie híbrida de feijão-verde, que acredita ser melhor para o agricultor comercial. A média do tempo de maturação da variedade padrão é de 50 dias, com um desvio padrão de 2,1 dias. Uma amostra aleatória de 30 plantas da nova espécie híbrida apresentou um desvio padrão de 1,65 dias. Essa amostra

apresenta uma redução significativa do desvio padrão ao nível de significância de 0,05? Suponha que o tempo de maturação é distribuído normalmente.

a. Solucione utilizando a abordagem do valor-p.

b. Solucione utilizando a abordagem clássica.

9.41 O peso seco de uma rolha de cortiça é outra qualidade que não afeta a capacidade da rolha para vedar a garrafa, mas é uma variável que é monitorada regularmente. Os pesos das rolhas naturais nº 9 (24 mm de diâmetro por 45 mm de comprimento) apresentam uma distribuição normal. Dez rolhas foram escolhidas aleatoriamente e pesadas para o centésimo mais próximo de um grama.

Peso seco (em gramas)									
3,26	3,58	3,07	3,09	3,16	3,02	3,64	3,61	3,02	2,79

a. A amostra anterior apresenta razão suficiente para mostrar que o desvio padrão dos pesos secos é diferente de 0,3275 grama no nível de significância de 0,02?

Uma outra amostra aleatória de tamanho 20 é retirada do mesmo lote.

Peso seco (em gramas)									
3,53	3,77	3,49	3,24	3,00	3,41	3,33	3,51	3,02	3,46
2,80	3,58	3,05	3,51	3,61	2,90	3,69	3,62	3,26	3,58

b. A amostra anterior apresenta razão suficiente para mostrar que o desvio padrão dos pesos secos é diferente de 0,3275 grama no nível de significância de 0,02?

c. Que efeito os dois desvios padrão das amostras diferentes tiveram sobre a estatística de teste calculada nos itens (a) e (b)? Qual efeito eles tiveram sobre o valor-p ou o valor crítico? Explique.

d. Que efeito os tamanhos das duas amostras diferentes tiveram sobre a estatística de teste calculada nos itens (a) e (b)? Qual efeito eles tiveram sobre o valor-p ou o valor crítico? Explique.

Inferências
envolvendo duas populações

10.1 Amostras dependentes e independentes

NESTE CAPÍTULO, ESTUDAREMOS OS PROCEDIMENTOS PARA FAZER INFERÊNCIAS SOBRE DUAS POPULAÇÕES.

A Figura 10.1 fornece uma visão geral de como os processos se desenrolarão ao longo do capítulo.

São necessárias duas amostras ao comparar duas populações, uma de cada população. Podem ser usados dois tipos básicos de amostras: independentes e dependentes. A dependência ou independência de duas amostras é determinada pelas fontes de dados. Uma fonte pode ser uma pessoa, um objeto ou qualquer outra coisa que produza um dado. Se o mesmo conjunto de fontes ou conjuntos relacionados são utilizados para obter os dados que representam as duas populações, temos **amostras dependentes**. Se dois conjuntos não relacionados de fontes são utilizados, um conjunto de cada população, temos **amostras independentes**.

Fonte Uma pessoa, um objeto ou qualquer outra coisa que produza um dado.

Amostras dependentes Se o mesmo conjunto de fontes ou conjuntos relacionados são utilizados para obter os dados que representam as duas populações, temos amostras dependentes.

Amostras independentes Se dois conjuntos não relacionados de fontes são utilizados, um conjunto de cada população, temos amostras independentes.

objetivos

10.1 Amostras dependentes e independentes

10.2 Inferências sobre a diferença média utilizando duas amostras dependentes

10.3 Inferências sobre a diferença entre as médias utilizando duas amostras independentes

10.4 Inferências sobre a diferença entre as proporções utilizando duas amostras independentes

10.5 Inferências sobre a razão das variâncias utilizando duas amostras independentes

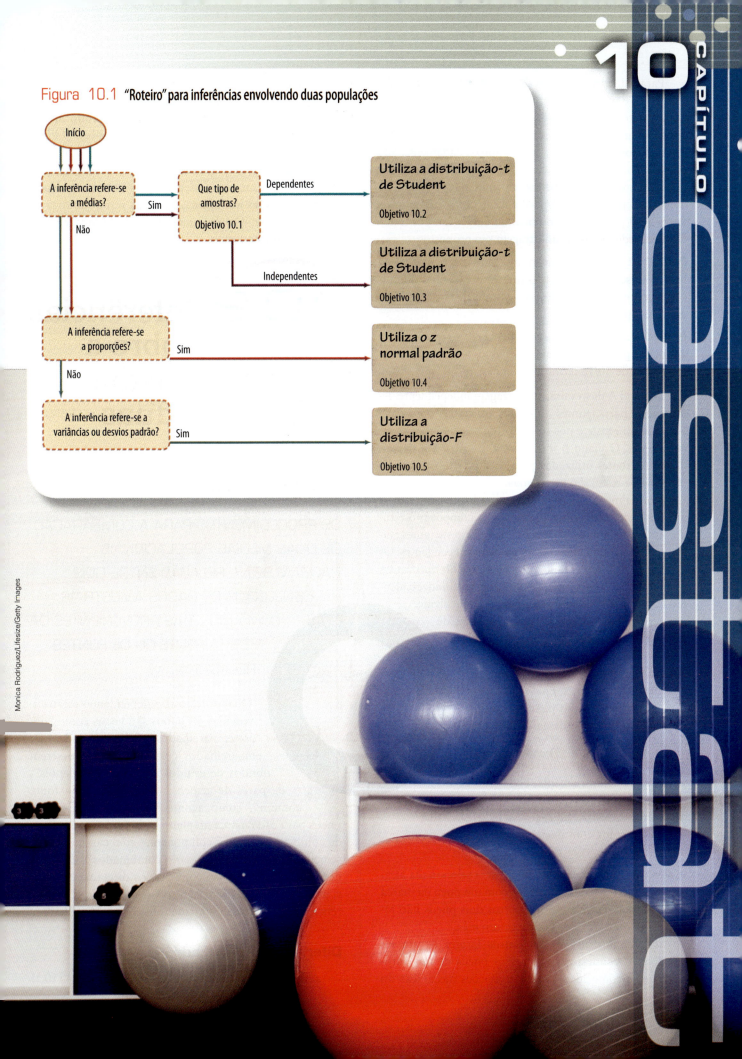

Figura 10.1 "Roteiro" para inferências envolvendo duas populações

Início

A inferência refere-se a médias? — Sim → Que tipo de amostras? Objetivo 10.1
- Dependentes → **Utiliza a distribuição-*t* de Student** Objetivo 10.2
- Independentes → **Utiliza a distribuição-*t* de Student** Objetivo 10.3

Não

A inferência refere-se a proporções? — Sim → **Utiliza *o z* normal padrão** Objetivo 10.4

Não

A inferência refere-se a variâncias ou desvios padrão? — Sim → **Utiliza a distribuição-*F*** Objetivo 10.5

Monica Rodriguez/Lifesize/Getty Images

Para entender melhor as diferenças entre amostras dependentes e independentes, imagine que esteja conduzindo um teste para ver se os participantes de uma classe de condicionamento físico realmente melhoraram seu nível de condicionamento. Prevê-se que, aproximadamente, 500 pessoas se inscreverão para essas aulas. Você decide aplicar um conjunto de testes a 50 participantes antes do início do curso (um pré-teste) e, depois, aplicar outro conjunto de testes a 50 participantes no final do curso (um pós-teste). Dois procedimentos de amostragem são propostos:

PLANO A: Selecione aleatoriamente 50 participantes da lista de inscritos e aplique o pré-teste. No final do curso, faça uma segunda seleção aleatória de tamanho 50 e aplique o pós-teste.

PLANO B: Selecione aleatoriamente 50 participantes e aplique o pré-teste. Depois, aplique o pós-teste ao mesmo grupo de 50 ao término do curso.

O plano A ilustra uma amostragem independente. As fontes (os participantes da classe) utilizadas para cada amostra (pré-teste e pós-teste) foram selecionadas separadamente. O plano B ilustra uma amostragem dependente. As fontes utilizadas para as duas amostras (pré-teste e pós-teste) são as mesmas.

Normalmente, quando são utilizados um pré-teste e um pós-teste, os mesmos participantes compõem o estudo. Assim, estudos de pré-teste *versus* pós-teste (antes *versus* depois) geralmente utilizam amostras dependentes. Os estudos podem, no entanto, utilizar testes do tipo "antes *versus* depois" em conjunto com amostras independentes. Por exemplo, um teste está sendo desenvolvido para comparar o desgaste de duas marcas de pneus de automóvel. Os automóveis serão selecionados e equipados com pneus novos e, em seguida, rodarão sob condições "normais" por um mês. Em seguida, será realizada uma medição para determinar o quanto ocorreu de desgaste. São propostos dois planos:

PLANO C: Uma amostra de carros será selecionada aleatoriamente, eles serão equipados com pneus da marca A e rodarão por um mês. Outra amostra de carros será selecionada, eles serão equipados com pneus da marca B e rodarão por um mês.

PLANO D: Uma amostra de carros será selecionada aleatoriamente, eles serão equipados com um pneu da marca A e um pneu da marca B (os outros dois pneus não fazem parte do teste) e rodarão por um mês.

Suspeitamos que muitos outros fatores devam ser levados em conta ao testarmos os pneus de um automóvel, tais como idade, peso, condições mecânicas do carro, hábitos de condução dos motoristas, localização do pneu no carro e onde e quanto o carro é dirigido. No entanto, neste momento, estamos tentando apenas ilustrar amostras dependentes e independentes. O Plano C é independente (fontes não relacionadas) e o plano D é dependente (fontes comuns).

Tanto as amostras independentes quanto as dependentes têm suas vantagens, as quais serão enfatizadas posteriormente. Os dois métodos de amostragem são usados com frequência.

10.2 Inferências sobre a diferença média utilizando duas amostras dependentes

OS PROCEDIMENTOS PARA A COMPARAÇÃO DE DUAS MÉDIAS POPULACIONAIS BASEIAM-SE NA RELAÇÃO ENTRE DOIS CONJUNTOS DE DADOS AMOSTRAIS, COM AMOSTRAS PROVENIENTES DA MESMA FONTE OU DE FONTES RELACIONADAS.

Quando amostras dependentes estão envolvidas, os dados são vistos como "dados emparelhados". Os dados podem ser emparelhados como resultado de serem obtidos de estudos de "antes" e "depois", de pares de gêmeos idênticos, de uma fonte "comum", como acontece com o desgaste dos pneus para cada marca no plano D do Objetivo 10.1, ou da combinação de dois componentes com características semelhantes para formar "pares combinados". Os pares de valores de dados são comparados diretamente entre si usando a diferença em seus valores numéricos. A diferença resultante é denominada **diferença emparelhada**.

Diferença emparelhada

$$d = x_1 - x_2 \qquad (10.1)$$

Utilizar dados emparelhados dessa maneira produz uma capacidade incorporada de remover o efeito de fatores não controlados. O problema sobre o desgaste dos pneus utilizando o plano C e o plano D é um excelente exemplo de tais fatores adicionais. O desgaste de um pneu é muito afetado por diversos fatores: tamanho, peso, idade, condição do carro, hábitos de condução do motorista, número de quilômetros percorridos, condições e tipos de estradas percorridas, qualidade do material usado para fabricar o pneu etc. Com o plano D, criamos dados emparelhados equipando o mesmo carro com um pneu de cada marca. Uma vez que um pneu de cada marca será testado sob as mesmas condições, mesmo carro, mesmo motorista, e assim por diante, as causas externas de desgaste são neutralizadas.

Procedimentos e pressupostos para inferências envolvendo dados emparelhados

O teste de comparação do desgaste dos pneus fabricados por duas empresas diferentes utiliza o plano D, conforme descrito no Objetivo 10.1. Todos os fatores mencionados antes terão um efeito idêntico sobre as duas marcas de pneus, carro a carro. O teste coloca um pneu de cada marca em cada um dos seis carros de teste. A posição (à esquerda ou à direita, na frente ou atrás) foi determinada com o auxílio de uma tabela de números aleatórios. A Tabela 10.1 lista as quantidades de desgaste resultantes (em milésimos de polegada).

Tabela 10.1 Quantidade de desgaste dos pneus

Carro	1	2	3	4	5	6
Marca A	125	64	94	38	90	106
Marca B	133	65	103	37	102	115

Considerando que os vários carros, motoristas e condições são os mesmos para cada pneu de um conjunto de pares de dados, faz sentido usar uma terceira variável, a diferença emparelhada d. Nossas duas amostras de dados dependentes podem ser combinadas em um conjunto de valores de d, em que $d = B - A$.

Carro	1	2	3	4	5	6
$d = B - A$	8	1	9	−1	12	9

A diferença entre as duas médias populacionais, quando são utilizadas amostras dependentes (frequentemente chamadas **médias dependentes**), é equivalente à **média das diferenças emparelhadas**. Portanto, quando deve ser feita uma inferência sobre a diferença de duas médias e são usadas diferenças emparelhadas, a inferência será,

na verdade, sobre a média das diferenças emparelhadas. A média amostral das diferenças emparelhadas será usada como estimativa pontual para estas inferências.

Para fazer inferências sobre a média μ_d de todas as diferenças emparelhadas possíveis, é necessário conhecer a *distribuição amostral* de $\bar{d}$.

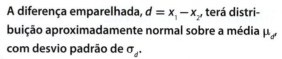

Quando observações emparelhadas são selecionadas aleatoriamente de populações normais:

A diferença emparelhada, $d = x_1 - x_2$, terá distribuição aproximadamente normal sobre a média μ_d, com desvio padrão de σ_d.

Essa é outra situação à qual se aplica o teste t para uma média, ou seja, desejamos fazer inferências sobre uma média desconhecida (μ_d) em que a variável aleatória (d) envolvida apresenta uma distribuição aproximadamente normal com desvio padrão desconhecido (σ_d).

Inferências sobre a média de todas as possíveis diferenças emparelhadas μ_d são baseadas em amostras de n pares dependentes de dados e a **distribuição-t** com $n - 1$ graus de liberdade, sob o seguinte pressuposto:

Pressuposto para inferências sobre a média das diferenças emparelhadas μ_d:

Os dados casados são selecionados aleatoriamente de populações distribuídas normalmente.

Procedimento do intervalo de confiança

O intervalo de confiança $1 - \alpha$ para a estimativa da diferença média μ_d é encontrado utilizando esta fórmula:

Intervalo de confiança para μ_d

$$\bar{d} - t_{(gl,\,\alpha/2)} \cdot \frac{s_d}{\sqrt{n}} \quad \text{a} \quad \bar{d} + t_{(gl,\,\alpha/2)} \cdot \frac{s_d}{\sqrt{n}},$$

em que $gl = n - 1$ (10.2)

$\bar{d}$ é a média das diferenças amostrais:

$$\bar{d} = \frac{\sum d}{n} \quad\quad (10.3)$$

sendo s_d o desvio padrão das diferenças amostrais:

$$s_d = \sqrt{\frac{\sum d^2 - \frac{(\sum d)^2}{n}}{n - 1}} \quad\quad (10.4)$$

Construção de um intervalo de confiança para μ_d

➡ Para ilustrar como o intervalo de confiança para μ_d pode ser formado, usaremos os dados emparelhados sobre o desgaste dos pneus, conforme informado na Tabela 10.1, e presumiremos que os valores de desgaste apresentam distribuição aproximadamente normal para as duas marcas de pneus. Usando o processo de cinco passos, podemos construir o intervalo de confiança de 95% para a diferença média nos dados emparelhados. As informações amostrais são $n = 6$ dados emparelhados, $\bar{d} = 6,3$ e $s_d = 5,1$.

PASSO 1 Parâmetro de interesse:

μ_d, a diferença média nos valores de desgaste entre as duas marcas de pneus.

PASSO 2 a. Pressupostos:

Ambas as populações amostradas são aproximadamente normais.

b. Distribuição de probabilidade:

Distribuição-t com gl = 6 − 1 = 5 e uso da fórmula (10.2).

c. Estabelecer o nível de confiança:

$1 - \alpha = 0,95$.

PASSO 3 Informações amostrais:

$n = 6, \bar{d} = 6,3$ e $s_d = 5,1$.

PASSO 4 a. Coeficiente de confiança:

Essa é uma situação bicaudal com $\alpha/2 = 0,025$ em uma das caudas. Na Tabela 6 do Apêndice B, $t(\text{gl}, \alpha/2) = t(5, 0,025) = 2,57$.

b. Erro máximo de estimativa:

Usando o componente de erro máximo da fórmula (10.2), temos

$$E = t(\text{gl}, \alpha/2) \cdot \frac{s_d}{\sqrt{n}} :$$

$$E = 2,57 \cdot \left(\frac{5,1}{\sqrt{6}} \right) = (2,57)(2,082) = 5,351 = \mathbf{5,4}$$

c. Limites de confiança inferior/superior:

$$\bar{d} \pm E$$
$$6.3 \pm 5,4$$
$$6,3 - 5,4 = \mathbf{0,9} \text{ to } 6,3 + 5,4 = \mathbf{11,7}$$

PASSO 5 a. Intervalo de confiança:

0,9 a 11,7 é o intervalo de confiança de 95% para μ_d.

b. Ou seja, com 95% de confiança, podemos dizer que a diferença média nos valores de desgaste está entre 0,9 e 11,7 milésimos de polegada. Ou, em outras palavras, a média populacional para o desgaste dos pneus da marca B está entre 0,9 e 11,7 milésimos de polegada, maior que a média populacional para o desgaste do pneu da marca A.

Esse intervalo de confiança é muito amplo, em partes por causa do pequeno tamanho da amostra. Lembre-se de que o teorema do limite central prevê que, conforme o tamanho da amostra aumenta, o erro padrão (estimado por meio de $s_d/\sqrt{n}$) diminui.

Procedimento de teste de hipóteses

Ao testarmos uma **hipótese** nula **sobre a diferença média**, a estatística de teste usada será diferente entre a média da amostra $\bar{d}$ e o valor hipotético de μ_d, dividida pelo **erro padrão** estimado. Essa estatística é considerada para ter uma distribuição-t quando a hipótese nula é verdadeira e os pressupostos para o teste são satisfeitos. O valor da **estatística de teste $t\star$** é calculado da seguinte forma:

Estatística de teste para μ_d

$$t\star = \frac{\bar{d} - \mu_d}{s_d/\sqrt{n}} \text{ em que gl} = n - 1 \qquad (10.5)$$

NOTA: Uma diferença média hipotética, μ_d, pode ter qualquer valor específico. O valor específico mais comum é zero. Portanto, a diferença pode ser diferente de zero.

Teste de hipótese unicaudal para μ_d

➡ Vamos realizar um teste de hipótese unicaudal para a diferença média, utilizando um estudo sobre hipertensão e os medicamentos usados para controlá-la. O efeito dos bloqueadores de canais de cálcio sobre a frequência cardíaca foi uma das muitas preocupações específicas do estudo. Vinte e seis pacientes foram selecionados aleatoriamente de um extenso grupo de participantes potenciais e suas frequências cardíacas foram registradas. Um bloqueador de canais de cálcio foi administrado a todos os pacientes por um período fixo de tempo e, então, a frequência cardíaca de cada paciente foi medida novamente. Os dois conjuntos de dados resultantes parecem ter distribuições aproximadamente normais, sendo as estatísticas $\bar{d} = 1,07$ e $s_d = 1,74$ ($d = $ antes − depois). Utilizando o método de cinco passos, podemos determinar se as informações da amostra fornecem evidências suficientes para demonstrar que esse bloqueador de canais de cálcio reduziu a frequência cardíaca? Em outras palavras, se uma "frequência cardíaca mais baixa" significa que "depois" é menor do que "antes", então, "antes − depois" deve ser um valor positivo. As informações amostrais fornecem evidências confirmatórias? Use $\alpha = 0,05$.

PASSO 1 a. Parâmetro de interesse:

μ_d, a diferença média (redução) na frequência cardíaca de antes até depois de usar o bloqueador de canais de cálcio para o período de tempo do teste.

b. **Formulação de hipóteses:**

$$H_o: \mu_d = 0 \ (\leq) \text{ (não reduziu a frequência)}$$

Lembre-se: d = antes – depois.

$$H_a: \mu_d > 0 \ \text{(reduziu a frequência)}$$

PASSO 2 a. Pressupostos:

Considerando que os dados de ambos os conjuntos têm distribuição aproximadamente normal, parece razoável supor que as duas populações apresentem distribuições aproximadamente normais.

b. **Estatística de teste:**

A distribuição-t com gl = $n - 1 = 25$ e a estatística de teste é $t\bigstar$ da fórmula (10.5).

c. **Nível de significância:** $\alpha = 0,05$.

PASSO 3 a. Informações da amostra:

n = 26, $\bar{d}$ = 1,07, e s_d = 1,74.

b. **Calcular o valor da estatística de teste.**

$$t\bigstar = \frac{\bar{d} - \mu_d}{s_d/\sqrt{n}}: \quad t\bigstar = \frac{1,07 - 0,0}{1,74/\sqrt{26}} = \frac{1,07}{0,34} = \mathbf{3,14}$$

PASSO 4 A distribuição de probabilidade:

Como sempre, podemos usar tanto o valor-p quanto o procedimento clássico:

Usando o procedimento do valor-p:

a. Use a cauda localizada à direita, porque H_a expressa interesse por valores relacionados a "maior que". $P = P(t\bigstar > 3,14,$ com gl = 25) como mostrado na figura.

Para determinar o valor-p, você tem três opções:

1. Use a Tabela 6 do Apêndice B para atribuir limites ao valor-p: **P < 0,005**.
2. Use a Tabela 7 do Apêndice B para obter o valor diretamente: **P = 0,002**.
3. Use um computador ou uma calculadora para determinar o valor-p: **P = 0,0022**.

Instruções específicas são fornecidas na página 189.

b. O valor-p é menor do que o nível de significância, α.

Usando o procedimento clássico:

a. A região crítica é a cauda localizada à direita, pois H_a expressa interesse por valores relacionados a "maior que". O valor crítico é obtido da Tabela 6: $t(25, 0,05) = \mathbf{1,71}$.

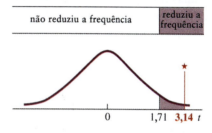

Instruções específicas são fornecidas nas páginas 185 e 186.

b. $t\bigstar$ está na região crítica, como mostrado em vermelho na figura.

PASSO 5 a. Decisão: rejeitar H_o.

b. **Conclusão:**

No nível de significância 0,05, podemos concluir que a frequência cardíaca é menor após a administração do bloqueador de canais de cálcio.

No teste de hipótese detalhado anteriormente, os resultados mostraram uma significância estatística com valor-p de 0,002, ou seja, duas chances em 1.000. Podemos ver que a *significância estatística* nem sempre têm o mesmo significado quando se considera a aplicação "prática" dos resultados. Uma pergunta mais prática poderia ser: uma redução da frequência cardíaca nessa pequena proporção média, estimada em 1,07 batimentos por minuto, compensa os riscos de possíveis efeitos colaterais causados por esse medicamento? Na verdade, o problema é muito mais amplo do que apenas essa questão de frequência cardíaca.

TESTE DE HIPÓTESE BICAUDAL PARA μ_d

Para realizar esse teste de hipótese bicaudal, voltemos aos dados coletados de duas marcas diferentes de pneus. Suponha que os dados amostrais da Tabela 10.1 (página 211) tenham sido coletados na esperança de mostrar que as duas marcas não apresentam desgaste igual. Supondo que os valores de desgaste sejam distribuídos de forma aproximadamente normal, utilizaremos o processo de cinco passos para determinar se os dados fornecem evidências suficientes para concluir que as duas marcas apresentam desgaste diferente no nível de significância 0,05.

PASSO 1 a. Parâmetro de interesse:

μ_d, a diferença média na proporção de desgaste entre as duas marcas.

b. Estabeleça a hipótese nula (H_o) e a hipótese alternativa (H_a):

$H_o: \mu_d = 0$ (nenhuma diferença)

$H_a: \mu_d \neq 0$ (diferença)

Lembre-se: $d = B - A$.

PASSO 2 a. Pressupostos:

O pressuposto de normalidade está incluído no enunciado do problema.

b. Estatística de teste:

A distribuição-t com gl = $n - 1 = 6 - 1 = 5$, e $t\star = (\bar{d} - \mu_d)/(s_d/\sqrt{n})$.

c. Nível de significância: $\alpha = 0,05$.

PASSO 3 a. Informações da amostra:

$n = 6$, $\bar{d} = 6,3$ e $s_d = 5,1$.

b. Estatística de teste calculada:

$$t\star = \frac{\bar{d} - \mu_d}{s_d/\sqrt{n}}:$$

$$t\star = \frac{6,3 - 0,0}{5,1/\sqrt{6}} = \frac{6,3}{2,08} = \mathbf{3,03}$$

PASSO 4 A distribuição de probabilidade:

Novamente, podemos usar tanto o valor-p quanto o procedimento clássico:

Usando o procedimento do valor-p:

a. Use as duas caudas, pois H_a expressa interesse em valores relacionados a "diferente de".

$\mathbf{P}$ = valor-$p = P(t\star < -3,03) + P(t\star > 3,03)$
$= 2 \times P(t\star > 3,03)$

conforme é mostrado na figura a seguir.

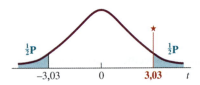

Para determinar o valor-p, você tem três opções:
1. Use a Tabela 6 do Apêndice B: $\mathbf{0,02 < P < 0,05}$.
2. Use a Tabela 7 do Apêndice B para atribuir limites ao valor-p: $\mathbf{0,026 < P < 0,030}$.
3. Use um computador ou calculadora para determinar o valor-p: $\mathbf{P} = 2 \times 0,0145 = \mathbf{0,0290}$.

Para instruções específicas, veja a página 189.

b. O valor-p é menor que α.

Usando o procedimento clássico

a. A região crítica é bicaudal, pois H_a expressa interesse em valores relacionados a "diferente de". O valor crítico é obtido da Tabela 6: $t(5, 0,025) = \mathbf{2,57}$.

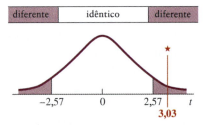

Para instruções específicas, veja as páginas 185 e 186.

b. $t\star$ está na região crítica, como mostrado em vermelho na figura.

PASSO 5 a. A decisão é: rejeitar H_o.

b. Conclusão:

Há uma diferença significativa nas proporções médias de desgaste no nível de significância de 0,05.

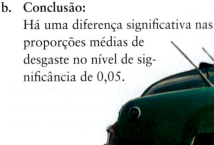

Inferências sobre a diferença entre as médias utilizando duas amostras independentes

AO COMPARAR AS MÉDIAS DE DUAS POPULAÇÕES, NORMALMENTE, CONSIDERAMOS A DIFERENÇA ENTRE SUAS MÉDIAS, $\mu_1 - \mu_2$ (EM GERAL, DENOMINADAS **MÉDIAS INDEPENDENTES**).

As inferências sobre $\mu_1 - \mu_2$ serão baseadas na diferença entre as médias amostrais observadas, $\bar{x}_1 - \bar{x}_2$. Essa diferença observada, $\bar{x}_1 - \bar{x}_2$, pertence a uma distribuição amostral com as características descritas na afirmação a seguir.

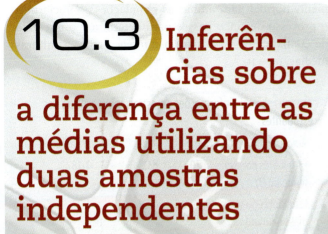

SE amostras independentes com tamanhos n_1 e n_2 forem extraídas aleatoriamente de populações grandes, com médias μ_1 and μ_2 e variâncias σ_1^2 e σ_2^2, respectivamente,

ENTÃO, a distribuição amostral de $\bar{x}_1 - \bar{x}_2$, a diferença entre as médias amostrais, tem

1. média $\mu_{\bar{x}_1 - \bar{x}_2} = \mu_1 - \mu_2$ e

2. erro padrão $\sigma_{\bar{x}_1 - \bar{x}_2} = \sqrt{\left(\dfrac{\sigma_1^2}{n_1}\right) + \left(\dfrac{\sigma_2^2}{n_2}\right)}$.   (10.6)

Se ambas as populações possuem distribuições normais, então, a distribuição amostral de $\bar{x}_1 - \bar{x}_2$ também será normal.

Sokolov Andrey/iStockphoto / Rackermann/iStockphoto

A afirmação anterior é verdadeira para todos os tamanhos de amostras, considerando-se que as populações envolvidas são normais e as variâncias populacionais σ_1^2 e σ_2^2 são quantidades conhecidas. Entretanto, assim como ocorre com as inferências sobre uma média, geralmente a variância de uma população é uma quantidade desconhecida. Portanto, será necessário estimar o desvio

padrão substituindo as variâncias, σ_1^2 e σ_2^2, na fórmula (10.6) pelas melhores estimativas disponíveis, ou seja, as variâncias amostrais, s_1^2 e s_2^2. O *erro padrão estimado* será encontrado por meio da seguinte fórmula:

$$\text{erro padrão estimado} = \sqrt{\left(\frac{s_1^2}{n_1}\right) + \left(\frac{s_2^2}{n_2}\right)} \qquad (10.7)$$

As inferências sobre a diferença entre duas médias populacionais, $\mu_1 - \mu_2$, serão baseadas nos seguintes pressupostos:

> **Pressupostos para inferências sobre a diferença entre duas médias, $\mu_1 - \mu_2$:**
>
> **As amostras são selecionadas aleatoriamente de populações distribuídas normalmente, de forma independente.**
>
> NENHUM PRESSUPOSTO É FORMULADO COM RELAÇÃO ÀS VARIÂNCIAS POPULACIONAIS.

Uma vez que as amostras fornecem informações para determinar o erro padrão, a **distribuição-t** será utilizada como estatística de teste. As inferências dividem-se em dois casos.

CASO 1: A distribuição-*t* será utilizada e o número de graus de liberdade será calculado.

CASO 2: A distribuição-*t* será utilizada e o número de graus de liberdade será aproximado.

O Caso 1 ocorrerá quando se estiver realizando a inferência *por meio de um computador ou uma calculadora estatística e o software ou programa estatístico calcular o número de graus de liberdade* para você. O valor calculado para gl é uma função dos tamanhos amostrais e de seus tamanhos relativos, bem como das variâncias amostrais e seus tamanhos relativos. O valor do gl será um número entre o menor valor entre $gl_1 = n_1 - 1$ ou $gl_2 = n_2 - 1$ e a soma dos graus de liberdade, $gl_1 + gl_2 = [(n_1 - 1) + (n_2 - 1)] = n_1 + n_2 - 2$.

O Caso 2 ocorrerá quando se estiver realizando a inferência *sem o auxílio de um computador ou uma calculadora e seu pacote de software estatístico*. O uso da distribuição-*t* com o menor valor entre $gl_1 = n_1 - 1$ ou $gl_2 = n_2 - 1$ gerará resultados conservadores. Por causa dessa aproximação, o nível real de confiança para uma estimativa de intervalo será ligeiramente superior ao nível de confiança relatado, ou valor-*p* real, e o nível de significância real para um teste de hipóteses será ligeiramente inferior ao informado. A distância entre esses valores relatados e os valores reais será muito reduzida, a menos que os tamanhos das amostras sejam muito pequenos e assimétricos ou as variâncias das amostras sejam muito diferentes. A distância diminuirá conforme o tamanho das amostras aumenta ou as variâncias das amostras se tornam mais semelhantes.

Uma vez que a única diferença entre os dois casos é o número de graus de liberdade utilizado para identificar a distribuição-t envolvida, estudaremos o Caso 2 primeiro.

> **NOTA** $A > B$ ("A é maior que B") é equivalente a $B < A$ ("B é menor que A"). Ao discutir a diferença entre A e B, é comum expressar a diferença como "maior – menor" de forma que a diferença resultante seja positiva: $A – B > 0$. Expressar a diferença como "menor - maior" resulta em $B – A < 0$ (a diferença é negativa), o que, geralmente, é desnecessariamente confuso. Portanto, recomenda-se que a diferença seja expressa como "maior – menor".

Procedimento do intervalo de confiança

Utilizaremos a fórmula a seguir para calcular as extremidades do **intervalo de confiança** $1 – \alpha$.

Intervalo de confiança para a diferença entre duas médias (amostras independentes)

$$(\overline{x}_1 - \overline{x}_2) - t_{(gl,\, \alpha/2)} \cdot \sqrt{\left(\frac{s_1^2}{n_1}\right) + \left(\frac{s_2^2}{n_2}\right)} \quad \text{a}$$

$$(\overline{x}_1 - \overline{x}_2) + t_{(gl,\, \alpha/2)} \cdot \sqrt{\left(\frac{s_1^2}{n_1}\right) + \left(\frac{s_2^2}{n_2}\right)} \quad (10.8)$$

em que gl é igual ao menor de gl_1 ou gl_2.

→ Para construir um intervalo de confiança para a diferença entre duas médias, vejamos algumas informações amostrais sobre a altura dos estudantes de um determinado *campus* universitário. As informações amostrais, fornecidas na Tabela 10.2, contêm as alturas (em polegadas) de 20 mulheres e 30 homens selecionados aleatoriamente, coletadas com a finalidade de estimar a diferença entre suas alturas médias. Vamos supor que as alturas sejam distribuídas de forma aproximada-

mente normal para ambas as populações ao iniciarmos o processo de cinco passos para determinar o intervalo de confiança de 95% para a diferença entre as alturas médias, $\mu_m - \mu_f$.

Tabela 10.2 Informações amostrais sobre a altura dos estudantes

Amostra	Número	Média	Desvio padrão
Estudantes do sexo feminino (f)	20	63,8	2,18
Estudantes do sexo masculino (m)	30	69,8	1,92

PASSO 1 **Parâmetro de interesse:**
$\mu_m - \mu_f$, a diferença entre a altura média dos estudantes do sexo masculino e a altura média dos estudantes do sexo feminino.

PASSO 2 **a. Pressupostos:**
As duas populações são distribuídas de forma aproximadamente normal e as amostras foram selecionadas aleatoriamente e de forma independente.

b. **Distribuição de probabilidade:**
A distribuição-t com gl = 19, o menor de $n_m – 1$ = 30 – 1 = 29 ou $n_f – 1$ = 20 – 1 = 19 e a fórmula (10.8).

c. **Nível de confiança:**
$1 – \alpha = 0,95$

PASSO 3 Informações amostrais: Veja a Tabela 10.2.

PASSO 4 **a. Coeficiente de confiança:**
Nós temos uma situação bicaudal com $\alpha/2 = 0,025$ em uma cauda e gl = 19. Na Tabela 6 do Apêndice B, $t_{(gl,\, \alpha/2)} = t_{(19,\, 0,025)} = 2,09$. Veja a figura a seguir.

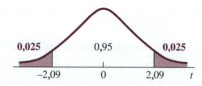

Veja as páginas 185 e 186 para obter instruções sobre como utilizar a Tabela 6.

b. **Erro máximo de estimativa:**
Usando o componente de erro máximo da fórmula (10.8), temos

$$E = t_{(gl,\, \alpha/2)} \cdot \sqrt{\left(\frac{s_1^2}{n_1}\right) + \left(\frac{s_2^2}{n_2}\right)}:$$

$$E = 2{,}09 \cdot \sqrt{\left(\frac{1{,}92^2}{30}\right) + \left(\frac{2{,}18^2}{20}\right)}$$

$$= (2{,}09)(0{,}60) = \mathbf{1{,}25}$$

c. Limites de confiança inferior e superior:

$$(\bar{x}_1 - \bar{x}_2) \pm E$$

$$6{,}00 \pm 1{,}25$$

$$6{,}00 - 1{,}25 = \mathbf{4{,}75} \quad a \quad 6{,}00 + 1{,}25 = \mathbf{7{,}25}$$

PASSO 5 a. Intervalo de confiança:

4,75 a 7,25 é o intervalo de confiança de 95% para $\mu_m - \mu_f$.

b. Ou seja, com 95% de confiança, podemos dizer que a diferença entre as alturas médias dos estudantes do sexo masculino e feminino está entre 4,75 e 7,25 polegadas (12,07 e 18,42 cm), ou seja, a altura média de estudantes do sexo masculino gira em torno de 4,75 e 7,25 polegadas a mais que a altura média de estudantes do sexo feminino.

Procedimento do teste de hipótese

Ao testarmos uma **hipótese** nula **sobre a diferença entre duas médias populacionais,** a estatística de teste usada será a diferença entre a diferença observada entre as médias amostrais e a diferença hipotética entre as médias populacionais, dividida pelo erro padrão estimado. Essa estatística de teste é considerada para obter aproximadamente uma distribuição-t quando a hipótese nula é verdadeira e o pressuposto de normalidade foi satisfeito. O valor calculado da **estatística de teste** é determinado utilizando-se a fórmula:

Estatística de teste para a diferença entre duas médias (amostras independentes)

$$t\bigstar = \frac{(\bar{x}_1 - \bar{x}_2) - (\mu_1 - \mu_2)}{\sqrt{\left(\frac{s_1^2}{n_1}\right) + \left(\frac{s_2^2}{n_2}\right)}} \tag{10.9}$$

em que gl é o menor valor de gl_1 ou gl_2.

NOTA: A diferença hipotética entre as duas médias populacionais, $\mu_1 - \mu_2$, pode ser qualquer valor especificado. O valor específico mais comum é zero. Portanto, a diferença pode ser diferente de zero.

Para examinar o procedimento de hipóteses mais de perto, vejamos um teste unicaudal e um teste bicaudal.

TESTE DE HIPÓTESES UNICAUDAL PARA A DIFERENÇA ENTRE DUAS MÉDIAS

Para esse teste, vamos supor que estejamos interessados em comparar o sucesso acadêmico de estudantes universitários que pertencem a fraternidades com o de estudantes que não fazem parte de nenhuma fraternidade. O motivo da comparação é a recente preocupação a respeito de os membros de fraternidades, em geral, estarem atingindo um nível acadêmico inferior ao de estudantes que não pertencem a fraternidades. (A nota média acumulada é usada para medir o sucesso acadêmico.) Amostras aleatórias de tamanho 40 são extraídas de cada população e estão listadas na Tabela 10.3. Aplicando o processo de cinco passos, vamos conduzir um teste de hipóteses usando $\alpha = 0{,}05$ e supondo que as notas médias para os dois grupos têm distribuição aproximadamente normal.

Tabela 10.3 Informações amostrais sobre o sucesso acadêmico

Amostra	Número	Média	Desvio padrão
Membros de fraternidades (f)	40	2,03	0,68
Não membros (n)	40	2,21	0,59

PASSO 1 a. Parâmetro de interesse:

$\mu_n - \mu_f$, a diferença entre a média das notas médias de alunos que não pertencem a fraternidades e de membros de fraternidades.

b. Formulação das hipóteses:

$H_o: \mu_n - \mu_f = 0$ ($\leq$) (as médias das fraternidades não são inferiores)

$H_a: \mu_n - \mu_f > 0$ (as médias das fraternidades são inferiores)

PASSO 2 a. Pressupostos:

As duas populações são distribuídas de forma aproximadamente normal e as amostras foram selecionadas aleatoriamente. Sendo as duas populações separadas, as amostras são independentes.

b. Estatística de teste:

A distribuição-*t* com gl = o menor de gl$_n$ ou gl$_f$; uma vez que ambos os valores de *n* são 40, gl = 40 − 1 = 39 e *t*★ é calculado utilizando-se a fórmula (10.9). (Quando o gl não é fornecido na tabela, use o menor valor de gl na sequência).

c. Nível de significância: α = 0,05.

PASSO 3 **a.** Informações amostrais: Veja a Tabela 10.3.

b. Estatística de teste calculada:

$$t★ = \frac{(\bar{x}_1 - \bar{x}_2) - (\mu_1 - \mu_2)}{\sqrt{\left(\frac{s_1^2}{n_1}\right) + \left(\frac{s_2^2}{n_2}\right)}};$$

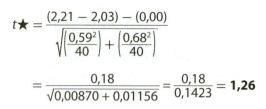

$$t★ = \frac{(2,21 - 2,03) - (0,00)}{\sqrt{\left(\frac{0,59^2}{40}\right) + \left(\frac{0,68^2}{40}\right)}}$$

$$= \frac{0,18}{\sqrt{0,00870 + 0,01156}} = \frac{0,18}{0,1423} = \mathbf{1,26}$$

PASSO 4 A distribuição de probabilidade:

Novamente, podemos usar tanto o valor-*p* quanto o procedimento clássico:

Usando o procedimento do valor-*p*:

a. Use a cauda localizada à direita, pois H_a expressa interesse por valores relacionados a "maior que". P = $P(t★ > 1,26$, com gl = 39) como mostrado na figura a seguir.

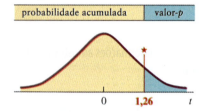

Para encontrar o valor-*p*, utilize um dos três métodos a seguir:

1. Use a Tabela 6 do Apêndice B para atribuir limites ao valor-*p*: **0,10 < P < 0,25**.
2. Use a Tabela 7 do Apêndice B para atribuir limites ao valor-*p*: **0,100 < P < 0,119**.
3. Use um computador ou uma calculadora para determinar o valor-*p*: **P = 0,1076**.

Detalhes específicos na sequência deste exemplo.

b. O valor-*p* não é menor do que α.

Usando o procedimento clássico:

a. A região crítica é a cauda localizada à direita, pois H_a expressa interesse por valores relacionados a "maior que". O valor crítico é obtido da Tabela 6: $t(39, 0,05) = \mathbf{1,69}$.

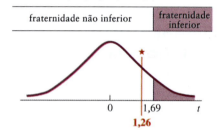

Veja as páginas 185 e 186 para informações sobre valores críticos.

b. *t*★ não se encontra na região crítica, como mostrado em vermelho na figura.

PASSO 5 **a.** Decisão sobre H_o: não rejeitar H_o.

b. Conclusão:

No nível de significância 0,05, a afirmação de que os membros de fraternidades atingem um nível inferior ao daqueles que não são membros não é sustentada pelos dados amostrais.

Para encontrar o valor-*p*, utilize um dos três métodos a seguir:

Método 1: use a Tabela 6. Localize 1,26 entre duas entradas na linha gl = 39 e obtenha os limites para **P** do cabeçalho unicaudal no topo da tabela: **0,10 < P < 0,25**.

Método 2: use Tabela 7. Localize *t*★ = 1,26 entre duas linhas e gl = 39 entre duas colunas. Obtenha os limites para $P(t★ > 1,26|$gl = 39): **0,100 < P < 0,119**.

Método 3: se você estiver realizando o teste das hipóteses com o auxílio de um computador ou uma calculadora, muito provavelmente o equipamento calculará o valor-*p* para você.

TESTE DE HIPÓTESES BICAUDAL PARA A DIFERENÇA ENTRE DUAS MÉDIAS

A diferença entre duas médias também pode ser usada em uma situação bicaudal. Por exemplo, muitos alunos reclamam que a máquina A de venda de refrigerantes (na sala de recreação dos alunos) fornece uma quantidade diferente de bebida em comparação à máquina B (no salão da faculdade). Para testar essa alegação, um estudante coletou aleatoriamente várias porções de cada máquina e mediu as amostras cuidadosamente, sendo os resultados apresentados na Tabela 10.4.

Tabela 10.4 Informações amostrais sobre as máquinas de refrigerantes

Máquina	Número	Média	Desvio padrão
A	10	5,38	1,59
B	12	5,92	0,83

Essa evidência sustenta a hipótese de que a quantidade média fornecida pela máquina A é diferente da fornecida pela máquina B? Vamos supor que as quantidades fornecidas por ambas as máquinas sejam distribuídas normalmente e realizar o teste utilizando o processo de cinco passos, com $\alpha = 0,10$.

PASSO 1 **a. Parâmetro de interesse:**
$\mu_B - \mu_A$, a diferença entre a quantidade média fornecida pela máquina B e a fornecida pela máquina A.

b. Formulação das hipóteses:

$H_o: \mu_B - \mu_A = 0$ (A fornece a mesma quantidade que B)

$H_a: \mu_B - \mu_A \neq 0$ (A fornece uma quantidade diferente de B)

PASSO 2 **a. Pressupostos:**
Supõe-se que as duas populações sejam distribuídas de forma aproximadamente normal e que as amostras foram selecionadas aleatoriamente e de forma independente.

b. Estatística de teste:
A distribuição-t com gl = o menor de $n_A - 1 = 10 - 1 = 9$ ou $n_B - 1 = 12 - 1 = 11$, assim gl = 9, sendo $t\star$ calculado utilizando a fórmula (10.9).

c. Nível de significância: $\alpha = 0,10$.

PASSO 3 **a. Informações amostrais:** veja a Tabela 10.4.

b. Estatística de teste calculada:

$$t\star = \frac{(\bar{x}_B - \bar{x}_A) - (\mu_B - \mu_A)}{\sqrt{\left(\frac{s_B^2}{n_B}\right) + \left(\frac{s_A^2}{n_A}\right)}}:$$

$$t\star = \frac{(5,92 - 5,38) - (0,00)}{\sqrt{\left(\frac{0,83^2}{12}\right) + \left(\frac{1,59^2}{10}\right)}}$$

$$= \frac{0,54}{\sqrt{0,0574 + 0,2528}} = \frac{0,54}{0,557} = \mathbf{0,97}$$

PASSO 4 **A distribuição de probabilidade:**
Novamente, podemos usar tanto o valor-p quanto o procedimento clássico:

Usando o procedimento do valor-p:

a. Use as duas caudas, pois H_a expressa interesse em valores relacionados a "diferente de".
$\mathbf{P} = \text{valor-}p = P(t\star < -0,97) + P(t\star > 0,97)$
$= 2 \times P(t\star > 0,97 | \text{gl} = 9)$
como é mostrado na figura.

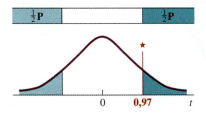

Para determinar o valor-p, você tem três opções:
1. Use a Tabela 6 do Apêndice B: $0,20 < \mathbf{P} < 0,50$.
2. Use a Tabela 7 do Apêndice B para atribuir limites ao valor-p: $0,340 < \mathbf{P} < 0,394$.
3. Use um computador ou uma calculadora para determinar o valor-p: $\mathbf{P} = 2 \times 0,1787 = 0,3574$.
Para obter instruções específicas, consulte os *Métodos 1, 2 e 3* na próxima página.

b. O valor-p não é menor do que α.

Usando o procedimento clássico:

a. A região crítica é bicaudal, pois H_a expressa interesse em valores relacionados a "diferente de". O valor crítico à direita é obtido da Tabela 6: $t(9, 0,05) = 1,83$. Veja a figura a seguir.

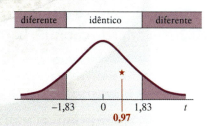

Para instruções específicas, veja as páginas 185 e 186.

b. $t\star$ não está na região crítica, como mostrado em vermelho na figura.

(continua na p. 221)

POLIMENTO DE UM MICROSHIP

Raul desenvolveu uma nova técnica para polir a superfície refletora de um microchip de silicone. Esse microship será utilizado com um laser como parte de seu projeto de pesquisa. Como pode ser visto na figura a seguir, a rugosidade da superfície é medida pela distância, *x*, entre a superfície e o local dos pontos "mais altos" sobre a superfície. A medição é feita em nanômetros (nm). O nanômetro (um bilionésimo de metro) é usado para medir coisas muito pequenas, como átomos e moléculas.

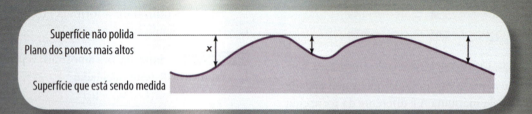

Superfície não polida
Plano dos pontos mais altos
x
Superfície que está sendo medida

Valores maiores dessa distância *x* (altura da superfície), juntamente a um grande desvio padrão, indicam uma superfície mais áspera. Normalmente, o valor de *x* varia de 4 a 20 nm. A tabela à direita enumera um conjunto de medidas tomadas em locais aleatórios sobre a superfície não polida do microchip.

Alturas da superfície, *x*, de um microship não polido (nm)							
8,651	11,849	7,708	8,184	7,978	4,339	9,194	9,182
5,202	6,309	10,588	8,106	9,877	7,038	9,748	12,049
8,497	7,953	5,641	4,073	7,437	14,824	11,943	8,353
14,730	9,933	7,101	18,570	4,684	8,546	8,216	8,271
10,327	9,748	12,452					

O objetivo de Raul é usar sua nova técnica para tornar a superfície do microchip significativamente mais lisa, como se pode ver na ilustração a seguir. É um desafio provar que o processo torna o microchip mais liso, pois seu tamanho é inferior a 0,25 cm² e por ele ser mais fino que um fio de cabelo humano. A tabela a seguir representa um conjunto de medições efetuadas em locais aleatórios sobre a superfície do microchip, após o processo de Raul ter sido aplicado.

Você acha que a técnica de Raul fez uma diferença significativa? Resolva os exercícios 10.25 e 10.26 no final do capítulo para concluir sua investigação.

Superfície polida e mais lisa
Plano dos pontos mais altos
Superfície que está sendo medida

O OLHO HUMANO NÃO CONSEGUE ENXERGAR 20 NM.

Alturas da superfície, *x*, de um microship polido (nm)							
2,077	3,096	2,110	2,264	2,039	2,437	2,181	2,510
2,354	1,732	2,120	2,545	2,054	1,562	2,231	1,480
1,775	2,230	1,465	1,548	1,979	1,993	2,263	1,913
2,177	2,201	2,861	3,241	2,183	1,639	2,342	1,428

PASSO 5 a. **Decisão:** não rejeitar H_o.

b. **Conclusão:**

As evidências não são suficientes para demonstrar que a máquina A fornece uma quantidade diferente de refrigerante da fornecida pela máquina B, no nível de significância 0,10. Dessa maneira, por falta de evidências, procederemos como se as duas máquinas fornecessem, em média, a mesma quantidade.

Para encontrar o valor-*p*, utilize um dos três métodos a seguir:

Método 1: use a Tabela 6. Localize 0,97 entre duas entradas na linha gl = 9 e obtenha os limites para **P** do cabeçalho bicaudal no topo da tabela: **0,20 < P < 0,50**.

Método 2: use Tabela 7. Localize $t\bigstar$ = 0,97 entre duas linhas e gl = 9 entre duas colunas, obtenha os limites para $P(t\bigstar > 0,97/$ gl = 9): $0,170 < \frac{1}{2}P < 0,197$, portanto, 0,340 < P < 0,394.

Método 3: se você estiver realizando o teste das hipóteses com o auxílio de um computador ou uma calculadora, muito provavelmente o equipamento calculará o valor-*p* para você (não dobre o resultado).

10.4 Inferências sobre a diferença entre as proporções utilizando duas amostras independentes

FREQUENTEMENTE, DESEJAMOS FAZER COMPARAÇÕES ESTATÍSTICAS ENTRE **PROPORÇÕES**, **PORCENTAGENS** OU **PROBABILIDADES** ASSOCIADAS A DUAS POPULAÇÕES.

Para responder às perguntas a seguir, são necessárias as seguintes comparações: A proporção de proprietários de imóveis que são a favor de uma determinada proposta tributária é diferente da de inquilinos a favor dessa proposta? A porcentagem da classe que passou em estatística neste semestre foi maior do que a do último semestre? A probabilidade de um candidato democrata vencer em Nova York é maior que a de um candidato republicano

vencer no Texas? As opiniões dos alunos sobre o novo código de conduta diferem das da faculdade? Você provavelmente já fez perguntas semelhantes.

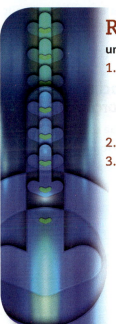

REVEJA as propriedades de um experimento binomial:

1. A probabilidade observada é $p' = x/n$, em que x é o número de sucessos observados em n testes.

2. $q' = 1 - p'$.

3. p é a probabilidade de sucesso em um teste individual em um experimento de probabilidade binomial com n testes independentes repetidos.

E as três palavras com "p" (*proporção, porcentagem, probabilidade*) constituem todo o parâmetro binomial p, P(sucesso).

Nesta seção, compararemos duas proporções populacionais utilizando a diferença entre as proporções observadas, $p'_1 - p'_2$, de duas amostras independentes. A diferença observada, $p'_1 - p'_2$, pertence à distribuição amostral com as características descritas na afirmação a seguir:

SE amostras independentes com tamanhos n_1 e n_2 forem extraídas aleatoriamente de populações grandes, com $p_1 = P_1$(sucesso) e $p_2 = P_2$ (sucesso), respectivamente,

ENTÃO, a distribuição amostral de $p'_1 - p'_2$ apresenta as seguintes propriedades:

1. média $\mu_{p'_1 - p'_2} = p_1 - p_2$,

2. erro padrão $\sigma_{p'_1 - p'_2} = \sqrt{\left(\frac{p_1 q_1}{n_1}\right) + \left(\frac{p_2 q_2}{n_2}\right)}$, \quad (10.10)
e

3. uma distribuição aproximadamente normal se n_1 e n_2 forem suficientemente grandes.

Na prática, utilizamos as diretrizes a seguir para garantir a normalidade:

1. Os tamanhos das amostras são ambos maiores que 20.
2. Os produtos $n_1 p_1, n_1 q_1, n_2 p_2$ e $n_2 q_2$ são todos maiores que 5.
3. As amostras são compostas por menos de 10% de suas respectivas populações.

NOTA: p_1 e p_2 são desconhecidos, assim, os produtos mencionados na diretriz 2 serão estimados por $n_1p'_1$, $n_1q'_1$, $n_2p'_2$ e $n_2q'_2$.

As inferências sobre a diferença entre duas proporções populacionais, $p_1 - p_2$, serão baseadas nos seguintes pressupostos:

> ### Pressuposto para inferências sobre a diferença entre duas proporções $p_1 - p_2$:
> As observações aleatórias n_1 e n_2 que compõem as duas amostras são selecionadas de forma independente de duas populações que sofrem alterações durante a amostragem.

Procedimento do intervalo de confiança

Ao estimarmos a **diferença entre duas proporções**, $p_1 - p_2$, basearemos nossas estimativas na estatística amostral $p'_1 - p'_2$. A estimativa pontual, $p'_1 - p'_2$, torna-se o centro do intervalo de confiança, cujos limites são encontrados utilizando a seguinte fórmula:

Intervalo de confiança para a diferença entre duas proporções

$$(p'_1 - p'_2) - z(\alpha/2) \cdot \sqrt{\left(\frac{p'_1 q'_1}{n_1}\right) + \left(\frac{p'_2 q'_2}{n_2}\right)}$$

a

$$(p'_1 - p'_2) + z(\alpha/2) \cdot \sqrt{\left(\frac{p'_1 q'_1}{n_1}\right) + \left(\frac{p'_2 q'_2}{n_2}\right)} \qquad (10.11)$$

CONSTRUÇÃO DO INTERVALO DE CONFIANÇA PARA A DIFERENÇA ENTRE DUAS PROPORÇÕES

➔ Para examinarmos mais de perto como construir esse intervalo de confiança, observemos os dados amostrais de um plano de campanha. Ao estudar os planos de sua campanha, o Sr. Morris pretende estimar a diferença entre o ponto de vista de homens e mulheres sobre seu apelo como candidato. Ele pede ao seu gerente de campanha que colete duas amostras aleatórias independentes e encontre o intervalo de confiança de 99% para a diferença. Uma amostra de mil eleitores foi extraída de cada população, com 388 homens e 459 mulheres a favor do Sr. Morris. Utilizaremos o processo de cinco passos para estimar a diferença entre essas duas proporções.

PASSO 1 Parâmetro de interesse:
$p_m - p_h$, a diferença entre a proporção de mulheres e a de homens que pretendem votar no Sr. Morris.

(Observe que é costume colocar o maior valor em primeiro lugar. Dessa forma, a estimativa pontual para a diferença será um valor positivo.)

PASSO 2 a. Pressupostos:
As amostras são selecionadas aleatoriamente e de forma independente.

b. Distribuição de probabilidade:
A distribuição normal padrão. As populações são grandes (todos os eleitores), os tamanhos das amostras são maiores que 20 e os valores estimados para $n_h p_h$, $n_h q_h$, $n_m p_m$, e $n_m q_m$ são todos maiores que 5. Portanto, a distribuição amostral de $p'_m - p'_h$ deve apresentar uma distribuição aproximadamente normal.

c. Nível de confiança: $1 - \alpha = 0,99$

PASSO 3 Informações amostrais:
Temos $n_h = 1.000$, $x_h = 388$, $n_m = 1.000$, e $x_m = 459$.

$$p'_h = \frac{x_h}{n_h} = \frac{388}{1000} = \mathbf{0{,}388} \qquad q'_h = 1 - 0,388 = \mathbf{0{,}612}$$

$$p'_m = \frac{x_m}{n_m} = \frac{459}{1000} = \mathbf{0{,}459} \qquad q'_m = 1 - 0,459 = \mathbf{0{,}541}$$

PASSO 4 a. Coeficiente de confiança:
Essa é uma situação bicaudal, com $\alpha/2$ em cada cauda. Conforme a Tabela 4B, $z(\alpha/2) = z(0{,}005) = 2{,}58$. Instruções sobre a Tabela 4B são fornecidas na página 158.

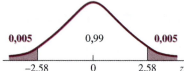

b. Erro máximo de estimativa:
Usando o componente de erro máximo da fórmula (10.11), temos

$$E = z(\alpha/2) \cdot \sqrt{\left(\frac{p'_m q'_m}{n_m}\right) + \left(\frac{p'_h q'_h}{n_h}\right)}$$

$$E = 2{,}58 \cdot \sqrt{\left(\frac{(0{,}459)(0{,}541)}{1000}\right) + \left(\frac{(0{,}388)(0{,}612)}{1000}\right)}$$

$$= 2{,}58\sqrt{0{,}000248 + 0{,}000237}$$

$$= (2{,}58)(0{,}022) = \mathbf{0{,}057}$$

c. Limites de confiança inferior e superior:

$$(p'_m - p'_h) \pm E$$

$$0{,}071 \pm 0{,}057$$

$$0{,}071 - 0{,}057 = \mathbf{0{,}014} \quad \text{a} \quad 0{,}071 + 0{,}057 = \mathbf{0{,}128}$$

PASSO 5 Intervalo de confiança:

0,014 a 0,128 é o intervalo de confiança de 99% para $p_m - p_h$. Com 99% de confiança, podemos dizer que há uma diferença de 1,4% a 12,8% no apelo do Sr. Morris aos eleitores. Ou seja, uma proporção maior de mulheres do que de homens é a favor do Sr. Morris e a diferença nas proporções está entre 1,4% e 12,8%.

Os intervalos de confiança e os testes de hipóteses podem, às vezes, ser trocados entre si, ou seja, um intervalo de confiança pode ser usado no lugar de um teste de hipóteses. O exemplo anterior com o Sr. Morris pedia um intervalo de confiança. Agora, suponha que a pergunta do Sr. Morris fosse: "Existe uma diferença no meu apelo aos eleitores do sexo masculino em oposição aos eleitores do sexo feminino?" Para responder a sua pergunta, não seria necessário realizar um teste de hipóteses caso você optasse por testar com $\alpha = 0,01$, aplicando um teste bicaudal. "Nenhuma diferença" significaria uma diferença zero, o que não está incluído no intervalo de 0,014 a 0,128 (o intervalo determinado no exemplo). Portanto, uma hipótese nula de "nenhuma diferença" seria rejeitada, justificando assim a conclusão de que existe uma diferença significativa no apelo eleitoral entre os dois grupos.

Procedimento do teste de hipóteses

Ao testarmos a **hipótese** nula "**Não há diferença entre duas proporções**", a **estatística de teste** será a diferença entre as proporções observadas dividida pelo **desvio padrão**, determinado por meio da seguinte fórmula:

Estatística de teste para a diferença entre duas proporções – proporção populacional conhecida

$$z\bigstar = \frac{p'_1 - p'_2}{\sqrt{pq\left[\left(\frac{1}{n_1}\right) + \left(\frac{1}{n_2}\right)\right]}}$$

(10.12)

NOTAS:

1. A hipótese nula é $p_1 = p_2$, **ou** $p_1 - p_2 = 0$ (a diferença é zero).
2. Diferenças diferentes de zero entre as proporções não são discutidas nesta seção.
3. O numerador da fórmula (10.12) poderia ser escrito como $(p'_1 - p'_2) - (p_1 - p_2)$, mas, supondo que a hipótese nula seja verdadeira durante o teste, $p_1 - p_2 = 0$. Por substituição, o numerador torna-se simplesmente $p'_1 - p'_2$.
4. Sendo a hipótese nula $p_1 = p_2$, o erro padrão de $p'_1 - p'_2$, $\sqrt{\left|\frac{p_1 q_1}{n_1}\right| + \left(\frac{p_2 q_2}{n_2}\right)}$, pode ser escrito como $\sqrt{pq\left[\left(\frac{1}{n_1}\right) + \left(\frac{1}{n_2}\right)\right]}$, em que $p = p_1 = p_2$ e $q = 1 - p$.
5. Quando a hipótese nula estabelece que $p_1 = p_2$ e não especifica o valor-p_1 nem p_2, os dois conjuntos de dados amostrais serão combinados para obter a estimativa para p. Essa probabilidade combinada (conhecida como p'_p) é o número total de sucessos dividido pelo número total de observações com duas

amostras combinadas. Ela é determinada utilizando-se a fórmula a seguir:

$$p'_p = \frac{x_1 + x_2}{n_1 + n_2} \quad (10.13)$$

sendo q'_p seu complemento,

$$q'_p = 1 - p'_p \quad (10.14)$$

Quando a estimativa combinada, p'_p, é usada, a fórmula (10.12) transforma-se na fórmula (10.15):

Estatística de teste para a diferença entre duas proporções – proporção populacional desconhecida

$$z\bigstar = \frac{p'_1 - p'_2}{\sqrt{(p'_p)(q'_p)\left[\left(\frac{1}{n_1}\right) + \left(\frac{1}{n_2}\right)\right]}} \quad (10.15)$$

TESTE DE HIPÓTESES UNICAUDAL PARA A DIFERENÇA ENTRE DUAS PROPORÇÕES

➡ Para examinar a diferença entre duas proporções mais de perto, imagine um vendedor de um novo fabricante de telefones celulares. Ele afirma não só que os telefones custam menos ao varejista, mas também que a porcentagem de aparelhos com defeito encontrados entre os seus produtos não será maior que a porcentagem de aparelhos defeituosos encontrados entre os produtos de um concorrente. Para testar esta afirmação, o varejista coletou amostras aleatórias dos produtos de cada fabricante. Os resumos das amostras são apresentados na Tabela 10.5. Podemos rejeitar a alegação do vendedor em um nível de significância 0,05? Vamos usar o processo de cinco passos para descobrir.

Tabela 10.5 Informações amostrais do telefone celular

Produto	Número de aparelhos com defeito	Número de aparelhos verificados
Do vendedor	15	150
Do concorrente	6	150

PASSO 1 a. Parâmetro populacional de interesse:

$p_v - p_c$, a diferença entre a proporção de aparelhos com defeito entre os produtos do vendedor e a proporção de aparelhos com defeito entre os produtos do concorrente.

b. Formulação de hipóteses:

A preocupação do varejista é de que o produto mais barato do vendedor possa apresentar uma qualidade inferior, o que significa uma proporção maior de aparelhos com defeito. Se usarmos a diferença "proporção maior suspeita – menor proporção", então, a hipótese alternativa é "A diferença é positiva (maior que zero)".

$H_o: p_v - p_c = 0$ ($\leq$) (proporção de defeitos do vendedor não é maior que a do concorrente)

$H_a: p_v - p_c > 0$ (proporção de defeitos do vendedor é maior que a do concorrente)

PASSO 2 a. Pressupostos:

As amostras aleatórias foram selecionadas de produtos de dois fabricantes diferentes.

b. Distribuição de probabilidade:

A distribuição normal padrão. As populações são muito grandes (todos os telefones celulares produzidos), as amostras são maiores que 20 e os produtos estimados $n_v p'_v$, $n_v q'_v$, $n_c p'_c$, e $n_c q'_c$ são todos maiores que 5. Portanto, a distribuição amostral deve ser aproximadamente normal. $z\bigstar$ será calculado por meio da fórmula (10.15).

c. Determinar o nível de significância: $\alpha = 0,05$.

PASSO 3 a. Informações amostrais:

$$p'_v = \frac{x_v}{n_v} = \frac{15}{150} = \mathbf{0,10}$$

$$p'_c = \frac{x_c}{n_c} = \frac{6}{150} = \mathbf{0,04}$$

$$p'_p = \frac{x_1 + x_2}{n_1 + n_2} = \frac{15 + 6}{150 + 150} = \frac{21}{300} = \mathbf{0,07}$$

$$q'_p = 1 - p'_p = 1 - 0.07 = \mathbf{0,93}$$

b. Estatística de teste:

$$z\bigstar = \frac{p'_v - p'_c}{\sqrt{(p'_p)(q'_p)\left[\left(\frac{1}{n_v}\right) + \left(\frac{1}{n_c}\right)\right]}}:$$

$$z\bigstar = \frac{0,10 - 0,04}{\sqrt{(0,07)(0,93)\left[\left(\frac{1}{150}\right) + \left(\frac{1}{150}\right)\right]}}$$

$$= \frac{0,06}{\sqrt{0,000868}} = \frac{0,06}{0,02946} = \mathbf{2,04}$$

PASSO 4 A distribuição de probabilidade:

Novamente, podemos usar tanto o valor-p quanto o procedimento clássico:

PASSO 5 Resultados:

a. A decisão é: rejeitar H_o.

Usando o procedimento do valor-p:

a. Use a cauda localizada à direita, pois H_a expressa interesse por valores relacionados a "superior a". P = valor-p = $P(z\bigstar > 2{,}04)$, como mostrado na figura a seguir.

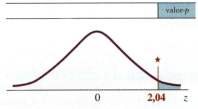

Para determinar o valor-p, você tem três opções:

1. Use a Tabela 3 do Apêndice B para calcular o valor-p: **P = 1,0000 – 0,9793 = 0,0207.**
2. Use a Tabela 5 do Apêndice B para atribuir limites ao valor-p: **0,0202 < P < 0,0228.**
3. Use um computador ou calculadora. **P = 0,0207.** Para instruções específicas, veja as páginas 170 a 172.

b. O valor-p é menor que α.

Usando o procedimento clássico:

a. A região crítica é a cauda à direita, pois H_a expressa interesse por valores relacionados a "superior a". O valor crítico é obtido da Tabela 4A: **z(0,05) = 1,65.**

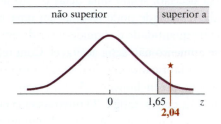

Para instruções específicas, veja as páginas 175 e 176.

b. $z\bigstar$ está na região crítica, como mostrado em vermelho na figura.

---

b. Conclusão:

No nível de significância 0,05, há evidência suficiente para rejeitar a alegação do vendedor. A proporção de telefones celulares de sua empresa que apresentam defeito é maior que a do seu concorrente.

10.5 Inferências sobre a razão das variâncias utilizando duas amostras independentes

AO COMPARAR DUAS POPULAÇÕES, NATURALMENTE COMPARAMOS SUAS DUAS CARACTERÍSTICAS DE DISTRIBUIÇÃO MAIS ESSENCIAIS, SEU "CENTRO" E SUA "EXTENSÃO", COMPARANDO SUAS MÉDIAS E DESVIOS PADRÃO.

Aprendemos, em duas seções anteriores, como usar a distribuição-t para fazer inferências comparando duas médias populacionais com amostras dependentes ou independentes. Esses procedimentos foram desenvolvidos para serem utilizados com populações normais, porém eles funcionam muito bem, mesmo quando as populações não são distribuídas de forma exatamente normal.

O próximo passo lógico na comparação de duas populações é comparar seus desvios padrão, a medida de extensão utilizada com mais frequência. No entanto, as distribuições amostrais que utilizam desvios padrão (ou variâncias) da amostra são muito sensíveis a pequenos desvios dos pressupostos. Portanto, o único procedimento de inferência a ser apresentado aqui é o **teste de hipóteses**

para a igualdade dos desvios padrão (ou variâncias) de duas populações normais.

A empresa de engarrafamento de refrigerantes abordada no Objetivo 9.3 (página 198) está tentando decidir se instala uma máquina moderna de envase de alta velocidade. Há, naturalmente, muitas questões que envolvem essa decisão, sendo uma delas o fato de que o aumento da velocidade pode resultar em uma maior variabilidade na quantidade de líquido inserido em cada garrafa e esse aumento não seria aceitável. Com relação a essa questão, o fabricante do novo sistema respondeu que a variância no preenchimento não será maior com a nova máquina que com a antiga. (O novo sistema encherá várias garrafas na mesma quantidade de tempo que o sistema antigo enche uma garrafa, sendo essa a razão de a mudança estar sendo considerada.) Um teste é criado para testar estatisticamente a questão de envasamento da empresa, "O desvio padrão da nova máquina é maior que o da antiga", contra a alegação do fabricante, "O desvio padrão da nova máquina não é maior que o da antiga".

Formulação de hipóteses para a igualdade das variâncias

Imagine que você foi incumbido da tarefa de indicar as hipóteses nula e alternativa a serem utilizadas para comparar as variâncias das duas máquinas de envasamento de refrigerantes. Você poderia fazer isso usando um dos vários modos equivalentes para expressar as hipóteses nula e alternativa, mas, uma vez que o procedimento de teste utiliza a razão das variâncias, a convenção recomendada é expressar as hipóteses nula e alternativa como razões das variâncias da população. Além disso, é recomendável que a "maior" ou "a que se espera ser a maior" variância seja o numerador. A preocupação da empresa de refrigerantes é que a máquina nova e moderna (m) resulte em um desvio padrão maior para as quantidades envasadas do que o apresentado pela máquina atual (p); $\sigma_m > \sigma_p$, ou equivalentemente $\sigma_m^2 > \sigma_p^2$, que se torna $\frac{\sigma_m^2}{\sigma_p^2} > 1$. Desejamos testar a afirmação do fabricante (a hipótese nula) contra a preocupação da empresa (a hipótese alternativa):

$$H_o: \quad \frac{\sigma_m^2}{\sigma_p^2} = 1 \quad (\leq) \quad (m \text{ não é mais variável})$$

$$H_a: \quad \frac{\sigma_m^2}{\sigma_p^2} > 1 \quad\quad (m \text{ é mais variável})$$

Usando a distribuição-*F*

Inferências sobre a razão de variâncias de duas populações distribuídas normalmente utilizam a **distribuição-*F***.

A distribuição-*F*, semelhante à distribuição-*t* de Student e à distribuição χ^2, constituem uma família de distribuições de probabilidades. Cada distribuição-*F* é identificada por dois números de graus de liberdade, um para cada uma das duas amostras envolvidas.

Antes de continuar com os detalhes do procedimento de teste de hipóteses, vamos aprender sobre a distribuição-*F*.

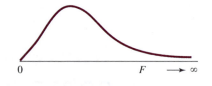

Propriedades da distribuição

1. *F* é não negativo, sendo zero ou positivo.
2. *F* é não simétrico, sendo deslocado para a direita.
3. *F* é distribuído de modo que forme uma família de distribuições, havendo uma distribuição distinta para cada par de números de graus de liberdade.

Para as inferências abordadas nessa seção, o número de graus de liberdade para cada amostra é $gl_1 = n_1 - 1$ e $gl_2 = n_2 - 1$. Cada combinação diferente dos graus de liberdade resulta em uma distribuição-*F* diferente, sendo que cada distribuição-*F* parece aproximadamente com a distribuição mostrada na Figura 10.2.

Figura 10.2 **Distribuição-*F***

Os valores críticos para a distribuição-*F* são identificados utilizando-se três valores:

- gl_n, graus de liberdade associados à amostra cuja variância está no numerador do *F* calculado;
- gl_n, graus de liberdade associados à amostra cuja variância está no denominador; e
- α, área sob a curva de distribuição à direita do valor crítico que está sendo procurado.

Portanto, o nome simbólico para um valor crítico de *F* será $F(gl_n, gl_d, \alpha)$, como mostrado na Figura 10.3.

Uma vez que são necessários três valores para identificar um único valor crítico de *F*, montar tabelas para *F* não é tão simples quanto com as distribuições estudadas anteriormente. As tabelas apresentadas neste livro estão

Figura 10.3 Valor crítico de *F*

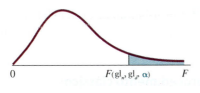

organizadas de modo que se tenha uma tabela diferente para cada valor diferente de α, "área à direita". A Tabela 9a do Apêndice B mostra os valores críticos para $F(\text{gl}_n, \text{gl}_d, \alpha)$ quando α = 0,05, a Tabela 9b fornece os valores críticos quando α = 0,025 e a Tabela 9c, os valores para α = 0,01.

Se desejássemos encontrar $F(5, 8, 0{,}05)$, o valor crítico de *F* para amostras de tamanho 6 e 9 com 5% da área localizada na cauda direita, seria necessário consultar a Tabela 9a (α = 0,05). Usando a visão parcial da Tabela 9a a seguir, observe que a interseção entre a coluna gl = 5 (para o numerador) e a linha gl = 8 (para o denominador) apresenta o valor: $F(5, 8, 0{,}05) = \mathbf{3{,}69}$.

Parte da Tabela 9a (α = 0,05)

		gl para o numerador			
		...	5	...	8	...
gl para o denominador	5				4,82	← $F(8, 5, 0{,}05) = 4{,}82$
	8		**3,69** ←			$F(5, 8, 0{,}05) = 3{,}69$

Também é possível observar que, se os dois graus de liberdade estão invertidos, o *F* resultante é diferente: $F(8, 5, 0{,}05)$ é 4,82. Os graus de liberdade associados ao numerador e ao denominador *devem* ser mantidos na ordem correta: 3,69 é diferente de 4,82. Confira alguns outros pares para verificar que a troca dos números dos graus de liberdade resultará em diferentes valores de *F*.

O uso da distribuição-*F* tem uma condição. Ou seja, nós formulamos certos pressupostos para inferências sobre a razão de duas variâncias: (1) as amostras são selecionadas aleatoriamente de populações distribuídas normalmente; e (2) as duas amostras são selecionadas de forma independente.

Estatística de teste para igualdade de variâncias

$$F\bigstar = \frac{s_n^2}{s_d^2}, \quad \text{com}$$
$$\text{gl}_n = n_n - 1 \text{ e gl}_d = n_d - 1 \tag{10.16}$$

As variâncias amostrais são atribuídas ao numerador e ao denominador na ordem estabelecida pelas hipóteses nula e alternativa para testes unicaudais. A razão calculada, $F\bigstar$, será uma distribuição-*F* com $\text{gl}_n = n_n - 1$ (numerador) e $\text{gl}_d = n_d - 1$ (denominador) quando os pressupostos são atendidos e a hipótese nula é verdadeira.

TESTE DE HIPÓTESES UNICAUDAL PARA IGUALDADE DE VARIÂNCIA

➜ Lembre-se de que a nossa empresa de engarrafamento de refrigerantes deveria tomar uma decisão sobre a igualdade das variâncias nas quantidades de enchimento entre sua máquina atual e um equipamento moderno de alta velocidade. As informações amostrais da Tabela 10.6 apresentam evidências suficientes para rejeitar a hipótese nula (a alegação do fabricante) de que a máquina moderna de envasamento de alta velocidade enche as garrafas sem uma variação maior do que a apresentada pela máquina atual da empresa? Vamos supor que as quantidades envasadas por ambas as máquinas sejam distribuídas normalmente. Realizemos o teste utilizando o processo de cinco passos, com α = 0,01.

Tabela 10.6 Informações amostrais sobre variâncias de preenchimento

Amostra	*n*	*s²*
Máquina atual (*p*)	22	0,0008
Máquina moderna de alta velocidade (*m*)	25	0,0018

PASSO 1 a. **Parâmetro de interesse:**
$\frac{\sigma_m^2}{\sigma_p^2}$, a razão das variâncias nas quantidades de envasamento colocadas nas garrafas para a máquina moderna *versus* a máquina atual da empresa.

b. Formulação de hipóteses:

As hipóteses foram estabelecidas no início dessa seção, na página 226:

$$H_o: \quad \frac{\sigma_m^2}{\sigma_p^2} = 1 \quad (\leq) \quad (m \text{ não é mais variável})$$

$$H_a: \quad \frac{\sigma_m^2}{\sigma_p^2} > 1 \quad\quad (m \text{ é mais variável})$$

Nota: Quando a variância "que se espera ser maior" está no numerador para um teste unicaudal, a hipótese alternativa estabelece que "a razão das variâncias é maior que um".

PASSO 2 a. Pressupostos:

As populações amostradas são distribuídas normalmente (conforme especificado no enunciado do problema) e as amostras são selecionadas de forma independente (extraídas de duas populações separadas).

b. Estatística de teste:

A distribuição-F com a razão das variâncias amostrais e a fórmula (10.16).

c. Nível de significância: $\alpha = 0,01$.

PASSO 3 a. Informações amostrais: veja a Tabela 10.6.

b. Estatística de teste calculada:

Utilizando a fórmula (10.16), temos

$$F\bigstar = \frac{s_m^2}{s_p^2}: \quad F\bigstar = \frac{0,0018}{0,0008} = \mathbf{2,25}$$

O número de graus de liberdade para o numerador é $gl_n = 24$ (ou $25 - 1$) porque a amostra da máquina moderna de alta velocidade está associada ao numerador, conforme especificado pela hipótese nula. Além disso, $gl_d = 21$, pois a amostra associada ao denominador tem tamanho 22.

PASSO 4 A distribuição de probabilidade:

Novamente, podemos usar tanto o valor-p quanto o procedimento clássico:

Usando o procedimento do valor-p:

a. Use a cauda localizada à direita, pois H_a expressa interesse por valores relacionados a "maior que". $P = P(F\bigstar > 2,25$, com $gl_n = 24$ e $gl_d = 21)$ conforme é mostrado na figura a seguir.

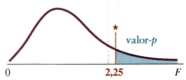

Para determinar o valor-p, você tem duas opções:

1. Use as Tabelas 9a e 9b do Apêndice B para atribuir limites ao valor-p: $0,025 < P < 0,05$.
2. Use um computador ou uma calculadora para determinar o valor-p: $P = 0,0323$.

Instruções específicas são fornecidas na sequência deste exemplo.

b. O valor-p não é menor que o nível de significância, α (0,01).

Usando o procedimento clássico:

a. A região crítica é a cauda localizada à direita, pois H_a expressa interesse por valores relacionados a "maior que". $gl_n = 24$ e $gl_d = 21$. O valor crítico é obtido da Tabela 9c: $F(24, 21, 0,01) = 2,80$.

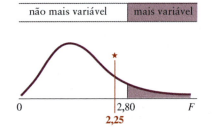

Para instruções adicionais, veja as páginas 226 e 227.

b. $F\bigstar$ não está na região crítica, como mostrado em vermelho na figura.

PASSO 5 Resultados:

a. Decisão: não rejeitar H_o.

b. Conclusão:

No nível de significância 0,01, as amostras não apresentam evidências suficientes que indiquem um aumento na variância.

Cálculo do valor-p ao utilizar a distribuição-F

Existem dois métodos para calcular o valor-p ao utilizar a distribuição-F:

Método 1: use a Tabela 9 do Apêndice B para atribuir limites ao valor-p. O uso das Tabelas 9a, 9b e 9c do Apêndice B para estimar o valor-p é muito limitado. No entanto, o valor-p pode ser estimado para o exemplo dos refrigerantes no qual acabamos de comparar as variâncias nas quantidades de envasamento para a

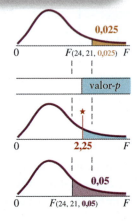

máquina atual e para uma máquina mais moderna. Checando as Tabelas 9a e 9b, você descobrirá que $F_{(24, 21, 0,025)} = 2,37$ e $F_{(24, 21, 0,05)} = 2,05$. $F\bigstar = 2,25$ está entre os valores 2,37 e 2,05. Portanto, o valor-p encontra-se entre 0,025 e 0,05: $\mathbf{0,025 < P < 0,05}$. (Veja a figura na parte inferior da página anterior).

> ## PSI
> α deve ser dividida em duas caudas para uma H_o bicaudal.

Método 2: se você estiver realizando o teste das hipóteses com o auxílio de um computador ou calculadora, muito provavelmente, o equipamento calculará o valor-p para você.

Valores críticos de *F* para testes unicaudais e bicaudais

As tabelas de valores críticos para a distribuição F fornecem apenas os valores críticos à direita. Isso não será um problema, pois o valor crítico à direita é o único valor crítico que será necessário. Você pode ajustar a ordem numerador-denominador para que toda a "atividade" localize-se na cauda à direita. Há dois casos: testes unicaudais e testes bicaudais.

Testes unicaudais: organize as hipóteses nula e alternativa, de modo que a alternativa seja sempre "maior que". O valor de $F\bigstar$ é calculado utilizando a mesma ordem especificada na hipótese nula (reveja o exemplo do envasamento de refrigerantes).

Testes bicaudais: quando o valor de $F\bigstar$ é calculado, utilize sempre a amostra com a maior variância para o numerador, o que tornará $F\bigstar$ maior que um e o coloca-

rá na cauda localizada à direita da distribuição. Assim, você necessitará somente do valor crítico para a cauda localizada à direita.

Todos os testes de hipóteses sobre duas variâncias podem ser formulados e realizados de forma que tanto o valor crítico de F quanto o valor calculado de $F\bigstar$ estejam localizados na cauda à direita da distribuição. Uma vez que as Tabelas 9a, 9b e 9c contêm somente valores críticos para a cauda da direita, isso será conveniente e os valores críticos para a cauda da esquerda nunca serão necessários.

FORMATO PARA A FORMULAÇÃO DE HIPÓTESES PARA A IGUALDADE DAS VARIÂNCIAS

➡ Para usar o formato correto para a formulação de hipóteses sobre a igualdade das variâncias, primeiro, reorganize a hipótese alternativa de forma que a região crítica seja a cauda localizada à direita:

$$H_a: \sigma_1^2 < \sigma_2^2 \quad \text{ou} \quad \frac{\sigma_1^2}{\sigma_2^2} < 1 \quad \text{(população 1 é menos variável)}$$

Então, inverta a direção da desigualdade e as posições do numerador e do denominador.

$$H_a: \sigma_2^2 > \sigma_1^2 \quad \text{ou} \quad \frac{\sigma_2^2}{\sigma_1^2} > 1 \quad \text{(população 2 é mais variável)}$$

A estatística de teste calculada $F\bigstar$ será $\frac{s_2^2}{s_1^2}$.

Os três capítulos anteriores forneceram ferramentas para utilizar os intervalos de confiança e os testes de hipóteses para responder perguntas sobre médias, proporções e desvios padrão para uma ou duas populações. Nos próximos capítulos, acrescentaremos técnicas para fazer inferências sobre mais de duas populações, bem como inferências de tipos diferentes.

problemas

Objetivo 10.1

10.1 Os alunos de uma escola secundária local foram designados para fazer um projeto para a aula de estatística. O projeto envolveu submeter alunos do segundo ano a um teste cronometrado sobre conceitos geométricos. Os alunos de estatística utilizaram, então, esses dados para determinar se houve diferença entre o desempenho masculino e o feminino. Os conjuntos de dados resultantes representam amostras dependentes ou independentes? Explique.

10.2 Ao tentar estimar a proporção de crescimento que ocorreu com as árvores recém-plantadas pela Comissão de Parques da Cidade, 36 árvores foram selecionadas aleatoriamente entre as 4 mil árvores plantadas. As alturas dessas árvores foram medidas e registradas. Um ano depois, outro conjunto de 42 árvores foi selecionado aleatoriamente e medido. Os dois conjuntos de dados (36 alturas, 42 alturas) representam amostras dependentes ou independentes? Explique.

10.3 Vinte pessoas foram selecionadas para participar de um experimento de psicologia. Elas responderam a um rápido questionário de múltipla escolha sobre suas atitudes relacionadas a um determinado assunto e, em seguida, assistiram a um filme de 45 minutos. No dia seguinte, foi solicitado às mesmas 20 pessoas que respondessem a um questionário de acompanhamento sobre suas atitudes. Ao término do experimento, o pesquisador terá dois conjuntos de pontuações. Esses dois conjuntos representam amostras dependentes ou independentes? Explique.

10.4 Uma companhia de seguros está preocupada com a possibilidade de a oficina A cobrar mais caro por seus consertos que a oficina B. Ela planeja enviar 25 carros para cada oficina e obter cotações separadas para os reparos necessários em cada carro.
a. Como a empresa pode fazer isso e obter amostras independentes? Explique em detalhes.
b. Como a empresa pode fazer isso e obter amostras dependentes? Explique em detalhes.

10.5 Nos últimos anos, o esporte de dança de salão tem tido uma maior exposição na mídia por meio de programas populares de televisão como "Dancing with the Stars" (Dançando com as estrelas). Estúdios de dança locais estão presenciando um aumento no número de pessoas interessadas em ter aulas de dança de salão. Duas amostras de 15 alunos de dança são avaliadas antes de terem qualquer aula de dança, sendo avaliadas novamente após cinco aulas. Os alunos que compõem as amostras são selecionados aleatoriamente.
a. Como os dados podem ser coletados para que sejam obtidas amostras dependentes? Explique em detalhes.
b. Como os dados podem ser coletados para que sejam obtidas amostras independentes? Explique em detalhes.

Objetivo 10.2

10.6 Conhecendo-se o seguinte conjunto de dados emparelhados:

Pares	1	2	3	4	5
Amostra A	3	6	1	4	7
Amostra B	2	5	1	2	8

Determine:
a. As diferenças emparelhadas, $d = A - B$, para esse conjunto de dados
b. A média $\bar{d}$ das diferenças emparelhadas
c. O desvio padrão s_d das diferenças emparelhadas

10.7 Todos os alunos que se matriculam em um determinado curso de memorização são submetidos a um pré-teste antes do início do curso. Após a conclusão do curso, dez alunos são selecionados aleatoriamente e submetidos a um pós-teste, tendo suas pontuações listadas aqui.

Estudante	1	2	3	4	5	6	7	8	9	10
Antes	93	86	72	54	92	65	80	81	62	73
Depois	98	92	80	62	91	78	89	78	71	80

Foi utilizado o MINITAB para encontrar o intervalo de confiança de 95% para a melhor média de memória resultante da participação no curso de memorização, conforme medido pela diferença nas pontuações dos testes (d = depois – antes). Verifique os resultados apresentados, calculando os valores você mesmo. Pressuponha normalidade.

Intervalos de confiança					
Variável	N	Média	Desvio padrão	Média EP	IC 95%
d	10	6,10	4,79	1,52	(2,67, 9,53)

10.8 Um experimento foi desenvolvido para estimar a diferença média no ganho de peso de porcos alimentados com a ração A em comparação com aqueles alimentados com a ração B. Foram usados oito pares de porcos. Os porcos de cada par pertenciam à mesma ninhada. As rações foram designadas aleatoriamente para os dois animais de cada par. Os ganhos (em libras), após 45 dias, são apresentados na tabela a seguir.

Ninhada	1	2	3	4	5	6	7	8
Ração A	65	37	40	47	49	65	53	59
Ração B	58	39	31	45	47	55	59	51

Supondo que o ganho de peso seja normal, determine a estimativa do intervalo de confiança de 95% para a média das diferenças μ_d, em que d = ração A – ração B.

10.9 Dois homens, A e B, que costumam ir para o trabalho juntos, decidem realizar um experimento para ver se uma rota é mais rápida que outra. Os homens acreditam que seu jeito de dirigir seja praticamente o mesmo e, portanto, decidem-se pelo procedimento a seguir. Todas as manhãs, durante duas semanas, A dirigirá para o trabalho seguindo uma rota e B utilizará a outra rota. Na primeira manhã, A jogará uma moeda. Se der cara, ele utilizará a rota I, se der coroa, utilizará a rota II. Na segunda manhã, B jogará a moeda: cara, rota I e coroa, rota II. Os tempos levados de deslocamento, registrados arredondando-os para o minuto mais próximo, são mostrados na tabela a seguir. Supondo que os tempos de deslocamento sejam normais, estime a diferença média da população com um intervalo de confiança de 95%.

	Dia									
Rota	Seg.	Ter.	Qua.	Qui.	Sex.	Seg.	Ter.	Qua.	Qui.	Sex.
I	29	26	25	25	25	24	26	26	30	31
II	25	26	25	25	24	23	27	25	29	30

10.10 Uma pessoa solteira de 19 anos que acaba de comprar o seu próprio Honda Civic com dois anos de uso deve estar se perguntando: "Por que o seguro de um carro é tão caro?" Há muitas razões de acordo com o agente de seguros, uma das quais é saber se o motorista é homem ou mulher. Os valores de seguro listados são provenientes de uma amostra aleatória de 16 CEPs, em um raio de 50 milhas (80,5 km) de nosso solteiro de 19 anos em questão. Os dados pertencem a uma apólice cujas características são: US$ 500 dedutíveis, US$ 25.000/US$ 50.000 para lesão corporal, US$ 25.000 para danos à propriedade e US$ 25.000/US$ 50.000 para motorista não segurado/segurado abaixo do valor corrente.

Homem ($)	1.215,30	996,30	1.179,30	1.254,30	1.110,30	2.086,60	856,30	1.298,30
Mulher ($)	1.015,30	812,30	987,30	1.045,30	916,30	1.804,60	671,30	1.132,30
Homem ($)	760,30	956,30	1.304,30	1.548,30	1.760,30	1.337,30	1.037,30	1.182,30
Mulher ($)	606,30	771,30	1.095,30	1.278,30	1.444,30	1.095,30	812,30	940,30

a. À primeira vista, parece haver um padrão para a relação entre as bonificações de seguro para homens e mulheres? Descreva-o.

b. Descreva cada conjunto de dados graficamente (homens, mulheres e diferença), utilizando um histograma e outro gráfico.

c. Determine a média e o desvio padrão para cada conjunto de dados: homens, mulheres e diferença.

d. Os pressupostos para uma média de um intervalo de confiança de diferença emparelhada são satisfeitos? Explique.

e. Utilizando um intervalo de confiança de 95%, estime a média das diferenças. Formule uma declaração completa de intervalo de confiança.

f. Suas respostas às questões anteriores sugerem alguma evidência de uma diferença entre os valores de seguro de automóvel para os condutores de 19 anos do sexo masculino e do sexo feminino? Explique.

10.11 Formule a hipótese nula, H_o, e a hipótese alternativa, H_a, que seriam utilizadas para testar cada uma das seguintes alegações:

a. Há um aumento na diferença média entre as pontuações pré e pós-teste.

b. Após uma sessão de treinamento especial, acredita-se que a média da diferença nas pontuações de desempenho não será igual a zero.

c. Em média, não há diferença entre as leituras de dois inspetores em cada uma das partes selecionadas.

d. A média das diferenças entre as pontuações de pré-autoestima e pós-autoestima apresentou melhora, após o envolvimento em uma comunidade de aprendizagem universitária.

10.12 Determine o valor-p para cada teste de hipóteses para a diferença média.

a. H_o: $\mu_d = 0$ e H_a: $\mu_d > 0$, com $n = 20$ e $t\star = 1,86$

b. H_o: $\mu_d = 0$ e H_a: $\mu_d \neq 0$, com $n = 20$ e $t\star = -1,86$

c. H_o: $\mu_d = 0$ e H_a: $\mu_d < 0$, com $n = 29$ e $t\star = -2,63$

d. H_o: $\mu_d = 0,75$ e H_a: $\mu_d > 0,75$, com $n = 10$ e $t\star = 3,57$

10.13 Determine os critérios de teste que seriam usados com a abordagem clássica para testar as hipóteses a seguir quando t é usado como a estatística de teste:

a. H_o: $\mu_d = 0$ e H_a: $\mu_d > 0$, com $n = 15$ e $\alpha = 0,05$

b. H_o: $\mu_d = 0$ e H_a: $\mu_d \neq 0$, com $n = 25$ e $\alpha = 0,05$

c. H_o: $\mu_d = 0$ e H_a: $\mu_d < 0$, com $n = 12$ e $\alpha = 0,10$

d. H_o: $\mu_d = 0,75$ e H_a: $\mu_d > 0,75$, com $n = 18$ e $\alpha = 0,01$

10.14 Uma amostra aleatória de dez patinadores de velocidade, todos com relativamente o mesmo nível de experiência e velocidade, foi selecionada para testar uma nova lâmina especial. A diferença entre os tempos em pista curta foi medida com o tempo de lâmina atual menos o tempo da lâmina especial, resultando em uma diferença média de 0,165 segundo, com um desvio padrão de 0,12 segundo. Essa amostra fornece evidências suficientes de que a lâmina especial é capaz de atingir tempos mais curtos? Use $\alpha = 0,05$ e suponha normalidade.

10.15 Dez pacientes diabéticos recém-diagnosticados foram testados para determinar se um programa educativo foi eficaz em aumentar seus conhecimentos sobre o diabetes. Eles receberam um teste antes e outro depois do programa educativo, referente aos aspectos de autocuidado do diabetes. As pontuações do teste foram as seguintes:

Paciente	1	2	3	4	5	6	7	8	9	10
Antes	75	62	67	70	55	59	60	64	72	59
Depois	77	65	68	72	62	61	60	67	75	68

Os dados gerados pelo MINITAB a seguir podem ser usados para determinar se as pontuações melhoraram como resultado do programa. Verifique se os valores mostrados nos dados gerados [diferença média (MEAN), desvio padrão da diferença (STDEV), erro padrão da diferença (SE MEAN), $t\star$ (T-value) e valor-p], calculando os valores você mesmo.

T emparelhado para depois – antes

	N	Média	Desvio padrão	Média EP
Depois	10	67,50	5,80	1,83
Antes	10	64,30	6,50	2,06
Diferença	10	3,200	2,741	0,867

Teste T de diferença média = 0 (vs > 0). Valor-T = 3,69 Valor-p = 0,002

10.16 Dez estudantes universitários selecionados aleatoriamente, que participaram de uma comunidade de aprendizagem, responderam a uma pesquisa de pré-autoestima e de pós-autoestima. Uma comunidade de aprendizagem é um grupo de estudantes que fazem dois ou mais cursos juntos. Normalmente, cada comunidade de aprendizagem tem um tema e os professores envolvidos coordenam as atribuições que ligam os cursos. A pesquisa mostrou que os benefícios de uma maior autoestima, maiores notas médias e melhor assimilação nos cursos, assim como melhores taxas de retenção, resultam da participação em uma comunidade de aprendizagem. As pontuações da pesquisa foram as seguintes:

Estudante	1	2	3	4	5	6	7	8	9	10
Pré-pontuação	18	14	11	23	19	21	21	21	11	22
Pós-pontuação	17	17	10	25	20	10	24	22	10	24

Essa amostra de alunos apresenta evidências suficientes de que as pontuações de autoestima foram maiores, após a participação em uma comunidade de aprendizagem? Pontuações mais baixas indicam maior autoestima. Use o nível de significância 0,05 e pressuponha a normalidade das pontuações.

10.17 Para testar o efeito de um curso de condicionamento físico sobre a capacidade física de uma pessoa, foi registrado o número de abdominais que uma pessoa pode fazer em um minuto, antes e após o curso. Dez participantes selecionados aleatoriamente atingiram marcas conforme mostra a tabela a seguir. Você pode concluir que ocorreu uma quantidade significativa de melhora? Use α = 0,05 e pressuponha normalidade.

Antes	29	22	25	29	26	24	31	46	34	28
Depois	30	26	25	35	33	36	32	54	50	43

a. Solucione utilizando a abordagem do valor-*p*.
b. Solucione utilizando a abordagem clássica.

Objetivo 10.3

10.18 Foi conduzido um estudo comparando as atitudes em relação à morte em que doadores de órgãos (indivíduos que tinham assinado autorizações para doação de órgãos) foram comparados a não doadores. O estudo foi publicado na revista *Death Studies*. A Escala de ansiedade perante a morte (DAS) de Templer foi aplicada a dois grupos. Nessa escala, pontuações altas indicam alta ansiedade com relação à morte. Os resultados foram relatados como segue:

	n	Média	Desvio padrão
Doadores de órgãos	25	5,36	2,91
Não doadores de órgãos	69	7,62	3,45

Construa o intervalo de confiança de 95% para a diferença entre as médias, $\mu_{não} - \mu_{doador}$.

10.19 As mulheres têm em média oito pares de sapatos a mais que os homens, de acordo com um artigo publicado na seção Snapshot do *USA Today*, intitulado "Who Owns More Shoes?" ("Quem possui mais sapatos?") (8 de julho de 2009). Um estudo recente em uma faculdade comunitária apresentou os seguintes resultados:

	n	Média	Desvio padrão
Homens	21	8,48	4,43
Mulheres	30	26,63	21,83

Determine o intervalo de confiança de 90% para a diferença entre os dois números médios de pares de sapatos para homens e mulheres.

10.20 Em uma grande universidade, um teste de conhecimentos matemáticos é aplicado a todos os alunos. Amostras de 36 homens e 30 mulheres foram selecionadas aleatoriamente do corpo discente deste ano e as pontuações registradas são as seguintes:

Homens	72	68	75	82	81	60	75	85	80	70
	71	84	68	85	82	80	54	81	86	79
	99	90	68	82	60	63	67	72	77	51
	61	71	81	74	79	76				
Mulheres	81	76	94	89	83	78	85	91	83	83
	84	80	84	88	77	74	63	69	80	82
	89	69	74	97	73	79	55	76	78	81

Construa o intervalo de confiança de 95% para a diferença entre as pontuações médias para alunos do sexo masculino e do sexo feminino.

10.21 Formule as hipóteses nula e alternativa que seriam utilizadas para testar cada uma das seguintes afirmações:
a. Há uma diferença entre a idade média dos funcionários em duas diferentes empresas de grande porte.
b. A média da população 1 é maior que a da população 2.
c. A média de sementes de girassol produzida por cidade na Dakota do Norte é menor que a produzida na Dakota do Sul.
d. Não há diferença no número médio de horas dedicadas ao estudo por semana entre os estudantes universitários do sexo masculino e feminino.

10.22 Se uma amostra aleatória de 18 casas ao sul da Center Street, em Provo, tem um preço médio de venda de US$ 145.200 e um desvio padrão de US$ 4.700 e uma amostra aleatória de 18 casas ao norte dessa mesma rua tem um preço médio de venda de US$ 148.600 e um desvio padrão de US$ 5.800, é possível concluir que há uma diferença significativa entre o preço de venda das casas nessas duas áreas de Provo no nível 0,05? Pressuponha normalidade.
a. Solucione utilizando a abordagem do valor-*p*.
b. Solucione utilizando a abordagem clássica.

10.23 As mulheres levam o golfe tão a sério quanto os homens? Se for assim, o preço de um taco para um homem seria o mesmo que o de um taco para uma mulher? Argumentou-se que os tacos para mulheres seriam mais baratos. Amostras aleatórias de tacos foram obtidas por meio do site Golflink.com. Os preços (em dólares) foram:

Homens					
149,99	299,99	49,99	499,99	167,97	299,99
399,99	199,99	99,99	149,99		

Mulheres					
199,99	79,99	499,99	199,97	299,99	99,99

No nível de significância 0,05, há evidência suficiente para sustentar a afirmação de que os tacos para homens são mais caros que os para mulheres? Pressuponha normalidade dos preços de tacos golfe.

10.24 Considere os dados de altura da superfície, para as superfícies refletoras polidas e não polidas de Raul em um microchip de silicone, fornecidos na página 220.
    a. Apresente e descreva cada conjunto de dados (não polidas e polidas), utilizando um histograma, a média e o desvio padrão.
    b. Verifique cada conjunto de dados em busca de uma distribuição normal.
       1. Diga o que você acredita ser o caso com base nos resultados encontrados no item (a). 2. Em seguida, encontre evidências estatísticas adicionais. 3. Apresente suas conclusões em relação à normalidade de forma muito precisa.

10.25 Considere os dados de altura da superfície, para as superfícies refletoras polidas e não polidas de Raul em um microchip de silicone, fornecidos na página 220 e investigados inicialmente no Exercício 10.25.
    a. Os dois conjuntos de dados, polidas e não polidas, representam amostras independentes ou dependentes? Explique sua resposta.
    b. Produza, pelo menos, três estatísticas gráficas que demonstrem que o novo processo de polimento, de fato, produz uma superfície refletora mais lisa. Explique como cada gráfico demonstra que a meta foi alcançada.
    c. Há evidências estatísticas de que o processo produz uma superfície significativamente mais lisa? Determinar o valor-p.
    d. Realize o teste de hipóteses no nível de significância 0,01 e não se esqueça de declarar sua decisão e sua conclusão.

Objetivo 10.4

10.26 Se $n_1 = 40$, $p'_1 = 0,9$, $n_2 = 50$ e $p'_2 = 0,9$:
    a. Encontre os valores estimados para np's e nq's.
    b. Essa situação satisfaria as diretrizes para aproximadamente normal? Explique?

10.27 Calcule a estimativa para o erro padrão da diferença entre duas proporções para cada um dos casos abaixo:
    a. $n_1 = 40$, $p'_1 = 0,8$, $n_2 = 50$ e $p'_2 = 0,8$.
    b. $n_1 = 33$, $p'_1 = 0,6$, $n_2 = 38$ e $p'_2 = 0,65$.

10.28 As proporções de peças defeituosas produzidas por duas máquinas foram comparadas e os dados a seguir foram coletados:
    Máquina 1: $n = 150$, número de peças defeituosas $= 12$
    Máquina 2: $n = 150$: número de peças defeituosas $= 6$
    Determine um intervalo de confiança de 90% para $p_1 - p_2$.

10.29 A Soap and Detergent Association (Associação de sabão e detergente) emitiu o seu quinto relatório anual Clean Hands Report Card para 2009. Em uma série de questões relacionadas com a higiene de adultos norte-americanos, constatou-se que 62% de 442 mulheres lavavam as mãos mais de dez vezes por dia, enquanto 37% de 446 homens

faziam o mesmo. Determine o intervalo de confiança de 95% para a diferença nas proporções de homens e mulheres que lavam as mãos mais de dez vezes por dia.

10.30 Em uma amostra aleatória de 40 indivíduos de cabelos castanhos, 22 relataram que utilizam coloração de cabelo. Em outra amostra aleatória de 40 indivíduos com cabelos loiros, 26 relataram que utilizam coloração de cabelo. Use um intervalo de confiança de 92% para estimar a diferença na proporção da população de indivíduos morenos e loiros que têm os cabelos tingidos.

10.31 Formule a hipótese nula, H_o, e a hipótese alternativa, H_a, que seriam utilizadas para testar cada uma das seguintes afirmações:
    a. Não há diferença entre as proporções de homens e mulheres que votarão para o incumbente nas eleições do próximo mês.
    b. A porcentagem de meninos que matam aulas é maior que a de meninas que o fazem.
    c. A porcentagem de estudantes universitários que dirigem carros antigos é maior que a de estudantes não universitários, da mesma idade, que dirigem carros antigos.

10.32 Determine o valor de $z\star$ que seria usado para testar a diferença entre as proporções indicadas a seguir:

Amostra	n	x
G	380	323
H	420	332

10.33 Em um levantamento com famílias em que ambos os pais trabalham, foi solicitado a 200 homens e 200 mulheres que respondessem à seguinte pergunta: "Você já recusou um emprego, promoção ou transferência, porque significaria menos tempo com sua família?" 29% dos homens e 24% das mulheres responderam "Sim". Com base nessas informações, podemos concluir que há uma diferença na proporção de homens e mulheres que responderam "Sim" no nível de significância 0,05?

10.34 Uma pesquisa da Harris Interactive concluiu que 50% dos democratas acompanham o futebol norte-americano profissional, enquanto 59% dos republicanos acompanham o esporte. Se os resultados da pesquisa foram baseados em amostras de 875 democratas e 749 republicanos, determine, no nível de significância 0,05, se do ponto de vista de que mais republicanos acompanham o futebol norte-americano profissional tem fundamento.

10.35 O *Consumer Reports* realizou uma pesquisa com mil adultos sobre uso de capacetes para andar de bicicleta. Uma das questões apresentadas para os entrevistados de 25 a 54 anos era se eles usavam capacete na maioria das vezes em que andavam de bicicleta. Essa pergunta tornou-se mais específica com a discriminação de haver ou não filhos. Oitenta e sete porcento do grupo dessa faixa etária com filhos relataram usar capacete na maioria das vezes, enquanto 74% daqueles sem filhos relataram usar capacete na maioria das vezes. Se o tamanho da amostra é de

340 para ambos os grupos, a proporção de uso do capacete é significativamente maior quando há uma criança em casa, no nível de significância 0,01?

Objetivo 10.5

10.36 Formule a hipótese nula, H_o, e a hipótese alternativa, H_a, que seriam utilizadas para testar as afirmações a seguir:

a. As variâncias das populações A e B não são iguais.
b. O desvio padrão da população I é maior que o da população II.
c. A razão entre as variâncias para as populações A e B é diferente de 1.
d. A variabilidade dentro da população C é menor que a dentro da população D.

10.37 Usando a notação F (gl$_1$, gl$_2$, α), identifique cada um dos valores críticos mostrados nas figuras a seguir.

a.

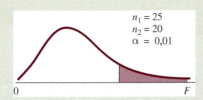

$$n_1 = 10$$
$$n_2 = 12$$
$$\alpha = 0,025$$

b.

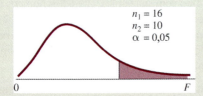

$$n_1 = 25$$
$$n_2 = 20$$
$$\alpha = 0,01$$

c.

$$n_1 = 16$$
$$n_2 = 10$$
$$\alpha = 0,05$$

10.38 Determine o valor-p que seria usado para testar as hipóteses a seguir, quando F é usado como a estatística de teste:

a. $H_o: \sigma_1 = \sigma_2$ vs. $H_a: \sigma_1 > \sigma_2$, com $n_1 = 10$, $n_2 = 16$ e $F\bigstar = 2,47$
b. $H_o: \sigma_1^2 = \sigma_2^2$ vs. $H_a: \sigma_1^2 > \sigma_2^2$, com $n_1 = 25$, $n_2 = 21$ e $F\bigstar = 2,31$
c. $H_o: \dfrac{\sigma_1^2}{\sigma_2^2} = 1$ vs. $H_a: \dfrac{\sigma_1^2}{\sigma_2^2} \neq 1$, com $n_1 = 41$, $n_2 = 61$ e $F\bigstar = 4,78$
d. $H_o: \sigma_1 = \sigma_2$ vs. $H_a: \sigma_1 < \sigma_2$, com $n_1 = 10$, $n_2 = 16$ e $F\bigstar = 2,47$

10.39 Determine a região crítica e o(s) valor(es) crítico(s) que seriam utilizados para testar as hipóteses a seguir, utilizando a abordagem clássica quando $F\bigstar$ é usado como a estatística de teste:

a. $H_o: \sigma_1^2 = \sigma_2^2$ vs. $H_a: \sigma_1^2 > \sigma_2^2$, com $n_1 = 10$, $n_2 = 16$ e $\alpha = 0,05$
b. $H_o: \dfrac{\sigma_1^2}{\sigma_2^2} = 1$ vs. $H_a: \dfrac{\sigma_1^2}{\sigma_2^2} \neq 1$, com $n_1 = 25$, $n_2 = 31$ e $\alpha = 0,05$
c. $H_o: \dfrac{\sigma_1^2}{\sigma_2^2} = 1$ vs. $H_a: \dfrac{\sigma_1^2}{\sigma_2^2} > 1$, com $n_1 = 10$, $n_2 = 10$ e $\alpha = 0,01$
d. $H_o: \sigma_1 = \sigma_2$ vs. $H_a: \sigma_1 < \sigma_2$, com $n_1 = 25$, $n_2 = 16$ e $\alpha = 0,01$

10.40 O comprimento dos nomes de meninos tem mais variação que o dos nomes de meninas? Com nomes atuais, como Nathaniel e Christopher, contra Ian e Jack, certamente parece que os nomes de meninos abrangem uma faixa ampla no que diz respeito ao comprimento. Para testar essa teoria, foram colhidas amostras aleatórias de nomes entre meninas e meninos da 7ª série.
Nomes de meninos $n = 30$ $s = 1,870$
Nomes de meninas $n = 30$ $s = 1,456$

No nível de significância 0,05, os dados sustentam a tese de que o comprimento dos nomes de meninos tem uma variação maior que os de meninas?

10.41 Um estudo sobre *Cuidados de Emergência Pediátrica* comparou a gravidade das lesões entre crianças mais jovens e mais velhas. Uma das medidas relatadas foi a Pontuação de Gravidade da Lesão (PGL). O desvio padrão de PGL para 37 crianças de oito anos ou menos foi de 23,9 e o desvio padrão para 36 crianças com mais de oito anos foi de 6,8. Suponha que as pontuações PGL sejam distribuídas normalmente para os dois grupos etários. No nível de significância 0,01, há razão suficiente para concluir que o desvio padrão das pontuações PGL para as crianças mais novas é maior que o para as crianças mais velhas?

10.42 Os salários dos atletas profissionais são muitas vezes criticados por serem extremamente altos. Muitos deles ganham ainda mais dinheiro por meio de contratos publicitários. Vários jogadores da NBA (Associação Nacional de Basquete dos EUA) e da MLB (Liga Principal de Basebol dos EUA) podem ser vistos em muitas campanhas publicitárias importantes. Duas amostras aleatórias de campanhas publicitárias com jogadores de cada modalidade esportiva foram selecionadas e resultaram nas quantias a seguir, em milhões de dólares.

NBA	16,0	15,0	21,7	12,0	9,5	0,5	15,5	0,8	2,5	5,0	16,0	15,5
MLB	6,0	8,0	2,5	0,3	3,5	0,5	0,5	0,3				

a. No nível de significância 0,05, há uma diferença significativa na variabilidade dos valores das campanhas publicitárias entre os jogadores da NBA e da MLB? Pressuponha normalidade para os valores das campanhas.
b. No nível de significância 0,05, a quantia média das campanhas com os jogadores da NBA é significativamente maior que a das campanhas com jogadores da MLB?

10.43 De acordo com uma pesquisa com 1.506 adultos, realizada para a Fundação Nacional do Sono e divulgada na seção Snapshot do *USA Today* de abril de 2005, os norte--americanos tiram uma soneca nos fins de semana.

Horas de sono	Dias úteis	Fins de semana
Menos de 6	0,16	0,10
6–6,9	0,24	0,15
7–7,9	0,31	0,24
8 ou mais	0,26	0,49

Duas amostras aleatórias independentes foram coletadas em um grande complexo industrial. Foi perguntado aos trabalhadores selecionados de uma amostra: "Quantas horas, com a aproximação de 15 minutos, você dormiu na noite de terça-feira desta semana?" Já aos trabalhadores selecionados para a segunda amostra, foi perguntado: "Quantas horas, com a aproximação de 15 minutos, você dormiu na noite de sábado do último fim de semana?"

Dia útil			Fim de semana			
5,00	7,75	7,25	9,00	7,25	8,75	7,50
9,25	7,25	8,75	6,25	5,25	9,25	9,25
7,00	7,75	6,75	7,50	8,50	8,75	6,50
9,25	7,00	7,75	8,00	8,75	9,50	8,00
9,25	9,25	6,00	8,75	7,75	8,75	7,50

a. Construa um histograma e determine a média e o desvio padrão para cada conjunto de dados.

b. As distribuições de "horas de sono em dias úteis" e "horas de sono no fim de semana" resultantes da pesquisa parecem ser semelhantes em forma? No centro? Na extensão? Elabore as suas respostas.

c. É possível que ambas as amostras tenham sido extraídas de populações normais? Justifique sua resposta.

d. O número médio de horas dormidas nos fins de semana é estatisticamente maior que o de horas dormidas nos dias úteis? Use $\alpha = 0{,}05$.

e. Há evidências suficientes para demonstrar que os desvios padrão dessas duas amostras são estatisticamente diferentes? Use $\alpha = 0{,}05$.

f. Explique como as respostas dos itens (b) a (e) agora afetam seu modo de interpretar sua resposta para o item (a).

Aplicações
de qui-quadrado

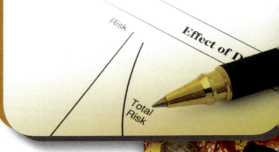

11.1 Estatística qui-quadrado

HÁ VÁRIOS PROBLEMAS PARA OS QUAIS OS **DADOS ENUMERATIVOS** SÃO CATEGORIZADOS E OS RESULTADOS, MOSTRADOS POR MEIO DE CONTAGENS.

Para ilustrar esse fato, pense em comida apimentada. Se você gosta de comida apimentada, provavelmente, tem um jeito preferido de "refrescar" sua boca depois de comer seu prato apimentado favorito. Alguns dos métodos mais utilizados são: beber água, leite, refrigerante ou cerveja, ou ainda comer pão ou outro alimento. Há ainda algumas pessoas que preferem não refrescar a boca em tais ocasiões, logo, nada fazem. A seção snapshot do *USA Today* "Putting Out the Fire" (Apagando o fogo), mostrada a seguir, apresenta os seis métodos mais utilizados por adultos, após comerem alimentos apimentados.

Recentemente, foi solicitado a 200 adultos, que afirmavam amar comida apimentada, que dissessem qual era sua maneira favorita de refrescar a boca, após comer alimentos com pimenta. É apresentado, a seguir, um resumo da amostra.

Método	Água	Leite	Refrigerante	Cerveja	Pão	Outros	Nada
Número	73	35	20	19	29	11	13

Dados de contagem como esses são, frequentemente, chamados dados enumerativos.

De forma semelhante, um conjunto de notas de uma prova final pode ser exibido como uma distribuição de frequência. Esses números de frequência são contagens, o número de dados que ficam em cada célula. Foi realizada uma pesquisa na qual foi solicitado

a eleitores que informassem se eram registrados como republicanos, democratas ou outro partido e se apoiavam ou não determinado candidato. Normalmente, os resultados são apresentados em forma de gráfico, que mostra o número de eleitores de cada possível categoria. Inúmeros exemplos dessa forma de apresentação de dados foram fornecidos ao longo dos dez capítulos anteriores.

Montagem de dados

Suponha que temos um determinado número de **células** nas quais n observações foram organizadas. (O termo *célula* é sinônimo de *classe*. Os termos *classe* e *frequência* foram definidos e utilizados nos capítulos anteriores. Antes de continuar, uma breve revisão dos Objetivos 2.1, 2.2 e 2.3 pode ser útil). As **frequências observadas** em cada célula são denotadas por $O_1, O_2, O_3, \ldots, O_k$ (veja a Tabela 11.1 na próxima página). Perceba que a soma de todas as frequências observadas é

$$O_1 + O_2 + \ldots + O_k = n$$

em que n é o tamanho da amostra.

O que gostaríamos de fazer é comparar as frequências observadas a algumas **frequências esperadas** ou teóricas denotadas por E_1, E_2, E_3, . . . , E_k (veja a Tabela 11.1), para cada uma dessas células. Novamente, a soma dessas frequências esperadas deve ser exatamente igual a n:

$$E_1 + E_2 + \ldots + E_k = n$$

Tabela 11.1 Frequências observadas

	Categorias k					Total
	1ª	2ª	3ª	...	k-ésima	
Frequências observadas	O_1	O_2	O_3	...	O_k	n
Frequências esperadas	E_1	E_2	E_3	...	E_k	n

Decidiremos, então, se as frequências observadas parecem concordar ou discordar das frequências esperadas. Faremos isso por meio do **teste de hipótese** com qui-quadrado, χ^2.

Resumo do procedimento do teste

Para a realização de um teste de hipótese com qui-quadrado, precisamos começar pela compreensão do seguinte teste estatístico:

Teste estatístico para qui-quadrado

$$\chi^2\star = \sum_{\text{todas as células}} \frac{(O - E)^2}{E} \qquad (11.1)$$

Este valor calculado para qui-quadrado é a soma de vários números não negativos, um de cada célula (ou categoria). O numerador de cada termo da fórmula para $\chi^2\star$ é o quadrado da diferença entre os valores das frequências observadas e esperadas. Quanto mais próximos estiverem esses valores, menor será o valor de $(O - E)^2$; quanto mais separados estiverem, maior será o valor de $(O - E)^2$. O denominador para cada célula coloca o tamanho do numerador em perspectiva, ou seja, uma diferença ($O - E$) de 10 resultante das frequências de 110 (O) e 100 (E) é muito diferente de uma diferença de 10 resultante de 15 (O) e 5 (E).

Essas ideias sugerem que valores pequenos de qui-quadrado indicam concordância entre os dois conjuntos de frequências, enquanto valores maiores indicam

discordância. Portanto, é usual que esses testes sejam unicaudais, com a região crítica localizada à direita.

Em amostragens repetidas, o valor calculado de $\chi^2\star$ na fórmula (11.1) terá uma distribuição amostral que pode ser aproximada pela distribuição de probabilidade qui-quadrado quando n é alto. Essa aproximação é, geralmente, considerada adequada quando todas as frequências esperadas são iguais ou maiores que 5. Lembre-se de que as distribuições qui-quadrado, assim como as distribuições-t de Student, formam uma família de distribuições de probabilidade, cada uma sendo identificada pelo número do parâmetro de graus de liberdade. O valor apropriado dos graus de liberdade será descrito em cada teste específico. A fim de usar a distribuição qui-quadrado, devemos estar cientes de suas propriedades, que foram listadas no Objetivo 9.3, na página 198. (Veja também a Figura 9.7). Os valores críticos para qui-quadrado são obtidos por meio da Tabela 8 do Apêndice B. (Instruções específicas foram fornecidas no Objetivo 9.3, na página 199).

Hipótese da utilização de qui-quadrado para a realização de inferências baseadas em dados enumerados:

A informação amostral é obtida usando-se a amostra aleatória retirada da população na qual cada indivíduo é classificado de acordo com a(s) variável(eis) categórica(s) envolvida(s) no teste.

Uma *variável categórica* é aquela que classifica ou categoriza cada indivíduo dentro de uma célula ou classe específica, em meio às demais. Essas células ou classes são inclusivas e mutuamente exclusivas. A face voltada para cima de um dado lançado é uma variável categórica: a lista de resultados {1, 2, 3, 4, 5, 6} é um conjunto de categorias inclusivas e mutuamente exclusivas.

Neste capítulo, permitimos certa "liberalização" com respeito a hipóteses nulas e seus testes. Nos capítulos anteriores, a hipótese nula foi sempre uma declaração sobre um parâmetro populacional (μ, σ ou p). No entanto, há outros tipos de hipóteses que podem ser testadas, assim

Karl Pearson e o qui-quadrado

Conhecido como um dos pais da estatística moderna, Karl Pearson inventou o qui-quadrado (denotado por χ^2) em 1900. Este é o procedimento de inferência mais antigo ainda utilizado em sua forma original e é frequentemente utilizado na economia atual e em aplicações de negócios.

como "este é um dado imparcial – possui seis lados com um número diferente em cada, sem repetições" ou "a altura e peso dos indivíduos são independentes". Note que, essas hipóteses não são afirmações sobre um parâmetro, apesar de, às vezes, elas serem mencionadas com valores de parâmetros específicos.

Considere a afirmação "este é um dado imparcial", $p = P$(outro número qualquer) $= \frac{1}{6}$ e você quer testá-la. O que você faria? Sua resposta foi algo como: Lançar este dado várias vezes e registrar os resultados? Suponha que você decidiu lançar o dado 60 vezes. Se este dado é imparcial, o que você espera que ocorra? Que cada número (1, 2,...,6) deva aparecer, aproximadamente $\frac{1}{6}$ das vezes (ou seja, dez vezes). Se cada número aparecer, aproximadamente, dez vezes, você certamente aceitará a afirmação de imparcialidade ($p = \frac{1}{6}$ para cada valor). Se, por acaso, o dado favorecer alguns determinados números, você rejeitará a afirmação. (O teste estatístico calculado $\chi^2\star$ terá um valor alto neste caso, como veremos em breve).

11.2 Inferências referentes a experimentos multinomiais

O PROBLEMA ANTERIOR SOBRE O DADO É UM BOM EXEMPLO DE UM **EXPERIMENTO MULTINOMIAL**.

→ Vamos retomar esse problema. Suponha que você queira testar esse dado (em $\alpha = 0,05$) e decidir en-

tre rejeitar ou não a afirmação "este é um dado imparcial". (A probabilidade para cada número é $\frac{1}{6}$). O dado é lançado de um copo para uma superfície plana e lisa 60 vezes, com as seguintes frequências observadas:

Número	1	2	3	4	5	6
Frequência observada	7	12	10	12	8	11

A hipótese nula de que o dado é imparcial é considerada como sendo verdadeira. Isso nos permite calcular as frequências esperadas. Se o dado é imparcial, esperamos dez ocorrências de cada número.

Agora, vamos calcular um valor observado de χ^2. Esses cálculos são mostrados na Tabela 11.2. O valor calculado é $\chi^2\star = 2,2$.

Agora, vamos usar nosso conhecido teste de hipóteses em cinco passos.

PASSO 1 a. **Parâmetro de interesse:**
A probabilidade na qual cada lado fica voltado para cima: $P(1), P(2), P(3), P(4), P(5), P(6)$.

b. **Afirmação das hipóteses:**

H_o: o dado é imparcial $\left(\text{cada } p = \frac{1}{6}\right)$.

H_a: o dado não é imparcial (ao menos um p é diferente dos demais).

PASSO 2 a. **Verifique as premissas:**
O dado foi coletado de maneira aleatória e cada resultado é um dos seis números.

b. **Teste estatístico:**
Em um experimento multinomial, o grau de liberdade é $= k - 1$, em que k é o número de células.

Tabela 11.2 Cálculos para obtenção de χ^2

Número	Observadas (O)	Esperadas (E)	$O - E$	$(O - E)^2$	$\dfrac{(O - E)^2}{E}$
1	7	10	−3	9	0,9
2	12	10	2	4	0,4
3	10	10	0	0	0,0
4	12	10	2	4	0,4
5	8	10	−2	4	0,4
6	11	10	1	1	0,1
Total	60	60	0 ✓		2,2

$\Sigma(O - E)$ deve ser igual a zero porque $\Sigma O = \Sigma E = n$. Você pode utilizar este fato como uma verificação, como mostrado na Tabela 11.2.

A distribuição qui-quadrado e a fórmula (11.1), com grau de liberdade = $k - 1 = 6 - 1 = 5$.

c. Determine o nível de significância, α.

$$\alpha = 0,05$$

PASSO 3 Evidência amostral:

a. Informação amostral: veja a Tabela 11.2.

b. Teste estatístico calculado:

Utilizando a fórmula (11.1), temos

$$\chi^2\bigstar = \sum_{\text{todas as células}} \frac{(O - E)^2}{E}:$$

$$\chi^2\bigstar = \mathbf{2,2}$$

(os cálculos são mostrados na Tabela 11.2).

PASSO 4 Distribuição de probabilidade:

Como sempre, podemos usar tanto o valor-p quanto o procedimento clássico:

Usando o procedimento do valor-p:

a. Utilize a cauda localizada à direita, pois os valores maiores de qui-quadrado discordam da hipótese nula:

$$P = P(\chi^2\bigstar > 2,2 | gl = 5)$$

conforme é mostrado na figura a seguir.

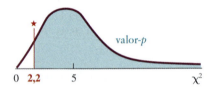

Para determinar o valor-p, você tem duas opções:

1. Use a Tabela 8 do Apêndice B para atribuir limites ao valor-p: $0,75 < P < 0,90$.

2. Use um computador ou uma calculadora para determinar o valor-p: $P = 0,821$.

Para instruções específicas, veja a página 201.

b. O valor-p não é menor que o nível de significância, α.

Usando o procedimento clássico:

a. A região crítica é a cauda localizada à direita, pois os valores maiores de qui-quadrado discordam da hipótese nula O valor crítico é obtido da Tabela 8, na interseção da linha do grau de liberdade = 5 e a coluna $\alpha = 0,05$:

$$\chi^2_{(5,\ 0,05)} = \mathbf{11,1}$$

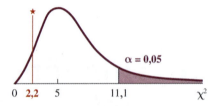

Para instruções específicas, veja a página 199.

b. $\chi 2\bigstar$ não está na região crítica, como é mostrado em vermelho na figura anterior.

PASSO 5 a. A decisão é: não rejeitar H_o.

b. **Conclusão:**

No nível 0,05 de significância, as frequências observadas não são significativamente diferentes daquelas de um dado imparcial.

Antes de olharmos os outros exemplos, devemos definir o termo *experimento multinomial* e estabelecer as diretrizes de como completar o teste qui-quadrado.

O exemplo do dado vai ao encontro da definição de um experimento multinomial, pois ele possui as quatro características descritas na definição.

1. O dado foi lançado n (60) vezes de forma idêntica e os testes são independentes com relação uns aos outros. (O resultado de cada teste não foi afetado pelos resultados de outros testes).

2. A cada vez que o dado foi lançado, um dos seis números apareceu e cada número foi associado a uma célula.

3. A probabilidade associada a cada célula foi de $\frac{1}{6}$, constante em todos os testes. (Seis valores de $\frac{1}{6}$ somados a 1,0.)

4. Quando o experimento chegou ao fim, havia uma lista de seis frequências (7, 12, 10, 12, 8 e 11) que, somadas, totalizam 60, o que indica que cada resultado foi levado em conta.

O procedimento de teste para experimentos multinomiais é muito parecido com o descrito nos capítulos anteriores. A grande mudança reside na declaração da hipótese nula. Ela pode ser uma declaração verbal, assim como no exemplo do dado: "Este é um dado imparcial". Geralmente, a alternativa da hipótese nula não é declarada. No entanto, neste livro, a hipótese alternativa será mostrada, desde que auxilie na organização e na compreensão do problema. Contudo, ela não será usada para determinar a localização da região crítica, assim como no caso dos capítulos anteriores. Para experimentos

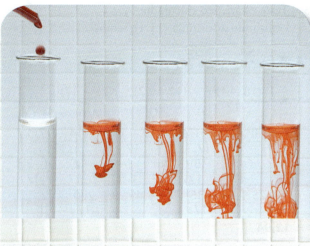

Experimento multinomial

Um experimento multinomial possui as seguintes características:

1. Consiste em *n* testes independentes idênticos.
2. O resultado de cada teste encaixa-se perfeitamente em uma das possíveis células *k*.
3. Há uma probabilidade associada a cada célula em particular. Além disso, essas probabilidades individuais permanecem constantes durante o experimento. (Este deve ser o caso de $p_1 + p_2 + \ldots + p_k = 1$.)
4. O experimento resultará em um conjunto de frequências observadas *k*, $O_1, O_2, \ldots, O_k$, no qual cada O_i é o número de vezes que um resultado do teste cai em uma determinada célula. (Este deve ser o caso de $O_1 + O_2 + \ldots + O_k = n$.)

multinomiais, sempre utilizaremos uma região crítica unicaudal, e esta será a cauda localizada à direita da distribuição χ^2, pois desvios maiores (positivos ou negativos) dos valores esperados levam a um aumento no valor $\chi^2\star$ calculado.

O valor crítico será determinado pelo nível de significância atribuído (α) e pelo número de graus de liberdade. O número de graus de liberdade (gl) será 1 a menos que o número de células (*k*), valor pelo qual os dados serão divididos:

Graus de liberdade para experimentos multinomiais

$$gl = k - 1 \qquad (11.2)$$

Cada frequência esperada, E_i, será determinada multiplicando-se o número total de testes *n* pela probabilidade correspondente (p_i) para cada célula. Ou seja,

Valor esperado para experimentos multinomiais

$$E_i = n \cdot p_i \qquad (11.3)$$

Uma diretriz deve ser cumprida para assegurar uma boa aproximação da distribuição qui-quadrado: cada frequência esperada deve ser, pelo menos, igual a 5 (ou seja, cada $E_i \geq 5$). Algumas vezes, é possível combinar células "menores" para cumprir essa diretriz. Se essa diretriz não pode ser cumprida, então, medidas corretivas devem ser tomadas para garantir uma boa aproximação. Essas medidas corretivas não são abordadas neste livro, no entanto, são discutidas em diversas outras fontes.

Teste de hipótese multinomial com frequências igualmente esperadas

Situações multinomiais ocorrem regularmente na vida cotidiana. Considere o exemplo de matrículas para cursos universitários. Estudantes universitários têm insistido na liberdade de escolha quando se matriculam em determinado curso. Neste semestre, há sete turmas para um determinado curso de matemática. As turmas estão previstas para reunirem-se em diversos horários com uma variedade de professores. A Tabela 11.3 mostra o número de estudantes que escolheram cada uma das sete turmas. Os dados indicam que os estudantes tiveram preferência por certas turmas, ou que cada turma tinha a mesma probabilidade de ser escolhida?

Tabela 11.3 Dados de matrículas para as turmas

	Turma							
	1	2	3	4	5	6	7	Total
Números de alunos	18	12	25	23	8	19	14	119

Se nenhuma preferência foi mostrada na seleção de turmas, então, podemos esperar que os 119 alunos sejam igualmente distribuídos entre as sete turmas, ou seja, esperamos que 17 alunos se matriculem em cada turma. Utilizando o processo de cinco passos, vamos completar o teste de hipótese no nível de significância de 5% e verificar se os estudantes foram igualmente distribuídos.

PASSO 1 **a. Parâmetro de interesse:**
Preferência por cada turma ou a probabilidade de que uma determinada turma seja escolhida no ato da matrícula.

b. Afirmação das hipóteses:

> H_o: não houve demonstração de preferência (igualmente distribuídos).

> H_a: houve demonstração de preferência (não igualmente distribuídos).

PASSO 2 a. **Premissa:**
Os 119 estudantes representam uma amostra aleatória da população de todos os alunos que se matricularam para este curso em particular. Uma vez que nenhuma nova regra tenha sido introduzida na seleção de cursos e que as matrículas pareçam proceder em seu padrão usual, não há razão para acreditar que esta não seja uma amostra aleatória.

b. **Teste estatístico a ser usado:**
A distribuição qui-quadrado e a fórmula (11.1), com gl = 6.

c. **Nível de significância:** $\alpha = 0,05$.

PASSO 3 a. **Informação amostral:** veja a Tabela 11.3.

b. Teste estatístico calculado:
Utilizando a fórmula (11.1), temos

$$\chi^2\star = \sum_{\text{todas as células}} \frac{(O - E)^2}{E}:$$

$$\chi^2\star = \frac{(18 - 17)^2}{17} + \frac{(12 - 17)^2}{17} + \frac{(25 - 17)^2}{17} +$$

$$\frac{(23 - 17)^2}{17} + \frac{(8 - 17)^2}{17} + \frac{(19 - 17)^2}{17} + \frac{(14 - 17)^2}{17}$$

$$= \frac{(1)^2}{17} + \frac{(-5)^2}{17} + \frac{(8)^2}{17} + \frac{(6)^2}{17} + \frac{(-9)^2}{17} + \frac{(2)^2}{17} + \frac{(-3)^2}{17}$$

$$= \frac{1 + 25 + 64 + 36 + 81 + 4 + 9}{17} = \frac{220}{17} = 12,9411$$

$$= \mathbf{12,94}$$

PASSO 4 **A distribuição de probabilidade:**
Novamente, podemos usar tanto o valor-p quanto o procedimento clássico:

Usando o procedimento do valor-p:

a. Utilize a cauda localizada à direita, pois os valores maiores de qui-quadrado discordam da hipótese nula:

$\mathbf{P = P(\chi^2\star > 12,94 | gl = 6)}$

conforme é mostrado na figura a seguir.

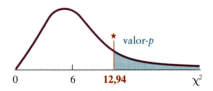

Para determinar o valor-p, você tem duas opções:
1. Use a Tabela 8 do Apêndice B para atribuir limites ao valor-p: $\mathbf{0,025 < P < 0,05}$.
2. Use um computador ou uma calculadora para determinar o valor-p: $\mathbf{P = 0,044}$.
Para instruções específicas, veja a página 201.

b. O valor-p é menor que o nível de significância, α.

Usando o procedimento clássico:

a. A região crítica é a cauda localizada à direita, pois os valores maiores de qui-quadrado discordam da hipótese nula. O valor crítico é obtido da Tabela 8, na interseção da linha do gl = 6 e a coluna $\alpha = 0,05$:
$\chi^2(6, 0,05) = \mathbf{12,6}$

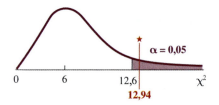

Para instruções específicas, veja a página 199.

b. $\chi^2\star$ está na região crítica, como é mostrado em vermelho na figura anterior.

PASSO 5 a. **A decisão é:** rejeitar H_o.

b. **Conclusão:**
No nível de significância 0,05, parece haver uma demonstração de preferência. Contudo, não se pode determinar que preferência seja essa com base nas informações fornecidas. Pode ser preferência por professor, horário ou conflito de agenda.

Conclusões devem ser tiradas com cuidado, a fim de evitar a sugestão de conclusões que os dados não possam sustentar.

TESTE DE HIPÓTESE MULTINOMIAL COM FREQUÊNCIAS IGUALMENTE ESPERADAS

➜ Nem todos os experimentos multinomiais resultam em frequências igualmente esperadas. Por exemplo, a teoria mendeliana da herança afirma que as frequências de ervilhas redondas e amarelas, rugosas e amarelas, redondas e verdes e rugosas e verdes ocorrerão na razão 9:3:3:1 quando duas variedades específicas de ervilhas são cruzadas. Para testar essa teoria, Mendel obteve frequências de 315, 101, 108 e 32, respectivamente. Ao completar nosso teste de hipótese de cinco passos no nível 0,05 de significância, vamos descobrir se os dados amostrais fornecem evidências suficientes para rejeitar a teoria de Mendel.

PASSO 1 a. **Parâmetro de interesse:**
As proporções: P(redonda e amarela), P(rugosa e amarela), P(redonda e verde), P(rugosa e verde).

b. **Afirmação das hipóteses:**
H_o: 9:3:3:1 é a razão de herança.
H_a: 9:3:3:1 não é a razão de herança.

PASSO 2 a. **Premissas:**
Suponhamos que os resultados de Mendel formem uma amostra aleatória.

b. **Teste estatístico a ser usado:**
A distribuição qui-quadrado e a fórmula (11.1), com grau de liberdade = 3.

c. **Nível de significância:** $\alpha = 0,05$.

PASSO 3 a. **Informação amostral:**
As frequências observadas são: 315, 101, 108 e 32.

b. **Teste estatístico calculado:**
A razão 9:3:3:1 indica probabilidades de $\frac{9}{16}, \frac{3}{16}, \frac{3}{16}$ e $\frac{1}{16}$.

Portanto, as frequências esperadas são $\frac{9n}{16}, \frac{3n}{16}, \frac{3n}{16}$ e $\frac{1n}{16}$. Temos

$$n = \Sigma O_i = 315 + 101 + 108 + 32 = 556$$

Os cálculos para a obtenção de $\chi^2\star$ são mostrados na Tabela 11.4.

Tabela 11.4 Dados necessários para calcular $\chi^2\star$

O	E	O−E	$\frac{(O-E)^2}{E}$	
315	312,75	2,25	0,0162	
101	104,25	−3,25	0,1013	
108	104,25	3,75	0,1349	
32	34,75	−2,75	0,2176	
556	556,00	0 ✓	**0,4700**	$\chi^2\star = \sum_{\text{todas as células}} \frac{(O-E)^2}{E} = 0,47$

PASSO 4 A **distribuição de probabilidade:**
Novamente, podemos usar tanto o valor-p quanto o procedimento clássico:

Usando o procedimento do valor-p:

a. Utilize a cauda localizada à direita, pois os valores maiores de qui-quadrado discordam da hipótese nula:

$P = P(\chi^2\star > 0{,}47 | gl = 3)$

conforme é mostrado na figura a seguir.

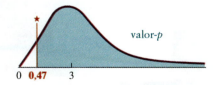

Para determinar o valor-p, você tem duas opções:
1. Use a Tabela 8 do Apêndice B para atribuir limites ao valor-p: **$0{,}90 < P < 0{,}95$.**
2. Use um computador ou uma calculadora para determinar o valor-p: **$P = 0{,}925$.**
Para instruções específicas, veja a página 201.

b. O valor-p não é menor que o nível de significância, α.

Usando o procedimento clássico:

a. A região crítica é a cauda localizada à direita, pois os valores maiores de qui-quadrado discordam da hipótese nula. O valor crítico é obtido da Tabela 8, na interseção da linha do gl = 3 e a coluna $\alpha = 0,05$:

$\chi^2(3, 0{,}05) =$ **7,81**

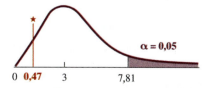

Para instruções específicas, veja a página 199.

b. $\chi^2\star$ não está na região crítica, como é mostrado em vermelho na figura anterior.

PASSO 5 a.   **A decisão é:** não rejeitar H_o.

b.   **Conclusão:**

No nível de significância 0,05, não há evidências suficientes para rejeitar a teoria de Mendel.

9:3:3:1

11.3 Inferências sobre tabelas de contingência

UMA **TABELA DE CONTINGÊNCIA** É UMA DISPOSIÇÃO DE DADOS EM UMA CLASSIFICAÇÃO FEITA DE DUAS MANEIRAS.

Os dados são organizados em células e o número de dados em cada célula é informado. A tabela de contingência envolve dois fatores (ou variáveis). Além disso, uma questão comum a respeito dessas tabelas é se os dados indicam que as duas variáveis são dependentes ou independentes (veja as páginas 90 a 93).

Dois diferentes testes utilizam o formato da tabela de contingência. O primeiro a ser abordado é o **teste de independência**.

Tabela 11.5   Resultados amostrais para sexo e preferência de área acadêmica

Sexo	Área acadêmica preferida			Total
	Exatas (E)	Ciências sociais (CS)	Humanas (H)	
Estudantes do sexo masculino (M)	37	41	44	122
Estudantes do sexo feminino (F)	35	72	71	178
Total	72	113	115	300

Teste de independência

Para ilustrar um teste de independência, consideremos uma amostra aleatória que apresente os sexos de estudantes universitários de artes liberais e suas áreas acadêmicas favoritas. Cada pessoa em um grupo de 300 estudantes foi identificada como do sexo masculino ou feminino e questionada sobre a preferência acadêmica: artes liberais na área de exatas, ciências sociais ou humanas. A Tabela 11.5 é uma tabela de contingência que mostra as frequências encontradas para essas categorias. Essa amostra apresenta evidências suficientes para rejeitar a hipótese nula "a preferência por exatas, ciências sociais ou humanas é independente do sexo de um estudante universitário"? Para descobrir, vamos completar o teste de hipótese utilizando o nível de significância 0,05.

PASSO 1 a.   **Parâmetro de interesse:**

A determinação da independência das variáveis "sexo" e "área acadêmica favorita" requer que discutamos a probabilidade dos vários casos e o efeito que respostas a respeito de uma variável têm sobre a probabilidade de respostas com relação à outra variável. Independência, conforme a definição do Capítulo 4, requer $P(E|M) = P(E|F) = P(E)$; ou seja, o sexo não exerce influência sobre a probabilidade de escolha de uma área acadêmica por determinada pessoa.

b.   **Afirmação das hipóteses:**

H_o: a preferência por exatas, ciências sociais ou humanas é independente do sexo de um estudante universitário.

H_a: a preferência pela área acadêmica não é independente do sexo do estudante.

A PROBABILIDADE DE QUE DOIS EVENTOS INDEPENDENTES OCORRAM É O PRODUTO DAS PROBABILIDADES.

PASSO 2 **a.** **Premissas:**

A informação amostral é obtida usando-se uma amostra aleatória retirada de uma população e, em seguida, cada indivíduo é classificado de acordo com o sexo e área acadêmica preferida.

b. **Teste estatístico a ser usado:**

No caso das tabelas contingenciais, o número de graus de liberdade é exatamente o mesmo que o número de células na tabela, que podem ser preenchidas livremente quando se tem os **totais marginais**.

Os totais para nossos estudantes universitários são exibidos na tabela a seguir:

			122
			178
72	113	115	300

Dados esses totais, podem-se preencher apenas duas células antes de todas as demais serem determinadas. (Os totais devem, obviamente, permanecer os mesmos.) Por exemplo, uma vez que escolhemos dois valores arbitrários (digamos, 50 e 60) para as duas primeiras células da primeira linha, os outros quatro valores de células são fixados:

50	60	C	122
D	E	F	178
72	113	115	300

Os valores têm de ser $C = 12$, $D = 22$, $E = 53$ e $F = 103$. Caso contrário, os totais não estariam corretos. Portanto, há duas opções para este problema. Cada opção corresponde a 1 grau de liberdade. Logo, o número de graus de liberdade para o nosso exemplo é igual a 2 (gl = 2).

A distribuição qui-quadrado será usada juntamente com a fórmula (11.1), com grau de liberdade = 2.

c. **Nível de significância:** $\alpha = 0,05$.

PASSO 3 **a. Informação amostral:** veja a Tabela 11.5.

b. **Teste estatístico calculado:**

Antes de podermos calcular o valor de qui-quadrado, precisamos determinar os valores esperados, E, para cada célula. Para fazê-lo, precisamos relembrar as

nota

Podemos pensar no cálculo dos valores esperados de uma segunda maneira. Lembre-se de que supomos que a hipótese nula seja verdadeira até que haja evidências para rejeitá-la. Feita essa suposição em nosso exemplo, estamos, na verdade, dizendo que o evento de um estudante selecionado aleatoriamente ser do sexo masculino e o evento de um estudante selecionado aleatoriamente preferir matérias exatas são independentes. Nossa estimativa pontual para a probabilidade de um estudante ser do sexo masculino é $\frac{122}{300}$ e a estimativa pontual para a probabilidade de um estudante preferir matérias exatas é $\frac{72}{300}$. Portanto, a probabilidade de que ocorram os dois eventos é o produto das probabilidades.

[Consulte a fórmula (4.7), na página 93.] Assim, $\left(\frac{122}{300}\right)\left(\frac{72}{300}\right)$ é a probabilidade de um estudante selecionado ser do sexo masculino e preferir ciências exatas. O número de estudantes, entre os 300, que se espera ser do sexo masculino e preferir ciências exatas é determinado multiplicando-se a probabilidade (ou proporção) pelo número total de estudantes (300). Logo, o número esperado de estudantes do sexo masculino que preferem ciências exatas é (300) = $\left(\frac{122}{300}\right)(72) = 29,28$. Os demais valores esperados podem ser determinados da mesma maneira.

Juan Facundo Mora Soria/iStockphoto / U.P.images/iStockphoto -/ Anthony Ong/Digital Vision/Getty Images

hipóteses nulas, que afirmam que esses fatores são independentes. Portanto, esperamos que os valores sejam distribuídos na proporção dos totais marginais. Há 122 pessoas do sexo masculino e esperamos que sejam distribuídas entre E, CS e H proporcionalmente aos totais 72, 113 e 115. Assim, as contagens esperadas da célula para pessoas do sexo masculino são

$$\frac{72}{300} \cdot 122 \quad \frac{113}{300} \cdot 122 \quad \frac{115}{300} \cdot 122$$

Do mesmo modo, esperamos para pessoas do sexo feminino

$$\frac{72}{300} \cdot 178 \quad \frac{113}{300} \cdot 178 \quad \frac{115}{300} \cdot 178$$

Desta maneira, os valores esperados ficam conforme mostrado na Tabela 11.6. Sempre verifique os totais marginais para os valores esperados em comparação aos totais marginais para os valores observados.

Tabela 11.6 Valores esperados

	E	CS	H	Total
Estudantes do sexo masculino	29,28	45,95	46,77	122,00
Estudantes do sexo feminino	42,72	67,05	68,23	178,00
Total	72,00	113,00	115,00	300,00

Normalmente, a tabela de contingência é escrita de forma que contenha todas essas informações (veja a Tabela 11.7).

Tabela 11.7 Tabela contingencial com os resultados amostrais e valores esperados

Sexo	Área acadêmica preferida			Total
	Exatas	Ciências sociais	Humanas	
Estudantes do sexo masculino	37 (29,28)	41 (45,95)	44 (46,77)	122
Estudantes do sexo feminino	35 (42,72)	72 (67,05)	71 (68,23)	178
Total	72	113	115	300

O qui-quadrado calculado é

$$\chi^2\bigstar = \sum_{\text{todas as células}} \frac{(O-E)^2}{E}:$$

$$\chi^2\bigstar = \frac{(37-29,28)^2}{29,28} + \frac{(41-45,95)^2}{45,95} + \frac{(44-46,77)^2}{46,77} +$$
$$\frac{(35-42,72)^2}{42,72} + \frac{(72-67,05)^2}{67,05} + \frac{(71-68,23)^2}{68,23}$$
$$= 2,035 + 0,533 + 0,164 + 1,395 + 0,365 + 0,112$$
$$= \mathbf{4,604}$$

PASSO 4 A distribuição de probabilidade:
Novamente, podemos usar tanto o valor-p quanto o procedimento clássico:

Usando o procedimento do valor-p:

a. Utilize a cauda localizada à direita, pois os valores maiores de qui-quadrado discordam da hipótese nula:

$$P = P(\chi^2\bigstar > 4,604 | gl = 2)$$

conforme é mostrado na figura a seguir.

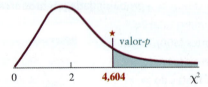

Para determinar o valor-p, você tem duas opções:
1. Use a Tabela 8 do Apêndice B para atribuir limites ao valor-p: $0,10 < P < 0,25$.
2. Use um computador ou uma calculadora para determinar o valor-p: $P = 0,1001$.
Para instruções específicas, veja a página 201.

b. O valor-p não é menor que α.

Usando o procedimento clássico:

a. A região crítica é a cauda localizada à direita, pois os valores maiores de qui-quadrado discordam da hipótese nula. O valor crítico é obtido a partir da Tabela 8, na interseção da linha do gl = 5 e a coluna α = 0,05:
$$\chi^2(2, 0,05) = \mathbf{5,99}$$

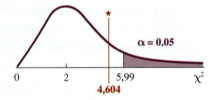

Para instruções específicas, veja a página 199.

b. $\chi^2\bigstar$ não está na região crítica, como é mostrado em vermelho na figura anterior.

a. A decisão é: não rejeitar H_o.

b. Conclusão:
No nível de significância 0,05, as evidências não nos permitem rejeitar a independência existente entre o sexo de um estudante e sua preferência por determinada área acadêmica.

De forma geral, a **tabela contingencial** $l \times c$ (l é o número de **linhas**; c é o número de **colunas**) é usada para testar a independência do fator linha e do fator coluna. O número de **graus de liberdade** é determinado por:

Graus de liberdade para tabelas de contingência

$$gl = (l - 1) \cdot (c - 1) \qquad (11.4)$$

em que l e c são ambos maiores que 1. (Esse valor para gl deve concordar com o número de células contadas, de acordo com a descrição geral das páginas 244 e 245).

As **frequências esperadas** para uma tabela de contingência $l \times c$ são encontradas por meio das fórmulas fornecidas por cada célula da Tabela 11.8, em que n = total geral. De forma geral, a frequência esperada na interseção da i-ésima linha e j-ésima coluna é dada por:

Frequências esperadas para tabelas contingenciais

$$E_{i,j} = \frac{\text{total de linhas} \times \text{total de colunas}}{\text{total geral}} = \frac{L_i \times C_j}{n} \qquad (11.5)$$

Tabela 11.8 Frequências esperadas para uma tabela contingencial $l \times c$

Linha	Coluna 1	2	...	j-enésima linha	...	c	Total
1	$\frac{L_1 \times C_1}{n}$	$\frac{L_1 \times C_2}{n}$	...	$\frac{L_1 \times C_j}{n}$	...	$\frac{L_1 \times C_c}{n}$	L_1
2	$\frac{L_2 \times C_1}{n}$						L_2
⋮	⋮	⋮					⋮
i-enésima linha	$\frac{L_i \times C_1}{n}$		...	$\frac{L_i \times C_j}{n}$	...		L_i
⋮	⋮	⋮					⋮
l	$\frac{L_r \times C_1}{n}$						⋮
Total	C_1	C_2	...	C_j	...		n

Deve-se, novamente, observar a diretriz mencionada previamente: Cada $E_{i,j}$ deve ser, pelo menos, igual a 5.

Teste de homogeneidade

O segundo tipo de problema de tabela contingencial é chamado **teste de homogeneidade**. Esse teste é utilizado quando uma das duas variáveis é controlada pelo experimentador, de forma que os totais da linha ou coluna sejam predeterminados.

Por exemplo, suponha que queiramos fazer uma pesquisa com eleitores registrados a respeito de uma lei proposta pelo governador. Na pesquisa, 200 moradores da área central da cidade, 200 do subúrbio e 100 da zona rural foram selecionados aleatoriamente e questionados se eram a favor ou contra a proposta do governador. Ou seja, é extraída uma amostra aleatória simples de cada um desses três grupos. Um total de 500 eleitores participa da pesquisa. Porém, repare que a quantidade de eleitores que ficará em cada categoria de linha foi predeterminada (antes de a amostra ser extraída), conforme é mostrado na Tabela 11.9, e cada categoria é amostrada separadamente.

Notas sobre as notações

A notação usada na Tabela 11.8 e a fórmula (11.5) podem ser novas para você. Por conveniência, quando nos referirmos a células ou entradas de uma tabela, usaremos $E_{i,j}$ para denotar a entrada na i-ésima linha e j-ésima coluna. Ou seja, a primeira letra subscrita corresponde ao número da linha e a segunda, ao número da coluna. Portanto, $E_{1,2}$ é a entrada da primeira linha, segunda coluna, e $E_{2,1}$ é a entrada da segunda linha, primeira coluna. Na Tabela 11.6 (página 246), $E_{1,2}$ é 45,95 e $E_{2,1}$ é 42,72. A notação usada na Tabela 11.8 é interpretada de forma similar, ou seja, L_1 corresponde ao total da linha 1, e C_1 corresponde ao total da coluna 1.

Tabela 11.9 Registro da eleição com totais lineares pre-determinados

Residência	Proposta do governador		
	A favor	Contra	Total
Residem na área central da cidade			200
Residem no subúrbio			200
Residem na zona rural			100
Total			500

Em um teste dessa natureza, estamos, na verdade, testando a hipótese: a distribuição das proporções dentro das linhas é a mesma para todas as linhas. Ou seja, a distribuição das proporções da linha 1 é a mesma da linha 2, que é a mesma da linha 3, e assim por diante. A alternativa é: a distribuição de proporções dentro das linhas não é a mesma em todas as linhas. Este tipo de exemplo pode ser considerado uma comparação de vários experimentos multinomiais. Além dessa diferença conceitual, o verdadeiro teste de independência e homogeneidade com tabelas contingenciais é o mesmo.

Vamos demonstrar esse teste de hipótese completando o exemplo da pesquisa no nível de significância 0,05. A evidência amostral apresentada na Tabela 11.10 sustenta a hipótese: "eleitores dentro dos diferentes grupos de locais de residência possuem diferentes opiniões sobre a proposta do governador"?

Tabela 11.10 Resultados amostrais para residência e opinião

Local de residência	Proposta do governador		
	A favor	Contra	Total
Residem na área central da cidade	143	57	200
Residem no subúrbio	98	102	200
Residem na zona rural	13	87	100
Total	254	246	500

PASSO 1 a. **Parâmetro de interesse:**

A proporção dos eleitores que são a favor ou contra (ou seja, a proporção de eleitores que residem no centro da cidade e que são a favor, que residem no subúrbio e que são a favor, que residem na zona rural e que são a favor e a proporção dos três grupos, separadamente, que são contra).

b. **Afirmação das hipóteses:**

H_o: a proporção de eleitores a favor da lei proposta é a mesma para os três grupos de locais de residência.

H_a: a proporção de eleitores a favor da lei proposta não é a mesma para os três grupos de locais de residência. (Ou seja, em, pelo menos, um grupo uma proporção é diferente da outra).

PASSO 2 a. **Premissas:**

A informação amostral é obtida utilizando três amostras aleatórias retiradas de três populações separadas, nas quais cada indivíduo é classificado de acordo com sua opinião.

b. **Teste estatístico a ser usado:**

A distribuição qui-quadrado e a fórmula (11.1), com gl = $(l - 1)(c - 1) = (3 - 1)(2 - 1) = 2$

c. **Nível de significância:** $\alpha = 0,05$.

PASSO 3 a. **Informação amostral:** veja a Tabela 11.10.

b. **Teste estatístico calculado:**

Os valores esperados são determinados utilizando-se a fórmula (11.5) (página 247) e fornecidos pela Tabela 11.11.

Tabela 11.11 Resultados amostrais e valores esperados

Local de residência	Proposta do governador		
	A favor	Contra	Total
Residem na área central da cidade	143 (101,6)	57 (98,4)	200
Residem no subúrbio	98 (101,6)	102 (98,4)	200
Residem na zona rural	13 (50,8)	87 (49,2)	100
Total	254	246	500

NOTA: Cada valor esperado é usado duas vezes no cálculo de $\chi^2\star$. Portanto, é uma boa ideia manter casas decimais extras enquanto os cálculos são feitos.

O qui-quadrado calculado é

$$\chi^2\star = \sum_{\text{todas as células}} \frac{(O - E)^2}{E}:$$

$$\chi^2\star = \frac{(143 - 101,6)^2}{101,6} + \frac{(57 - 98,4)^2}{98,4} + \frac{(98 - 101,6)^2}{101,6}$$
$$+ \frac{(102 - 98,4)^2}{98,4} + \frac{(13 - 50,8)^2}{50,8} + \frac{(87 - 49,2)^2}{49,2}$$
$$= 16,87 + 17,42 + 0,13 + 0,13 + 28,13 + 29,04$$
$$= \mathbf{91,72}$$

PASSO 4 A distribuição de probabilidade:
Novamente, podemos usar tanto o valor-*p*
quanto o procedimento clássico:

Usando o procedimento do valor-*p*:

a. Utilize a cauda localizada à direita, pois os valores
maiores de qui-quadrado discordam da hipótese nula:

$$P = P(\chi 2 * \star > 91,72 | gl = 2)$$

conforme é mostrado na figura a seguir.

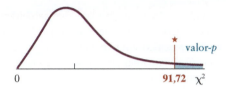

Para determinar o valor-*p*, você tem duas opções:
1. Use a Tabela 8 do Apêndice B para atribuir limites
   ao valor-*p*: **P < 0,005**.
2. Use um computador ou uma calculadora para
   determinar o valor-*p*: **P = 0,000+**.

Para instruções específicas, veja a página 201.

b. O valor-*p* é menor que α.

Usando o procedimento clássico:

a. A região crítica é a cauda localizada à direita,
pois os valores maiores de qui-quadrado discordam da hipótese nula. O valor crítico é obtido
da Tabela 8, na interseção da linha do gl = 2 e a
coluna α = 0,05:

$\chi^2(2, 0,05) = $ **5,99**

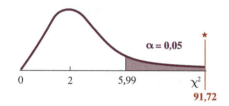

Para instruções específicas, veja a página 199.

b. $\chi^2 \star$ está na região crítica, como é mostrado
em vermelho na figura anterior.

PASSO 5 a. A decisão é: rejeitar H_o.

b. Conclusão: os três grupos de eleitores não possuem
as mesmas proporções dos que são a favor da lei
proposta, no nível de significância 0,05.

RECAPITULANDO

Neste capítulo, abordamos os testes de hipóteses utilizando o qui-quadrado, as
probabilidades de células associadas ao experimento multinomial e as tabelas
contingenciais simples. Em cada caso, as premissas fundamentais são que, um
número alto de observações foi feito e que o teste estatístico resultante, $\sum \frac{(O - E)^2}{E}$, é
aproximadamente distribuído como qui-quadrado. De forma geral, se *n* é um valor
alto e o tamanho de célula mínimo permissível esperado é igual a 5, então,
essa premissa é satisfeita.

Alerta: O número atual de graus de liberdade é crítico se os
resultados do teste forem verdadeiros. Os graus de liberdade
determinam, em partes, a região crítica e seu tamanho
é importante. Assim como em outros testes de hipótese,
não rejeitar H_o não significa a aceitação imediata da
hipótese nula.

problemas

Objetivo 11.1

11.1 Referente à amostra de 200 adultos entrevistados no exemplo sobre comida apimentada e ao gráfico "Apagando o fogo" da página 236:
a. Quais informações foram coletadas de cada adulto na amostra?
b. Defina a população e a variável envolvida na amostra.
c. Utilizando os dados amostrais, calcule as porcentagens para os vários métodos de refrescar a boca.

11.2 Encontre esses valores críticos utilizando a Tabela 8 do Apêndice B.
a. $\chi^2(18, 0,01)$ b. $\chi^2(16, 0,025)$
c. $\chi^2(40, 0,10)$ d. $\chi^2(45, 0,01)$

11.3 Utilizando a notação vista no problema 11.2, nomeie e encontre os valores críticos de χ^2.
a.
b.

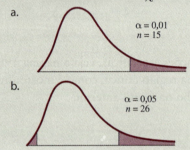

$\alpha = 0,01$
$n = 15$

$\alpha = 0,05$
$n = 26$

Objetivo 11.2

11.4 Elabore a hipótese nula H_o e a hipótese alternativa H_a que seriam usadas para testar as seguintes afirmações:
a. As quatro opções são igualmente prováveis.
b. A pesquisa mostrou as distribuições de partidos políticos de 23%, 36% e 41% para republicanos, democratas e independentes, respectivamente.
c. Respostas favoráveis com relação à sustentabilidade e os quatro intervalos designados por geração estavam na razão de 11:15:8:6.

11.5 Determine o valor-p para os seguintes testes de hipóteses envolvendo a distribuição χ^2:
a. $H_o: P(1) = P(2) = P(3) = P(4) = 0,25$, com $\chi^2 \star = 12,25$
b. $H_o: P(I) = 0,25, P(II) = 0,40, P(III) = 0,35$, com $\chi^2 \star = 5,98$

11.6 Determine valor e região críticos que seriam utilizados na abordagem clássica do teste de hipótese nula para cada um dos experimentos multinomiais a seguir:
a. $H_o: P(1) = P(2) = P(3) = P(4) = 0,25$, com $\alpha = 0,05$
b. $H_o: P(I) = 0,25, P(II) = 0,40, P(III) = 0,35$, com $\alpha = 0,01$

11.7 Um fabricante de polidores de pisos conduziu um experimento de preferência do consumidor a fim de determinar qual dos cinco diferentes polidores de pisos resultava na melhor aparência. Uma amostra de 100 consumidores analisou cinco amostras de pisos que haviam recebido um tipo de polidor cada. Cada consumidor indicou a amostra de sua preferência. O brilho e o plano de fundo foram aproximadamente os mesmos para todas as amostras de pisos. Os resultados foram os seguintes:

Polidor	A	B	C	D	E	Total
Frequência	27	17	15	22	19	100

Solucione os problemas seguintes usando a abordagem do valor-p e a abordagem clássica:
a. Elabore a hipótese para "sem preferência" na terminologia estatística.
b. Qual teste estatístico será utilizado no teste da hipótese nula?
c. Complete o teste de hipótese usando $\alpha = 0,10$.

11.8 As balas Skittles são vendidas em saquinhos com várias balas coloridas em cada. Você pode "provar o arco-íris" com suas cinco cores e sabores originais: verde (lima), roxo (uva), amarelo (limão), laranja (laranja) e vermelho (morango). Diferentemente de algumas balas multicoloridas disponíveis no mercado, a Skittles afirma que suas cinco cores são igualmente prováveis. Em uma tentativa de rejeitar essa afirmação, um saquinho de 4 onças (113,4 gramas) de Skittles foi adquirido e as cores contadas:

Vermelhas	Laranjas	Amarelas	Verdes	Roxas
18	21	23	17	27

Essa amostra contradiz a afirmação da Skittles no nível 0,05?
a. Solucione utilizando a abordagem do valor-p.
b. Solucione utilizando a abordagem clássica.

11.9 A seção Snapshot do *USA Today* de 16 de outubro de 2009 intitulada "Falar ao celular em lugares públicos é falta de educação?" informou os seguintes resultados de um relatório de pesquisa da Fox TV/Rasmussen:

Respostas à pesquisa	Porcentagem
Sim	51
Não	37
Não têm certeza	12

Como membro do Comitê de Ética da sua faculdade, você decide conduzir uma pesquisa com os estudantes sobre esse assunto. A tabela a seguir apresenta as respostas de 300 alunos:

Respostas à pesquisa	Número
Sim	126
Não	118
Não têm certeza	56

A distribuição das respostas dos estudantes universitários difere de forma significativa dos resultados publicados pela pesquisa de opinião pública? Use um nível de significância de 0,01.

11.10 Os sistemas nacionais de saúde constituem uma grande preocupação para os norte-americanos, atualmente. O artigo do *USA Today* "Pesquisa: Os norte-americanos estão apreensivos com relação às mudanças nos sistemas de saúde?", de 31 de outubro de 2009, informou as seguintes porcentagens sobre "Requisitos das companhias de seguros que você deve atender para ter a cobertura de certos tratamentos" e sobre as mudanças no sistema de saúde:

Ponto de vista de 11 a 13 de setembro	Porcentagem
Melhorou	22
Não mudou	35
Piorou	38
Desconhecido	5

Um mês depois, de 16 a 19 de outubro, outra pesquisa foi realizada com 1.521 adultos. Outros pontos de vista são separados por categorias na tabela a seguir:

Ponto de vista de 16 a 19 de outubro	Número
Melhorou	380
Não mudou	380
Piorou	700
Desconhecido	61

No nível de significância 0,05, as distribuições dos pontos de vista mudaram de forma significativa entre setembro e outubro de 2009?

11.11 O comportamento de aves à procura de alimento está sendo estudado em uma floresta controlada constituída por pinheiros das seguintes espécies: Pseudotsuga (52% do volume da copa), Pinus Ponderosa (36%) e Abies Grandis (12%). Duzentos e trinta e oito pássaros trepadeira-azul-do-canadá foram observados: 105 em Pseudotsugas, 92 em Pinus Ponderosas e 41 em Abies Grandis. A hipótese nula a ser testada é: "as aves procuram por alimento aleatoriamente, independentemente da espécie da árvore".
   a. Elabore a hipótese alternativa.
   b. Determine os valores esperados para o número de pássaros procurando por alimento em cada espécie de árvore.
   c. Complete o teste de hipótese usando α = 0,05 e elabore, cuidadosamente, a conclusão.

11.12 Um determinado tipo de semente de flor produzirá flores nas cores magenta, verde-amarelado e ocre na razão 6 : 3 : 1 (uma flor por semente). Ao todo, 100 sementes foram plantadas e todas germinaram, resultando no seguinte:

Magenta	Verde-amarelado	Ocre
52	36	12

Solucione os problemas seguintes usando a abordagem do valor-p e a abordagem clássica:
   a. Se a hipótese nula (6 : 3 : 1) for verdadeira, qual o número esperado de flores na cor magenta?
   b. Quantos graus de liberdade estão associados ao qui-quadrado?
   c. Complete o teste de hipótese usando α = 0,10.

11.13 A *Nursing Magazine* publicou os resultados de uma pesquisa realizada com mais de 1.800 enfermeiras por todo o país sobre a satisfação no trabalho e a retenção de pessoal. Enfermeiras de hospitais atrativos (que atraem e mantêm enfermeiras com sucesso) descrevem a situação dos funcionários em seus locais de trabalho, como segue:

Situação dos funcionários	Porcentagem
1. Desesperadamente sem auxílio – o atendimento aos pacientes foi prejudicado	12
2. Sem auxílio, porém o atendimento aos pacientes não foi prejudicado	32
3. Adequado	38
4. Mais que adequado	12
5. Excelente	6

Uma pesquisa realizada com 500 enfermeiras de hospitais não atrativos forneceu as seguintes respostas à situação dos funcionários:

Situação dos funcionários	1	2	3	4	5
Número	165	140	125	50	20

Os dados indicam que as enfermeiras dos hospitais não atrativos possuem uma distribuição diferente de opiniões? Use α = 0,05.
   a. Solucione utilizando a abordagem do valor-p.
   b. Solucione utilizando a abordagem clássica.

11.14 A amostra de 200 adultos coletada no exemplo de comidas apimentadas da página 236 mostra uma distribuição significativamente diferente da mostrada no gráfico "Apagando o fogo" (página 236)? Use α = 0,05.

11.15 De acordo com o site "The Harris Poll", a proporção de todos os adultos que vivem em residências com rifles (29%), espingardas (29%) ou pistolas (23%) não mudou de forma significativa desde 1996. No entanto, atualmente, mais pessoas vivem em residências sem armas (61%). Os 1.014 adultos que participaram da pesquisa forneceram os seguintes resultados:

	Todos os adultos (%)	Todos os proprietários de armas (%)
Que possuem rifle, espingarda e pistola (3 dos 3 tipos)	16	41
Que possuem 2 dos 3 tipos (rifle, espingarda ou pistola)	11	27
Que possuem 1 dos 3 tipos (rifle, espingarda ou pistola)	11	29
Não quiseram responder/Não têm certeza	1	3
Total	39%	100%

Em uma pesquisa realizada na cidade de Memphis, com 2 mil adultos que alegaram possuir armas, 780 alegaram possuir os três tipos, 550 alegaram possuir 2 dos 3 tipos, 560 legaram possuir 1 dos 3 tipos e 110 recusaram-se a especificar quais tipos de armas possuíam.
   a. Teste a hipótese nula de a distribuição do número de tipos de armas possuídas ser a mesma para Memphis e para a nacionalmente informada na pesquisa do site "The Harris Poll". Use um nível de significância igual a 0,05.
   b. O que fez que o valor calculado de χ^2★ fosse tão grande? Parece razoável uma célula exercer tanto efeito sobre os resultados? De que maneira esse teste poderia ser realizado diferentemente (se possível, mais significativamente) de forma que os resultados não fossem afetados como foram no item (a)? Seja específico.

Objetivo 11.3

11.16 Elabore a hipótese nula H_o e a hipótese alternativa H_a que seriam usadas para testar as seguintes afirmações:

a. Os eleitores expressaram preferências que não eram independentes de suas afiliações em partidos.

b. A distribuição das opiniões é a mesma para as três comunidades.

c. A proporção de respostas afirmativas foi a mesma para todas as categorias pesquisadas.

11.17 O "teste de independência" e o "teste de homogeneidade" são realizados de forma idêntica, usando-se a tabela contingencial para distribuir e organizar os cálculos. Explique como esses dois testes de hipóteses diferem entre si.

11.18 Determine o valor esperado para cada célula apresentada:

11.19 Os resultados da "2003 Youth Risk Behavior Survey" (pesquisa sobre o comportamento de risco na juventude de 2003), com relação ao uso do cinto de segurança, foram publicados na seção Snapshot do *USA Today* de 13 de janeiro de 2005. A tabela a seguir resume os resultados de uma pesquisa realizada com estudantes do ensino médio no estado de Nebraska. Foi perguntado se esses estudantes raramente ou nunca usam o cinto de segurança quando andam de carona no carro de alguém.

	Estudantes do sexo feminino	Estudantes do sexo masculino
Raramente ou nunca usam o cinto de segurança	208	324
Usam cinto de segurança	1.217	1.184

FONTE: www.cdc.gov

Usando $\alpha = 0,05$, essa amostra apresenta evidências suficientes para rejeitar a hipótese de o sexo ser independente do uso do cinto de segurança?

a. Solucione utilizando a abordagem do valor-*p*.

b. Solucione utilizando a abordagem clássica.

11.20 Uma pesquisa realizada com viajantes selecionados aleatoriamente que usaram os banheiros de um posto de gasolina de uma grande distribuidora de petróleo dos Estados Unidos apresentou os seguintes resultados:

	Qualidade das instalações do banheiro			
Sexo do replicante	Acima da média	Na média	Abaixo da média	Totais
Mulheres	7	24	28	59
Homens	8	26	7	41
Totais	15	50	35	100

Usando $\alpha = 0,05$, essa amostra apresenta evidências suficientes para rejeitar a hipótese "A opinião sobre a qualidade dos banheiros independe do sexo do replicante"?

a. Solucione utilizando a abordagem do valor-*p*.

b. Solucione utilizando a abordagem clássica.

11.21 A síndrome de Tourette é um distúrbio neurológico e hereditário que ocorre no início da infância e envolve múltiplos tiques motores e, pelo menos, um tique vocal. Um estudo realizado nos Estados Unidos, publicado no *Relatório semanal de morbidez e mortalidade* do CDC de 5 de junho de 2009, indicou que a síndrome ocorre em três entre cada mil crianças em idade escolar. Uma análise aprofundada classificou os dados de acordo com a etnia e a raça – veja a tabela a seguir. No nível de significância 0,05, a amostra indica que ter a síndrome de Tourette é independente da etnia e da raça?

	Hispânicos	Brancos não hispânicos	Negros não hispânicos
Têm a síndrome de Tourette	26	164	18
Não têm a síndrome de Tourette	7.321	43.602	6.427

11.22 A síndrome de Tourette é um distúrbio neurológico e hereditário que ocorre no início da infância e envolve múltiplos tiques motores e, pelo menos, um tique vocal. Um estudo realizado nos Estados Unidos, publicado no *Relatório semanal de morbidez e mortalidade* do CDC de 5 de junho de 2009, indicou que a síndrome ocorre em três entre cada mil crianças em idade escolar. Uma análise aprofundada classificou os dados de acordo com a renda familiar de acordo com o nível federal de pobreza – veja a tabela a seguir. No nível de significância 0,05, a amostra indica que ter a síndrome de Tourette independe da renda familiar?

	Abaixo de 200%	200% − 400%	Above 400%
Têm a síndrome de Tourette	65	80	80
Não têm a síndrome de Tourette	17.581	21.795	24.432

11.23 Animais doentes que, hipoteticamente, recebem uma determinada droga (grupo experimental) sobreviverão em uma taxa mais favorável do que aqueles que não recebem a droga (grupo de controle). Os resultados a seguir foram registrados.

	Sobreviveram	Não sobreviveram
Grupo experimental	46	18
Grupo de controle	38	35

a. Explique por que a hipótese do exercício não pode ser a hipótese nula.

b. Explique por que a hipótese nula é corretamente afirmada como "A sobrevivência independe do tratamento".

c. Complete o teste de hipótese, determinando o valor-*p*.

d. Se o teste for realizado usando $\alpha = 0,02$, elabore a decisão que deve ser tomada.

e. Se o teste for realizado usando $\alpha = 0,02$, elabore, cuidadosamente, a conclusão e o seu significado.

11.24 A seção Snapshot do *USA Today* de 12 de novembro de 2009 "Raiva em gatos em ascensão" informou que quase 7 mil animais foram declarados com raiva em 2008. Utilizando informações do *Journal of the American Veterinary*

Medical Association (Periódico da associação norte-americana de medicina veterinária), os seguintes casos de raiva foram registrados para cães e gatos:

Ano	Cães	Gatos
2007	93	274
2008	75	294

No nível de significância 0,05, a distribuição de casos de raiva entre cães e gatos é a mesma para os anos mencionados?

11.25 De acordo com um relatório fornecido pela Substance Abuse and Mental Health Services Administration (Administração Federal para Serviços de Saúde Mental e Abuso de Substâncias), trabalhadores do ramo alimentício apresentam o índice mais elevado de fumantes: 45% relataram terem fumado cigarro no último mês. Algumas carreiras estão mais propensas que outras a induzir as pessoas a tornarem-se fumantes? Se 100 pessoas em cada uma das seguintes ocupações forem questionadas se fumaram no último mês, os dados sustentam a hipótese de algumas carreiras conter níveis mais elevados de fumantes? Use um nível de significância de 0,05.

Ocupação	Construção	Produção	Engenharia	Política	Educação
Número de fumantes	43	37	17	17	12

11.26 Estudantes utilizam diversos critérios ao escolherem cursos. "Professor que dá boas notas" é um critério frequente. Três professores foram escalados para dar aula de estatística no próximo semestre. Uma amostra das distribuições de notas anteriores desses três professores é mostrada aqui.

Notas	Professor		
	#1	#2	#3
A	12	11	27
B	16	29	25
C	35	30	15
Outros	27	40	23

No nível de significância 0,01, há evidências suficientes para concluir que "A distribuição das notas não é a mesma para os três professores"?
a. Solucione utilizando a abordagem do valor-p.
b. Solucione utilizando a abordagem clássica.
c. Qual professor dá as melhores notas? Explique, mencionando evidências específicas que sustentem sua resposta.

11.27 Pessoas cada vez mais jovens são capazes de adquirir armas ilegais? De acordo com o artigo publicado pelo *Democrat and Chronicle* em 11 de outubro de 2009, da cidade de Rochester, Nova York, "A arma usada para atirar em DiPonzio", que informou que um garoto de 14 anos atirou em um oficial de polícia – aparentemente, o número de grupos de pessoas muito jovens encontrados com armas ilegais continua a crescer. No nível de significância 0,01, aparentemente, a distribuição das idades das pessoas que possuem armas ilegais é a mesma para os anos mencionados?

Ano	21 anos ou menos	De 22 a 30 anos	De 31 a 50 anos	51 anos ou mais
2005	103	93	111	33
2006	119	136	96	31
2007	155	140	130	76
2008	159	160	104	60

Análise de variância

Quanto tempo os trabalhadores norte-americanos gastaram indo trabalhar esta manhã? Quanto tempo os seus pais gastaram? Será que todo mundo gasta a mesma quantidade de tempo? Qual foi o tempo médio gasto no percurso de ida para o trabalho pelos moradores de Boston? E pelos moradores de Dallas? Você acha que a cidade exerce algum efeito sobre o tempo gasto no percurso de ida para o trabalho esta manhã? O gráfico "O percurso mais longo de ida ao trabalho" parece sugerir que algumas cidades possuem tempos de percurso maiores que outras. De acordo com o estudo realizado nos capítulos anteriores, sabemos que as estatísticas de diferentes amostras variam mesmo se retiradas da mesma população. A pergunta a ser feita neste caso é: "A variação existente entre as amostras seria maior do que o esperado se as amostras fossem todas retiradas de uma população?"

Parece existir uma diferença entre o tempo médio do percurso de ida para o trabalho para as seis cidades? Algumas das técnicas estudadas nos capítulos anteriores podem ajudar a encontrar a resposta para essa questão, no entanto, neste capítulo, aprenderemos novas técnicas específicas para a realização de comparações entre as múltiplas médias.

objetivos

12.1 Introdução à técnica de análise de variância

12.2 A lógica por trás de ANOVA

12.3 Aplicações da ANOVA com um fator fixo

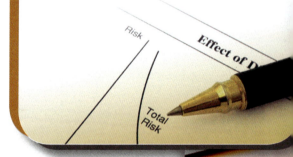

12.1 Introdução à técnica de análise de variância

ANTERIORMENTE, TESTAMOS HIPÓTESES SOBRE DUAS MÉDIAS.

Neste capítulo, testaremos uma hipótese sobre várias médias e começaremos a discutir como abordar o teste na página 256.

Nikada/iStockphoto
Drew Hadley/iStockphoto

O percurso mais longo de ida ao trabalho

Aqui segue uma amostra das quantidades de tempo gasto na ida para o trabalho nas seis maiores cidades dos Estados Unidos:

Atlanta, GA
26,5 min.

Boston, MA
28,2 min.

Dallas, TX
25,3 min.

Filadélfia, PA
30,3 min.

Seattle, WA
23,8 min.

St. Louis, MO
23,3 min.

FONTE: Anne R Carey and Juan Thomassie, 2005 *USA Today*.

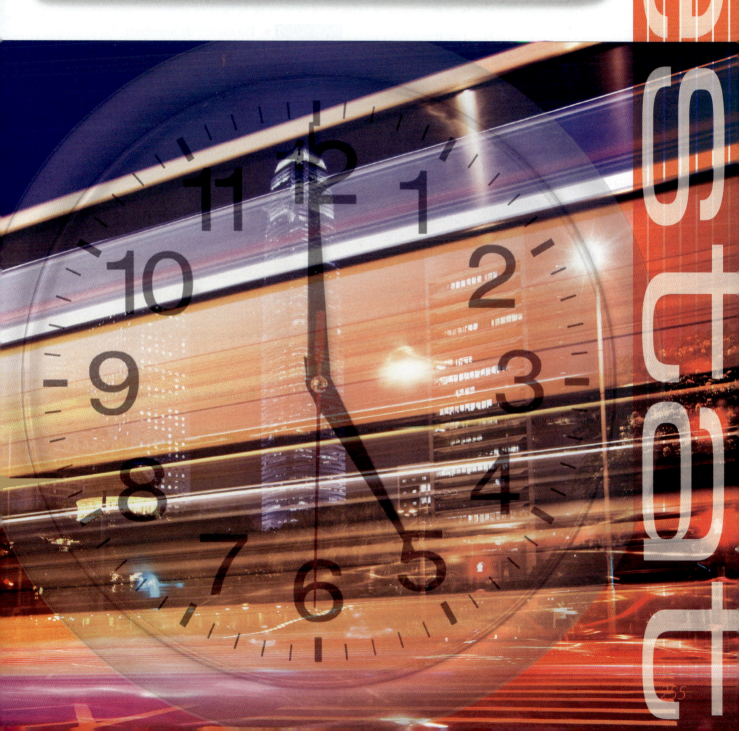

A técnica de **análise da variância** (**ANOVA**), que estamos prestes a explorar, será utilizada para testar uma hipótese sobre várias médias. Por exemplo:

$$H_o: \mu_1 = \mu_2 = \mu_3 = \mu_4 = \mu_5$$

Utilizando nossa técnica anterior para testar hipóteses sobre duas médias, podemos testar várias hipóteses se cada uma tiver estabelecido uma comparação de duas médias. Podemos testar, por exemplo,

$H_1: \mu_1 = \mu_2$	$H_2: \mu_1 = \mu_3$
$H_3: \mu_1 = \mu_4$	$H_4: \mu_1 = \mu_5$
$H_5: \mu_2 = \mu_3$	$H_6: \mu_2 = \mu_4$
$H_7: \mu_2 = \mu_5$	$H_8: \mu_3 = \mu_4$
$H_9: \mu_3 = \mu_5$	$H_{10}: \mu_4 = \mu_5$

A fim de testar a hipótese nula, H_o, que afirma que as cinco médias são iguais, teremos de testar cada uma dessas dez hipóteses usando nossa técnica anterior. Rejeitar qualquer uma das dez hipóteses sobre duas médias nos leva a rejeitar a hipótese nula que afirma que as cinco médias são iguais. Se não rejeitarmos as dez hipóteses, não podemos rejeitar a hipótese nula principal. Realizando o teste desta maneira, o índice de erro geral de tipo I torna-se muito maior que o valor de α associado ao teste único. As técnicas ANOVA nos permitem testar a hipótese nula (todas as médias são iguais) em comparação à hipótese alternativa (pelo menos um valor médio é diferente) com um valor específico de α.

Introduzimos, neste capítulo, a ANOVA. Os experimentos ANOVA podem ser demasiadamente complexos, dependendo da situação. Restringiremos nossa discussão à aplicação experimental mais essencial, a ANOVA com um fator fixo.

Testes de hipótese para várias médias

Vamos começar nossa discussão sobre a técnica de análise de variância (ANOVA) estudando um exemplo concernente à temperatura e produtividade. Acredita-se que a temperatura sob a qual uma fábrica é mantida afeta a taxa de produção nesta. Os dados da Tabela 12.1 são os números, x, de unidades produzidas durante uma hora selecionada aleatoriamente entre períodos de uma hora, enquanto o processo de produção estava ocorrendo na fábrica sob um entre três *níveis* de temperatura. Os dados das amostragens repetidas chamam-se **réplicas**. Quatro réplicas, ou valores de dados, foram obtidos para duas das três temperaturas e cinco foram obtidos para a terceira temperatura. Esses dados sugerem que a

temperatura exerce um efeito significativo sobre o nível de produção em $\alpha = 0,05$?

O nível de produção é medido pelo valor médio; $\bar{x}_i$ indica a produção média observada no nível i, em que $i = 1, 2$ e 3 corresponde a temperaturas de 68°F (20°C), 72°F (22,22°C) e 76°F (24,44°C), respectivamente. Há certa variação entre essas médias. Uma vez que as médias amostrais não são necessariamente iguais quando amostras repetidas são retiradas de uma população, alguma variação pode ser esperada, mesmo se as três médias populacionais forem iguais. Com isso em mente, a variação existente entre os valores de $\bar{x}$ se deve ao acaso ou ao efeito que a temperatura exerce sobre a taxa de produção? Podemos encontrar a resposta por meio de nosso teste de hipótese de cinco passos.

PASSO 1 a. **Parâmetro de interesse:**
A "média" em cada *nível do teste fatorial* é de interesse: a taxa média de produção para 68°F, μ_{68}, a taxa média de produção para 72°F, μ_{72} e a taxa média de produção para 76°F, μ_{76}. O fator sendo testado – a temperatura na fábrica – possui três níveis: 68°F, 72°F ou 76°F.

b. **Afirmação das hipóteses:**

$$H_o: \mu_{68} = \mu_{72} = \mu_{76}$$

Isto é, a verdadeira produção média é a mesma para cada nível de temperatura testada. Em outras palavras,

> Técnica de análise de variância **ANOVA**.
>
> **Réplicas** Os valores de dados de amostragens repetidas.

Tabela 12.1 Resultados amostrais para temperatura e produção

	Níveis de temperatura		
	Amostra de 68°F ($i = 1$)	Amostra de 72°F ($i = 2$)	Amostra de 76°F ($i = 3$)
	10	7	3
	12	6	3
	10	7	5
	9	8	4
		7	
Totais por coluna	$C_1 = 41$	$C_2 = 35$	$C_3 = 15$
	$\bar{x}_1 = 10,25$	$\bar{x}_2 = 7,0$	$\bar{x}_3 = 3,75$

a temperatura não exerce um efeito significativo sobre a taxa de produção. A alternativa para a hipótese nula é

H_a: nem todos os níveis de temperatura são iguais.

Portanto, desejaremos rejeitar a hipótese nula se os dados mostrarem que uma ou mais médias são, significativamente, diferentes das demais.

PASSO 2 a. Premissas:
Os dados foram coletados aleatoriamente e são independentes entre si. Os efeitos decorrentes do acaso e de fatores não testados são, supostamente, distribuídos normalmente. (Veja nas páginas 262 e 263 uma discussão mais aprofundada.)

b. Estatística de teste:
Decidiremos entre rejeitar H_o ou não rejeitar H_o usando a distribuição-F e um teste de estatística F.

c. Nível de significância:
$\alpha = 0,05$ (fornecido pelo enunciado do problema).

PASSO 3 a. Informação amostral: veja a Tabela 12.1.

b. Calcule a estatística de teste:
Lembre-se do Capítulo 10, no qual se explica que o valor calculado de F é a razão de duas variâncias. O procedimento de análise de variância dividirá a variação entre todo o conjunto de dados em duas categorias. Para realizar essa separação, em princípio, trabalharemos com o numerador da fração utilizada para definir a variância amostral, fórmula (2.5):

$$s^2 = \frac{\Sigma(x - \bar{x})^2}{n - 1}$$

O numerador dessa fração chama-se **soma dos quadrados**:

Soma total dos quadrados

$$\text{soma dos quadrados} = \Sigma(x - \bar{x})^2 \qquad (12.1)$$

Calculamos a **soma total dos quadrados, STQ,** para o conjunto total dos dados utilizando a fórmula equivalente à fórmula (12.1), porém ela não requer o uso de $\bar{x}$. Essa fórmula equivalente é

Atalho para a soma total dos quadrados

$$\text{STQ} = \Sigma(x^2) - \frac{(\Sigma x)^2}{n} \qquad (12.2)$$

Agora podemos encontrar a STQ para o nosso exemplo utilizando a fórmula (12.2). Em princípio,

$$\Sigma(x^2) = 10^2 + 12^2 + 10^2 + 9^2 + 7^2 +$$
$$6^2 + 7^2 + 8^2 + 7^2 + 3^2 + 3^2 +$$
$$5^2 + 4^2 = 731$$
$$\Sigma x = 10 + 12 + 10 + 9 + 7 + 6 + 7 +$$
$$8 + 7 + 3 + 3 + 5 + 4 = 91$$

Então, utilizando a fórmula (12.2), temos

$$\text{STQ} = \Sigma(x^2) - \frac{(\Sigma x)^2}{n}:$$

$$\text{STQ} = 731 - \frac{(91)^2}{13} = 731 - 637 = \mathbf{94}$$

Soma total dos quadrados, STQ O numerador da fórmula da variância amostral.

Em seguida, a STQ, 94, deve ser dividida em duas partes: a soma dos quadrados referente aos níveis de temperatura, SQ temperatura, e a soma dos quadrados referente ao erro de réplica, SQE. Essa divisão é frequentemente chamada **particionamento**, uma vez que SQ (temperatura) + SQE = STQ, ou seja, em nosso exemplo, SQ (temperatura) + SQE = 94. A soma dos quadrados **SQF** [SQ (temperatura) em nosso exemplo], que mede a **variação entre os níveis do fator** (temperaturas), é encontrada por meio da fórmula (12.3):

Soma dos quadrados referente ao fator

$$SQF = \left(\frac{C_1^2}{k_1} + \frac{C_2^2}{k_2} + \frac{C_3^2}{k_3} + \ldots \right) - \frac{(\Sigma x)^2}{n} \qquad (12.3)$$

em que C_i representa o total da coluna, k_i representa o número de réplicas em cada nível do fator e n o tamanho total da amostra ($n = \Sigma k_i$).

Agora podemos encontrar a SQ (temperatura) para o nosso exemplo utilizando a fórmula (12.3).

$$SQF = \left(\frac{C_1^2}{k_1} + \frac{C_2^2}{k_2} + \frac{C_3^2}{k_3} + \ldots \right) - \frac{(\Sigma x)^2}{n}:$$

$$SQ(temperatura) = \left(\frac{41^2}{4} + \frac{35^2}{5} + \frac{15^2}{4} \right) - \frac{(91)^2}{13}$$

$$= (420,25 + 245,00 + 56,25) - 637,0$$

$$= 721,5 - 637,0 = \mathbf{84,5}$$

A soma dos quadrados SQE, que mede a **variação dentro das linhas**, é encontrada por meio da fórmula (12.4):

NOTA Os dados foram distribuídos de forma que cada coluna represente um diferente nível do fator sendo testado.

Soma dos quadrados referente ao erro

$$SQE = \Sigma(x^2) - \left(\frac{C_1^2}{k_1} + \frac{C_2^2}{k_2} + \frac{C_3^2}{k_3} + \ldots \right) \qquad (12.4)$$

Agora, a SQE para o nosso exemplo pode ser encontrada. Em princípio,

$$\Sigma(x^2) = 731 \qquad \text{(valor determinado previamente)}$$

$$\left(\frac{C_1^2}{k_1} + \frac{C_2^2}{k_2} + \frac{C_3^2}{k_3} + \ldots \right) = 721,5 \qquad \text{(valor determinado previamente)}$$

Então, utilizando a fórmula (12.4), temos

$$SQE = \Sigma(x^2) - \left(\frac{C_1^2}{k_1} + \frac{C_2^2}{k_2} + \frac{C_3^2}{k_3} + \ldots \right):$$

$$SQE = 731,0 - 721,5 = \mathbf{9,5}$$

NOTA: SQT = SQF + SQE. A inspeção das fórmulas (12.2), (12.3) e (12.4) fará a verificação.

Por conveniência, usaremos uma tabela ANOVA para registrar as somas dos quadrados e para organizar o restante dos cálculos. O formato de uma tabela ANOVA é mostrado na Tabela 12.2.

Tabela 12.2 Formato para a tabela ANOVA

Fonte	graus de liberdade (gl)	SQ	QM
Fator		84,5	
Erro		9,5	
Total		94,0	

Calculamos as três somas dos quadrados para o nosso exemplo. Os **graus de liberdade** associados a cada uma das três fontes são determinados da seguinte maneira:

1. O valor do GLFator é um número menor que o número de níveis (colunas) para os quais o fator é testado:

Graus de liberdade do fator

$$GLF = c - 1 \qquad (12.5)$$

em que c é o número de níveis para os quais o fator está sendo testado (número de colunas na tabela de dados).

2. O valor do GLT é um número menor que o número total de dados:

Graus de liberdade do total

$$GLT = n - 1 \qquad (12.6)$$

em que n é o número de dados na amostra total (ou seja, $n = k_1 + k_2 + k_3 + ...$, em que k_i é o número de réplicas em cada nível testado).

3. O GLE é a soma dos graus de liberdade para todos os níveis testados (colunas na tabela de dados). Cada coluna possui $k_i - 1$ graus de liberdade. Portanto,

$$GLE = (k_1 - 1) + (k_2 - 1) + (k_3 - 1) + ...$$

ou

Graus de liberdade do erro

$$GLE = n - c \qquad (12.7)$$

Os graus de liberdade para o nosso exemplo são

$$GL \text{ (temperatura)} = c - 1 = 3 - 1 = \mathbf{2}$$

$$GLT = n - 1 = 13 - 1 = \mathbf{12}$$

$$GLE = n - c = 13 - 3 = \mathbf{10}$$

As somas dos quadrados e dos graus de liberdade devem bater, ou seja,

$$SQF + SQE = STQ \qquad (12.8)$$

e

$$GLF + GLE = GLT \qquad (12.9)$$

A **média dos quadrados** para o fator que está sendo testado, MQF, e para o erro, MQE, são obtidos dividindo-se o valor da soma dos quadrados pelo número correspondente de graus de liberdade:

Média dos quadrados do fator

$$MQF = \frac{SQF}{GLF} \qquad (12.10)$$

Média dos quadrados do fator

$$MQE = \frac{SQE}{GLE} \qquad (12.11)$$

As médias dos quadrados para o nosso exemplo são

$$MQ \text{ (temperatura)} = \frac{SQ \text{ (temperatura)}}{GL \text{ (temperatura)}} = \frac{84,5}{2} = \mathbf{42,25}$$

$$MQE = \frac{SQE}{GLE} = \frac{9,5}{10} = \mathbf{0,95}$$

A tabela ANOVA completa é exibida na Tabela 12.3.

Tabela 12.3 **Tabela ANOVA para o exemplo das temperaturas da página 256**

Fonte	gl	SQ	MQ
Temperatura	2	84,5	42,25
Erro	10	9,5	0,95
Total	12	94,0	

O teste de hipótese é, agora, realizado usando-se as duas médias dos quadrados como medidas da variância. O valor calculado da estatística de teste, $F\star$, é determinado dividindo-se a MQF pela MQE:

Estatística de teste para a ANOVA

$$F\star = \frac{MQF}{MQE} \qquad (12.12)$$

O valor calculado de F para o nosso exemplo é determinado por meio da fórmula (12.12):

$$F\star = \frac{MQF}{MQE}$$

$$F\star = \frac{MQ \text{ (temperatura)}}{MQE} = \frac{42,25}{0,95} = \mathbf{44,47}$$

NOTA

Uma vez que o valor de F, $F\star$, é encontrado dividindo-se a MQ (temperatura) pela MQE (erro), o número de graus de liberdade para o numerador é GL (temperatura) = 2 e o número de graus de liberdade para o denominador é GLE = 10

-Misha/iStockphoto

PASSO 4 A distribuição de probabilidade:

Como sempre, podemos usar tanto o valor-p quanto o procedimento clássico:

Usando o procedimento do valor-p:

a. Use a cauda localizada à direita, pois os valores maiores de $F\star$ indicam que "nem todos são iguais", como declarado pela H_a. $P = P(F\star > 44,47|gl_n = 2, gl_d = 10)$, como é mostrado na figura a seguir.

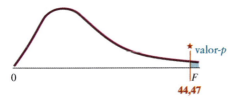

Para determinar o valor-p, você tem duas opções:
1. Use a Tabela 9c do Apêndice B para atribuir limites ao valor-p: **$P < 0,01$**.
2. Use um computador ou uma calculadora para determinar o valor-p: **$P = 0,00001$**.
   Para instruções adicionais, veja as páginas 228–229.

b. O valor-p é menor do que o nível de significância, α (0,05).

Usando o procedimento clássico:

a. A região crítica é a cauda localizada à direita, pois os valores maiores de $F\star$ indicam que "não são todos iguais", como declarado pela H_a. $gl_n = 2$ e $gl_d = 10$. O valor crítico é obtido da Tabela 9a:

$$F_{(2, 10, 0,05)} = 4,10$$

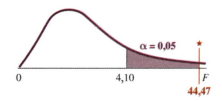

Para instruções adicionais, veja a página 227.

b. $F\star$ está na região crítica, como mostrado em vermelho na figura anterior.

PASSO 5 a. A decisão é: rejeitar H_o.

b. Conclusão:

Ao menos uma das temperaturas ambientes não exerce um efeito significativo sobre a taxa de produção no nível de significância 0,05. Concluiu-se que as diferenças nas taxas médias de produção nos níveis de temperatura testados foram significativas.

Nesta seção, vimos como a técnica ANOVA dividiu a variância entre os dados amostrais em duas medidas da variância: (1) QMF, a medida da variância entre os níveis que estão sendo testados; e (2) QME, a medida da variância dentro dos níveis que estão sendo testados. Então, essas medidas da variância podem ser comparadas. Para o nosso exemplo, a variância existente entre os níveis foi considerada mais significativa que a variância de dentro dos níveis (erro experimental). Isso nos leva a concluir que a temperatura não exerce um efeito significativo sobre a variável x, o número de unidades produzidas por hora.

Na próxima seção, demonstraremos a lógica da técnica de análise da variância.

12.2 A lógica por trás da ANOVA

AS TÉCNICAS ANOVA NOS AJUDAM A TOMAR DECISÕES A RESPEITO DO EFEITO QUE OS NÍVEIS DOS FATORES DE TESTE EXERCEM SOBRE A **VARIÁVEL RESPOSTA (OBSERVADA)**.

A lógica da técnica de análise de variância procede da seguinte maneira: a fim de comparar as médias dos níveis do fator de teste, uma medida da **variação entre os níveis** (entre as colunas da tabela de dados), a **MQF**, será comparada à medida da **variação dentro dos níveis** (dentro das colunas da tabela de dados), a **MQE**.

Soma dos quadrados total

$$\text{soma dos quadrados} = \Sigma(x - \bar{x})^2 \qquad (12.1)$$

Atalho para soma dos quadrados total

$$STQ = \Sigma(x^2) - \frac{(\Sigma x)^2}{n} \qquad (12.2)$$

Soma dos quadrados referente ao fator

$$SQF = \left| \frac{C_1^2}{k_1} + \frac{C_2^2}{k_2} + \frac{C_3^2}{k_3} + \ldots \right| - \frac{(\Sigma x)^2}{n} \qquad (12.3)$$

Soma dos quadrados referente ao erro

$$SQE = \Sigma(x^2) - \left| \frac{C_1^2}{k_1} + \frac{C_2^2}{k_2} + \frac{C_3^2}{k_3} + \ldots \right| \qquad (12.4)$$

Graus de liberdade do fator

$$GLF = c - 1 \qquad (12.5)$$

Graus de liberdade do total

$$GLT = n - 1 \qquad (12.6)$$

Graus de liberdade do erro

$$GLE = n - c \qquad (12.7)$$

Soma total dos quadrados

$$SQF + SQE = STQ \qquad (12.8)$$

Soma total dos graus de liberdade

$$GLF + GLE = GLT \qquad (12.9)$$

Média dos quadrados do fator

$$MQF = \frac{SQF}{GLF} \qquad (12.10)$$

Média dos quadrados do erro

$$MQE = \frac{SQE}{GLE} \qquad (12.11)$$

Estatística de teste $F\star$

$$F\star = \frac{MQF}{MQE} \qquad (12.12)$$

Se a MQF for significativamente maior que a MQE, então, concluiremos que as médias dos níveis de fator que estão sendo testados não são todas as mesmas. Isso implica que o fator que está sendo testado não exerce um efeito significativo sobre a variável resposta. Se, contudo, a MQF não for significativamente maior que a MQE, então, não seremos capazes de rejeitar a hipótese nula que afirma que todas as médias são iguais.

Por exemplo, repare na Tabela 12.4. Os dados fornecem evidências suficientes para que se chegue à conclusão de que há uma diferença nas três médias populacionais μ_F, μ_G e μ_H?

Tabela 12.4 Resultados da amostra

Níveis de fator		
Amostra do nível F	Amostra do nível G	Amostra do nível H
3	5	8
2	6	7
3	5	7
4	5	8
$C_F = 12$	$C_G = 21$	$C_H = 30$
$\bar{x}_F = 3,00$	$\bar{x}_G = 5,25$	$\bar{x}_H = 7,50$

Na Figura 12.1, podemos visualizar uma relação relativa entre as três amostras. Uma olhada rápida na figura sugere que as três médias amostrais são diferentes umas das outras, o que implica que as populações amostrais possuem valores médios diferentes. Essas três amostras demonstram, de forma relativa, pouca variação dentro das amostras, apesar de haver uma variação relativamente grande entre as amostras.

Figure 12.1 Dados da Tabela 12.4

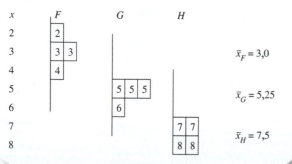

Além de visualizar as diferenças entre várias médias, podemos utilizar um processo similar para visualizar a igualdade entre elas. Repare na Tabela 12.5. Os da-

dos fornecem evidências suficientes para que se chegue à conclusão de que há uma diferença nas três médias populacionais μ_J, μ_K e μ_L?

Tabela 12.5 Resultado de amostras

Níveis de fator		
Amostra do nível J	Amostra do nível K	Amostra do nível L
3	5	6
8	4	2
6	3	7
4	7	5
$C_J = 21$	$C_K = 19$	$C_L = 20$
$\bar{x}_J = 5,25$	$\bar{x}_K = 4,75$	$\bar{x}_L = 5,00$

Novamente, podemos ver a relação relativa na Figura 12.2. Uma rápida olhada na figura não sugere que as três médias amostrais sejam diferentes umas das outras. Há pouca **variação entre as três amostras** (ou seja, as médias amostrais são relativamente próximas em valor). Já a variação **dentro das amostras** é relativamente grande (ou seja, os valores de dados dentro de cada amostra abrangem uma gama razoavelmente grande de valores).

Figure 12.2 Dados da Tabela 12.5

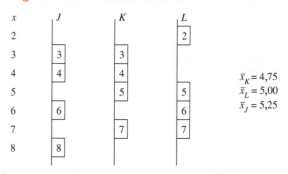

Antes de realizar um teste de hipótese para a análise de variância, precisamos concordar em relação a algumas regras básicas, ou premissas. Neste capítulo, utilizaremos as três premissas básicas a seguir:

1. Nosso objetivo é investigar o efeito que os vários níveis do fator que está sendo testado exercem sobre a variável resposta. Geralmente, desejamos encontrar o nível que resulta nos valores mais vantajosos da variável resposta (observada). Obviamente, isso significa que desejaremos rejeitar a hipótese nula em

favor da hipótese alternativa, provavelmente. Então, um estudo de acompanhamento poderia determinar o "melhor" nível do fator.

2. Devemos presumir que os efeitos decorrentes do acaso e de fatores não testados são normalmente distribuídos e que a variância causada por esses efeitos é constante durante todo o experimento.

3. Devemos presumir a existência de independência entre todas as observações do experimento. (Lembre-se de que independência significa que os resultados de uma observação do experimento não afetam os resultados de outra observação qualquer.) Normalmente, conduziremos os testes em uma ordem aleatória para garantir a independência. Essa técnica também ajuda a evitar a contaminação dos dados.

12.3 Aplicações da ANOVA com um fator fixo

ANTES DE CONTINUAR NOSSA DISCUSSÃO SOBRE A ANOVA, VAMOS IDENTIFICAR A NOTAÇÃO, EM PARTICULAR OS SUBSCRITOS UTILIZADOS.

Perceba que, na Tabela 12.6, cada dado possui dois subscritos. O primeiro indica o número da coluna (nível do fator de teste) e o segundo, o número da linha (réplica). Os totais por coluna, C_i, são listados na parte inferior da tabela. O total geral, T, é igual à soma de todos os valores de x e é determinado por meio da soma dos totais das

colunas. Os totais das linhas podem ser usados apenas como verificação cruzada, sem servir a outro propósito.

Tabela 12.6 Notação utilizada na ANOVA

Réplicas	Amostra do nível 1	Amostra do nível 2	Amostra do nível 3	$\cdots$	Amostra do nível c	
	\multicolumn{5}{c}{Níveis de fatores}	
$k = 1$	$x_{1,1}$	$x_{2,1}$	$x_{3,1}$		$x_{c,1}$	
$k = 2$	$x_{1,2}$	$x_{2,2}$	$x_{3,2}$		$x_{c,2}$	
$k = 3$	$x_{1,3}$	$x_{2,3}$	$x_{3,3}$		$x_{c,3}$	
$\vdots$						
Totais por coluna	C_1	C_2	C_3	$\cdots$	C_c	T

T = total geral = soma de todos os valores de $x = \Sigma x = \Sigma C_i$

Um **modelo matemático** (equação) é frequentemente utilizado para expressar uma determinada situação. No Capítulo 3, usamos um modelo matemático para auxiliar na explicação da relação entre os valores de dados bivariados. A equação $\hat{y} = b_0 + b_1 x$ serviu como modelo quando acreditávamos na existência de uma relação linear. As funções de probabilidade estudadas no Capítulo 5 também são exemplos de modelos matemáticos. O modelo matemático para a ANOVA com um valor fixo, fórmula (12.13), é uma expressão da composição de cada dado inserido na nossa tabela de dados:

Modelo matemático para a ANOVA com um fator fixo

$$x_{c,k} = \mu + F_c + \epsilon_{k(c)} \tag{12.13}$$

Interpretamos cada termo desse modelo da seguinte maneira:

$x_{c,k}$ é o valor da variável na k-ésima réplica do nível c.

μ é o valor médio para todos os dados sem relação ao fator de teste.

F_c é o efeito que o fator que está sendo testado exerce sobre a variável resposta em cada nível c diferente.

$\epsilon_{k(c)}$ (ϵ é a letra grega minúscula épsilon) é o **erro experimental** que ocorre entre as réplicas k em cada uma das colunas c.

Teste de hipótese para a igualdade de várias médias

Vejamos outro teste de hipótese usando uma análise de variância (ANOVA). Um clube de tiro realizou um experimento com um grupo selecionado aleatoriamente de atiradores de primeira viagem. O objetivo do experimento era determinar se a precisão do tiro é afetada pelo método de observação usado: apenas com o olho direito aberto, apenas com o olho esquerdo aberto ou com ambos os olhos abertos. Quinze atiradores de primeira viagem foram selecionados e divididos em três grupos. Todos os grupos receberam o mesmo procedimento de treinamento e prática com uma exceção: o método de observação utilizado. Após o término do treinamento, cada atirador dispunha do mesmo número de rodadas para atirar em um alvo. As pontuações dos atiradores são exibidas na Tabela 12.7.

Tabela 12.7 Resultados amostrais para os tiros ao alvo

Método de observação		
Olho direito	Olho esquerdo	Ambos os olhos
12	10	16
10	17	14
18	16	16
12	13	11
14		20
		21

No nível de significância 0,05, há evidências suficientes para rejeitar a afirmação de que os três métodos de observação são igualmente eficazes?

Nesse experimento, o fator é o método de observação e os níveis são os três diferentes métodos de observação (olho direito, olho esquerdo e ambos os olhos). As réplicas são as pontuações recebidas pelos atiradores de cada grupo. A hipótese nula a ser testada afirma que os três métodos de observação são igualmente eficazes ou que as pontuações médias alcançadas, usando cada um dos três métodos, são as mesmas. Utilizando essa hipótese, podemos iniciar o processo de cinco passos para determinar se há evidências suficientes para rejeitá-la ou não.

PASSO 1 a. **Parâmetro de interesse:**
A "média" em cada nível do fator de teste é de interesse: a pontuação média usando-se o olho direito, μ_d; a pontuação média usando-se o olho esquerdo, μ_e; e a pontuação média usando-se ambos os olhos, μ_a. O fator sendo testado, "método de observação", possui três níveis: esquerdo, direito e ambos.

b. **Afirmação das hipóteses:**

$$H_o: \mu_d = \mu_e = \mu_a$$

H_a: as médias não são todas iguais (ou seja, ao menos uma média é diferente).

PASSO 2 a. **Premissas:**
Os métodos foram atribuídos de forma aleatória a cada atirador e suas pontuações são independentes umas das outras. Os efeitos decorrentes do acaso e de fatores não testados são, supostamente, distribuídos normalmente.

b. **Estatística de teste a ser usada:**
A distribuição-F e a fórmula (12.12) serão usadas com GL numerador = GLM = 2 e GL denominador = GLE = 12.

c. **Nível de significância:** $\alpha = 0,05$.

PASSO 3 a. **Informação amostral: veja a Tabela 12.8.**

b. **Estatística de teste calculada:**
A estatística de teste é $F\star$: a Tabela 12.8 é usada para determinar os totais por coluna.
Primeiro, as somas de Σx e Σx^2 precisam ser calculadas:

$$\Sigma x = 12 + 10 + 18 + 12 + 14 + 10 + 17$$
$$+ \ldots + 21$$
$$= \mathbf{220}$$

(Ou $66 + 56 + 98 = 220 \checkmark$)

$$\Sigma x^2 = 12^2 + 10^2 + 18^2 + 12^2 + 14^2 + 10^2$$
$$+ \ldots + 21^2$$
$$= \mathbf{3.392}$$

Yunus Arakon/iStockphoto

Usando a fórmula (12.2), encontramos

$$STQ = \Sigma(x^2) - \frac{(\Sigma x)^2}{n}:$$

$$STQ = 3.392 - \frac{(220)^2}{15}$$

$$= 3.392 - 3.226,67 = \mathbf{165,33}$$

Usando a fórmula (12.3), encontramos

$$SQM = \left(\frac{C_1^2}{k_1} + \frac{C_2^2}{k_2} + \frac{C_3^2}{k_3} + \ldots\right) - \frac{(\Sigma x)^2}{n}:$$

$$SQM = \left(\frac{66^2}{5} + \frac{56^2}{4} + \frac{98^2}{6}\right) - \frac{(220)^2}{15}$$

$$= (871,2 + 784 + 1.600,67) - 3.226,67$$

$$= 3.255,87 - 3.226,67 = \mathbf{29,20}$$

Para determinar a SQE, em princípio precisamos:

$$\Sigma(x^2) = 3.392 \quad \text{(valor determinado previamente)}$$

$$\left(\frac{C_1^2}{k_1} + \frac{C_2^2}{k_2} + \frac{C_3^2}{k_3} + \ldots\right) = 3.255,87 \quad \text{(valor determinado previamente)}$$

Então, utilizando a fórmula (12.4), temos

$$SQE = \Sigma(x^2) - \left(\frac{C_1^2}{k_1} + \frac{C_2^2}{k_2} + \frac{C_3^2}{k_3} + \ldots\right):$$

$$SQE = 3.392 - 3.255,87 = \mathbf{136,13}$$

Utilizamos a fórmula (12.8) para verificar a soma dos quadrados:

$$SQM + SQE = STQ: 29,20 + 136,13 = 165,33$$

Os graus de liberdade são determinados por meio das fórmulas (12.5), (12.6) e (12.7):

$$GLM = c - 1 = 3 - 1 = \mathbf{2}$$

$$GLT = n - 1 = 15 - 1 = \mathbf{14}$$

$$GLE = n - c = 15 - 3 = \mathbf{12}$$

Usando as fórmulas (12.10) e (12.11), encontramos

$$MQF = \frac{SQF}{GLF}:$$

$$MQF = \frac{29,20}{2} = \mathbf{14,60}$$

$$MQE = \frac{SQE}{GLE}:$$

$$MQE = \frac{136,13}{12} = \mathbf{11,34}$$

Os resultados desses cálculos estão registrados na tabela ANOVA na Tabela 12.9.

O valor calculado da estatística de teste é, então, determinado por meio da fórmula (12.12):

$$F\star = \frac{QMM}{QME}:$$

$$F\star = \frac{14,60}{11,34} = \mathbf{1,287}$$

Tabela 12.8 Resultados amostrais para os tiros ao alvo

Réplicas	Níveis de fator: método de observação		
	Olho direito	Olho esquerdo	Ambos os olhos
$k=1$	12	10	16
$k=2$	10	17	14
$k=3$	18	16	16
$k=4$	12	13	11
$k=5$	14		20
$k=6$			21
Total	$C_d = 66$	$C_e = 56$	$C_a = 98$

Tabela 12.9 Tabela ANOVA para o exemplo dos tiros ao alvo

Fonte	gl	SQ	MQ
Método	2	29,20	14,60
Erro	12	136,13	11,34
Total	14	165,33	

PASSO 4 A distribuição de probabilidade:
Novamente, podemos usar tanto o valor de p quanto o procedimento clássico:

Usando o procedimento do valor-p:

a. Use a cauda localizada à direita: $P = P(F\star > 1,287$, com $gl_n = 2$ e $gl_d = 12$) conforme é mostrado na figura a seguir.

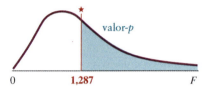

Para determinar o valor-p, você tem duas opções:
1. Use a Tabela 9a do Apêndice B para atribuir limites ao valor-p: $P < 0,05$.
2. Use um computador ou uma calculadora para determinar o valor-p: $P = 0,312$.
Para instruções adicionais, veja as páginas 228–229.

b. O valor-p não é menor do que o nível de significância, α (0,05).

Usando o procedimento clássico:

a. A região crítica é a cauda localizada à direita e o valor crítico é obtido da Tabela 9a:

$$F_{(2,\, 12,\, 0,05)} = 3,89$$

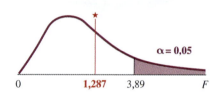

Para instruções adicionais, veja a página 227.

b. $F\star$ não está na região crítica, como mostrado em vermelho na figura anterior.

PASSO 5 a. A decisão é: rejeitar H_o.
b. **Conclusão:**

No nível de significância 0,05, os dados não mostraram nenhuma evidência para rejeitar a hipótese nula que afirma que os três métodos são igualmente eficazes.

Lembre-se da hipótese nula: "Não há diferença entre os níveis do fator que está sendo testado". Uma decisão de "não rejeitar H_o" deve ser interpretada como a conclusão de que não há evidência da existência de uma diferença decorrente dos níveis do fator testado, já a rejeição de H_o implica a existência de uma diferença entre os níveis. Isto é, ao menos um nível é diferente dos demais. Se há uma diferença, a próxima tarefa é localizar o(s) nível(eis) diferente(s). Localizar essa diferença pode ser o principal objetivo da análise. A fim de determinar a diferença, o único método apropriado neste estágio é a inspeção dos dados. Pode ser evidente qual nível (ou níveis) causou a rejeição de H_o. No exemplo anterior, a respeito do efeito da temperatura sobre a produção, parece muito óbvio que, pelo menos, um dos níveis [nível 1 (68°F) ou nível 3 (76°F), pois eles possuem a maior e a menor médias amostrais] seja diferente dos outros dois. Se os valores mais altos forem mais desejáveis para encontrar o "melhor" nível a ser usado, escolheremos o nível correspondente do fator.

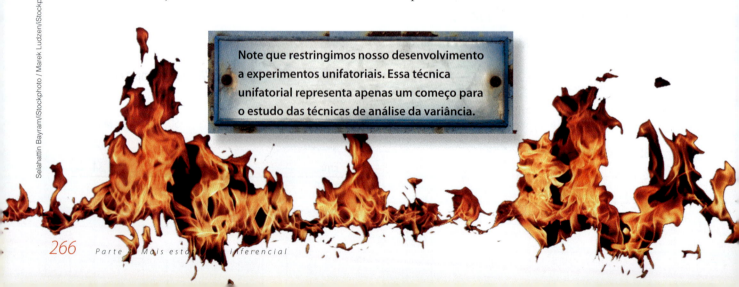

Note que restringimos nosso desenvolvimento a experimentos unifatoriais. Essa técnica unifatorial representa apenas um começo para o estudo das técnicas de análise da variância.

problemas

Objetivo 12.1

12.1 Para fazer uma comparação entre o tempo levado no percurso de ida ao trabalho de várias localidades, amostras aleatórias independentes foram obtidas de seis cidades apresentadas no gráfico "O percurso mais longo de ida ao trabalho", da página 255. As amostras representam pessoas que vão ao trabalho às 8 horas da manhã, durante o horário de pico.

Percurso de ida ao trabalho em minutos

Atlanta	Boston	Dallas	Filadélfia	Seattle	St. Louis
29	18	42	29	30	15
21	37	25	20	23	24
20	37	36	33	31	42
15	25	32	37	39	23
37	32	20	42	14	33
26	34	26			18
	48	35			

a. Construa uma representação gráfica dos dados utilizando seis gráficos *dotplots* lado a lado.

b. Faça uma estimativa visual do tempo médio de percurso para cada cidade e indique-o com um X.

c. Aparentemente, cidades diferentes exercem efeitos diversos sobre o tempo gasto pelas pessoas que vão ao trabalho às 8 da manhã durante o horário de pico? Explique.

d. Visualmente, parece que cidades diferentes exercem efeitos diversos sobre a variação no tempo gasto pelas pessoas que vão ao trabalho às 8 da manhã durante o horário de pico? Explique.

12.2 a. Calcule o tempo médio de percurso para cada cidade mencionada no problema.

b. Parece existir uma diferença entre o tempo médio do percurso de ida para o trabalho para as seis cidades?

c. Calcule o desvio padrão para o tempo de percurso de cada cidade.

d. Parece existir uma diferença nos desvios padrão entre o tempo do percurso de ida para as seis cidades?

12.3 a. Construa o intervalo de confiança de 95% para o tempo médio de percurso de Atlanta e Boston utilizando os dados do Problema 12.1.

b. Com base nos intervalos de confiança encontrados no item (a), aparentemente, o tempo médio de percurso é o mesmo ou é diferente para essas duas cidades? Explique.

c. Construa o intervalo de confiança de 95% para o tempo médio de percurso de Dallas.

d. Com base nos intervalos de confiança encontrados nos itens (a) e (c), aparentemente, o tempo médio de percurso é o mesmo ou é diferente para Boston e Dallas? Explique.

e. Com base nos intervalos de confiança encontrados nos itens (a) e (c), aparentemente, o tempo médio de percurso é o mesmo ou é diferente para o conjunto de três cidades, Atlanta, Boston e Dallas? Explique.

f. Como seus intervalos de confiança se comparam aos intervalos fornecidos pelo gráfico "O percurso mais longo de ida ao trabalho", da página 255, para as cidades de Atlanta, Boston e Dallas?

12.4 Cada departamento de uma grande indústria é avaliado semanalmente. Elabore a hipótese a ser utilizada para testar a afirmação de que "as avaliações médias semanais são as mesmas para os três departamentos".

12.5 Observe a tabela ANOVA a seguir.

Fonte	gl	SQ	QM
Fator	3		
Erro		40,4	
Total	20	164,2	

a. Encontre os quatro valores faltantes.

b. Determine o valor calculado para F, $F\star$.

Objetivo 12.2

12.6 Os dados apresentados pelo gráfico *boxplot* possuem uma variabilidade maior dentro dos níveis A, B, C e D ou entre os quatro níveis? Explique.

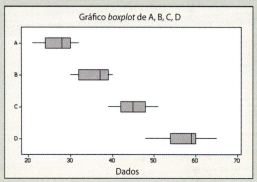

12.7 Os dados apresentados pelo gráfico *boxplot* possuem uma variabilidade maior dentro dos níveis A, B, C e D ou entre os quatro níveis? Explique.

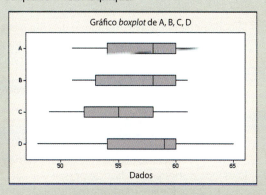

Objetivo 12.3

12.8 Considere a tabela seguinte para a ANOVA com fator fixo. Determine o seguinte:

a. $x_{1,2}$ b. $x_{2,1}$ c. C_1 d. $\sum x$ e. $\sum (C_i)^2$

	Nível do fator		
Réplicas	1	2	3
1	3	2	7
2	0	5	4
3	1	4	5

12.9 A seguinte tabela de dados deve ser usada para a ANOVA com fator fixo. Determine o seguinte:

a. $x_{3,2}$ b. $x_{4,3}$ c. C_3 d. $\sum x$ e. $\sum(C_j)^2$

	Nível do fator			
Réplicas	1	2	3	4
1	13	12	16	14
2	17	8	18	11
3	9	15	10	19

12.10 Elabore a hipótese nula, H_o, e a hipótese alternativa, H_a, que seriam usadas para testar as seguintes afirmações:

a. O valor médio de x é o mesmo nos cinco níveis do experimento.

b. As pontuações são as mesmas nas quatro localidades.

c. Os quatro níveis do fator de teste não afetam os dados de forma significativa.

d. Os três diferentes métodos de tratamento afetam a variável.

12.11 Determine o valor-p para cada uma das seguintes situações:

a. $F\bigstar = 3,852$, GLF = 3, GLE = 12

b. $F\bigstar = 4,152$, GLF = 5, GLE = 18

c. $F\bigstar = 4,572$, GLF = 5, GLE = 22

12.12 Determine a região crítica e o(s) valor(es) crítico(s) que seriam utilizados na abordagem clássica para testar a hipótese nula para os seguintes experimentos ANOVA:

a. $H_o: \mu_1 = \mu_2 = \mu_3 = \mu_4$, com $n = 18$ e $\alpha = 0,05$

b. $H_o: \mu_1 = \mu_2 = \mu_3 = \mu_4 = \mu_5$, com $n = 15$ e $\alpha = 0,01$

c. $H_o: \mu_1 = \mu_2 = \mu_3$, com $n = 25$ e $\alpha = 0,05$

12.13 Por que o GLF, número de graus de liberdade associado ao fator, sempre aparece primeiro na notação do valor crítico F [GLF, GLE, α]?

12.14 Suponha que um teste F (conforme descrito neste capítulo usando a abordagem do valor-p) possua um valor-p igual a 0,04

a. Qual é a interpretação para valor-p= 0,04?

b. Qual é a interpretação para a situação de você optar previamente por um nível de significância 0,05?

c. Qual é a interpretação para a situação de você optar previamente por um nível de significância 0,02?

12.15 Suponha que um teste F (conforme descrito neste capítulo usando a abordagem clássica) possua um valor crítico igual a 2,2, conforme é mostrado nesta figura:

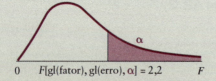

a. Qual é a interpretação para um valor calculado de F maior que 2,2?

b. Qual é a interpretação para um valor calculado de F menor que 2,2?

c. Qual é a interpretação para F calculado igual a 0,1? 0,01?

12.16 Um artigo intitulado "The Effectiveness of Biofeedback and Home Relaxation Training on Reduction of Borderline Hypertension" (A eficácia da biorretroalimentação e do treinamento de relaxamento feito em casa para a redução da hipertensão limítrofe), (FONTE: *Health Education*) compara diferentes métodos de redução da pressão sanguínea. Biorretroalimentação ($n = 13$ indivíduos), biorretroalimentação/relaxamento ($n = 15$) e relaxamento ($n = 14$) foram os três métodos comparados. Não houve diferença entre os três grupos com relação às leituras das pressões sanguíneas diastólica e sistólica realizadas previamente. Houve uma diferença significativa entre os grupos de medição da pressão sistólica após o teste, $F(2, 39) = 4,14$, $p < 0,025$, e da pressão diastólica, $F(2, 39) = 5,56$, $p < 0,008$.

a. Verifique o GLM = 2 e o GLE = 39.

b. Use as Tabelas 9A, 9B e 9C do Apêndice B para verificar os valores supracitados para as pressões sistólica, $p < 0,025$, e diastólica, $p < 0,008$.

12.17 Uma agência de empregos deseja saber qual dos três tipos de anúncios dos classificados de empregos de jornais locais é o mais eficaz. Três tipos de anúncios (com título grande, direto e em negrito) foram alternados aleatoriamente durante semanas. Além disso, o número de pessoas que responderam aos anúncios foi registrado a cada semana. Esses dados sustentam a hipótese nula que afirma que não há diferença na eficácia dos anúncios, conforme foi medido pelo número médio de respondentes, no nível de significância 0,01?

	Tipo de anúncio		
Número de respostas (réplicas)	Título grande	Direto	Em negrito
1	23	19	28
2	42	31	33
3	36	18	46
4	48	24	29
5	33	26	34
6	26		34

a. Solucione utilizando a abordagem do valor-p.

b. Solucione utilizando a abordagem clássica.

12.18 Um novo operador foi recentemente designado a uma equipe de trabalhadores que realizam determinado trabalho. Por meio dos registros do número de unidades de trabalho realizado por cada trabalhador a cada dia no último mês, uma amostra de tamanho 5 foi aleatoriamente selecionada para cada um dos dois trabalhadores experientes e para o novato. No nível de significância 0,05, as evidências fornecem razões suficientes para rejeitar a afirmação de que não há diferença na quantidade de trabalho realizada pelos três trabalhadores?

	Trabalhadores		
	Novato	A	B
Unidades de trabalho (réplicas)	8	11	10
	10	12	13
	9	10	9
	11	12	12
	8	13	13

a. Solucione utilizando a abordagem do valor-*p*.
b. Solucione utilizando a abordagem clássica.

12.19 Foram obtidas amostras aleatórias de picapes com motores 4, 6 e 8 cilindros do ano de 2009. Cada picape foi testada com relação ao consumo de combustível rodando pela cidade. A unidade usada foi milhas por galão.

4 Cil (C)	6 Cil (C)	8 Cil (C)
21	19	19
18	18	19
19	20	15
17	21	20
18	20	19
18	19	21
19	19	18
18	20	19
	20	20
	19	16

Há evidências significativas para rejeitar a hipótese que afirma que a quantidade de milhas por galão feita pelas picapes é a mesma para os três tipos de motor? Use $\alpha = 0,05$.

12.20 Foram obtidas amostras aleatórias de picapes com motores 4, 5, 6 e 8 cilindros do ano de 2009. Cada picape foi testada com relação ao consumo de combustível rodando por rodovias. A unidade usada foi milhas por galão.

4 Cil (H)	5 Cil (H)	6 Cil (H)	8 Cil (H)
24	21	19	20
23	21	19	19
22	23	19	19
24	21	18	20
24	18	21	16
23	22	20	18
23	23	19	15
24	18	20	21
24	20	19	
23	20	19	

Há evidências significativas para mostrar que a quantidade de milhas por galão feita pelas picapes não é a mesma para os quatro tipos de motor? Use $\alpha = 0,01$.

12.21 Inúmeros entusiastas esportistas alegaram que os times da Liga Principal de Beisebol da Divisão Central possuem uma vantagem injusta sobre os times das Divisões Leste e Oeste. Isso se deve ao impacto sofrido pelos jogadores das Divisões Leste e Oeste em decorrência de as diferenças de tempo serem, provavelmente, maiores quando se joga na estrada (ou seja, jogos longe de casa). Jogadores dos times do litoral poderiam ganhar (ao ir para o oeste) ou perder (ao ir para o leste) até três horas, enquanto os jogadores da Divisão Central raramente ganhariam ou perderiam mais que uma hora. A tabela a seguir mostra as porcentagens de vitórias e de derrotas para partidas jogadas na estrada pelos times das três divisões da Liga Principal de Beisebol da temporada de 2009:

Liga principal de beisebol		
Leste	Central	Oeste
56,8	46,9	59,3
48,1	42,7	48,1
39,5	44,4	45,7
38,3	37,0	43,2
30,9	39,5	55,6
59,3	55,6	50,6
54,3	45,7	44,4
56,8	49,4	40,7
35,8	46,9	42,0
32,1	37,0	
	27,5	

FONTE: Major League Baseball, MLB.com

Faça uma tabela ANOVA para as porcentagens de vitórias e derrotas dos times que representam cada divisão. Teste a hipótese nula que afirma que, quando os times jogam na estrada, a média de vitórias e derrotas é a mesma para cada uma das divisões. Use o nível de significância 0,05.
a. Solucione utilizando a abordagem do valor-*p*.
b. Solucione utilizando a abordagem clássica.

12.22 Um nível mais elevado de educação influencia o número de horas que as pessoas passam assistindo televisão por dia? Amostras aleatórias foram identificadas de cada nível de educação e das horas que se passa assistindo televisão por dia por cada participante da pesquisa.

Abaixo do ensino médio	Ensino médio	Técnico	Graduação	Pós-graduação
2,1	3,7	3,9	4,6	1,9
6,3	4,4	3,0	4,1	2,5
4,5	4,4	2,0	0,1	0,7
5,9	3,3	2,2	4,9	1,7
3,5	3,3	0,6	4,5	1,2
4,0	3,3	0,6	4,0	3,5
1,7	4,4	2,7	6,3	2,5
5,2	4,9	3,0	5,0	3,3
4,5	2,4	3,8		0,5
2,2	2,7	4,1		3,0
4,4	2,3	2,3		2,4
	0,6			

a. Os dados amostrais apresentam evidências significativas para que se chegue à conclusão de que o nível de educação possui influência sobre a quantidade de horas que se passa assistindo televisão? Use $\alpha = 0,01$.
b. Forneça explicações de por que as discrepâncias entre as categorias podem existir.

12.23 A NBA é para homens grandes. A altura média para a liga gira em torno de 6 pés e 7 polegadas (2 metros), de acordo com o que foi informado no site da NBA nas temporadas de 2007 e 2008. Geralmente, a altura média dos armadores é de 6 pés e 4 polegadas (1,93 metro), dos alas é de 6 pés e 9 polegadas (2,05 metros) e dos pivôs é de 2,13.

Uma amostra aleatória dos jogadores da NBA em 2008 foi selecionada e a altura de cada jogador foi registrada levando em conta a polegada mais próxima.

Armadores	Alas	Pivôs
78	81	84
74	84	90
78	80	83
74	84	83
77	82	85
73	81	83
72	82	87
80	80	84
	80	

FONTE: National Basketball Association, NBA.com

a. Você espera encontrar alturas médias diferentes umas das outras para as três posições? Você espera encontrar mais variação entre ou dentro das posições? Explique.
b. Construa um gráfico lado a lado de sua escolha *(dot-plot, boxplot* ou outro).
c. O gráfico do item (b) mostra uma quantidade relativamente grande de variabilidade entre as posições? Explique detalhadamente o que você pode determinar com base no gráfico.
d. Existe uma diferença significativa entre as alturas dos jogadores da NBA de acordo com a posição? Use $\alpha = 0,05$.
e. Os resultados encontrados no item (d) confirmam sua resposta para o item (c)? Explique.
f. Os resultados obtidos foram os esperados? Explique sua resposta.

12.24 Para comparar o tempo de ida ao trabalho em várias localidades, amostras aleatórias independentes foram obtidas em seis diferentes cidades dos Estados Unidos. Essas amostras são apresentadas no gráfico "O percurso mais longo de ida ao trabalho" na Seção 12.1. Utilizando os dados do tempo de percurso localizados no problema 12.1 da página 267, responda o seguinte:
a. Construa um gráfico *boxplot* mostrando as seis cidades lado a lado.
b. O seu gráfico apresenta evidências visuais que sugerem que a cidade exerce um efeito sobre o tempo médio de percurso gasto durante a manhã? Justifique sua resposta.
c. Utilizando a técnica ANOVA, descubra se os dados apresentam evidências suficientes para que se possa afirmar que a cidade exerce um efeito sobre o tempo médio de percurso gasto durante a manhã. Use $\alpha = 0,05$.
d. A resposta estatística encontrada no item (c) bate com sua representação gráfica do item (a) e com sua resposta do item (b)? Justifique sua resposta, citando as informações estatísticas aprendidas neste capítulo.

e. "A amostra demonstra que a cidade exerce um efeito sobre o *tempo* gasto para ir ao trabalho?" "A amostra demonstra que a cidade exerce um efeito sobre o *tempo médio* gasto indo ao trabalho?" Essas perguntas são diferentes? Explique.

12.25 Como estudante de uma faculdade comunitária, Stacey percebeu que a maioria de seus colegas estudantes trabalhava além de estudar. Considerando apenas aulas diurnas, Stacey viu que tanto o sexo quanto o tipo de curso podem exercer um efeito sobre o número de horas que os estudantes trabalham. Os seguintes dados foram coletados aleatoriamente de três cursos que Stacey frequentava durante o segundo semestre de 2009.

	Estudantes do sexo masculino	Estudantes do sexo feminino
Geografia	40	40
	38	25
	47	30
Contabilidade	25	42
	30	35
	30	28
Música	26	16
	30	15
	33	18

a. No nível de significância 0,05, os dados fornecem razões suficientes para sustentar que o tipo de curso exerce um efeito sobre o número de horas trabalhadas por um estudante?
b. No nível de significância 0,05, os dados fornecem razões suficientes para sustentar que o sexo exerce um efeito sobre o número de horas trabalhadas por um estudante?

12.26 O artigo "Bargains on the Menu – and a Side of Jitters" (Pechinchas no menu – e um pouco de nervosismo), de 14 de março de 2009 publicado pelo *Boston Globe*, relatou preocupações sobre o evento Restaurant Week não ser bem frequentado por causa da economia deste ano. Restaurantes locais criaram promoções especiais para atrair clientes novos e antigos. Tendo isso em mente, uma garçonete se perguntou se os preços "reduzidos" também "reduziriam" as porcentagens das gorjetas – especialmente em razão das promoções de preços baixos e substituições do meio da semana. Para testar sua hipótese, ela coletou os seguintes dados:

Total das contas	Porcentagem das gorjetas		
	Terça-feira	Quinta-feira	Sábado
$0–$29	21	15	12
	19	17	18
	15	18	19
	19	14	13

Continua

Total das contas	Porcentagem das gorjetas		
	Terça-feira	Quinta-feira	Sábado
$30–$59	17	1	10
	18	16	16
	14	17	22
	18	12	17
$60–$89	20	21	31
	14	19	25
	15	16	24
	24	15	30

a. No nível de significância 0,05, os dados fornecem razões suficientes para sustentar que o dia da semana exerceu um efeito sobre a porcentagem da gorjeta recebida?

b. No nível de significância 0,05, os dados fornecem razões suficientes para sustentar que o total da conta exerceu um efeito sobre a porcentagem da gorjeta recebida?

12.27 Uma indústria de embalagens implantou várias linhas de produção baseadas no produto a ser embalado. Cada linha é destinada a um produto diferente, algumas mais complicadas que outras. Com várias linhas em funcionamento diariamente, preocupações a respeito das taxas de produção vieram à tona em razão da variação existente nessas taxas. A diretoria decidiu fazer registros para verificar se certos dias da semana tinham taxas de produção melhores que outros. Os resultados foram os seguintes:

Segunda-feira	Terça-feira	Quarta-feira	Quinta-feira	Sexta-feira
128	114	115	113	81
118	109	77	101	98
87	114	117	115	80
88	62	110	78	75
95	71	78	72	75
92	69	77	76	90
92	102	113	112	104
103	106	92	133	114
132	127	93	79	81

a. Utilizando uma ANOVA simples, teste a afirmação de que a taxa média de produção não é a mesma para os cinco dias da semana. Use um nível de significância igual a 0,05.

b. Explique o significado da conclusão do item (a). A conclusão diz quais dias são diferentes? Quais dias possuem as maiores médias?

c. Construa um gráfico *boxplot* lado a lado para os dados. Explique como o gráfico *boxplot* múltiplo juntamente com o teste de hipótese do item (a) ajudam a identificar a diferença entre os dias.

d. Como a empresa de embalagens deve utilizar essas informações?

e. Poderia haver outros fatores interferindo nos problemas com a taxa de produção da indústria? Se a resposta foi afirmativa, cite alguns.

12.28 Trinta e nove cidades de seis estados do centro-oeste dos Estados Unidos foram selecionadas aleatoriamente pelo site National Agricultural Statistics Service do Departamento de Agricultura dos Estados Unidos (USDA na sigla em inglês). A seguir, os resultados obtidos para a produção de aveia por acre.

Cidade	IA	MN	ND	NE	SD	WI
1	76,2	53,0	71,4	60,0	76,5	52,0
2	65,3	70,0	64,3	37,0	50,0	53,0
3	86,0	71,0	66,7	53,0	42,0	72,0
4	73,6	54,0	61,4	50,0	62,5	81,0
5	61,3	64,0	66,0	56,0	55,7	57,0
6	74,3	40,0		58,0	59,1	64,0
7	58,3				59,3	
8	56,0					
9	61,4					

FONTE: National Agricultural Statistics Service Information, http://www.usda.gov/nass/graphics

a. Esses dados mostram uma diferença significativa nos índices médios resultantes para os seis estados? Use $\alpha = 0,05$.

b. Construa um gráfico que demonstre os resultados encontrados no item (a).

c. Explique o significado dos resultados e também como o gráfico do item (b) retrata os resultados.

12.29 Um estudo foi conduzido para avaliar a eficácia no tratamento da vertigem (enjoo) com o sistema terapêutico transdérmico (STT – um adesivo colado sobre a pele). Outros dois tratamentos, ambos orais (uma pílula contendo uma droga e a outra um placebo), foram usados. A idade e o sexo dos pacientes para cada tratamento são listados aqui.

STT		Antivertigem		Placebo	
47-f	53-m	51-f	43-f	67-f	38-m
41-f	58-f	53-f	56-f	52-m	59-m
63-m	62-f	27-m	48-m	47-m	33-f
59-f	34-f	29-f	52-f	35-f	32-f
62-f	47-f	31-f	19-f	37-f	26-f
24-m	35-f	25-f	31-f	40-f	37-m
43-m	34-f	52-f	48-f	31-f	49-f
20-m	63-m	55-f	53-m	45-f	49-m
55-f	46-f	32-f	63-m	41-f	38-f
		51-f	54-m	49-m	
		21-f			

Há uma diferença significativa entre a idade média dos três grupos testados? Use $\alpha = 0,05$. Utilize um computador ou uma calculadora para resolver este problema.

a. Solucione utilizando a abordagem do valor-*p*.

b. Solucione utilizando a abordagem clássica.

Capítulo 13

Análise de
correlação e regressão linear

Quando olhamos para um casal, geralmente o marido é de 2 a 6 polegadas (de 5 a 10 cm) mais alto que a esposa. Não está claro e é discutível se essas preferências são inatas ou ocorrem em função da discriminação da altura em uma sociedade específica. Certamente, jornais e revistas dão muito destaque às diferenças de altura nos casais de celebridades, especialmente se o marido for mais baixo que a esposa.

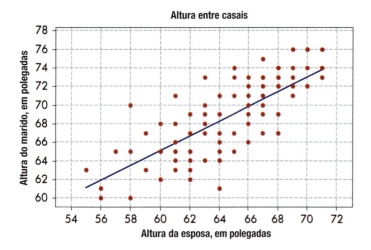

Com base no diagrama de dispersão, "Altura entre casais", parece haver uma relação linear entre as alturas de maridos e esposas. Conforme a altura das esposas aumenta, a dos maridos também aumenta.

As ideias básicas da análise de regressão e correlação linear foram introduzidas no Capítulo 3. (Se você não se lembrar com clareza desses conceitos, reveja o Capítulo 3 antes de iniciar este capítulo.) O Capítulo 3 foi apenas uma introdução: a apresentação do gráfico básico (o diagrama de dispersão) e os aspectos estatísticos descritivos da análise de correlação e regressão linear. Neste capítulo, abordaremos, de forma mais detalhada, a análise de correlação e regressão linear.

objetivos

13.1 **Análise de correlação linear**

13.2 **Inferências sobre o coeficiente de correlação linear**

13.3 **Análise de regressão linear**

13.4 **Inferências sobre a inclinação da linha de regressão**

13.5 **Intervalos de confiança para regressão**

13.6 **Compreendendo a relação entre correlação e regressão**

Big Cheese Photo/Jupiterimages

13.1 Análise de correlação linear

AGORA, VAMOS DAR UMA SEGUNDA OLHADA NESSE CONCEITO E VER COMO r, O COEFICIENTE DA CORRELAÇÃO LINEAR, FUNCIONA.

Intuitivamente, desejamos pensar sobre como medir a dependência linear matemática de uma variável sobre outra. Conforme x aumenta, y tende a aumentar ou a diminuir? Quão forte (consistente) é essa tendência? Nós utilizaremos duas medidas de dependência, a covariância

e o coeficiente de correlação linear, para medir a relação entre duas variáveis. Iniciaremos nossa discussão examinando uma amostra de dados bivariados (pares ordenados) e identificando alguns fatos relacionados ao nos prepararmos para definir a covariância. Considere uma amostra de seis dados bivariados: (2, 1), (3, 5), (6, 3), (8, 2), (11, 6), (12, 1).

A Figura 13.1 mostra cada par ordenado, fornecendo a base para medir a covariância. Também devemos calcular os valores médios dos seis valores de *x* e *y*. A média dos seis valores de *x* (2, 3, 6, 8, 11, 12) é $\bar{x} = 7$ e a média dos seis valores de *y* (1, 5, 3, 2, 6, 1) é $\bar{y} = 3$.

O ponto $(\bar{x}, \bar{y})$, que é (7, 3) (gerado com base nas médias dos seis valores de *x* e *y*), está localizado conforme é mostrado no gráfico dos pontos amostrais na Figura 13.2. O ponto $(\bar{x}, \bar{y})$ é denominado **centroide** dos dados. Uma linha vertical e uma horizontal desenhadas pelo centroide dividem o gráfico em quatro seções, conforme é mostrado na Figura 13.2. Cada ponto (*x*, *y*) encontra-se a certa distância de cada uma dessas duas linhas: ($x - \bar{x}$) é a distância horizontal de (*x*, *y*) até a linha vertical que passa pelo centroide, e ($y - \bar{y}$) é a distância vertical de (*x*, *y*) até a linha horizontal que passa pelo centroide. Tanto a distância horizontal quanto a vertical de cada ponto de dados do centroide podem ser medidas, conforme é mostrado na Figura 13.3. As distâncias podem ser positivas, negativas ou zero, dependendo da posição do ponto (*x*, *y*) em relação a $(\bar{x}, \bar{y})$. [A Figura 13.3 mostra ($x - \bar{x}$) e ($y - \bar{y}$) representados por chaves, com sinais de positivo e negativo.]

Uma medida de dependência linear é a covariância. A **covariância de *x* e *y*** é definida como a soma dos produtos das distâncias de todos os valores de *x* e *y* a partir do centroide, $\Sigma[(x - \bar{x})(y - \bar{y})]$, dividida por $n - 1$:

Covariância de *x* e *y*

$$\text{covar}(x, y) = \frac{\sum_{i=1}^{n}(x_i - \bar{x})(y_i - \bar{y})}{n - 1} \quad (13.1)$$

Os cálculos da covariância para os dados desse exemplo são fornecidos pela Tabela 13.1. A covariância, representada por covar (*x*, *y*), dos dados é $\frac{3}{5} = 0,6$.

A covariância é positiva se o gráfico é dominado por pontos localizados na parte superior direita e na parte inferior esquerda do centroide. Os produtos de ($x - \bar{x}$) e ($y - \bar{y}$) são positivos nessas duas seções. Se a maioria

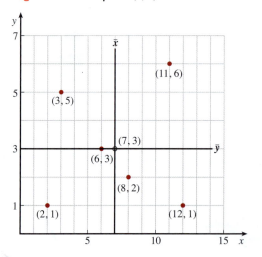

Figura 13.2 O ponto (7, 3) é o centroide

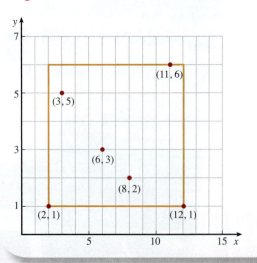

Figura 13.1 Gráfico de dados bivariados

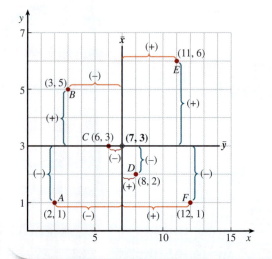

Figura 13.3 Medição da distância de cada ponto de dados até o centroide

Tabela 13.1 Cálculos para a obtenção de covar(x, y) para os dados amostrais

Pontos	$x - \bar{x}$	$y - \bar{y}$	$(x - \bar{x})(y - \bar{y})$
(2, 1)	−5	−2	10
(3, 5)	−4	2	−8
(6, 3)	−1	0	0
(8, 2)	1	−1	−1
(11, 6)	4	3	12
(12, 1)	5	−2	−10
Total	0 checado	0 checado	3

Notas:

1. $\Sigma(x - \bar{x}) = 0$ e $\Sigma(y - \bar{y}) = 0$. Isso acontecerá sempre. Por quê? (Consulte a página 40.)
2. Apesar de a variância de um único conjunto de dados ser sempre positiva, a covariância de dados bivariados pode ser negativa.

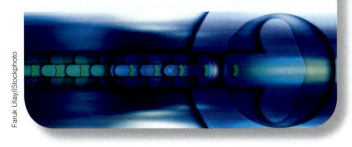

near se deve ao fato de ela não ser uma unidade de medida padronizada. Uma razão para isso é que a dispersão dos dados representa um importante fator com relação ao tamanho da covariância. Por exemplo, se multiplicarmos cada ponto de dados do nosso exemplo por 10, temos (20, 10), (30, 50), (60, 30), (80, 20), (110, 60) e (120, 10). A relação entre os pontos é alterada apenas no que diz respeito ao fato de eles serem muito mais dispersos. No entanto, a covariância para esse novo conjunto de dados é igual a 60. Isso significa que a dependência entre as variáveis x e y é mais forte do que no caso original? Não, não significa. A relação é a mesma, apesar de cada valor de dados ter sido multiplicado por 10. Esse é o problema de ter a covariância como uma medida. Devemos encontrar alguma maneira de eliminar o efeito da dispersão dos dados ao medirmos a dependência.

Se padronizarmos x e y por meio da divisão da distância de cada um deles até a respectiva média pelo desvio padrão respectivo:

$$x' = \frac{x - \bar{x}}{s_x} \quad \text{e} \quad y' = \frac{y - \bar{y}}{s_y}$$

e, então, calcularmos a covariância de x' e y', teremos uma covariância que não é afetada pela dispersão dos dados. É exatamente isso que obtemos por meio do coeficiente de correlação linear. Ele divide a covariância de x e y por uma medida da dispersão de x e por uma medida da dispersão de y (os desvios padrão de x e de y são usados como medidas de propagação). Portanto, por definição, o coeficiente de correlação linear é:

Coeficiente de correlação linear

$$r = \text{covar}(x', y') = \frac{\text{covar}(x, y)}{s_x \cdot s_y} \tag{13.2}$$

O coeficiente de correlação linear padroniza a medida de dependência e nos permite comparar as intensidades de

dos pontos está localizada na parte superior esquerda ou na parte inferior direita do centroide, então, a soma dos produtos é negativa. A Figura 13.4 mostra dados que representam (a) uma dependência positiva; (b) uma dependência negativa; e (c) pouca ou nenhuma dependência. As covariâncias para essas três situações seriam definitivamente positivas em (a), negativas em (b) e perto de zero em (c). (O sinal da covariância é sempre igual ao da inclinação da linha de regressão.)

A maior desvantagem da covariância como uma medida de dependência li-

Figura 13.4 Dados e covariância

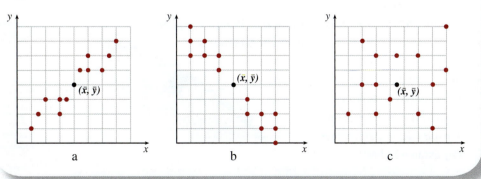

dependência relativas de diferentes conjuntos de dados. [A fórmula (13.2) para correlação linear também é comumente referida como **produto-momento de Pearson, _r_.**]

Podemos determinar o valor de _r_, o coeficiente de correlação linear, para os dados do exemplo anterior calculando os dois desvios padrão e, em seguida, dividindo:

$$s_x = 4{,}099 \quad \text{e} \quad s_y = 2{,}098$$

$$r = \frac{\text{covar}(x, y)}{s_x \cdot s_y}: \quad r = \frac{0{,}6}{(4{,}099)(2{,}098)} = \mathbf{0{,}07}$$

Determinar o coeficiente de correlação usando a fórmula (13.2) pode ser um processo aritmético muito cansativo. Podemos escrever a fórmula de mais de uma forma prática, no entanto, como visto no Capítulo 3:

Atalho para o coeficiente de correlação linear

$$r = \frac{\text{covar}(x, y)}{s_x \cdot s_y} = \frac{\dfrac{\Sigma[(x - \bar{x})(y - \bar{y})]}{n - 1}}{s_x \cdot s_y}$$

$$= \frac{SQ(xy)}{\sqrt{SQ(x) \cdot SQ(y)}} \tag{13.3}$$

A fórmula (13.3) evita cálculos separados de $\bar{x}$, $\bar{y}$, s_x e s_y, bem como os cálculos dos desvios das médias. Portanto, a fórmula (13.3) é muito mais fácil de usar e, o mais importante, é mais precisa quando números decimais estão envolvidos, pois ela minimiza erros de arredondamento.

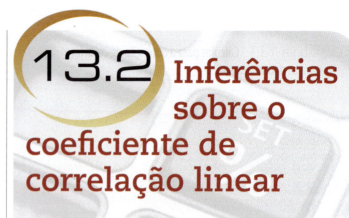

13.2 Inferências sobre o coeficiente de correlação linear

NO OBJETIVO 13.1, APRENDEMOS QUE A COVARIÂNCIA É UMA MEDIDA DE DEPENDÊNCIA LINEAR.

Observamos também o fato de que seu valor é afetado pela dispersão dos dados e, portanto, padronizamos a covariância dividindo-o pelos desvios padrão de _x_ e _y_. Essa forma padronizada é conhecida como _r_, o coeficiente de correlação linear. A padronização permite-nos comparar diferentes conjuntos de dados, possibilitando, assim, que _r_ desempenhe um papel muito parecido ao de _z_ ou de _t_ em relação a $\bar{x}$. O valor calculado de _r_ torna-se _r_★, a estatística de teste para as inferências sobre ρ, o coeficiente de correlação da população. (ρ é a letra grega minúscula rô.)

Pressupostos para inferências sobre o coeficiente de correlação linear:

O conjunto de pares ordenados (_x_, _y_) forma uma amostra aleatória e os valores _y_ para cada _x_ possuem uma distribuição normal. As inferências usam a distribuição _t_ com _n_ – 2 graus de liberdade.

Francis Galton e o coeficiente de correlação

O nome completo do coeficiente de correlação leva muitos a acreditarem, erroneamente, que o próprio Karl Pearson desenvolveu essa medida estatística. Embora Pearson tenha realmente desenvolvido um rigoroso tratamento da matemática da Correlação Produto-Momento de Pearson (CPMP), foi a imaginação de Sir Francis Galton que originalmente concebeu noções modernas de correlação e regressão. A fascinação de Galton por genética e hereditariedade proporcionou a inspiração inicial que levou à regressão e à CPMP.

LABORATÓRIO DE ANTROPOMETRIA
Para a medição realizada de várias maneiras das Formas e das Faculdades Humanas
De Science Collection do Museu Kensington.

Este laboratório foi fundado pelo Sr. Francis Galton com os seguintes propósitos:

1. Para aqueles que desejam ser precisamente medidos de várias maneiras tanto para a obtenção de advertências oportunas sobre falhas remediáveis no desenvolvimento, como para aprender sobre suas potencialidades.
2. Para manter um registro metodológico das principais medidas de cada pessoa, do qual poderá ser obtida uma cópia sob restrições razoáveis. As iniciais e a data de nascimento da pessoa estarão disponíveis no registro, porém seu nome será omitido. Os nomes estarão relacionados em um livro separado.
3. Para o fornecimento de informações sobre os métodos, as práticas e os usos das medidas humanas.
4. Para o experimento e a pesquisa antropométricos e para a obtenção de dados para discussões estatísticas.

Mudanças para a realização das principais medições:

Três centavos para aqueles que já constam no Registro. Quatro centavos para aqueles que não constam. A partir daí, uma página do Registro será atribuída a eles e algumas medições adicionais serão feitas, sobretudo, para futura identificação.

O superintendente está encarregado de contratar o laboratório com a determinação de cada caso e, se houver algum, a medição adicional pode ser realizada sob certas condições.

Procedimento do intervalo de confiança

Assim como com outros parâmetros, um intervalo de confiança pode ser usado para estimar o valor de ρ, o coeficiente de correlação linear da população. Geralmente, ele é obtido utilizando-se uma tabela que mostra as faixas de confiança. A Tabela 10 do Apêndice B fornece as faixas de confiança para intervalos de confiança de 95%. Essa tabela é um tanto complicada de ler e utiliza *n*, o tamanho da amostra; portanto, tenha cuidado redobrado ao utilizá-la.

Vejamos um exemplo que demonstra o procedimento para estimar ρ. Uma amostra aleatória de 15 pares ordenados de dados tem um valor *r* calculado de 0,35. Vamos encontrar o intervalo de confiança de 95% para ρ, o coeficiente de correlação linear da população, utilizando o processo de cinco passos.

PASSO 1 Parâmetro de interesse: O coeficiente de correlação linear da população, ρ.

PASSO 2 a. Pressupostos: Os pares ordenados formam uma amostra aleatória e suporemos que os valores de *y* para cada *x* possuam uma distribuição normal.

b. Fórmula: coeficiente de correlação linear calculado, *r*.

c. Nível de confiança: $1 - \alpha = 0,95$.

PASSO 3 Informações amostrais: $n = 15$ e $r = 0,35$.

PASSO 4 Intervalo de confiança:
O intervalo de confiança é obtido da Tabela 10 do Apêndice B. Localize $r = 0,35$ no final da Tabela 10. (Veja a seta na Figura 13.5.) Visualize uma linha vertical traçada através desse ponto. Determine os dois pontos onde as faixas marcadas para o tamanho correto da amostra cruzam a linha vertical. A amostra é de tamanho 15. Esses dois pontos estão circulados na Figura 13.5. Agora, olhe horizontalmente dos dois pontos circulados para a escala vertical à esquerda e leia o intervalo de confiança. Os valores são –0,20 e 0,72.

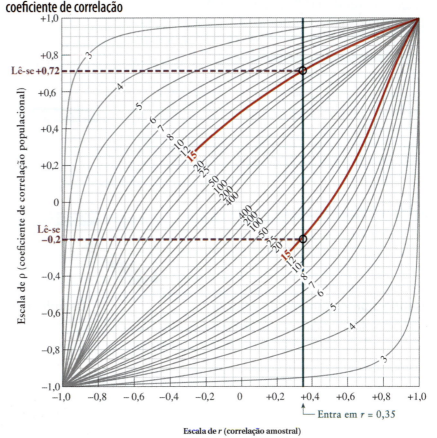

Figura 13.5 Uso da Tabela 10 do Apêndice B, faixas de confiança para o coeficiente de correlação

PASSO 5 Intervalo de confiança:
O intervalo de confiança de 95% para ρ, o coeficiente de correlação linear da população, é de –0,20 a 0,72.

Procedimento do teste de hipóteses

Após o coeficiente de correlação linear, *r*, ser calculado para os dados amostrais, parece necessário fazer a seguinte pergunta: O valor de *r* indica que existe uma dependência linear entre as duas variáveis na população da qual a amostra foi extraída? Para responder essa

ADVERTÊNCIA As inferências sobre o coeficiente de correlação linear referem-se ao padrão de comportamento das duas variáveis envolvidas e à utilidade de uma variável para prever a outra. *A significância do coeficiente de correlação linear não significa que você estabeleceu uma relação de causa e efeito.* Causa e efeito é uma questão separada. (Veja a discussão sobre causalidade nas páginas 63 e 64.)

pergunta podemos realizar um **teste de hipóteses**. A hipótese nula é: as duas variáveis não são linearmente relacionadas ($\rho = 0$), em que ρ é o coeficiente de correlação linear para a população. A hipótese alternativa pode ser tanto unicaudal como bicaudal. Ela é, mais frequentemente, bicaudal, $\rho \neq 0$. Entretanto, quando suspeitamos que haja somente uma correlação positiva ou negativa, devemos utilizar um teste unicaudal. A hipótese alternativa de um teste unicaudal é $\rho > 0$ ou $\rho < 0$.

A área que representa o valor-*p* ou a região crítica para o teste está localizada à direita quando se espera uma correlação positiva e à esquerda quando se espera uma correlação negativa. A estatística de teste utilizada para testar a hipótese nula é o valor de *r* calculado com base nos dados amostrais. Os limites de probabilidade para o valor-*p* ou os valores críticos para *r* são encontrados na Tabela 11 do Apêndice B (página 346). O número de graus de liberdade para a estatística de *r* é 2 a menos que o tamanho da amostra, gl = $n - 2$. Detalhes específicos sobre o uso da Tabela 11 são brevemente discutidos.

A rejeição da hipótese nula significa que há evidência de uma relação linear entre as duas variáveis na população. A não rejeição da hipótese nula significa que uma relação linear entre as duas variáveis na população não foi mostrada.

Teste de hipóteses bicaudal

Agora, vejamos um exemplo de um teste de hipóteses que estuda 15 pares ordenados selecionados aleatoriamente

em que $r = 0,548$. Utilizando o processo de cinco passos, podemos determinar se esse coeficiente de correlação linear é significativamente diferente de zero no nível de significância 0,02.

PASSO 1 a. **Parâmetro de interesse:**
O coeficiente de correlação linear para a população, ρ.
b. **Formulação das hipóteses:**

$H_o: \rho = 0$
$H_a: \rho \neq 0$

PASSO 2 a. **Pressupostos:**
Os pares ordenados formam uma amostra aleatória e suporemos que os valores de *y* para cada *x* possuam uma distribuição normal.
b. **Estatística de teste:**
$r\star$, fórmula (13.3), com gl = $n - 2 = 15 - 2 = 13$.
c. **Nível de significância:**
$\alpha = 0,02$ (fornecido no enunciado do problema).

PASSO 3 a. **Informações amostrais:**
$n = 15$ e $r = 0,548$.
b. **Valor da estatística de teste:**
O coeficiente de correlação linear calculado para a amostra é a estatística de teste: $r\star = 0,548$.

PASSO 4 Distribuição de probabilidade:
Como sempre, podemos usar tanto o valor-*p* quanto o procedimento clássico:

Usando o procedimento do valor-*p*:

a. Use as duas caudas, pois H_a expressa interesse em valores relacionados a "diferente de".

$\mathbf{P} = P(r < -0,548) + P(r > 0,548)$
$= 2 \cdot P(r > 0,548)$,

com gl = 13, conforme é apresentado na figura a seguir.

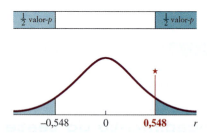

Use a Tabela 11 (Apêndice B) para atribuir limites ao valor-*p*: $0,02 < P < 0,05$.
Detalhes específicos podem ser encontrados na sequência desta ilustração.

b. O valor-*p* não é menor do que o nível de significância, α.

Usando o procedimento clássico:

a. A região crítica abrange as duas caudas, pois H_a expressa interesse em valores relacionados a "diferente de".
O valor crítico é encontrado na interseção da linha gl = 13 com a coluna 0,02 bicaudal da Tabela 11: **0,592**.

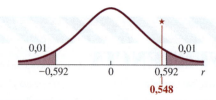

Detalhes específicos podem ser encontrados na sequência desta ilustração.

b. $r\star$ não está na região crítica, como mostrado em vermelho na figura anterior.

PASSO 5 a. **A decisão é:** não rejeitar H_o.

b. **Conclusão:**

No nível de significância 0,02, não conseguimos mostrar que x e y estão correlacionados.

CÁLCULO DO VALOR-P

Use a Tabela 11 do Apêndice B para "atribuir limites" ao valor-p. Verificando a linha gl = 13 da Tabela 11, podemos determinar um intervalo dentro do qual está localizado o valor-p. Localize $r\bigstar$ ao longo da linha identificada como gl = 13. Se o valor de $r\bigstar$ não estiver listado, localize os dois valores da tabela entre os quais ele está situado e leia os limites para o valor-p a partir do topo da tabela. Nesse caso, $r\bigstar = 0,548$ está entre 0,514 e 0,592, portanto, **P** está entre 0,02 e 0,05. A Tabela 11 mostra apenas os valores bicaudais. Quando a hipótese alternativa é bicaudal, os limites para o valor-p são obtidos diretamente da tabela.

Parte da Tabela 11				
Quantidade de α em duas caudas				
gl	... 0,05	**P**	0,02	0,02 < **P** < 0,05
⋮	↑	⋮	↑	
13	0,514	**0,548**	0,592	

NOTA: Quando H_a for unicaudal, divida o título das colunas por 2 para atribuir limites ao valor-p.

Use a Tabela 11 do Apêndice B para encontrar os valores críticos. O valor crítico encontra-se na interseção da linha gl = 13 com a coluna bicaudal $\alpha = 0,02$. A Tabela 11 mostra apenas os valores bicaudais. Como a hipótese alternativa é bicaudal, os valores críticos são obtidos diretamente da tabela.

Parte da Tabela 11		
Quantidade de α em duas caudas		
gl	... 0,02	...
⋮	⋮	
13	0,592 ⟶	Valores críticos: ± 0,592

NOTA: Quando H_a for unicaudal, divida o título das colunas por 2.

A correlação pode ter aplicações muito práticas, como pode ser visto no artigo da página 280.

13.3 Análise de regressão linear

LEMBRE-SE DE QUE A **LINHA DE MELHOR AJUSTE** RESULTA DE UMA ANÁLISE DE DUAS (OU MAIS) VARIÁVEIS QUANTITATIVAS RELACIONADAS. (RESTRINGIREMOS NOSSO TRABALHO A DUAS VARIÁVEIS.)

Quando duas variáveis são estudadas conjuntamente, normalmente gostaríamos de controlar uma variável por meio do controle da outra. Ou poderíamos desejar prever o valor de uma variável com base no conhecimento sobre a outra variável. Em ambos os casos, desejamos encontrar a linha de melhor ajuste, se houver, que melhor preverá o valor da variável dependente, ou de saída, com base em um valor da variável independente, ou de entrada. Lembre-se de que a variável que conhecemos ou podemos controlar é chamada variável *independente*, ou de entrada, e a variável que resulta da utilização da equação da linha de melhor ajuste é chamada variável *dependente*, ou previsível.

No Capítulo 3, desenvolvemos o método dos mínimos quadrados. Com base nesse conceito, as fórmulas (3.7) e (3.6) foram obtidas e usadas para calcular b_0 (o **intercepto** y) e b_1 (a **inclinação** da linha de melhor ajuste):

$$b_0 = \frac{\Sigma y - (b_1 \cdot \Sigma x)}{n} \quad (3.7)$$

$$b_1 = \frac{SQ(xy)}{SQ(x)} \quad (3.6)$$

Então, esses dois coeficientes são usados para formular a equação da linha de melhor ajuste na forma

$$\hat{y} = b_0 + b_1 x$$

Quando a linha de melhor ajuste é traçada, ela faz mais do que apenas fornecer uma representação gráfica da linha. Ela também nos informa duas coisas: (1) se realmente existe uma relação linear entre as duas variáveis ou não; e (2) a relação quantitativa (equação) entre as duas variáveis. Quando não houver relação entre as variáveis, o resultado será uma linha de melhor ajuste horizontal. A linha horizontal tem uma inclinação igual a zero, o que implica que o valor da variável de entrada

Uso da correlação em um estudo médico

Correlação do tempo de coagulação ativada e do tempo de tromboplastina parcial ativada com a concentração plasmática de heparina

Objetivo do estudo: determinar a correlação entre o tempo de coagulação ativada (TCA) ou o tempo de tromboplastina parcial ativada (TTPa) e a concentração plasmática de heparina.

Método: estudo prospectivo em duas fases.

Pacientes: 30 pacientes receberam heparina intravenosa de infusão contínua.

Intervenções: medição de TCA, TTPa e as concentrações plasmáticas de heparina.

Há mais de 50 anos que a heparina é administrada como anticoagulante, sendo conhecida por possuir um intervalo terapêutico limitado. Subdosagens de heparina estão associadas ao tromboembolismo recorrente, ao passo que a dosagem excessiva pode aumentar o risco de complicações hemorrágicas. Vários testes de tempo de coagulação estão disponíveis para monitorar a heparina, incluindo o tempo total de coagulação sanguínea, o tempo de tromboplastina parcial ativada (TTPa) e o tempo de coagulação ativada (TCA).

O estudo foi conduzido em duas fases. Na fase 1 (fase intrapessoal), foram avaliadas amostras sequenciais de sangue de cinco pacientes. O objetivo era determinar se havia uma relação significativa entre as concentrações plasmáticas de heparina e os testes de tempo de coagulação para um indivíduo. Na fase 2 (fase interpessoal), amostras de sangue aleatórias únicas coletadas de 25 pacientes adicionais foram avaliadas com as mesmas técnicas de coleta e análise utilizadas na fase 1. As amostras de sangue foram retiradas no período de 48 horas após o início do tratamento com heparina. O objetivo da fase 2 era determinar a relação quantitativa entre TCA ou TTPa e a concentração plasmática de heparina entre os indivíduos.

Para as duas fases, as correlações entre os resultados de TCA ou TTPa e as concentrações plasmáticas de heparina foram realizadas utilizando o teste de correlação momento *R* de Pearson. Fase 1: os coeficientes de correlação linear (*r*) para os cinco pacientes foram 0,93 ($p = 0,02$), 0,99

($p = 0,009$), 0,89 ($p = 0,12$), 0,96 ($p = 0,04$) e 0,90 ($p = 0,10$). Fase 2: o coeficiente de correlação para esses dados foi 0,58 (linear, $p = 0,008$). A fórmula da linha de regressão linear é 137 + (52,9)(concentração plasmática de heparina), a qual, para um intervalo terapêutico de heparina de 0,3 a 0,7 U/ml (pelo antifator Xa), corresponde a um intervalo de TCA de 153 a 174 segundos. As linhas de regressão linear para TTPa *versus* a concentração plasmática de heparina são mostradas na Figura A. O coeficiente de correlação para esses dados foi de 0,89 (linear, $p = 0,0001$). A fórmula da linha de regressão linear foi 14,4 + (135,4)(concentração plasmática de heparina), a qual, para o mesmo intervalo terapêutico de heparina, corresponde a um intervalo de TTPa de 55 a 109 segundos.

Os resultados da análise decisória indicam que um intervalo terapêutico do teste de tempo de coagulação padrão (não decorrente da concentração de heparina) geralmente resulta em decisões incorretas de gestão de pacientes. O TCA com base em um intervalo terapêutico padrão pode resultar em decisões de ajuste de dosagem que podem aumentar o risco de hemorragia (em 43% dos pacientes). O TTPa com base em um intervalo terapêutico padrão pode resultar em decisões de ajuste de dosagem que podem aumentar o risco de trombose (em 37% dos pacientes). Um estudo mais amplo, realizado com 200 pacientes, está em andamento para confirmar esses resultados utilizando intervalos terapêuticos decorrentes da concentração de heparina para TTPa e TCA.

FONTE: John M. Koerber, B.S.; Maureen A. Smythe, Pharm.D.; Robert L. Begle, M.D.; Joan C. Mattson, M.D.; Beverly P. Kershaw, M.S.; e Susan J. Westley, M.T. (ASCP). *Pharmacotherapy*, 19(8):922–931. Pharmacotherapy Publications, http://www.medscape.com/viewarticle/418017_3. Republicado mediante permissão.

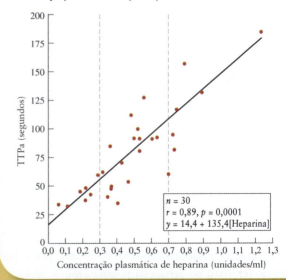

Figura A TTPa linear *versus* concentração plasmática de heparina para a Fase 2 (Correlação interpessoal e regressão). Linhas verticais tracejadas indicam o intervalo terapêutico para a concentração plasmática de heparina pelo antifator Xa.

$n = 30$
$r = 0,89, p = 0,0001$
$y = 14,4 + 135,4$[Heparina]

Wellglad/iStockphoto

não tem efeito sobre a variável de saída. (Essa ideia será ampliada posteriormente neste capítulo.)

O resultado da análise de regressão é a equação matemática da linha de melhor ajuste. Conforme mencionado anteriormente, restringiremos o nosso trabalho ao caso *linear simples*, ou seja, uma variável de entrada e uma de saída, em que a linha de melhor ajuste é reta. No entanto, você deve estar ciente de que nem todas as relações são dessa natureza. Se o **diagrama de dispersão** sugerir algo diferente de uma linha reta, a relação pode ser uma **regressão curvilínea**. Nesses casos, devemos introduzir termos de maior potência, x^2, x^3, e assim por diante, ou outras funções, e^x, log x, e assim por diante, ou devemos introduzir variáveis de entrada. Talvez, duas ou três variáveis de entrada melhorassem a utilidade da nossa equação de regressão. Essas possibilidades são exemplos de regressão curvilínea e **regressão múltipla**.

O modelo linear utilizado para explicar o comportamento de **dados bivariados** lineares na população é:

Modelo linear

$$y = \beta_0 + \beta_1 x + \epsilon \qquad (13.4)$$

Essa equação representa a relação linear entre as duas variáveis da população. β_0 é o intercepto y e β_1 é a inclinação. ϵ (também conhecido como ε) é o **erro experimental** aleatório no valor observado de y para um dado valor de x.

A **linha de regressão** dos dados amostrais nos fornece b_0, que é a nossa estimativa de β_0 e b_1, a nossa estimativa de β_1. O erro ϵ é aproximado por $e = y - \hat{y}$, a diferença entre o valor observado de y e o **valor previsto de** y, $\hat{y}$ para um dado valor de x:

Estimativa do erro experimental

$$e = y - \hat{y} \qquad (13.5)$$

A variável aleatória e (conhecida também como "residual") é positiva quando o valor observado de y é maior que o valor previsto, $\hat{y}$; e é negativa quando y é menor que $\hat{y}$. A soma dos erros (residuais) de todos os valores de y para um dado valor de x é exatamente igual a zero. (Isso faz parte do critério de quadrados mínimos.) Assim, o valor médio do erro experimental é zero e sua variância é σ_ϵ^2.

Variância do erro experimental

Nosso próximo objetivo é estimar essa **variância do erro experimental**, σ_ϵ^2. Mas, antes de estimarmos a variância de ϵ, devemos tentar entender exatamente o que o erro representa: ϵ é a quantidade de erro no valor observado de y. Ou seja, ϵ é a diferença entre o valor observado de y e o valor médio de y para aquele valor específico de x.

Como não sabemos o valor médio de y, utilizaremos a equação de regressão, a qual estimaremos com $\hat{y}$, o **valor previsto de** y para esse mesmo valor de x. Desta maneira, a melhor estimativa que temos para ϵ é $e = y - \hat{y}$, conforme é mostrado na Figura 13.6.

Figura 13.6 O erro

Nota:

e é o erro observado na medição de y em um valor específico de x.

Se tivéssemos de observar diversos valores de y para um dado valor de x, poderíamos traçar uma distribuição dos valores de y sobre a linha de melhor ajuste (sobre $\hat{y}$, em particular). A Figura 13.7 mostra uma amostra de valores bivariados que compartilham um mesmo valor de x. A Figura 13.8, na próxima página, mostra a distribuição teórica de todos os valores possíveis de y para um dado valor de x. Uma distribuição similar ocorre para cada valor diferente de x. A média dos valores de y observados para um dado valor de x varia, mas pode ser estimada por $\hat{y}$.

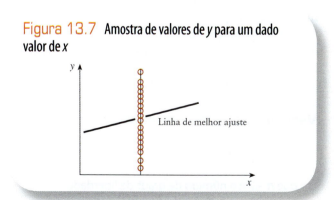

Figura 13.7 Amostra de valores de y para um dado valor de x

Figura 13.8 Distribuição teórica dos valores de *y* para um dado valor de *x*

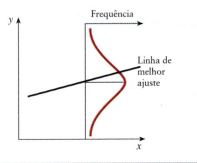

Figura 13.9 O desvio padrão da distribuição dos valores de *y* é igual para todos os valores de *x*

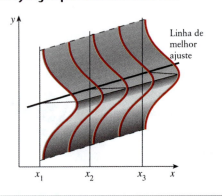

Antes de podermos fazer qualquer inferência sobre uma linha de regressão, devemos supor que a distribuição dos valores de *y* seja aproximadamente normal e que as variâncias das distribuições de *y* para todos os valores de *x* sejam iguais. Ou seja, o desvio padrão da distribuição de *y* sobre $\hat{y}$ é o mesmo para todos os valores de *x*, conforme é mostrado na Figura 13.9.

Antes de abordarmos a variância de *e*, vamos rever a definição de variância amostral. A variância amostral, s^2, é definida como $\frac{\Sigma(x - \bar{x})^2}{n - 1}$, a soma dos quadrados de cada desvio dividida pelo número de graus de liberdade, $n - 1$, associado a uma amostra de tamanho *n*. A variância de *y* envolve uma complicação adicional: existe uma média diferente para *y* para cada valor de *x*. (Observe as diversas distribuições na Figura 13.9.) No entanto, cada uma dessas "médias" é, na verdade, o valor previsto, $\hat{y}$, que corresponde ao *x* que corrige a distribuição. Então, a variância do erro estimado *e* é obtida pela fórmula:

Variância do erro estimado, *e*

$$s_e^2 = \frac{\Sigma(y - \hat{y})^2}{n - 2} \tag{13.6}$$

em que *n* – 2 é o número de graus de liberdade.

A fórmula (13.6) pode ser reescrita substituindo-se $b_0 + b_1 x$ for $\hat{y}$. Sendo $\hat{y} = b_0 + b_1 x$, temos

$$s_e^2 = \frac{\Sigma(y - b_0 - b_1 x)^2}{n - 2} \tag{13.7}$$

Com um pouco de álgebra e paciência, essa fórmula pode ser reescrita mais uma vez para uma forma mais prática. A forma que utilizaremos é

Variância do erro estimado, *e*

$$s_e^2 = \frac{(\Sigma y^2) - (b_0)(\Sigma y) - (b_1)(\Sigma xy)}{n - 2} \tag{13.8}$$

Para facilitar a discussão, vamos concordar em chamar o numerador das fórmulas (13.6), (13.7) e (13.8) de **soma dos quadrados para o erro** (SQE).

Precisamos de mais uma fórmula antes de poder colocar todas essas informações em uso:

Desvio padrão do erro estimado, *e* (erro padrão da estimativa)

$$s_e = \sqrt{s_e^2} \tag{13.9}$$

Agora, vejamos como podemos usar todas essas informações para determinar a variância de *y* em relação à linha de regressão. Suponha que você se mude para uma nova cidade e encontre um emprego. Naturalmente, você estará preocupado com os problemas que enfrentará para ir e voltar do trabalho. Por exemplo, você gostaria de saber quanto tempo levará para ir de carro até seu trabalho todas as manhãs. Vamos usar "a distância de ida para o trabalho" como uma medida de onde você mora. Você vive a x milhas do trabalho e quer saber quanto tempo levará para chegar lá todos os dias. Quinze dos seus colegas de trabalho foram questionados quanto ao tempo gasto e a distância percorrida para chegar ao trabalho. Os dados resultantes são mostrados na Tabela 13.2. Vamos determinar a linha de melhor ajuste e a variância de y com relação a ela, s_e^2.

As extensões e somas necessárias para esse problema são apresentadas na Tabela 13.2. Agora, a linha de melhor ajuste pode ser calculada usando as fórmulas (2.8), (3.4), (3.6) e (3.7). Com a fórmula (2.8):

$$SQ(x) = \Sigma x^2 - \frac{(\Sigma x)^2}{n}:$$

$$SQ(x) = 2.616 - \frac{(184)^2}{15} = 358,9333$$

Com a fórmula (3.4):

$$SQ(xy) = \Sigma xy - \frac{\Sigma x \Sigma y}{n}:$$

$$SQ(xy) = 5.623 - \frac{(184)(403)}{15} = 679,5333$$

Utilizamos a fórmula (3.6) para a inclinação:

$$b_1 = \frac{SQ(xy)}{SQ(x)}:$$

$$b_1 = \frac{679,5333}{358,9333} = 1,893202 = \mathbf{1,89}$$

Tabela 13.2 Dados sobre distâncias e tempos para chegar ao trabalho

Colega de trabalho	Milhas (x)	Minutos (y)	x^2	xy	y^2
1	3	7	9	21	49
2	5	20	25	100	400
3	7	20	49	140	400
4	8	15	64	120	225
5	10	25	100	250	625
6	11	17	121	187	289
7	12	20	144	240	400
8	12	35	144	420	1.225
9	13	26	169	338	676
10	15	25	225	375	625
11	15	35	225	525	1.225
12	16	32	256	512	1.024
13	18	44	324	792	1.936
14	19	37	361	703	1.369
15	20	45	400	900	2.025
Total	184	403	2.616	5.623	12.493

Usamos a fórmula (3.7) para o intercepto y:

$$b_0 = \frac{\Sigma y - (b_1 \cdot \Sigma x)}{n}:$$

$$b_0 = \frac{403 - (1,893202)(184)}{15} = 3,643387 = \mathbf{3,64}$$

Acidentes automobilísticos e premiações de seguros

O gráfico à direita mostra o efeito que cada acidente voluntário tinha sobre a premiação anual média de seguros de automóveis em 2009. Parece que a variável "número de acidentes voluntários" teve algum efeito sobre as premiações anuais médias? Quanto ela afetou? O gráfico relata somente um valor para as premiações para cada número de acidentes, mas cada montante em dólares informado resume o montante de muitas premiações. Como isso se relaciona com os pressupostos subjacentes à análise de regressão?

FONTE: Estudo do insurance.com de 2008; republicado pelo *USA Today*, 12 de agosto de 2009.

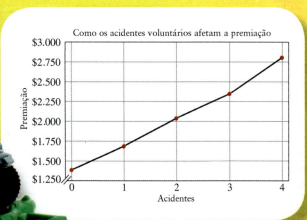

Como os acidentes voluntários afetam a premiação

Dessa forma, a equação da linha de melhor ajuste é

$$\hat{y} = 3,64 + 1,89x$$

A variância de y sobre a linha de regressão é calculada utilizando a fórmula (13.8):

$$s_e^2 = \frac{(\Sigma y^2) - (b_0)(\Sigma y) - (b_1)(\Sigma xy)}{n-2}:$$

$$s_e^2 = \frac{(12.493) - (3,643387)(403) - (1,893202)(5.623)}{15-2}$$

$$= \frac{379,2402}{13} = \mathbf{29,17}$$

$$s_e = \sqrt{29,17} = \mathbf{5,40}$$

$s_e^2 = 29,17$ é a variância dos 15 valores de e, e $s_e = 5,40$ é o desvio padrão dos 15 valores de e. Na Figura 13.10, os 15 valores de e são mostrados como segmentos da linha vertical.

Figura 13.10 Os 15 erros aleatórios como segmentos de linha

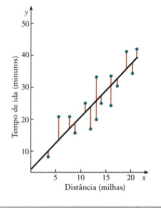

NOTA: Frequentemente são necessárias casas decimais extras para esse tipo de cálculo. Observe que b_1 (1,893202) foi multiplicado por 5.623. Se tivesse sido utilizado 1,89, um produto teria alterado o numerador para, aproximadamente, 18. Isso, por sua vez, teria alterado a resposta final em aproximadamente 1,4, um erro de arredondamento considerável.

Nas seções a seguir, utilizaremos a variância de e de modo muito semelhante ao utilizado na variância de x (como calculado no Capítulo 2) nos Capítulos 8, 9 e 10 para realizar a inferência estatística estudada ali.

13.4 Inferências sobre a inclinação da linha de regressão

AGORA QUE A EQUAÇÃO DA LINHA DE MELHOR AJUSTE FOI ENCONTRADA E O MODELO LINEAR VERIFICADO (POR MEIO DA INSPEÇÃO DO DIAGRAMA DE DISPERSÃO), ESTAMOS PRONTOS PARA DETERMINAR SE PODEMOS USAR A EQUAÇÃO PARA PREVER Y.

Testaremos a hipótese nula: a equação da linha de melhor ajuste não tem nenhuma utilidade na previsão de y para um dado valor de x. Ou seja, a hipótese nula a ser testada é: β_1 (inclinação da relação na população) é zero. Se $\beta_1 = 0$, então, a equação linear não terá nenhuma utilidade real na previsão de y. Antes de abordarmos o intervalo de confiança ou o teste de hipóteses, vamos discutir a **distribuição amostral** da inclinação. Se amostras aleatórias de tamanho n são coletadas repetidamente de uma população bivariada, então, as inclinações calculadas, b_1, formarão uma distribuição amostral que é distribuída normalmente com uma média de β_1, o valor populacional da inclinação e com uma variância de $\sigma_{b_1}^2$, em que

$$\sigma_{b_1}^2 = \frac{\sigma_\epsilon^2}{\Sigma(x - \bar{x})^2} \tag{13.10}$$

Lembre-se: instruções para o uso de computador ou calculadora para encontrar a linha de regressão para dados bivariados podem ser encontradas no seu Tec Card do Capítulo 3.

desde que não haja falta de ajuste. Um estimador adequado para $\sigma_{b_1}^2$ é obtido substituindo-se σ_ϵ^2 por s_e^2, a estimativa da variância do erro sobre a linha de regressão:

$$s_{b_1}^2 = \frac{s_e^2}{\Sigma(x - \bar{x})^2} \qquad (13.11)$$

Essa fórmula pode ser reescrita de forma mais prática, como segue:

Estimativa de variância da inclinação

$$s_{b_1}^2 = \frac{s_e^2}{\Sigma x^2 - \frac{(\Sigma x)^2}{n}} \qquad (13.12)$$

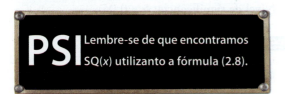

PSI Lembre-se de que encontramos SQ(x) utilizanto a fórmula (2.8).

NOTA: O "erro padrão de __" é o desvio padrão da distribuição amostral de __. Assim, o *erro padrão da regressão* (inclinação) é σ_{b_1} e é estimado por s_{b_1}.

Estimativa para o erro padrão da regressão (inclinação)

$$s_{b_1} = \sqrt{s_{b_1}^2} \qquad (13.13)$$

Em nosso exemplo de tempos e distâncias de locomoção, a variância e o erro padrão entre os valores de b_1 são estimados utilizando as fórmulas (13.12) e (13.13):

$$s_{b_1}^2 = \frac{s_e^2}{\Sigma x^2 - \frac{(\Sigma x)^2}{n}}:$$

$$s_{b_1}^2 = \frac{29,1723}{358,9333} = 0,081275 = \mathbf{0,0813}$$

$$s_{b_1} = \sqrt{0,0813} = \mathbf{0,285}$$

Pressupostos para inferências sobre a regressão linear:

O conjunto de pares ordenados (x, y) forma uma amostra aleatória e os valores y para cada x possuem uma distribuição normal. Sendo o desvio padrão da população desconhecido e substituído pelo desvio padrão amostral, a distribuição-t será utilizada com *n* − 2 graus de liberdade.

Procedimento do intervalo de confiança

A inclinação β_1 da linha de regressão da população pode ser estimada por meio de um intervalo de confiança.

Intervalo de confiança para inclinação

$$b_1 \pm t(n - 2, \alpha/2) \cdot s_{b_1} \qquad (13.14)$$

Vejamos como construir um intervalo de confiança para β_1, a inclinação da população da linha de melhor ajuste, determinando o intervalo de confiança de 95% para a inclinação da população, β_1. Utilizando os dados da Tabela 13.2 (página 283), seguiremos novamente o processo de cinco passos.

PASSO 1 Parâmetro de interesse:

A inclinação, β_1, da linha de melhor ajuste para a população.

PASSO 2 a. Pressupostos:

Os pares ordenados formam uma amostra aleatória e suporemos que os valores de y (minutos) para cada x (milhas) possuem uma distribuição normal.

b. **Distribuição de probabilidade e fórmula:** distribuição-t de Student e a fórmula (13.14).

c. **Nível de confiança:** $1 - \alpha = 0,95$

PASSO 3 Informações amostrais:

$n = 15$, $b_1 = 1,89$ e $s_{b_1}^2 = 0,0813$.

PASSO 4 a. Coeficientes de confiança:

Utilizando a Tabela 6 do Apêndice B encontramos $t(gl, \alpha/2) = t(13, 0,025) = 2,16$.

b. **Erro máximo de estimativa:**

Utilizamos a fórmula (13.14) para determinar $E = t(n - 2, \alpha/2) \cdot s_{b_1}$:

$$E = (2,16) \cdot \sqrt{0,0813} = 0,6159 = 0,62$$

c. **Limites de confiança inferior e superior:**

$$b_1 - E \quad \text{a} \quad b_1 + E$$
$$1,89 - 0,62 \quad \text{a} \quad 1,89 + 0,62$$

Assim, 1,27 a 2,51 é o intervalo de confiança de 95% para β_1.

PASSO 5 Intervalo de confiança:

Podemos dizer que a inclinação da linha de melhor ajuste da população da qual a amostra foi extraída está entre 1,27 e 2,51 com 95% de confiança. Isto é, estamos 95% confiantes de que, em média, cada milha extra levará de 1,27 minuto (1 min e 16 s) a 2,51 minutos (2 min e 31 s) para percorrer o trajeto.

Procedimento do teste de hipóteses

Agora, estamos prontos para testar a hipótese $\beta_1 = 0$. Ou seja, desejamos determinar se a equação da linha de melhor ajuste possui alguma utilidade real na previsão de y. Para esse teste de hipóteses, a hipótese nula é sempre $H_o: \beta_1 = 0$. Ela será testada utilizando a distribuição-t de Student com gl $= n - 2$ e a estatística de teste $t\bigstar$ encontrada por meio da fórmula (13.15):

Estatística de teste para inclinação

$$t\bigstar = \frac{b_1 - \beta_1}{s_{b_1}} \qquad (13.15)$$

Com essas informações, podemos agora determinar se a inclinação da linha de melhor ajuste é significativa o suficiente para mostrar que a distância unidirecional é útil na previsão do tempo do percurso de ida em nosso exemplo contínuo sobre o tempo de locomoção até o local de trabalho. Utilizaremos o procedimento de cinco passos e o nível de significância $\alpha = 0,05$.

PASSO 1 **a. Parâmetro de interesse:**
  β_1, inclinação da linha de melhor ajuste para a população.
b. Formulação das hipóteses:
  $H_o: \beta_1 = 0$ (isso implica que x não é útil para prever o valor de y; ou seja, $\hat{y} = \bar{y}$ seria igualmente eficaz.)

A hipótese alternativa pode ser unicaudal ou bicaudal. Se suspeitarmos que a inclinação é positiva, como no exemplo anterior sobre a distância de ida para o trabalho, um teste unicaudal é apropriado.
$H_a: \beta_1 > 0$ (Esperamos que o tempo do percurso y aumente conforme a distância x aumenta.)

PASSO 2 **a. Pressupostos:**
  Os pares ordenados formam uma amostra aleatória e suporemos que os valores de y (minutos) para cada x (milhas) possuem uma distribuição normal.
b. Distribuição de probabilidade e estatística de teste:
  a distribuição-t com gl $= n - 2 = 13$ e a estatística de teste $t\bigstar$ da fórmula (13.15).
c. Nível de significância: $\alpha = 0,05$.

PASSO 3 **a. Informações amostrais:**
  $n = 15$, $b_1 = 1,89$ e $s_{b_1}^2 = 0,0813$.
b. Estatística de teste:
  Usando a fórmula (13.15), determinamos o valor de t observado:

$$t\bigstar = \frac{b_1 - \beta_1}{s_{b_1}}: \quad t\bigstar = \frac{1,89 - 0,0}{\sqrt{0,0813}} = 6,629 = 6,63$$

PASSO 4 **Distribuição de probabilidade:**
  Novamente, podemos usar tanto o valor-p quanto o procedimento clássico:

Usando o procedimento do valor-p:
a. Use a cauda localizada à direita, pois H_a expressa interesse por valores relacionados a "positivo".

  $\mathbf{P} = P(t\bigstar > 6,63, \text{com gl} = 13)$

  conforme é mostrado na figura a seguir.

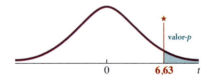

  Para encontrar o valor-p, utilize um dos três métodos a seguir:
  1. Use a Tabela 6 (Apêndice B) para atribuir limites ao valor-p: $\mathbf{P} < 0,005$.
  2. Use a Tabela 7 (Apêndice B) para atribuir limites ao valor-p: $\mathbf{P} < 0,001$.
  3. Use um computador ou uma calculadora para determinar o valor-p: $\mathbf{P} = 0,0000082$.
  Detalhes específicos são fornecidos na página 189.
b. O valor-p é menor do que o nível de significância, α.

Usando o procedimento clássico:
a. A região crítica é a cauda localizada à direita, pois H_a expressa interesse por valores relacionados a "positivo". O valor crítico é encontrado na Tabela 6:

  $t(13, 0.,05) = \mathbf{1,77}$

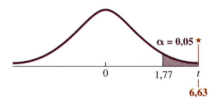

  Instruções específicas são fornecidas no Objetivo 9.1, nas páginas 185 e 186.
b. $t\bigstar$ encontra-se na região crítica, como mostrado em vermelho na figura anterior.

PASSO 5 **a. A decisão é:** rejeitar H_o.

b. Conclusão:

No nível de significância 0,05, concluímos que a inclinação da linha de melhor ajuste na população é maior que zero. A evidência indica que existe uma relação linear e que a distância unidirecional (x) é útil para prever o tempo do percurso até o trabalho (y).

13.5 Intervalos de confiança para regressão

UMA VEZ QUE A EQUAÇÃO DA LINHA DE MELHOR AJUSTE FOI OBTIDA E DETERMINAMOS QUE ELA É ÚTIL, ESTAMOS PRONTOS PARA USAR ESSA EQUAÇÃO PARA FAZER ESTIMATIVAS E PREVISÕES.

Podemos estimar a média dos valores de y da população para um dado valor de x representado por $\mu_{y|x_0}$. Também podemos prever o valor de y individual selecionado aleatoriamente que ocorrerá para um valor dado de x representado por y_{x_0}. A melhor estimativa pontual, ou previsão, para $\mu_{y|x_0}$ e y_{x_0} é $\hat{y}$. Esse é o valor de y obtido quando um valor de x é substituído na equação da linha de melhor ajuste. Assim como em outras estimativas pontuais, raramente o valor está correto. O valor calculado de $\hat{y}$ variará acima e abaixo dos valores reais tanto para $\mu_{y|x_0}$ quanto para y_{x_0}.

Antes de desenvolvermos as estimativas do intervalo de $\mu_{y|x_0}$ e y_{x_0}, reveja o desenvolvimento dos intervalos de confiança para a média populacional μ no Capítulo 8, quando a variância era conhecida, e no Capítulo 9, quando a variância era estimada. A média amostral, $\bar{x}$, era a melhor estimativa pontual de μ. Utilizamos o fato de $\bar{x}$ ser distribuído normalmente ou de forma aproximadamente normal, com desvio padrão de $\frac{\sigma}{\sqrt{n}}$ para construir a fórmula (8.1) do intervalo de confiança para μ. Quando for necessário estimar σ, usamos a fórmula (9.1) para o intervalo de confiança.

O **intervalo de confiança para** $\mu_{y|x_0}$ e o **intervalo de previsão para** y_{x_0} são construídos de forma semelhante, $\hat{y}$ substituindo $\bar{x}$ como a estimativa pontual. Se tivéssemos

de selecionar aleatoriamente diversas amostras da população, construir a linha de melhor ajuste para cada amostra, calcular y para um dado valor de x usando cada linha de regressão e traçar os diversos valores de $\hat{y}$ (eles variariam, pois cada amostra produziria uma linha de regressão ligeiramente diferente), descobriríamos que os valores de $\hat{y}$ formam uma distribuição normal. Ou seja, **a distribuição amostral de $\hat{y}$** é normal, assim como a distribuição amostral de $\bar{x}$. E o desvio padrão apropriado de $\hat{y}$? O desvio padrão em ambos os casos ($\mu_{y|x_0}$ e y_{x_0}) é calculado multiplicando-se a raiz quadrada da variância do erro por um fator de correção apropriado. Lembre-se de que a variância do erro, s_e^2, é calculada por meio da fórmula (13.8).

Antes de analisarmos os fatores de correção para os dois casos, vejamos por que eles são necessários. Lembre-se de que a linha de melhor ajuste passa pelo ponto ($\bar{x}$, $\bar{y}$), o centroide. No Objetivo 13.4, construímos um intervalo de confiança para a inclinação β_1 utilizando a fórmula (13.14). Se traçarmos linhas com inclinações iguais aos extremos daquele intervalo de confiança, 1,27 a 2,51, passando pelo ponto ($\bar{x}$, $\bar{y}$) [que é (12,3, 26,9)] no diagrama de dispersão, veremos que o valor para $\hat{y}$ flutua consideravelmente para valores diferentes de x (Figura 13.11). Portanto, devemos suspeitar de que há a necessidade de um intervalo de confiança mais amplo conforme selecionamos valores de x que estão mais distantes de $\bar{x}$. Dessa forma, precisamos de um fator de correção para ajustar a distância entre x_0 e $\bar{x}$. Esse fator também ajusta a variação dos valores de y sobre $\hat{y}$.

Primeiro, vamos estimar o valor médio de y para um dado valor de x, $\mu_{y|x_0}$. A fórmula para o intervalo de confiança é:

$$\hat{y} \pm t(n-2, \alpha/2) \cdot s_e \cdot \sqrt{\frac{1}{n} + \frac{(x_0 - \bar{x})^2}{\sum(x - \bar{x})^2}} \qquad (13.16)$$

Figura 13.11 Linhas que representam o intervalo de confiança para a inclinação

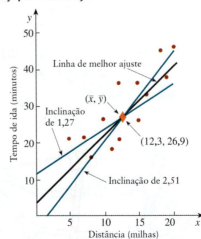

NOTA: O numerador do segundo termo sob o sinal do radical é o quadrado da distância entre x_0 e $\bar{x}$. O denominador está estreitamente relacionado à variância de x e tem um "efeito de padronização" sobre esse termo.

A fórmula (13.16) pode ser modificada para facilitar o cálculo. Eis a nova fórmula:

Intervalo de confiança para

$$\hat{y} \pm t_{(n-2,\,\alpha/2)} \cdot s_e \cdot \sqrt{\frac{1}{n} + \frac{(x_0 - \bar{x})^2}{SQ(x)}} \qquad (13.17)$$

Vamos continuar a examinar o exemplo da locomoção até o trabalho construindo um intervalo de confiança de 95% para o tempo médio do percurso para os colaboradores que se deslocam 7 milhas (11,27 km) até o trabalho. Os dados iniciais são fornecidos no Objetivo 13.3.

PASSO 1 Parâmetro de interesse:

$\mu_{y|x=7}$, tempo médio do percurso para colaboradores que se deslocam 7 milhas (11,27 km) até o trabalho.

PASSO 2 a. Pressupostos:

Os pares ordenados formam uma amostra aleatória e suporemos que os valores de y (minutos) para cada x (milhas) possuem uma distribuição normal.

b. Distribuição de probabilidade e fórmula:

distribuição-t de Student e fórmula (13.17).

c. Nível de confiança: $1 - \alpha = 0,95$

PASSO 3 Informações amostrais:

$s_e^2 = 29,17$

$s_e = \sqrt{29,17} = 5,40$ (determinado anteriormente na página 284)

$\hat{y} = 3,64 + 1,89x = 3,64 + 1,89(7) = 16,87$

PASSO 4 a. Coeficiente de confiança:

$t_{(13,\,0,025)} = 2,16$ (Tabela 6 do Apêndice B).

b. Erro máximo de estimativa:

Usando a fórmula (13.17), temos

$$E = t_{(n-2,\,\alpha/2)} \cdot s_e \cdot \sqrt{\frac{1}{n} + \frac{(x_0 - \bar{x})^2}{SQ(x)}} :$$

$$E = (2,16)(5,40)\sqrt{\frac{1}{15} + \frac{(7 - 12,27)^2}{358,933}}$$

$$= (2,16)(5,40)\sqrt{0,06667 + 0,07738}$$

$$= (2,16)(5,40)(0,38) = 4,43$$

c. Limites de confiança inferior e superior:

$$\hat{y} - E \quad \text{a} \quad \hat{y} + E$$

$$16,87 - 4,43 \quad \text{a} \quad 16,87 + 4,43$$

Portanto, **12,44 a 21,30** é o intervalo de confiança de 95% para $\mu_{y|x=7}$. Isto é, com 95% de confiança, o

7 milhas

tempo médio de percurso para aqueles que viajam 7 milhas (11,27 km) está entre 12,44 minutos (12 min e 26 s) e 21,30 minutos (21 min e 18 s).

Esse intervalo de confiança é mostrado na Figura 13.12 por meio da linha vertical em vermelho-escuro. A faixa de confiança que mostra os limites superior e inferior de todos os intervalos de confiança de 95% também é mostrada em vermelho. Observe que as linhas de limite para os valores de x distantes de $\overline{x}$ aproximam-se das duas linhas que representam as equações com inclinações iguais aos valores extremos do intervalo de confiança de 95% para a inclinação (veja a Figura 13.12).

Intervalos de previsão

Frequentemente, desejamos prever o valor de um y individual. Por exemplo, você mora a 7 milhas (11,27 km) de distância do seu local de trabalho e está interessado em estimar quanto tempo levará para chegar lá. Está um pouco menos interessado no tempo médio para todos aqueles que vivem a 7 milhas (11,27 km) de distância. A fórmula para o intervalo de previsão do valor de um y individual selecionado aleatoriamente é

Intervalo de previsão para $y_{x = x_0}$

$$\hat{y} \pm t_{(n-2,\, \alpha/2)} \cdot s_P \cdot \sqrt{1 + \frac{1}{n} + \frac{(x_0 - \overline{x})^2}{SQ(x)}} \qquad (13.18)$$

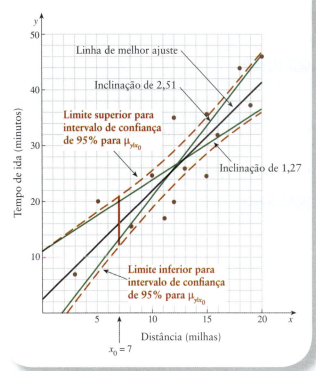

Figura 13.12 Faixas de segurança

Linha de melhor ajuste

Inclinação de 2,51

Limite superior para intervalo de confiança de 95% para $\mu_{y|x_0}$

Inclinação de 1,27

Limite inferior para intervalo de confiança de 95% para $\mu_{y|x_0}$

Tempo de ida (minutos)

Distância (milhas)

$x_0 = 7$

Então, qual é o intervalo de previsão de 95% para o tempo que você levará para chegar ao trabalho se morar a 7 milhas (11,27 km) de distância?

PASSO 1 Parâmetro de interesse:

$y_{x=7}$, tempo de percurso para um colega de trabalho (ou para você) viajar 7 milhas (11,27 km) para ir trabalhar.

PASSO 2 a. Pressupostos:

Os pares ordenados formam uma amostra aleatória e suporemos que os valores de y (minutos) para cada x (milhas) possuem uma distribuição normal.

b. Distribuição de probabilidade e fórmula:

distribuição-t de Student e fórmula (13.18).

c. Nível de confiança: $1 - \alpha = 0,95$

PASSO 3 Informações amostrais:

$s_e = 5,40$ e $\hat{y}_{x=7} = 16,87$ (da página 288).

PASSO 4 a. Coeficiente de confiança:

$t(13, 0,025) = 2,16$ (Tabela 6 do Apêndice B).

b. Erro máximo de estimativa:

Usando a fórmula (13.18), temos

$$E = t(n-2, \alpha/2) \cdot s_e \cdot \sqrt{1 + \frac{1}{n} + \frac{(x_0 - \bar{x})^2}{SQ(x)}} :$$

$$E = (2,16)(5,40)\sqrt{1 + \frac{1}{15} + \frac{(7 - 12,27)^2}{358,933}}$$

$$= (2,16)(5,40)\sqrt{1 + 0,06667 + 0,07738}$$

$$= (2,16)(5,40)\sqrt{1,14405}$$

$$= (2,16)(5,40)(1,0696) = 12,48$$

c. Limites de confiança inferior e superior:

$$\hat{y} - E \quad \text{a} \quad \hat{y} + E$$

$$16,87 - 12,48 \quad \text{a} \quad 16,87 + 12,48$$

Assim, **4,39 a 29,35** é o intervalo de previsão de 95% para $y_{x=7}$. Isto é, com confiança de 95%, o tempo de percurso individual para aqueles que viajam 7 milhas (11,27 km) está entre 4,39 minutos (4 min e 23 s) e 29,35 minutos (29 min e 21 s).

O intervalo de previsão é mostrado na Figura 13.13 como o segmento de linha vertical azul em $x_0 = 7$. Observe que ele é muito mais longo que o intervalo de confiança para $\mu_{y|x=7}$. As linhas tracejadas em azul representam as faixas de previsão, os limites superior e inferior dos intervalos de previsão para valores individuais de y para todos os valores dados de x.

Você pode justificar o fato de o intervalo de previsão para os valores individuais de y ser mais amplo do que o intervalo de confiança para os valores médios? Reflita sobre os "valores individuais" e os "valores médios" e estude a Figura 13.14.

Figura 13.13 **Faixas de previsão**

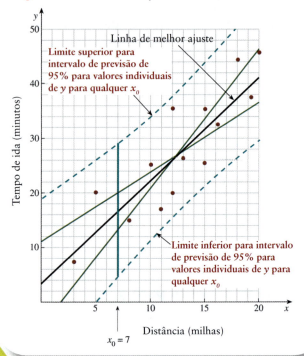

Figura 13.14 **Faixas de confiança para o valor médio de y e faixas de previsão para valores individuais de y**

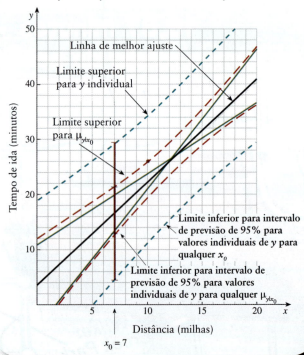

Há três precauções básicas das quais você deve estar ciente ao trabalhar com a análise de regressão:

1. Lembre-se de que a equação de regressão é significativa somente no domínio da variável *x* estudada. Estimativas fora desse domínio são extremamente perigosas, pois exigem que saibamos ou suponhamos que a relação entre *x* e *y* permanece inalterada fora do domínio dos dados da amostra. Por exemplo, Joe diz que mora a 75 milhas (120,7 km) do trabalho e quer saber quanto tempo levará para chegar até lá. Certamente, podemos usar *x* = 75 em todas as fórmulas, mas não esperamos que as respostas tenham a confiança ou a validade dos valores de x entre 3 e 20, que faziam parte da amostra. As 75 milhas (120,7 km) podem representar uma distância até o centro de uma grande cidade próxima. Em sua opinião, os tempos estimados, com base nas distâncias locais de 3 a 20 milhas, seriam bons indicadores nessa situação? Além disso, para *x* = 0, a equação não tem um significado real. No entanto, embora as projeções fora do intervalo possam ser um pouco perigosas, elas podem ser os melhores indicadores disponíveis.

2. Não caia no erro comum de aplicar os resultados da regressão de forma inadequada. Por exemplo, esse erro incluiria a aplicação dos resultados do exemplo do percurso de ida até o trabalho a outra empresa. Suponha que a segunda empresa esteja localizada em uma área urbana, enquanto a primeira esteja localizada em uma área rural, ou vice-versa. Você acha que os resultados para uma localização rural seriam válidos para uma localização urbana? Basicamente, os resultados de uma amostra não devem ser usados para fazer inferências sobre uma população que não seja aquela da qual a amostra foi extraída.

3. Não chegue à conclusão precipitada de que os resultados da regressão provam que *x causa* a alteração de *y* (esse é, talvez, o erro mais comum). As regressões medem apenas o movimento entre *x* e *y*, elas nunca provam o fator de causalidade. (Veja no Objetivo 3.2 uma discussão sobre o fator de causalidade.) Uma opinião sobre a causa só pode ser formada com base na teoria ou no conhecimento da relação, inde-

Lembre-se de que a equação de regressão é significativa somente no domínio da variável *x* estudada. Não caia no erro comum de aplicar os resultados da regressão de forma inadequada. Não chegue à conclusão precipitada de que os resultados da regressão provam que *x causa* a alteração de *y*.

pendentemente dos resultados da regressão. A dificuldade mais comum a esse respeito ocorre em função do que chamamos *variável faltante*, ou *terceira variável*, o *efeito*. Ou seja, observamos a relação entre *x* e *y* porque uma terceira variável, uma que não faça parte da regressão, afeta tanto *x* quanto *y*.

USO DE INTERVALOS DE CONFIANÇA DE REGRESSÃO EM UM ESTUDO AMBIENTAL

→ Podemos usar intervalos de confiança de regressão para auxiliar no estudo de problemas do mundo real, como aqueles que cercam nosso ambiente. Muito tempo, dinheiro e esforço são gastos com o estudo de problemas ambientais, para que as práticas de gestão eficazes e apropriadas possam ser implantadas. A seguir, são apresentados trechos de um estudo realizado no sul da Flórida, no qual a análise de regressão linear foi uma ferramenta importante.

Uma grande preocupação presente em muitas áreas costeiras de todo o país é a saúde ecológica das baías e estuários. Um problema comum em muitas dessas áreas é o enriquecimento de nutrientes, como resultado das atividades agrícolas e urbanas. Os nutrientes são compostos essenciais para o crescimento e a manutenção de todos os organismos e, especialmente, para a produtividade dos ambientes aquáticos. Compostos de nitrogênio e fósforo são especialmente importantes para a vegetação subaquática, macroalgas e fitoplâncton. No entanto, pesadas cargas de nutrientes transportados para baías e estuários podem resultar em condições favoráveis para a eutrofização e os problemas decorrentes da proliferação de algas e da alta produtividade de fitoplânctons. Além disso, a penetração reduzida de luz na coluna d'água em decorrência da proliferação de fitoplânctons pode afetar adversamente a vegetação subaquática, da qual muitos peixes comerciais e esportivos dependem em seu *habitat*.

O objetivo do relatório ambiental foi apresentar uma metodologia que poderia ser usada para estimar a quantidade de nutrientes descarregados pelos canais da costa leste na Baía de Biscayne, no sudeste da Flórida. Amostras de água foram coletadas das estruturas de controle fechado nos locais de canais da costa leste do Condado de Miami-Dade, com a finalidade de desenvolver modelos que possam ser utilizados para estimar as cargas de nitrogênio e fósforo.

Uma técnica de regressão comum dos mínimos quadrados foi usada para desenvolver equações preditivas, com o objetivo de estimar as cargas totais de nitrogênio e fósforo descarregadas pelos canais da costa leste na Baía de Biscayne. As equações preditivas podem ser usadas para estimar o valor de uma variável dependente com base em observações sobre uma variável relacionada ou independente.

Nesse estudo, a carga foi utilizada como variável dependente ou resposta, e a descarga como variável independente ou explicativa. Todos os modelos de carga de nitrogênio total apresentaram valores-p inferiores a 0,05, indicando que eles eram estatisticamente significativos em um nível alfa igual a 0,05. Gráficos que apresentam a carga de nitrogênio total em função da descarga nos locais de canais da costa leste são mostrados a seguir. (Os locais S25 e S27 são mostrados aqui.)

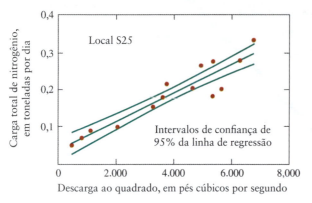

Local S25

Intervalos de confiança de 95% da linha de regressão

Descarga ao quadrado, em pés cúbicos por segundo

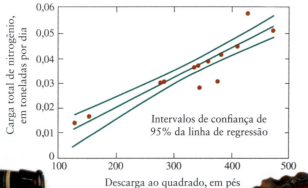

Intervalos de confiança de 95% da linha de regressão

Descarga ao quadrado, em pés cúbicos por segundo

FONTE: U.S. Geological Survey (Levantamento Geológico dos EUA), Water-Resources Investigations Report (Relatório de Investigações sobre Recursos Hídricos) 99-4094, por A. C. Lietz

13.6 Compreendendo a relação entre correlação e regressão

AGORA QUE NÓS ANALISAMOS MAIS ATENTAMENTE TANTO A ANÁLISE DE CORRELAÇÃO QUANTO A DE REGRESSÃO, É NECESSÁRIO DECIDIR QUANDO UTILIZÁ-LAS. VOCÊ VÊ ALGUMA DUPLICAÇÃO DE TRABALHO?

O principal uso do coeficiente de correlação linear tem como objetivo responder à pergunta: Essas duas variáveis estão relacionadas linearmente? Essa pergunta básica pode ser feita com outras palavras, por exemplo: existe uma correlação linear entre o consumo anual de bebidas alcoólicas e o salário pago aos bombeiros?

O coeficiente de correlação linear pode ser usado para indicar a utilidade de x como um indicador de y nos casos em que o modelo linear é apropriado. O teste referente à inclinação da linha de regressão ($H_o: \beta_1 = 0$) testa esse mesmo conceito básico. Qualquer um dos dois é suficiente para determinar a resposta para essa pergunta.

A análise de regressão deve ser utilizada para responder questões sobre a relação entre duas variáveis. Perguntas como "Qual é a relação?" e "Como as duas variáveis estão relacionadas?" exigem a análise de regressão.

RECAPITULANDO

Este capítulo aplicou, basicamente, muitos dos tópicos tratados nos capítulos anteriores. Agora, você deve estar ciente dos conceitos básicos da análise de regressão e ser capaz de coletar dados e realizar uma análise completa sobre qualquer relação linear de duas variáveis.

problemas

Objetivo 13.1

13.1 Considere o diagrama de dispersão "Altura entre casais" apresentado na página 272.

   a. Qual é a variável independente para esse conjunto de dados? Como ela é mostrada no diagrama de dispersão?

   b. Qual é a variável dependente para esse conjunto de dados? Como ela é mostrada no diagrama de dispersão?

   c. Parece existir uma relação entre as alturas da esposa e do marido? Como ela é mostrada no diagrama de dispersão?

13.2 a. Construa um diagrama de dispersão dos dados bivariados a seguir.

Ponto	A	B	C	D	E	F	G	H	I	J
x	1	1	3	3	5	5	7	7	9	9
y	1	2	2	3	3	4	4	5	5	6

   b. Calcule a covariância.

   c. Calcule s_x e s_y.

   d. Calcule r aplicando a fórmula (13.2).

   e. Calcule r aplicando a fórmula (13.3).

13.3 a. Desenhe um diagrama de dispersão dos dados bivariados a seguir.

Ponto	A	B	C	D	E	F	G	H	I	J
x	0	1	1	2	3	4	5	6	6	7
y	6	6	7	4	5	2	3	0	1	1

   b. Calcule a covariância.

   c. Calcule s_x e s_y.

   d. Calcule r aplicando a fórmula (13.2).

   e. Calcule r aplicando a fórmula (13.3).

13.4 Os fãs do futebol norte-americano da NFL geralmente, veem os pontos totais de um time marcados a favor (Pts. F) e os pontos totais marcados contra (Pts. C) como uma forma de comparar a força relativa dos times. Os totais da temporada de 2009 para os 32 times da NFL são apresentados na tabela a seguir.

Pts. F	Pts. A	Pts. F	Pts. A	Pts. F	Pts. A	Pts. F	Pts. A
427	285	305	291	416	307	454	320
348	236	391	261	388	333	326	324
360	390	368	324	354	402	197	379
258	326	245	375	290	380	294	424
361	250	470	312	510	341	375	325
429	337	461	297	363	325	330	281
402	427	327	375	315	308	280	390
266	336	262	494	244	400	175	436

FONTE: http://www.cbssports.com/nfl/standings

   a. Calcule o coeficiente de correlação linear (produto-momento de Pearson, r) para os pontos marcados a favor e contra.

   b. Que conclusão se pode tirar da resposta do item (a)?

   c. Construa o diagrama de dispersão e comente sobre a forma como ele sustenta ou discorda de seus comentários no item (b).

13.5 Uma fórmula que, esporadicamente, é aplicada ao cálculo do coeficiente de correlação é

$$r = \frac{n(\Sigma xy) - (\Sigma x)(\Sigma y)}{\sqrt{n(\Sigma x^2) - (\Sigma x)^2}\sqrt{n(\Sigma y^2) - (\Sigma y)^2}}$$

Utilize essa expressão, além da fórmula:

$$r = \frac{SQ(xy)}{\sqrt{SQ(x) \cdot SQ(y)}}$$

para calcular r para os dados da tabela a seguir:

x	2	4	3	4	0
y	6	7	5	6	3

Objetivo 13.2

13.6 Utilizando a Figura 13.5 da página 277, determine o intervalo de 95% quando uma amostra de $n = 25$ resulta em $r = 0,35$.

13.7 a. Utilizando a Figura 13.5 da página 277, determine o intervalo de 95% quando uma amostra de $n = 100$ resulta em $r = 0,35$.

   b. Compare sua resposta para o item (a) com o intervalo de confiança determinado no Problema 13.7. Descreva o que ocorreu quando você aumentou o tamanho da amostra.

13.8 Use a Tabela 10 do Apêndice B para determinar um intervalo de confiança de 95% para o coeficiente de correlação linear da população real com base nas estatísticas amostrais a seguir:

   a. $n = 50, r = 0,60$ b. $n = 12, r = -0,45$

   c. $n = 6, r = +0,80$ d. $n = 200, r = -0,56$

13.9 O método de teste-reteste é uma forma de estabelecer a confiabilidade de um teste. O teste é administrado e, então, em uma data posterior, o mesmo teste é realizado novamente com os mesmos indivíduos. O coeficiente de correlação é calculado entre os dois conjuntos ou duas pontuações. As pontuações de teste a seguir foram obtidas de uma situação de teste-reteste.

Primeira pontuação	75	87	60	75	98	80	68	84	47	72
Segunda pontuação	72	90	52	75	94	78	72	80	53	70

Determine r e defina um intervalo de confiança de 95% para ρ.

13.10 A Califórnia é conhecida por seus vinhos secos Chardonnay. Na tabela a seguir, são listadas cinco variedades desses vinhos, juntamente com sua pontuação segundo o *Wine Spectator* e o preço por garrafa. A pontuação do *Wine Spectator* classifica os vinhos em uma escala de 100 pontos, sendo todos os vinhos provados às cegas.

Nome	Pontuação	Preço
Ridge Chardonnay Monte Bello 2006	95	$57,99
Rodney Strong Chardonnay Reserve 2006	94	$33,99
Chalone Chardonnay 2007	92	$22,99
Lincourt Chardonnay Santa Rita Hills 2007	91	$19,99
Rombauer Vineyards Chardonnay Carneros 2007	91	$17,00

a. Calcule *r*.

b. Defina um intervalo de confiança de 95% para ρ.

c. Descreva o significado da sua resposta para o item (b).

d. Explique o significado da largura do intervalo para a resposta do item (b).

13.11 Elabore a hipótese nula, H_o, e a hipótese alternativa, H_a, que seriam usadas para testar as seguintes afirmações:

a. O coeficiente de correlação linear é positivo.

b. Não há correlação linear.

c. Há evidências de correlação negativa.

d. Existe uma relação linear positiva.

13.12 Determine os limites para o valor-*p* que seriam usados para testar cada uma das hipóteses nulas a seguir utilizando a abordagem do valor-*p*:

a. H_o: ρ = 0 *vs.* H_a: ρ ≠ 0, com *n* = 32 e *r* = 0,41

b. H_o: ρ = 0 *vs.* H_a: ρ > 0, com *n* = 9 e *r* = 0,75

c. H_o: ρ = 0 *vs.* H_a: ρ < 0, com *n* = 15 e *r* = –0,83

13.13 Determine os valores críticos que seriam usados para testar cada uma das hipóteses nulas a seguir utilizando a abordagem clássica.

a. H_o: r = 0 *vs.* H_a: r ≠ 0, com *n* = 18 e α = 0,05

b. H_o: r = 0 *vs.* H_a: r > 0, com *n* = 32 e α = 0,01

c. H_o: r = 0 *vs.* H_a: r < 0, com *n* = 16 e α = 0,05

13.14 Se uma amostra de tamanho 18 possui um coeficiente de correlação linear igual a – 0,50, há razões significativas para concluir que o coeficiente de correlação linear da população é negativo? Use α = 0,01.

13.15 Dois indicadores do nível de atividade econômica em uma determinada área geográfica são a renda familiar média e a porcentagem da população que vive na linha da pobreza. A tabela a seguir lista os dados de sete estados para o ano de 2008:

Estado	Renda familiar média	Percentual na linha da pobreza
Colorado	$57.184	11,2
Kansas	$50.174	11,3
Missouri	$46.847	13,5
Nebraska	$49.731	10,8
Novo México	$43.719	17,0
Oklahoma	$42.836	15,7
Wyoming	$54.735	9,5

FONTE: U.S. Census Bureau, http://www.census.gov/

a. Calcule o coeficiente de correlação entre as duas variáveis.

b. Teste se há uma correlação significativa no nível de significância 0,05 e tire suas próprias conclusões.

13.16 Considere o diagrama de dispersão "Altura entre casais" apresentado na página 272.

a. Calcule *r*.

b. Defina um intervalo de confiança de 95% para ρ.

c. Teste se há uma correlação positiva significativa no nível de significância 0,05.

d. Explique o significado dos resultados encontrados nos itens (b) e (c).

Objetivo 13.3

13.17 Chuvas de granizo por todo o país são responsáveis por cerca de US$ 1 bilhão em danos à propriedade e à safra agrícola todos os anos. De acordo com o artigo "Thunderstorm Hazards – Hail" ("Riscos da tempestade elétrica – Granizo"), no site do Serviço Nacional de Meteorologia dos Estados Unidos, a velocidade da corrente ascendente de uma tempestade elétrica é um dos fatores que afetam o tamanho de uma pedra de granizo. Os dados a seguir foram fornecidos nesse artigo:

x–velocidade ascendente do vento (mph)	35	40	64	84
y–tamanho do granizo (pol.)	0,5	0,75	1,75	3,0

FONTE: NOAA – National Oceanic and Atmospheric Administration, http://www.srh.noaa.gov/jetstream//tstorms/hail.htm

Consulte as informações fornecidas a seguir por um computador e verifique que a equação da linha de melhor ajuste é $\hat{y} = -1{,}279 + 0{,}0499x$ e que $s_e = 0{,}1357$, calculando esses valores por si mesmo.

A equação de regressão é o tamanho = −1,279 + 0,0499 a velocidade				
Indicador	Coef	Coef SE	T	P
Constante	−1,2789	0,2041	−6,27	0,025
Velocidade	0,049846	0,003453	14,44	0,005
S = 0,135718 R – Sq = 99,0% R – Sq(adj) = 98,6%				

13.18 A NBA (Associação Nacional de Basquete) calcula muitas estatísticas, assim como fazem outras organizações esportivas profissionais. Usando os dados da tabela a seguir, investigue a relação entre o número médio de pontos por jogo e o número de aparições no All-Star para seis dos melhores jogadores da NBA. Inclua um diagrama de dispersão, o coeficiente de correlação linear e a linha de melhor ajuste, além de uma declaração sobre o seu significado.

Jogador	Pontos	All-Star
George Mikan	22,6	4
Bill Russell	15,1	12
Wilt Chamberlain	30,1	13
Kareem Abdul-Jabbar	24,6	19
Hakeem Olajuwon	21,8	12
Shaquille O'Neal	16,8	12

13.19 Um diamante é, frequentemente, considerado um item estimado de valor pessoal muito superior ao seu valor monetário. O valor monetário de um diamante é determinado por sua qualidade exata, conforme definido pelas quatro seguintes características: lapidação, cor, pureza e peso em quilates. O preço (em dólares) e o peso em quilates de um diamante são suas duas características mais conhecidas. Para entender o papel que o peso em quilates desempenha na determinação do preço de um diamante, o peso do quilate e o preço de 20 diamantes redondos soltos, todos de cor D e pureza VS1, foram obtidos em 7 de janeiro de 2010, pela internet.

Peso em quilates	Preço	Peso em quilates	Preço	Peso em quilates	Preço
0,56	2.055	0,40	1.242	0,62	2.384
0,90	5.433	0,80	4.182	0,54	1.746
0,50	1.735	0,57	2.085	0,30	894
0,53	1.962	0,71	3.117	0,50	1.871
0,92	5.554	0,40	1.176	0,54	1.746
0,51	1.900	0,30	855	0,70	3.074
0,41	1.264	0,40	1.153		

FONTE: http://www.overnightdiamonds.com/

a. Desenhe um diagrama de dispersão dos dados: peso em quilates (x) e preço (y).

b. Os dados sugerem uma relação linear para o domínio de 0,30 a 0,92 quilate? Discuta as suas conclusões para o item (a).

c. Diamantes com menos de 0,30 quilate e mais de 0,92 quilate podem não se encaixar no padrão linear demonstrado por esses dados. Explique.

d. Determine a equação para a linha de melhor ajuste.

e. De acordo com essas informações, qual seria o preço usual de um diamante solto de 0,75 quilate dessa qualidade?

f. Em média, qual é o aumento no preço para cada 0,01 quilate adicional? Dentro de que intervalo de valores de x você esperaria que isso fosse verdade?

g. Determine a variância de y sobre a linha de regressão. Quais características do diagrama de dispersão sustentam esse valor alto?

13.20 Os dados a seguir mostram o número de horas dedicadas ao estudo para uma prova, x, e a nota recebida na prova, y (y é medido em dezenas, ou seja, y = 8 significa que a nota, arredondada para a dezena mais próxima, é 80).

x	2	3	3	4	4	5	5	6	6	6	7	7	7	8	8
y	5	5	7	5	7	7	8	6	9	8	7	9	10	8	9

a. Desenhe um gráfico de dispersão dos dados.

b. Determine a equação da linha de melhor ajuste e represente-a graficamente no diagrama de dispersão.

c. Determine as ordenadas $\hat{y}$ que correspondem a x = 2, 3, 4, 5, 6, 7 e 8.

d. Determine os cinco valores de e que estão associados aos pontos onde x = 3 e x = 6.

e. Determine a variância s_e^2 de todos os pontos sobre a linha de melhor ajuste.

Objetivo 13.4

13.21 Calcule o erro padrão estimado de regressão, S_{b_1}, para a relação entre o número de horas estudadas e a nota da prova do Problema 13.20.

13.22 Utilizando o erro padrão estimado de regressão, S_{b_1}, encontrado no Problema 13.21 para a relação entre o número de horas estudadas e a nota da prova, determine o intervalo de confiança de 95% para a inclinação da população β_1. A equação para a linha de melhor ajuste foi: $\hat{y} = 3,96 + 0,625x$.

13.23 O tempo gasto assistindo televisão supera o tempo de leitura de uma pessoa jovem? Uma pesquisa rápida alea-

tória com meninas da 7ª série forneceu os seguintes resultados.

Tempo assistindo à televisão (minutos)	Número de livros lidos no ano passado
75	10
45	9
120	4
60	7
30	22

Considere y como o número de livros lidos no último ano e x o tempo gasto vendo televisão a cada noite da semana.

a. Determine a equação da linha de melhor ajuste.

b. Determine o intervalo de confiança de 95% para β_1.

c. Explique o significado do intervalo encontrado no item (b).

13.24 Elabore a hipótese nula, H_o, e a hipótese alternativa, H_a, que seriam usadas para testar as seguintes afirmações:

a. A inclinação para a linha de melhor ajuste é positiva.

b. A inclinação da linha de regressão não é significativa.

c. A inclinação negativa para a regressão é significativa.

13.25 Foi perguntado a cada estudante de uma amostra de tamanho 10 qual a distância e o tempo necessários para se deslocarem até a faculdade recetemente. Os dados coletados são mostrados na tabela.

Distância	1	3	5	5	7	7	8	10	10	12
Tempo	5	10	15	20	15	25	20	25	35	35

a. Desenhe um diagrama de dispersão desses dados.

b. Encontre a equação que descreve a linha de regressão para esses dados.

c. O valor de b_1 mostra força suficiente para concluir que β_1 é maior do que zero no nível $\alpha = 0,05$?

d. Determine o intervalo de confiança de 98% para a estimativa de β_1. (Guarde essas respostas para que sejam utilizadas no Problema 13.31.)

13.26 "O hambúrguer de fast-food permanece como o campeão de vendas nos restaurantes de fast-food dos Estados Unidos", de acordo com http://www.loseweightgroup.com/. Exige-se que todos os restaurantes de fast-food forneçam informações nutricionais sobre os seus diversos hambúrgueres. As calorias decorrentes da gordura determinam o nível de colesterol por miligrama em um hambúrguer? Os dados a seguir foram obtidos do site.

Fast-food	Calorias de gordura	Colesterol (mg)
Big Mac	270	80
Quarteirão com queijo	220	95
Cheeseburguer duplo	210	80
Whopper com queijo	420	150
Whopper duplo com queijo	580	195
Triplo clássico com tudo	700	260
Bacon Cheddar Melt duplo 680g	380	150

FONTE: http://www.loseweightgroup.com/

a. Determine a equação para a linha de melhor ajuste.
b. Determine se o número de calorias de gordura é um indicador eficaz de colesterol, no nível de significância 0,05.
c. Determine o intervalo de confiança de 95% para β_1.

13.27 Considere o diagrama de dispersão "Altura entre casais" apresentado na página 272.
a. Determine a equação para a linha de melhor ajuste.
b. O valor de β_1 é significativamente maior que zero no nível 0,05?
c. Determine o intervalo de confiança de 95% para β_1.

Objetivo 13.5

13.28 Um estudo com base em relatórios de *Fisioterapia* sobre sete métodos diferentes foi realizado para determinar o comprimento de muletas, além de duas novas técnicas de regressão linear. Uma das técnicas de regressão utiliza a altura informada do paciente. O estudo incluiu 107 indivíduos. A altura média informada pelos indivíduos foi de 68,84 polegadas (1,75 m). A equação de regressão determinada foi $y = 0,68x - 4,8$, em que y = comprimento da muleta e x = altura informada. O QME (s_e^2) informado foi de 0,50. Além disso, o desvio padrão das alturas informadas foi de 7,35 polegadas (18,67 cm). Utilize essas informações para determinar a estimativa do intervalo de confiança de 95% para o comprimento médio das muletas para pessoas que alegam ter 70 polegadas (1,78 m) de altura.

13.29 As cigarras são insetos voadores e herbívoros. Uma espécie em particular, as cigarras de 13 anos (*Magicicada*), passa cinco fases juvenis em tocas subterrâneas. Durante os 13 anos que permanecem em tocas subterrâneas, elas crescem de aproximadamente o tamanho de uma formiga pequena até quase o tamanho de uma cigarra adulta. O peso corporal adulto (PC) em gramas e o comprimento das asas (CA) em milímetros são fornecidos para três espécies diferentes dessas cigarras de 13 anos na tabela a seguir.

PC	CA	Espécie	PC	CA	Espécie
0,15	28	tredecula	0,18	29	tredecula
0,29	32	tredecim	0,21	27	tredecassini
0,17	27	tredecim	0,15	30	tredecula
0,18	30	tredecula	0,17	27	tredecula
0,39	35	tredecim	0,13	27	tredecassini
0,26	31	tredecim	0,17	29	tredecassini
0,17	29	tredecassini	0,23	30	tredecassini
0,16	28	tredecassini	0,12	22	tredecim
0,14	25	tredecassini	0,26	30	tredecula
0,14	28	tredecassini	0,19	30	tredecula
0,28	25	tredecassini	0,20	30	tredecassini
0,12	28	tredecim	0,14	23	tredecula

a. Desenhe um diagrama de dispersão com o peso corporal representando a variável independente e o comprimento das asas representando a variável dependente. Determine a equação da linha de melhor ajuste.
b. O peso corporal é um indicador eficaz do comprimento das asas de uma cigarra de 13 anos? Use um nível de significância 0,05.

c. Estabeleça um intervalo de confiança de 90% para o comprimento médio das asas para todos os pesos corporais das cigarras iguais a 0,20 grama.

13.30 Utilize os dados e as respostas encontrados no Problema 13.25 para fazer as seguintes estimativas.
a. Forneça uma estimativa pontual para o tempo médio necessário para percorrer 4 milhas (6,44 km).
b. Forneça um intervalo de confiança de 90% para o tempo médio de viagem necessário para percorrer 4 milhas.
c. Forneça um intervalo de previsão de 90% para o tempo de viagem necessário para uma pessoa percorrer 4 milhas.
d. Responda os itens de (a) a (c) para $x = 9$.

13.31 Um experimento foi conduzido para estudar o efeito de uma nova droga na redução da frequência cardíaca em adultos. Os dados coletados são mostrados na tabela a seguir.

x, Dose da droga (mg)	0,50	0,75	1,00	1,25	1,50	1,75	2,00	2,25	2,50	2,75
y, Redução da frequência cardíaca	10	7	15	12	15	14	20	20	18	21

a. Determine o intervalo de confiança de 95% para a redução média da frequência cardíaca para uma dose de 2,00 mg.
b. Determine o intervalo de previsão de 95% para a redução da frequência cardíaca esperada para uma pessoa que recebe uma dose de 2,00 mg.

13.32 Utilize os dados sobre a "Altura entre casais" apresentados na página 272 e as respostas encontradas no Problema 13.26 para fazer as seguintes estimativas.
a. Forneça uma estimativa pontual para a altura média do marido de uma mulher que mede 59 polegadas (1,5 m).
b. Forneça um intervalo de confiança de 95% para a altura média do marido de uma mulher que mede 59 polegadas.
c. Forneça um intervalo de previsão de 95% para a altura esperada do marido de uma mulher que mede 59 polegadas.
d. Responda os itens (a), (b) e (c) para $x = 68$.

13.33 O Sr. B, gerente de uma grande loja de varejo, está investigando uma série de variáveis enquanto mede o nível de seu negócio. Sua loja está aberta todos os dias do ano, exceto nos feriados de Ano-Novo, Natal e aos domingos. Com base em seus registros, os quais abrangem vários anos anteriores, o Sr. B identificou aleatoriamente 62 dias e colheu dados sobre o total diário para três variáveis: número de clientes pagantes, número de itens comprados e custo total dos itens adquiridos.

Dia	Mês	Clientes	Itens	Vendas
2	1	425	1.311	$12.707,00
1	1	412	1.123	$11.467,50

Os dados representam valores reais e o nome da loja não será divulgado por motivos de privacidade.
Código de dia: 1 = seg., 2 = ter., 3 = qua., 4 = qui., 5 = sex., 6 = sáb.
Código de mês: 1 = jan., 2 = fev., 3 = mar., ..., 12 = dez.

Há evidências para afirmar a existência de uma relação linear entre as duas variáveis, número de clientes e número de itens comprados?

As informações a seguir, fornecidas pelo computador, resultaram da análise dos dados.

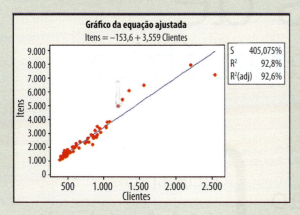

Gráfico da equação ajustada
Itens = −153,6 + 3,559 Clientes

S	405,075%
R^2	92,8%
R^2(adj)	92,6%

Análise de regressão: itens *versus* clientes

A equação de regressão é

Itens = −154 + 3,56 Clientes

Indicador	Coef	Coef SE	T	P
Constante	−153,6	108,2	−1,42	0,161
Clientes	3,5591	0,1284	27,71	0,000

s = 405,075 R^2 = 92,8% R^2(adj) = 92,6%

Verifique o diagrama de dispersão anterior e os resultados da análise de regressão quanto ao número de clientes *versus* o número de itens comprados. Procure indícios de que ele sustenta ou contradiz a afirmação: "Existe uma relação linear entre as duas variáveis".

a. Descreva a evidência gráfica encontrada e discuta como ela mostra falta de linearidade para toda a gama de valores. Quais pares ordenados parecem ser diferentes dos outros?

b. Descreva como a evidência numérica apresentada indica que o modelo linear se encaixa nesses dados. Explique.

c. Algumas das evidências parecem indicar que o modelo linear é o modelo correto, enquanto outras indicam o contrário. Quais meses fornecem os pontos que são separados do resto do padrão? O que ocorre nesses meses que pode causar isso?

13.34 Você acha que a sua altura e o número que calça estão relacionados? Provavelmente sim. Há uma conhecida relação "rápida" que diz que sua altura (em polegadas) pode ser aproximada dobrando o número que calça e somando 50 ($y = 2x + 50$). Uma amostra aleatória de 30 alturas de alunos de uma faculdade e os números que calçam foi coletada para testar essa relação.

Altura	Número que calça
74	13,0
71	10,0

a. Construa um diagrama de dispersão dos dados, considerando o número que os estudantes calçam como a variável independente (x) e a altura como variável dependente (y). Comente sobre a relação linear visual.

b. Calcule o coeficiente de correlação, r. Ele é significativo no nível de significância 0,05?

c. Calcule a linha de melhor ajuste.

d. Compare a inclinação e o intercepto do item (c) com a inclinação e o intercepto de $y = 2x + 50$. Relacione semelhanças e diferenças.

e. Estime a altura de um estudante que calça o número 10, utilizando primeiro a linha de melhor ajuste encontrada no item (c) e, depois, usando a relação $y = 2x + 50$. Compare os resultados.

f. Construa o intervalo de confiança de 95% para a altura média de todos os alunos da faculdade que calçam o número 10, usando a equação formada no item (c). A sua estimativa utilizando $y = 2x + 50$ para um tamanho 10 está incluída nesse intervalo?

g. Construa o intervalo de previsão de 95% para as alturas individuais de todos os alunos da faculdade que calçam o número 10, usando a equação formada no item (c).

h. Comente sobre a extensão dos dois intervalos formados nos itens (f) e (g). Explique.

Capítulo 14

Elementos de
estatística não paramétrica

14.1 Estatística não paramétrica

A MAIORIA DOS PROCEDIMENTOS ESTATÍSTICOS QUE ESTUDAMOS NESTE LIVRO É CONHECIDA COMO **MÉTODOS PARAMÉTRICOS**.

Para que um procedimento estatístico seja paramétrico, supomos que a população-mãe seja, ao menos, distribuída de forma aproximadamente normal ou contamos com o teorema do limite central para nos dar uma aproximação normal. Isso é especialmente verdadeiro para os métodos estatísticos estudados nos Capítulos 8, 9 e 10.

Os **métodos não paramétricos** ou **métodos livres de distribuição**, como também são conhecidos, não dependem da distribuição da população amostrada. Estatísticas não paramétricas geralmente estão sujeitas a muito menos restrições limitadoras que as estatísticas paramétricas equivalentes. Algumas, por exemplo, exigem apenas que a população-mãe seja contínua. A recente popularidade da estatística não paramétrica pode ser atribuída às seguintes características:

1. Os métodos não paramétricos requerem poucas suposições sobre a população-mãe.
2. São, geralmente, mais fáceis de aplicar que os métodos paramétricos equivalentes.
3. São relativamente fáceis de compreender.
4. Podem ser usados em situações nas quais os pressupostos de normalidade não podem ser feitos.
5. São, em geral, apenas ligeiramente menos eficientes que os métodos paramétricos.

objetivos

14.1 **Estatística não paramétrica**

14.2 **O teste do sinal**

14.3 **O teste U de Mann-Whitney**

14.4 **O teste de runs**

14.5 **Correlação de postos**

Métodos paramétricos Procedimentos estatísticos para os quais supomos que a população-mãe seja, ao menos, distribuída de forma aproximadamente normal ou contamos com o teorema do limite central para nos dar uma aproximação normal.

Métodos não paramétricos (métodos livres de distribuição) Procedimentos estatísticos que não dependem da distribuição da população amostrada.

Ali Johnson Photography/Flickr/Getty Images

Comparação de testes estatísticos

Este capítulo apresenta somente uma amostra muito pequena dos muitos testes não paramétricos diferentes que existem. As seleções apresentadas demonstram a sua facilidade de aplicação e a variedade de técnicas. Muitos dos testes não paramétricos podem ser usados no lugar de certos testes paramétricos. Assim, a questão é: Qual teste estatístico usar, o paramétrico ou o não paramétrico? Às vezes, também há mais de um teste não paramétrico para escolher.

A decisão sobre qual teste usar deve ser baseada na resposta à pergunta: Qual teste realizará melhor o trabalho? Primeiro, vamos concordar que, quando dois ou mais testes são comparados, eles devem ser igualmente qualificados para o uso. Ou seja, cada teste tem um conjunto de pressupostos que devem ser satisfeitos antes que o teste possa ser aplicado. A partir desse ponto, a fim de apontar o teste que é capaz de melhor controlar os riscos de erro, tentaremos definir de modo mais eficiente e, ao mesmo tempo, manter o tamanho da amostra para um número razoável de trabalhar. (O tamanho da amostra significa custo para você ou seu empregador).

Tabela 14.1 Comparação dos testes paramétrico e não paramétrico

Situação do teste	Teste paramétrico	Teste não paramétrico	Eficiência do teste não paramétrico
Uma média	Teste *t* (p. 187)	Teste do sinal (p. 301)	0,63
Duas médias independentes	Teste *t* (p. 217)	Teste *U* (p. 307)	0,95
Duas médias dependentes	Teste *t* (p. 212)	Teste do sinal (p. 303)	0,63
Correlação	de Pearson (p. 275 e 276)	Teste de Spearman (p. 315)	0,91
Aleatoriedade		Teste de Runs (p. 312)	Não é significativo, pois não há testes paramétricos para comparação

CRITÉRIOS DE POTÊNCIA E EFICIÊNCIA

Vejamos primeiro a capacidade de controle do risco de erro. O risco associado como um erro tipo I é diretamente controlado pelo nível de significância α. Lembre-se de que P (erro tipo I) = α e P (erro tipo II) = β. Portanto, é β que devemos controlar. Os estatísticos gostam de falar em *potência* (assim como os outros). A **potência de um teste estatístico** é definida como $1 - \beta$. Dessa forma, a potência de um teste, $1 - \beta$, é a probabilidade de rejeitarmos a hipótese nula quando deveríamos tê-la rejeitado. Se dois testes com o mesmo α têm igual probabilidade de serem utilizados, aquele com a maior potência é o que você deveria escolher.

O outro fator é o tamanho da amostra necessário para fazer um trabalho. Suponha que você ajustou os níveis de risco que pode tolerar, α e β, e, então, você é capaz de determinar o tamanho da amostra necessário para realizar seu desafio específico. O teste que exigiu o menor tamanho de amostra parece possuir a vantagem. Os estatísticos frequentemente usam o termo **eficiência** para falar sobre esse conceito. *Eficiência* é a razão entre o tamanho da amostra do melhor teste paramétrico e o tamanho da amostra do melhor teste não paramétrico quando comparados mediante um conjunto fixo de valores de risco. Por exemplo, o índice de eficiência para o teste do sinal é aproximadamente igual a 0,63. Isso significa que uma amostra de tamanho 63 com um teste paramétrico fará o mesmo trabalho que uma amostra de tamanho 100 com o teste do sinal.

Potência de um teste estatístico $1 - \beta$ ou probabilidade de rejeitarmos a hipótese nula quando deveríamos tê-la rejeitado.

A potência e a eficácia de um teste não podem ser usadas sozinhas para determinar a escolha do teste. Eventualmente, você será forçado a usar um determinado teste por causa dos dados que lhe são fornecidos. Quando há uma decisão a ser tomada, a decisão final baseia-se na combinação de três fatores: (1) a potência do teste; (2) a eficácia do teste; e (3) os dados (e o tamanho da amostra) disponíveis. A Tabela 14.1 mostra como os testes não paramétricos, discutidos neste capítulo, se comparam aos testes paramétricos abordados nos capítulos anteriores.

14.2 O teste do sinal

O TESTE DO SINAL É UM MÉTODO NÃO PARAMÉTRICO VERSÁTIL E EXCEPCIONALMENTE FÁCIL DE APLICAR QUE UTILIZA SOMENTE SINAIS DE MAIS E MENOS.

Três aplicações do teste do sinal são apresentadas aqui: (1) um intervalo de confiança para a mediana de uma população; (2) um teste de hipóteses referente ao valor da mediana para uma população; e (3) um teste de hipóteses referente à diferença mediana (diferença emparelhada) de duas **amostras dependentes**. Esses testes do sinal são realizados utilizando-se o mesmo intervalo de confiança básico e os procedimentos dos testes de hipóteses, conforme foi descrito nos capítulos anteriores. Eles representam alternativas não paramétricas aos testes *t* usados para uma média (consulte o Objetivo 9.1) e para a diferença entre duas médias dependentes (consulte o Objetivo 10.2).

Pressupostos para inferências sobre a mediana de uma amostra única da população usando o teste do sinal:

As observações aleatórias n, que formam a amostra, são selecionadas separadamente e a população é contínua ao redor da mediana M.

Procedimento do intervalo de confiança para uma amostra única

O teste do sinal pode ser aplicado para obter um intervalo de confiança para a **mediana** desconhecida da **população, M**. Para conseguir isso, será necessário organizar os dados amostrais em ordem crescente (do menor para o maior). Os dados são identificados como x_1 (menor), $x_2, x_3, \ldots, x_n$ (maior). O valor crítico, k (conhecido como o "número máximo admissível de sinais"), pode ser obtido por meio da Tabela 12 do Apêndice B e, além disso, ele informa o número de posições a serem retiradas de cada extremidade dos dados ordenados. Os valores extremos remanescentes tornam-se os limites do intervalo de confiança $1 - \alpha$. Ou seja, o limite inferior para o intervalo de confiança é x_{k+1}, $(k + 1)$ -ésimo valor de dados; o limite superior é x_{n-k}, o $(n - k)$ -ésimo valor de dados.

Geralmente, os dois valores de dados que delimitam o intervalo de confiança ocupam as posições $k + 1$ e $n - k$, em que k é o valor crítico encontrado na Tabela 12. Portanto,

$$x_{k+1} \text{ a } x_{n-k}, \text{ intervalo de confiança } 1 - \alpha \text{ para } M$$

Para esclarecer esse procedimento, vamos supor que temos uma amostra aleatória de 12 leituras diárias de temperaturas elevadas em ordem crescente [50, 62, 64, 76, 76, 77, 77, 77, 80, 86, 92, 94] e queremos construir um intervalo de confiança de 95% para a população mediana. A Tabela 12 mostra um valor crítico de 2 ($k = 2$) para $n = 12$ e $\alpha = 0,05$ para um teste de hipóteses bicaudal. Isso significa que retiramos os dois últimos valores de cada extremidade (50 e 62 à esquerda e 92 e 94 à direita). O intervalo de confiança é delimitado, inclusive, pelos valores finais remanescentes, 64 e 86. Ou seja, o intervalo de confiança de 95% vai de 64 a 86 e é expresso como:

64° a 86°, intervalo de confiança de 95% para a alta temperatura mediana diária

Procedimento do teste de hipóteses para uma amostra única

O teste do sinal pode ser usado quando a hipótese nula a ser testada se refere ao valor da população mediana, M. O teste pode ser unicaudal ou bicaudal.

➜ Para demonstrar esse procedimento de teste, considere uma amostra aleatória de 75 estudantes. Eles foram selecionados e foi pedido a cada aluno que medisse com cuidado a quantidade de tempo que leva para ir da porta de entrada até o estacionamento da faculdade. Os dados coletados foram utilizados para testar a hipótese "o tempo mediano necessário para que os alunos percorram o trajeto é de 15 minutos", contra a hipótese alternativa que afirma que a mediana é diferente de 15 minutos. Os 75 dados foram resumidos como segue:

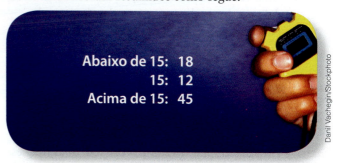

Abaixo de 15:	18
15:	12
Acima de 15:	45

Utilizaremos o teste do sinal para testar a hipótese nula em comparação à hipótese alternativa.

Os dados são convertidos nos sinais + e −, conforme o valor dos dados é maior ou menor que 15. Um sinal de mais será atribuído a cada valor maior que 15, um sinal de menos a cada valor menor que 15 e zero aos valores iguais a 15. O teste do sinal utiliza apenas os sinais de mais e menos, portanto, os zeros são descartados e o tamanho útil da amostra torna-se 63. Isto é, $n(+) = 45$, $n(−) = 18$ e $n = n(+) + n(−) = 45 + 18 = 63$.

PASSO 1 a. **Parâmetro de interesse:**
M, tempo mediano de locomoção da população.

b. **Formulação das hipóteses:**

$$H_o: M = 15$$
$$H_a: M \neq 15$$

PASSO 2 a. **Pressupostos:**
As 75 observações foram selecionadas aleatoriamente e a variável tempo de locomoção é contínua.

b. **Estatística de teste:**
A estatística de teste a ser usada é o número do sinal menos frequente: o menor entre $n(+)$ e $n(−)$, que é

$n(-)$ para o nosso exemplo. Desejaremos rejeitar a hipótese nula sempre que o número do sinal menos frequente for extremamente pequeno. A Tabela 12 do Apêndice B fornece o número máximo admissível para o sinal menos frequente, k, que nos permitirá rejeitar a hipótese nula. Isto é, se o número do sinal menos frequente for menor ou igual ao valor crítico na tabela, rejeitaremos H_o. Se o valor observado do sinal menos frequente for maior que o valor da tabela, não rejeitaremos H_o. Na tabela, n é o número total de sinais, sem incluir os zeros. Estatística de teste = $x\bigstar = n$ (sinal menos frequente).

c. **Nível de significância:**
$\alpha = 0,05$ para um teste bicaudal.

PASSO 3 a. **Informações amostrais:**
$n = 63; [n(-) = 18, n(+) = 45]$.

b. **Estatística de teste:**
O valor observado da estatística de teste é

$$x\bigstar = n(-) = \mathbf{18}.$$

PASSO 4 **Distribuição de probabilidade:**
Como sempre, podemos usar tanto o valor-p quanto o procedimento clássico:

Usando o procedimento do valor-p:

a. Uma vez que o interesse é por valores "diferentes de", o valor-p abrange a área das duas caudas. Nós encontraremos a cauda da esquerda e vamos duplicá-la: $\mathbf{P} = 2 \times P(x \leq 18$, para $n = 63)$.

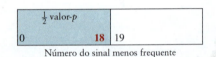

Número do sinal menos frequente

Para determinar o valor-p, você tem duas opções:
1. Use a Tabela 12 (Apêndice B) para atribuir limites ao valor-p. A Tabela 12 lista apenas os valores bicaudais (não duplique): $\mathbf{P < 0,01}$
2. Use um computador ou uma calculadora para determinar o valor-p: $\mathbf{P = 0,0011}$.
Instruções específicas são fornecidas após este exemplo.

b. O valor-p é menor que α.

Usando o procedimento clássico:

a. A região crítica é dividida em duas partes iguais, pois H_a expressa interesse por valores relacionados a "diferente de". Como a tabela é usada para testes bicaudais, o valor crítico está localizado na interseção da coluna $\alpha = 0,05$ com a linha $n = 63$ da Tabela 12: **23**.

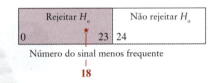

Número do sinal menos frequente

b. $x\bigstar$ encontra-se na região crítica, como mostrado na figura anterior.

A amostra apresenta evidências suficientes no nível 0,05 para *concluir que o tempo mediano de locomoção é diferente de 15 minutos.*

PASSO 5 a. A decisão é: rejeitar H_o.
b. **Conclusão:**
A amostra apresenta evidências suficientes no nível 0,05 para concluir que o tempo mediano de locomoção é diferente de 15 minutos.

Cálculo do valor-p ao usar o teste do sinal

Método 1: use a Tabela 12 do Apêndice B para atribuir limites ao valor-p. Verificando a linha $n = 63$ da Tabela 12, podemos determinar um intervalo dentro do qual está localizado o valor-p. Localize o valor de x ao longo da linha $n = 63$ e leia os limites a partir do topo da tabela. A Tabela 12 lista apenas os valores bicaudais (portanto, não duplique): **P < 0,01**.

Método 2: se você estiver realizando o teste de hipóteses com o auxílio de um computador ou uma calculadora gráfica, muito provavelmente o equipamento calculará o valor-p para você.

Procedimento do teste de hipóteses para duas amostras

O teste do sinal também pode ser aplicado a um teste de hipóteses referente à diferença mediana entre os **dados emparelhados** resultantes de **duas amostras dependentes**. Uma aplicação familiar é o uso de testes de antes e depois para determinar a eficácia de alguma atividade. Em um teste dessa natureza, os sinais das diferenças são utilizados para realizar o teste. Novamente, os zeros serão desconsiderados.

> **Pressupostos para inferências sobre a mediana das diferenças emparelhadas usando o teste do sinal:**
>
> Os dados emparelhados são selecionados separadamente e as variáveis são ordinais e numéricas.

➡ Vamos colocar o teste do sinal em prática observando um novo plano de redução de peso sem a necessidade de fazer exercícios e de passar fome, que foi desenvolvido e divulgado. Para testar a alegação de que "você perderá peso em duas semanas ou...", um estatístico local obteve os pesos de antes e depois de 18 pessoas que utilizaram esse plano. A Tabela 14.2 lista as pessoas, seus pesos e um sinal de menos (–) para aqueles que perderam peso durante as duas semanas, um 0 para aqueles cujo peso se manteve o mesmo e um sinal de mais (+) para aqueles que ganharam peso.

A alegação que está sendo testada é de que as pessoas perdem peso. A hipótese nula que será testada é: "Não há perda de peso (ou a perda de peso mediana é zero)", o que significa que somente a rejeição da hipótese nula nos permitirá chegar a uma conclusão a favor da alegação divulgada. Na verdade, realizaremos testes para verificar se o número de sinais de menos é significativamente maior que o de sinais de mais. Se o plano de redução de peso não tiver nenhum valor, esperamos encontrar um número igual de sinais de mais e menos. Se funcionar, deve haver um número significativamente maior de sinais de menos do que de sinais de mais. Logo, aqui será realizado um teste unicaudal – desejamos rejeitar a hipótese nula a favor da alegação divulgada se houver "muitos" sinais de menos.

Tabela 14.2 Resultados amostrais do plano de redução de peso

Pessoa	Peso Antes	Peso Depois	Sinal de diferença, Depois – Antes
Sra. Smith	146	142	–
Sr. Brown	175	178	+
Sra. White	150	147	–
Sr. Collins	190	187	–
Sr. Gray	220	212	–
Srta. Collins	157	160	+
Sra. Allen	136	135	–
Sra. Noss	146	138	–
Srta. Wagner	128	132	+
Sr. Carroll	187	187	0
Sra. Black	172	171	–
Sra. McDonald	138	135	–
Srta. Henry	150	151	+
Srta. Greene	124	126	+
Sr. Tyler	210	208	–
Sra. Williams	148	148	0
Sra. Moore	141	138	–
Sra. Sweeney	164	159	–

PASSO 1 **a. Parâmetro de interesse:**
M, a perda de peso mediana.
b. Formulação das hipóteses:

$$H_o: M = 0 \text{ (nenhuma perda de peso)}$$
$$H_a: M < 0 \text{ (perda de peso)}$$

PASSO 2 **a. Pressupostos:**
As 18 observações foram selecionadas aleatoriamente e as variáveis, peso antes e peso depois, são ambas contínuas.
b. Estatística de teste:
O número do sinal menos frequente: estatística de teste = $x★$ = n (sinal menos frequente).
c. Nível de significância:
$\alpha = 0,05$ para um teste unicaudal.

PASSO 3 **a. Informações amostrais:**
$n = 16$ [$n(+) = 5$, $n(-) = 11$].
b. Estatística de teste: O valor observado da estatística de teste é

$$x★ = n(+) = 5.$$

Distribuição de probabilidade:

Novamente, podemos usar tanto o valor-*p* quanto o procedimento clássico:

Usando o procedimento do valor-*p*:

a.   Uma vez que o interesse é por valores "menores que", o valor-*p* representa a área situada à esquerda: **P** = $P(x \leq 5$, para $n = 16$).

	$\frac{1}{2}$ valor-*p*					
0	1	2	3	4	**5**	6

Número do sinal menos frequente

Para determinar o valor-*p*, você tem duas opções:

1.   Use a Tabela 12 do Apêndice B para estimar o valor-*p*. A Tabela 12 lista apenas α bicaudal (essa é uma variável unicaudal, assim, divida α por dois): **P ≈ 0,125**.

2.   Use um computador ou uma calculadora para determinar o valor-*p*: **P = 0,1051**.

Para instruções específicas, consulte a página 302.

b.   O valor-*p* não é menor do que α.

Usando o procedimento clássico:

a.   A região crítica é unicaudal, pois H_a expressa interesse por valores relacionados a "menor que". Como a tabela é para testes bicaudais, o valor crítico está localizado na interseção da coluna α = 0,10 (α = 0,05 em cada cauda) com a linha $n = 16$ da Tabela 12:

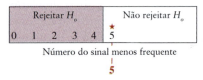

Rejeitar H_o					Não rejeitar H_o
0	1	2	3	4	★ 5

Número do sinal menos frequente

5

b.   *x*★ não se encontra na região crítica, como mostrado na figura anterior.

---

a. A decisão é: não rejeitar H_o.

b.   Conclusão:

As evidências observadas não são suficientes para que possamos rejeitar a hipótese nula de nenhuma perda de peso no nível de significância 0,05.

Aproximação normal

O teste do sinal pode ser realizado por meio de uma aproximação normal, utilizando a variável normal padrão *z*. A aproximação normal pode ser utilizada se a Tabela 12 não mostrar os níveis de significância específicos desejados, ou se *n* for alto.

Ao usar uma aproximação normal, tenha em mente o seguinte:

1. *x* pode ser o número do sinal menos ou mais frequente. Você deverá determinar isso de tal forma que o sentido seja consistente com a interpretação da situação.

2. *x* é, realmente, uma **variável aleatória binomial**, em que $p = 0,5$. A estatística de teste do sinal satisfaz

as propriedades de um experimento binomial (consulte a página 107). Cada sinal é o resultado de um teste independente. Existem n testes e cada teste tem dois resultados possíveis (+ ou –). Uma vez que a mediana é usada, as probabilidades de cada resultado são ambas iguais a 0,5. Portanto, a média, μ_x, é igual a

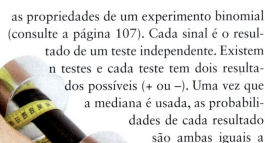

$$\mu_x = \frac{n}{2} \quad \left[\mu = np = n \cdot \frac{1}{2} = \frac{n}{2}\right.$$

e o desvio padrão, σ_x, é igual a

$$\sigma_x = \frac{1}{2}\sqrt{n} \quad \left[\sigma = \sqrt{npq} = \sqrt{n \cdot \frac{1}{2} \cdot \frac{1}{2}} = \frac{1}{2}\sqrt{n}\right]$$

3. *x* é uma variável discreta. Mas, lembre-se de que a distribuição normal deve ser usada somente com variáveis contínuas. No entanto, embora a variável aleatória binomial seja discreta, ela torna-se distribuída de

forma aproximadamente normal para n alto. Contudo, quando se utiliza a distribuição normal para fins de teste, devemos fazer um ajuste na variável de modo que a aproximação seja mais precisa – consulte o Objetivo 6.5 da página 129 sobre a aproximação normal. Esse ajuste é ilustrado na Figura 14.1 e denominado **correção de continuidade**. Para essa variável discreta, a área que representa a probabilidade é uma barra retangular. Ela possui 1 unidade de largura, de $\frac{1}{2}$ unidade abaixo a $\frac{1}{2}$ unidade acima do valor de interesse. Portanto, quando z tiver de ser utilizado, será necessário fazer um ajuste de $\frac{1}{2}$ unidade antes de calcular o valor observado de z. Então, x' será o valor ajustado para x. Se x for maior que $\frac{n}{2}$, então, $x' = x - \frac{1}{2}$. Se x for menor que $\frac{n}{2}$, então $x' = x + \frac{1}{2}$. Dessa forma, o teste é concluído por meio do procedimento normal, utilizando x'.

Figura 14.1 Correção de continuidade

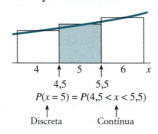

$$P(x = 5) = P(4,5 < x < 5,5)$$

Discreta   Contínua

PROCEDIMENTO DO INTERVALO DE CONFIANÇA

Se a aproximação normal for utilizada (incluindo a correção de continuidade), os números de posições para um intervalo de confiança $1 - \alpha$ para M são encontrados por meio da fórmula:

$$\frac{1}{2}(n) \pm \left(\frac{1}{2} + \frac{1}{2} \cdot z(\alpha/2) \cdot \sqrt{n} \right) \qquad (14.1)$$

O intervalo é

x_L a x_U, intervalo de confiança $1 - \alpha$ para M (mediana)

em que

$$L = \frac{n}{2} - \frac{1}{2} - \frac{1}{2} \cdot z(\alpha/2) \cdot \sqrt{n} \quad \text{e}$$

$$U = \frac{n}{2} + \frac{1}{2} + \frac{1}{2} \cdot z(\alpha/2) \cdot \sqrt{n} \quad \text{e}$$

➤ Uma das maneiras em que podemos usar uma aproximação normal é estimando a elevada temperatura diária da população mediana. Executaremos o

> Observe que L↓ deve ser arredondado para baixo e U↑ arredondado para cima para ter certeza de que o nível de confiança é de pelo menos 1 – α.

teste com um intervalo de confiança de 95%, com base na amostra aleatória a seguir de 60 leituras diárias de temperatura elevada. (Nota: As temperaturas foram organizadas em ordem crescente.)

43(x_1)	55(x_2)	59	60	67	73	73	73	73	73
73	75	75	76	78	78	78	79	79	80
80	80	80	80	80	80	82	82	82	82
83	83	83	83	83	84	84	84	85	85
86	86	87	87	88	88	88	88	88	88
88	89	89	89	89	90	92	93	94	98(x_{60})

Quando utilizamos a fórmula (14.1), os números de posições L e U são

$$\frac{1}{2}(n) \pm \left(\frac{1}{2} + \frac{1}{2} \cdot z(\alpha/2) \cdot \sqrt{n} \right):$$

$$\frac{1}{2}(60) \pm \left(\frac{1}{2} + \frac{1}{2} \cdot 1,96 \cdot \sqrt{60} \right)$$

$$30 \pm (0,50 + 7,59)$$

$$30 \pm 8,09$$

Assim,

$L = 30 - 8,09 = 21,91$, arredondado para baixo torna-se 21 (21° valor de dados)

$U = 30 + 8,09 = 38,09$, arredondado para cima torna-se 39 (39° valor de dados)

Portanto,

80° a 85°, o intervalo de confiança de 95% para a alta temperatura mediana diária

Procedimento do teste de hipóteses

Quando um teste de hipóteses deve ser realizado utilizando a distribuição normal padrão, o valor de z será calculado por meio da fórmula:

$$z\star = \frac{x' - \dfrac{n}{2}}{\dfrac{1}{2} \cdot \sqrt{n}} \qquad (14.2)$$

(Consulte a Nota 3 da página 304 com relação a x'.)

Vejamos uma situação unicaudal e apliquemos o teste do sinal para testar a hipótese de que o número mediano de horas, M, trabalhadas por alunos de uma determinada faculdade é de, no mínimo, 15 horas semanais. Foi realizada uma pesquisa com 120 alunos. Se o número de horas trabalhadas pelo aluno na semana anterior foi igual ou superior a 15, um sinal de mais era registrado, e se o número de horas foi inferior a 15, um sinal de menos era registrado. Os totais mostraram 80 sinais de menos e 40 sinais de mais.

PASSO 1 a. **Parâmetro de interesse:**
M, número mediano de horas trabalhadas pelos estudantes.

b. **Formulação das hipóteses:**

H_o: M = 15 (≥) (no mínimo, a mesma quantidade de sinais de mais e sinais de menos)

H_a: M < 15 (menos sinais de mais que de menos)

PASSO 2 a. **Pressupostos:**
Os 120 alunos que compõem a amostra foram entrevistados separadamente e a variável, horas trabalhadas, é contínua.

b. **Distribuição de probabilidade e estatística de teste:**
O z normal padrão e a fórmula (14.2).

c. **Nível de significância:** α = 0,05.

PASSO 3 a. **Informações amostrais:**
$n(+) = 40$ e $n(-) = 80$, portanto, $n = 120$ e x é o número de sinais de mais, $x = 40$.

b. **Estatística de teste:** Utilizando a fórmula (14.2), temos

$$z\star = \frac{x' - \dfrac{n}{2}}{\dfrac{1}{2} \cdot \sqrt{n}}$$

$$z\star = \frac{40,5 - \dfrac{120}{2}}{\dfrac{1}{2} \cdot \sqrt{120}} = \frac{40,5 - 60}{\dfrac{1}{2} \cdot \sqrt{10,95}} = \frac{-19,5}{5,475}$$

$$= -3,562 = \mathbf{-3,56}$$

PASSO 4 **Distribuição de probabilidade:**
Novamente, podemos usar tanto o valor-p quanto o procedimento clássico:

Usando o procedimento do valor-p:

a. Use a cauda localizada à esquerda, pois H_a expressa interesse por valores relacionados a "menos que".
$P = P(z < -3,56)$, como mostrado na figura a seguir.

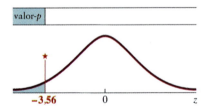

Para determinar o valor-p, você tem três opções:
1. Use a Tabela 3 (Apêndice B) para calcular o valor-p: **P = 0,0002**.
2. Use a Tabela 5 (Apêndice B) para atribuir limites ao valor-p: **P = 0,0002**.
3. Use um computador ou uma calculadora para determinar o valor-p: **P = 0,0002**.

Para instruções específicas, consulte a página 171.

b. O valor-p é menor que α.

Usando o procedimento clássico:

a. A região crítica é a cauda à esquerda, pois H_a expressa interesse por valores relacionados a "menos que". O valor crítico é obtido da Tabela 4A:
$-z(0,05) = -1,65$

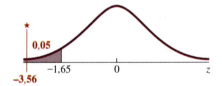

Instruções específicas para encontrar os valores críticos são fornecidas na página 175.

b. $z\star$ encontra-se na região crítica, como mostrado em vermelho na figura anterior.

PASSO 5 a. **A decisão é:** rejeitar H_o.

b. **Conclusão:** no nível 0,05, existe um número significativamente maior de sinais de menos que de mais, o que implica que a mediana é inferior às 15 horas alegadas.

14.3 O teste *U* de Mann--Whitney

O **TESTE *U* DE MANN–WHITNEY** É UMA ALTERNATIVA NÃO PARAMÉTRICA AO TESTE *T* PARA A DIFERENÇA ENTRE DUAS MÉDIAS INDEPENDENTES.

A situação usual de duas amostras ocorre quando aquele que realiza o experimento deseja verificar se a diferença entre as duas amostras é suficiente para rejeitar a hipótese nula de que as duas populações amostradas são idênticas.

Procedimento do teste de hipóteses

> **Pressupostos para inferências sobre duas populações utilizando o teste *U* de Mann-Whitney:**
>
> As duas amostras aleatórias independentes são independentes tanto dentro de cada amostra quanto entre elas, sendo as variáveis aleatórias ordinais ou numéricas.

→ Esse teste é muito usado em situações nas quais as duas amostras são extraídas da mesma população de elementos, mas são utilizados "tratamentos" diferentes para cada conjunto. Por exemplo, em uma sala de aula grande, quando uma prova de uma hora é aplicada, o professor utiliza duas provas "equivalentes". É razoável perguntar: Essas duas provas diferentes são mesmo equivalentes? Os alunos sentados em lugares com numeração

Teste U de Mann–Whitney Uma alternativa não paramétrica ao teste *t* para a diferença entre duas médias independentes.

par recebem a prova A e aqueles sentados em lugares ímpares recebem a prova B. Para testar essa hipótese de "equivalência", duas amostras aleatórias foram extraídas. A Tabela 14.3 lista as notas das provas para as duas amostras.

Tabela 14.3 Dados sobre as notas das provas

Prova A	52	78	56	90	65	86	64	90	49	78
Prova B	72	62	91	88	90	74	98	80	81	71

Se supusermos que os lugares ímpares ou pares não tiveram nenhum efeito, a amostra apresenta evidências suficientes para rejeitar a hipótese de que "o modelo das provas produziu resultados que apresentaram distribuições idênticas"? Realizaremos o teste usando $\alpha = 0{,}05$.

PASSO 1 a. **Parâmetro de interesse:**
A distribuição das pontuações para cada versão da prova.

b. **Formulação das hipóteses:**

H_o: As provas A e B possuem pontuações de teste com distribuições idênticas.
H_a: As duas distribuições não são idênticas.

PASSO 2 a. **Pressupostos:**
As duas amostras são independentes e a variável aleatória, pontuação da prova, é numérica.

b. **Estatística de teste:** a estatística U de Mann–Whitney.

c. **Nível de significância:** $\alpha = 0{,}05$.

PASSO 3 a. **Informações amostrais:** os dados amostrais estão listados na Tabela 14.3.

b. **Estatística de teste:**
O tamanho das amostras individuais será denominado n_a e n_b. Na verdade, não faz diferença de que forma eles são designados. No nosso exemplo, o valor de ambos é igual a 10. As duas amostras são combinadas em uma amostra (todos $n_a + n_b$) e ordenadas da menor para a maior:

49	52	56	62	64	65	71	72	74	78
78	80	81	86	88	90	90	90	91	98

Então, a cada um é atribuído um número de **posto**. A menor pontuação (49) receberá o posto 1, a próxima menor pontuação (52) receberá o posto 2 e assim por diante, até a maior pontuação, à qual é atribuído o posto $n_a + n_b$ (20). Empates são resolvidos atribuindo-se a cada uma das observações empatadas o posto médio das posições de posto que elas ocupam. Por exemplo, no nosso exemplo, há duas pontuações 78, que correspondem à 10ª e à 11ª posições. Assim, o posto médio para cada uma delas é $\frac{10+11}{2}$ = 10,5. No caso das três pontuações 90, correspondentes aos 16°, 17° e 18° valores de dados, o posto atribuído a cada um é $\frac{16+17+18}{3}$ = 17.

As classificações e a fonte são mostradas na Tabela 14.4.

A Figura 14.2 mostra a relação entre os dois conjuntos de dados: primeiro, usando os valores de dados e, depois, comparando os números de posto dos dados.

O cálculo da **estatística de teste U** é um procedimento de duas etapas. Primeiro, determinamos a soma dos postos para cada uma das duas amostras. Em seguida, utilizando as duas somas dos postos, calculamos uma pontuação U para cada amostra. A menor pontuação U é a estatística de teste.

A soma dos postos R_a para a amostra A é calculada como

$$R_a = 1 + 2 + 3 + 5 + 6 + 10,5 + 10,5 + 14 + 17 + 17 = \mathbf{86}$$

A soma dos postos R_b para a amostra B é

$$R_b = 4 + 7 + 8 + 9 + 12 + 13 + 15 + 17 + 19 + 20 = \mathbf{124}$$

A pontuação U para cada amostra é obtida por meio do seguinte par de fórmulas:

Estatística de teste U de Mann–Whitney

$$U_a = n_a \cdot n_b + \frac{(n_b)(n_b + 1)}{2} - R_b \tag{14.3}$$

$$U_b = n_a \cdot n_b + \frac{(n_a)(n_a + 1)}{2} - R_a \tag{14.4}$$

$U\bigstar$, a estatística de teste, é o menor valor entre U_a e U_b. Para o nosso exemplo, obtemos

$$U_a = (10)(10) + \frac{(10)(10 + 1)}{2} - 124 = 31$$

$$U_b = (10)(10) + \frac{(10)(10 + 1)}{2} - 86 = 69$$

Portanto, $U\bigstar$ = 31.

Tabela 14.4 **Dados classificados das pontuações da prova**

Dados classificados	Posto	Fonte	Dados classificados	Posto	Fonte
49	1	A	78	10,5	A
52	2	A	80	12	B
56	3	A	81	13	B
62	4	B	86	14	A
64	5	A	88	15	B
65	6	A	90	17	A
71	7	B	90	17	A
72	8	B	90	17	B
74	9	B	91	19	B
78	10,5	A	98	20	B

Figura 14.2 **Comparação dos dados de duas amostras**

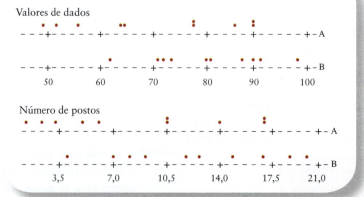

Antes de realizarmos o teste para esse exemplo, vamos tentar entender algumas das possibilidades subjacentes. Lembre-se de que a hipótese nula é de que as distribuições são iguais e provavelmente desejemos, com base nisso, concluir que as médias são aproximadamente iguais. Por um momento, suponha que as distribuições são, de fato, muito diferentes e que todos os elementos de uma amostra vêm antes do menor valor de dados da segunda amostra quando eles são classificados juntos. Isso, certamente, significaria que desejaríamos rejeitar a hipótese nula. Que tipo de valor podemos esperar para U nesse caso? Suponha que os dez valores de A tenham sido classificados de 1 a 10 e que os dez valores de B foram classificados de 11 a 20. Então, obteríamos

$$R_a = 55 \quad e \quad R_b = 155$$

$$U_a = (10)(10) + \frac{(10)(10 + 1)}{2} - 155 = 0$$

$$U_b = (10)(10) + \frac{(10)(10 + 1)}{2} - 55 = 100$$

Portanto, $U\bigstar = 0$.

Se esse fosse o caso, certamente, desejaríamos chegar à decisão: rejeitar a hipótese nula.

Suponha, por outro lado, que ambas as amostras foram perfeitamente combinadas, ou seja, uma pontuação em cada conjunto é idêntica a uma pontuação no outro.

54	54	62	62	71	71	72	72	...
A	B	A	B	A	B	A	B	...
1,5	1,5	3,5	3,5	5,5	5,5	7,5	7,5	...

O que aconteceria agora?

$$R_a = R_b = 105$$

$$U_a = U_b = (10)(10) + \frac{(10)(10 + 1)}{2} - 105 = 50$$

Portanto, $U\bigstar = 50$. Se este fosse o caso, desejaríamos chegar à decisão: não rejeitar a hipótese nula.

Nota: A soma dos dois valores de $U(U_a + U_b)$ será sempre igual ao produto dos tamanhos das duas amostras $(n_a \cdot n_b)$. Por essa razão, precisamos nos preocupar somente com o menor valor de U.

Agora, vamos retornar ao nosso teste de hipóteses.

PASSO 4 Distribuição de probabilidade:
Novamente, podemos usar tanto o valor-p quanto o procedimento clássico:

Usando o procedimento do valor-p:

a. Uma vez que o interesse é por valores relacionados a "não é o mesmo", o valor-p é a probabilidade de ambas as caudas. Ele será encontrado determinando-se a probabilidade da cauda esquerda e duplicando-a:

$$\mathbf{P} = 2 \times P(U \le 31 \text{ para } n_1 = 10 \text{ e } n_2 = 10)$$

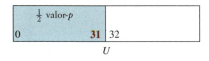

Para determinar o valor-p, você tem duas opções:
1. Use a Tabela 13 do Apêndice B para atribuir limites ao valor-p: **P > 0,10**.
2. Use um computador ou uma calculadora para determinar o valor-p: **P = 0,1612**.
Instruções específicas são fornecidas após este exemplo.

b. O valor-p não é menor do que α.

Usando o procedimento clássico:

a. A região crítica é bicaudal, pois H_a expressa interesse por valores relacionados a "não é o mesmo". Use a Tabela 13A para $\alpha = 0,05$ bicaudal. O valor crítico é a interseção entre a coluna $n_1 = 10$ e a linha $n_2 = 10$: **23**. A região crítica é $U \le 23$.

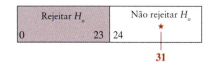

b. $U\bigstar$ não se encontra na região crítica, como mostrado na figura anterior.

PASSO 5 a. A decisão é: não rejeitar H_o.
b. **Conclusão:** no nível de significância 0,05, não há evidências suficientes para rejeitar a hipótese de "equivalência".

Cálculo do valor-*p* ao se usar o teste de Mann–Whitney

Método 1: use a Tabela 13 do Apêndice B para atribuir limites ao valor-p. Verificando as Tabelas 13A e B, na intersecção da coluna $n_1 = 10$ com a linha $n_2 = 10$, você pode determinar que o valor-*p* é maior que 0,10, sendo o maior valor bicaudal de α igual a 0,10 na Tabela 13B.

Método 2: se você estiver realizando o teste de hipóteses com o auxílio de um computador ou uma calculadora gráfica, muito provavelmente, o equipamento calculará o valor-*p* para você.

Aproximação normal

Se o tamanho das amostras for maior que 20, podemos tomar a decisão concernente ao teste com o auxílio da variável normal padrão, *z*. Isso é possível porque a distribuição de *U* é aproximadamente normal com uma média

$$\mu_U = \frac{n_a \cdot n_b}{2} \tag{14.5}$$

e um desvio padrão

$$\sigma_U = \sqrt{\frac{n_a \cdot n_b \cdot (n_a + n_b + 1)}{12}} \tag{14.6}$$

Então, o teste de hipóteses é realizado utilizando a estatística de teste $z\star$:

$$z\star = \frac{U\star - \mu_U}{\sigma_U} \tag{14.7}$$

A distribuição normal padrão pode ser usada sempre que n_a e n_b sejam ambos superiores a 10.

→ Podemos demonstrar o procedimento de aproximação normal para o teste *U* de Mann–Whitney analisando um adestrador de cães que está treinando 27 cães a fim de fazê-los obedecer a um determinado comando. O adestrador está usando duas técnicas de adestramento distintas: (I) o método de recompensa e incentivo; e (II) o método sem recompensa. A Tabela 14.5 mostra os números de sessões de adestramento

Sentarei por um biscoito

necessárias antes de os cães obedecerem ao comando. O adestrador possui evidências suficientes para afirmar que o método de recompensa exigirá, em média, menos sessões de adestramento ($\alpha = 0,05$)? Para descobrir isso, podemos realizar o teste de hipóteses de cinco passos.

Tabela 14.5 Dados sobre o adestramento de cães

Método I	29	27	32	25	27	28	23	31
Método II	40	44	33	26	31	29	34	31

Método I	37	28	22	24	28	31	34	
Método II	38	33	42	35				

PASSO 1 a. **Parâmetro de interesse:**
A distribuição das sessões de adestramento necessárias para cada técnica.
b. **Formulação das hipóteses:**

H_o: As distribuições das sessões de adestramento necessárias são as mesmas para os dois métodos.

H_a: O método de recompensa, em média, requer menos sessões.

PASSO 2 a. **Pressupostos:**
As duas amostras são independentes e a variável aleatória, tempo de adestramento, é numérica.
b. **Estatística de teste:** A estatística U de Mann–Whitney.
c. **Nível de significância:** $\alpha = 0,05$.

PASSO 3 a. **Informações amostrais:**
Os dados amostrais são listados na Tabela 14.5.
b. **Estatística de teste:** os dois conjuntos de dados são classificados de forma conjunta e postos são atribuídos conforme mostrado na Tabela 14.6.
As somas são:

$R_I = 1 + 2 + 3 + 4 + 6,5 + \ldots + 20,5 + 23 = 151,0$

$R_{II} = 5 + 11,5 + 14,5 + \ldots + 26 + 27 = 227,0$

As pontuações U são encontradas aplicando as fórmulas (14.3) e (14.4):

$U_I = (15)(12) + \dfrac{(12)(12 + 1)}{2} - 227$

$= 180 + 78 - 227 = 31$

$U_{II} = (15)(12) + \dfrac{(15)(15 + 1)}{2} - 151$

$= 180 + 120 - 151 = 149$

Tabela 14.6 Classificações para os métodos de adestramento

Número de sessões	Grupo	Posto	
22	I	1	
23	I	2	
24	I	3	
25	I	4	
26	II	5	
27	I	6	6,5
27	I	7	6,5
28	I	8	9
28	I	9	9
28	I	10	9
29	I	11	11,5
29	II	12	11,5
31	I	13	14,5
31	I	14	14,5
31	II	15	14,5
31	II	16	14,5
32	I	17	
33	II	18	18,5
33	II	19	18,5
34	I	20	20,5
34	II	21	20,5
35	II	22	
37	I	23	
38	II	24	
40	II	25	
42	II	26	
44	II	27	

Portanto, $U\bigstar = 31$. Agora, usamos as fórmulas (14.5), (14.6) e (14.7) para determinar a estatística z:

$\mu_U = \dfrac{n_a \cdot n_b}{2} : \quad \mu_U = \dfrac{12 \cdot 15}{2} = 90$

$\sigma_U = \sqrt{\dfrac{n_a \cdot n_b \cdot (n_a + n_b + 1)}{12}} :$

$\sigma_U = \sqrt{\dfrac{12 \cdot 15 \cdot (12 + 15 + 1)}{12}}$

$= \sqrt{\dfrac{(180)(28)}{12}} = \sqrt{420} = 20,49$

$z\bigstar = \dfrac{U\bigstar - \mu_U}{\sigma_U} : \quad z\bigstar = \dfrac{31 - 90}{20,49}$

$= \dfrac{-59}{20,49} = -2,879 = \mathbf{-2,88}$

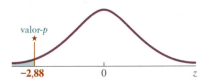

PASSO 4 Distribuição de probabilidade:

Novamente, podemos usar tanto o valor-*p* quanto o procedimento clássico:

Usando o procedimento do valor-*p*:

a. Use a cauda localizada à esquerda, pois H_a expressa interesse por valores relacionados a "menos que". **P** = $P(z < -2,88)$ como mostrado na figura a seguir.

Para determinar o valor-*p*, você tem três opções:

1. Use a Tabela 3 (Apêndice B) para calcular o valor-*p*: **P = 0,0020**.
2. Use a Tabela 5 (Apêndice B) para atribuir limites ao valor-*p*: **0,0019 < P < 0,0022**.
3. Use um computador ou uma calculadora para determinar o valor-*p*: **P =0,0020**.

Para instruções específicas, consulte a página 171.

b. O valor-*p* é menor que α.

Usando o procedimento clássico:

a. A região crítica é a cauda localizada à esquerda, pois H_a expressa interesse por valores relacionados a "menos que". O valor crítico é obtido da Tabela 4A:

$1 - z(0,05) = \mathbf{-1,65}$

Instruções específicas para encontrar os valores críticos são fornecidas na página 175.

b. $z\bigstar$ encontra-se na região crítica, como mostrado em vermelho na figura anterior.

PASSO 5 a. A decisão é: rejeitar H_o.

b. **Conclusão:**

No nível de significância 0,05, os dados mostram evidências suficientes para concluir que o método de recompensa requer, em média, menos sessões de adestramento.

14.4 O teste de runs

O **TESTE DE RUNS** É MAIS USADO PARA TESTAR A **ALEATORIEDADE** (OU FALTA DE ALEATORIEDADE) DOS DADOS.

Um "**run**" é uma sequência de dados que possuem uma propriedade em comum. Uma sequência termina e outra começa quando uma observação não exibe a propriedade em questão. A **estatística de teste** neste teste é V, o número de sequências observadas.

Para ilustrar a ideia de sequências, vamos extrair uma amostra de 10 números de um dígito da lista telefônica, relacionando do próximo ao último dígito de cada um dos números de telefone selecionados:

Amostra: 2 3 1 1 4 2 6 6 6 7

Consideremos a propriedade de "ímpar" (i) ou "par" (p). A amostra, conforme extraída, torna-se p iii ppppp i, exibindo quatro sequências:

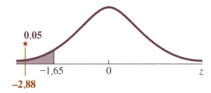

Logo, $V\bigstar = 4$.

Se a amostra não possuísse nenhuma aleatoriedade, haveria somente duas sequências, todos os números pares e, depois, todos os números ímpares, ou vice-versa. Nós também não esperaríamos vê-los de forma alternada: ímpar, par, ímpar, par. O número máximo de sequências possíveis seria $n_1 + n_2$ ou menos (desde que n_1 e n_2 não sejam iguais), em que n_1 e n_2 são os números de dados que têm cada uma das duas propriedades que estão sendo identificadas.

Pressuposto para inferências sobre a aleatoriedade utilizando o teste de runs:

Cada dado amostral pode ser classificado em uma de duas categorias.

O teste de runs é, geralmente, um teste bicaudal. Nós rejeitaremos a hipótese quando houver poucas sequências, pois isso indica que os dados são "separados" de acordo com as duas propriedades. Nós também rejeitaremos a hipótese quando houver muitas sequências, pois isso indica que os dados se alternam entre as duas propriedades muitas vezes para que sejam aleatórios. Por exemplo, se os dados se alternam até o fim da linha, podemos suspeitar que foram adulterados. Há muitos aspectos para o conceito de aleatoriedade. A ocorrência de números ímpares e pares demonstrada pelo exemplo da lista telefônica é um aspecto. Outro aspecto de aleatoriedade que poderíamos querer verificar é a ordem das flutuações dos dados acima ou abaixo da média ou da mediana da amostra.

Vamos considerar a amostra a seguir e determinar se os pontos de dados formam uma sequência aleatória no que diz respeito a estar acima ou abaixo do valor mediano.

| 2 | 5 | 3 | 8 | 4 | 2 | 9 | 3 | 2 | 3 | 7 | 1 | 7 | 3 | 3 |
| 6 | 3 | 4 | 1 | 9 | 5 | 2 | 5 | 5 | 2 | 4 | 3 | 4 | 0 | 4 |

Testaremos a hipótese nula de que essa sequência é aleatória utilizando $\alpha = 0,05$.

PASSO 1 a. Parâmetro de interesse:

Aleatoriedade dos valores acima ou abaixo da mediana.

b. Formulação das hipóteses:

H_o: Os números da amostra formam uma sequência aleatória com relação às duas propriedades "acima" e "abaixo" do valor da mediana.

H_a: A sequência não é aleatória.

PASSO 2 a. Pressupostos:

Cada valor de dados amostrais pode ser classificado como "acima" ou "abaixo" da mediana.

b. Estatística de teste:

V, número de sequências nos dados amostrais.

c. Nível de significância: $\alpha = 0,05$.

PASSO 3 a. Informações amostrais:

Os dados amostrais estão listados no início do exemplo.

b. Estatística de teste:

Primeiro, devemos classificar os dados e encontrar a mediana. Os dados classificados são

| 0 | 1 | 1 | 2 | 2 | 2 | 2 | 2 | 3 | 3 | 3 | 3 | 3 | 3 | 3 |
| 4 | 4 | 4 | 4 | 4 | 5 | 5 | 5 | 5 | 6 | 7 | 7 | 8 | 9 | 9 |

Uma vez que há 30 valores de dados, a profundidade da mediana encontra-se na posição $d(\tilde{x}) = 15,5$. Assim, $\tilde{x} = \frac{3+4}{2} = 3,5$. Comparando cada número da amostra original ao valor da mediana, obtemos a seguinte sequência de letras **a** (acima) e *b* (abaixo):

b **a** *b* **a** **a** *b* **a** *b* *b* *b* **a** *b* **a** *b* *b* **a** *b* **a** *b* **a** *b* **a** **a** *b* **a** **a** *b* **a** *b* **a** *b* **a**

Observamos $n_a = 15$, $n_b = 15$ e 24 sequências. Logo, $V\star = 24$. Se n_1 e n_2 são ambos menores que, ou iguais, a 20 e desejarmos um teste bicaudal em $\alpha = 0,05$, então, a Tabela 14 do Apêndice B é usada para realizar o teste de hipóteses.

PASSO 4 Distribuição de probabilidade:

Novamente, podemos usar tanto o valor-*p* quanto o procedimento clássico:

Usando o procedimento do valor-*p*:

a. Uma vez que o interesse é por valores relacionados a "não aleatório", o teste é bicaudal. O valor-*p* será encontrado determinando-se a probabilidade da cauda direita e duplicando-a:

P $= 2 \times P(V \geq 24$ para $n_a = 15$ e $n_b = 15)$

V, número de sequências

Para determinar o valor-*p*, você tem duas opções:

1. Use a Tabela 14 (Apêndice B) para atribuir limites ao valor-*p*: **P < 0,05**.
2. Use um computador ou uma calculadora para determinar o valor-*p*: **P = 0,003**.

Instruções específicas são fornecidas após este exemplo.

b. O valor-*p* é menor que α.

Usando o procedimento clássico:

a. Uma vez que o interesse é por valores relacionados a "não aleatório", o teste é bicaudal. Use a Tabela 14 para $\alpha = 0,05$ bicaudal. Os valores críticos encontram-se na interseção entre a coluna $n_1 = 15$ e a linha $n_2 = 15$: 10 e 22. A região crítica é $V \leq 10$ ou $V \geq 22$.

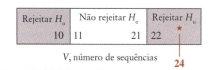

V, número de sequências

b. $V\star$ encontra-se na região crítica, como mostrado na figura anterior.

PASSO 5 a. A decisão é: rejeitar H_o.

b. **Conclusão:** podemos rejeitar a hipótese de aleatoriedade no nível de significância 0,05 e concluir que a sequência não é aleatória em relação a posições acima e abaixo da mediana.

Cálculo do valor-*p* ao usar o teste de runs

Método 1: use a Tabela 14 do Apêndice B para atribuir limites ao valor-p. Verificando a Tabela 14, na interseção da coluna $n_1 = 15$ com a linha $n_2 = 15$, pode-se determinar que o valor-*p* é menor que 0,05. O valor observado de $V\star = 24$ é maior que o maior valor crítico listado.

Método 2: se você estiver realizando o teste de hipóteses com o auxílio de um computador ou uma calculadora gráfica, muito provavelmente o equipamento calculará o valor-*p* para você. Instruções específicas são fornecidas no Tec Card do Capítulo 14.

Aproximação normal

Para realizar o teste de hipóteses sobre a aleatoriedade quando n_1 e n_2 são maiores que 20 ou α é diferente de 0,05, utilizaremos *z*, a variável aleatória normal padrão. *V* é distribuída de forma aproximadamente normal, com uma média de μ_V e desvio padrão de σ_V. As fórmulas para a média e o desvio padrão da estatística *V* e da estatística de teste $z\star$ são mostradas a seguir:

$$\mu_V = \frac{2n_1 \cdot n_2}{n_1 + n_2} + 1 \qquad (14.8)$$

$$\sigma_V = \sqrt{\frac{(2n_1 \cdot n_2) \cdot (2n_1 \cdot n_2 - n_1 - n_2)}{(n_1 + n_2)^2(n_1 + n_2 - 1)}} \qquad (14.9)$$

$$z\star = \frac{V\star - \mu_V}{\sigma_V} \qquad (14.10)$$

Vamos testar a hipótese nula de que a sequência de dados amostrais na Tabela 14.7 é uma sequência aleatória em relação ao fato de cada valor de dados ser par ou ímpar usando $\alpha = 0,10$.

Tabela 14.7 Dados amostrais para o teste de sequência

1	2	3	0	2	4	3	4	8	1
2	1	2	4	3	9	6	2	4	1
5	6	3	3	2	2	1	2	4	2
3	6	3	5	1	7	3	3	0	1
4	4	1	2	7	2	1	7	5	3

PASSO 1 a. **Parâmetro de interesse:**
Aleatoriedade de números ímpares e pares.

b. **Formulação das hipóteses:**

H_o: A sequência de números ímpares e pares é aleatória.
H_a: A sequência não é aleatória.

PASSO 2 a. **Pressupostos:**
Cada valor da amostra pode ser classificado como ímpar ou par.

b. **Estatística de teste:**
V, número de sequências nos dados amostrais.

c. **Nível de significância:** $\alpha = 0,10$.

PASSO 3 a. **Informações amostrais:**
Os dados são fornecidos na Tabela 14.7.

b. **Estatística de teste:**
Os dados amostrais, quando convertidos em "<u>i</u>" para ímpar e "p" para par, tornam-se

i p i p p p i p p i p i p p i i p p p i i p i i p

p i p p p i p i i i i i i p i p p i p i p i p i i i i

e revelam $n_i = 26$, $n_p = 24$ e 29 sequências, então, $V\star = 29$. Agora, utilize as fórmulas (14.8), (14.9) e (14.10) para determinar a estatística *z*:

$$\mu_V = \frac{2n_1 \cdot n_2}{n_1 + n_2} + 1$$

$$\mu_V = \frac{2 \cdot 26 \cdot 24}{26 + 24} + 1$$

$$= 24,96 + 1 = 25,96$$

$$\sigma_V = \sqrt{\frac{(2n_1 \cdot n_2) \cdot (2n_1 \cdot n_2 - n_1 - n_2)}{(n_1 + n_2)^2(n_1 + n_2 - 1)}}$$

$$\sigma_V = \sqrt{\frac{(2 \cdot 26 \cdot 24) \cdot (2 \cdot 26 \cdot 24 - 26 - 24)}{(26 + 24)^2(26 + 24 - 1)}}$$

$$= \sqrt{\frac{(1.248)(1.198)}{(50)^2(49)}} = \sqrt{12,20493} = 3,49$$

$$z\star = \frac{V\star - \mu_V}{\sigma_V}: \quad z\star = \frac{29 - 25,96}{3,49} = \frac{3,04}{3,49} = \mathbf{0,87}$$

PASSO 4 Distribuição de probabilidade:

Novamente, podemos usar tanto o valor-p quanto o procedimento clássico:

Usando o procedimento do valor-p:

a. Um teste bicaudal é utilizado:

$$\mathbf{P} = 2 \times P(z > 0,87)$$

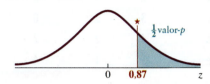

Para determinar o valor-p, você tem três opções:

1. Use a Tabela 3 (Apêndice B) para calcular o valor-p:
   $\mathbf{P} = 2(1,0000 - 0,8079) = \mathbf{0,3842}$.
2. Use a Tabela 5 (Apêndice B) para atribuir limites ao valor-p: $\mathbf{0,3682 < P < 0,3954}$.
3. Use um computador ou uma calculadora para determinar o valor-p: $\mathbf{P = 0,3843}$.

Para instruções específicas, consulte a página 171.

b. O valor-p não é menor do que α.

Usando o procedimento clássico:

a. Um teste bicaudal é utilizado. Os valores críticos são obtidos da Tabela 4A:
$-z(0,05) = \mathbf{-1,65}$ e $z(0,05) = \mathbf{1,65}$

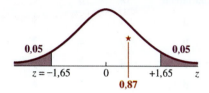

Instruções específicas para encontrar os valores críticos são fornecidas na página 175.

b. $z\star$ não se encontra na região crítica, como mostrado em vermelho na figura anterior.

PASSO 5 a. A decisão é: não rejeitar H_o.

b. Conclusão:

No nível de significância 0,10, não podemos rejeitar a hipótese de aleatoriedade e concluir que esses dados são uma sequência aleatória.

14.5 Correlação de postos

CHARLES SPEARMAN DESENVOLVEU O COEFICIENTE DE CORRELAÇÃO DE POSTOS NO INÍCIO DO SÉCULO XX.

É uma alternativa não paramétrica ao coeficiente de correlação linear (produto-momento de Pearson, r), abordado nos Capítulos 3 e 13.

O coeficiente de correlação de postos de Spearman, r_s, é determinado por meio da fórmula a seguir:

Coeficiente de correlação de postos de Spearman

$$r_s = 1 - \frac{6\sum(d_i)^2}{n(n^2 - 1)} \tag{14.11}$$

em que d_i é a diferença nas **classificações emparelhadas** e n é o número de pares de dados. O valor de r_s variará de +1 a –1 e será utilizado de forma muito semelhante à forma como o coeficiente de correlação linear de Pearson, r, foi usado.

O coeficiente de postos de Spearman é definido por meio da fórmula (3.1), com as classificações de dados substituídas por valores quantitativos de x e y. Os dados originais podem ser classificados ou, se os dados forem quantitativos, cada variável deve ser classificada separadamente, assim, as classificações são usadas como pares. Se não houver empates nas classificações, a fórmula (14.11) é equivalente à fórmula (3.1). A fórmula (14.11) fornece um procedimento mais fácil de usar para o cálculo da estatística r_s.

Pressupostos para inferências sobre a correlação de postos:

Os pares ordenados de dados n formam uma amostra aleatória e as variáveis são ordinais ou numéricas.

A hipótese nula que testaremos é: "não há correlação entre as duas classificações". A hipótese alternativa pode ser bicaudal, se houver correlação, ou unicaudal, se prevermos uma correlação positiva ou negativa. A região crítica estará localizada no(s) lado(s) correspondente(s) à alternativa específica que é esperada. Por exemplo, se suspeitarmos de uma correlação negativa, a região crítica estará, então, localizada na cauda esquerda.

Consideremos uma situação hipotética na qual quatro juízes classificam cinco concorrentes em um concurso. Vamos identificar os juízes como A, B, C e D e os concorrentes como a, b, c, d e e. A Tabela 14.8 lista as classificações concedidas.

Tabela 14.8 Classificações dos cinco concorrentes

Concorrente	Juiz			
	A	B	C	D
a	1	5	1	5
b	2	4	2	2
c	3	3	3	1
d	4	2	4	4
e	5	1	5	3

Ao compararmos os juízes A e B, vemos que eles classificaram os concorrentes exatamente na ordem inversa: discordância perfeita (consulte a Tabela 14.9). Com base em nosso trabalho anterior com a correlação, esperamos

que o valor calculado para r_s seja exatamente −1 para esses dados. Temos:

Tabela 14.9 Classificações de A e B

Concorrente	A	B	$d_i = A - B$	$(d_i)^2$
a	1	5	−4	16
b	2	4	−2	4
c	3	3	0	0
d	4	2	2	4
e	5	1	4	16
				40

$$r_s = 1 - \frac{6\sum(d_i)^2}{n(n^2 - 1)}$$

$$r_s = 1 - \frac{(6)(40)}{5(5^2 - 1)} = 1 - \frac{240}{120} = 1 - 2 = -1$$

Quando os juízes A e C são comparados, vemos que as suas classificações para os concorrentes são idênticas

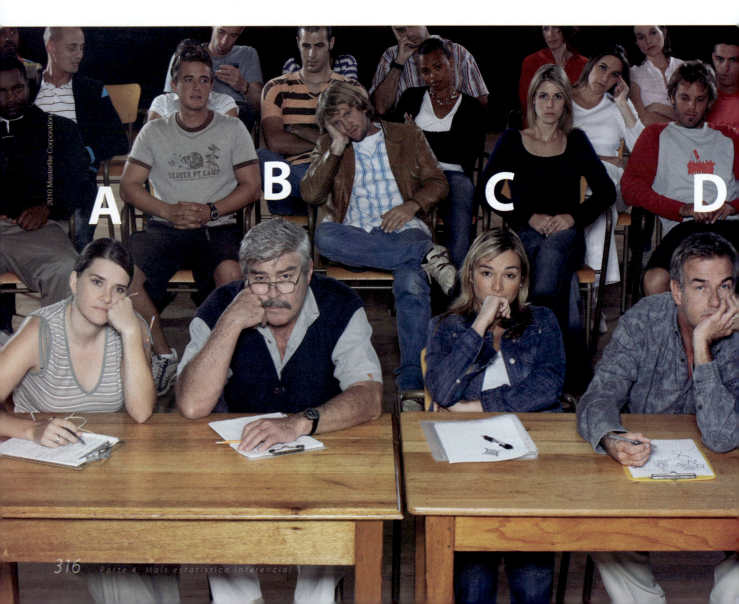

(consulte a Tabela 14.10). Desta forma, esperaríamos encontrar um coeficiente de correlação calculado de +1 para esses dados:

Tabela 14.10 Classificações de A e C

Concorrente	A	C	$d_i = A - C$	$(d_i)^2$
a	1	1	0	0
b	2	2	0	0
c	3	3	0	0
d	4	4	0	0
e	5	5	0	0
				0

$$r_s = 1 - \frac{6\sum(d_i)^2}{n(n^2 - 1)}$$

$$r_s = 1 - \frac{(6)(0)}{5(5^2 - 1)} = 1 - \frac{0}{120} = 1 - 0 = 1$$

Comparando as classificações do juiz A com as do juiz B e, depois, com as do juiz C, observamos os extremos: uma concordância total e uma discordância total. Agora, vamos comparar as classificações do juiz A com as do juiz D (consulte a Tabela 14.11). Não parece haver nenhuma concordância ou discordância real aqui. Vamos calcular r_s:

Tabela 14.11 Classificações de A e D

Concorrente	A	D	$d_i = A - D$	$(d_i)^2$
a	1	5	−4	16
b	2	2	0	0
c	3	1	2	4
d	4	4	0	0
e	5	3	2	4
				24

$$r_s = 1 - \frac{6\sum(d_i)^2}{n(n^2 - 1)}$$

$$r_s = 1 - \frac{(6)(24)}{5(5^2 - 1)} = 1 - \frac{144}{120} = 1 - 1,2 = -0,2$$

O resultado é razoavelmente próximo a zero, que é o que deveríamos ter suspeitado, já que não houve nenhuma concordância ou discordância real.

O teste de significância resultará na não rejeição da hipótese nula quando r_s estiver próximo a zero. O teste resultará na rejeição da hipótese nula quando r_s estiver próximo a +1 ou −1. Uma vez que a hipótese nula é: "o coeficiente de correlação da população é zero (ou seja, $\rho_s = 0$)", temos uma estatística de teste simétrica. Dessa forma, precisamos apenas acrescentar um sinal de mais ou de menos ao valor encontrado na tabela, conforme o caso. O sinal é determinado pela alternativa específica que temos em mente.

Quando há apenas alguns empates, é prática comum o uso da fórmula (14.11). Apesar de o valor resultante de r_s não ser exatamente igual ao valor que ocorreria se a fórmula (3.1) fosse utilizada, geralmente, ele é considerado uma estimativa aceitável. O exemplo a seguir sobre a rapidez com que os alunos concluem suas provas mostra o procedimento para lidar com empates e utiliza a fórmula (14.11) para o cálculo de r_s.

Quando ocorrem empates em qualquer conjunto dos pares ordenados de classificações, atribua a cada observação empatada a média dos postos que teria sido atribuída se não houvesse empates, assim como foi feito com o teste U de Mann-Whitney (consulte o Objetivo 14.4).

➜ Vejamos um exemplo. Os alunos que terminam suas provas mais rapidamente do que o restante da classe são, geralmente, considerados mais inteligentes. A Tabela 14.12 apresenta as notas e a ordem de término para 12 alunos em uma prova recente com duração de uma hora. No nível 0,01, esses dados sustentam a hipótese alternativa de que os primeiros alunos a concluírem uma prova tiram notas mais altas?

Tabela 14.12 Dados sobre as notas das provas

Ordem de término	1	2	3	4	5	6
Nota da prova	90	78	76	60	92	86
Ordem de término	7	8	9	10	11	12
Nota da prova	74	60	78	70	68	64

PASSO 1 a. **Parâmetro de interesse:**
O coeficiente de correlação de postos entre a nota e a ordem de término, ρ_s.

b. **Formulação das hipóteses:**

H_o: a ordem de término não tem nenhuma relação com a nota da prova.

H_a: o primeiro a terminar tende a tirar as notas mais altas.

PASSO 2 **a. Pressupostos:**
Os 12 pares ordenados de dados constituem uma amostra aleatória, sendo a ordem de término uma variável ordinal e a nota do teste uma variável numérica.

b. Estatística de teste:
O coeficiente de correlação de postos de Spearman, r_s.

c. Nível de significância: $\alpha = 0,01$ para um teste unicaudal.

PASSO 3 **a. Informações amostrais:**
Os dados são fornecidos na Tabela 14.12.

b. Estatística de teste:
Classificar as notas da maior para a menor, atribuindo à pontuação mais alta o número de posto 1, como mostrado. (A ordem de término já está classificada.)

92	90	86	78	78	76	74	70	68	64	60	60
1	2	3	4	5	6	7	8	9	10	11	12
			4,5	4,5						11,5	11,5

As classificações e os cálculos preliminares são mostrados na Tabela 14.13.

Tabela 14.13 Classificações das notas das provas e as diferenças

Ordem de término	Postos das notas da prova	Diferença (d_i)	$(d_i)^2$
1	2	−1	1,00
2	4,5	−2,5	6,25
3	6	−3	9,00
4	11,5	−7,5	56,25
5	1	4	16,00
6	3	3	9,00
7	7	0	0,00
8	11,5	−3,5	12,25
9	4,5	4,5	20,25
10	8	2	4,00
11	9	2	4,00
12	10	2	4,00
			142,00

Usando a fórmula (14.11), obtemos

$$r_s = 1 - \frac{6\sum(d_i)^2}{n(n^2 - 1)}$$

$$r_s = 1 - \frac{(6)(142,0)}{12(12^2 - 1)}$$

$$= 1 - \frac{852}{1.716} = 1 - 0,497 = 0,503$$

Portanto, $r_s\bigstar = 0,503$.

PASSO 4 Distribuição de probabilidade:

Novamente, podemos usar tanto o valor-p quanto o procedimento clássico:

Usando o procedimento do valor-p:

a. Uma vez que o interesse é por valores positivos, o valor-p é a área à direita:

$$\mathbf{P} = P(r_s \geq 0{,}503 \text{ para } n = 12)$$

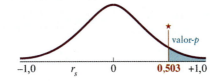

Para determinar o valor-p:

1. Use um computador ou uma calculadora para determinar o valor-p: $\mathbf{P} = \mathbf{0{,}048}$.

Instruções específicas são fornecidas após este exemplo.

b. O valor-p não é menor do que α.

PASSO 5 a. A decisão é: não rejeitar H_o.

b. Conclusão:

Esses dados amostrais não fornecem evidências suficientes que nos possibilite concluir que os primeiros alunos a terminarem a prova tiram notas mais altas no nível de significância 0,01.

Cálculo do valor-p para o teste de correlação de postos de Spearman

Se você estiver realizando o teste de hipóteses com o auxílio de um computador ou uma calculadora gráfica, muito provavelmente o equipamento calculará o valor-p para você.

problemas

Objetivo 14.2

14.1 a. Descreva por que o teste do sinal pode ser o procedimento de teste mais fácil de usar entre todos.

   b. Que parâmetro populacional pode ser testado utilizando o teste do sinal? Qual propriedade desse parâmetro permite que o teste do sinal seja usado? Explique.

14.2 Dez pessoas internadas selecionadas aleatoriamente foram questionadas com relação a quantas horas de televisão elas assistiram na semana passada. Os resultados foram os seguintes:

82	66	90	84	75	88	80	94	110	91

Determine o intervalo de confiança de 90% estimado para o número mediano de horas de televisão assistidas por semana pelos internos.

14.3 As temperaturas elevadas diárias (°F) a seguir foram registradas na cidade de Rochester, Nova York, em 20 dias de dezembro selecionados aleatoriamente.

47	46	40	40	46	35	34	59	54	33
65	39	48	47	48	46	42	36	45	38

Utilize o teste do sinal para determinar o intervalo de confiança de 95% para a temperatura elevada mediana diária em Rochester, Nova York, durante dezembro.

14.4 Uma amostra das taxas diárias de aluguel de carros para um carro compacto foi coletada a fim de estimar o custo médio diário para alugar um veículo desse tipo.

39,93	41,00	42,99	38,99	42,93	35,00	40,95	29,99	49,93	50,95
34,95	28,99	43,93	43,00	41,99	42,99	36,93	34,95	35,99	31,99
45,93	46,50	34,90	29,80	32,93	29,70	32,99	27,94	53,93	46,00
35,94	34,99	29,93	28,70	34,99	31,48	37,93	37,90	37,92	35,99

Determine o intervalo de confiança de 99% para o custo de locação diário mediano.

14.5 Elabore as hipóteses nula, H_o, e alternativa, H_a, que seriam usadas para testar as seguintes afirmações:

   a. A duração mediana das férias é inferior a 18 dias.
   b. O valor mediano é de, no mínimo, 32.
   c. A alíquota média é de 4,5%.

14.6 No "The Annual Report on the Economic Status of the Profession" (Relatório anual sobre a situação econômica da profissão), preparado pela Associação Norte-Americana de Professores Universitários, o salário médio informado de um professor titular foi de US$ 83.282. A tabela a seguir lista o salário médio (em dólares) para uma amostra aleatória das instituições do Colorado.

54.500	63.000	83.600	67.000	49.700	60.800	47.700	82.200	86.800	73.900
57.700	58.200	62.200	82.000	78.500	70.000	96.100	89.700	57.200	55.400

Utilizando as informações a seguir, fornecidas pelo computador, teste a afirmação de que o salário mediano dos professores titulares no Colorado é menor que a média do resto do país, formulando as hipóteses e verificando o número abaixo e o número acima da mediana. Realize o teste usando o valor-p fornecido e $\alpha = 0,05$. Verifique o valor-p fornecido pela Tabela 12 do Apêndice B.

Teste do sinal para a mediana: C1
Teste do sinal para a mediana = 83282 versus < 83292

	N	Abaixo	Equal	Acima	P
C1	20	16	0	4	0,0059

14.7 Determine o valor-p para os seguintes testes de hipóteses envolvendo o teste dos sinais:

   a. $H_o: P(+) = 0,5$ vs. $H_a: P(+) \neq 0,5$, com $n = 18$ e $x\star = n(-) = 3$
   b. $H_o: P(+) = 0,5$ vs. $H_a: P(+) > 0,5$, com $n = 78$ e $x\star = n(-) = 30$
   c. $H_o: P(+) = 0,5$ vs. $H_a: P(+) < 0,5$, com $n = 38$ e $x\star = n(+) = 10$
   d. $H_o: P(+) = 0,5$ vs. $H_a: P(+) \neq 0,5$, com $n = 148$ e $z\star = -2,56$

14.8 Determine o valor crítico que seria usado para testar a hipótese nula para as situações a seguir, usando a abordagem clássica e o teste do sinal:

   a. $H_o: P(+) = 0,5$ vs. $H_a: P(+) \neq 0,5$, com $n = 18$ e $\alpha = 0,05$
   b. $H_o: P(+) = 0,5$ vs. $H_a: P(+) > 0,5$, com $n = 78$ e $\alpha = 0,05$
   c. $H_o: P(+) = 0,5$ vs. $H_a: P(+) < 0,5$, com $n = 38$ e $\alpha = 0,05$
   d. $H_o: P(+) = 0,5$ vs. $H_a: P(+) \neq 0,5$, com $n = 148$ e $\alpha = 0,05$

14.9 Um artigo intitulado "Graft-versus-Host Disease" (doença do enxerto contra hospedeiro), do site http://www.nature.com/bmt/journal/v35/n10/abs/1704957a.html, relata uma idade média de 42 anos para os 87 pacientes com leucemia mieloide aguda (LMA) que receberam transplantes de células-tronco hematopoiéticas de doadores sem parentesco após condicionamento padrão. A evolução clínica foi, então, analisada após o uso de duas globulinas antitimocíticas (ATG) diferentes para a prevenção da doença do enxerto contra hospedeiro (DECH). Suponha que uma amostra de 100 pacientes com LMA foi selecionada recentemente para um estudo e descobriu-se que 40 pacientes tinham mais de 42 anos, enquanto 60 deles tinham menos de 42 anos. Teste a hipótese nula de que a idade média da população – da qual os 100 pacientes foram selecionados – é igual a 42 anos contra a hipótese alternativa de que a média não é igual a 42 anos. Use $\alpha = 0,05$.

14.10 Todos os anos, os alunos da sexta série das escolas de Ohio fazem provas de proficiência. A lista de mudanças nas notas de leitura da sexta série com relação ao ano anterior é apresentada a seguir. Os valores negativos indicam uma queda nas notas, os valores positivos indicam um aumento e zero não mostra nenhuma mudança em relação ao ano anterior. Use o teste do sinal para testar a hipótese de que "em média, as notas de leitura diminuíram em relação ao ano anterior". Use $\alpha = 0,05$.

−4	−4	−10	−9	−30	6	18	−3	2	−5	−6
−12	−9	1	−1	−2	19	6	−1	−14	−13	5
12	−8	6	−3	−8	−14	−16	−6	2	0	16
−7	6	−11	6	−8	−4	13	9	−12	12	−10

14.11 Parte dos resultados do Terceiro Estudo Internacional de Matemática e Ciências são provenientes de uma comparação dos resultados obtidos em ciências pela oitava série no país nos anos de 1999, 2003 e 2007. A tabela a seguir apresenta as notas médias para os países com as três notas.

País	1999	2003	2007
Bulgária	518	479	470
Chipre	460	441	452
Hong Kong	530	556	530
Hungria	552	543	539
Irã, República Islâmica do	448	453	459
Japão	550	552	554
Coreia do Sul	549	558	553
Lituânia	488	519	519
Romênia	472	470	462
Federação Russa	529	514	530
Singapura	568	578	567
Estados Umidos	515	527	520

a. Construa uma tabela mostrando o sinal da diferença entre os anos de 1999 e 2003 para cada país.

b. Usando $\alpha = 0,05$, houve uma melhora significativa nas notas de ciências?

c. Repita os itens (a) e (b) para os anos de 2003 e 2007.

14.12 Um teste cego de sabor foi utilizado para determinar a preferência das pessoas pelo sabor do refrigerante de cola "clássico" e do "novo". Os resultados foram os seguintes:

645 preferiram o novo.

583 preferiram o antigo.

272 não tinham preferência.

A preferência pelo sabor do novo refrigerante de cola é significativamente maior do que a metade? Use $\alpha = 0,01$.

14.13 De acordo com uma pesquisa da Associação Norte--Americana de Optometria, 57% dos adultos usam óculos como o seu tipo de lentes corretivas. Suponha que desejamos testar a hipótese nula "metade dos estudantes universitários usam 'óculos' como seu tipo de lentes corretivas" contra a hipótese alternativa de que a proporção é maior do que a metade. O sinal + representará o "uso de óculos" e – representará "outra lente corretiva ou nada". Se uma amostra aleatória de 1.500 alunos for testada, qual valor de x, número do sinal de menos frequente, será o valor crítico no nível de significância 0,05?

Objetivo 14.3

14.14 Elabore as hipóteses nula, H_0, e alternativa, H_a, que seriam usadas para testar as seguintes afirmações:

a. Os alunos do novo curso de leitura pontuaram mais no teste de compreensão que os alunos dos cursos de leitura tradicionais.

b. Os homens que se submetem à dieta da toranja perdem mais peso que os que não adotam essa dieta.

c. Não há diferença de crescimento entre o uso dos dois fertilizantes.

14.15 Determine o valor-p resultante ao serem testadas as seguintes hipóteses para experimentos envolvendo duas amostras independentes:

a. H_o: Média(A) = Média(B)

H_a: Média(A) > Média(B)

com $n_A = 18$, $n_B = 15$ e $U = 95$.

b. H_o: Média(I) = Média(II)

H_a: Média(I) $\neq$ Média(II)

com $n_I = 8$, $n_{II} = 10$ e $U = 13$.

c. H_o: A altura média é a mesma para ambos os grupos.

H_a: As alturas médias do grupo I são inferiores às alturas médias do grupo II

com $n_I = 50$, $n_{II} = 45$ e $z = -2,37$.

14.16 Determine o valor crítico que seria utilizado para testar as seguintes hipóteses para experimentos envolvendo duas amostras independentes empregando o método clássico.

a. H_o: Média(A) = Média(B)

H_a: Média(A) > Média(B)

com $n_A = 78$, $n_B = 45$ e $U = 0,05$

b. H_o: A pontuação média é a mesma para ambos os grupos.

H_a: As pontuações médias do grupo I são menores que as do grupo II

com $n_I = 18$, $n_{II} = 15$ e $\alpha = 0,05$

14.17 Dados fornecidos para o Grupo 1 e Grupo 2:

Grupo 1	30	35	40	42	45	36
Grupo 2	25	32	27	39	30	

a. Combine os dois conjuntos de dados em ordem de classificação.

Calcule a soma dos postos para o Grupo 1, R_1.

Calcule a soma dos postos para o Grupo 2, R_2.

b. Calcule a pontuação U para cada grupo, U_1 e U_2, e determine a estatística $U\star$.

c. Utilize a estatística U de Mann-Whitney para testar a hipótese nula de que a média é a mesma para ambos os grupos contra a hipótese alternativa de que a média do Grupo 1 é superior à do Grupo 2.

14.18 Um artigo publicado no *International Journal of Sports Medicine* (Revista Internacional de Medicina Esportiva) discute o uso do teste U de Mann-Whitney para comparar os níveis totais de colesterol (mg/dl) de 35 meninos obesos e 27 meninas obesas. Nenhuma diferença significativa foi encontrada entre os dois grupos com relação ao colesterol total. Um estudo semelhante envolvendo seis meninos obesos e oito meninas obesas resultou nos seguintes valores totais de colesterol.

Meninos obesos	175	185	160	200	170	150		
Meninas obesas	160	190	175	190	185	150	140	195

Use o teste U de Mann-Whitney para testar a hipótese de pesquisa de que os valores totais de colesterol são diferentes para os dois grupos, utilizando o nível de significância 0,05.

14.19 Dez municípios produtores de amendoim da Carolina do Norte e 13 do Texas foram selecionados aleatoriamente e foi registrada a taxa de produção de amendoim de 2008, em libras de amendoim colhidas por acre.

Município CN	Produção CN	Município TX	Produção TX
Edgecombe	3.360	Donley	3.640
Hertford	3.560	Terry	3.335
Northhampton	3.700	Collingsworth	2.555
Greene	3.815	Cochran	3.120
Pitt	3.530	Frio	3.685
Bladen	4.265	Yoakum	3.530
Robeson	3.750	Bailey	3.120
Chowan	4.000	Wheeler	2.880
Halifax	3.310	Hall	3.700
Nash	3.435	Hockley	3.280
		Andrews	3.665
		Gaines	3.845
		Dawson	3.565

FONTE: National Agricultural Statistics Service Information, http://www.nass.usda.gov/

Use a estatística U de Mann–Whitney para testar a hipótese de que a produção média é diferente para os dois estados. Use $\alpha = 0{,}05$.

14.20 O site de notícias da Oregon Health & Science University (http://www.ohsu.edu/) fornece informações sobre um estudo que descobriu que algumas marcas de cigarros comerciais contêm porcentagens de nicotina de 10 a 20 vezes maior na forma *free-base*, ou seja, a forma considerada como a mais viciante. Considere outro estudo desenvolvido a fim comparar o teor de nicotina de duas marcas diferentes de cigarros. O teor de nicotina foi determinado para 25 cigarros da marca A e 25 cigarros da marca B. A soma dos postos para a marca A é igual a 688 e para a marca B é igual a 587. Utilize a estatística U de Mann–Whitney para testar a hipótese nula de que o teor médio de nicotina é o mesmo para as duas marcas contra a hipótese alternativa de que o teor médio de nicotina é diferente entre elas. Use $\alpha = 0{,}01$.

14.21 Como parte de um estudo para determinar se o bombardeamento de nuvens aumentou as chuvas, algumas nuvens foram bombardeadas aleatoriamente com nitrato de prata, enquanto outras não foram bombardeadas. As quantidades de precipitação são listadas a seguir:

Não bom- bardeadas	4,9	41,1	21,7	372,4	26,3	17,3	36,6	26,1
	47,3	95,0	147,8	321,2	11,5	68,5	29,0	24,4
	1.202,6	87,0	28,6	830,1	81,2	4,9	163,0	345,5
	244,3							
Bombar- deadas	129,6	334,1	274,7	198,6	430,0	274,7	31,4	115,3
	1.656,0	118,3	489,1	302,8	255,0	32,7	119,0	17,5
	242,5	2.745,6	7,7	40,6	978,0	200,7	703,4	92,4
	1.697,8							

Esses dados mostram que o bombardeamento das nuvens aumenta significativamente a quantidade média de precipitação? Use $\alpha = 0{,}05$.

14.22 Gastam-se mais horas assistindo a eventos esportivos na televisão ou assistindo a *reality shows*? Um estudante de uma faculdade pública apresentou a hipótese de que os estudantes do sexo masculino são mais propensos a assistir a esportes, enquanto as estudantes do sexo fe-

minino são mais propensas a assistir *reality shows*. Com essa premissa, o aluno reuniu aleatoriamente dados de 30 homens e 30 mulheres em sua faculdade com relação a quantas horas eles assistem à televisão em uma semana.

Horas que os homens passam assistindo a esportes na televisão														
4	10	15	26	10	20	13	4	5	3	1	20	60	35	3
6	10	26	3	0	15	5	8	8	6	14	15	3	2	4

Horas que as mulheres passam assistindo a *reality shows* na televisão										
2	10	5	8	10	3	4	3	3	2	3
3	1	14	2	4	5	32.5	6	5	20	1
3	10	6	7	15	2	20	12			

a. Esses dados mostram que os homens passam mais tempo assistindo a eventos esportivos do que as mulheres passam assistindo a *reality shows* em uma semana? Use um nível de significância igual a 0,05.
b. Comente sobre o significado da relação entre α e o valor-p.

Objetivo 14.4

14.23 Elabore as hipóteses nula, H_o, e alternativa, H_a, que seriam usadas para testar as seguintes afirmações:
a. Os dados não ocorreram em uma ordem aleatória em relação à mediana.
b. A sequência de números ímpares e pares não é aleatória.
c. O sexo dos clientes que entram em um supermercado foi registrado. A entrada não possui uma ordem aleatória.

14.24 Determine o valor-p que seria utilizado para executar os seguintes testes de runs:
a. H_o: A sequência do sexo dos clientes que entraram na academia foi aleatória.
H_a: A sequência não foi aleatória.
Com $n(A) = 10$, $n(B) = 12$ e $V = 5$.
b. H_o: Os preços das residências coletados ocorreram em ordem aleatória acima e abaixo da mediana.
H_a: Os preços das residências não ocorreram em ordem aleatória.
Com $z = 1{,}31$.

14.25 Determine os valores críticos que seriam utilizados para executar os seguintes testes de runs utilizando a abordagem clássica:
a. H_o: Os resultados coletados ocorreram em ordem aleatória acima e abaixo da mediana.
H_a: Os resultados não foram aleatórios.
Com $n(A) = 14$, $n(B) = 15$ e $\alpha = 0{,}05$.
b. H_o: As duas propriedades alternaram-se aleatoriamente.
H_a: As duas propriedades não ocorreram de forma aleatória.
Com $n(I) = 78$, $n(II) = 45$ e $\alpha = 0{,}05$.

14.26 Jéssica não acreditava que estava jogando com um dado imparcial. Ela achava que, se o dado fosse imparcial, quando fosse lançado, o resultado deveria ser uma ordem aleatória de números de pares e ímpares. Ela realizou seu experimento 14 vezes. Jéssica registrou os resultados, após cada lançamento. Os seguintes dados foram informados (P = 2, 4, 6; I = 1, 3, 5).

I	P	I	I	I	I	P	P	I	I	I	P	P	I

Utilize o teste de runs em um nível de significância de 5% para testar a afirmação de que os resultados apresentados são aleatórios.

14.27 Uma fábrica contrata tanto homens quanto mulheres. A seguir, os sexos das últimas 20 pessoas contratadas (M = masculino, F = feminino) são apresentados.

M	M	F	M	F	F	F	M	M	M	M	M	M	F	M	M	F	M	M	M

No nível de significância $\alpha = 0,05$, é correto concluir que essa sequência não é aleatória?

14.28 Foi solicitado a um aluno que realizasse um experimento envolvendo o lançamento de uma moeda 25 vezes. O aluno registrou os resultados, após cada lançamento. Os seguintes dados (CA = cara, CO = coroa) foram informados.

CA	CO	CA	CO	CA	CO	CA	CA	CA	CA	CO	CO	CA	CA	CO	CO	CA	CA	CO	CA	CO	CA	CA	CO	CA

Utilize o teste de runs em um nível de significância de 5% para testar a afirmação do aluno de que os resultados informados são aleatórios.

14.29 Os dados a seguir foram coletados na tentativa de mostrar que o número de minutos de atraso do ônibus municipal está aumentando gradativamente. Os dados estão listados em ordem de ocorrência.

Minutos:	6	1	3	9	10	10	2	5	5	6	12	3	7	8	9	4	5	8	11	14

Em $\alpha = 0,05$, esses dados mostram falta de aleatoriedade suficiente para sustentar a afirmação?

14.30 De acordo com uma nova pesquisa do site Boston Indicators Project, as escolas do centro de Boston tinham uma média de 3,6 alunos por computador no ano letivo de 2007-2008. A média foi a mesma para o estado de Massachusetts, mas superior à média de qualquer bairro do subúrbio. Uma amostra de escolas do centro de Boston informou o número médio de alunos por computador na sequência a seguir:

3,5	2,6	3,8	5,7	2,6	3,4	2,7	4,6	3,4	3,6	4,2	3,7	4,6	2,9

a. Determine a mediana e o número de sequências (*runs*) acima e abaixo da mediana.
b. Utilize o teste de runs para testar esses dados quanto a sua aleatoriedade em relação à mediana. Use $\alpha = 0,05$.

14.31 Em 24 de junho de 2009, o relatório 2008 American Time Use Survey (Levantamento do Uso do Tempo pelos Norte-Americanos) foi divulgado pelo Bureau of Labor Statistics (Departamento de Estatística do Trabalho). Dentro das muitas estatísticas fornecidas, encontravam-se informações sobre as atividades de lazer, incluindo o tempo médio gasto em diversas categorias. Para jovens de 15 a 19 anos, o tempo médio gasto usando o computador como forma de distração ou jogando foi de 42 minutos por dia. Suponha que 20 jovens de 15 a 19 anos de idade tenham sido selecionados aleatoriamente e acompanhados por um dia e que o número de minutos gasto com essas atividades de lazer tenha sido registrado. A sequência dos períodos resultante é fornecida a seguir:

50	59	16	34	43	47	46	27	43	12
45	50	51	89	63	42	23	39	43	28

a. Determine a mediana e o número de sequências acima e abaixo da mediana.
b. Utilize o teste de runs para testar esses dados quanto a sua aleatoriedade em relação à mediana.
c. Apresente sua conclusão.

14.32 De acordo com um comunicado à imprensa por parte do Departamento de Censo dos Estados Unidos de 26 de agosto de 2008, a renda familiar mediana em 2007 foi de US$ 50.023. Uma amostra aleatória de 250 rendas mostra um valor mediano diferente de qualquer uma das 250 rendas amostradas. Os dados contêm 105 sequências acima e abaixo da mediana. Use as informações anteriores para testar a hipótese nula de que as rendas da amostra formam uma sequência aleatória com relação às duas propriedades acima e abaixo do valor mediano contra a hipótese alternativa de que a sequência não é aleatória em $\alpha = 0,05$.

14.33 O número de ausências registrado em uma aula ministrada às 8h as segundas e quintas-feiras no último semestre foram (em ordem de ocorrência):

n(ausências)												
5	16	6	9	18	11	16	21	14	17	12	14	10
6	8	12	13	4	5	5	6	1	7	18	26	6

Esses dados mostram aleatoriedade com relação ao valor mediano em $\alpha = 0,05$? Execute o teste usando (a) os valores críticos fornecidos na Tabela 14 do Apêndice B e (b) a distribuição normal padrão.

Objetivo 14.5

14.34 Elabore as hipóteses nula, H_o, e alternativa, H_a, que seriam usadas para testar as seguintes afirmações:
a. Não há relação entre as duas classificações.
b. As duas variáveis não estão relacionadas.
c. Existe uma correlação positiva entre as duas variáveis.
d. A idade de um refrigerador produz um efeito decrescente sobre seu valor monetário.

14.35 Determine o valor-p que seria usado para testar a hipótese nula para os seguintes experimentos de correlação de postos de Spearman:
a. H_o: Não há relação entre as duas variáveis.
   H_a: Existe uma relação positiva, com $n = 21$ e $r_s = 0,55$.
b. H_o: Não há correlação.
   H_a: Existe uma relação, com $n = 27$ e $r_s = 0,71$.
c. H_o: A variável A não tem efeito sobre a variável B.
   H_a: A variável B diminui conforme a variável A aumenta, com $n = 10$ e $r_s = -0,62$.

14.36 Determine os critérios de teste que seriam usados para testar a hipótese nula para os seguintes experimentos de correlação de postos de Spearman:
a. H_o: Não há relação entre as duas variáveis.
   H_a: Existe uma relação.
   Com $n = 14$ e $\alpha = 0,05$.

b. H_o: Não há correlação.

 H_a: Correlacionadas positivamente.

 Com $n = 27$ e $\alpha = 0,05$.

c. H_o: A variável A não tem efeito sobre a variável B.

 H_a: A variável B diminui conforme a variável A aumenta.

 Com $n = 18$ e $\alpha = 0,01$.

14.37 Quando se trata de fazer os trabalhadores produzirem, dinheiro não é tudo, sentir-se reconhecido é mais importante. Será que as classificações indicadas pelos funcionários e pelo empregador mostram uma diferença significativa no que cada pessoa pensa ser importante? (Classificações: 1 = mais importante, 10 = menos importante). Faça o teste usando $\alpha = 0,05$.

Componente de satisfação no trabalho	Classificação do funcionário	Classificação do empregador
Pleno reconhecimento pelo trabalho realizado	1	8
Sensação de fazer parte do grupo	2	10
Solidariedade com relação a problemas pessoais	3	9
Segurança no emprego	4	2
Bons salários	5	1
Trabalho interessante	6	5
Promoção e crescimento na organização	7	3
Lealdade pessoal para com os funcionários	8	6
Boas condições de trabalho	9	4
Disciplina diplomática	10	7

FONTE: *Philadelphia Inquirer*

14.38 O que posso fazer com uma formação de dois anos obtida em uma faculdade comunitária? Considere as informações extraídas do artigo intitulado "Health Care, Energy among 'Hot' Jobs" ("Cuidados com a Saúde e Energia entre Profissões 'em Alta'"), publicado pelo *USA Today* em 2 de setembro de 2009.

Profissões em alta	% Crescimento	Renda média
Assistentes de fisioterapia	32,4	41,360
Higienistas dentais	30,1	62,800
Técnicos ambientais	28,0	38,090
Técnicos cardiovasculares	25,5	42,300
Assistente de terapia ocupacional	25,4	42,060
Radioterapeutas	24,8	66,170
Técnico em engenharia ambiental	24,8	40,560
Taquígrafo	24,5	45,610
Enfermeiros registrados	23,5	57,280
Especialistas em computação	15,1	68,570

a. Classifique o crescimento percentual e as rendas medianas em ordem crescente.

b. Calcule o coeficiente de correlação de postos de Spearman para as duas classificações.

c. No nível de significância 0,05, determine se existe uma relação significativa entre a elevação do nível da profissão e sua renda mediana correspondente.

d. Discuta a relação entre a elevação do nível da profissão e de sua renda correspondente.

14.39 Os dados a seguir representam as idades de 12 elementos e a concentração de minerais (em partes por milhão) em amostras de seus tecidos.

Idade, x	82	83	64	53	47	50	70	62	34	27	75	28
Concentração mineral, y	170	40	64	5	15	5	48	34	3	7	50	10

Consulte as informações do MINITAB a seguir e verifique se o coeficiente de correlação de postos de Spearman é igual a 0,753, calculando-o você mesmo.

Correlações: posto x, posto y

Correlação do posto x e posto $y = 0,753$,

valor-$p = 0,005$

14.40 O artigo publicado na *Journal of Professional Nursing* (Revista dos Profissionais de Enfermagem), intitulado "The Graduate Record Examination as an Admission Requirement for the Graduate Nursing Program" ("O exame de registro de graduação como requisito de admissão para o curso de pós-graduação em enfermagem"), informou uma correlação significativa entre a média de pontos (GPA) para graduandos e a GPA para um curso de pós-graduação em enfermagem. Os dados a seguir foram coletados de dez alunos de enfermagem que se formaram em um curso de pós-graduação em enfermagem.

GPA dos graduados	3,5	3,1	2,7	3,7	2,5	3,3	3,0	2,9	3,8	3,2
GPA na pós-graduação	3,4	3,2	3,0	3,6	3,1	3,4	3,0	3,4	3,7	3,8

Calcule o coeficiente de postos de Spearman e teste a hipótese nula da existência de nenhuma relação contra a existência de uma relação positiva. Use um nível de significância igual a 0,05.

14.41 O artigo publicado pelo *USA Today* em 24 de novembro de 2009, intitulado "Flier Satisfaction with Airlines Goes up a Bit" ("Satisfação dos passageiros com as companhias aéreas aumenta um pouco"), divulgou os resultados de uma pesquisa Zagat Survey realizada com 5.900 passageiros, que faziam, em média, 17 voos por ano. A pesquisa classificou as companhias aéreas em uma escala de 30 pontos. As avaliações das companhias aéreas feitas por passageiros da classe econômica em voos dentro dos Estados Unidos são apresentadas na tabela a seguir.

Companhia	Conforto	Serviços	Internet
Midwest	23	22	18
Virgin America	23	24	23
JetBlue	23	22	22
Alaska	17	20	21
Hawaiian	16	19	19
Continental	15	17	22
Southwest	16	21	23
Frontier	16	18	16
AirTran	14	15	18
Delta	13	13	19
American	12	13	20
United	12	12	19
US Airways	11	10	15
Spirit	11	10	14

a. Construa uma nova tabela com a classificação das porcentagens referentes a conforto, serviços e internet, separadamente.

b. Utilizando a correlação de postos de Spearman e um nível de significância 0,05, determine se existe uma relação entre conforto e serviços.

c. Utilizando a correlação de postos de Spearman e um nível de significância 0,05, determine se existe uma relação entre conforto e internet.

d. Utilizando a correlação de postos de Spearman e um nível de significância 0,05, determine se existe uma relação entre serviços e internet.

e. Reveja os resultados dos itens (b), (c) e (d) e comente sobre suas conclusões combinadas.

14.42 A pesquisa "Survey of Home Buyer Preferences" ("Levantamento das preferências do comprador de residências") foi realizada pela Association of Home Builders (Associação Nacional dos Construtores de Residências) para determinar as características que os compradores realmente desejam. Os participantes deveriam classificar cada característica como desejável (assim como essencial). A tabela a seguir mostra os resultados.

Característica	Desejável	Essencial
Lavanderia	40	52
Armário para roupa de cama e banho	56	32
Exaustor	44	42
Sala de jantar	43	36
Despensa	59	19
Área de trabalho	55	16
Box de chuveiro separado	49	20
Torneiras com controle de temperatura	49	18
Banheira de hidromassagem	46	12
Aparelho de banheiro na cor branca	40	16
Azulejos de cerâmica	43	12
Bancadas de superfície	48	7
Escritório/biblioteca	43	11
Lareira a lenha	39	15
Depósito de uso especial	47	6

FONTE: National Association of Home Builders

Não é de surpreender que as classificações na coluna "desejável" da tabela são consideravelmente maiores que as classificações da coluna "essencial". Não há dúvidas sobre a existência de uma diferença na classificação, no entanto, uma pergunta apropriada a fazer é: "os itens da lista aparecem na mesma ordem de preferência nas duas colunas?".

a. Use o teste U de Mann–Whitney para a hipótese de que os itens seguem essencialmente a mesma distribuição, usando $\alpha = 0,05$.

b. Use o coeficiente de correlação de postos de Spearman para testar a hipótese de que as classificações dos itens não estão correlacionadas usando $\alpha = 0,05$.

c. Apresente sua conclusão.

Apêndice A

Conceitos
introdutórios e lições de revisão

Tabelas

Tabela 1   Números aleatórios

10 09 73 25 33	76 52 01 35 86	34 67 35 48 76	80 95 90 91 17	39 29 27 49 45
37 54 20 48 05	64 89 47 42 96	24 80 52 40 37	20 63 61 04 02	00 82 29 16 65
08 42 26 89 53	19 64 50 93 03	23 20 90 25 60	15 95 33 43 64	35 08 03 36 06
99 01 90 25 29	09 37 67 07 15	38 31 13 11 65	88 67 67 43 97	04 43 62 76 59
12 80 79 99 70	80 15 73 61 47	64 03 23 66 53	98 95 11 68 77	12 17 17 68 33
66 06 57 47 17	34 07 27 68 50	36 69 73 61 70	65 81 33 98 85	11 19 92 91 70
31 06 01 08 05	45 57 18 24 06	35 30 34 26 14	86 79 90 74 39	23 40 30 97 32
85 26 97 76 02	02 05 16 56 92	68 66 57 48 18	73 05 38 52 47	18 62 38 85 79
63 57 33 21 35	05 32 54 70 48	90 55 35 75 48	28 46 82 87 09	83 49 12 56 24
73 79 64 57 53	03 52 96 47 78	35 80 83 42 82	60 93 52 03 44	35 27 38 84 35
98 52 01 77 67	14 90 56 86 07	22 10 94 05 58	60 97 09 34 33	50 50 07 39 98
11 80 50 54 31	39 80 82 77 32	50 72 56 82 48	29 40 52 42 01	52 77 56 78 51
83 45 29 96 34	06 28 89 80 83	13 74 67 00 78	18 47 54 06 10	68 71 17 78 17
88 68 54 02 00	86 50 75 84 01	36 76 66 79 51	90 36 47 64 93	29 60 91 10 62
99 59 46 73 48	87 51 76 49 69	91 82 60 89 28	93 78 56 13 68	23 47 83 41 13
65 48 11 76 74	17 46 85 09 50	58 04 77 69 74	73 03 95 71 86	40 21 81 65 44
80 12 43 56 35	17 72 70 80 15	45 31 82 23 74	21 11 57 82 53	14 38 55 37 63
74 35 09 98 17	77 40 27 72 14	43 23 60 02 10	45 52 16 42 37	96 28 60 26 55
69 91 62 68 03	66 25 22 91 48	36 93 68 72 03	76 62 11 39 90	94 40 05 64 18
09 89 32 05 05	14 22 56 85 14	46 42 75 67 88	96 29 77 88 22	54 38 21 45 98
91 49 91 45 23	68 47 92 76 86	46 16 28 35 54	94 75 08 99 23	37 08 92 00 48
80 33 69 45 98	26 94 03 68 58	70 29 73 41 35	54 14 03 33 40	42 05 08 23 41
44 10 48 19 49	85 15 74 79 54	32 97 92 65 75	57 60 04 08 81	22 22 20 64 13
12 55 07 37 42	11 10 00 20 40	12 86 07 46 97	96 64 48 94 39	28 70 72 58 15
63 60 64 93 29	16 50 53 44 84	40 21 95 25 63	43 65 17 70 82	07 20 73 17 90
61 19 69 04 46	26 45 74 77 74	51 92 43 37 29	65 39 45 95 93	42 58 26 05 27
15 47 44 52 66	95 27 07 99 53	59 36 78 38 48	82 39 61 01 18	33 21 15 94 66
94 55 72 85 73	67 89 75 43 87	54 62 24 44 31	91 19 04 25 92	92 92 74 59 73
42 48 11 62 13	97 34 40 87 21	16 86 84 87 67	03 07 11 20 59	25 70 14 66 70
23 52 37 83 17	73 20 88 98 37	68 93 59 14 16	26 25 22 96 63	05 52 28 25 62
04 49 35 24 94	75 24 63 38 24	45 86 25 10 25	61 96 27 93 35	65 33 71 24 72
00 54 99 76 54	64 05 18 81 59	96 11 96 38 96	54 69 28 23 91	23 28 72 95 29
35 96 31 53 07	26 89 80 93 54	33 35 13 54 62	77 97 45 00 24	90 10 33 93 33
59 80 80 83 91	45 42 72 68 42	83 60 94 97 00	13 02 12 48 92	78 56 52 01 06
46 05 88 52 36	01 39 09 22 86	77 28 14 40 77	93 91 08 36 47	70 61 74 29 41
32 17 90 05 97	87 37 92 52 41	05 56 70 70 07	86 74 31 71 57	85 39 41 18 38
69 23 46 14 06	20 11 74 52 04	15 95 66 00 00	18 74 39 24 23	97 11 89 63 38
19 56 54 14 30	01 75 87 53 79	40 41 92 15 85	66 67 43 68 06	84 96 28 52 07
45 15 51 49 38	19 47 60 72 46	43 66 79 45 43	59 04 79 00 33	20 82 66 95 41
94 86 43 19 94	36 16 81 08 51	34 88 88 15 53	01 54 03 54 56	05 01 45 11 76
98 08 62 48 26	45 24 02 84 04	44 99 90 88 96	39 09 47 34 07	35 44 13 18 80
33 18 51 62 32	41 94 15 09 49	89 43 54 85 81	88 69 54 19 94	37 54 87 30 43
80 95 10 04 06	96 38 27 07 74	20 15 12 33 87	25 01 62 52 98	94 62 46 11 71
79 75 24 91 40	71 96 12 82 96	69 86 10 25 91	74 85 22 05 39	00 38 75 95 79
18 63 33 25 37	98 14 50 65 71	31 01 02 46 74	05 45 56 14 27	77 93 89 19 36

Detalhes específicos sobre o uso desta tabela podem ser encontrados na página 14; Apêndice A, página 326.

Tabela 1 (Continuação)

54 17 84 56 11	80 99 33 71 43	05 33 51 29 69	56 12 71 92 55	36 04 09 03 24
11 66 44 98 83	52 07 98 48 27	59 38 17 15 39	09 97 33 34 40	88 46 12 33 56
48 32 47 79 28	31 24 96 47 10	02 29 53 68 70	32 30 75 75 46	15 02 00 99 94
69 07 49 41 38	87 63 79 19 76	35 58 40 44 01	10 51 82 16 15	01 84 87 69 38
09 18 82 00 97	32 82 53 95 27	04 22 08 63 04	83 38 98 73 74	64 27 85 80 44
90 04 58 54 97	51 98 15 06 54	94 93 88 19 97	91 87 07 61 50	68 47 66 46 59
73 18 95 02 07	47 67 72 62 69	62 29 06 44 64	27 12 46 70 18	41 36 18 27 60
75 76 87 64 90	20 97 18 17 49	90 42 91 22 72	95 37 50 58 71	93 82 34 31 78
54 01 64 40 56	66 28 13 10 03	00 68 22 73 98	20 71 45 32 95	07 70 61 78 13
08 35 86 99 10	78 54 24 27 85	13 66 15 88 73	04 61 89 75 53	31 22 30 84 20
28 30 60 32 64	81 33 31 05 91	40 51 00 78 93	32 60 46 04 75	94 11 90 18 40
53 84 08 62 33	81 59 41 36 28	51 21 59 02 90	28 46 66 87 95	77 76 22 07 91
91 75 75 37 41	61 61 36 22 69	50 26 39 02 12	55 78 17 65 14	83 48 34 70 55
89 41 59 26 94	00 39 75 83 91	12 60 71 76 46	48 94 97 23 06	94 54 13 74 08
77 51 30 38 20	86 83 42 99 01	68 41 48 27 74	51 90 81 39 80	72 89 35 55 07
19 50 23 71 74	69 97 92 02 88	55 21 02 97 73	74 28 77 52 51	65 34 46 74 15
21 81 85 93 13	93 27 88 17 57	05 68 67 31 56	07 08 28 50 46	31 85 33 84 52
51 47 46 64 99	68 10 72 36 21	94 04 99 13 45	42 83 60 91 91	08 00 74 54 49
99 55 96 83 31	62 53 52 41 70	69 77 71 28 30	74 81 97 81 42	43 86 07 28 34
33 71 34 80 07	93 58 47 28 69	51 92 66 47 21	58 30 32 98 22	93 17 49 39 72
85 27 48 68 93	11 30 32 92 70	28 83 43 41 37	73 51 59 04 00	71 14 84 36 43
84 13 38 96 40	44 03 55 21 66	73 85 27 00 91	61 22 26 05 61	62 32 71 84 23
56 73 21 62 34	17 39 59 61 31	10 12 39 16 22	85 49 65 75 60	81 60 41 88 80
65 13 85 68 06	87 60 88 52 61	34 31 36 58 61	45 87 52 10 69	85 64 44 72 77
38 00 10 21 76	81 71 91 17 11	71 60 29 29 37	74 21 96 40 49	65 58 44 96 98
37 40 29 63 97	01 30 47 75 86	56 27 11 00 86	47 32 46 26 05	40 03 03 74 38
97 12 54 03 48	87 08 33 14 17	21 81 53 92 50	75 23 76 20 47	15 50 12 95 78
21 82 64 11 34	47 14 33 40 72	64 63 88 59 02	49 13 90 64 41	03 85 65 45 52
73 13 54 27 42	95 71 90 90 35	85 79 47 42 96	08 78 98 81 56	64 69 11 92 02
07 63 87 79 29	03 06 11 80 72	96 20 74 41 56	23 82 19 95 38	04 71 36 69 94
60 52 88 34 41	07 95 41 98 14	59 17 52 06 95	05 53 35 21 39	61 21 20 64 55
83 59 63 56 55	06 95 89 29 83	05 12 80 97 19	77 43 35 37 83	92 30 15 04 98
10 85 06 27 46	99 59 91 05 07	13 49 90 63 19	53 07 57 18 39	06 41 01 93 62
39 82 09 89 52	43 62 26 31 47	64 42 18 08 14	43 80 00 93 51	31 02 47 31 67
59 58 00 64 78	75 56 97 88 00	88 83 55 44 86	23 76 80 61 56	04 11 10 84 08
38 50 80 73 41	23 79 34 87 63	90 82 29 70 22	17 71 90 42 07	95 95 44 99 53
30 69 27 06 68	94 68 81 61 27	56 19 68 00 91	82 06 76 34 00	05 46 26 92 00
65 44 39 56 59	18 28 82 74 37	49 63 22 40 41	08 33 76 56 76	96 29 99 08 36
27 26 75 02 64	13 19 27 22 94	07 47 74 46 06	17 98 54 89 11	97 34 13 03 58
91 30 70 69 91	19 07 22 42 10	36 69 95 37 28	28 82 53 57 93	28 97 66 62 52
68 43 49 46 88	84 47 31 36 22	62 12 69 84 08	12 84 38 25 90	09 81 59 31 46
48 90 81 58 77	54 74 52 45 91	35 70 00 47 54	83 82 45 26 92	54 13 05 51 60
06 91 34 51 97	42 67 27 86 01	11 88 30 95 28	63 01 19 89 01	14 97 44 03 44
10 45 51 60 19	14 21 03 37 12	91 34 23 78 21	88 32 58 08 51	43 66 77 08 83
12 88 39 73 43	65 02 76 11 84	04 28 50 13 92	17 97 41 50 77	90 71 22 67 69
21 77 83 09 76	38 80 73 69 61	31 64 94 20 96	63 28 10 20 23	08 81 64 74 49
19 52 35 95 15	65 12 25 96 59	86 28 36 82 58	69 57 21 37 98	16 43 59 15 29
67 24 55 26 70	35 58 31 65 63	79 24 68 66 86	76 46 33 42 22	26 65 59 08 02
60 58 44 73 77	07 50 03 79 92	45 13 42 65 29	26 76 08 36 37	41 32 64 43 44
53 85 34 13 77	36 06 69 48 50	58 83 87 38 59	49 36 47 33 31	96 24 04 36 42
24 63 73 97 36	74 38 48 93 42	52 62 30 79 92	12 36 91 86 01	03 74 28 38 73
83 08 01 24 51	38 99 22 28 15	07 75 95 17 77	97 37 72 75 85	51 97 23 78 67
16 44 42 43 34	36 15 19 90 73	27 49 37 09 39	85 13 03 25 52	54 84 65 47 59
60 79 01 81 57	57 17 86 57 62	11 16 17 85 76	45 81 95 29 79	65 13 00 48 60

Com base nas tabelas da RAND Corporation. Reimpressa de Wilfred J. Dixon e Frank J. Massey Jr., *Introduction to Statistical Analysis (Introdução à Análise Estatística)*. 3. ed. (Nova York: McGraw-Hill, 1969), p. 446-47. Reimpressa com permissão da RAND Corporation.

Tabela 2 Probabilidades binomiais $\left[\dbinom{n}{x} \cdot p^x \cdot q^{n-x}\right]$

							P								
n	x	0,01	0,05	0,10	0,20	0,30	0,40	0,50	0,60	0,70	0,80	0,90	0,95	0,99	x
2	0	0,980	0,902	0,810	0,640	0,490	0,360	0,250	0,160	0,090	0,040	0,010	0,002	0+	0
	1	0,020	0,095	0,180	0,320	0,420	0,480	0,500	0,480	0,420	0,320	0,180	0,095	0,020	1
	2	0+	0,002	0,010	0,040	0,090	0,160	0,250	0,360	0,490	0,640	0,810	0,902	0,980	2
3	0	0,970	0,857	0,729	0,512	0,343	0,216	0,125	0,064	0,027	0,008	0,001	0+	0+	0
	1	0,029	0,135	0,243	0,384	0,441	0,432	0,375	0,288	0,189	0,096	0,027	0,007	0+	1
	2	0+	0,007	0,027	0,096	0,189	0,288	0,375	0,432	0,441	0,384	0,243	0,135	0,029	2
	3	0+	0+	0,001	0,008	0,027	0,064	0,125	0,216	0,343	0,512	0,729	0,857	0,970	3
4	0	0,961	0,815	0,656	0,410	0,240	0,130	0,062	0,026	0,008	0,002	0+	0+	0+	0
	1	0,039	0,171	0,292	0,410	0,412	0,346	0,250	0,154	0,076	0,026	0,004	0+	0+	1
	2	0,001	0,014	0,049	0,154	0,265	0,346	0,375	0,346	0,265	0,154	0,049	0,014	0,001	2
	3	0+	0+	0,004	0,026	0,076	0,154	0,250	0,346	0,412	0,410	0,292	0,171	0,039	3
	4	0+	0+	0+	0,002	0,008	0,026	0,062	0,130	0,240	0,410	0,656	0,815	0,961	4
5	0	0,951	0,774	0,590	0,328	0,168	0,078	0,031	0,010	0,002	0+	0+	0+	0+	0
	1	0,048	0,204	0,328	0,410	0,360	0,259	0,156	0,077	0,028	0,006	0+	0+	0+	1
	2	0,001	0,021	0,073	0,205	0,309	0,346	0,312	0,230	0,132	0,051	0,008	0,001	0+	2
	3	0+	0,001	0,008	0,051	0,132	0,230	0,312	0,346	0,309	0,205	0,073	0,021	0,001	3
	4	0+	0+	0+	0,006	0,028	0,077	0,156	0,259	0,360	0,410	0,328	0,204	0,048	4
	5	0+	0+	0+	0+	0,002	0,010	0,031	0,078	0,168	0,328	0,590	0,774	0,951	5
6	0	0,941	0,735	0,531	0,262	0,118	0,047	0,016	0,004	0,001	0+	0+	0+	0+	0
	1	0,057	0,232	0,354	0,393	0,303	0,187	0,094	0,037	0,010	0,002	0+	0+	0+	1
	2	0,001	0,031	0,098	0,246	0,324	0,311	0,234	0,138	0,060	0,015	0,001	0+	0+	2
	3	0+	0,002	0,015	0,082	0,185	0,276	0,312	0,276	0,185	0,082	0,015	0,002	0+	3
	4	0+	0+	0,001	0,015	0,060	0,138	0,234	0,311	0,324	0,246	0,098	0,031	0,001	4
	5	0+	0+	0+	0,002	0,010	0,037	0,094	0,187	0,303	0,393	0,354	0,232	0,057	5
	6	0+	0+	0+	0+	0,001	0,004	0,016	0,047	0,118	0,262	0,531	0,735	0,941	6
7	0	0,932	0,698	0,478	0,210	0,082	0,028	0,008	0,002	0+	0+	0+	0+	0+	0
	1	0,066	0,257	0,372	0,367	0,247	0,131	0,055	0,017	0,004	0+	0+	0+	0+	1
	2	0,002	0,041	0,124	0,275	0,318	0,261	0,164	0,077	0,025	0,004	0+	0+	0+	2
	3	0+	0,004	0,023	0,115	0,227	0,290	0,273	0,194	0,097	0,029	0,003	0+	0+	3
	4	0+	0+	0,003	0,029	0,097	0,194	0,273	0,290	0,227	0,115	0,023	0,004	0+	4
	5	0+	0+	0+	0,004	0,025	0,077	0,164	0,261	0,318	0,275	0,124	0,041	0,002	5
	6	0+	0+	0+	0+	0,004	0,017	0,055	0,131	0,247	0,367	0,372	0,257	0,066	6
	7	0+	0+	0+	0+	0+	0,002	0,008	0,028	0,082	0,210	0,478	0,698	0,932	7
8	0	0,923	0,663	0,430	0,168	0,058	0,017	0,004	0,001	0+	0+	0+	0+	0+	0
	1	0,075	0,279	0,383	0,336	0,198	0,090	0,031	0,008	0,001	0+	0+	0+	0+	1
	2	0,003	0,051	0,149	0,294	0,296	0,209	0,109	0,041	0,010	0,001	0+	0+	0+	2
	3	0+	0,005	0,033	0,147	0,254	0,279	0,219	0,124	0,047	0,009	0+	0+	0+	3
	4	0+	0+	0,005	0,046	0,136	0,232	0,273	0,232	0,136	0,046	0,005	0+	0+	4
	5	0+	0+	0+	0,009	0,047	0,124	0,219	0,279	0,254	0,147	0,033	0,005	0+	5
	6	0+	0+	0+	0,001	0,010	0,041	0,109	0,209	0,296	0,294	0,149	0,051	0,003	6
	7	0+	0+	0+	0+	0,001	0,008	0,031	0,090	0,198	0,336	0,383	0,279	0,075	7
	8	0+	0+	0+	0+	0+	0,001	0,004	0,017	0,058	0,168	0,430	0,663	0,923	8

Para detalhes específicos sobre como usar esta tabela, consulte as páginas 109 e 110.

A Tabela 2 foi gerada usando o Excel.

Tabela 2 (Continuação)

n	x	00,01	00,05	00,10	00,20	00,30	00,40	00,50	00,60	00,70	00,80	00,90	00,95	00,99	x
9	0	0,914	0,630	0,387	0,134	0,040	0,010	0,002	0+	0+	0+	0+	0+	0+	0
	1	0,083	0,299	0,387	0,302	0,156	0,060	0,018	0,004	0+	0+	0+	0+	0+	1
	2	0,003	0,063	0,172	0,302	0,267	0,161	0,070	0,021	0,004	0+	0+	0+	0+	2
	3	0+	0,008	0,045	0,176	0,267	0,251	0,164	0,074	0,021	0,003	0+	0+	0+	3
	4	0+	0,001	0,007	0,066	0,172	0,251	0,246	0,167	0,074	0,017	0,001	0+	0+	4
	5	0+	0+	0,001	0,017	0,074	0,167	0,246	0,251	0,172	0,066	0,007	0,001	0+	5
	6	0+	0+	0+	0,003	0,021	0,074	0,164	0,251	0,267	0,176	0,045	0,008	0+	6
	7	0+	0+	0+	0+	0,004	0,021	0,070	0,161	0,267	0,302	0,172	0,063	0,003	7
	8	0+	0+	0+	0+	0+	0,004	0,018	0,060	0,156	0,302	0,387	0,299	0,083	8
	9	0+	0+	0+	0+	0+	0+	0,002	0,010	0,040	0,134	0,387	0,630	0,914	9
10	0	0,904	0,599	0,349	0,107	0,028	0,006	0,001	0+	0+	0+	0+	0+	0+	0
	1	0,091	0,315	0,387	0,268	0,121	0,040	0,010	0,002	0+	0+	0+	0+	0+	1
	2	0,004	0,075	0,194	0,302	0,233	0,121	0,044	0,011	0,001	0+	0+	0+	0+	2
	3	0+	0,010	0,057	0,201	0,267	0,215	0,117	0,042	0,009	0,001	0+	0+	0+	3
	4	0+	0,001	0,011	0,088	0,200	0,251	0,205	0,111	0,037	0,006	0+	0+	0+	4
	5	0+	0+	0,001	0,026	0,103	0,201	0,246	0,201	0,103	0,026	0,001	0+	0+	5
	6	0+	0+	0+	0,006	0,037	0,111	0,205	0,251	0,200	0,088	0,011	0,001	0+	6
	7	0+	0+	0+	0,001	0,009	0,042	0,117	0,215	0,267	0,201	0,057	0,010	0+	7
	8	0+	0+	0+	0+	0,001	0,011	0,044	0,121	0,233	0,302	0,194	0,075	0,004	8
	9	0+	0+	0+	0+	0+	0,002	0,010	0,040	0,121	0,268	0,387	0,315	0,091	9
	10	0+	0+	0+	0+	0+	0+	0,001	0,006	0,028	0,107	0,349	0,599	0,904	10
11	0	0,895	0,569	0,314	0,086	0,020	0,004	0+	0+	0+	0+	0+	0+	0+	0
	1	0,099	0,329	0,384	0,236	0,093	0,027	0,005	0,001	0+	0+	0+	0+	0+	1
	2	0,005	0,087	0,213	0,295	0,200	0,089	0,027	0,005	0,001	0+	0+	0+	0+	1
	3	0+	0,014	0,071	0,221	0,257	0,177	0,081	0,023	0,004	0+	0+	0+	0+	3
	4	0+	0,001	0,016	0,111	0,220	0,236	0,161	0,070	0,017	0,002	0+	0+	0+	4
	5	0+	0+	0,002	0,039	0,132	0,221	0,226	0,147	0,057	0,010	0+	0+	0+	5
	6	0+	0+	0+	0,010	0,057	0,147	0,226	0,221	0,132	0,039	0,002	0+	0+	6
	7	0+	0+	0+	0,002	0,017	0,070	0,161	0,236	0,220	0,111	0,016	0,001	0+	7
	8	0+	0+	0+	0+	0,004	0,023	0,081	0,177	0,257	0,221	0,071	0,014	0+	8
	9	0+	0+	0+	0+	0,001	0,005	0,027	0,089	0,200	0,295	0,213	0,087	0,005	9
	10	0+	0+	0+	0+	0+	0,001	0,005	0,027	0,093	0,236	0,384	0,329	0,099	10
	11	0+	0+	0+	0+	0+	0+	0+	0,004	0,020	0,086	0,314	0,569	0,895	11
12	0	0,886	0,540	0,282	0,069	0,014	0,002	0+	0+	0+	0+	0+	0+	0+	0
	1	0,107	0,341	0,377	0,206	0,071	0,017	0,003	0+	0+	0+	0+	0+	0+	1
	2	0,006	0,099	0,230	0,283	0,168	0,064	0,016	0,002	0+	0+	0+	0+	0+	2
	3	0+	0,017	0,085	0,236	0,240	0,142	0,054	0,012	0,001	0+	0+	0+	0+	3
	4	0+	0,002	0,021	0,133	0,231	0,213	0,121	0,042	0,008	0,001	0+	0+	0+	4
	5	0+	0+	0,004	0,053	0,158	0,227	0,193	0,101	0,029	0,003	0+	0+	0+	5
	6	0+	0+	0+	0,016	0,079	0,177	0,226	0,177	0,079	0,016	0+	0+	0+	6
	7	0+	0+	0+	0,003	0,029	0,101	0,193	0,227	0,158	0,053	0,004	0+	0+	7
	8	0+	0+	0+	0,001	0,008	0,042	0,121	0,213	0,231	0,133	0,021	0,002	0+	8
	9	0+	0+	0+	0+	0,001	0,012	0,054	0,142	0,240	0,236	0,085	0,017	0+	9
	10	0+	0+	0+	0+	0+	0,002	0,016	0,064	0,168	0,283	0,230	0,099	0,006	10
	11	0+	0+	0+	0+	0+	0+	0,003	0,017	0,071	0,206	0,377	0,341	0,107	11
	12	0+	0+	0+	0+	0+	0+	0+	0,002	0,014	0,069	0,282	0,540	0,886	12

A Tabela 2 foi gerada usando o Excel.

Tabela 2 (Continuação)

n	x						P								x
		0,01	0,05	0,10	0,20	0,30	0,40	0,50	0,60	0,70	0,80	0,90	0,95	0,99	
13	0	0,878	0,513	0,254	0,055	0,010	0,001	0+	0+	0+	0+	0+	0+	0+	0
	1	0,115	0,351	0,367	0,179	0,054	0,011	0,002	0+	0+	0+	0+	0+	0+	1
	2	0,007	0,111	0,245	0,268	0,139	0,045	0,010	0,001	0+	0+	0+	0+	0+	2
	3	0+	0,021	0,100	0,246	0,218	0,111	0,035	0,006	0,001	0+	0+	0+	0+	3
	4	0+	0,003	0,028	0,154	0,234	0,184	0,087	0,024	0,003	0+	0+	0+	0+	4
	5	0+	0+	0,006	0,069	0,180	0,221	0,157	0,066	0,014	0,001	0+	0+	0+	5
	6	0+	0+	0,001	0,023	0,103	0,197	0,209	0,131	0,044	0,006	0+	0+	0+	6
	7	0+	0+	0+	0,006	0,044	0,131	0,209	0,197	0,103	0,023	0,001	0+	0+	7
	8	0+	0+	0+	0,001	0,014	0,066	0,157	0,221	0,180	0,069	0,006	0+	0+	8
	9	0+	0+	0+	0+	0,003	0,024	0,087	0,184	0,234	0,154	0,028	0,003	0+	9
	10	0+	0+	0+	0+	0,001	0,006	0,035	0,111	0,218	0,246	0,100	0,021	0+	10
	11	0+	0+	0+	0+	0+	0,001	0,010	0,045	0,139	0,268	0,245	0,111	0,007	11
	12	0+	0+	0+	0+	0+	0+	0,002	0,011	0,054	0,179	0,367	0,351	0,115	12
	13	0+	0+	0+	0+	0+	0+	0+	0,001	0,010	0,055	0,254	0,513	0,878	13
14	0	0,869	0,488	0,229	0,044	0,007	0,001	0+	0+	0+	0+	0+	0+	0+	0
	1	0,123	0,359	0,356	0,154	0,041	0,007	0,001	0+	0+	0+	0+	0+	0+	1
	2	0,008	0,123	0,257	0,250	0,113	0,032	0,006	0,001	0+	0+	0+	0+	0+	2
	3	0+	0,026	0,114	0,250	0,194	0,085	0,022	0,003	0+	0+	0+	0+	0+	3
	4	0+	0,004	0,035	0,172	0,229	0,155	0,061	0,014	0,001	0+	0+	0+	0+	4
	5	0+	0+	0,008	0,086	0,196	0,207	0,122	0,041	0,007	0+	0+	0+	0+	5
	6	0+	0+	0,001	0,032	0,126	0,207	0,183	0,092	0,023	0,002	0+	0+	0+	6
	7	0+	0+	0+	0,009	0,062	0,157	0,209	0,157	0,062	0,009	0+	0+	0+	7
	8	0+	0+	0+	0,002	0,023	0,092	0,183	0,207	0,126	0,032	0,001	0+	0+	8
	9	0+	0+	0+	0+	0,007	0,041	0,122	0,207	0,196	0,086	0,008	0+	0+	9
	10	0+	0+	0+	0+	0,001	0,014	0,061	0,155	0,229	0,172	0,035	0,004	0+	10
	11	0+	0+	0+	0+	0+	0,003	0,022	0,085	0,194	0,250	0,114	0,026	0,0+	11
	12	0+	0+	0+	0+	0+	0,001	0,006	0,032	0,113	0,250	0,257	0,123	0,008	12
	13	0+	0+	0+	0+	0+	0+	0,001	0,007	0,041	0,154	0,356	0,359	0,123	13
	14	0+	0+	0+	0+	0+	0+	0+	0,001	0,007	0,044	0,229	0,488	0,869	14
15	0	0,860	0,463	0,206	0,035	0,005	0+	0+	0+	0+	0+	0+	0+	0+	0
	1	0,130	0,366	0,343	0,132	0,031	0,005	0+	0+	0+	0+	0+	0+	0+	1
	2	0,009	0,135	0,267	0,231	0,092	0,022	0,003	0+	0+	0+	0+	0+	0+	2
	3	0+	0,031	0,129	0,250	0,170	0,063	0,014	0,002	0+	0+	0+	0+	0+	3
	4	0+	0,005	0,043	0,188	0,219	0,127	0,042	0,007	0,001	0+	0+	0+	0+	4
	5	0+	0,001	0,010	0,103	0,206	0,186	0,092	0,024	0,003	0+	0+	0+	0+	5
	6	0+	0+	0,002	0,043	0,147	0,207	0,153	0,061	0,012	0,001	0+	0+	0+	6
	7	0+	0+	0+	0,014	0,081	0,177	0,196	0,118	0,035	0,003	0+	0+	0+	7
	8	0+	0+	0+	0,003	0,035	0,118	0,196	0,177	0,081	0,014	0+	0+	0+	8
	9	0+	0+	0+	0,001	0,012	0,061	0,153	0,207	0,147	0,043	0,002	0+	0+	9
	10	0+	0+	0+	0+	0,003	0,024	0,092	0,186	0,206	0,103	0,010	0,001	0+	10
	11	0+	0+	0+	0+	0,001	0,007	0,042	0,127	0,219	0,188	0,043	00,05	0+	11
	12	0+	0+	0+	0+	0+	0,002	0,014	0,063	0,170	0,250	0,129	0,031	0+	12
	13	0+	0+	0+	0+	0+	0+	0,003	0,022	0,092	0,231	0,267	0,135	0,009	13
	14	0+	0+	0+	0+	0+	0+	0+	0,005	0,031	0,132	0,343	0,366	0,130	14
	15	0+	0+	0+	0+	0+	0+	0+	0+	0,005	0,035	0,206	0,463	0,860	15

A Tabela 2 foi gerada usando o Excel.

Tabela 3 Áreas acumuladas da distribuição normal padrão

As entradas nesta tabela representam as probabilidades acumuladas para a distribuição normal padrão z (ou seja, a distribuição normal com média 0 e desvio padrão 1). A área sombreada abaixo da curva de distribuição normal padrão representa a probabilidade acumulada à esquerda de um valor z na **cauda do lado esquerdo**.

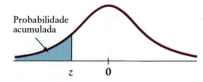

z	0,00	0,01	0,02	0,03	0,04	0,05	0,06	0,07	0,08	0,09
−5,0	0,0000003									
−4,5	0,000003									
−4,0	0,00003	0,00003	0,00003	0,00003	0,00003	0,00003	0,00002	0,00002	0,00002	0,00002
−3,9	0,00005	0,00005	0,00004	0,00004	0,00004	0,00004	0,00004	0,00004	0,00003	0,00003
−3,8	0,00007	0,00007	0,00007	0,00006	0,00006	0,00006	0,00006	0,00005	0,00005	0,00005
−3,7	0,00011	0,00010	0,00010	0,00010	0,00009	0,00009	0,00008	0,00008	0,00008	0,00008
−3,6	0,0002	0,0002	0,0002	0,00014	0,00014	0,00013	0,00013	0,00012	0,00012	0,00011
−3,5	0,0002	0,0002	0,0002	0,0002	0,0002	0,0002	0,0002	0,0002	0,0002	0,0002
−3,4	0,0003	0,0003	0,0003	0,0003	0,0003	0,0003	0,0003	0,0003	0,0003	0,0002
−3,3	0,0005	0,0005	0,0005	0,0004	0,0004	0,0004	0,0004	0,0004	0,0004	0,0004
−3,2	0,0007	0,0007	0,0006	0,0006	0,0006	0,0006	0,0006	0,0005	0,0005	0,0005
−3,1	0,0010	0,0009	0,0009	0,0009	0,0008	0,0008	0,0008	0,0008	0,0007	0,0007
−3,0	0,0014	0,0013	0,0013	0,0012	0,0012	0,0011	0,0011	0,0011	0,0010	0,0010
−2,9	0,0019	0,0018	0,0018	0,0017	0,0016	0,0016	0,0015	0,0015	0,0014	0,0014
−2,8	0,0026	0,0025	0,0024	0,0023	0,0023	0,0022	0,0021	0,0021	0,0020	0,0019
−2,7	0,0035	0,0034	0,0033	0,0032	0,0031	0,0030	0,0029	0,0028	0,0027	0,0026
−2,6	0,0047	0,0045	0,0044	0,0043	0,0042	0,0040	0,0039	0,0038	0,0037	0,0036
−2,5	0,0062	0,0060	0,0059	0,0057	0,0055	0,0054	0,0052	0,0051	0,0049	0,0048
−2,4	0,0082	0,0080	0,0078	0,0076	0,0073	0,0071	0,0070	0,0068	0,0066	0,0064
−2,3	0,0107	0,0104	0,0102	0,0099	0,0096	0,0094	0,0091	0,0089	0,0087	0,0084
−2,2	0,0139	0,0136	0,0132	0,0129	0,0126	0,0122	0,0119	0,0116	0,0113	0,0110
−2,1	0,0179	0,0174	0,0170	0,0166	0,0162	0,0158	0,0154	0,0150	0,0146	0,0143
−2,0	0,0228	0,0222	0,0217	0,0212	0,0207	0,0202	0,0197	0,0192	0,0188	0,0183
−1,9	0,0287	0,0281	0,0274	0,0268	0,0262	0,0256	0,0250	0,0244	0,0239	0,0233
−1,8	0,0359	0,0352	0,0344	0,0336	0,0329	0,0322	0,0314	0,0307	0,0301	0,0294
−1,7	0,0446	0,0436	0,0427	0,0418	0,0409	0,0401	0,0392	0,0384	0,0375	0,0367
−1,6	0,0548	0,0537	0,0526	0,0516	0,0505	0,0495	0,0485	0,0475	0,0465	0,0455
−1,5	0,0668	0,0655	0,0643	0,0630	0,0618	0,0606	0,0594	0,0582	0,0571	0,0559
−1,4	0,0808	0,0793	0,0778	0,0764	0,0749	0,0735	0,0721	0,0708	0,0694	0,0681
−1,3	0,0968	0,0951	0,0934	0,0918	0,0901	0,0885	0,0869	0,0853	0,0838	0,0823
−1,2	0,1151	0,1131	0,1112	0,1094	0,1075	0,1057	0,1038	0,1020	0,1003	0,0985
−1,1	0,1357	0,1335	0,1314	0,1292	0,1271	0,1251	0,1230	0,1210	0,1190	0,1170
−1,0	0,1587	0,1563	0,1539	0,1515	0,1492	0,1469	0,1446	0,1423	0,1401	0,1379
−0,9	0,1841	0,1814	0,1788	0,1762	0,1736	0,1711	0,1685	0,1660	0,1635	0,1611
−0,8	0,2119	0,2090	0,2061	0,2033	0,2005	0,1977	0,1949	0,1922	0,1894	0,1867
−0,7	0,2420	0,2389	0,2358	0,2327	0,2297	0,2266	0,2236	0,2207	0,2177	0,2148
−0,6	0,2743	0,2709	0,2676	0,2643	0,2611	0,2578	0,2546	0,2514	0,2483	0,2451
−0,5	0,3085	0,3050	0,3015	0,2981	0,2946	0,2912	0,2877	0,2843	0,2810	0,2776
−0,4	0,3446	0,3409	0,3372	0,3336	0,3300	0,3264	0,3228	0,3192	0,3156	0,3121
−0,3	0,3821	0,3783	0,3745	0,3707	0,3669	0,3632	0,3594	0,3557	0,3520	0,3483
−0,2	0,4207	0,4168	0,4129	0,4090	0,4052	0,4013	0,3974	0,3936	0,3897	0,3859
−0,1	0,4602	0,4562	0,4522	0,4483	0,4443	0,4404	0,4364	0,4325	0,4286	0,4247
0,0	0,5000	0,4960	0,4920	0,4880	0,4840	0,4801	0,4761	0,4721	0,4681	0,4641

Para detalhes específicos sobre como usar esta tabela para encontrar probabilidades, consulte as páginas 121-123, 127-128; valores-p, páginas 170-171.

A Tabela 3 foi gerada usando o Minitab.

Tabela 3 (Continuação)

As entradas nesta tabela representam as probabilidades acumuladas para a distribuição normal padrão z (ou seja, a distribuição normal com média 0 e desvio padrão 1). A área sombreada abaixo da curva de distribuição normal padrão representa a probabilidade acumulada à esquerda de um valor z na **cauda do lado direito**.

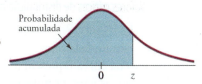

z	0,00	0,01	0,02	0,03	0,04	0,05	0,06	0,07	0,08	0,09
0,0	0,5000	0,5040	0,5080	0,5120	0,5160	0,5199	0,5239	0,5279	0,5319	0,5359
0,1	0,5398	0,5438	0,5478	0,5517	0,5557	0,5596	0,5636	0,5675	0,5714	0,5754
0,2	0,5793	0,5832	0,5871	0,5910	0,5948	0,5987	0,6026	0,6064	0,6103	0,6141
0,3	0,6179	0,6217	0,6255	0,6293	0,6331	0,6368	0,6406	0,6443	0,6480	0,6517
0,4	0,6554	0,6591	0,6628	0,6664	0,6700	0,6736	0,6772	0,6808	0,6844	0,6879
0,5	0,6915	0,6950	0,6985	0,7019	0,7054	0,7088	0,7123	0,7157	0,7190	0,7224
0,6	0,7258	0,7291	0,7324	0,7357	0,7389	0,7422	0,7454	0,7486	0,7518	0,7549
0,7	0,7580	0,7612	0,7642	0,7673	0,7704	0,7734	0,7764	0,7794	0,7823	0,7852
0,8	0,7881	0,7910	0,7939	0,7967	0,7996	0,8023	0,8051	0,8079	0,8106	0,8133
0,9	0,8159	0,8186	0,8212	0,8238	0,8264	0,8289	0,8315	0,8340	0,8365	0,8389
1,0	0,8413	0,8438	0,8461	0,8485	0,8508	0,8531	0,8554	0,8577	0,8599	0,8621
1,1	0,8643	0,8665	0,8686	0,8708	0,8729	0,8749	0,8770	0,8790	0,8810	0,8830
1,2	0,8849	0,8869	0,8888	0,8907	0,8925	0,8944	0,8962	0,8980	0,8997	0,9015
1,3	0,9032	0,9049	0,9066	0,9082	0,9099	0,9115	0,9131	0,9147	0,9162	0,9177
1,4	0,9192	0,9207	0,9222	0,9236	0,9251	0,9265	0,9279	0,9292	0,9306	0,9319
1,5	0,9332	0,9345	0,9357	0,9370	0,9382	0,9394	0,9406	0,9418	0,9430	0,9441
1,6	0,9452	0,9463	0,9474	0,9485	0,9495	0,9505	0,9515	0,9525	0,9535	0,9545
1,7	0,9554	0,9564	0,9573	0,9582	0,9591	0,9599	0,9608	0,9616	0,9625	0,9633
1,8	0,9641	0,9649	0,9656	0,9664	0,9671	0,9678	0,9686	0,9693	0,9700	0,9706
1,9	0,9713	0,9719	0,9726	0,9732	0,9738	0,9744	0,9750	0,9756	0,9762	0,9767
2,0	0,9773	0,9778	0,9783	0,9788	0,9793	0,9798	0,9803	0,9808	0,9812	0,9817
2,1	0,9821	0,9826	0,9830	0,9834	0,9838	0,9842	0,9846	0,9850	0,9854	0,9857
2,2	0,9861	0,9865	0,9868	0,9871	0,9875	0,9878	0,9881	0,9884	0,9887	0,9890
2,3	0,9893	0,9896	0,9898	0,9901	0,9904	0,9906	0,9909	0,9911	0,9913	0,9916
2,4	0,9918	0,9920	0,9922	0,9925	0,9927	0,9929	0,9931	0,9932	0,9934	0,9936
2,5	0,9938	0,9940	0,9941	0,9943	0,9945	0,9946	0,9948	0,9949	0,9951	0,9952
2,6	0,9953	0,9955	0,9956	0,9957	0,9959	0,9960	0,9961	0,9962	0,9963	0,9964
2,7	0,9965	0,9966	0,9967	0,9968	0,9969	0,9970	0,9971	0,9972	0,9973	0,9974
2,8	0,9974	0,9975	0,9976	0,9977	0,9977	0,9978	0,9979	0,9980	0,9980	0,9981
2,9	0,9981	0,9982	0,9983	0,9983	0,9984	0,9984	0,9985	0,9985	0,9986	0,9986
3,0	0,9987	0,9987	0,9987	0,9988	0,9988	0,9989	0,9989	0,9989	0,9990	0,9990
3,1	0,9990	0,9991	0,9991	0,9991	0,9992	0,9992	0,9992	0,9992	0,9993	0,9993
3,2	0,9993	0,9993	0,9994	0,9994	0,9994	0,9994	0,9994	0,9995	0,9995	0,9995
3,3	0,9995	0,9995	0,9996	0,9996	0,9996	0,9996	0,9996	0,9996	0,9996	0,9997
3,4	0,9997	0,9997	0,9997	0,9997	0,9997	0,9997	0,9997	0,9997	0,9998	0,9998
3,5	0,9998	0,9998	0,9998	0,9998	0,9998	0,9998	0,9998	0,9998	0,9998	0,9998
3,6	0,99984	0,99985	0,99985	0,99986	0,99986	0,99987	0,99987	0,99988	0,99988	0,99989
3,7	0,99989	0,99990	0,99990	0,99990	0,99991	0,99991	0,99992	0,99992	0,99992	0,99992
3,8	0,99993	0,99993	0,99993	0,99994	0,99994	0,99994	0,99994	0,99995	0,99995	0,99995
3,9	0,99995	0,99995	0,99996	0,99996	0,99996	0,99996	0,99996	0,99996	0,99997	0,99997
4,0	0,99997	0,99997	0,99997	0,99997	0,99997	0,99997	0,99998	0,99998	0,99998	0,99998
4,5	0,999997									
5,0	0,9999997									

A Tabela 3 foi gerada usando o Minitab.

Tabela 4 Valores críticos de distribuição normal padrão

A   Situações unicaudais

As entradas nesta tabela representam valores críticos para z, para os quais a área abaixo da curva representando α está localizada na cauda à direita. Os valores críticos para a cauda à esquerda são encontrados por simetria.

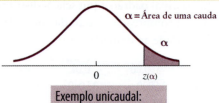

Quantidade de α em uma cauda							
α	0,25	0,10	0,05	0,025	0,02	0,01	0,005
$z(\alpha)$	0,67	1,28	1,65	1,96	2,05	2,33	2,58

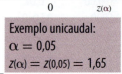

Exemplo unicaudal:
$\alpha = 0,05$
$z(\alpha) = z(0,05) = 1,65$

B   Situações bicaudais

As entradas nesta tabela representam valores críticos para z, para os quais a área abaixo da curva representando α é dividida igualmente entre duas caudas.

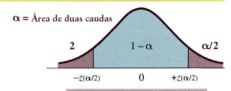

Quantidade de α em duas caudas						
α	0,25	0,20	0,10	0,05	0,02	0,01
$z(\alpha/2)$	1,15	1,28	1,65	1,96	2,33	2,58
$1-\alpha$	0,75	0,80	0,90	0,95	0,98	0,99

Área no "centro"

Exemplo bicaudal:
$\alpha = 0,05$ ou $1 - \alpha = 0,95$
$\alpha/2 = 0,025$
$z(\alpha/2) = z(0,025) = 1,96$

Para detalhes específicos sobre como usar a Tabela A para encontrar valores críticos, consulte a página 175; a Tabela B para encontrar coeficientes de confiança, consulte as páginas 157-161 e para valores críticos, consulte as páginas 175, 177.

Tabela 5 Valores-p para distribuição normal padrão

As entradas nesta tabela representam os valores-p relacionados à cauda da direita para $z\star$ calculado para a distribuição normal padrão.

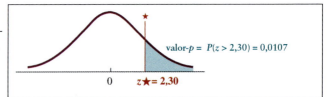

valor-$p = P(z > 2,30) = 0,0107$

$z\star = 2,30$

$z\star$	valor-p	$z\star$	valor-p	$z\star$	valor-p	$z\star$	valor-p	$z\star$	valor-p
0,00	0,5000	0,80	0,2119	1,60	0,0548	2,40	0,0082	3,20	0,0007
0,05	0,4801	0,85	0,1977	1,65	0,0495	2,45	0,0071	3,25	0,0006
0,10	0,4602	0,90	0,1841	1,70	0,0446	2,50	0,0062	3,30	0,0005
0,15	0,4404	0,95	0,1711	1,75	0,0401	2,55	0,0054	3,35	0,0004
0,20	0,4207	1,00	0,1587	1,80	0,0359	2,60	0,0047	3,40	0,0003
0,25	0,4013	1,05	0,1469	1,85	0,0322	2,65	0,0040	3,45	0,0003
0,30	0,3821	1,10	0,1357	1,90	0,0287	2,70	0,0035	3,50	0,0002
0,35	0,3632	1,15	0,1251	1,95	0,0256	2,75	0,0030	3,55	0,0002
0,40	0,3446	1,20	0,1151	2,00	0,0228	2,80	0,0026	3,60	0,0002
0,45	0,3264	1,25	0,1056	2,05	0,0202	2,85	0,0022	3,65	0,0001
0,50	0,3085	1,30	0,0968	2,10	0,0179	2,90	0,0019	3,70	0,0001
0,55	0,2912	1,35	0,0885	2,15	0,0158	2,95	0,0016	3,75	0,0001
0,60	0,2743	1,40	0,0808	2,20	0,0139	3,00	0,0013	3,80	0,0001
0,65	0,2578	1,45	0,0735	2,25	0,0122	3,05	0,0011	3,85	0,0001
0,70	0,2420	1,50	0,0668	2,30	0,0107	3,10	0,0010	3,90	0+
0,75	0,2266	1,55	0,0606	2,35	0,0094	3,15	0,0008	3,95	0+

Para detalhes específicos sobre como usar esta tabela para encontrar valores-p, consulte as páginas 170, 172.

A Tabela 5 foi gerada usando o Minitab.

Tabela 6 Valores críticos da distribuição *t* de Student

As entradas nesta tabela representam os valores críticos da distribuição *t* de Student, para os quais a área abaixo da curva está localizada: a) na cauda da direita; ou b) em duas caudas. Veja as ilustrações no final da página.

a) Área unicaudal	0,25	0,10	0,05	0,025	0,01	0,005
b) Área bicaudal						
gl	0,50	0,20	0,10	0,05	0,02	0,01
3	0,765	1,64	2,35	3,18	4,54	5,84
4	0,741	1,53	2,13	2,78	3,75	4,60
5	0,727	1,48	2,02	2,57	3,36	4,03
6	0,718	1,44	1,94	2,45	3,14	3,71
7	0,711	1,41	1,89	2,36	3,00	3,50
8	0,706	1,40	1,86	2,31	2,90	3,36
9	0,703	1,38	1,83	2,26	2,82	3,25
10	0,700	1,37	1,81	2,23	2,76	3,17
11	0,697	1,36	1,80	2,20	2,72	3,11
12	0,695	1,36	1,78	2,18	2,68	3,05
13	0,694	1,35	1,77	2,16	2,65	3,01
14	0,692	1,35	1,76	2,14	2,62	2,98
15	0,691	1,34	1,75	2,13	2,60	2,95
16	0,690	1,34	1,75	2,12	2,58	2,92
17	0,689	1,33	1,74	2,11	2,57	2,90
18	0,688	1,33	1,73	2,10	2,55	2,88
19	0,688	1,33	1,73	2,09	2,54	2,86
20	0,687	1,33	1,72	2,09	2,53	2,85
21	0,686	1,32	1,72	2,08	2,52	2,83
22	0,686	1,32	1,72	2,07	2,51	2,82
23	0,685	1,32	1,71	2,07	2,50	2,81
24	0,685	1,32	1,71	2,06	2,49	2,80
25	0,684	1,32	1,71	2,06	2,49	2,79
26	0,684	1,31	1,70	2,05	2,47	2,77
27	0,684	1,31	1,70	2,05	2,47	2,77
28	0,683	1,31	1,70	2,05	2,47	2,76
29	0,683	1,31	1,70	2,05	2,46	2,76
30	0,683	1,31	1,70	2,04	2,46	2,75
35	0,682	1,31	1,69	2,03	2,44	2,72
40	0,681	1,30	1,68	2,02	2,42	2,70
50	0,679	1,30	1,68	2,01	2,40	2,68
70	0,678	1,29	1,67	1,99	2,38	2,65
100	0,677	1,29	1,66	1,98	2,36	2,63
gl > 100	0,675	1,28	1,65	1,96	2,33	2,58

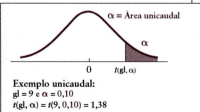

Exemplo unicaudal:
gl = 9 e α = 0,10
$t(gl, \alpha) = t(9, 0,10) = 1,38$

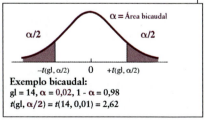

Exemplo bicaudal:
gl = 14, α = 0,02, 1 - α = 0,98
$t(gl, \alpha/2) = t(14, 0,01) = 2,62$

Para detalhes específicos sobre como usar esta tabela para encontrar coeficientes de confiança, consulte as páginas 185-187; para valores-*p*, consulte as páginas 189-191; para valores críticos, consulte as páginas 185, 188.

A Tabela 6 foi gerada usando o Minitab.

Tabela 7 · Valores de probabilidade para a distribuição *t* de Student

As entradas nesta tabela representam os valores-*p* relacionados à cauda da direita para o valor $t\star$ calculado para a distribuição *t* dos graus de liberdade, gl.

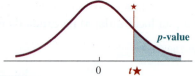

$t\star$	3	4	5	6	7	8	10	12	15	18	21	25	29	35	gl≥45
0,0	0,500	0,500	0,500	0,500	0,500	0,500	0,500	0,500	0,500	0,500	0,500	0,500	0,500	0,500	0,500
0,1	0,463	0,463	0,462	0,462	0,462	0,461	0,461	0,461	0,461	0,461	0,461	0,461	0,461	0,460	0,460
0,2	0,427	0,426	0,425	0,424	0,424	0,423	0,423	0,422	0,422	0,422	0,422	0,422	0,421	0,421	0,421
0,3	0,392	0,390	0,388	0,387	0,386	0,386	0,385	0,385	0,384	0,384	0,384	0,383	0,383	0,383	0,383
0,4	0,358	0,355	0,353	0,352	0,351	0,350	0,349	0,348	0,347	0,347	0,347	0,346	0,346	0,346	0,346
0,5	0,326	0,322	0,319	0,317	0,316	0,315	0,314	0,313	0,312	0,312	0,311	0,311	0,310	0,310	0,310
0,6	0,295	0,290	0,287	0,285	0,284	0,283	0,281	0,280	0,279	0,278	0,277	0,277	0,277	0,276	0,276
0,7	0,267	0,261	0,258	0,255	0,253	0,252	0,250	0,249	0,247	0,246	0,246	0,245	0,245	0,244	0,244
0,8	0,241	0,234	0,230	0,227	0,225	0,223	0,221	0,220	0,218	0,217	0,216	0,216	0,215	0,215	0,214
0,9	0,217	0,210	0,205	0,201	0,199	0,197	0,195	0,193	0,191	0,190	0,189	0,188	0,188	0,187	0,186
1,0	0,196	0,187	0,182	0,178	0,175	0,173	0,170	0,169	0,167	0,165	0,164	0,163	0,163	0,162	0,161
1,1	0,176	0,167	0,161	0,157	0,154	0,152	0,149	0,146	0,144	0,143	0,142	0,141	0,140	0,139	0,139
1,2	0,158	0,148	0,142	0,138	0,135	0,132	0,129	0,127	0,124	0,123	0,122	0,121	0,120	0,119	0,118
1,3	0,142	0,132	0,125	0,121	0,117	0,115	0,111	0,109	0,107	0,105	0,104	0,103	0,102	0,101	0,100
1,4	0,128	0,117	0,110	0,106	0,102	0,100	0,096	0,093	0,091	0,089	0,088	0,087	0,086	0,085	0,084
1,5	0,115	0,104	0,097	0,092	0,089	0,086	0,082	0,080	0,077	0,075	0,074	0,073	0,072	0,071	0,070
1,6	0,104	0,092	0,085	0,080	0,077	0,074	0,070	0,068	0,065	0,064	0,062	0,061	0,060	0,059	0,058
1,7	0,094	0,082	0,075	0,070	0,066	0,064	0,060	0,057	0,055	0,053	0,052	0,051	0,050	0,049	0,048
1,8	0,085	0,073	0,066	0,061	0,057	0,055	0,051	0,049	0,046	0,044	0,043	0,042	0,041	0,040	0,039
1,9	0,077	0,065	0,058	0,053	0,050	0,047	0,043	0,041	0,038	0,037	0,036	0,035	0,034	0,033	0,032
2,0	0,070	0,058	0,051	0,046	0,043	0,040	0,037	0,034	0,032	0,030	0,029	0,028	0,027	0,027	0,026
2,1	0,063	0,052	0,045	0,040	0,037	0,034	0,031	0,029	0,027	0,025	0,024	0,023	0,022	0,022	0,021
2,2	0,058	0,046	0,040	0,035	0,032	0,029	0,026	0,024	0,022	0,021	0,020	0,019	0,018	0,017	0,016
2,3	0,052	0,041	0,035	0,031	0,027	0,025	0,022	0,020	0,018	0,017	0,016	0,015	0,014	0,014	0,013
2,4	0,048	0,037	0,031	0,027	0,024	0,022	0,019	0,017	0,015	0,014	0,013	0,012	0,012	0,011	0,010
2,5	0,044	0,033	0,027	0,023	0,020	0,018	0,016	0,014	0,012	0,011	0,010	0,010	0,009	0,009	0,008
2,6	0,040	0,030	0,024	0,020	0,018	0,016	0,013	0,012	0,010	0,009	0,008	0,008	0,007	0,007	0,006
2,7	0,037	0,027	0,021	0,018	0,015	0,014	0,011	0,010	0,008	0,007	0,007	0,006	0,006	0,005	0,005
2,8	0,034	0,024	0,019	0,016	0,013	0,012	0,009	0,008	0,007	0,006	0,005	0,005	0,005	0,004	0,004
2,9	0,031	0,022	0,017	0,014	0,011	0,010	0,008	0,007	0,005	0,005	0,004	0,004	0,004	0,003	0,003
3,0	0,029	0,020	0,015	0,012	0,010	0,009	0,007	0,006	0,004	0,004	0,003	0,003	0,003	0,002	0,002
3,1	0,027	0,018	0,013	0,011	0,009	0,007	0,006	0,005	0,004	0,003	0,003	0,002	0,002	0,002	0,002
3,2	0,025	0,016	0,012	0,009	0,008	0,006	0,005	0,004	0,003	0,002	0,002	0,002	0,002	0,001	0,001
3,3	0,023	0,015	0,011	0,008	0,007	0,005	0,004	0,003	0,002	0,002	0,002	0,001	0,001	0,001	0,001
3,4	0,021	0,014	0,010	0,007	0,006	0,005	0,003	0,003	0,002	0,002	0,001	0,001	0,001	0,001	0,001
3,5	0,020	0,012	0,009	0,006	0,005	0,004	0,003	0,002	0,002	0,001	0,001	0,001	0,001	0,001	0,001
3,6	0,018	0,011	0,008	0,006	0,004	0,004	0,002	0,002	0,001	0,001	0,001	0,001	0,001	0+	0+
3,7	0,017	0,010	0,007	0,005	0,004	0,003	0,002	0,002	0,001	0,001	0,001	0,001	0+	0+	0+
3,8	0,016	0,010	0,006	0,004	0,003	0,003	0,002	0,001	0,001	0,001	0,001	0+	0+	0+	0+
3,9	0,015	0,009	0,006	0,004	0,003	0,002	0,001	0,001	0,001	0,001	0+	0+	0+	0+	0+
4,0	0,014	0,008	0,005	0,004	0,003	0,002	0,001	0,001	0,001	0+	0+	0+	0+	0+	0+

Graus de liberdade

Para detalhes específicos sobre como usar esta tabela para encontrar valores-*p*, consulte as páginas 189-191.

A Tabela 7 foi gerada usando o Minitab.

Tabela 8 Valores críticos da distribuição χ^2 ("qui-quadrado")

As entradas nesta tabela representam os valores críticos para a distribuição χ^2 para os quais a área abaixo da curva está localizada: a) na cauda da direita; ou b) na cauda da esquerda (a área acumulada). Veja as ilustrações no final da página.

a) Área à direita — Mediana

| 0,995 | 0,99 | 0,975 | 0,95 | 0,90 | 0,75 | 0,50 | 0,25 | 0,10 | 0,05 | 0,025 | 0,01 | 0,005 |

b) Área à esquerda (área acumulada) — Mediana

gl	0,005	0,01	0,025	0,05	0,10	0,25	0,50	0,75	0,90	0,95	0,975	0,99	0,995
1	0,0000393	0,000157	0,000982	0,00393	0,0158	0,102	0,455	1,32	2,71	3,84	5,02	6,63	7,88
2	0,0100	0,0201	0,0506	0,103	0,211	0,575	1,39	2,77	4,61	5,99	7,38	9,21	10,6
3	0,0717	0,115	0,216	0,352	0,584	1,21	2,37	4,11	6,25	7,81	9,35	11,3	12,8
4	0,207	0,297	0,484	0,711	1,06	1,92	3,36	5,39	7,78	9,49	11,1	13,3	14,9
5	0,412	0,554	0,831	1,15	1,61	2,67	4,35	6,63	9,24	11,1	12,8	15,1	16,7
6	0,676	0,872	1,24	1,64	2,20	3,45	5,35	7,84	10,6	12,6	14,4	16,8	18,5
7	0,989	1,24	1,69	2,17	2,83	4,25	6,35	9,04	12,0	14,1	16,0	18,5	20,3
8	1,34	1,65	2,18	2,73	3,49	5,07	7,34	10,2	13,4	15,5	17,5	20,1	22,0
9	1,73	2,09	2,70	3,33	4,17	5,90	8,34	11,4	14,7	16,9	19,0	21,7	23,6
10	2,16	2,56	3,25	3,94	4,87	6,74	9,34	12,5	16,0	18,3	20,5	23,2	25,2
11	2,60	3,05	3,82	4,57	5,58	7,58	10,34	13,7	17,3	19,7	21,9	24,7	26,8
12	3,07	3,57	4,40	5,23	6,30	8,44	11,34	14,8	18,5	21,0	23,3	26,2	28,3
13	3,57	4,11	5,01	5,89	7,04	9,30	12,34	16,0	19,8	22,4	24,7	27,7	29,8
14	4,07	4,66	5,63	6,57	7,79	10,2	13,34	17,1	21,1	23,7	26,1	29,1	31,3
15	4,60	5,23	6,26	7,26	8,55	11,0	14,34	18,2	22,3	25,0	27,5	30,6	32,8
16	5,14	5,81	6,91	7,96	9,31	11,9	15,34	19,4	23,5	26,3	28,8	32,0	34,3
17	5,70	6,41	7,56	8,67	10,1	12,8	16,34	20,5	24,8	27,6	30,2	33,4	35,7
18	6,26	7,01	8,23	9,39	10,9	13,7	17,34	21,6	26,0	28,9	31,5	34,8	37,2
19	6,84	7,63	8,91	10,1	11,7	14,6	18,34	22,7	27,2	30,1	32,9	36,2	38,6
20	7,43	8,26	9,59	10,9	12,4	15,5	19,34	23,8	28,4	31,4	34,2	37,6	40,0
21	8,03	8,90	10,3	11,6	13,2	16,3	20,34	24,9	29,6	32,7	35,5	38,9	41,4
22	8,64	9,54	11,0	12,3	14,0	17,2	21,34	26,0	30,8	33,9	36,8	40,3	42,8
23	9,26	10,2	11,7	13,1	14,8	18,1	22,34	27,1	32,0	35,2	38,1	41,6	44,2
24	9,89	10,9	12,4	13,8	15,7	19,0	23,34	28,2	33,2	36,4	39,4	43,0	45,6
25	10,5	11,5	13,1	14,6	16,5	19,9	24,34	29,3	34,4	37,7	40,6	44,3	46,9
26	11,2	12,2	13,8	15,4	17,3	20,8	25,34	30,4	35,6	38,9	41,9	45,6	48,3
27	11,8	12,9	14,6	16,2	18,1	21,7	26,34	31,5	36,7	40,1	43,2	47,0	49,6
28	12,5	13,6	15,3	16,9	18,9	22,7	27,34	32,6	37,9	41,3	44,5	48,3	51,0
29	13,1	14,3	16,0	17,7	19,8	23,6	28,34	33,7	39,1	42,6	45,7	49,6	52,3
30	13,8	15,0	16,8	18,5	20,6	24,5	29,34	34,8	40,3	43,8	47,0	50,9	53,7
40	20,7	22,2	24,4	26,5	29,1	33,7	39,34	45,6	51,8	55,8	59,3	63,7	66,8
50	28,0	29,7	32,4	34,8	37,7	42,9	49,33	56,3	63,2	67,5	71,4	76,2	79,5
60	35,5	37,5	40,5	43,2	46,5	52,3	59,33	67,0	74,4	79,1	83,3	88,4	92,0
70	43,3	45,4	48,8	51,7	55,3	61,7	69,33	77,6	85,5	90,5	95,0	100,4	104,2
80	51,2	53,5	57,2	60,4	64,3	71,1	79,33	88,1	96,6	101,9	106,6	112,3	116,3
90	59,2	61,8	65,6	69,1	73,3	80,6	89,33	98,6	107,6	113,1	118,1	124,1	128,3
100	67,3	70,1	74,2	77,9	82,4	90,1	99,33	109,1	118,5	124,3	129,6	135,8	140,2

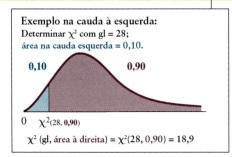

Exemplo na cauda à esquerda:
Determinar χ^2 com gl = 28;
área na cauda esquerda = 0,10.

0,10   0,90

0    $\chi^2(28, 0{,}90)$

χ^2 (gl, área à direita) = $\chi^2(28, 0{,}90)$ = 18,9

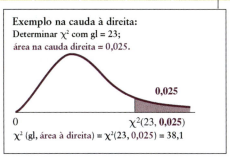

Exemplo na cauda à direita:
Determinar χ^2 com gl = 23;
área na cauda direita = 0,025.

0,025

0    $\chi^2(23, 0{,}025)$

χ^2 (gl, área à direita) = $\chi^2(23, 0{,}025)$ = 38,1

Para detalhes específicos sobre como usar esta tabela para encontrar valores-p, consulte as páginas 201-203; para valores críticos, consulte a página 199.

A Tabela 8 foi gerada usando o Minitab.

Tabela 9a Valores críticos da distribuição F ($\alpha = 0,05$)

As entradas nesta tabela representam os valores críticos de F para os quais a área abaixo da curva à direita é igual a 0,05.

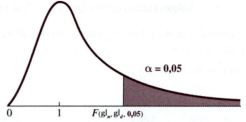

		Graus de liberdade para o numerador								
	1	2	3	4	5	6	7	8	9	10
1	161,	200,	216,	225,	230,	234,	237,	239,	241,	242,
2	18,5	19,0	19,2	19,2	19,3	19,3	19,4	19,4	19,4	19,4
3	10,1	9,55	9,28	9,12	9,01	8,94	8,89	8,85	8,81	8,79
4	7,71	6,94	6,59	6,39	6,26	6,16	6,09	6,04	6,00	5,96
5	6,61	5,79	5,41	5,19	5,05	4,95	4,88	4,82	4,77	4,74
6	5,99	5,14	4,76	4,53	4,39	4,28	4,21	4,15	4,10	4,06
7	5,59	4,74	4,35	4,12	3,97	3,87	3,79	3,73	3,68	3,64
8	5,32	4,46	4,07	3,84	3,69	3,58	3,50	3,44	3,39	3,35
9	5,12	4,26	3,86	3,63	3,48	3,37	3,29	3,23	3,18	3,14
10	4,96	4,10	3,71	3,48	3,33	3,22	3,14	3,07	3,02	2,98
11	4,84	3,98	3,59	3,36	3,20	3,09	3,01	2,95	2,90	2,85
12	4,75	3,89	3,49	3,26	3,11	3,00	2,91	2,85	2,80	2,75
13	4,67	3,81	3,41	3,18	3,03	2,92	2,83	2,77	2,71	2,67
14	4,60	3,74	3,34	3,11	2,96	2,85	2,76	2,70	2,65	2,60
15	4,54	3,68	3,29	3,06	2,90	2,79	2,71	2,64	2,59	2,54
16	4,49	3,63	3,24	3,01	2,85	2,74	2,66	2,59	2,54	2,49
17	4,45	3,59	3,20	2,96	2,81	2,70	2,61	2,55	2,49	2,45
18	4,41	3,55	3,16	2,93	2,77	2,66	2,58	2,51	2,46	2,41
19	4,38	3,52	3,13	2,90	2,74	2,63	2,54	2,48	2,42	2,38
20	4,35	3,49	3,10	2,87	2,71	2,60	2,51	2,45	2,39	2,35
21	4,32	3,47	3,07	2,84	2,68	2,57	2,49	2,42	2,37	2,32
22	4,30	3,44	3,05	2,82	2,66	2,55	2,46	2,40	2,34	2,30
23	4,28	3,42	3,03	2,80	2,64	2,53	2,44	2,37	2,32	2,27
24	4,26	3,40	3,01	2,78	2,62	2,51	2,42	2,36	2,30	2,25
25	4,24	3,39	2,99	2,76	2,60	2,49	2,40	2,34	2,28	2,24
30	4,17	3,32	2,92	2,69	2,53	2,42	2,33	2,27	2,21	2,16
40	4,08	3,23	2,84	2,61	2,45	2,34	2,25	2,18	2,12	2,08
60	4,00	3,15	2,76	2,53	2,37	2,25	2,17	2,10	2,04	1,99
120	3,92	3,07	2,68	2,45	2,29	2,18	2,09	2,02	1,96	1,91
10.000	3,84	3,00	2,61	2,37	2,21	2,10	2,01	1,94	1,88	1,83

(coluna à esquerda: Graus de liberdade para o denominador)

Para detalhes específicos sobre como usar esta tabela para encontrar valores-p, consulte a página 228; para valores críticos, consulte a página 227.

A Tabela 9a foi gerada usando o Minitab.

	Graus de liberdade para o numerador								
	12	15	20	24	30	40	60	120	10,000
1	244,	246,	248,	249,	250,	251,	252,	253,	254,
2	19,4	19,4	19,4	19,5	19,5	19,5	19,5	19,5	19,5
3	8,74	8,70	8,66	8,64	8,62	8,59	8,57	8,55	8,53
4	5,91	5,86	5,80	5,77	5,75	5,72	5,69	5,66	5,63
5	4,68	4,62	4,56	4,53	4,50	4,46	4,43	4,40	4,37
6	4,00	3,94	3,87	3,84	3,81	3,77	3,74	3,70	3,67
7	3,57	3,51	3,44	3,41	3,38	3,34	3,30	3,27	3,23
8	3,28	3,22	3,15	3,12	3,08	3,04	3,01	2,97	2,93
9	3,07	3,01	2,94	2,90	2,86	2,83	2,79	2,75	2,71
10	2,91	2,85	2,77	2,74	2,70	2,66	2,62	2,58	2,54
11	2,79	2,72	2,65	2,61	2,57	2,53	2,49	2,45	2,41
12	2,69	2,62	2,54	2,51	2,47	2,43	2,38	2,34	2,30
13	2,60	2,53	2,46	2,42	2,38	2,34	2,30	2,25	2,21
14	2,53	2,46	2,39	2,35	2,31	2,27	2,22	2,18	2,13
15	2,48	2,40	2,33	2,29	2,25	2,20	2,16	2,11	2,07
16	2,42	2,35	2,28	2,24	2,19	2,15	2,11	2,06	2,01
17	2,38	2,31	2,23	2,19	2,15	2,10	2,06	2,01	1,96
18	2,34	2,27	2,19	2,15	2,11	2,06	2,02	1,97	1,92
19	2,31	2,23	2,16	2,11	2,07	2,03	1,98	1,93	1,88
20	2,28	2,20	2,12	2,08	2,04	1,99	1,95	1,90	1,84
21	2,25	2,18	2,10	2,05	2,01	1,96	1,92	1,87	1,81
22	2,23	2,15	2,07	2,03	1,98	1,94	1,89	1,84	1,78
23	2,20	2,13	2,05	2,01	1,96	1,91	1,86	1,81	1,76
24	2,18	2,11	2,03	1,98	1,94	1,89	1,84	1,79	1,73
25	2,16	2,09	2,01	1,96	1,92	1,87	1,82	1,77	1,71
30	2,09	2,01	1,93	1,89	1,84	1,79	1,74	1,68	1,62
40	2,00	1,92	1,84	1,79	1,74	1,69	1,64	1,58	1,51
60	1,92	1,84	1,75	1,70	1,65	1,59	1,53	1,47	1,39
120	1,83	1,75	1,66	1,61	1,55	1,50	1,43	1,35	1,26
10.000	1,75	1,67	1,57	1,52	1,46	1,40	1,32	1,22	1,03

Graus de liberdade para o denominador

A Tabela 9a foi gerada usando o Minitab.

Tabela 9b Valores críticos da distribuição F ($\alpha = 0,025$)

As entradas nesta tabela representam os valores críticos de F para os quais a área abaixo da curva à direita é igual a 0,025.

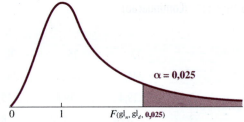

$\alpha = 0,025$

$F_{(gl_n, gl_d, 0,025)}$

	Graus de liberdade para o numerador									
	1	2	3	4	5	6	7	8	9	10
1	648,	800,	864,	900,	922,	937,	948,	957,	963,	969,
2	38,5	39,0	39,2	39,2	39,3	39,3	39,4	39,4	39,4	39,4
3	17,4	16,0	15,4	15,1	14,9	14,7	14,6	14,5	14,5	14,4
4	12,2	10,6	9,98	9,60	9,36	9,20	9,07	8,98	8,90	8,84
5	10,0	8,43	7,76	7,39	7,15	6,98	6,85	6,76	6,68	6,62
6	8,81	7,26	6,60	6,23	5,99	5,82	5,70	5,60	5,52	5,46
7	8,07	6,54	5,89	5,52	5,29	5,12	4,99	4,90	4,82	4,76
8	7,57	6,06	5,42	5,05	4,82	4,65	4,53	4,43	4,36	4,30
9	7,21	5,71	5,08	4,72	4,48	4,32	4,20	4,10	4,03	3,96
10	6,94	5,46	4,83	4,47	4,24	4,07	3,95	3,85	3,78	3,72
11	6,72	5,26	4,63	4,28	4,04	3,88	3,76	3,66	3,59	3,53
12	6,55	5,10	4,47	4,12	3,89	3,73	3,61	3,51	3,44	3,37
13	6,41	4,97	4,35	4,00	3,77	3,60	3,48	3,39	3,31	3,25
14	6,30	4,86	4,24	3,89	3,66	3,50	3,38	3,28	3,21	3,15
15	6,20	4,77	4,15	3,80	3,58	3,41	3,29	3,20	3,12	3,06
16	6,12	4,69	4,08	3,73	3,50	3,34	3,22	3,12	3,05	2,99
17	6,04	4,62	4,01	3,66	3,44	3,28	3,16	3,06	2,98	2,92
18	5,98	4,56	3,95	3,61	3,38	3,22	3,10	3,01	2,93	2,87
19	5,92	4,51	3,90	3,56	3,33	3,17	3,05	2,96	2,88	2,82
20	5,87	4,46	3,86	3,51	3,29	3,13	3,01	2,91	2,84	2,77
21	5,83	4,42	3,82	3,48	3,25	3,09	2,97	2,87	2,80	2,73
22	5,79	4,38	3,78	3,44	3,22	3,05	2,93	2,84	2,76	2,70
23	5,75	4,35	3,75	3,41	3,18	3,02	2,90	2,81	2,73	2,67
24	5,72	4,32	3,72	3,38	3,15	2,99	2,87	2,78	2,70	2,64
25	5,69	4,29	3,69	3,35	3,13	2,97	2,85	2,75	2,68	2,61
30	5,57	4,18	3,59	3,25	3,03	2,87	2,75	2,65	2,57	2,51
40	5,42	4,05	3,46	3,13	2,90	2,74	2,62	2,53	2,45	2,39
60	5,29	3,93	3,34	3,01	2,79	2,63	2,51	2,41	2,33	2,27
120	5,15	3,80	3,23	2,89	2,67	2,52	2,39	2,30	2,22	2,16
10.000	5,03	3,69	3,12	2,79	2,57	2,41	2,29	2,19	2,11	2,05

Graus de liberdade para o denominador

Para detalhes específicos sobre como usar esta tabela para encontrar valores-p, consulte a página 227; para valores críticos, consulte a página 228.

A Tabela 9b foi gerada usando o Minitab.

Tabela 9b (Continuação)

				Graus de liberdade para o numerador					
	12	15	20	24	30	40	60	120	10.000
1	977,	985,	993,	997,	1.001,	1.006,	1.010,	1.014,	1.018,
2	39,4	39,4	39,4	39,5	39,5	39,5	39,5	39,5	39,5
3	14,3	14,3	14,2	14,1	14,1	14,0	14,0	13,9	13,9
4	8,75	8,66	8,56	8,51	8,46	8,41	8,36	8,31	8,26
5	6,52	6,43	6,33	6,28	6,23	6,18	6,12	6,07	6,02
6	5,37	5,27	5,17	5,12	5,07	5,01	4,96	4,90	4,85
7	4,67	4,57	4,47	4,42	4,36	4,31	4,25	4,20	4,14
8	4,20	4,10	4,00	3,95	3,89	3,84	3,78	3,73	3,67
9	3,87	3,77	3,67	3,61	3,56	3,51	3,45	3,39	3,33
10	3,62	3,52	3,42	3,37	3,31	3,26	3,20	3,14	3,08
11	3,43	3,33	3,23	3,17	3,12	3,06	3,00	2,94	2,88
12	3,28	3,18	3,07	3,02	2,96	2,91	2,85	2,79	2,73
13	3,15	3,05	2,95	2,89	2,84	2,78	2,72	2,66	2,60
14	3,05	2,95	2,84	2,79	2,73	2,67	2,61	2,55	2,49
15	2,96	2,86	2,76	2,70	2,64	2,59	2,52	2,46	2,40
16	2,89	2,79	2,68	2,63	2,57	2,51	2,45	2,38	2,32
17	2,82	2,72	2,62	2,56	2,50	2,44	2,38	2,32	2,25
18	2,77	2,67	2,56	2,50	2,44	2,38	2,32	2,26	2,19
19	2,72	2,62	2,51	2,45	2,39	2,33	2,27	2,20	2,13
20	2,68	2,57	2,46	2,41	2,35	2,29	2,22	2,16	2,09
21	2,64	2,53	2,42	2,37	2,31	2,25	2,18	2,11	2,04
22	2,60	2,50	2,39	2,33	2,27	2,21	2,14	2,08	2,00
23	2,57	2,47	2,36	2,30	2,24	2,18	2,11	2,04	1,97
24	2,54	2,44	2,33	2,27	2,21	2,15	2,08	2,01	1,94
25	2,51	2,41	2,30	2,24	2,18	2,12	2,05	1,98	1,91
30	2,41	2,31	2,20	2,14	2,07	2,01	1,94	1,87	1,79
40	2,29	2,18	2,07	2,01	1,94	1,88	1,80	1,72	1,64
60	2,17	2,06	1,94	1,88	1,82	1,74	1,67	1,58	1,48
120	2,05	1,95	1,82	1,76	1,69	1,61	1,53	1,43	1,31
10.000	1,95	1,83	1,71	1,64	1,57	1,49	1,39	1,27	1,04

Graus de liberdade para o denominador

A Tabela 9b foi gerada usando o Minitab.

As entradas nesta tabela representam os valores críticos de F para os quais a área abaixo da curva à direita é igual a 0,01.

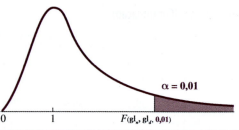

$\alpha = 0,01$

$0 \qquad 1 \qquad F_{(gl_n, gl_d, 0,01)}$

	Graus de liberdade para o numerador									
	1	2	3	4	5	6	7	8	9	10
1	4.052,	5.000,	5.403,	5.625,	5.764,	5.859,	5.928,	5.981,	6.022,	6.056,
2	98,5	99,0	99,2	99,2	99,3	99,3	99,4	99,4	99,4	99,4
3	34,1	30,8	29,5	28,7	28,2	27,9	27,7	27,5	27,3	27,2
4	21,2	18,0	16,7	16,0	15,5	15,2	15,0	14,8	14,7	14,5
5	16,3	13,3	12,1	11,4	11,0	10,7	10,5	10,3	10,2	10,1
6	13,7	10,9	9,78	9,15	8,75	8,47	8,26	8,10	7,98	7,87
7	12,2	9,55	8,45	7,85	7,46	7,19	6,99	6,84	6,72	6,62
8	11,3	8,65	7,59	7,01	6,63	6,37	6,18	6,03	5,91	5,81
9	10,6	8,02	6,99	6,42	6,06	5,80	5,61	5,47	5,35	5,26
10	10,0	7,56	6,55	5,99	5,64	5,39	5,20	5,06	4,94	4,85
11	9,65	7,21	6,22	5,67	5,32	5,07	4,89	4,74	4,63	4,54
12	9,33	6,93	5,95	5,41	5,06	4,82	4,64	4,50	4,39	4,30
13	9,07	6,70	5,74	5,21	4,86	4,62	4,44	4,30	4,19	4,10
14	8,86	6,51	5,56	5,04	4,70	4,46	4,28	4,14	4,03	3,94
15	8,68	6,36	5,42	4,89	4,56	4,32	4,14	4,00	3,89	3,80
16	8,53	6,23	5,29	4,77	4,44	4,20	4,03	3,89	3,78	3,69
17	8,40	6,11	5,19	4,67	4,34	4,10	3,93	3,79	3,68	3,59
18	8,29	6,01	5,09	4,58	4,25	4,01	3,84	3,71	3,60	3,51
19	8,18	5,93	5,01	4,50	4,17	3,94	3,77	3,63	3,52	3,43
20	8,10	5,85	4,94	4,43	4,10	3,87	3,70	3,56	3,46	3,37
21	8,02	5,78	4,87	4,37	4,04	3,81	3,64	3,51	3,40	3,31
22	7,95	5,72	4,82	4,31	3,99	3,76	3,59	3,45	3,35	3,26
23	7,88	5,66	4,76	4,26	3,94	3,71	3,54	3,41	3,30	3,21
24	7,82	5,61	4,72	4,22	3,90	3,67	3,50	3,36	3,26	3,17
25	7,77	5,57	4,68	4,18	3,86	3,63	3,46	3,32	3,22	3,13
30	7,56	5,39	4,51	4,02	3,70	3,47	3,30	3,17	3,07	2,98
40	7,31	5,18	4,31	3,83	3,51	3,29	3,12	2,99	2,89	2,80
60	7,08	4,98	4,13	3,65	3,34	3,12	2,95	2,82	2,72	2,63
120	6,85	4,79	3,95	3,48	3,17	2,96	2,79	2,66	2,56	2,47
10.000	6,64	4,61	3,78	3,32	3,02	2,80	2,64	2,51	2,41	2,32

Graus de liberdade para o denominador

Para detalhes específicos sobre como usar esta tabela para encontrar valores-p, consulte a página 228; para valores críticos, consulte a página 227.

A Tabela 9c foi gerada usando o Minitab.

Tabela 9c (Continuação)

	Graus de liberdade para o numerador								
	12	15	20	24	30	40	60	120	10.000
1	6.106,	6.157,	6.209,	6.235,	6.261,	6.287,	6.313,	6.339,	6.366,
2	99,4	99,4	99,4	99,5	99,5	99,5	99,5	99,5	99,5
3	27,1	26,9	26,7	26,6	26,5	26,4	26,3	26,2	26,1
4	14,4	14,2	14,0	13,9	13,8	13,7	13,7	13,6	13,5
5	9,89	9,72	9,55	9,47	9,38	9,29	9,20	9,11	9,02
6	7,72	7,56	7,40	7,31	7,23	7,14	7,06	6,97	6,88
7	6,47	6,31	6,16	6,07	5,99	5,91	5,82	5,74	5,65
8	5,67	5,52	5,36	5,28	5,20	5,12	5,03	4,95	4,86
9	5,11	4,96	4,81	4,73	4,65	4,57	4,48	4,40	4,31
10	4,71	4,56	4,41	4,33	4,25	4,17	4,08	4,00	3,91
11	4,40	4,25	4,10	4,02	3,94	3,86	3,78	3,69	3,60
12	4,16	4,01	3,86	3,78	3,70	3,62	3,54	3,45	3,36
13	3,96	3,82	3,66	3,59	3,51	3,43	3,34	3,25	3,17
14	3,80	3,66	3,51	3,43	3,35	3,27	3,18	3,09	3,01
15	3,67	3,52	3,37	3,29	3,21	3,13	3,05	2,96	2,87
16	3,55	3,41	3,26	3,18	3,10	3,02	2,93	2,84	2,75
17	3,46	3,31	3,16	3,08	3,00	2,92	2,83	2,75	2,65
18	3,37	3,23	3,08	3,00	2,92	2,84	2,75	2,66	2,57
19	3,30	3,15	3,00	2,92	2,84	2,76	2,67	2,58	2,49
20	3,23	3,09	2,94	2,86	2,78	2,69	2,61	2,52	2,42
21	3,17	3,03	2,88	2,80	2,72	2,64	2,55	2,46	2,36
22	3,12	2,98	2,83	2,75	2,67	2,58	2,50	2,40	2,31
23	3,07	2,93	2,78	2,70	2,62	2,54	2,45	2,35	2,26
24	3,03	2,89	2,74	2,66	2,58	2,49	2,40	2,31	2,21
25	2,99	2,85	2,70	2,62	2,54	2,45	2,36	2,27	2,17
30	2,84	2,70	2,55	2,47	2,39	2,30	2,21	2,11	2,01
40	2,66	2,52	2,37	2,29	2,20	2,11	2,02	1,92	1,81
60	2,50	2,35	2,20	2,12	2,03	1,94	1,84	1,73	1,60
120	2,34	2,19	2,03	1,95	1,86	1,76	1,66	1,53	1,38
10.000	2,19	2,04	1,88	1,79	1,70	1,59	1,48	1,33	1,05

Graus de liberdade para o denominador

A Tabela 9c foi gerada usando o Minitab.

Tabela 10 Faixas de confiança para o coeficiente de correlação $(1 - \alpha) = 0,95$

Os números nas curvas representam tamanhos amostrais.

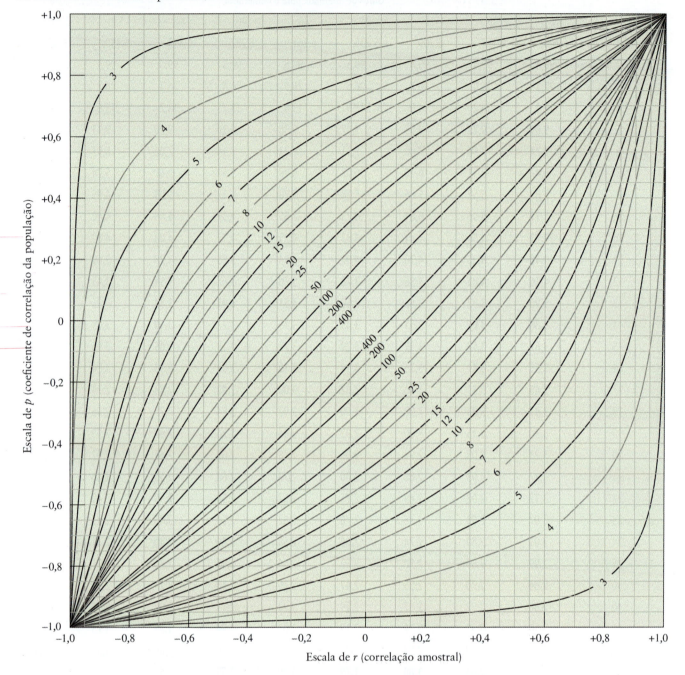

Escala de p (coeficiente de correlação da população)

Escala de r (correlação amostral)

Para detalhes específicos sobre como usar esta tabela para encontrar os intervalos de confiança, consulte a página 277.

Tabela 11 Valores críticos de *r* quando ρ = 0

As entradas nesta tabela representam os valores críticos de *r* para um teste bicaudal em α. Para correlação simples, gl = *n* − 2, em que *n* é o número de pares de dados na amostra. Para um teste unicaudal, o valor de α mostrado no topo da tabela é o dobro do valor de α usado no teste de hipóteses.

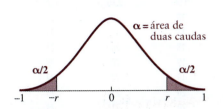

gl	α 0,10	0,05	0,02	0,01
1	0,988	0,997	1,000	1,000
2	0,900	0,950	0,980	0,990
3	0,805	0,878	0,934	0,959
4	0,729	0,811	0,882	0,917
5	0,669	0,754	0,833	0,875
6	0,621	0,707	0,789	0,834
7	0,582	0,666	0,750	0,798
8	0,549	0,632	0,715	0,765
9	0,521	0,602	0,685	0,735
10	0,497	0,576	0,658	0,708
11	0,476	0,553	0,634	0,684
12	0,458	0,532	0,612	0,661
13	0,441	0,514	0,592	0,641
14	0,426	0,497	0,574	0,623
15	0,412	0,482	0,558	0,606
16	0,400	0,468	0,543	0,590
17	0,389	0,456	0,529	0,575
18	0,378	0,444	0,516	0,561
19	0,369	0,433	0,503	0,549
20	0,360	0,423	0,492	0,537
25	0,323	0,381	0,445	0,487
30	0,296	0,349	0,409	0,449
35	0,275	0,325	0,381	0,418
40	0,257	0,304	0,358	0,393
45	0,243	0,288	0,338	0,372
50	0,231	0,273	0,322	0,354
60	0,211	0,250	0,295	0,325
70	0,195	0,232	0,274	0,302
80	0,183	0,217	0,256	0,283
90	0,173	0,205	0,242	0,267
100	0,164	0,195	0,230	0,254

De E. S. Pearson e H. O. Hartley, Biometrika Tables for Statisticians, vol. 1 (1962), p. 138. Reimpressa com permissão de Biometrika Trustees.

Para detalhes específicos sobre como usar esta tabela para encontrar valores-*p* e valores críticos, consulte as páginas 278 e 279.

Tabela 12 Valores críticos do teste do sinal

As entradas nesta tabela representam os valores críticos para o número do sinal menos frequente para um teste bicaudal em α para o $p = 0{,}5$ binomial. Para um teste unicaudal, o valor de α mostrado no topo da tabela é o dobro do valor de α usado no teste de hipóteses.

	α					α			
n	0,01	0,05	0,10	0,25	*n*	0,01	0,05	0,10	0,25
1					51	15	18	19	20
2					52	16	18	19	21
3				0	53	16	18	20	21
4				0	54	17	19	20	22
5			0	0	55	17	19	20	22
6		0	0	1	56	17	20	21	23
7		0	0	1	57	18	20	21	23
8	0	0	1	1	58	18	21	22	24
9	0	1	1	2	59	19	21	22	24
10	0	1	1	2	60	19	21	23	25
11	0	1	2	3	61	20	22	23	25
12	1	2	2	3	62	20	22	24	25
13	1	2	3	3	63	20	23	24	26
14	1	2	3	4	64	21	23	24	26
15	2	3	3	4	65	21	24	25	27
16	2	3	4	5	66	22	24	25	27
17	2	4	4	5	67	22	25	26	28
18	3	4	5	6	68	22	25	26	28
19	3	4	5	6	69	23	25	27	29
20	3	5	5	6	70	23	26	27	29
21	4	5	6	7	71	24	26	28	30
22	4	5	6	7	72	24	27	28	30
23	4	6	7	8	73	25	27	28	31
24	5	6	7	8	74	25	28	29	31
25	5	7	7	9	75	25	28	29	32
26	6	7	8	9	76	26	28	30	32
27	6	7	8	10	77	26	29	30	32
28	6	8	9	10	78	27	29	31	33
29	7	8	9	10	79	27	30	31	33
30	7	9	10	11	80	28	30	32	34
31	7	9	10	11	81	28	31	32	34
32	8	9	10	12	82	28	31	33	35
33	8	10	11	12	83	29	32	33	35
34	9	10	11	13	84	29	32	33	36
35	9	11	12	13	85	30	32	34	36
36	9	11	12	14	86	30	33	34	37
37	10	12	13	14	87	31	33	35	37
38	10	12	13	14	88	31	34	35	38
39	11	12	13	15	89	31	34	36	38
40	11	13	14	15	90	32	35	36	39
41	11	13	14	16	91	32	35	37	39
42	12	14	15	16	92	33	36	37	39
43	12	14	15	17	93	33	36	38	40
44	13	15	16	17	94	34	37	38	40
45	13	15	16	18	95	34	37	38	41
46	13	15	16	18	96	34	37	39	41
47	14	16	17	19	97	35	38	39	42
48	14	16	17	19	98	35	38	40	42
49	15	17	18	19	99	36	39	40	43
50	15	17	18	20	100	36	39	41	44

De Wilfred J. Dixon e Frank J. Massey, Jr., *Introduction to Statistical Analysis*, 3ª ed. (Nova York: McGraw-Hill, 1969), p. 509. Reimpressa com permissão.

Para detalhes específicos sobre como usar esta tabela: para intervalo de confiança, consulte a página 301; para valores-*p*, consulte as páginas 302–303; para valores críticos, consulte a página 302.

Tabela 13 — Valores críticos de U no teste de Mann-Whitney

A. As entradas representam os valores críticos de U para um teste unicaudal em 0,025 ou para um teste bicaudal em 0,05.

n_2 \ n_1	1	2	3	4	5	6	7	8	9	10	11	12	13	14	15	16	17	18	19	20
1																				
2								0	0	0	0	1	1	1	1	1	2	2	2	2
3					0	1	1	2	2	3	3	4	4	5	5	6	6	7	7	8
4				0	1	2	3	4	4	5	6	7	8	9	10	11	11	12	13	14
5			0	1	2	3	5	6	7	8	9	11	12	13	14	15	17	18	19	20
6			1	2	3	5	6	8	10	11	13	14	16	17	19	21	22	24	25	27
7			1	3	5	6	8	10	12	14	16	18	20	22	24	26	28	30	32	34
8		0	2	4	6	8	10	13	15	17	19	22	24	26	29	31	34	36	38	41
9		0	2	4	7	10	12	15	17	20	23	26	28	31	34	37	39	42	45	48
10		0	3	5	8	11	14	17	20	23	26	29	33	36	39	42	45	48	52	55
11		0	3	6	9	13	16	19	23	26	30	33	37	40	44	47	51	55	58	62
12		1	4	7	11	14	18	22	26	29	33	37	41	45	49	53	57	61	65	69
13		1	4	8	12	16	20	24	28	33	37	41	45	50	54	59	63	67	72	76
14		1	5	9	13	17	22	26	31	36	40	45	50	55	59	64	67	74	78	83
15		1	5	10	14	19	24	29	34	39	44	49	54	59	64	70	75	80	85	90
16		1	6	11	15	21	26	31	37	42	47	53	59	64	70	75	81	86	92	98
17		2	6	11	17	22	28	34	39	45	51	57	63	67	75	81	87	93	99	105
18		2	7	12	18	24	30	36	42	48	55	61	67	74	80	86	93	99	106	112
19		2	7	13	19	25	32	38	45	52	58	65	72	78	85	92	99	106	113	119
20		2	8	13	20	27	34	41	48	55	62	69	76	83	90	98	105	112	119	127

B. As entradas representam os valores críticos de U para um teste unicaudal em 0,05 ou um teste bicaudal em 0,10.

n_2 \ n_1	1	2	3	4	5	6	7	8	9	10	11	12	13	14	15	16	17	18	19	20
1																			0	0
2					0	0	0	1	1	1	1	2	2	2	3	3	3	4	4	4
3			0	0	1	2	2	3	3	4	5	5	6	7	7	8	9	9	10	11
4			0	1	2	3	4	5	6	7	8	9	10	11	12	14	15	16	17	18
5		0	1	2	4	5	6	8	9	11	12	13	15	16	18	19	20	22	23	25
6		0	2	3	5	7	8	10	12	14	16	17	19	21	23	25	26	28	30	32
7		0	2	4	6	8	11	13	15	17	19	21	24	26	28	30	33	35	37	39
8		1	3	5	8	10	13	15	18	20	23	26	28	31	33	36	39	41	44	47
9		1	3	6	9	12	15	18	21	24	27	30	33	36	39	42	45	48	51	54
10		1	4	7	11	14	17	20	24	27	31	34	37	41	44	48	51	55	58	62
11		1	5	8	12	16	19	23	27	31	34	38	42	46	50	54	57	61	65	69
12		2	5	9	13	17	21	26	30	34	38	42	47	51	55	60	64	68	72	77
13		2	6	10	15	19	24	28	33	37	42	47	51	56	61	65	70	75	80	84
14		2	7	11	16	21	26	31	36	41	46	51	56	61	66	71	77	82	87	92
15		3	7	12	18	23	28	33	39	44	50	55	61	66	72	77	83	88	94	100
16		3	8	14	19	25	30	36	42	48	54	60	65	71	77	83	89	95	101	107
17		3	9	15	20	26	33	39	45	51	57	64	70	77	83	89	96	102	109	115
18		4	9	16	22	28	35	41	48	55	61	68	75	82	88	95	102	109	116	123
19	0	4	10	17	23	30	37	44	51	58	65	72	80	87	94	101	109	116	123	130
20	0	4	11	18	25	32	39	47	54	62	69	77	84	92	100	107	115	123	130	138

Reproduzida de *Bulletin of the Institute of Educational Research at Indiana University*, vol. 1, n. 2; com permissão do autor e da editora.

Para detalhes específicos sobre como usar esta tabela para encontrar valores-p, consulte as páginas 309 e 310; para valores críticos, consulte a página 309.

Tabela 14 Valores críticos para o número total de sequências (V)

As entradas nesta tabela representam os valores críticos para um teste bicaudal usando α = 0,05. Para um teste unicaudal, em α = 0,025, use somente um dos valores críticos: o menor valor para uma região crítica à esquerda, o maior valor para uma região crítica à direita.

O menor valor de n_1 e n_2 (rows) × **O maior valor de n_1 e n_2** (columns)

n	5	6	7	8	9	10	11	12	13	14	15	16	17	18	19	20
2								2	2	2	2	2	2	2	2	2
								6	6	6	6	6	6	6	6	6
3		2	2	2	2	2	2	2	2	2	3	3	3	3	3	3
		8	8	8	8	8	8	8	8	8	8	8	8	8	8	8
4	2	2	2	3	3	3	3	3	3	3	3	4	4	4	4	4
	9	9	10	10	10	10	10	10	10	10	10	10	10	10	10	10
5	2	3	3	3	3	3	4	4	4	4	4	4	4	5	5	5
	10	10	11	11	12	12	12	12	12	12	12	12	12	12	12	12
6		3	3	3	4	4	4	4	5	5	5	5	5	5	6	6
		11	12	12	13	13	13	13	14	14	14	14	14	14	14	14
7			3	4	4	5	5	5	5	5	6	6	6	6	6	6
			13	13	14	14	14	14	15	15	15	16	16	16	16	16
8				4	5	5	5	6	6	6	6	6	7	7	7	7
				14	14	15	15	16	16	16	16	17	17	17	17	17
9					5	5	6	6	6	7	7	7	7	8	8	8
					15	16	16	16	17	17	18	18	18	18	18	18
10						6	6	7	7	7	7	8	8	8	8	9
						16	17	17	18	18	18	19	19	19	20	20
11							7	7	7	8	8	8	9	9	9	9
							17	18	19	19	19	20	20	20	21	21
12								7	8	8	8	9	9	9	10	10
								19	19	20	20	21	21	21	22	22
13									8	9	9	9	10	10	10	10
									20	20	21	21	22	22	23	23
14										9	9	10	10	10	11	11
										21	22	22	23	23	23	24
15											10	10	11	11	11	12
											22	23	23	24	24	25
16												11	11	11	12	12
												23	24	25	25	25
17													11	12	12	13
													25	25	26	26
18														12	13	13
														26	26	27
19															13	13
															27	27
20																14
																28

De C. Eisenhart e F. Swed, "Tables for testing randomness of grouping in a sequence of alternatives," *Annals of Statistics*, vol. 14 (1943): 66-87. Reimpressa com permissão.

Para detalhes específicos sobre como usar esta tabela para encontrar valores-*p*, consulte as páginas 313 e 314; para valores críticos, consulte a página 313.

Índice remissivo

Índice remissivo

V

Este livro foi impresso na
LIS GRÁFICA E EDITORA LTDA.
Rua Felício Antônio Alves, 370 – Bonsucesso
CEP 07175-450 – Guarulhos – SP
Fone: (11) 3382-0777 – Fax: (11) 3382-0778
lisgrafica@lisgrafica.com.br – www.lisgrafica.com.br